U0581143

21世纪财经类规划教材

国际贸易与国际金融

（第3版）

卜 伟　叶蜀君　杜 佳　刘似臣　编著

清华大学出版社

北京

内 容 简 介

本书着眼于让读者了解比较优势的理论来源、国际商务及其经济环境,从而有助于读者更加积极主动地迎接国际竞争,并在市场竞争中胜出。

本书共十一章。第一章阐述了国际贸易理论,包括比较优势的理论来源、国际贸易"新"理论和保护贸易理论;第二章介绍了出口鼓励和关税、非关税政策措施;第三、四章介绍了国际贸易政策协调,包括多边贸易体制和区域经济一体化;第五章论述了跨国公司与跨国经营理论、动因与竞争优势;第六章介绍了跨国经营中的货币问题,主要是针对汇率;第七章介绍了企业跨国经营中的外汇业务;第八章阐述了国际贸易融资中的风险与防范;第九章介绍了国际商业银行贷款与证券融资;第十章介绍了跨国经营中的企业外汇风险管理;第十一章介绍了作为国际商务经济环境因素的国际收支。

本书可作为非涉外经济专业的本科生教材,也可作为 MBA 与国际商务硕士等专业学位、工商管理干部培训等有关课程的教材和参考书。

图书在版编目(CIP)数据

国际贸易与国际金融/卜伟等编著. —3 版. —北京:清华大学出版社,2015(2020.9重印)
(21 世纪财经类规划教材)
ISBN 978-7-302-37804-4

Ⅰ. ①国… Ⅱ. ①卜… Ⅲ. ①国际贸易—高等学校—教材 ②国际金融—高等学校—教材
Ⅳ. ①F74 ②F831

中国版本图书馆 CIP 数据核字(2014)第 198038 号

责任编辑:张 伟
封面设计:傅瑞学
责任校对:王凤芝
责任印制:沈 露

出版发行:清华大学出版社
　　　　网　　　址:http://www.tup.com.cn,http://www.wqbook.com
　　　　地　　　址:北京清华大学学研大厦 A 座　　　　　邮　　编:100084
　　　　社 总 机:010-62770175　　　　　　　　　　　　邮　　购:010-62786544
　　　　投稿与读者服务:010-62776969,c-service@tup.tsinghua.edu.cn
　　　　质量反馈:010-62772015,zhiliang@tup.tsinghua.edu.cn
　　　　课件下载:http://www.tup.com.cn,010-83470158
印 装 者:北京富博印刷有限公司
经　　销:全国新华书店
开　　本:185mm×230mm　　印　张:31　　　　　字　　数:521 千字
版　　次:2015 年 1 月第 3 版　　　　　　　　　　印　　次:2020 年 9 月第 5 次印刷
印　　数:6301～6800
定　　价:69.00元

产品编号:059396-02

第 3 版前言

由于本书用作本科生教材的院校比较多,所以本次修订立足点有所改变,更加重视本科生的需求,为满足本科生教学之用而修订。为此,更加重视提供资料来源,便于读者进一步获取更多更新的资料,满足其进一步探索的需求;在重视基本原理的同时,兼顾基本概念,便于读者获得比较扎实的理论基础。

这次修订保持了第 2 版的结构与特色,主要是进行了数据与资料的更新和补充工作。除了细节的修改,如字句的斟酌和个别数字的更新,修订工作主要体现在下面各章的资料更新、补充与删减。

第二章,更新了欧盟的普遍优惠制资料,即专栏 2-1;增加了"专栏 2-2　洛美协定";增加了"专栏 2-3　欧盟对华光伏反倾销案";替换了"案例 2-3　澳大利亚与新西兰进口配额的拍卖制度";增加了"案例 2-5　中国纺织品与服装的'自愿'出口限制"、"案例 2-6　机电产品出口的技术性贸易壁垒"、"案例 2-7　我国冻鸡出口受阻"和"专栏 2-7　2009 年美国轮胎特保案的出台"。

第三章,更新了 WTO 最新的基本原则和 WTO 有关数据。

第四章,增加了跨洲际区域一体化组织 TPP 和 TTIP 的介绍;对中国参与区域经济一体化的情况进行了更新与修改;更新了中国-东盟自贸区的贸易数据。

第五章,更新了第一节的大部分数字;增加了"附录表 5-1　FDI 的东道国决定因素",便于读者较全面地了解吸引外资的东道国决定因素以及对外直接投资按照动机进行分类的类型。

第六章,增加了"案例 6-4　索罗斯狙击英镑",更新了中国即期、远期外汇牌价和个人外汇买卖报价表。

第七章,增加了"表 7-2　2013 年上半年人民币外汇市场交易概况";删去了"专栏 7-1 中国外汇交易中心成立十周年"。

第八章,用《2010 年国际贸易术语解释通则》(INCOTERMS 2010)中的贸易术语一览表取代了《2000 年国际贸易术语解释通则》(INCOTERMS 2000)中的贸易术语一览表。

第九章,增加了"专栏 9-1　香港离岸人民币债券市场";增加了"附录 9-1　中国汽车系统公司买壳上市登陆纳斯达克"。

第十章,用"案例 10-1　欧债危机"替换了原"案例 10-1";增加了"表 10-9　国际金融市场上主要的利率期货品种"。

第十一章,依据《国际收支手册》第六版取代了依据《国际收支手册》第五版;更新了附录 11-1 和附录 11-2,增加了附录 11-5 和附录 11-6。

此次参与修订的具体分工如下:第一章,第二章第一、二节,第五章,第八章,由卜伟教授修改;第二章第三节、第四节,第三章,第四章,由刘似臣副教授修改;第六章、第十一章由叶蜀君教授修改;第七章、第九章和第十章由杜佳副教授修改;最后由卜伟统一复核、修改、定稿。

限于作者水平,这次修订仍然难免有不足之处,敬请同行专家和读者提出宝贵意见和建议。

本书修订时,参阅、使用和引证了国内外的大量文献资料,谨对其作者、编者和出版社表示诚挚的谢意! 感谢清华大学出版社的张伟女士对本书再版的关心!

卜　伟

2014 年 8 月

于北京交通大学中国产业安全研究基地

第 2 版前言

本书自 2005 年出版至今,共印刷了七次。在这四年的使用过程中,感到有些材料已过时而需要淘汰,有些材料已陈旧需要更新,有些新材料、新成果需要补充,有些新的体会、认识需要反映,遂决定修订再版。这次修订在保持原版的特色前提下,主要着重于以下几个方面进行了修改。

第一,数据与资料的更新和补充,诸如近几年收集的案例、专栏;WTO、区域经济一体化、跨国公司等方面的新数据;中国国际收支平衡表、中国外汇牌价、2008 年 8 月 1 日施行的修订后的《中华人民共和国外汇管理条例》等新材料。

第二,补充了一些概念,并作了解释,如竞争优势、次区域经济合作等。

第三,对章节内容和顺序作了一些调整,思路是国际贸易理论→国际贸易政策→国际贸易政策协调(WTO 与区域经济一体化)→跨国公司与跨国经营(企业)→货币价格(汇率)→货币交易(外汇业务)→国际贸易融资→国际商业银行贷款与证券融资→企业跨国经营外汇风险管理→国际收支。本次修订把世界贸易组织一章放在了区域经济一体化的前面,是由于世界主要贸易国家几乎都加入了 WTO(前身是 GATT),而第二次世界大战以后的区域经济一体化多是以 GATT/WTO 为基础进行市场开放谈判、运作的,而且也受到了 WTO 的关注。

第四,压缩了介绍性内容,提供了进一步了解相关内容的资源(特别是网站),如WTO、中国-东盟自由贸易区等,这样便于控制篇幅,也使读者能够在需要的时候得到详细的信息,还能自己更新资料。

第五,在汇率有关内容上使用了 ISO 标准的国际货币符号。

本书由卜伟任主编。此次参与修订的具体分工如下:第一章,第二章第一、二节,第五章,第八章,第十一章的附录,由卜伟副教授修改与提供;第二章第三、四节,第三章,第四章,由刘似臣副教授修改;第六、十一章由叶蜀君教授修改;第七章和第九章由卜伟和杜佳副教授合作修改;第十章,由杜佳修改;最后由卜伟统一复核、修改(包括一些资料的更新)、定稿。

限于作者水平,这次修订仍然难免有不足之处,敬请同行专家和读者提出宝贵意见和建议。

　　本书修订时,参阅、使用和引证了国内外的大量文献资料,谨对其作者、编者和出版社表示诚挚的谢意! 感谢清华大学出版社对本书再版的关心。

卜　伟

2008 年 10 月 10 日于红果园

第1版前言

多年来,在 MBA《国际贸易与国际金融》课程教学中,我们一直想写一本 MBA 用《国际贸易与国际金融》教材,把这几年的积累、体会记录下来。

作为 MBA 教材,本书按照 MBA 的特点组织、编写,目的是满足 MBA 教学的需要。我们在写作中,力争突破国内已有教材的编写传统,即强调按知识系统的逻辑性编写,清晰反映学科体系的基本原理,以期有助于学生对学科体系的掌握;本书不同于国外一流大学已经开始使用的一种以培养学生科研能力、探索精神为重要教学目标的教材。我们的目的是要引导学生掌握企业竞争优势来源——企业的独特能力、本国政府政策——的管理方法。针对读者的特点,力求思路清晰,深入浅出,简明易懂,并着眼于从以下几个方面组织教材内容:(1)案例方式;(2)为 MBA 建立一个概念性框架,提高他们的国际竞争能力;(3)开发可供企业利用的竞争优势的来源,包括国家环境、政府政策、企业能力;(4)让读者进一步理解国际贸易与金融组织机构及其规则。

和已有国内教材相比,本书避免成为《国际贸易》、《国际贸易实务》、《国际金融》等教材内容的简单"拼盘",而是从企业获取竞争优势的角度来组织教材内容。具体来说有以下特点。

(1)编排方式新颖。本教材选择合适的角度和适宜的切入点,如企业可利用的本国基础、政府政策等,把基本的概念、原理"串"起来,使这些内容生动、简洁。背景知识、基础知识或比较重要但又难以与所采用的角度(线索)衔接的内容通过脚注、专栏、附录等解决,保证了教材内容表达的流畅。

(2)内容精品化。本教材打破了《国际贸易》、《国际贸易实务》和《国际金融》的学科界限,将相关内容融为一体,并吸收有关学科的精华部分,进行内容上的重组、浓缩与升华,做到基本理论介绍精辟,实务讲解可操作性强。

(3)资料时代感强。本书引用的数据、图、表和案例基本能够反映 21 世纪以来国际贸易与国际金融领域中的新发展及发展方向。

(4)内容丰富,容量大,可供本课程主讲教师根据学时决定内容取舍,学生也可根据兴趣选择本课程的相关内容进行学习。

本书是北京交通大学经济管理学院国际商务教研室教师合作的结果。先由卜伟副教授提出写作提纲,经与其他作者讨论并修改后分头撰写。具体分工如下:第一章,第二章

第一、二节,第四章,第六章,由卜伟副教授撰写;第二章第三、四节,第三章,第五章,由刘似臣博士撰写;第七、八章,由叶蜀君教授撰写;第九、十一章,由杜佳副教授撰写;第十章第一、三节,由杜佳和卜伟合作撰写,第二节由杜佳和叶蜀君合作撰写;最后由卜伟统一修改、定稿。

限于作者水平,这本《国际贸易与国际金融》难免有各种不足之处,敬请同行专家和读者提出宝贵的意见和建议。

本书参阅、使用和引证了国内外的大量文献资料,谨对其作者、编者和出版社表示诚挚的谢意! 我们还要感谢清华大学出版社对本书编写与出版的关心。

作　者

2004 年 10 月

于北京交通大学基础产业研究中心

目　　录

第一章　国际贸易理论 ··· 1

  第一节　比较优势的理论来源(一) ·· 1

    一、亚当·斯密的绝对优势贸易理论 ··· 3

    二、大卫·李嘉图的比较利益说 ··· 6

    三、赫克歇尔-俄林的要素禀赋说 ·· 10

  第二节　比较优势的理论来源(二) ··· 15

    一、熟练劳动说 ·· 15

    二、自然资源产业说 ·· 16

    三、需求偏好相似说 ·· 17

    四、技术差距说 ·· 18

    五、产品生命周期说 ·· 19

    六、产业内贸易说 ·· 21

  第三节　国际贸易"新"理论 ·· 25

    一、战略性贸易政策理论 ·· 25

    二、国家竞争优势论 ·· 29

  第四节　保护贸易理论 ··· 34

    一、重商主义 ·· 34

    二、李斯特的保护幼稚工业学说 ··· 35

    三、凯恩斯主义的超保护贸易理论 ··· 38

  参考文献 ·· 40

  附录 1-1　《国际经济学》英文参考文献 ······································ 41

  附录 1-2　约翰·穆勒及阿弗里德·马歇尔的相互需求理论 ············· 44

    一、约翰·穆勒的相互需求理论 ··· 44

    二、马歇尔的相互需求理论 ·· 45

第二章　国际贸易政策措施 ··· 48

  第一节　鼓励出口措施 ··· 48

    一、出口信贷 ·· 48

二、出口信用保险 …………………………………………………… 52

三、出口补贴 ………………………………………………………… 55

四、外汇倾销 ………………………………………………………… 56

五、商品倾销 ………………………………………………………… 56

六、其他鼓励出口措施 ……………………………………………… 59

第二节 出口障碍之一：关税措施 …………………………………… 60

一、关税的作用 ……………………………………………………… 60

二、关税的主要种类 ………………………………………………… 63

三、关税的经济效应 ………………………………………………… 77

第三节 出口障碍之二：非关税措施 ………………………………… 85

一、进口配额制 ……………………………………………………… 86

二、"自愿"出口限制 ……………………………………………… 88

三、进口许可证制 …………………………………………………… 92

四、歧视性的政府采购政策 ………………………………………… 93

五、技术性贸易壁垒 ………………………………………………… 94

六、贸易救济措施 …………………………………………………… 100

七、其他非关税措施 ………………………………………………… 101

八、商务意义 ………………………………………………………… 104

第四节 贸易政策制定中的政治经济学 …………………………… 105

一、对外贸易政策的类型 …………………………………………… 105

二、贸易政策的政治经济学理论 …………………………………… 107

三、影响一国对外贸易政策的因素 ………………………………… 111

参考文献 ……………………………………………………………… 112

第三章 国际贸易政策协调：多边贸易体制 ………………………… 114

第一节 WTO 的基本知识 …………………………………………… 114

一、WTO 的含义 …………………………………………………… 114

二、WTO 的宗旨、职能与组织机构 ……………………………… 116

三、WTO 协议 ……………………………………………………… 118

四、WTO 的基本原则 ……………………………………………… 121

五、WTO 的多边回合谈判——多哈发展议程 …………………… 127

六、WTO 多边贸易体制的商务意义 ……………………………… 128

第二节 WTO 的争端解决机制 ……………………………………… 129

一、WTO 争端解决机制的宗旨与职能 …………………………… 130

二、争端解决机制的原则 ……………………………………… 131

三、争端解决程序 …………………………………………… 132

四、参与争端解决活动的有关实体介绍 …………………………… 134

五、商务意义 ……………………………………………… 136

第三节　WTO 的政治经济学 …………………………………… 138

一、国际贸易政治经济学的发展 ………………………………… 138

二、WTO 中的政治经济学 ……………………………………… 139

三、WTO 中的政治经济博弈分析案例 …………………………… 140

参考文献 ……………………………………………………… 143

第四章　国际贸易政策协调：区域经济一体化 …………………… 144

第一节　区域经济一体化概述 …………………………………… 144

一、区域经济一体化的层次 …………………………………… 145

二、区域经济一体化的发展现状 ………………………………… 147

三、WTO 对于区域经济一体化的关注 …………………………… 154

第二节　区域经济一体化的经济效应 ……………………………… 156

一、区域经济一体化的静态效应 ………………………………… 156

二、区域经济一体化的动态效应 ………………………………… 161

第三节　区域经济一体化的动因 ………………………………… 163

一、区域经济一体化的经济动因 ………………………………… 163

二、区域经济一体化的政治动因 ………………………………… 169

参考文献 ……………………………………………………… 171

附录 4-1　中国参与区域经济一体化的情况 ……………………… 171

一、亚太经合组织 …………………………………………… 172

二、亚欧会议 ……………………………………………… 172

三、亚太贸易协定 …………………………………………… 172

四、已经签署协议的自由贸易区 ………………………………… 173

五、次区域经济合作组织 ……………………………………… 175

六、正在谈判的自由贸易区 …………………………………… 176

附录 4-2　中国-东盟自由贸易区(CAFTA) ……………………… 177

一、中国-东盟合作框架协议的主要内容 ………………………… 177

二、中国-东盟自由贸易区经济效应 …………………………… 179

  三、商务意义 ……………………………………………………… 184

第五章　跨国公司与跨国经营 ……………………………………… 186
　第一节　经济帝国:跨国公司概述 ………………………………… 186
　　一、跨国公司的定义与运作 ……………………………………… 186
　　二、跨国公司的发展与政府政策 ………………………………… 187
　　三、跨国公司:主宰世界经济 …………………………………… 190
　　四、跨国公司内部贸易 …………………………………………… 193
　第二节　跨国经营理论 ……………………………………………… 194
　　一、跨国经营的微观理论 ………………………………………… 195
　　二、发展中国家跨国经营理论 …………………………………… 200
　第三节　跨国经营动因与优势 ……………………………………… 203
　　一、跨国经营动因 ………………………………………………… 204
　　二、跨国经营竞争优势 …………………………………………… 207
　第四节　中国企业跨国经营 ………………………………………… 210
　　一、中国企业跨国经营的发展历程、现状与特征 ……………… 210
　　二、中国企业跨国经营存在的主要问题 ………………………… 213
　　三、中国企业跨国经营动因与竞争优势 ………………………… 216
　参考文献 ……………………………………………………………… 219
　附录5-1　FDI的东道国决定因素 ………………………………… 220

第六章　跨国经营中的货币价格 …………………………………… 221
　第一节　外汇与汇率 ………………………………………………… 222
　　一、外汇的概念 …………………………………………………… 223
　　二、外汇的特征及分类 …………………………………………… 224
　　三、汇率的概念及其类型 ………………………………………… 225
　第二节　汇率报表阅读 ……………………………………………… 232
　　一、汇率的表示方法 ……………………………………………… 233
　　二、汇率的标价方法 ……………………………………………… 233
　　三、中国外汇市场的牌价 ………………………………………… 235
　第三节　汇率决定的基础及影响汇率变动的因素 ………………… 241
　　一、汇率决定的基础 ……………………………………………… 241
　　二、影响汇率变动的因素 ………………………………………… 245

第四节　汇率变动对经济的影响 …………………………………… 251
　　一、汇率变动对一国国际收支的影响 …………………………… 251
　　二、汇率变动对国内经济的影响 ………………………………… 254
　　三、汇率变动对世界经济的影响 ………………………………… 256
第五节　汇率制度 ………………………………………………………… 259
　　一、汇率制度类型 ………………………………………………… 259
　　二、中国的汇率制度 ……………………………………………… 265
参考文献 ……………………………………………………………………… 270
附录 6-1　金融报刊导读 ……………………………………………… 271
　　一、金融期刊 ……………………………………………………… 271
　　二、金融报刊 ……………………………………………………… 272

第七章　跨国经营中的货币交易 …………………………………… 273
第一节　外汇市场简介 ………………………………………………… 273
　　一、外汇市场参与者 ……………………………………………… 273
　　二、外汇市场报价 ………………………………………………… 275
　　三、外汇市场有效性 ……………………………………………… 277
第二节　传统外汇业务 ………………………………………………… 278
　　一、即期外汇交易 ………………………………………………… 278
　　二、远期外汇交易 ………………………………………………… 281
　　三、掉期外汇交易 ………………………………………………… 287
　　四、套汇交易 ……………………………………………………… 289
　　五、套利交易 ……………………………………………………… 292
第三节　新型外汇业务 ………………………………………………… 296
　　一、货币互换 ……………………………………………………… 296
　　二、外汇期货 ……………………………………………………… 297
　　三、外汇期权 ……………………………………………………… 306
参考文献 ……………………………………………………………………… 313
附录 7-1　陈久霖怎样搞垮中航油：自己操盘期货期权一起上 …… 314
　　一、错在何处、何时？ …………………………………………… 314
　　二、"期权"与"期货"一字之遥 ………………………………… 315
　　三、谁是狙击者？ ………………………………………………… 316
附录 7-2　芝加哥商品交易所推出人民币期货期权意味着什么 …… 317

一、对人民币衍生产品创新的影响 ……………………………………… 318

二、对中国香港和新加坡成为人民币离岸中心的影响 ………………… 319

三、对中央银行调控人民币远期汇率的影响 …………………………… 320

附录 7-3　外汇投机的形态 ………………………………………………… 321

一、进出口商的无抵补外汇头寸 ……………………………………… 321

二、投资或筹资中的无抵补外汇头寸 ………………………………… 322

三、外汇银行的无抵补外汇头寸 ……………………………………… 323

第八章　国际贸易融资 ……………………………………………………… 324

第一节　出口商承担风险的国际贸易融资 ……………………………… 324

一、寄售 ………………………………………………………………… 324

二、赊销 ………………………………………………………………… 325

三、托收 ………………………………………………………………… 326

第二节　出口商将风险转嫁给第三方的国际贸易融资 ………………… 328

一、信用证 ……………………………………………………………… 328

二、银行保函 …………………………………………………………… 336

三、国际保付代理 ……………………………………………………… 339

四、福费廷 ……………………………………………………………… 344

五、国际租赁 …………………………………………………………… 346

六、买方信贷 …………………………………………………………… 346

参考文献 …………………………………………………………………… 346

附录 8-1　贸易术语 ……………………………………………………… 347

一、适用于水上运输方式的三种常用贸易术语 ……………………… 347

二、适用于各种运输方式的三种常用贸易术语 ……………………… 348

附录 8-2　出口保函 ……………………………………………………… 349

一、投标保函 …………………………………………………………… 349

二、履约保函 …………………………………………………………… 351

三、预付款保函 ………………………………………………………… 352

四、质量/维修保函 …………………………………………………… 354

第九章　国际商业银行贷款与证券融资 …………………………………… 356

第一节　国际商业银行贷款 ……………………………………………… 356

一、国际商业银行贷款的含义与现状 ………………………………… 356

　　二、银团贷款 ··· 357
　第二节　国际债券融资 ·· 364
　　一、国际债券的分类 ·· 365
　　二、国际债券融资场所 ·· 366
　　三、全球主要国际债券市场 ···································· 368
　　四、国际债券的发行 ·· 372
　　五、近期国际债券融资状况 ···································· 376
　　六、企业利用国际债券融资时应注意的事项 ···················· 376
　第三节　国际股票融资 ·· 377
　　一、股票种类 ·· 377
　　二、融资场所 ·· 378
　　三、全球主要股票流通市场 ···································· 379
　　四、发展中国家对国际股票市场融资的利用 ···················· 383
　　五、我国企业在国际股票市场融资时需注意的问题 ·············· 390
　参考文献 ·· 391
　附录 9-1　中国汽车系统公司买壳上市登陆纳斯达克 ··············· 392

第十章　跨国经营中的企业外汇风险管理 ························· 393
　第一节　企业金融风险概述 ······································ 393
　　一、风险的概念 ·· 393
　　二、企业风险类型 ·· 395
　　三、企业金融风险的暴露 ······································ 399
　　四、企业风险管理的意义 ······································ 402
　　五、企业金融风险管理要点 ···································· 403
　第二节　企业汇率风险管理 ······································ 404
　　一、企业汇率风险类型 ·· 405
　　二、交易风险管理策略 ·· 409
　　三、折算风险管理策略 ·· 415
　　四、经济风险管理策略 ·· 416
　第三节　企业利率风险管理 ······································ 417
　　一、企业利率风险的影响 ······································ 419
　　二、企业规避利率风险的方法 ·································· 419
　参考文献 ·· 426

　　附录 10-1　利用金融市场管理交易风险 ·············· 427

第十一章　国际收支 ················· 430
　　第一节　国际收支概述 ················· 430
　　　一、国际收支概念 ················· 430
　　　二、国际收支平衡表 ················· 433
　　第二节　国际收支平衡表解读 ················· 445
　　　一、国际收支平衡表的交易项目 ················· 445
　　　二、国际收支平衡表分析 ················· 446
　　　三、国际收支状况 ················· 449
　　第三节　国际收支调节 ················· 451
　　　一、国际收支不平衡的类型及其原因 ················· 451
　　　二、国际收支不平衡的影响 ················· 453
　　　三、国际收支不平衡的调节 ················· 456
　　参考文献 ················· 465
　　附录 11-1　中国国际收支平衡表——2012 年 ················· 465
　　附录 11-2　中国 2002—2011 年外债 ················· 468
　　附录 11-3　抑制假外资：两税合并只是第一步 ················· 470
　　附录 11-4　一个假外资的自白 ················· 471
　　　一、来势汹汹 ················· 471
　　　二、路径 ················· 472
　　　三、税收作怪 ················· 473
　　　四、隐形操作 ················· 474
　　附录 11-5　李克强签署国务院令发布《国务院关于修改〈国际收支统计
　　　　　　　申报办法〉的决定》 ················· 475
　　附录 11-6　美国欠每个中国人 1 000 美元　中国持有美债首次超过 1.3 万亿 ··· 476

第一章　国际贸易理论

中国自 2001 年 12 月 11 日成为世界贸易组织(WTO)的正式成员以来,随着履行"入世"承诺,签订亚太贸易协定、CEPA、ECFA,以及分别与东盟、巴基斯坦、智利、新西兰、新加坡、秘鲁、哥斯达黎加、冰岛和瑞士签署自由贸易区协议,[①]中国经济日益开放。开放经济下的市场竞争更加激烈,明显呈现出国内竞争国际化、国际竞争国内化的态势。竞争的法则是优胜劣汰,因此,企业管理者必须不断发现和创造本企业的比较优势(comparative advantage)和竞争优势(competitive advantage)[②],充分利用企业的独特能力,力争成为竞争的优胜者。

本章介绍国际贸易理论:首先,介绍了以固定的国家要素,即以相对要素成本和生产率为基础的比较优势理论,这个理论主要解决哪些国家应以什么产品向另一些国家出口的问题;其次,介绍了动态的现代比较优势理论,该理论认识到了企业战略和政府政策对贸易格局形成的重要作用;最后,介绍了保护贸易政策的理论依据。

第一节　比较优势的理论来源(一)

"比较优势"[③]原则,是指各国获得繁荣首先是通过利用其可利用的资源,集中生产所能生产的最佳产品,然后通过将这些产品与其他国家所能生产的最佳产品做交易。[④] 本节探讨亚当·斯密(Adam Smith,1723—1790)的绝对

---

① 详见中国自由贸易区服务网,http://fta.mofcom.gov.cn/index.shtml,2014-01-25.

② 迈克尔·波特的定义是:"竞争优势,就其根本而言,来源于一个企业能够为其买主提供的价值,这个价值高于企业为之付出的成本。相对于对手而言,卓越的价值在于为顾客提供同等效用的同时价格低廉,或者为顾客提供独特的效用而顾客愿意为之付出高昂的价格。"(迈克尔·波特.竞争优势[M].陈小悦,译.北京:华夏出版社,1997:2.)

③ 诺贝尔经济学奖金获得者保罗·萨缪尔森(P. A. Samuelson)曾受到数学家斯坦尼斯劳·乌拉姆的挑战。乌拉姆请萨缪尔森"在所有社会科学中找出一个既能成立(true)而又有意义的(non-trival)命题"。萨缪尔森花了几年时间才找到答案,即比较优势。"它在逻辑上是成立的,不需在数学家面前争论;但它有意义这一点,成千上万的重要和智慧人士都进行过验证,这些人自己从未能掌握这一学说,或是在将这一学说解释给他们听后都不相信"(见世界贸易组织秘书处,1999,pp.8,9)。

④ 对"比较优势"的进一步理解,请阅读《新帕尔格雷夫经济学大辞典》(A-D),pp.558-562.

成本说、大卫·李嘉图(David Ricardo,1772—1823)的比较成本说、赫克歇尔(Eil Filip Heckscher,1879—1952)-俄林(Beltil Gotthard Ohlin,1899—1979)的要素禀赋说所揭示的比较优势来源。

 **案例 1-1**

从贸易中获益——加纳和韩国的贸易状况

1970 年加纳(非洲)和韩国的生活水平基本上相当。加纳 1970 年国民生产总值人均 250 美元,而韩国是 260 美元。到 1998 年情况有了巨大的变化。韩国人均国民生产总值(GNP)是 8 600 美元,是世界第 12 大经济大国;而加纳只有 390 美元,这反映了经济增长率的巨大差别。在 1968—1998 年,加纳 GNP 年均增长率不到 1.5%。形成鲜明对比的韩国在 1968—1998 年 GNP 平均增长 8%。

为什么加纳和韩国在近时代的经济史上有差异?答案很复杂,但两国对待国际贸易的不同态度也许能解释部分原因。世界银行的一项研究表明韩国政府履行一系列政策鼓励韩国公司参与国际贸易,但加纳政府的行为则阻碍国内生产商参与国际贸易。结果,1980 年,加纳的贸易量占 GNP 的 18%,而韩国的贸易量则占 GNP 的 74%。

加纳 1957 年成为英国在西非殖民地上第一个独立国家,第一任总统克瓦姆·克鲁玛(Kwame Nkrumah)执行反贸易政策,对进口商品征高额关税。替代进口的政策的目的是强化加纳在某些产品上的自给自足能力。这项政策的实行阻碍了加纳企业进口商品的行为。结果导致巨大的损失,把非洲最富裕的国家变成世界最贫穷的国家之一。

为了说明加纳反贸易政策是如何毁坏了国家的经济,我们来看一看加纳政府对可可贸易的干涉。宜人的气候、肥沃的土壤和四通八达的运输路线给加纳提供了在可可生产方面绝对的优势和条件。加纳被视为世界上最适宜种可可的地方。1957 年加纳是世界上最大的可可生产国和出口国。紧接着,新独立的国家政府建立了一个国家控制下的可可销售商会。商会有权制定可可价格,且被指定是全国可可唯一买家。商会压价付给种植可可的农民,而转手在国际市场以国际市场价销售可可。从农民手中买可可是以每磅 25 美分买进,而在国际市场却以每磅 50 美分售出。商会通过压低付给种可可的农民的费用,把差价划归到政府国库,从而获得出口利益。这些钱用于政府国有化和工业化的资金。世界可可价格则大幅度增长。

加纳农民转而种植粮食作物,粮食作物允许在加纳国内销售。7 年间,该国生产和出口可可量骤减了 1/3。同时加纳政府试图通过国营企业方式建立一个工业基地的计划也以失败告终。加纳出口的不断下降,使全国进入经济衰退,导致该国外汇储备减少,严重制约了进口必需品的支付能力。

加纳政府以自我为中心的贸易政策导致国家的资源从种植可可这一有利可图的经济活动转向了种植粮食作物和制造业,而这两项并没有优势而言。国家资源无效率的滥用严重损害了加纳的经济,制约了国家的经济发展。

与之对照,韩国政府采取的贸易政策如何呢? 世界银行认为韩国贸易政策非常有利于对外开放。该政策强调制造品(不是农产品)进口实行低关税,且鼓励韩国公司出口。从 20 世纪 50 年代末开始,韩国政府逐渐把进口关税从平均 60% 的进口商品价格,降到 20 世纪 80 年代中期的不到 20%,大多数非农产品的进口税被取消了。另外,进口商的补贴从 20 世纪 50 年代末的 90% 降低到 20 世纪 80 年代早期的 0%。同一时期韩国逐渐减少了给韩国出口商的补贴,从 20 世纪 50 年代补贴售价的 80% 到 1965 年补贴不到 20% 直至 1984 年的零补贴。除农业部分(农场主强大的游说力量控制着农产品进口的态势),韩国逐渐向自由贸易发展。

韩国对外开放的姿态在经济上得到了回报,引起了显著的变化。起初韩国的资源从农业转向劳动密集型产品的制造,尤其是纺织、布料和鞋类。丰富、廉价且受过良好教育的劳动力资源形成了韩国相对在劳动密集型制造业方面的优势。最近,因为劳动力成本提高,经济增长的空间发展到资金密集型的产业,特别是汽车、半导体、家用电器和高级设备等产品。发展使韩国发生了巨大的变化,20 世纪 50 年代后期,全国 77% 的劳力从事农业产业工作,而现在这个数字已降到不足 20%。在这同一期间,制造业占有率从当初不到 10% 的国民生产总值,提高到 30% 占有率,而国民生产总值年增长率超过 9%。

资料来源:[美]查尔斯·W. L. 希尔. 当代全球商务[M]. 第 3 版. 曹海陵,刘萍,译. 北京:机械工业出版社,2004:89,90.

一、亚当·斯密的绝对优势贸易理论

亚当·斯密是英国著名的古典政治经济学代表人物,他提出了绝对成本理论。亚当·斯密处在从工场手工业向大机器工业过渡时期,其代表著作《国民财富的性质和原因的研究》(*Inquiry into the Nature and Causes of the Wealth of Nations*,1776 年出版,简称《国富论》)是一部奠定古典经济学理论体系的著作。在该书中,他提出了国际分工和自由贸易的理论,并以此作为他反对重商主义的"贸易差额论"和保护贸易政策的重要武器,对国际分工和国际贸易理论作出了重要贡献。他的基本经济思想是"自由放任",这一原则也被用于国际贸易理论——绝对成本说。该理论的主要内容是,依据绝对成本优势进行专业化生产,然后进行交换,可以使所有的参与者获取贸易利益。亚当·斯密的绝对优势贸易理论也称为绝对利益论(theory of absolute advantage)、地域分工说(theory of territorial division of labor)或绝对成本说(theory of absolute cost)。

亚当·斯密认为,如果一个国家能比其他国家更廉价地生产某种产品,这个国家在该商品的生产上就具有绝对优势;每一个国家都应该专业生产它具有绝对优势的产品以提高劳动生产率,然后将其剩余产品出口,换取其他国家生产上具有绝对优势的产品;这样能使所有参与国际分工和国际贸易的国家增加物质财富(见表 1-1)。

表 1-1 绝对优势贸易理论表解

过程阶段	国家	葡萄酒产量/单位	投入劳动/人·年	毛呢产量/单位	投入劳动/人·年
分工前	英国	1	120	1	70
	葡萄牙	1	80	1	110
	合计	2		2	
分工后	英国			$\frac{70+120}{70}=2.7$	$120+70=190$
	葡萄牙	$\frac{80+110}{80}=2.375$	$80+110=190$		
	合计	2.375		2.7	
交换后	英国	1		$2.7-1=1.7$	
	葡萄牙	$2.375-1=1.375$		1	

注:(1)假定在一国内部劳动同质,即劳动跨行业移动无效率损失,如在英国,生产酒的工人转移到毛呢行业后,生产率和本来就生产毛呢的工人的效率一样为 1/70;但劳动在国家之间异质。

(2)假定没有贸易障碍,即自由贸易。

(3)x 人年表示 x 人工作 1 年。

(4)为了计算简单,假定酒和毛呢的交换比例为 1∶1。关于交换比例的确定,请参考本章的附录 1-2。

在表 1-1 中,显然,英国、葡萄牙分别在生产毛呢和葡萄酒上具有绝对优势。所以,英国应将原来生产葡萄酒的劳动(120 人年)转移至毛呢的生产上,从而用于生产毛呢的劳动由 70 人年增加到 190 人年(＝70＋120),相应地,毛呢的产出也由 1 单位增加到 2.7 单位。同理,葡萄牙专业化生产葡萄酒,产出为 2.375 单位葡萄酒。和分工前相比较,两国的总投入未变,但毛呢和葡萄酒的总产出都增加了,这表明劳动生产率提高了。接下来,英国和葡萄牙按照 1 单位葡萄酒交换 1 单位毛呢的比例进行交换,则与国际分工前相比较,英国多得 0.7 单位的毛呢,葡萄牙多得 0.375 单位的葡萄酒。此即这两个国家参与国际分工和国际贸易所获得的利益。

亚当·斯密的理论有以下前提:①两个国家和两种可贸易产品;②两种产品的生产都只有劳动这一种要素投入;③两国的劳动生产率不同;④生产要素(劳动)供给是给定的,且要素在国内不同部门之间可以自由流动,但在国家之间则完全不能流动;⑤规模报酬不变;⑥完全市场竞争;⑦无运输成本;⑧两国之间贸易平衡。[①]

当代经济学家称绝对成本说为"内生比较利益说"。内生比较利益是指如果一个国家选择专业生产某种产品,它可以创造出原来没有的比较和绝对优势。

 **案例 1-2**

蜡烛工的请愿

有时讽刺与讥笑在影响公众舆论上比理论和逻辑更有效。例如,在重商主义哲学盛行时期,保护主义蔓延,被激怒的法国经济学家巴斯底特(Frédéric Bastiat,1801—1851),通过以子之矛攻子之盾的方法压倒了保护主义者。巴斯底特在 1845 年虚构的法国蜡烛工人请愿的故事中,成功地打击了贸易保护主义。现摘录如下:

我们正在经受着无法容忍的外来竞争,他(外来竞争者)看来有一个比我们优越得多的生产条件来生产光线,因此可以用一个荒谬的低价位占领我们

---

　　① 经济学家在进行经济分析(包括国际贸易分析)时,要先提出前提,即将许多不存在直接关系和不重要的变量假设为不变,并将许多不直接影响分析的其他条件尽可能简化,以便简化分析。不过,除了明确的前提,有些是暗含的。在本书以后的阐述中,出于简洁和阐述连贯的需要,有时省略前提。但并不能因此说前提不重要。事实上,若前提发生变化,结论往往不能继续成立。

整个国内市场。我们的顾客全部都涌向了他。当他出现时,贸易不再与我们有关,许多有无数分支机构的国内工业一下子停滞不前了。这个竞争对手不是别人,就是太阳。

我们所请求的是,请你们通过一道法令,命令关上所有窗户、天窗、屋顶窗、帘子、百叶窗和船上的舷窗。一句话,所有使光线进入房屋的开口、边沿、裂缝和缝隙,都应当为了受损害的工厂而关掉。这些值得称赞的工厂使我们以为它们已使我们的国家满意了。作为感激,我们的国家不应当将它们置于一个如此不平等的竞争之中……仅仅因为或部分因为进口的煤、钢铁、奶酪和外国的制成品的价格接近于零,你们对这些商品的进口就设置了很多限制,但为什么当太阳的价格整天都处于零时,你们却不加任何限制,任它蔓延?

如果你们尽可能减少自然光,从而创造对人造光的需求,哪个法国蜡烛制造商会不欢欣鼓舞?如果有更多的牛脂被消耗,就将会有更多的牛和羊,相应地,我们会有多倍的人造草场、肉、毛、皮和作为植物生产基础的肥料。

资料来源:Dominick Salvatore. 国际经济学[M]. 第 5 版. 朱宝宪,吴洪,等,译. 北京:清华大学出版社,1998:28.

二、大卫·李嘉图的比较利益说

亚当·斯密的绝对优势理论是有局限性的,最重要的是不能解释以下现象:在两个国家两种产品模型里,如果其中一个国家在两种产品的生产上都处于绝对劣势,另一个国家在两种产品的生产上都处于绝对优势的情况下,这两个国家是否还能或有必要参与国际分工并通过国际贸易获取贸易利益?因此,斯密的理论于 1817 年受到大卫·李嘉图以及他的比较利益学说①的挑战。

大卫·李嘉图是英国工业革命深入发展时期的经济学家,其代表作是1817 年出版的《政治经济学及赋税原理》(*On the Principles of Political Economy and Taxation*)。李嘉图的比较利益说(也称为比较成本理论)可以概括为:在两个国家两种产品模型里,即使甲国在两种产品的生产上都处于

① 事实上,在李嘉图发表《政治经济学及赋税原理》(1817)一书的两年前(1815),罗勃特·托伦斯(Robert Torrens)在他的《关于玉米对外贸易》的论文中就已提出了比较优势的概念。可见,托伦斯也是比较优势贸易理论的创始者之一,但李嘉图则是第一个用具体数字来说明这一原理的经济学家。当代经济学家萨缪尔森曾戏谑地称李嘉图"棉布和葡萄酒贸易"一例中的数字为"四个有魔力的数字"。由于这四个数字,使得人们在讨论这一理论时只记住了李嘉图而不知道托伦斯。详见海闻等,2003:56,57。

绝对优势,乙国在两种商品的生产上都处于绝对劣势,但只要乙国在两种商品的劣势程度有所不同,则乙国在劣势较轻的商品上就具有相对比较优势;如果乙国"两害取其轻",利用这种相对比较优势进行专业化生产,甲国"两利取具重",从事优势较大的商品专业化生产,然后将它们的产品进行国际交换,双方同样能从国际分工和国际交换中获得利益(见表 1-2)。

表 1-2 比较利益说表解

过程阶段	国家	葡萄酒产量/单位	投入劳动/人·年	棉布产量/单位	投入劳动/人·年
分工前	英国	1	120	1	100
	葡萄牙	1	80	1	90
	合计	2	200	2	190
分工后	英国			$\frac{100+120}{100}=2.2$	220
	葡萄牙	$\frac{80+90}{80}=2.125$	170		
	合计	2.125	170	2.2	220
国际交换	英国	1		$2.2-1=1.2$	
	葡萄牙	$2.125-1=1.125$		1	

比较优势可以用以下指标来衡量:①"相对劳动生产率",是不同产品劳动生产率的比率,或两种不同产品的人均产量之比,用公式表示即产品 A 的相对劳动生产率(相对于产品 B)$=\dfrac{\text{产品 A 的劳动生产率(人均产量:}Q_A/L)}{\text{产品 B 的劳动生产率(人均产量:}Q_B/L)}$($L$ 代表劳动);②"相对成本",是指 1 单位一种产品的要素投入与 1 单位另一种产品的要素投入比例,用公式表示即产品 A 的相对成本(相对于产品 B)$=\dfrac{\text{单位产品 A 的要素投入量}(\alpha_{LA})}{\text{单位产品 B 的要素投入量}(\alpha_{LB})}$;③"机会成本",是指为了多生产产品 A 而必须放弃的产品 B 的数量,用公式表示即产品 A 的机会成本 $=\dfrac{\text{减少的产品 B 的产量}(\Delta Q_B)}{\text{增加的产品 A 的产量}(\Delta Q_A)}$。

在表 1-2 中,根据"相对成本",显然,英国在棉布的生产上具有相对比较优势,应专业化生产棉布;相应地,葡萄牙应专业化于葡萄酒生产。从"分工后"一行里可以看出,两国各自投入未变的情况下,棉布和葡萄酒的总产量都增加了,这表明劳动生产率得以提高。然后,两国按照 1 单位葡萄酒交换 1 单位棉布的比例进行交换,和国际分工前相比较,英国多得 0.2 单位的棉布,葡萄牙多得 0.125 单位的葡萄酒。此即这两个国家参与国际分工和国际贸易所获得的利益。

当代经济学家称比较成本说为"外生比较利益说"。外生比较利益是指因天生条件的差别(生产技术或资源方面的差别)而产生的一种特别的贸易好处。

 **专栏 1-1**

古典贸易理论的启示

由斯密创造并由李嘉图发展的古典贸易理论给人们的启示是,国家之间应进行自由贸易。如图 1-1 所示,在没有规模经济、没有 R&D 和技术进步、没有交易成本、完全市场竞争的条件下,进口国的关税会导致进口国的福利损失。要说明的是,这里考虑的是小国即国际市场价格的接受者(price-taker)的情况。

在图 1-1 中,横轴表示某种产品的数量,纵轴表示价格(完全市场竞争条件下也就是成本)。世界价格为 OE,点 E 为世界价格和纵轴的交点。ED 为国内征收的关税,点 D 为包含关税的国内价格与纵轴的交点。S_D 为国内供给曲线,也是国内生产者的边际成本曲线,表示边际成本递增,即随着产量增加,成本(或价格)亦增加。D_D 为国内对该产品的需求曲线,与纵轴交于点 C,交国内价格线于点 B,交世界价格线于点 A。对实施贸易保护(在此为征收关税)的分析,涉及消费者剩余和生产者剩余两个概念。

"消费者剩余"(consumer surplus)可以通俗地表述为消费者对产品愿意支付的高于实际价格的价格,与消费者实际支付的价格的差额,这一差额乘以那些愿意购买的单位个数就是总消费者剩余。在图形上表现为顶部由需求曲线、底部为市场价格围成的区域。在图 1-1 中,自由贸易条件下,消费者剩余为 $a+b+c+d+f$(f 为三角形 BCD 的面积)。在征收关税以后,国内价格上涨,总消费者剩余减少了 $a+b+c+d$,降至了 f。

"生产者剩余"(producer surplus)即生产者实际得到的价格,与生产者愿意得到的最低价格的差额,这一差额乘以那些愿意供给的产品单位个数就是总生产者剩余。在图形上表现为底部由供给曲线、顶部为市场价格围成的区域。在图 1-1 中,对国内生产者来说,自由贸易条件下,生产者剩余为 e。征收关税后,生产者剩余由于国内价格提高和供给增加而增加了 a。

另外,征收关税后,进口减少,政府得到了进口量与关税的乘积所决定的面积 c。

综合来看,进口国净损失为$(b+d)$。

所以,古典贸易理论得出的结论是,关税的影响是降低国民福利。古典经济学家们因此得出了两个关于关税影响方面尤为重要的结论。首先,关税通常减少世界财富;其次,关税通常降低有关国家的福利,包括那些征收关税的国家。但是,对第二个结论却有两种例外情况:一种情况是当一国是某种产品的进口大国即具有一定程度的买主垄断地位,从而能够影响该产品的国际市场价格时,可利用其市场支配地位征收使其利益最大化的"最优关税"。在这种情况下,该国作为一个整体能够使购买进口产品的边际成本小于任何个人或公司在没有关税的情况下单独购买所支付的价格。另一种例外情况涉及把关税视为一种消除国内经济中的欠缺或"扭曲"的有效方法的"次佳"争论。显然,这两种例外情况依赖于古典贸易理论前提的某些改变。

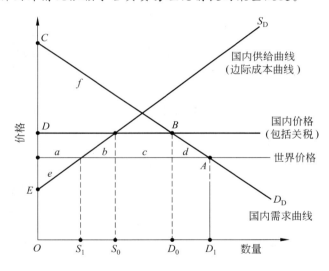

图 1-1　关税对进口小国福利的影响

李嘉图以后的经济学家们通常接受比较优势的思想并把自由贸易视为有根据的。实际上,GATT/WTO 这个规定国际贸易指南的国际组织在制定各项条款时也考虑李嘉图的比较优势贸易理论。

三、赫克歇尔-俄林的要素禀赋说

尽管对李嘉图理论深信不疑,经济学家们还是不断地用放宽李嘉图理论中假设条件的方法来对李嘉图模式进行发展。对大卫·李嘉图模式最重要的发展是赫克歇尔和俄林。赫克歇尔和俄林均是瑞典著名的经济学家,俄林是赫克歇尔的学生。赫克歇尔于 1919 年发表的论文《对外贸易对国民收入之影响》中,提出了要素禀赋说的基本论点,他的学生俄林接受了这些论点,于 1933 年出版了代表作《域际和国际贸易》,创立了要素禀赋说。由于他采用了其师赫克歇尔的主要观点,因此又叫作赫克歇尔-俄林原理(Heckscher-Ohlin theorem),或简称赫-俄原理(H-O theorem)。俄林曾于 1977 年获得诺贝尔经济学奖。

(一)要素禀赋说的主要内容

要素禀赋说的两块基石是各国生产要素禀赋的相对比例不同(国家不同的要素充裕程度),以及生产不同产品所需要素比例不同(或产品具有可区别的要素密集度)。该理论假设所有国家都拥有相同的技术、生产函数相同,在不同国家间劳动同质,排除了规模经济,也不考虑各国对产品偏好的差异,完全竞争的市场、自由贸易、没有运输成本以及生产要素在国家间完全不流动。在以上条件下,其理论的主要内容为:

(1)各国所生产的同一产品价格的国际绝对差异是国际贸易发生的直接原因。商品价格的国际绝对差异是指同种商品在不同国家把用本国货币表示的价格都换算成同一种货币表示的价格不同。当不考虑运输费用(也不考虑其他交易成本)时,则从价格较低的国家输出商品到价格较高的国家是有利的。

(2)各国商品价格比例不同是国际贸易产生的必要条件。商品价格的国际绝对差异是国际贸易产生的直接原因,但并不是存在商品价格的国际绝对差异国际贸易就能发生,还需具备一个必要条件,即交易双方必须国内价格(成本)比例不同[①]。就是说,国际贸易必须符合比较成本优势的原则。

(3)各国商品价格比例不同是由要素价格比例不同决定的。所谓要素价格,是指土地、劳动、资本、技术、知识、管理等生产要素的使用费用,或称为要素的报酬。俄林假设各国生产的物质条件是相同的,或者说各国生产函数(指生产某种产品所投入的各种生产要素的比例关系)是相同的,但各国生产要素的价格比例不同,而各国商品价格等于生产要素价格乘以相同的生产函数,所以各国商品的价格比例是不同的。

---

① 在完全竞争市场条件下,商品价格等于生产成本。

（4）要素价格比例不同是由要素供给比例不同决定的。所谓要素供给比例不同，是指要素的相对供给不同。也就是说，同要素需求相比，各国所拥有的各种生产要素的相对数量是不同的。俄林认为，在要素的供求决定要素价格的关系中，要素供给是主要的。在各国要素需求一定的情况下，供给丰裕的生产要素价格便宜；相反，稀缺的生产要素价格就昂贵。

（二）要素禀赋说的主要结论

（1）在国际分工中，一个国家应该出口密集地使用本国相对丰裕的生产要素生产的产品，进口密集地使用本国相对稀缺的生产要素生产的产品。此即要素禀赋说所确定的一国进出口商品结构，也称为 H-O 定理。具体来说，如果一个国家劳动丰裕，资本稀缺，则应出口劳动密集型产品，进口资本密集型产品；相反，如果一个国家劳动稀缺，资本丰裕，则该国应出口资本密集型产品，进口劳动密集型产品。所谓要素密集型产品，是指根据产品里面投入的所占比例最大的生产要素种类不同，把产品分成不同的种类，即哪种生产要素在一种产品的投入要素中所占比例最大，就把该产品叫作这种生产要素密集型产品。比如，生产纺织品劳动投入所占的比例最大，就叫它劳动密集型产品；生产小麦土地投入占的比例最大，就称小麦为土地密集型产品。另外，用 X、Y 表示两种产品，K、L 分别表示资本和劳动，若 $(K_X/L_X) < (K_Y/L_Y)$，则相对地称 Y 产品为资本密集型产品，X 产品为劳动密集型产品，不论 (K_X/L_X) 是否小于 1。

（2）国际分工——国际贸易的结果会消除贸易国之间商品价格的差异，使生产要素收入趋同，实现生产要素在两国间的间接流动，从而弥补生产要素在国家间不能自由流动的缺陷。

（三）要素价格均等化说

以上所述的要素禀赋说是狭义的要素禀赋说，又称为生产要素供给比例说。它通过对相互依存的价格体系的分析，用不同国家的生产诸要素的丰缺解释国际分工和国际贸易产生的原因以及一国进出口商品结构的特点。而广义的要素禀赋说，除了生产要素供给比例说之外，还包括要素价格均等化说。该学说研究国际贸易对要素价格[①]的反作用。

假定：①两个国家生产两种产品，使用两种生产要素（即 $2 \times 2 \times 2$ 模型）；

---

① H-O 模式对于要素收入（即要素价格）有三种主要的含义。一是斯托尔帕-萨缪尔森定理，其内容是：自由贸易使一国丰裕要素所有者受益，使稀缺要素所有者受损。二是专业化要素模式，其含义是：某种要素越是专业化或越是集中用于出口生产，它便越能够从贸易中获益。相反地，一种要素越是集中用于可进口商品的生产，它便越容易从贸易中受损。三是要素价格均等化定理（见下文）。

②竞争在所有市场存在;③各种要素供给是固定的,在一国内部门间自由流动,但在国家间不存在要素流动;④规模报酬不变;⑤无论有无贸易,各种要素在各国都被充分利用;⑥不存在运输费用;⑦无贸易壁垒;⑧国家间任一产业的生产函数是相同的,且是线性齐次的(投入、产出同比例变化);⑨无"要素密集度逆转";⑩两个国家在自由贸易条件下生产特定数量的两种商品。

要素价格均等化定理为:在以上假定下,自由贸易不仅使商品价格均等化,而且使两国间的各种要素价格均等化,以至于即便在要素不能在各国间流动的情况下,两国工人也将得到相同的工资,单位面积的土地将得到相同的地租收益。

要素价格均等化首先是由俄林提出的,与此同时他也看到,生产要素价格的完全相同几乎是难以想象的,因为产业需求往往是对几种要素的"联合需要",它们的结合比例不能任意改变,同时生产要素在国家间不能充分流动,即使在国内,生产要素从一个部门流向另一个部门也不是充分便利的。所以,俄林只是把生产要素价格均等化看成是一种趋势。1949 年萨缪尔森发表了《再论国际要素价格均等化》,在此文中他用数学方法论证了在特定条件下,国际要素价格均等化是必然的,而不是一种趋势。由于萨缪尔森提出了国际要素价格必然均等的定理,所以,资源赋予论后来又被称为赫克歇尔-俄林-萨缪尔森理论(即 H-O-S 模式)。

(四)经济学家们对要素禀赋说的批评

首先是 H-O 原理的一些假设条件似乎并没有反映国际经济的现实。例如,由于规模经济的原因,一国可能已决定坚持生产本国并没有比较优势的某一特殊产品,直到产量累积到足以体现规模经济效益,而且规模经济收益大于放弃专业化生产具有比较优势产品的损失,从而建立新的比较优势。相关的规模经济可能是企业内部规模经济,也可能是外部规模经济,如某一产业的规模经济或相互依赖的某些产业的规模经济。又例如,该理论假定国家间拥有相同的技术,即在一个国家可能发生的经验与技术方面的发明创新在另一个国家也同样(同时)可能发生。但弗农(Raymond Vernon)和威尔士(Louis T. Wells)坚持认为发明创新在确定贸易格局方面起着重要作用,而且对某些产品的发明创新往往在一些国家发生而在另一些国家则不然,这些发明至少在短时间里为一些国家产生比较利益。

其次是认为这一理论是静态的,理由是该理论暗指生产资源是在当地被发现而不是被创造出来的。根据这一观点,一些国家如果坚持它们的"天然"优势,那么这些国家就会陷于次佳和二等的经济体。另外,该理论没有包括由于经济结构变化所导致的调整。H-O 原理主张一国应充分利用它现有的资源而不是在即将到来的经济结构变化前抢先行动,并在即将出现的新产业中建立竞争实力,而实际上许多政府的产业政策正是瞄准了这些目标,特别是在高技术领域。

对 H-O 原理最值得注意的挑战是以经验为依据的里昂惕夫(Vassily W. Liontief)之谜。里昂惕夫是美籍俄国人,美国著名经济学家,长期任哈佛大学教授并有重要的国内外兼职。由于他的投入-产出分析在经济学中的贡献,曾获 1973 年诺贝尔经济学奖。他在《国内生产与对外贸易:美国资本状况的再检验》这一篇具有重大影响的论文里表明,按照他的计算,美国进出口商品的资本/劳动比率与 H-O 原理预料的结果正好相反,美国出口产品按平均值计算不如其进口替代产品的资本密集程度高。这一发现后来被人们称为"里昂惕夫之谜"。它激励了许多经济学家对比较利益来源可选的理解方法进行研究。尽管如此,H-O 原理到 20 世纪 80 年代一直是国际贸易理论大厦的基石。

 **专栏 1-2**

里昂惕夫之谜

第二次世界大战后,在第三次科技革命的推动下,世界经济迅速发展,国际分工和国际贸易都发生了巨大变化,传统的国际分工和国际贸易理论更显得脱离实际。在这种形式下,一些西方经济学家力图用新的学说来解释国际分工和国际贸易中存在的某些问题,这个转折点就是里昂惕夫悖论(The Liontief Paradox),或称里昂惕夫之谜。

按照 H-O 原理,一个国家应该出口密集地使用本国较丰裕的生产要素所生产的产品,进口密集地使用本国较稀缺的生产要素所生产的产品。里昂惕夫对此确信不疑。基于以上的认识,他利用投入-产出分析法对美国的对外贸易商品进行具体计算,目的是对 H-O 原理进行验证。他把生产要素分为资本和劳动两种,对 200 种商品进行分析,计算出每百万美元的出口商品和进口替代品所使用的资本和劳动量,从而得出美国出口商品和进口替代品中所包含的资本和劳动的密集程度。其计算结果见表 1-3。

表 1-3　美国出口商品和进口替代商品对国内资本和劳动的需要量

项目	1947 年		1951 年	
	出口	进口替代	出口	进口替代
资本/美元	2 550 780	3 091 339	2 256 800	2 303 400
劳动/人年	182.313	170.004	173.91	167.81
人均年资本量	13 991	18 184	12 977	13 726

　　从表 1-3 可以看出,1947 年平均每人进口替代商品的资本量与出口商品的资本量相比是 18 184∶13 991＝1.30,即进口替代商品的资本劳动比率比出口商品高出 30%,而 1951 年的比率为 1.06,即高出 6%。尽管这两年的比率的具体数字不同,但结论基本相同,即这两个比率都说明美国出口商品与进口替代品相比,前者更为劳动密集型。据此显然可以认为美国出口商品具有劳动密集型特征,而进口替代商品更具有资本密集型特征。这个验证结论正好与根据 H-O 原理推理的结论相反。正如里昂惕夫的结论所说:"美国之参加分工是建立在劳动密集型生产专业化基础上,而不是建立在资本密集型生产专业化基础上。"[①]

　　里昂惕夫发表其验证结论后,使西方经济学界大为震惊,将这个不解谜称为里昂惕夫之谜,并掀起了一个验证探讨里昂惕夫之谜的热潮。

　　里昂惕夫之谜也称为里昂惕夫悖论。它的内容可以概括如下。

　　(1) 根据 H-O 原理,一个国家应该出口密集地使用本国相对丰裕的生产要素生产的产品,进口密集地使用本国相对稀缺的生产要素生产的产品。

　　(2) 第二次世界大战后,人们认为美国是一个资本丰裕而劳动稀缺的国家,按照 H-O 原理,美国应该出口资本密集型产品,进口劳动密集型产品。

　　(3) 里昂惕夫对美国出口商品和进口替代品的资本/劳动比率进行了计算,目的是验证 H-O 原理,但是结果发现美国出口的是劳动密集型产品,进口的是资本密集型产品,与理论推理结果正好相反。

　　上述矛盾即为里昂惕夫之谜。

---

　　① 里昂惕夫.国内生产与对外贸易:美国资本状况的再检验[J]. Economical Internativnal,1954(7):3-32.

第二节 比较优势的理论来源（二）

赫克歇尔-俄林的要素禀赋说阐明了一国的进出口商品结构，即一国应该出口密集地使用本国相对丰裕的生产要素生产的产品，进口密集地使用本国相对稀缺的生产要素生产的产品。但里昂惕夫之谜引起了人们对该理论的怀疑，导致许多经济学家做了许多研究工作去寻求解释为什么会出现这种意想不到的结论。本节将简要地介绍一些主要解释的内容，进而探讨以下问题：国际贸易与生产格局如果不是由要素比例决定，那么是由什么决定的呢？

一、熟练劳动说

根据里昂惕夫本人的解释，他认为谜与 H-O 原理是一致的。他认为美国工人的劳动生产率大约是其他国家工人劳动生产率的 3 倍。在以劳动效率为单位的条件下，美国就成为劳动丰裕而资本稀缺的国家了。因此，美国出口劳动密集型产品，进口资本密集型产品（也可以这样理解，即美国生产的进口替代品的 K/L 在国外实际为 $K/(3L)$，因此美国从国外进口的产品就具有劳动密集性了）。至于美国工人劳动生产率高的原因，他的解释是，由于美国企业科学的管理、高水平的教育、优良的培训、可贵的进取精神等。但是，一些研究表明实际情况并非如此。例如，美国经济学家克雷宁（Krelnin）经过验证，认为美国工人的效率和欧洲工人相比，美国工人的效率最多为欧洲工人的 1.2～1.5 倍。因此，他的这个论断通常不为人们所接受。

在此基础上，美国经济学家基辛（D. B. Keesing）对这个问题进一步加以研究。他利用美国 1960 年人口普查资料，将美国企业职工区分为熟练劳动和非熟练劳动（指不熟练和半熟练工人）。他根据这两大分类对 14 个国家的进出口商品结构进行了分析，得出以下结论：资本较丰裕的国家往往也是熟练劳动较丰裕的国家，倾向于出口熟练劳动密集型商品；资本较缺乏的国家往往也是熟练劳动稀缺而非熟练劳动丰裕的国家，倾向于出口非熟练劳动密集型商品。他解释说，美国出口商品中的熟练劳动含量要多于进口替代品的熟练劳动含量。进口替代品是指美国国内生产的与进口产品直接竞争的产品。

凯南（P. B. Kenen）等人认为，劳动是不同质的，这种不同质表现为由劳动熟练程度决定的劳动效率的差异。劳动熟练程度的高低，取决于对劳动者进行培训、教育和其他相关开支，即决定智力开支的投资。因此，高劳动效率和熟练程度归根结底是投资的一种结果,是资本支出的一种产物。所以,在计算国际贸易商品的资本/劳动比率时,资本应包括有形资本和无形资本即人力资本。所谓人力资本是指投资于人的劳动技能的训练所花费的费用,包括政府投资、个人投资以及个人接受教育、训练的机会成本。但是,人力资本的量化是比较困难的。凯南对人力资本的估计方法是把熟练劳动的收入高出简单劳动的收入的部分资本化。他认为,在计算美国出口商品的资本/劳动比率时,不能仅考虑物质资本(即有形资本),也要考虑人力资本。以 K、K'、L 分别表示物质资本、人力资本和劳动,美国出口商品的资本/劳动比率应为 $(K+K')/L$。经过这样的处理,美国出口商品就相对具有资本密集性了,里昂惕夫之谜就消失了。这种解释的困难在于现实中还存在着受教育程度和所得报酬之间的不对应现象。[①]

二、自然资源产业说

有的经济学家认为,一些国家的贸易中出现里昂惕夫之谜是因为没有考虑自然资源禀赋这个因素。自然资源与资本要素具有互补的性质:如果某些自然资源不足,要生产一定的该种自然资源密集型产品,就必须投入较多的资本要素。比如,香蕉等热带水果在热带地区的国家是土地密集型产品,但若在美国的阿拉斯加州生产,就必须投资建立昂贵的温室,从而成为资本密集型产品。

美国的一些进口产品,正是资源密集型产品。因为生产这些产品所要求的自然资源在美国相对不足,所以这些产品作为进口替代品在美国生产,就必须以较高的资本投入来弥补,这就是"里昂惕夫之谜"形成的原因。也就是说,美国进口实际上是以自然资源密集型产品为主,其贸易格局是节约稀少资源的。由于里昂惕夫考察的是美国生产的进口替代品,因而这些产品在国外生产所需的较密集地使用的自然资源要素,在美国就由较密集地使用的资本要素替代了。[②]

①　据新华网(2003-10-30)报道,复旦大学就业服务指导中心对 2003 年就业的 2003 届 2 400 多名毕业生所做调查结果发现,硕士毕业生的薪酬最高,实际薪酬为 3 871 元,比去年增加 459 元,博士毕业生的实际薪酬为 3 347 元,比去年增加 543 元。见"专业比性别差异更明显,复旦毕业生平均薪酬增加"。

②　这种解释已经包含了要素密集度逆转的思想。所谓要素密集度逆转(factor-intensity reversal)是这样一种情形:某一特定商品,在劳动力相对充裕的国家可以劳动密集的方式生产,即属于劳动密集型产品;在资本相对充裕的国家则可以资本密集的方式生产,属于资本密集型产品。例如,小麦在许多发展中国家都是劳动密集型产品,而在美国却是资本密集型的。H-O 原理假定,无论生产要素的价格比例实际如何,某种商品总是以某种要素密集型方式生产。显然,这种假定是不现实的,因为有要素密集度逆转这一现象存在。根据这种解释,美国进口的产品在国内可以资本密集型方式生产,但在国外却是以劳动密集型方式生产,从美国的角度来看,会造成进口品为资本密集型产品的错觉。不过,经济学家们的分析表明,要素密集度逆转现象不是一种普遍现象,仅存在于一些特殊行业或产品。

瓦耐克(J. Vanek)在 1959 年发现,从总体上说,美国进口产品中的自然资源密集型产品是出口产品中自然资源密集型产品的两倍。里昂惕夫再次审查他的原始数据发现,如果从他的分析中把自然资源产业排除在外,"里昂惕夫之谜"就消失了。

三、需求偏好相似说

　　按照 H-O 原理,国际贸易的基础是比较成本的差异,而比较成本的差异来自各国生产要素禀赋的相对比例不同和生产不同产品所需要素比例不同。因此,生产要素禀赋的差异越大,发生贸易的机会越大,可能的贸易量越大,大量的国际贸易应是工业发达、资本存量丰富的国家和土地或劳动丰裕的非工业国家之间以工业品交换初级产品的贸易。但现实是,第二次世界大战后,国际贸易主要是发达工业国家之间的工业品与工业品的交换。针对这一矛盾,瑞典经济学家林德尔(Linder)提出了偏好相似论[①],主要内容如下:

　　(1) 一国的新产品首先必须满足本国的需求,然后再出口到国外,满足外国的需求。林德尔对制成品断言,可出口产品的范围是由国内需求决定的。一种产品在国内被消费(或投资),对于这种产品成为潜在的出口产品是一个必要但不充分的条件。在这里,国内需求必须是一国需求的"代表",即一国首先应该专业化于国内大多数人所需求的产品的生产。如在美国,这些产品是指那些迎合中产阶级和中上层社会收入的人们所需求的产品;而在中东国家,尽管有些人拥有林肯等名贵小轿车,但这种车并不包括在具有代表性的产品中。这一观点暗含着这样一个结论,即一国企业家将生产他们所最了解的、代表国内需求的产品,对发明创造的开发利用被首先用来迎合国内市场需求。当本地的市场潜力不足,企业家们意识到可以从国外获利时,他们开始出口产品,出口到那些与本国需求结构相似的国家。因此,两国的需求结构(需求偏好)越相似,两国开展贸易的可能性就越大。

　　(2) 决定一个国家的需求结构的是该国的人均收入水平。不同收入水平的国家,其需求结构是不同的。因此,两国人均收入水平和收入分配方式越相近,两国的需求结构越相似,相互需求就越大,贸易量也就越多,越会成为特别牢固的贸易伙伴。

---

　　① 从需求方面论述国际贸易的另一种观点是需求偏向说。这种观点认为,各国由于国内需求不同,可能出口在成本上并不完全占优势的产品,而进口在成本上处于优势的产品。就美国而言,美国对资本密集型产品的需求大于对劳动密集型产品的需求,由此导致美国进口资本密集型产品,出口劳动密集型产品。

　　为什么"一国的新产品首先必须满足本国的需求,然后再出口到国外,满足外国的需求"? 该理论的解释如下。

　　(1)出口是市场扩大的结果。根据林德尔的理论,出口是在一条典型的市场扩展小路的尽头,而不是这条小路的开端。因为企业家对国外市场不可能像对国内市场那样熟悉,不可能想到一个国内不存在的需求。一个企业生产规模日益扩大后,感到本地市场狭小,开始扩大销售范围,才会想到出口赚取国外利润。当然,如果获得国外的需求信息很容易,满足需求的发明不需依靠创造性的努力,很少或完全不需要开发工作,那么,这条"典型的小路"可能会改变。

　　(2)产品发明来自于国内市场需求。一项发明很可能是解决发明者本身所处环境中遇到的切身问题而产生的。一国本身的需求才是技术革新和发明创造的推动力。如果所要解决的问题不是发明者所处的环境的一部分,那么,发现和解决这个问题都是困难的。

　　(3)出口的工业品必须先有一个国内市场,才能获得相对优势。在国内市场上,消费者与生产者之间的关键性信息容易沟通。当某种产品进入开发与改进阶段时,这种信息实际上对任何产品的推出都是必要的。企业家不大可能想到去满足一个国内不存在的需求;即使看到了国外的需求,也很难想象出满足这种需求的合适产品;即使设想出基本合适的产品,但不花费高昂的代价,也不可能生产出适合于本国企业家所不熟悉的外国市场情况的产品。因为要使一种新产品最终适合市场需要,在生产者和消费者之间必须反复地交流信息,如果消费者和市场在国外,取得信息的成本将是高昂的。

　　如何用偏好相似理论解释以下贸易格局:就消费品而言,中国的主要贸易伙伴是美国、欧盟、中国香港和日本,而不是发展中国家? 林德尔的回答是,在一国内不平均的收入分配会扩大两国之间进出口物资的范围,增加两国之间需求的一致程度,因为贫穷国家的高收入者和富有国家的较低收入者可能需求同一产品。如富康、捷达等中低档小轿车在中国和发达国家都有一定程度的需求。

四、技术差距说

　　技术差距理论认为,各国技术革新的进展情况很不一致。技术革新领先的国家发展出一种新技术或新的生产流程时,国外尚未掌握这项技术,因而产生了国家间的技术差距。技术革新领先的国家就有可能享有出口技术密集型产品的比较优势。但是,其他国家迟早会掌握这种技术,从而消除了(这项技术的)技术差距。新技术发明应用到别国掌握该项技术这段时间叫模仿滞后。在这个时期内,由于创新国家垄断了这种新产品的生产,该产品自然具有出口优势。

模仿滞后又分为反应滞后和掌握滞后两段时间,前者指发明国投产到别国开始生产这段时间,后者指别国开始生产到完全掌握这项技术不再进口这段时间。从发明国开始生产到别国进口这段时间为需求滞后(见图1-2)。

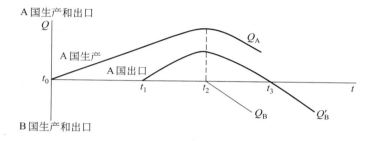

图 1-2　技术差距

图 1-2 中,纵轴 Q 上方表示创新国 A 生产和出口(B 国进口)数量,下方表示模仿国 B 国生产和出口数量(B 在 t_3 以后表示出口,Q_B 表示生产数量,Q_B' 表示出口数量)。t_0 表示 A 国开始生产,t_1 表示 A 国开始出口和 B 国开始进口,t_2 表示 B 国开始生产,t_3 表示 B 国开始出口。$t_0 \sim t_3$ 为模仿滞后,$t_0 \sim t_1$ 为需求滞后,$t_0 \sim t_2$ 为反应滞后,$t_2 \sim t_3$ 为掌握滞后。

五、产品生命周期说

技术差距论被美国经济学家弗农(R. Vernon)和威尔士(Wells)进一步发展为产品生命周期理论。弗农将产品的生命周期分为产品创新时期、成熟时期、标准化时期三个阶段。威尔士将其分为四个阶段。

第一阶段:美国(先驱国)高人均收入、高劳动力成本和相对充裕的资本促进了美国对省工产品和奢侈品的投资、创新、研究与开发。美国进行技术创新推出的新产品,首先满足国内的需求,并处于垄断地位。随着其他国家如欧洲国家逐渐富裕起来,美国的产品被销售到欧洲,并且美国公司在开始时拥有巨大的优势(见图 1-3 中的 $t_0 \sim t_2$)。

第二阶段:美国有关加工方法的知识或产品的知识趋向贬值并被传播开

来。外国厂商(往往是先驱国的子公司)开始生产并部分取代该产品进口阶段(美国开始向发展中国家出口新产品)($t_2 \sim t_3$)。

第三阶段:美国以外的国家(欧洲)参与新产品出口市场的竞争阶段($t_3 \sim t_4$)。

第四阶段:外国产品在美国市场上与美国产品竞争阶段(t_4 以后)。此时,美国成为该产品的净进口[①]国。但是,随着美国对这些产品的优势日渐消失,美国的新产品、新部门以及新产业又涌现出来取代它们。

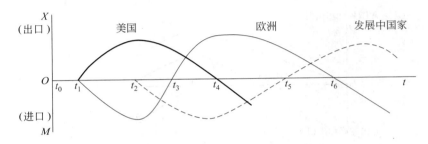

图 1-3 新产品的国际贸易

图 1-3 中,t_0 点表示美国开始生产某种新产品;t_1 点表示美国开始出口,欧洲开始进口该产品;t_2 表示美国开始向发展中国家出口,发展中国家开始进口,欧洲开始生产;t_3 表示欧洲国家开始出口该产品;t_4 表示美国开始成为净进口国;t_5 表示发展中国家开始出口;t_6 表示欧洲国家成为该产品的净进口国。

还是在图 1-3 中,在 $t_1 \sim t_2$ 阶段,美国出口到欧洲;在 $t_2 \sim t_3$ 阶段,欧洲仿造新产品,进口减少,美国向发展中国家出口;在 $t_3 \sim t_4$ 阶段,欧洲和美国在发展中国家市场竞争;在 $t_4 \sim t_5$ 阶段,发展中国家实行部分进口替代,美国成为净进口国;在 $t_5 \sim t_6$ 阶段,发展中国家出口,欧洲国家出口量减少,并最终成为净进口国。

---

① 一国在一定时期内(如一年或半年),对某一商品往往既有出口又有进口,如果该商品的出口数量大于进口数量,其差额即为净出口;反之,即为净进口。另外,从"技术差距说"和该理论可以看出,始于发达国家的新技术、新产品,发展中国家在经过一段期间后,也能够掌握并获得比较优势。但是,由于掌握的"先""后"的区别,发展中国家的盈利能力要弱得多。如美国在"二战"后不久推出的一种创新产品叫"原子笔"(即圆珠笔),售价高达 1 美元但仍然畅销。考虑到当时美元的购买力(35 美元/盎司黄金,1 金衡盎司 = 31.102 8g)以及现在圆珠笔的售价,可见单位产品的利润差距。低利润率必然影响发展中国家企业的下一轮创新投入。

六、产业内贸易说

传统的贸易是产业间贸易,各国以部门间生产专业化为基础进行商品交换,如中国向美国出口廉价鞋子,换取美国的波音飞机。但到 20 世纪 70 年代中期,产业内贸易已成为工业化国家间的一项日益增长的贸易组成部分。所谓产业内贸易是指各国以部门内、产品内生产专业化为基础的交换,这种交换是产业结构相同、消费结构相似的工业化国家之间进行的交易,如美国向日本出口大型小轿车,日本向美国出口小型小轿车。

H-O 原理认为拥有相同产业的国家间,不会有进行贸易的动因。因而该理论不能解释上述贸易格局。这导致格鲁拜尔(Glubel)发展了一种关于国际贸易的新解释,即产业内贸易说(也称同行业贸易理论)。该理论融合产品差异论、规模经济、偏好相似论三个理论解释产业内贸易产生的原因。

(一)产品差异论

产品的差异性是指产品在品质、性能、造型、设计、规格、商标及包装等方面的差异①。对公司来说,减少它所生产的差异性产品种类而增加每一种差异性产品的数量意义重大。不同的国家将专门从事于一种或少数几种可选的差异性产品。这一(些)产品种类的选择取决于实际的环境,如这个国家的历史与文化所导致的大多数居民对产品质量的需求,以及尖端技术产品的市场规模。例如,瑞典高度发达的公共住房补贴计划使瑞典的小房子很适合一种后来被称为具有“斯堪的纳维亚风格”特点的新式家具。另外,在美国的创业阶段,由于具有充足的空间和木材,出现了笨重的“殖民地风格”家具。② 由于每个国家总有这样一些人,他们具有不同于本地大多数人的口味,这就使产自不同国家的每样产品在其他各国都有不同程度的需求。正是由于各国对(有差异的)同种产品或同类产品的相互需求,从而导致同行业的国际贸易。

(二)规模经济

规模经济是指厂商进行大规模生产使成本降低而产生的经济效益。规模经济产生的原因如下:大规模生产一是能更好地利用交通运输,通信设施、金融机构、自然资源、水利、能源等良好的企业环境(即企业外部规模经济);二

---

① 这里的差异性产品是格鲁拜尔所坚持的观点意义上的产品,即仅仅是由于产品风格、使用特点上的细微变化或品牌名称上存在差异,但性能十分相似的替代品,如汽车和香烟。

② [美]戴维·B.约菲,本杰明·戈梅斯·卡斯.国际贸易与竞争——战略与管理案例及要点[M].宫桓刚,孙宁,译.大连:东北财经大学出版社,2000:14。

是能充分地发挥各种生产要素的效能,更好地组织企业内部分工和提高厂房、机器设备等固定设施的利用率(即企业内部规模经济)。在图 1-4 中,甲、乙两国技术水平一样,某一产品在两国的长期平均成本曲线完全一样,为 cc'。甲国产量为 $Q_甲$,乙国产量为 $Q_乙$。乙国因产量大于甲国而具有规模经济,可以低价出口到甲国。

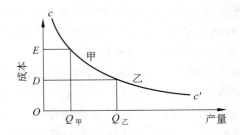

图 1-4 产量差异导致成本差异而产生的规模经济

(三)偏好相似论

即林德尔的偏好相似论的应用,如发达工业国家的收入水平相近,产业结构相近,且消费结构相近,对相互生产的产品形成广泛的相互需求。在重叠的需求部分会产生同行业贸易,重叠得越多,产业内贸易量就越大。

 **案例 1-3**

行业内贸易实例: 1964 年北美汽车协定

20 世纪 60 年代后半期,美国和加拿大之间汽车贸易的发展是一个特别明显的行业内贸易的例子,它清晰地展现了规模经济在促进国际贸易提高双方利益中的作用。虽然本案例与我们的模型并不完全匹配,但它显示了我们提出的基本概念在现实生活中是有用的。

1965 年以前,加拿大的关税保护使加拿大成为一个汽车基本自给自足的国家,进口不多,出口也少得可怜。加拿大的汽车工业被美国汽车工业的几个大厂商所控制(这一点与我们的模型不同,因为我们还没有讨论过跨国公司的作用)。这些厂商发现,在加拿大大量建立分散的生产体系比支付关税要划算。因此,加拿大的汽车工业实质上是美国汽车工业的缩版,大约为其规模的 1/10。

但是,这些美国厂商在加拿大的子公司也发现小规模带来的种种不利。

部分原因是在加拿大的分厂比其在美国的分厂要小；但重要的原因可能是美国的工厂更加"专一"——集中精力生产单一型号的汽车或配件。而加拿大的工厂则不得不生产各种各样不同的产品，以至于工厂不得不经常停产以实现从一个产品项目向另一个的转换，不得不保持较多的库存，不得不少采用专业化的机器设备等。这样，加拿大汽车工业的劳动生产率比美国的要低大约30%。为了消除这些问题，美国和加拿大政府通过努力在 1964 年同意建立一个汽车自由贸易区（附有一些限制条件）。这一举措使汽车厂商得以重组生产：这些厂商在加拿大各子公司大力削减其产品种类，例如，通用汽车削减了其在加拿大生产的汽车型号的一半。但是，加拿大的总体生产及就业水平并没改变。加拿大一方面从美国进口自己不再生产的汽车型号，另一方面向美国出口加拿大仍生产的型号。在自由贸易前的 1962 年，加拿大出口了价值1 600 万美元的汽车产品，然而却进口了 5.19 亿美元的汽车产品。但是到1968 年，这两个数字已分别成为 24 亿美元和 29 亿美元。换言之，加拿大的进口和出口均大幅度增长。

　　贸易所得是惊人的。到 20 世纪 70 年代初，加拿大汽车工业的生产效率已可与美国的同行相媲美。

　　资料来源：Paul R. Krugman，Maurice Obstfeld. International Economics：Theory and Policy(Fifth Edition)(影印版)[M].北京：清华大学出版社,2001：140-141.

　　针对 20 世纪 70 年代关于比较利益争论的观点，经济学家罗伯特·鲍德温和大卫·理查森(David Richardson)进行了总结。他们认为，要素比例在影响贸易格局方面仍然是重要的，但是人力资本和自然资源等生产要素也必须融入传统的模式中去。另外，暂时的技术上的差别、规模经济的差别、政府贸易政策方面的差别在决定世界贸易的商品结构上也起着至关重要的作用。现在重要的任务是确定在不同的时间里，这些可变因素从一个国家到另一个国家的相对重要性。[①]

　　然而，到 20 世纪 80 年代初期，经济学家们对现代国际贸易理论日益不满。首先，作为对 H-O 原理的修正，产品生命周期说和林德尔关于国内需求的假设实质上是定性分析，很难用数学的方法进行公式化。其次，按照比较利益理论，大部分国际贸易应该发生在不同种类的国家之间，即发达的工业国与

---

　　① ［美］戴维·B.约菲,本杰明·戈梅斯·卡斯.国际贸易与竞争——战略与管理案例及要点[M].宫桓刚,孙宁,译.大连：东北财经大学出版社,2000：15.

落后的非工业国之间制成品与初级产品的交换。然而,第二次世界大战后,大部分国际贸易发生在工业化国家之间,即制成品与制成品的交换。而且,这些国家的要素禀赋和产品结构日益趋同。另外,古典贸易理论中完全竞争的市场假设看起来越来越站不住脚。在跨国公司日益强大、迅速发展的世界上,规模经济的巨大、公司战略的不同,使得公司战略和政府政策影响全球市场和贸易格局成为可能。

　　基于对上述事实的考虑,学术界出现了一个新的国际贸易理论群体。克鲁格曼(Krugman)、迪克斯特(Dixit)、布兰德(Brander)以及斯潘塞(Spencer)等经济学家把不完全竞争模型和博弈论以数学方式纳入到国际贸易的研究中。迈克尔·波特(Michael Porter)、布鲁斯·斯克特(Bruce Scott)提出了强调产业结构的作用与政府政策的作用的新理论。尽管比较利益说和要素禀赋说的影响到现在也没有消除,但是李嘉图模式出现了越来越大的漏洞。

 **案例 1-4**

美国劳动力的重新分配: 行业的比较优势

　　在1970年到1980年间,与进口商品的竞争使得美国一些行业大量裁员,而伴随着美国出口的增加,一些行业又新增了大量就业机会。表1-4展示了由贸易导致的美国劳动力在行业间的重新分配。

表 1-4　1970—1980 年由于外贸美国制造业雇员的变化情况　　　　　　%

行　　业	变　化　率	行　　业	变　化　率
制鞋	−15.9	服务业设备	5.7
汽车及设备	−11.1	常用电子机械	6.0
电子元件及附件	−7.8	电子与工业设备	7.1
皮革制品	−6.3	常用机械	8.0
服装	−6.3	飞机及备件	12.8
收音机与电视机	−5.7	办公、计算及核算机械	16.1
日杂品	−5.0	发动机与涡轮机	17.8
家具及配件	−4.5	建筑与采矿机械	19.9

　　资料来源:Dominick Salvatore. 国际经济学[M]. 第5版. 朱宝宪,吴洪,等,译. 北京:清华大学出版社,1998:53.

第三节　国际贸易"新"理论

20 世纪 80 年代,出现了一个新的国际贸易理论群体。这一理论的基础是不完全竞争市场,公司和政府在影响贸易流向和国家财富方面具有战略性作用。在开发出精确的数学模型后,一些颇具影响的经济学家开始对传统的无条件自由贸易为最佳贸易政策提出质疑。在这一节,我们要概述战略性贸易政策理论和国家竞争优势论。

一、战略性贸易政策理论

自第二次世界大战以来,世界经济的最显著变化是贸易的重要性日益提高。例如,统计显示,在 1960—1980 年的 20 年间,美国制造业中进出口份额增加了一倍以上。20 世纪 80 年代,大多数美国公司首次在国内面临严峻的外国竞争。另外,美国的贸易收支趋于恶化,如 1980—1988 年,美国经常项目从 1980 年的 20 亿美元顺差变成 1988 年的 1 200 亿美元的逆差。贸易环境的变化,助长了人们对贸易理论的关注。贸易经济学家们将产业组织理论中关于规模经济、范围经济、学习效应、研究与开发竞争、技术外溢(概念见专栏 1-3)等的分析方法,用于分析国际贸易问题,产生了战略性贸易政策理论。

所谓战略性贸易政策,是指一国政府在不完全竞争和规模经济条件下,可以凭借生产补贴、出口补贴或保护国内市场等政策手段,扶持本国战略性产业的成长,增强其在国际市场上的竞争能力,从而谋取规模经济之类的额外收益,并借机劫掠他人市场份额和产业利润。即在不完全竞争环境下,实施这一贸易政策的国家不但无损于其经济福利,反而有可能提高自身的福利水平。

战略性贸易政策理论的创始者是加拿大不列颠哥伦比亚大学的布兰德和斯潘塞。他们认为,传统国际贸易理论是建立在规模收益不变和完全竞争的理想境界上的,它们用国家之间在自然环境、技术、劳动生产率和要素禀赋等方面的差异来解释国际贸易的发生。传统国际贸易理论坚称,由于贸易能改善贸易双方的资源配置状况并使双方的国民福利得以提高,所以,自由贸易政策是最优选择。但现实是国际市场上不完全竞争和规模经济普遍存在,市场份额对各国企业变得更加重要。市场竞争变成少数企业之间的"博弈"(game),谁能占领市场,谁就能获得超额利润。故战略性贸易政策主张者认为政府应该通过补贴来帮助本国企业在国际竞争中获胜,因为企业获胜之后所得利润将大大超过政府所支付的补贴。

　　为了说明这一道理,经济学家常常用美国波音(Boeing)公司和欧洲空中客车(Airbus)公司作为例子。现实中,它们也确实是飞机制造业中最主要的公司。

　　假定这两家公司生产技术和能力相近,都可生产大型客机。这种大型客机具有规模经济,且世界市场容量有限:如果两家公司都生产,则两家公司都亏损。如果两家公司都不生产,则都不亏损,也都没有利润。只有在一家生产的情况下,生产的那家公司才会有足够的市场和产量从而获得利润。图 1-5 列出波音和空中客车公司在各种情况下假设的收益("＋"表示利润,"－"表示亏损)。每对数字的左下角数字表示波音的利润或亏损,右上角数字表示空中客车公司的利润或亏损。纳什均衡的结果是:谁先进入生产,另一家就不再进入。

欧洲空中客车

	无补贴的生产	不生产
美国波音 无补贴的生产	−5 / −5	0 / +60
不生产	+60 / 0	0 / 0

图 1-5　美国波音公司和欧洲空中客车公司相同情况下的利润/亏损
注:单位为亿美元。图 1-6～图 1-8 同。

　　现在假设欧洲政府采取战略性贸易政策,补贴空中客车公司 10 亿美元,则会出现图 1-6 所示的收益矩阵。这样空中客车就会选择生产并获得利润,不管波音作何选择。事实上,波音也只能选择不生产或退出竞争,因为它没有获得利润的可能。这样,欧洲政府以 10 亿美元的补贴,换来了 70 亿美元的收益,净得利 60 亿美元。

欧洲空中客车

	有补贴的生产	不生产
美国波音 无补贴的生产	+5 / −5	0 / +60
不生产	+70 / 0	0 / 0

图 1-6　欧洲政府进行补贴后波音公司和空中客车公司的利润/亏损

从这个例子可以看到,政府的保护政策可以使本国企业获得在国际竞争中占领市场的战略性优势并使整个国家受益。这也是战略性贸易政策主张者说明政府干预重要性的经典案例。但是,这一理论也受到了一些情况的挑战。

首先,美国政府也可能采取战略性措施,向波音补贴10亿美元。这样,虽然两家公司都生产并都能从中获利5亿美元,但各国政府的支出大于企业所获利润,出现了"双输"局面,如图1-7所示。

欧洲空中客车

美国波音		有补贴的生产	不生产
	有补贴的生产	+5 / +5	0 / +70
	不生产	+70 / 0	0 / 0

图 1-7 欧美政府都补贴的利润/亏损

其次,如果空中客车在生产成本上高于波音公司,如图1-8所示,都无补贴地生产的话,波音可获得5亿美元的利润,而空中客车则会亏损5亿美元。此时,若欧洲政府补贴空中客车10亿美元,并不能使波音退出,只是使其利润减少而已;但空中客车只能获得5亿美元的利润,整个国家亏损5亿美元。而且,无论欧洲政府补贴多少,这一结果都不会改变。

欧洲空中客车

美国波音		无补贴的生产	不生产
	无补贴的生产	−5 / +5	0 / +65
	不生产	+60 / 0	0 / 0

图 1-8 波音公司和空中客车公司成本不同
情况下的利润/亏损

虽然存在上述挑战,但由于采用直观的数学公式表述,新贸易理论家们使战略性贸易政策理论获得了在学术上令人尊敬的地位。但是,贸易模型的前提狭窄、脱离实际,减少了战略性贸易政策理论的实用性。为了鉴别模型的合理性,经济学家转向了经验研究。在不完全竞争条件下,模型的研究面临着缺少数据等障碍。因此,理论家们把建立模型和根据一定经验的估算结合起来确定缺少的参数。起初的经验研究结果是,使用战略性贸易政策时应谨慎小心。在贸易保护主义情况下,即使其他国家不报复,来自于战略性贸易政策的获益也可能是非常小的;如果导致贸易战,则两国都成为净损失者;就自由贸易来说,其获益要大于用传统模型计算的获益,这种增长来自于竞争加剧和产业结构的合理化——这一合理化变革的作用在传统模式中被完全竞争假设忽略了。

对模型的这些经验研究结果使得理论家们在把战略性贸易政策理论应用于现实问题时格外谨慎。究其原因,首先是政府一般缺乏赖以制定政策的无偏数据资源,即使能得到,其真实性也有很大的不确定性。错误的估计可能导致误导性的政策。其次是很少有人相信构成这些贸易模型的关键因素是以现实为基础的,从而能提供令人满意的决策指导。再次,模型关于外国企业和政府反应的假设条件的敏感性,削弱了政策制定者和学者在制定规则时对模型的信任。旨在抢占优先权的研究与开发投资,如上述飞机生产的例子,可能引发一场研究与开发的补贴战而不是阻止市场进入。最后,模型的复杂性使政策制定过程的透明度降低,因而监督其公平就更加困难。

鉴于以上考虑,新贸易理论家们认为,政府遵守一条“有条件的、合作性的”贸易主动性规则是明智的,无条件的合作战略是鼓励外国政府免费搭车。采用胡萝卜(自由贸易)加大棒(报复)的有条件战略被认为是最可能诱使外国政府作出合作反应的办法。合作性战略避免了因错误估计外国政府对不合作行动的反应而可能产生的严重后果。

专栏 1-3

几个概念的简短释义

范围经济:它存在于这样一种情况,即把一个企业中两条或多条生产线联结起来进行生产的成本要比单独生产的成本更低。

学习效应:当单位成本随累积产量的不断增加而下降时,学习效应就产生了。这种效应的暂时性特点使它区别于静态的规模经济。

研究与开发竞争:通常认为企业为保证获得超额利润,都会加入研究与开发竞争。在这种竞争中,企业为首先取得专利并向市场推出新产品,会增加它们在研究与开发上的费用支出。

技术外溢:是指一种产品线上发生的技术革新能够被其他产品线利用。

这种外溢效果可以发生在企业内部、行业内部，也可以发生在国家内部或国家之间。企业越是能够抑制这种外溢并使其独家利用，则这项技术革新越具有专用性，企业从中获得的经济收益越大。

二、国家竞争优势论

20 世纪 80 年代，当贸易经济学家们将研究产业组织的分析工具和方法应用于国际贸易并建立起数学模型时，哈佛大学商学院的学者迈克尔·波特（Michael Porter，1947—　）教授也将对产业组织和商业战略的深入了解应用于国际贸易领域，这就是他的《国家竞争优势》。波特主要研究的问题是为什么一国的某些公司能够在国际竞争中获得成功。他的著作旨在为那些在国际市场上寻求竞争优势并负责决策的经理们和试图创造有利的商业环境的政府官员的政策制定提供指导。他既不打算证实也未计划驳斥任何特定的理论，只是试图超越传统的比较利益观点。

波特在 20 世纪 80 年代到 90 年代以《竞争战略》、《竞争优势》、《国家竞争优势》三本书震动了西方学术界和企业界。前两本著作主要针对企业、产业如何在竞争中获得优势进行了深入研究，而《国家竞争优势》则主要从宏观角度论述了一国如何确立和提高本国产业和产品的国家竞争优势。波特所说的国家竞争优势是指一国产业和企业持续地以较低价格向国际市场提供高质量产品、占有较高市场份额并获取利润的能力。

波特在《国家竞争优势》中指出，一国兴衰的根本在于该国在国际竞争中是否能赢得优势，而国家竞争优势取得的关键又在于国家是否具有合宜的创新机制和充分的创新能力。他从微观、中观和宏观三个层面阐述创新机制。

（一）微观竞争机制

企业活动的目标是使其最终产品增值，而增值要通过研究、开发、生产、销售、服务等诸多环节才能逐步实现。这种产品价值在各环节上首尾相贯的联系，就构成了产品的价值增值链。所以，能使企业获得长期盈利能力的创新应当是整个价值链的创新，而非单一环节的改善。

（二）中观竞争机制

中观层次的分析由企业转向产业、区域等范畴。从产业看，个别企业价值链的顺利增值，不仅取决于企业内部要素，而且有赖于企业的前向、后向和旁侧关联产业的辅助与支持；从空间上看，各企业为寻求满意的利润和长期发展，往往在制定空间战略时，把企业的研究与开发部门、生产部门和服务销售部门按一定的方式进行分割与组合,如将企业总部和研究与开发部门放在交通方便、信息灵通的大都市,将生产环节放在劳动力廉价的地区,以降低生产成本,提高灵活反应能力。

(三)宏观竞争机制

波特教授阐述的重点在于宏观竞争机制。他认为个别企业、产业的竞争优势并不必然导致国家竞争优势。国家整体竞争优势的获得取决于四个基本因素和两个辅助因素的整合。国家被放在这一由四个基本因素构成的框架下面进行评估,以说明国家形成和维持具有国际竞争优势产业的可能性(见图 1-9)。一个有利的国内环境为国内产业在全球市场上的成功提供了基础。

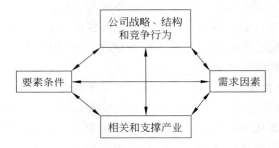

图 1-9 一国竞争优势的决定因素

1. 要素条件

要素包括物质资源、人力资本、气候条件、知识资源、地理位置、资本资源和基础设施等。它们不仅包括数量,还包括质量,以及获得这些要素的成本高低。

从要素的产生机制和所起作用看,要素可分为基础要素和推进要素。前者系指一国先天拥有或不需太大代价就能得到的要素,如自然资源、地理位置及非熟练劳动力等;后者则指必须要通过长期投资和培育才能创造出来的要素,如高质量人力资本、高精尖技术等。对于国家竞争优势的形成而言,后者更为重要,因为随着科学技术的发展,对基础要素的需求减少,靠基础要素获得的竞争优势难以持久,推进要素才是竞争优势的长远来源。在特定条件下,一国某些基础要素上的劣势反而有可能刺激创新,使企业在可见的瓶颈、明显的威胁前面为提高自己的竞争地位而奋发努力,最终使国家在推进要素上更具竞争力,从而创造出动态竞争优势,如日本和瑞士自然资源的劣势刺激了其推进要素的发展。但基础要素的劣势转化为推进要素的优势,需要一定条件,如企业从环境中接受到正确的信息,从而知道挑战的严重性;企业所面对的市场需求、国家政策及相关产业的条件要相对有利。就推进要素本身而言,通过努力创造,而不是继承或购买所得到的推进要素更有价值,而创造新要素的速度与效率也比一定时点上既有要素的存量来得重要。

要素根据其作用和专门性又可分为一般要素和专门要素。一般要素是指适用范围广泛的要素,可能被利用于广泛的产业种类中(如公路系统、资本市场)。专门要素则是指专门领域的专业人才、特殊的基础设施、特定领域的专门知识等专业性很强的要素(如专门供集装箱装卸的港口、研究所毕业的专业人才等)。专门要素更有可能为持续的竞争优势提供基础,因为它们更显得稀缺,更难培养,更不易得到。

波特认为,一国的产业要在国际竞争中保持优势地位,就必须进行要素创造。国家需要开发新的推进要素库和新的专门要素库,以此帮助以国内需求为基础的产业。这样,要素创新方面的更新投资就需要不断地进行,尤其是当产业必须克服基础要素劣势时,那些以国内市场为基础的产业就显得更加重要,它们能为其他竞争激烈的产业获得足够资源提供长期支持。考虑到这些因素,以国内市场为基础的产业就会积极寻找高于当地竞争对手的可持续优势,设法拥有必要的从事发明创新的刺激因素,并将它们留在这一产业中而不是转移到另一产业。

2. 需求因素特别是国内市场的需求状况

波特认为,国内需求直接影响一国的公司和产品的竞争优势。其作用表现在:

(1) 本国市场的需求量大,将有利于本国企业迅速达到规模经济。

(2) 老练、挑剔的国内买主有助于产品高标准的建立。买方的高质量要求会使国内企业在买方压力下努力改进产品质量、性能和服务。

(3) 领先于世界的国内买方需求有助于国内企业在国际竞争中获得领先地位,因为在一国的买方需求领先于其他国家的情况下,国内企业将率先意识到新的国际需求的来临,并积极从事新产品的研究与开发,使企业的产品不断升级换代。另外,领先的国内需求还会使企业的新产品更容易在国内找到市场,使企业的新产品和企业得到发展的机会。

(4) 对于国内并非处于世界领先水平的产业来说,如果本国消费者有强烈的攀比心理,则会迫使本国企业不断跟踪国际水平,否则将被淘汰出局。

3. 相关和支撑产业

相关产业是指共用某些技术、共享同样的营销渠道和服务而联系在一起的产业或具有互补性的产业,如计算机设备和计算机软件,汽车和轮胎等;而支撑产业是指某一产业的上游产业,主要指作为生产原料和中间产品供应者的国内企业。相关和支撑产业的价值不仅在于它们能以最低价格为主导产业提供投入品,更重要的是,它们与主导产业在地域范围上的邻近,将使得企业相互之间能频繁迅速地传递产品信息、交流创新思路,从而极大地促进企业的技术升级,形成良性互动的"地方化经济"。

4. 企业战略、结构与竞争

波特认为,现实经济生活中,企业皆有各自的规模、组织形式、产权结构和竞争目标,不存在一种普遍适用的、能使企业在任何情况下都能应付自如的企业管理体制。企业良好的管理体制的选择,不仅与企业的内部条件和所处产业的性质有关,而且取决于企业所面临的外部环境。如消费品部门,为满足客户多变的需求,其组织要精干灵活;而制造大型和精密机械的生产资料部门则要保持组织管理上的严格有序。

波特强调,强大的本国竞争对手是企业竞争优势产生并得以长久保持的最强有力的刺激。在激烈的国内竞争下,国内企业间产品、市场的细分可以阻碍外国竞争者的渗透;正常竞争状态下的模仿效应和人员交流效应可提高整个产业的创新速度,促进产业升级;国内的激烈竞争还迫使企业尽早向外扩张,力求达到国际水准,占领国际市场。有鉴于此,波特反对"国内竞争是一种浪费"的传统观念,认为国内企业之间的竞争在短期内可能损失一些资源,但从长远看则利大于弊。国内竞争对手的存在,会直接削弱国内企业所可能享有的一些优势,从而迫使它们苦练内功,努力提高竞争力。这方面在中国有很多实例,如中国的冰箱、洗衣机、彩电。相反,国内竞争不激烈的产业往往不具有国际竞争力,如中国的邮政行业。

5. 两个辅助要素

除了上述四个基本因素之外,波特指出,一国所面临的机遇和政府所起的作用,对国家整体竞争优势的形成也具有辅助作用。机遇是指重要的新发明、重大技术变化、投资成本的巨变、外汇汇率的重要变化、突然出现的世界或地区性需求、战争等偶然事件。机遇的作用在于它可能打断事物发展的正常进程,使原来处于领先地位的企业丧失竞争优势,落后国家的企业则可借此获得竞争优势,并后来居上。① 但一国能否抓住并有效地利用机遇则取决于上述四个基本因素,因而它属于辅助因素。

政府作用表现在它可以通过对四个基本因素施加影响,从而影响国家竞争优势。如政府可以通过教育政策影响劳动力要素,通过产业政策为产业、企业竞争力的提高创造良好的环境,通过对消费者权益的保护培育国内需求……不过,政府政策仅在那些决定国家竞争优势的主要因素业已存在的产业中才能有效。波特注意到政府政策可以加速或增加获得竞争优势的可能性(当然也可以迟延或减少这些可能性②),但在没有其他有利条件的情况下,政府政策缺少创造国家竞争优势的力量。显然,政府作用也属于辅助因素。

(四)竞争优势的发展阶段

波特还提出了一个分阶段的发展模型,表明尽管不是严格的连续,但一国经济一般经过以下四个阶段的发展:第一阶段是要素推动阶段。基本要素即丰富的自然资源和廉价的劳动力成本上的优势是获取竞争优势的主要源泉。第二阶段是投资推动阶段。竞争优势的获得和产业价值链的延续主要来源于资本要素,持续的资本投入可以大量更新设备,引进技术并提高人员素质。第三阶段是创新推动阶段。竞争优势的持续需要整个价值链的创新,特别要依靠企业将高科技转化为商品的努力赢得竞争优势的持续。20 世纪 80 年代的日本就处于这一阶段。最后一个阶段是财富推动阶段。产业主要依靠吃老本维持,创新的意愿及能力均下降,面临丧失竞争优势的危险。这就提示人们,要居安思危,通过促进产业结构的进一步升级来提高价值链的增值水平,防止被淘汰的厄运。

(五)政策含义

波特关于政府政策的观点是建立在若干与一般经济分析有所不同的前提之上的。第一,他认为竞争是公司之间而非国家间的事情,政府不宜实施直接的干预行动,而应该制定政策来促进环境的改善,这种环境要能够产生竞争机会并对持续的发明创造形成一种压力。第二,保持一国的竞争优势需要持续

---

① 如美国的禁酒令促进了加拿大酒业的诞生。见[美]戴维·B.约菲,本杰明·戈梅斯.卡斯,2000,p.31.

② 政府的这种作用可能更大一些。美国著名的经济学家约翰·肯尼斯·加尔布雷思提出过如下观点:"环视当今的世界,一个好的、诚实的政府是经济发展的最必要的条件,正如过去一个世纪在欧洲、美国所认识到的。经济发展所遇到的最大障碍之一便是政府不为自己的人民服务,同时又受到主权承诺的庇护。我们需要认识到(当然渠道是联合国而不是具体国家),主权在有些时候'保护'的是惨不忍睹的煎熬。"见约翰·肯尼斯·加尔布雷思 与 Asimina Caminis 的谈话录:"有关新千年的问题".金融与发展(国际货币基金组织季刊).1999(12):3.

不断地发明创造与变革。所以政府不应该采取那些导致短期的静态优势的政策,导致削弱产生发明与活力的基础。第三,一些国家竞争优势的基础比另一些国家的基础更具有可持续发展性。为此,政府应发展专门要素和推进要素的生产,发展产品差异较大和供给不足的市场部门。第四,一国的竞争优势要经过几十年而不是一两年的商业循环周期就可以产生。因而,最有益的政府政策应该着眼于长期计划,而不是短期的经济波动。第五,并非所有的公司和劳动力都能理解它们长期的自身利益。这就意味着政府要选择一种不考虑其公民即时享受和愿望的政策,避免"得益于眼前,遗患于长远"。

第四节　保护贸易理论

保护贸易理论比较多[①]。在本节,我们首先介绍最早的保护贸易理论——重商主义,这也是最早的国际贸易理论;接下来介绍李斯特的保护幼稚产业理论,该理论对发展中国家有较大的影响;最后介绍凯恩斯的超保护贸易理论,该理论研究了一国对外贸易对该国国民收入和就业的影响。

一、重商主义

重商主义是 16—18 世纪,代表商业资本利益的经济思想和政策体系。它追求的目的就是在国内积累货币财富,把贵重金属留在国内。[②]

重商主义者认为货币是财富的唯一形态,财富就是金银,金银的多少是衡量一个国家富裕程度的唯一尺度,一切经济活动的目的都是获得金银,一国金银货币拥有量的多少,反映了该国的富裕程度和国力的强弱。当时的西欧人充满了对黄金和白银的渴望,其中的一个典型是哥伦布,他深信"黄金能把人

---

①　著名经济学家萨缪尔森将保护贸易的论点分为三大类:首先是一些非经济目标的论点。它们认为牺牲经济以便资助本国的其他目标是可取的。其次是在经济学上是错误的论点。其中某些论点的错误性质如此明显和露骨,以致无须予以认真讨论;另一些则需要运用细致和深奥的经济理论方面的推敲才能找到其错误之处。最后,有几个论点在完全竞争和充分就业的世界中是站不住脚的,但对一个大到足以影响其进出口价格的国家以及面临失业的国家而言,这些论点包含有某些合理的内核。贸易保护理论还可分为传统的贸易保护依据和贸易保护的新理论,前者又分为流行于发展中国家的贸易保护理论和发达国家的贸易保护理论。

②　徐滇庆阐述了新重商主义模式:在经济理论中,韩国采用的发展策略被称为新重商主义模式。新重商主义发展模式的主要特点是强调政府在经济发展中的指导作用。通常,政府制定一系列产业政策,选择特定产业作为支柱产业,选择一些成功的企业,加以重点扶持,以他们为主来实现产业发展目标。见徐滇庆.韩国新重商主义何以受挫[N].经济学消息报,No.455 第 2 版.

的灵魂带到天堂"。获得黄金和白银的途径有开采金矿、银矿,对外掠夺和发展对外贸易等。重商主义者认为只有发展对外贸易而且要顺差才能使外国的金银流入国内,这样才算获得了贸易利益。

重商主义理论的核心是追求顺差。他们认为世界的资源是一定的、有限的。通过对外贸易获取金银是一种损人利己的行为。换句话说,对外贸易是一种零和游戏。根据管理对象的不同,重商主义分为早期重商主义和晚期重商主义。

早期重商主义又被称为重金主义或货币差额论,主张绝对禁止贵金属外流。如英国曾规定输出金银为大罪;在西班牙,输出金银可以判处死刑。在英国,为了禁止贵金属外流,规定持贵金属到国外购买商品由国家垄断;外国商人到英国贸易所得款项必须用于购买英国商品,不能将销售商品所得金银带出英国。早期重商主义以英国人威廉·斯塔福(W. Stafford,1554—1612年)为代表,主张鼓励出口,尽可能不进口或少进口,把增加国内货币的累积,防止货币外流视为对外贸易政策的指导原则。通俗地讲,他们认为出口就好,进口就不好。

晚期重商主义又称贸易差额论,主张减少对货币本身运动的限制,由管理金银进出口改为管制货物进出口,力主奖出限入,以达到金银流入的目的。"把自己的金币当作诱鸟放出去",以便引回来一群,即"把别人的金币引回来"。其代表人物是英国的托马斯·孟(Thomas Mun,1571—1641年)。他在1644年出版的著作《英国得自对外贸易的财富》被称为重商主义的"圣经"。在该书里,他得出了一个精辟的结论:"货币产生贸易,贸易增加财富。"

二、李斯特的保护幼稚工业学说

李斯特(Friedrich List,1789—1846年)是德国经济学家和政治活动家,历史学派的鼻祖,传统贸易理论反对派的先驱。他的贸易理论被称为保护幼稚工业论[①]。他的代表作是1841年出版的《政治经济学的国民体系》。李斯特本人靠刻苦自学成才,曾任大学教授,热衷于政治活动,曾两次当选邦议员。他因1822年的动乱而被审问和判刑。由于拉菲特的建议,李斯特和其全家于1825年4月乘船去美国。在美国,支持杰克逊参加的1828年总统竞选并成为美国公民。在美国继续参加保护贸易政策运动。1834年以美国驻德国莱

---

① 第一个提出保护幼稚工业政策主张的是美国独立后第一任财政部长汉密尔顿。

比锡领事身份回德。回德后继续推动德国实行保护贸易抵制英国商品。最后因经营实业破产,于 1846 年 11 月在贫病交迫中自杀身亡[①]。

（一）李斯特对自由贸易理论的批判

（1）李斯特指出"比较成本说"不利于德国生产力的发展。李斯特认为,德国实行自由贸易政策,从国外购买廉价的外国工业品,虽然可以减少支出,增加实际收入,但这样做的结果,会抑制德国工业的发展,使德国在经济上长期处于落后的从属于外国的地位。相反,德国如果采取保护贸易政策,虽然在保护之初会使工业品价格提高,但经过一段时期,随着德国工业的发展,生产力提高,工业品的生产成本将会下跌,工业品价格也会相应地降低。考虑到运输费用的节约,国产工业品价格甚至可能低于进口品。

（2）李斯特批评古典学派自由贸易理论忽视了各国历史和经济上的特点,提出了经济发展阶段论。古典学派自由贸易理论认为,在自由贸易下,各国可以按照比较优势形成和谐的国际分工,并都能从国际贸易中获得利益。李斯特认为这种学说是一种世界主义经济学,它抹杀了各国的经济发展差异和历史特点,错误地以"将来才能实现的世界联盟"作为研究的出发点。李斯特根据国民经济发展程度,将国民经济的发展划分为原始未开化时期、畜牧业时期、农业时期、农工业时期、农工商时期五个阶段。他认为,各国经济发展阶段不同,应采取的贸易政策也不同。处于第三阶段的国家,工业尚未建立,应实行自由贸易政策,输出农产品,以换得工业制成品。一方面促进本国农业的发展;另一方面刺激本国工业萌芽,培育工业化的基础。处于第四阶段即农工业阶段的国家,本国工业已有所发展,但还不能与外国产品相竞争,故应实行保护贸易政策,以避免或减轻外国产品进口竞争的冲击。处于第五阶段即农工商阶段的国家,生产力已高度发展,本国产品不怕国外的竞争,故应实行自由贸易政策,以享受自由贸易利益,促进本国工业的进一步发展。他认为,当时的西班牙和葡萄牙等国处于第三阶段,应实行自由贸易政策;美国、德国处于第四阶段,应实行保护贸易政策;而英国则处于第五阶段,法国处于第五阶段的边缘,都应实行自由贸易政策。

（3）李斯特主张国家干预经济和对外贸易。他认为,古典学派仅仅考虑

---

① 请参见王永昆,1990,pp. 115-116；约翰·伊特韦尔,默里·米尔盖特,彼得·纽曼编.《新帕尔雷夫经济学大辞典》（The New Palgrve A Dictionary of Economics,Edited by John Eatwell；Murray Milgate；Peter Newman)（第三卷：K-P）.经济科学出版社,1992,pp. 234-236.

交换价值的增加,而极少考虑生产力的发展是错误的,并提出了生产力理论。他认为生产力是决定一国兴衰存亡的关键问题。要发展生产力,就必须依靠国家,反对古典学派的自由放任的经济政策。与古典学派视国家为"被动的警察"不同,李斯特把国家比喻为国民经济生活中"慈父般的有力指导者"。他认为,国家的存在比个人存在更为重要,国家的存在是个人与人类全体安全、幸福、进步以及文化发展的第一条件。所以,个人的经济利益应从属于国家真正财富的增进与维持。他还认为,国家在必要时可以限制国民经济活动的一部分,以保持其经济利益。他用"风力·人力·森林"这样一个比喻来说明国家在经济发展中的重要作用。他说:"经验告诉我们,风力会把种子从这个地方带到那个地方,荒芜原野因此会变成茂密的森林;但是要培植森林就静等着风力作用,让它在若干世纪的过程中来完成这样的转变,世上岂有这样愚蠢的办法? 如果一个植林者选择树秧,主动栽培,在几十年内达到了同样的目的,这倒不算一个可取的办法吗? 历史告诉我们,有许多国家就是采取了那个植林者的办法而胜利实现了他们的目的。"[①]因此,李斯特主张在国家干预下实行保护贸易政策。

(二)李斯特主张的"贸易保护"

虽然李斯特主张落后国家实行保护贸易政策,但其目的是促进生产力的发展,而不是保护所有的产业。他在其论著中反复强调发展工业会给一国带来巨大的利益。他认为着重发展农业的国家,人民精神萎靡,一切习惯与方法偏于守旧,缺乏文化与自由;而着重发展工商业的国家则全然不同,人民充满自信,具有自由的精神。他提出的保护对象是:①农业不需要保护;②无强有力的外国竞争者的幼稚工业不需要保护;③有强有力的外国竞争者的幼稚工业需要保护。

他认为,保护必须有一个时限,最高不能超过 30 年。因为并不是所有的国家都适宜发展所有的产业,对于超过保护时限仍然缺乏竞争力的产业,就应该放弃。

至于具体的保护幼稚工业手段,他认为可以征收高关税,禁止输入,以免税或征收轻微进口税方式鼓励复杂机器进口。

(三)保护幼稚工业学说的"是是非非"

保护幼稚工业说在理论上能够成立,但实践上可能适得其反。著名的经

---

① [德]弗里德里希·李斯特.政治经济学的国民体系[M].陈万煦,译.北京:商务印书馆,1961:100,101.

济学家萨缪尔森和诺德豪斯曾指出:"关税保护的历史揭示出了更多的相反事例:一些行业永远处于幼稚时期。尽管这一论点有其实际的重要意义,幼稚行业却无法争取到许多选票。从国会那里得到保护的不是幼稚行业,而是那些多年来一直不肯丢掉尿布的既得利益集团。"[①]

一般认为,保护幼稚工业说在历史上曾经起到过推动德国工业资本主义发展的积极作用。但是,关于美国的"保护幼稚工业实践",世界银行经常用如下言语否定这种论调:"尽管美国早期采取了保护措施,它仍然取得了令人印象深刻的发展绩效。"[②]

三、凯恩斯主义的超保护贸易理论

凯恩斯的超保护贸易理论也称作新重商主义。凯恩斯(J. M. Keynes,1883—1946 年)是英国当代最著名的经济学家,凯恩斯主义经济学的创始人。他的代表作是在 1936 年出版的《就业、利息和货币通论》。1929—1933 年大危机以前,凯恩斯是一个坚定的自由贸易论者,坚决反对认为实行贸易保护主义可以增加国内就业和维持经济增长与繁荣的观点。但是大危机后其立场发生了改变。

(一)凯恩斯对自由贸易理论的批判

(1)凯恩斯及其追随者认为自由贸易理论关于"充分就业"的前提不复存在。事实上,大危机期间,美国等发达国家的失业率高达 25%。

(2)他认为,古典学派自由贸易理论者忽略了"国际收支自动调节说"在调节过程中对一国国民收入和就业所产生的影响。按照国际收支自动调节说,顺差国国内支付手段将由于顺差而增加,导致国内价格提高,出口减少而进口增加;相反,逆差国将由于逆差,国内支付手段减少,国内价格降低,于是出口增加而进口减少。

但是,凯恩斯认为,顺差国将由于国内支付手段增加而利率降低,从而投资增加,就业和国民收入增加;相反,逆差国则由于国内支付手段减少而利率提高,导致投资减少,就业和国民收入减少,带来痛苦的影响。

(二)投资乘数理论

为了说明投资对就业和国民收入的影响,凯恩斯提出了投资乘数理论。

---

① [美]保罗·A.萨缪尔森,威廉·D.诺德豪斯.经济学[M].第 12 版.杜月升,等,译.北京:中国发展出版社,1992:1450.

② 转引自杨小凯.全球化和中国加入 WTO[N].经济学消息报,No.430.

投资乘数是指投资增长与国民收入扩大之间的依存关系。他指出,投资增加(无论是建立新的企业还是已有企业扩大生产规模)会导致对生产资料需求的增加;而生产资料需求的增加会导致从事生产资料生产的企业主和工人的收入增加(包括新增就业人员的收入和原来就业者的收入增加);这导致对消费品的需求增加;消费品需求的增加又会引起从事消费品生产的企业主和工人的收入增加,并进一步增加对消费品的需求;为满足增加的需求又进一步增加投资……结果,国民收入的增加量将是初始投资的若干倍。用 K 表示这个倍数,用 ΔY 表示国民收入增量,ΔI 表示投资增量,则存在以下关系:

$$\Delta Y = K \cdot (\Delta I)^{①}$$

其中 $K=1/(1-c)^{②}$,c 为边际消费倾向,即增加的收入中用于消费的部分与增加的收入的比值。

(三) 对外贸易乘数理论

凯恩斯的追随者将凯恩斯的一般乘数理论引入对外贸易领域,建立了对外贸易乘数(即贸易顺差增量与国内投资增量之和与国民收入增量之间的倍数关系)理论。他们把进口看成是一国收入流量的漏损;把出口看成是外国人的收入直接注入国内收入流的结果。他们认为,进口会对本国国民收入产生倍缩效应,而出口则会产生倍增效应。所以,只有当贸易顺差时,对外贸易才能增加一国的国民收入,而且国民收入的增量是贸易顺差增量的若干倍。原理如下:出口增加,则出口部门的收入增加,出口部门对其他部门的产品需求增加;进一步,其他部门的收入和就业增加……相反,进口增加,则进口竞争部门收入减少,进而对其他部门生产的产品需求减少,导致其他部门的收入和就业减少……用 ΔX 表示出口增量,ΔM 表示进口增量,ΔY 表示国民收入

---

① 说明:(1)Y、I、c 等均为总量概念。(2)此公式产生了所谓的"节俭悖论"。"悖论"的含义是指 $\Delta I_1 = \Delta I_2$,$c_1 <$ c_2 时,$\Delta Y_1 < \Delta Y_2$(ΔI_1 表示某一个时期的投资增量,ΔI_2 则表示下一个时期的投资增量;相应地,c_1 和 c_2 分别表示对应的两个时期的边际消费倾向,ΔY_1 和 ΔY_2 分别表示对应的两个时期的收入增量);不是指如下的"合成谬误":一个人的边际消费倾向变小,他 / 她下一个时期的收入可以不变或增加,但所有的"个人"边际消费倾向变小时,"全体"的下一个时期的收入相对减少。

② 由 $\Delta Y = \Delta S + \Delta C$,得 $\dfrac{\Delta Y}{\Delta Y} = \dfrac{\Delta S}{\Delta Y} + \dfrac{\Delta C}{\Delta Y}$。令 $s = \dfrac{\Delta S}{\Delta Y}$,令 $c = \dfrac{\Delta C}{\Delta Y}$,则 $1 = s + c$,从而 $\dfrac{1}{1-c} = \dfrac{1}{s} = K$。其中,$S$ 表示储蓄,ΔS 表示储蓄增量,s 表示边际储蓄倾向,即增加的收入中用于储蓄的部分与增加的收入的比值;C 表示消费,ΔC 表示消费增量。

增量，ΔI 表示投资增量，K 表示对外贸易乘数，则有

$$\Delta Y = K \cdot [\Delta I + (\Delta X - \Delta M)]$$

其中，$K = 1/(1-c)$[①]，c 为边际消费倾向。

由于贸易顺差能增加就业和国民收入，所以，超保护贸易理论主张奖出限入，以取得贸易顺差。

参考文献

[1] Dominick Salvatore. 国际经济学[M]. 第 8 版. 朱宝宪，等，译. 北京：清华大学出版社，2004.

[2] Paul R. Krugman, Maurice Obstfeld. International Economics：Theory and Policy [M]. 第 5 版. 北京：清华大学出版社，2001.

[3] 保罗·A. 萨缪尔森，威廉·D. 诺德豪斯. 经济学[M]. 第 12 版. 杜月升，等，译. 北京：中国发展出版社，1992.

[4] 查尔斯·希尔. 国际商务：全球市场竞争[M]. 第 3 版. 周建临，等，译. 北京：中国人民大学出版社，2002.

[5] 大卫·李嘉图. 政治经济学及赋税原理[M]. 郭大力，王亚南，译. 北京：商务印书馆，1962.

[6] 戴维·B. 约菲，本杰明·戈梅斯-卡斯. 国际贸易与竞争——战略与管理案例及要点[M]. 宫桓刚，孙宁，译. 大连：东北财经大学出版社，2000.

[7] 丹尼斯·R. 阿普尔亚德，小艾尔佛雷德·J. 菲尔德. 国际经济学[M]. 第 3 版. 龚敏，陈琛，高倩倩，译. 北京：机械工业出版社，2001.

[8] 弗里德里希·李斯特. 政治经济学的国民体系[M]. 陈万煦，译. 北京：商务印书馆，1961.

[9] 海闻，P. 林德特，王新奎，著. 国际贸易[M]. 上海：上海人民出版社，2003.

[10] 凯恩斯. 就业利息和货币通论[M]. 第 2 版. 徐毓丹，译. 北京：商务印书馆，1983.

[11] 李左东. 国际贸易理论、政策与实务[M]. 北京：高等教育出版社，2002.

[12] 罗伯特·C. 芬斯特拉，艾伦·M. 泰勒. 国际贸易[M]. 张友仁，杨森林，等，译. 北京：中国人民大学出版社，2011.

[13] 马浩. 竞争优势——解剖与集合. 北京：中信出版社，2004.

[14] 迈克尔·R. 钦科陶，伊尔卡·A. 隆凯宁，迈克尔·H. 莫菲特. 国际商务[M]. 第 7 版. 北京：机械工业出版社，2011.

---

① $K = 1/(1-c) = 1/(s+m)$，s 为边际储蓄倾向，m 表示边际进口倾向，即增加的收入中用于进口的部分与增加的收入的比值。推理如下：由 $\Delta Y = \Delta S + \Delta C + \Delta M$，可得 $1 = s + c + m$（推理同上），于是 $1-c = s + m$，进一步可得 $K = 1/(1-c) = 1/(s+m)$。

[15] 迈克尔·波特.国家竞争优势[M].李明轩,邱如美,译.北京:华夏出版社,2002.

[16] 迈克尔·波特.竞争优势[M].陈小悦,译.北京:华夏出版社,1997.

[17] 世界贸易组织秘书处.贸易走向未来——世界贸易组织(WTO)概要[M].张江波,索必成,译,北京:法律出版社,1999.

[18] 唐海燕.国际贸易学[M].上海:立信会计出版社,2001.

[19] 陶然,周巨泰.从比较优势到竞争优势——国际经济理论的新视角[J].国际贸易问题,1996(3):29-34.

[20] 托马斯·A.普格尔,彼得·H.林德特.国际经济学[M].第 11 版.李克宁,等,译.北京:经济科学出版社,2001.

[21] 夏申.论战略性贸易政策[J].国际贸易问题,1995(8).

[22] 薛敬孝,佟家栋,李坤望.国际经济学[M].北京:高等教育出版社,2000.

[23] 薛荣久.国际贸易[M].北京:对外经济贸易大学出版社,2003.

[24] 亚当·斯密.国民财富的性质和原因的研究(上)[M].郭大力,王亚南,译.北京:商务印书馆,1972.

[25] 亚当·斯密.国民财富的性质和原因的研究(下)[M].郭大力,王亚南,译.北京:商务印书馆,1974.

[26] 尹翔硕.国际贸易教程[M].上海:复旦大学出版社,2002.

[27] 约翰·伊特韦尔,默里·米尔盖特,彼得·纽曼.新帕尔格雷夫经济学大辞典[M].北京:经济科学出版社,1992.

[28] 张二震,马野青.国际贸易学[M].第 2 版.南京:南京大学出版社,2003.

[29] 张谦,吴一心.战略性贸易政策理论的产生及其体系[J].上海经济研究,1998(2).

附录 1-1　《国际经济学》英文参考文献

对那些有兴趣独立钻研国际经济问题的读者,参考下列一般文献会有所帮助。①

专业期刊

Finance and Development (World Bank /IMF)

International Economic Journal(IEJ)

The International Economic Review

International Monetary Fund Staff Papers

---

① ［美］丹尼斯·R.阿普尔亚德,小艾尔佛雷德·J.菲尔德著.国际经济学[M].第 3 版.龚敏,陈琛,高倩倩,译.北京:机械工业出版社,2001:13;Dominick Salvatore.国际经济学[M].第 5 版.朱宝宪,等,译.清华大学出版社,1998:16.

The International Trade Journal

Journal of Common Market Studies

The Journal of International Economics

Journal of International Money and Finance

Review of International Economics

The World Economy

一般期刊

American Economic Review(AER)

American Journal of Agricultural Economics

Brookings Papers on Economic Activity

Canadian Journal of Economics

Challenge：The Magazine of Economic Affairs

The Economic Journal

Journal of Economic Literature

Journal of Economic Perspectives

Journal of Finance

Journal of Political Economy

Kyklos

Quarterly Journal of Economics

Review of Economics and Statistics

国际经济的数据资源

Balance of Payments Statistics Yearbook（IMF）

Bank for International Settlements Annual Report

Direction of Trade Statistics（IMF，quarterly and annual yearbook）

International Financial Statistics（IMF，monthly and annual yearbook）

CECD Main Economic Indicators

Survey of Current Business（Bureau of EconomicAnalysis，US Department of Commerce)

Statistical Abstract of theUnited States（US Department of Commerce）

UN International Trade Statistics Yearbook

US Economic Report of the President

World Development Report and World Development Indicators（World

Bank)

World Economic Outlook（IMF）

WTO Annual Report

一般经济信息

The Asian Wall Street Journal

The Economist(周刊)

IMF Survey

The International Herald Tribune

TheLos Angeles Times

TheWashington Post

The Wall Street Journal(日报)

The New York Times(日报)

Financial Times(日报)

Business Week(周刊)

Forbes(双周刊)

Fortune(双周刊)

Federal Reserve Bulletin(月刊)

UN Monthly Bulletin of Statistics(联合国出版物,月刊)

网址资源

http://www. imf. org（International Monetary Fund）

http://www. worldbank. org（World Bank）

http://www. wto. org（World Trade Organization）

http://www. bea. doc. gov（Bureau of Economic Analysis，U. S. Department of Commerce）

http://www. bis. org（Bank for International Settlements）

http://www. odci. gov/cia/publications/factbook（Central Intelligence Agency's World Factbook）

http://www. unctad. org（United Nations Conference on Trade and Development）

http://www. usitc. gov（U. S International Trade Commission）

http://www. ustr. gov（U. S. Trade Representative）

附录 1-2　约翰·穆勒及阿弗里德·马歇尔的相互需求理论

在亚当·斯密和大卫·李嘉图的模型里,我们假定专业化生产后两种商品的交换比例都为1∶1。虽然说由于我们使用了"单位"这样的抽象说法使得这种比例关系能够成立,但是没有说明双方都能接受的交换比例的变动范围、交换比例的确定及确定因素。约翰·穆勒(John Stuart Mill,1806—1873年)的相互需求理论回答了这些问题,阿弗里德·马歇尔(Alfred Marshall,1842—1924年)则用几何方法给予了简单、明了、清晰的表述。

一、约翰·穆勒的相互需求理论

约翰·穆勒是李嘉图的学生,是19世纪中期英国最有影响的经济学家,其代表作是1848年出版的《政治经济学原理》。他用相互需求理论对比较成本理论作了重要补充。

(一)国际商品交换比例的上下限

穆勒在比较成本理论的基础上,用两国商品交换比例的上下限,阐述了贸易双方获利范围的问题。举例如下:

假设投入等量的劳动和资本,朝鲜和日本分别生产棉布和化纤布的数量如表1-5所示。

表 1-5　朝鲜和日本等量投入下的产出　　　　　　　　　　　　　　米

国名	棉布	化纤布
朝鲜	1	1.5
日本	1	2

分析表1-5,根据比较成本理论,朝鲜应该分工生产棉布,日本应该分工生产化纤布。容易得出结论:贸易双方棉布交换化纤布,不能等于或低于朝鲜国内的交换比例1∶1.5,也不能等于或高于日本国内的交换比例1∶2,只能在(1∶1.5)~(1∶2)之间(开区间)。即两国之间棉布和化纤布的交换比例,上限是1米棉布交换2米化纤布这个日本国内的交换比例,下限是1米棉布交换1.5米化纤布这个朝鲜国内的交换比例。

（二）贸易条件的决定及贸易利益的分配

所谓贸易条件,就是国家间商品交换的数量比例,即一个单位甲产品能交换多少单位乙产品,比如,1 米棉布交换 1.6 米化纤布。穆勒认为,贸易条件及其变动是由相互需求对方产品的强度决定的。在国家间商品交换比例上下限的范围内,对对方产品需求相对强烈的国家,它的产品交换对方产品的能力就要降低。因为它为了多取得对方国家的产品,要拿更多的本国产品去交换,从而使本国产品的交换能力降低,贸易条件就对它不利。相反,贸易条件就对它有利。

国际贸易能给参加国带来利益,利益的大小取决于两国国内交换比例与国家间交换比例之间差异的大小。在双方分配贸易利益时,国家间商品交换的比例越接近于本国国内的交换比例,对本国越不利,分得的贸易利益就越少,因为越接近于本国国内的交换比例,说明它从贸易中取得的产品量越接近于分工和交换前自己单独生产时的产品量。相反,则对对方国家不利。

（三）国际需求方程式

穆勒认为,国家间商品交换比例是由两国间的相互需求强度决定的。他假设两个国家生产和交换两种产品,这两种产品的交换比例必须等于双方相互需求对方产品的总量的比例,这样才能使两国贸易得到均衡,这就是国际需求方程式。

穆勒的结论是,在比较成本所决定的界限内,两国间的交换比例是由两国对彼此商品的需求强度决定的。

二、马歇尔的相互需求理论

在穆勒之后,英国著名经济学家阿弗里德·马歇尔用几何方法对穆勒的相互需求理论作了进一步的论证和分析。他的主要著作是 1879 年出版的《国际贸易纯理论》。马歇尔是继穆勒之后到 20 世纪 30 年代凯恩斯主义出现之前最有影响的英国经济学家,是新古典学派或英国剑桥学派的创始人。他的经济学的理论核心是边际效用论和生产费用论相结合的均衡价格论。他认为边际效用决定商品的需求,生产成本决定商品的供给,供求均衡决定商品的价格。他用均衡价格论来解释描绘贸易条件的提供曲线。

（一）贸易条件的互利范围

穆勒已经论证了两国贸易条件互利的范围是在两国商品国内交换比例的上下限之间。马歇尔则用几何图形,对此作了进一步说明。例子仍是表 1-5。

图 1-10 中,纵坐标 Y 表示棉布的数量,横坐标 X 表示化纤布的数量。 OK 的斜率为 1∶1.5,OJ 的斜率为 1∶2,分别表示棉布换化纤布的下限和上限。OK 和 OJ 之间的开区间为双方的互利贸易范围。

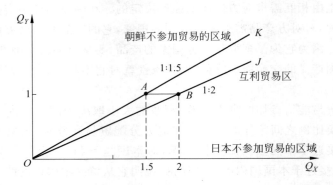

图 1-10　朝鲜和日本的互利贸易区

(二) 贸易利益的分配

在图 1-10 中,从原点所引出的、通过开区间线段 AB 的任意点的射线的斜率,都是互利贸易条件,且贸易条件越接近 A 点,对朝鲜越不利,对日本越有利;相反,越接近 B 点,对日本越不利,对朝鲜越有利。

(三) 提供曲线

提供曲线是表示一个国家贸易条件的曲线,它表示一国想交换的进口产品的数量与所愿出口的本国产品数量之间的函数关系,是通过连接该国在不同的贸易条件下贸易意愿点而得的曲线(见图 1-11)。

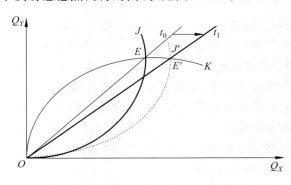

图 1-11　朝鲜和日本的提供曲线

图 1-11 中，横坐标 X 表示化纤布的数量，纵坐标 Y 表示棉布的数量。因此对日本来说，横坐标 X 表示出口化纤布的数量，纵坐标 Y 表示进口朝鲜棉布的数量；相反，对朝鲜来说，纵坐标 Y 表示出口棉布的数量，横坐标 X 表示进口日本化纤布的数量。OJ 和 OK 是两条提供曲线，分别表示日本和朝鲜的贸易条件。两条提供曲线弯曲的方向不同，都向自己进口的产品弯曲，表示的贸易条件都是对本国越来越有利。点 E 表示两国的均衡贸易条件。若两国的相互需求发生变化，则提供曲线的斜率就会改变。比如，朝鲜对日本化纤布的需求不变，而日本对朝鲜棉布的需求增加，则日本的提供曲线斜率就会发生改变，均衡点会由点 E 移至点 E'。

在各国的提供曲线上，由于提供曲线弯向自己进口的产品，贸易条件变得对本国越来越有利。之所以如此，有两个原因。一是商品的价值由边际效用决定。对朝鲜来说，由于它不断出口棉布和进口化纤布，国内化纤布数量增加而棉布数量减少，相应地，化纤布的边际效用下降而棉布的边际效用增加。因此，只有出口同样数量的棉布能够换回越来越多的化纤布，才能使朝鲜将这种交易进行下去。对日本来说，情况正好相反，只有出口同样数量的化纤布能够换回越来越多的棉布，才能使日本将这种交易进行下去。二是商品的价格由生产成本决定。对朝鲜或日本来说，随着出口规模的扩大，产量必须增加。边际成本递增，决定了只有贸易条件越来越有利，才能继续扩大出口数量。

第二章　国际贸易政策措施

　　不论是国内企业还是跨国企业,都要依靠自己的独特能力展开竞争,但跨国企业的经理还可以利用与单纯的国内竞争不同的另外两个来源开发竞争优势,即企业的本国政府政策和本国基础。本章将详细考察这两种优势的来源,包括鼓励出口措施、关税措施、非关税措施以及贸易政策制定中的政治经济学。

　　由于出口贸易具有创汇、提供就业等作用,政府往往倾向于制定一定规范(如 WTO 规则)下的鼓励出口措施,以促进出口。对于出口型企业而言,本国政府的鼓励出口措施构成了自己的一种竞争优势来源,而外国的贸易保护政策就成为出口障碍。对于进口竞争型国内企业而言,本国的贸易保护政策构成了企业的本国基础。

第一节　鼓励出口措施

　　当企业面对要求苛刻的国际客户和国外竞争者的"最佳做法"时,公司的生产率会提高。对哥伦比亚、墨西哥和中国台湾进行的经验实证研究表明,在以往不出口的公司(记为 A)开始向国外销售产品后,进行出口的公司(记为 B)和原来不进行出口的公司(A)之间的生产率水平的差异往往会缩小。[1] 所以,企业出口有助于提高企业的竞争力,而企业出口要充分利用国家的鼓励出口措施。

一、出口信贷

　　出口信贷(export credit)是出口国为促进本国商品尤其是大型机械设备和船舶的出口,加强其国际竞争能力,以对本国的出口给予利息补贴并提供信贷担保的方式,鼓励本国银行对本国出口商或外国进口商(或其银行)提供较低利率的贷款,以解决本国出口商资金周转的困难,或满足国外进口商对本国

---

[1]　Simon J. Evenett. 世界贸易体制：未来之路. 金融与发展(国际货币基金组织季刊),1999(12):22.

出口商支付货款需要的一种融资方式。出口信贷按其贷款对象不同可分为卖方信贷和买方信贷两种形式。

（一）卖方信贷

卖方信贷（supplier's credit）是由出口方银行直接向本国出口商提供的贷款，一般用于成套设备、船舶等的出口。这种大型机械、设备的出口所需资金较多，时间长，买方一般要求采用延期付款的支付方式，卖方要很长时间才能把全部货款收回。因此，出口厂商为了资金周转，往往需要取得银行贷款的便利。卖方信贷就是出口国银行直接资助出口厂商向外国进口厂商提供延期付款，以促进商品出口。进口商以这种方式购入商品的价格比现汇购入的商品价格可能高出 8％～10％。卖方信贷的优点是手续简便，缺点是将商业利润、银行利息、手续费、附加费混在一起，买方不易了解进口商品的真正价格，而且卖方报价较高。

卖方信贷的基本做法（见图 2-1）是：进、出口商先签订贸易合同，约定采用延期付款的支付方式；出口商与其所在地银行签订出口卖方信贷融资协议，获得贷款；出口商依据合同组织生产发货，进口商延期付款；进口商分期偿还货款，出口商以之偿还贷款。

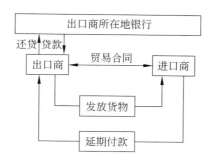

图 2-1　卖方信贷图解

（二）买方信贷

在大型机械设备和船舶贸易中，由出口商所在地银行向外国进口商或进口方银行提供贷款，给予融资便利，以扩大本国设备的出口，这种出口信贷称为买方信贷（buyer's credit）。在买方信贷下，进口商必须将其所得贷款的全部或大部分用于购买提供贷款的国家的商品，所以又称为约束性贷款。这种措施的本质是通过借贷资本的输出带动商品的输出。

买方信贷的基本做法(见图 2-2)是：签订进、出口商之间的贸易合同后，如果是贷款行直接贷款给外国进口商，进口商要用自身资金，以即期付款的方式向出口厂商支付买卖合同金额的 15％～20％的现金，其余货款以即期付款的方式将银行提供的贷款付给出口厂商，然后按贷款合同规定的期限，将贷款和利息还给供款银行。

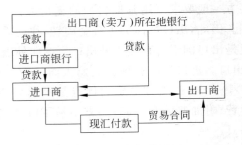

图 2-2　买方信贷图解

如果是出口方银行向进口方银行贷款，进口方银行也以即期付款的方式代进口商向出口商支付应付的货款，并按贷款规定期限向供款行归还贷款和利息。进口商与进口方银行的债务关系按双方商定的办法在国内结算。买方信贷的优点是卖方在计算成本和报价时无须把各种因信贷业务而发生的各项费用计算在成本和报价内，因此报价较低，进口商对货款以外的费用比较清楚。

多数买方信贷是出口方银行贷款给进口方银行，属于银行信用(进口方银行再贷给进口商)。买方信贷要比卖方信贷使用普遍，这主要是因为其对参与各方都有明显的好处：

(1) 对进口方而言，可以提高贸易谈判效率，争取有利的合同条款。进口方集中精力于自己熟悉的领域如货物的技术、质量等级、包装、价格和有关的贸易条件等，而将自己比较陌生的方面如信贷手续和有关费用交给银行处理，这样在谈判过程中可以有更充足的时间争取有利的贸易条件；同时，买方信贷费用由进口方银行和出口方银行双方商定，并由进口方银行支付给出口方银行，这笔费用往往少于卖方信贷下由出口方支付给出口方银行的费用。

(2) 对出口方而言，可简化手续和改善财务报表。因为出口方出口货物时收入的是现汇，制定出口价格时无须考虑附加的信贷手续费等费用，只需根据同类商品的国际市场价格制定价格;同时,由于收入现汇,没有卖方信贷形式下的应收账款,一定程度上改善了出口商年末财务报表状况。

（3）对出口方银行而言,买方信贷是向进口方银行提供的,一般而言,银行信用大大高于商业信用(企业信用),出口方银行贷款的安全收回较为可靠。

（4）对进口方银行而言,在金融业特别是银行业竞争愈来愈烈的局势下,承做买方信贷可拓宽与企业联系的渠道,扩大业务量,增加收益。

我国的出口信贷原来都由中国银行办理,1994 年 7 月 1 日中国进出口银行(直属国务院领导的、新设立的政策性银行)开业以后,它与中国银行等外汇银行在办理出口信贷业务方面作了明确的分工,即中国进出口银行主要办理机电设备和成套设备等资本商品的出口信贷,而中国银行等外汇银行则可办理除了上述资本商品以外的其他商品的出口信贷。中国进出口银行的出口买方信贷业务流程图如图 2-3 所示[①],说明如下。

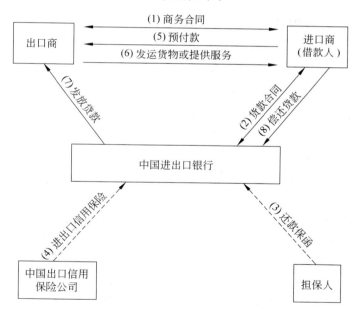

图 2-3　中国进出口银行出口买方信贷流程图

[①]　感兴趣的读者可登录该行网站了解其业务,网址为 www.eximbank.gov.cn。

(1) 出口商和进口商双方签订商务合同,合同金额不少于 200 万美元。

(2) 中国进出口银行和借款人签订贷款协议,贷款金额不高于商务合同金额的 85%,船舶项目不高于 80%。

(3) 视项目情况要求担保人提供担保。

(4) 是否投保出口信用险主要视借款人的国别风险而定。

(5) 借款人预付款金额不能低于商务合同总金额的 15%,船舶项目不低于 20%。

(6) 出口商根据合同规定发放货物。

(7) 中国进出口银行在出口商发货后向出口商发放货款。

(8) 借款人根据贷款协议每半年偿还一次贷款本息及费用。

中国进出口银行提供的出口卖方信贷贷款种类包括:设备出口卖方信贷、船舶出口卖方信贷、高新技术产品(含软件产品)出口卖方信贷、一般机电产品出口卖方信贷、对外承包工程贷款、境外投资贷款。

二、出口信用保险

出口信用保险(export credit insurance)是国家为了推动本国的出口贸易,保障出口企业的收汇安全而制定的一项由国家财政提供保险准备金的非营利性的政策性保险业务。它旨在鼓励发展出口贸易,并保证出口厂商因出口所受到的损失能得到绝大部分补偿,使本国出口商在世界市场上与其他国家的出口商处于同等的竞争地位。投保出口信用保险可以给企业带来以下利益。

(1) 出口贸易收汇有安全保障。出口信用保险使企业出口贸易损失发生时给予经济补偿,维护出口企业和银行权益,避免呆坏账发生,保证出口企业和银行业务稳健运行。

(2) 有出口信用保险保障,出口商可以放心地采用更灵活的结算方式,开拓新市场、扩大业务量,从而使企业市场竞争能力更强,开拓国际贸易市场更大胆。

(3) 出口信用保险可以为企业获得出口信贷融资提供便利。资金短缺、融资困难是企业共同的难题,在投保出口信用保险后,收汇风险显著降低,融资银行才愿意提供资金融通。

(4) 得到更多的买家信息,获得买方资信调查和其他相关服务。出口信用保险有利于出口商获得多方面的信息咨询服务,加强信用风险管理,事先避免和防范损失发生。

（5）有助于企业自身信用评级和信用管理水平的提高。

中国设有"中国出口信用保险公司"[①]，用于对出口提供信用保险。

 **案例 2-1**

积极应对突发事件，为被保险人提供高效理赔服务

2003 年 5 月 15 日，山东省诸城舜王进出口有限公司向青岛营业管理部报告：因从中国进口的鸭肉产品中检测出禽流感病毒，日本突然对中国禽肉产品封关，致使出运的 43 个货柜的肉鸡产品被迫退运回国，金额达USD1 332 467.53。青岛营业管理部于当天下午 13：30 书面传真我部，报告此情况。获此信息后，我部一方面立即回复被保险人，表示将积极协助被保险人，最大限度降低损失，并承担我公司应承担的保险责任；另一方面，向短期业务承保部通报情况，并于当日发《要情通报》，希望各地分支机构关注此信息，并提醒涉及出口家禽肉产品的被保险人针对此情况，采取相应的措施。

2003 年 5 月 20 日，保户向我公司书面报送可能损失，可损金额USD799 480.12，保户同时提供了日本农林水产省 2003 年 5 月 12 日发布的新闻公报。我部一方面指示被保险人将货物退运回国，积极进行处理，以减少损失；另一方面我们以最快的速度核实损因。

由于本案货物为冷冻及熟食禽肉制品，其存在保质期等问题，处理起来难度较大，在货物退运处理过程中，为最大限度减少损失，保户在协调海关、商检等部门及联络国内买家等方面做了大量的工作。经过保户不懈的努力，2003年 6 月 10 日，我们收到了保户第一批退运货物的处理方案，在综合考虑各方面因素的情况下，我们对被保险人的损失金额进行了测算，认为保户提出的转卖方案是可行的，在向公司总经理请示后，对该方案予以书面确认。

6 月 18 日，保户第一批退运货物全部处理完毕，向我公司提出索赔申请，青岛营业管理部收到案卷后进行了索赔案的业务系统录入及案件的初审工作。6 月 25 日我部收到案卷，开始定损核赔工作。我们一方面请保户进一步补齐相关单证，另一方面核定了相关损失。在保户积极配合下，定损核赔工作进展得很顺利。7 月 4 日，就第一批的 6 个案件我们向青岛营业管理部发出

---

① 感兴趣的读者可登录该公司网站了解其业务，网址为 www.sinosure.com.cn。

了《内部赔付通知书》,营业管理部在第一时间将我公司的赔付决定通知了被保险人。

7月14日,保户第二批退运货物处理完毕,此时正值我部在青岛营业管理部开展业务系统培训工作,为了提高工作效率我部同志与青岛营业管理部的同志利用培训的间隙对第二批退运的3个案件进行定损核赔工作。2003年7月15日,带着刚刚制作好的《赔付通知书》,我部4位同志和青岛营业管理部2位同志踏上了奔赴诸城舜王公司的路途。

经过3个多小时的颠簸,短赔部总经理助理周娅同志亲手将《赔付通知书》交到诸城舜王公司王金友总经理的手中。

从2003年5月20日报损到7月16日发出最后一份《赔付通知书》,在不到2个月的时间里,我部完成了诸城舜王出口日本禽肉拒收9个案件的定损核赔工作,这9个案件总损失金额RMB7 089 184.38,我公司共赔付被保险人RMB6 326 573.28,折合USD765 002.81。

资料来源:www.sinosure.com.cn。

 案例 2-2

出口信用保险助力重型汽车企业抢占海外市场制高点

汽车产业是我国国民经济重要的支柱产业,产业链长、关联度高、就业面广、消费拉动大,在国民经济和社会发展中发挥着重要作用。汽车出口一直是中国信保支持的重点。2008年公司短期出口信用保险支持76家企业出口汽车整车及底盘12.8亿美元,占一般贸易出口的19.6%。2009年1—6月,短期出口信用保险支持汽车整车出口6.4亿美元,同比增长12%。

以某重型汽车出口企业S公司为例。2009年第1季度,我国整车出口金额比2018年同期下降了50%,而S公司却实现出口1.25亿美元,同比增长达到220%,位居国内汽车出口企业榜首。2009年上半年,该公司出口已超过3亿美元。

S公司与中国信保的结缘始于2006年,当时该公司已在非洲等发展中国家市场拓展多年,但由于这些国家地区整体信用风险相对较高,S公司一直坚持以预付款和信用证为主要结算方式,2006年出口额仅为700万美元。2007年,在中国信保的支持下,S公司开始尝试采用放账方式与买家进行交易,不仅将营销版图迅速拓展至东欧、中东等地区,出口金额也节节攀升,2007年出口额达到 6 000 多万美元。

2008 年开始,汽车出口的传统市场俄罗斯不断提高汽车进口门槛,强制增加检测项目,并临时提高重型汽车进口关税,导致 S 公司在俄罗斯市场的产品销量急速减少,非洲市场成为企业出口战略重点。为支持 S 公司抢夺非洲某国市场,中国信保在全面评估买方国别风险和买方信用风险的基础上,为 S 公司提供了高达 2 000 万美元的信用限额支持,使 S 公司对该非洲国家的出口更进一步大幅增长。中国信保的支持带动了 S 公司出口的全面增长,2008 年该公司出口接近 3 亿美元。

能够在汽车出口整体降幅显著的情况下取得如此突出的成绩,除了凭借自身产品的高性价比外,S 公司支持经销商采取灵活的结算方式发挥了至关重要的作用。从预付款到放账赊销,从信用证到付款交单,能够在非洲市场立足,得益于中国信保的保驾护航;在激烈的市场竞争中,企业能够"抢来订单、保住份额",信用保险是最好的"定心丸"。

资料来源:http://www.sinosure.com.cn/sinosure/xwzx/xwgj/103144.html。

三、出口补贴

出口补贴(export subsidies)又称出口津贴,是一国政府为了使出口商品在价格方面具有较强的竞争能力,在出口商品时给予出口厂商的现金补贴或财政上的优惠待遇。出口补贴可分为两种:一种是直接补贴(direct subsidies),即出口某种商品时,直接付给出口厂商的现金补贴;另一种是间接补贴(indirect subsidies),指政府对某些出口商品给予财政上的优惠,如政府退还或减免出口商品的直接税、超额退还间接税(增值税、消费税、关税等)、提供比在国内销售货物更优惠的运费等。

许多国家为了扩大出口,纷纷采用补贴这种较为隐蔽的方式实施对本国的贸易保护;另外,许多国家纷纷出台反补贴税法抵制补贴行为,其中不少国家滥用反补贴措施,使其从一种保证公平贸易的手段蜕化为贸易保护主义的工具。其结果是,补贴与反补贴措施扭曲或损害了贸易各国的利益,影响了国际贸易的健康发展。为了约束规范补贴和反补贴措施,乌拉圭回合经过艰苦的谈判,在东京回合的《补贴与反补贴规则》基础上,达成了《补贴与反补贴协议》。该协议将补贴分为禁止使用的补贴、可申诉的补贴和不可申诉的补贴。

(1)禁止使用的补贴又称"红灯补贴",是形式上或实际上依出口情况而定或用于使本国货压倒进口货的补贴。红灯补贴分为出口补贴和进口替代补贴两类,主要是指出口补贴。红灯补贴具体包括的内容很多,如政府按出口实绩对某一企业或产业提供的直接补贴,与出口或出口实绩相联系的特殊税收减让等。

(2) 可申诉的补贴又称"黄灯补贴",是指允许使用的补贴,但若该补贴对WTO 成员产生了不利影响,则可对其采取磋商手段,或动用争议解决程序或对其采取反补贴措施。黄灯补贴也有多种,如政府机构对某些特定企业或产业实施的各种收入保证或价格支持政策;政府机构以特别优惠的条件向某些特定企业提供货物(如原材料、设备、中间品等)和服务(如运输、技术、各种生产和销售服务等);政府机构给予企业特殊的优惠安排,如实行差别税率、缓征税收,或注销拖欠税款、减免税收等。

(3) 不可申诉的补贴又称"绿灯补贴",是合法的补贴,不能受到反补贴制裁,它包括所有非专门补贴,即那些不是主要使某个企业、某个产业或某个产业集团受益的补贴。补贴的非专门性要求补贴的分配标准必须是中立的、非歧视的和以整个经济为基础的,不对部门加以区分。但对某些专门补贴也是不可申诉的,其中有研究与开发、对落后地区的帮助、帮助工厂适应新的环保规则(以上补贴均有一定限制)。

四、外汇倾销

外汇倾销(exchange dumping)是指降低本国货币对外国货币的比价,从而降低本国商品以外币表示的价格,增强本国商品的竞争力,达到扩大本国商品出口的目的。同时,本币对外贬值还会引起进口商品价格的上涨。因此,外汇倾销在一定条件下可起到促进出口和限制进口的双重作用,从而改善贸易收支。

一国要通过外汇倾销成功地扩大出口、限制进口,改善贸易收支,必须满足"马歇尔-勒纳条件"(Marshall-Lerner condition),即出口需求弹性(D_x)与进口需求弹性(D_i)之和大于 1: $D_x + D_i > 1$。"马歇尔-勒纳条件"假定:

(1) 当本币对外贬值导致国外市场需求扩大后,本国要能增加供给,且增加供给的产品数量与结构和增加的需求相适应。

(2) 有"闲置资源",保证增加供给所需要的资源投入。

五、商品倾销

乌拉圭回合签订的《反倾销协议》第 2 条明确规定,如一产品自一国出口至另一国的出口价格,低于在正常贸易中出口国国内消费的同类产品的可比价格,即以低于"正常价值"的价格进入另一国市场,则该产品被视为倾销(dumping)。

产品正常价值的确定有三种方法:①企业在本国国内市场通常贸易过程中确定的价格。如果长期(通常为一年)以低于平均总成本(总成本指固定成本与可变成本加上销售费用、一般开支及管理成本的总和)的价格销售大量产品,则该价格不被视为通常贸易中的价格。②如在出口国国内市场的正常贸易过程中不存在该同类产品的销售,或由于出口国国内市场的销量太小,以至于不能进行价格比较,则用同类产品出口至一适当第三国的最高可比出口价格。③原生产国的生产成本加合理金额的管理、销售和一般费用以及合理的利润之和,即所谓结构价值。一般情况下,应优先采用第一种方法。只有在不能采用第一种方法时,才能采用第二种或第三种方法。

西方国家在确定"正常价值"时,把所有国家分为市场经济国家和非市场经济国家两类。对市场经济国家采用上述标准,对非市场经济国家则采用第三替代国价格(见本章第二节关于反倾销税的阐述)。

(一)商品倾销的分类

按照倾销的目的不同,商品倾销可分为以下几种。

(1)偶然性倾销(sporadic dumping)。指公司因商品过季或改营其他业务,需要处理库存商品,但国内市场容量有限而以低于成本或较低的价格在国外市场抛售。这种倾销虽然会对进口国国内同类产品的生产与销售造成一定程度的冲击,但由于持续时间短,进口国家通常较少采用反倾销措施。

(2)周期性倾销(periodic dumping)。在需求萎缩期间,如果企业预期未来有更好的行情,并认为与收不回全部成本而继续生产相比,解雇工人和降低生产能力的成本更高,企业就可能倾销,以便在整个商业周期内稳定生产。

(3)防御性倾销(defensive dumping)。即以低于生产成本的价格出口,以利于阻止潜在的竞争者进入进口国市场。

(4)间歇性倾销或掠夺性倾销(intermittent/predatory dumping)。它是指一国出口商为了将进口国国内生产商挤出市场,获得其在进口国国内市场的垄断地位后再制定垄断高价,获取垄断利润,而以低于本国国内市场价格甚至低于成本的价格,在某一国外市场销售产品。

这是仅有的一种潜在地危害到进口倾销产品国家福利的倾销。它是20世纪初几十年间美国反倾销立法的最初原则。美国担心外国企业(或卡特尔)可能会故意使产品价格低得足以把现有的美国企业赶出市场而形成垄断。一旦形成垄断,垄断者会利用其市场力量超额弥补低价造成的损失。不过,垄断者(卡特尔)要实现垄断目的,不仅要消除进口国国内的竞争,而且还必须能够阻止新竞争者的进入。为使这成为可能,垄断者要么必须具有全球性垄断力量,要么说服进口国政府实施或容忍对进入市场的限制。

从实践上来看,20世纪20年代和30年代的国际混乱期间,工业制成品的掠夺性倾销曾普遍存在。但是,在现代竞争性市场上,掠夺性倾销可能变得越来越少了。试图消灭所有竞争者而暂时降低价格的厂商会发现,一旦他再度提高价格,许多跨国企业就会作为竞争者以有效率的大规模生产重新进入市场。实际上,第二次世界大战后一直没有关于掠夺性倾销的成功案例记载。

(5)持续性倾销(persistent dumping)。它是指一国出口商在较长时期内以低于国内市场价格的低价在某一外国市场销售产品,打击竞争对手,以挤进该国市场或提高在该国市场的份额。持续性倾销获得成功,需要具备几个条件:

① 能够成功地实施严格的市场分割,防止出口商品再被进口到国内,从而能够维持国内市场的高价。

② 企业能够实现规模经济或使生产能力得到充分利用,或企业需要尽可能快地沿其学习曲线下移,即随着产量增加,生产工人们不断提高效率从而使单位生产成本逐渐下降。

③ 倾销价格必须高于边际成本①。

④ 出口商认为国外市场的需求弹性②大于国内市场,即随着价格的降低,外国消费者对出口产品需求的增加大于国内消费者。

(二)商品倾销与出口补贴的比较

出口补贴是"鼓励出口措施",但商品倾销是否属于"鼓励出口措施"却有争议。逻辑上讲,"鼓励出口措施"属于政府政策措施,实施主体应为政府,而商品倾销则是企业行为。正因为如此,WTO作为国家与政府的组织,并不处理公司的事务——仅订有《反倾销协议》,规范政府对倾销可以采取的行动,却订有《补贴与反补贴协议》,既规范政府补贴,又规范政府对补贴作出的反应。商品倾销之所以被作为鼓励出口措施看待,原因是有的经济学家认为,出口商背后如果没有所在国政府的支持,根本不可能长期从事亏损的出口倾销。但是这种观点又使得商品倾销与出口补贴难以区别了。

---

① 边际成本表示生产另一单位产量的额外的或增加的成本。短期内,当生产商面对较大的规模经济和学习曲线,成本随着生产的增长而暴跌时,引来"远期价格",就可能将价格定得低于当前的成本,无论是平均成本还是边际成本。

② 需求弹性被定义为价格变化导致的需求量变化百分比与价格变化百分比的比率。

企业商品倾销与政府作为鼓励出口措施提供出口补贴的结果一般都表现为低价出口,但二者存在如下不同之处。

(1) 如上所述,二者行为主体不同。商品倾销是企业行为,出口补贴是政府行为。

(2) 低价出口期间造成的损失补偿来源不同。商品倾销来源于掠夺性倾销的垄断高价或长期性倾销的国内高价和规模经济,出口补贴则来源于政府的补偿。

(3) 当低价出口给进口国造成"实质性危害"或有"实质性危害"威胁时,进口国政府谈判、调查的对象不同。前者是出口企业,后者是出口国政府。

(4) 进口国针对低价出口采取的措施不同。前者征收反倾销税,后者征收反补贴税——对我国而言,美国和欧盟等国家(集团)仅征收反倾销税。

(5) 低价出口损失能否得到补偿的风险不同。商品倾销的降价损失有可能因垄断高价落空或国外需求弹性小而得不到补偿,而出口补贴则无此风险。

(6) 从目的来看,掠夺性倾销的出发点或目的是恶意的垄断高价,而出口补贴仅是为了增加产品竞争力,以挤进市场或扩大市场份额,是无恶意的,尽管出口补贴也会对进口国国内市场造成冲击。

六、其他鼓励出口措施

除上述措施之外,企业还可利用政府促进出口机构,以及政府为促进对外贸易发展建立的经济特区提供的优惠措施,如自由贸易港、自由贸易区①、出口加工区、综合型经济特区、保税区与过境区等区内规定的优惠措施。

需要说明的是,出口企业除了充分利用本国鼓励出口措施所形成的竞争优势外,还必须了解本国对出口管制的规定,以免陷于被动。

所谓出口管制,是指一些国家特别是发达资本主义国家,为了得到一定的政治、军事和经济目的,对某些商品特别是战略物资与先进技术资料,实行限制出口或禁止出口。出口管制通常是发达资本主义国家实行贸易歧视政策的重要手段。出口管制就其形式来说,可分为单方面出口管制和多边出口管制。前者是由一个国家单独采取管制措施,后者是由一些国家联合进行,如于1949 年成立、1994 年 4 月解散的巴黎统筹委员会。

---

① 　指在一个国家内部设立的自由贸易区(free trade zone),不同于"区域经济一体化"中国家之间建立的自由贸易区(free trade area)。

第二节 出口障碍之一：关税措施

关税(tariff/customs duty)是进出口货物通过一国关境时,由该国政府所设计的海关向进出口商所征收的一种税收。关税与其他国内税赋一样,具有强制性、无偿性和预定性。关税作为现代贸易制度的一个重要内容,对一国国民经济会产生重大影响。对于进口竞争企业来说,本国的进口关税是其本国基础之一。对于出口企业而言,外国的进口关税是其出口障碍之一。

一、关税的作用

对进出口货物征收关税可以起到以下三方面的作用。

（一）增加财政收入

关税是海关代表国家行使征税权,因此,关税的收入是国家财政收入来源之一。这种以增加国家财政收入为主要目的而征收的关税,称为财政关税(revenue tariff)。随着社会经济的发展,其他税源的增加,总体上财政关税的意义已大为降低,关税收入在国家财政收入中的比重已经相对下降。发达国家的全部财政收入中关税所占的比重很低,如20世纪末美国关税仅占政府全部财政收入的1%左右[①]。对于经济比较落后的国家来说,财政关税仍是其财政收入的一个重要来源。关税财政收入作用降低的同时,被世界各国普遍作为限制外国商品进口、保护国内产业和国内市场的一种手段来加以使用。

（二）保护国内产业与市场

关税能限制外国商品的进入,尤其是高关税,可以大大减少有关商品的进口数量,减弱以至消除进口产品对国内进口竞争企业的竞争,从而达到保护国内同类产业或相关产业的生产与市场的目的。这种以保护本国的产业和市场为主要目的的关税,称为保护关税。目前各国设置的关税主要是保护关税(protective tariff)。

在其他条件相同的情况下,关税率越高,关税对本国同类产品的保护程度也越高。但一国产品所受到的保护不仅受到对最终产品征收关税的影响,也受到对它们投入的原材料征收关税的影响。因此,关税税率所反映的保护率只是一个名义保护率(nominal rate of protection,NRP)。名义保护率就是某种进口商品通过该国关境时根据海关税则被征收关税的税率。以名义保护率

---

① 唐海燕.国际贸易学[M].上海:立信会计出版社,2001:255.

衡量关税保护率的高低,具有一定的局限性。对制成品而言,其生产涉及不同的原料或中间品。只有考察某一特定产业单位产品的增值部分的税率时,才代表着关税对本国同类产品的真正有效的保护程度,即有效保护率(effective rate of protection,ERP)。有效保护率是对某工业单位产品"增值"部分的从价税率,即一国整个的关税壁垒体系使某产业单位产出的增值提高的百分比(不考虑非关税壁垒)。公式为:$\text{ERP} = (W - V)/V$。其中,ERP 为有效保护率;W 为施加一整套关税后的增加值;V 为施加一整套关税前的增加值。

在实际计算有效保护率时,我们使用公式

$$\text{ERP} = \frac{T - Pt}{1 - P}$$

式中:T——进口的最终产品的名义关税率;

$\quad\quad t$——进口原材料的名义关税率;

$\quad\quad P$——原材料在最终产品中所占的比重(以不含关税的价格比表示),即原材料系数;

$\quad\quad X$——某种制成品的自由贸易价格;

$\quad\quad X'$——生产这种制成品的投入品即原材料的自由贸易价格。

该公式的推导如下:

$\text{ERP} = (W - V)/V = \{[X(1 + T) - X'(1 + t)] - (X - X')\}/(X - X') = (XT - X't)/(X - X')$。又 $X' = XP$,故 $\text{ERP} = (XT - XPt)/(X - XP) = (T - Pt)/(1 - P)$,即

$$\text{ERP} = \frac{T - Pt}{1 - P}$$

若 t 为 0 或根本没有进口投入品,则上式为 $\text{ERP} = \dfrac{T}{1 - P}$。

在有多种投入品的情况下,若已知对某一种产业(j)的产出品和 n 种投入品征收的名义关税率,则对产业 j 的有效保护率为:

$$e_j = \left(t_j - \sum_i a_{ij} t_{ij}\right) \Big/ \left(1 - \sum_i a_{ij}\right)$$

式中:t_j——对产业 j 的产出品征收的名义关税率;

$\quad\quad i = 1, 2, \cdots, n$——对产业 j 的投入品征收关税的项目;

$\quad\quad t_{ij}$——对产业 j 的投入中第 i 项投入征收的名义关税率;

$\quad\quad a_{ij}$——施加关税前 j 产业中第 i 项投入成本占产业 j 的产出值的比重。

当某一特定产业的产品受到比其投入品高的关税率的保护时,有效保护

率会大于名义保护率。由于各个生产阶段会出现关税结构的升级[1]，最终产品的生产商往往比中间产品的销售者得到更高的有效保护率。因此，关税税率的结构对实际保护水平起着重要的决定作用。最终产品的有效保护率与名义保护率的关系为：当最终产品的名义保护率大于其所用进口原材料的名义税率时，有效保护率大于名义保护率；当最终产品的名义保护税率等于其所用进口原材料的名义税率时，有效保护率等于名义保护率；当最终产品的名义保护率小于其所用进口原材料的名义税率时，有效保护率小于名义保护率。

有效保护率概念比名义保护率更能真实地反映关税的保护水平，但它有以下缺点：一是它在技术上假定原材料系数固定不变（即没有产品替代）；二是假定进口商品的国际价格不受本国关税影响（即假定本国为小国）。

 案例 2-3

随着国内加工程度加深关税税率不断上升

从表 2-1 可以看出，美国、欧盟、日本具有相同的保护模式：对初级产品进口免税或只征很低的关税，对半成品征收较高的关税，对最终产品进口征收更高的关税。这样一个瀑布式的关税结构的结果是：国内加工程度越深，有效保护率超出名义关税率的比率就越大。

表 2-1　美国、欧盟、日本的瀑布式关税结构

产品	初级产品	半成品	最终产品	产品	初级产品	半成品	最终产品
美国				欧盟			
羊毛	4	9	41	木材	0	2	4
皮革	0	3	14	纸浆纸张	0	0	4
棉花	2	7	7	锌	0	2	7
铁	0	1	4	以上产品平均	0.0	1.3	5.0
铜	0	1	2	全部产品平均	0.2	4.2	6.9
铅	0	4	8	日本			
锡	0	0	2	可可	0	2	25
以上产品平均	0.9	3.6	11.1	黄麻	0	8	20
全部产品平均	0.2	3.0	6.9	铅	0	9	12
				以上产品平均	0.0	6.3	19.0
				全部产品平均	0.5	4.6	6.0

资料来源：［美］Dominick Salvatore. 国际经济学［M］. 第5版. 北京：清华大学出版社，1998：179.

---

[1] 　关税升级是指这样一种关税税率结构，即对工业原料、农产品等的税率较低或免税，但随着加工次数、加工深度的提高，关税率也逐渐提高。也称为瀑布式关税结构。

（三）调节进出口商品结构

一个国家可以通过调整关税结构来调整进出口商品结构。在海关税则中，可以通过调高数量的目的。但是，在大多数国家和地区加入 WTO 并达成关税减让表协议，从而关税率"固定"后，关税的这一作用已大大减弱。如乌拉圭回合后，不按贸易量或贸易额加权，仅按关税税号的百分比计算，发达、发展中、转型经济国家的约束关税的比例分别为 99％、73％、98％。在农产品领域，目前 100％的产品为约束关税。中国约束关税的比例为 100％。

二、关税的主要种类

（一）按照商品流向分类

按照商品流向，关税可分为进口税（import duty）、出口税（export duty）和过境税（transit duty）。

（1）进口税。进口税是进口国家的海关在外国商品输入时，根据海关税则对本国进口商品所征收的关税。高额进口税便是通常所讲的关税壁垒，高于 100％的进口关税称为禁止关税。下文"按征税待遇分类"中将对进口税进行详细分析。

（2）出口税。出口税是出口国家的海关在本国产品输往国外时，对出口商品所征收的关税。出口一般被认为"有利于"一国的经济，能够改善一国的贸易收支、提供就业机会等。而征收出口税会提高本国商品在国外市场的销售价格，降低竞争能力，不利于扩大出口，所以有必要简要地列举征收出口税的一些理由。①发展中国家征收出口税的一个相当重要的原因是为了增加财政收入，因为发展中国家经济落后，税源不广。②为了对付国内的通货膨胀压力。征收出口税会使出口商品的国内市场价格下跌，从而遏止国内市场价格水平的上升趋势。不过，除非同时采取紧缩性的国内宏观经济政策，出口税本身不能成为行之有效的反通胀措施。③用来重新分配本国的收入。若对生活消费品征收出口税，会将出口部门的收入转移到消费者。④对于大国来说，征收出口税可以改善贸易条件。中国有 84 个税号产品实行出口税。[①]

（3）过境税。过境税是一国对于通过其关境的外国货物所征收的一种关税。过境货物对被通过的国家的市场和生产并没有影响，只是在地理上通过，

---

①　具体产品见乌拉圭回合多边贸易谈判结果：法律文本，中国加入世界贸易组织法律文件.北京：人民出版社，2002：486-488.

并不进入该国市场。征收过境税不利于国际商品的流通,第二次世界大战后绝大多数国家都不征收过境税,仅在外国货物通过时征收少量准许费、印花费、登记费和统计费等。关税与贸易总协定(GATT1947)第5条明确规定:"缔约方对通过其领土的过境运输……不应受到不必要的迟延或限制,并应对它免征关税、过境税或有关过境的其他费用,但运输费用以及与因过境而支出的行政费用或提供服务的成本相当的费用除外。"这项规定在GATT1994得以保留并继续有效。

(二)按照征税待遇分类

按征税待遇,关税可分为普通关税、优惠关税和进口附加税三种。它们主要适用于进口关税。

1. 普通关税

普通关税指对从没有与本国签订双边或多边贸易或经济互惠等协定的国家进口其原产的货物征收的非优惠性关税。这种关税税率一般由进口国自主制定,只要国内外条件不发生变化,就长期采用,税率是正项关税中最高的。

2. 优惠关税

优惠关税指对来自特定国家进口的货物在关税方面给予优惠待遇,其税率低于普通关税税率。优惠关税一般有最惠国待遇下的关税、普遍优惠制下的关税和特定优惠关税三种。

(1)最惠国待遇下的关税:最惠国关税。最惠国待遇(most-favored-nation treatment)是指缔约双方相互间现在和将来给予第三国(包括单独关税区,下同)在贸易上的优惠、豁免和特权同样给予缔约对方,包括关税优惠。因此,最惠国待遇下的关税适用于那些彼此签订有双边或多边最惠国待遇协定的国家之间的进出口。如甲国与乙国签订了最惠国待遇协定,则甲国从乙国进口的产品适用最惠国税,若无此协定,则适用普通关税。乙国也是如此。最惠国税率比普通关税率低,两者税率差幅往往很大。例如,美国对玩具的进口征收最惠国税率为6.8%,普通关税率为70%。第二次世界大战后,大多数国家都加入GATT及现在的WTO或签订了双边贸易条约或协定,相互提供最惠国待遇,享受最惠国待遇下的关税,因此这种关税又被称为正常关税。

(2)普遍优惠制下的关税:普惠税。普遍优惠制(generalized system of preferences,GSP)简称普惠制,是发展中国家在联合国贸易与发展会议(UNCTAD)上经过长期斗争,在1968年通过建立普惠制决议之后取得的,是发达国家单方面给予发展中国家出口制成品和半制成品的一种关税优惠待遇。其主要内容是：在一定数量范围内（主要指关税配额或限额），发达国家对从发展中国家进口的工业品减免关税，部分免除加工过的农产品的进口关税。对于超过限额的进口则一律征收最惠国关税。

普惠制有三项基本原则：①普遍性原则，指发达国家应对从发展中国家进口的制成品和半制成品尽可能给予关税优惠；②非歧视原则，指发达国家应对所有发展中国家一视同仁，实施统一的普惠制，而不应区别对待；③非互惠原则，指发达国家给予发展中国家特别优惠关税待遇，不应要求发展中国家给予反向对等优惠。概括起来就是，发达国家应对从所有发展中国家进口的全部制成品和半制成品给予单向优惠关税待遇。

目前的普惠制由 40 个给惠国的 13 个普惠制方案组成（欧盟 28 国采用一个普惠制方案）。各普惠制方案由各给惠国和国家集团制定，对受惠国或地区名单、给惠产品范围、减税幅度、保护措施、原产地规则、毕业条款等方面进行规定。美国的普惠制方案规定：社会主义国家，石油输出国组织等国际商品卡特尔国家，没收美国公民财产的国家，对有关美国公民或企业所发生的争议不尊重仲裁程序裁决的国家，不能成为受惠国。

至今已有 39 个国家给我国普惠制关税待遇，它们是：欧盟 28 国[①]、瑞士（包括列支敦士登公国）、挪威、日本、加拿大、澳大利亚、新西兰、俄罗斯、白俄罗斯、乌克兰、哈萨克斯坦、土耳其。美国在我国加入世界贸易组织后，仍然未给我国普惠制待遇。

普惠制待遇促进了我国出口贸易的发展。但是，中国面临着不断增多的"产品毕业"。若我国从发达国家的普惠制方案里"国家毕业"，将给中国出口带来负面影响：发达国家适用于我国的进口关税由普惠税改为最惠国关税，我国产品在进口国国内价格提高；我国的一些外国直接投资可能因此而转移到其他国家投资。

 专栏 2-1

欧盟普遍优惠制度修订案 2014 年 1 月 1 日起实施

欧盟的普遍优惠制度（GSP）修订案于 2014 年 1 月 1 日开始实施，惠及多个国家，中国内地仍享有一些优惠。普惠制修订案于 2012 年 10 月 31 日在第 978/2012 号法规公布。

---

① 克罗地亚于 2013 年 7 月 1 日正式加入欧盟。

在普惠制下,若来自受惠国的某类进口产品具备足够竞争力,将不再享有优惠。根据新普惠制,若来自受惠国的任何一类受惠产品占欧盟同类产品进口总额超过 17.5%(纺织品及服装的比重为 14.5%),则该类产品的关税优惠将会被取消。

享有关税优惠的国家由原本的 176 个大幅减少至 90 个,而中国可以继续享有关税优惠。不过,内地有一系列产品不再受惠,在内地生产及出口产品到欧盟的中国香港公司务必清楚了解这个新产品清单。

与之前的不再受惠产品清单比较,新清单中的产品类别进一步细分。欧洲委员会表示,此举旨在改善产品分类的一致性。

现时,不能享受普惠制优惠的内地产品包括玩具、纺织品及服装、鞋履、家具、灯具、首饰或仿首饰、电动设备以及钟表;这些产品已经脱离普惠制的受惠行列。

自 2014 年 1 月 1 日起,中国内地又有 6 类产品不再受惠,分别是:

第 1a 类:活动物及动物产品,不包括鱼;

第 1b 类:鱼、甲壳动物、软体动物及其他水生无脊椎动物;

第 2b 类:蔬菜、水果及硬壳果;

第 2c 类:咖啡、茶、马黛茶及香料;

第 2d 类:谷物、幼粉、种子及树脂;

第 4b 类:经配制的食品(不包括肉类和鱼)、饮料、酒及醋。

自 2014 年 1 月 1 日起,有更多类别的内地产品不再享有欧盟普惠制进口税率优惠,令脱离受惠行列的内地产品类别合计达 27 类。从该日起,属于这些类别的内地产品进口到欧盟时,须按常规税率计征关税。

在新普惠制下仍然受惠的内地产品类别有:

第 2a 类:蔬菜;

第 3 类:动物或植物油、脂肪及蜡;

第 4a 类:肉类制品;

第 4c 类:烟草;

第 5 类:矿产。

总地来说,中国内地只有上述 5 类产品可以继续受惠于普惠制。不再受惠产品清单的欧洲委员会实施法规详情参见 http://eur-lex. europa. eu/LexUriServ/LexUriServ. do? uri＝OJ：L：2012：348：0011：0013：EN：PDF,欧盟普惠制新指引详情参见 http://trade. ec. europa. eu/doclib/docs/

2013/december/tradoc_152012. pdf。

　　虽然中国内地有少数产品于 2014 年内仍然可受惠于新普惠制,但不会长时期受惠。2013 年 12 月 31 日,欧盟《官方公报》刊登欧洲委员会第 1421/2013 号法规,修订了欧盟的普惠制法规,在生效一年后把中国内地、厄瓜多尔、马尔代夫及泰国剔出受惠国行列。

　　世界银行分别于 2011 年、2012 年及 2013 年把中国、厄瓜多尔、马尔代夫及泰国归类为高收入或中高等收入国家。分类是以这些国家的人均国民总收入为准则。因此,中国内地所有产品将于 2015 年 1 月 1 日起不再获普惠制优惠。

　　第 1421/2013 号法规详情参见 http://eur-lex. europa. eu/LexUriServ/LexUriServ. do? uri＝OJ：L：2013：355：0001：0015：EN：PDF。

　　资料来源：http://trade. ec. com. cn/article/tradezcq/trademyhj/201401/1280333_1. html。

　　(3) 特定优惠关税(preferential duty)。又称特惠关税,指对从某个国家或地区进口的全部商品或部分商品给予特别优惠的低关税或免税待遇。特惠关税始于宗主国与殖民地附属国之间的贸易往来。目前国际上最有影响的是依《洛美协定》实施的特惠关税。《洛美协定》是 1975 年欧共体(欧盟的前身)与非洲、加勒比与太平洋地区 46 个发展中国家(1987 年增至 66 个)在多哥首都洛美签订的经济和贸易协定。参加协定的这些发展中国家第二次世界大战前都是欧盟国家的殖民地和附属国。根据《洛美协定》,欧共体对来自这些发展中国家的全部工业品和 94% 的农产品免征进口关税,而欧共体向这些国家出口的产品不享受反向的关税优惠待遇。

 专栏 2-2

洛 美 协 定

　　《洛美协定》曾是非加太集团和欧盟间进行对话与合作的重要机制,也是迄今最重要的南北合作协定,自 1975 年以来共执行了 4 期,欧盟一直通过该协定向非洲、加勒比和太平洋地区(国家)成员方提供财政、技术援助和贸易优惠等。

　　第一个《洛美协定》于 1975 年 2 月 28 日在多哥首都洛美签署,自 1976 年 4 月 1 日起生效,有效期五年。新协定规定欧共体在五年内向非加太地区国家提供 33.6 亿欧洲货币单位(约合 42 亿美元)的财政援助。

第二个《洛美协定》于 1979 年 10 月 31 日在多哥续签,1980 年 4 月起生效,有效期五年。此次欧共体提供的援助增至 56.07 亿欧洲货币单位(约合 74.57 亿美元),参加签署该协定的非加太地区国家增至 58 个。第二个协定引入了稳定矿产品出口收入的机制(sysmin),以保证非加太地区国家向欧共体出口矿产品的稳定收益。

第三个《洛美协定》于 1984 年 12 月 8 日在多哥续签,1986 年 5 月 1 日起生效,有效期五年(1985 年 3 月 1 日—1990 年 2 月 28 日)。该协定确定了双方之间的平等伙伴和相互依存关系。根据协定,欧共体在五年内向非加太地区国家提供财政援助 85 亿欧洲货币单位(约合 93.5 亿美元)。参加签署该协定的非加太地区国家增至 65 个。

第四个《洛美协定》于 1989 年 12 月 15 日在多哥续签,有效期 10 年。

1998 年 9 月 30 日欧盟与非加太地区国家在布鲁塞尔就续签第五个"洛美协定"举行正式谈判。1999 年,欧盟和非加太地区国家就《洛美协定》续签问题分别在塞内加尔首都达喀尔(2 月)、比利时首都布鲁塞尔(7 月和 12 月)、多米尼加共和国首都圣多明各(11 月)举行了 4 次非加太—欧盟部长级会议,但均因双方分歧太大无果而终。

2000 年初,双方在布鲁塞尔重开谈判,非加太地区国家在人权、贸易优惠制等问题上作出重大让步,双方遂于 2 月 3 日就签署第五个《洛美协定》达成协议,同年 6 月在科托努正式签署,称《科托努协定》,《洛美协定》就此宣告结束。经欧盟 15 国和非加太集团 76 国政府的正式批准,《科特努协定》自 2003 年 4 月 1 日起正式生效。协定有效期 20 年。

资料来源:根据百度百科中的"洛美协定"编辑而成。

3. 进口附加税

在国际贸易中,有些国家对进口商品除了征收正常的进口关税外,还往往会根据某种需要再征收额外的关税,即进口附加税(import surtax)。进口附加税的征收通常是作为一种特定的临时性措施,其主要目的是调节贸易平衡与收支,对某些商品的进口作特别限制,在国家与地区间实行贸易歧视和贸易报复等。进口附加税,无论其征收目的如何,都是进口数量限制的重要手段。

进口附加税的征收有两种方式。一种是对所有进口商品征收,如美国前总统尼克松在 1971 年 8 月为了应付国际收支危机,宣布对所有进口产品加征 10% 的进口附加税。另一种是只针对特定国家的某项商品征收进口附加税,以限制这种特定商品的进口。这类进口附加税包括反补贴税、反倾销税、惩罚关税和报复关税等,主要是反倾销税(anti-dumping duty)和反补贴税(countervailing duty)。

(1) 反倾销税

反倾销税是对实行商品倾销的进口货物征收的一种附加税,即在倾销商品进口时除征收进口关税外,再征收反倾销税。征收反倾销税的目的在于抵制外国倾销,保护国内相关产业。

对反倾销措施作出规定的是《关于实施 1994 年关税与贸易总协定第 6 条的协议》,通常称为《反倾销协议》。作为《WTO 协议》不可分割的一部分,它提供了一个关于反倾销措施的详细、具体和全面的框架。在此之前,《1947 年关税与贸易总协定》第 6 条对反倾销措施作出了规定。只要不与《反倾销协议》冲突,《1947 年关税与贸易总协定》第 6 条的有关规定将仍然有效。

依据《反倾销协议》,实施反倾销措施必须具备三个条件,分别是存在倾销、损害及商品倾销与损害之间存在因果关系。① 倾销是否存在及倾销幅度的确定取决于出口价格与正常价值的比较(正常价值的确定办法见本章第一节中的"商品倾销")。② 损害是指进口方生产同类产品的产业受到实质性损害、进口方生产同类产品的产业受到实质性损害的威胁或进口方建立生产同类产品的产业受到实质性的阻碍。③ 对损害的确定应依据肯定性证据,并应包括对下述内容的客观审查:①进口倾销产品的数量和价格对国内市场同类产品价格的影响;②这些进口产品对此类产品国内生产者产生的影响。至于倾销与损害之间因果关系的认定,进口方主管机构应审查除进口倾销产品以外的、其他可能使国内产业受到损害的已知因素,包括:①未以倾销价格出售的进口产品的价格及数量;②需求萎缩或消费模式的改变;③外国与国内生产商之间的竞争与限制性贸易做法;④技术发展、国内产业的出口实绩及生产率等。其中,"国内产业"是指国内同类产品的全部生产商,或是其产品合计

---

① 《反倾销协议》第 5 条第 2 款。

② 倾销认定中有忽略不计的倾销幅度和数量:①若政府认定倾销幅度小于该产品出口价格的 2%,则反倾销必须立即停止;②若倾销产品的数量不到该产品总进口量的 3%,调查则需停止(但是如果几个国家的进口量之和达到总进口量的 7% 或以上,虽然每个国家的供应量不足总进口量的 3%,调查仍可进行)。

③ 《反倾销协议》第 3 条对损害的注释。

总产量占全部国内同类产品产量的相当部分的那些生产商。如果生产商与出口商或进口商是关联企业,或者它们本身被指控为倾销产品的进口商,则这些生产商不计算在内。

进口国有关倾销的补救措施,一种是征收反倾销税,另一种是价格承诺。若出口商自愿作出了令人满意的价格承诺,修改价格或停止以倾销价格出口,则调查程序可能被暂停或终止,有关部门不得采取临时措施或征收反倾销税。①

出口商在反倾销调查程序中,应仔细地审查对有关倾销、损害和两者之间因果关系的指控,将精力集中于损害及其与倾销之间的因果关系上,因为对于进口国申请人而言,证明损害要比证明倾销困难些,而要证明具体的倾销和损害之间存在因果关系就更为困难些。

中国作为 WTO 的正式成员,受到其他成员反倾销措施的不公正影响时,政府可以诉诸 WTO 争端解决机制,要求争端解决机构成立专家小组并要求获得救济。但是,涉及反倾销问题的争端解决程序与正常的争端解决程序大不相同。《反倾销协议》第 17 条第 6 款极大地限制了专家小组裁定案件是非曲直的能力,因为该条(款)要求专家小组必须接受对协议的任何合理的解释。在协议能以一种以上的方式进行解释的情况下,专家小组必须接受反倾销调查机构依据任何一种准许的解释所作出的决定。专家小组不能使用调查机构未掌握的或未使用的新信息来推翻反倾销裁决。许多情况下,专家小组只限于确定反倾销裁决是否违反了协议的程序性要求。如帕尔米特所述,乌拉圭回合中美国产业部门的主要目标是限制 GATT 专家小组推翻国内反倾销决定的权力……实际上这种游说所寻求的大部分目标都得到了满足。

中国作为反倾销的最大受害国,被征收反倾销税裁决比例很高的一个重要原因是因为所谓的"非市场经济国家"。欧洲、美国等将中国视为"非市场经济国家",在对中国进行反倾销调查程序中,正常价值的确定不是采用《反倾销协议》中规定的办法,而是采用第三国(市场经济国家)相似产品的价格作为替代,即采用第三替代国价格。美国区分"市场经济国家"和"非市场经济国家"的理由是,在市场经济条件下,存在着资本、商品和劳务市场,产品价格由竞争

---

① 反倾销调查对进口的阻碍作用及调查结束后作为补救措施的价格承诺,是非关税措施。关于价格承诺,有两点需要注意:①进口国有关部门不能强迫出口商作出价格承诺;②若反倾销部门认为不能接受出口商的价格承诺,可以拒绝其价格承诺,但应向出口商说明不接受的理由,并给出口商说明其意见的机会。

状态下的供求关系决定,因此国内市场通常贸易中的价格可以反映产品的真实成本。但在非市场经济条件下,资源和生产资料属于国家所有,原材料、能源的价格和工人工资由国家决定,货币不能自由兑换,市场及供求关系在价格决定中仅起很小的作用。因此,非市场经济条件下的国内销售价格是扭曲的,不能反映产品的正常价值,用这种价格与出口价格进行比较来确定是否存在倾销是不适当的。

　　"第三替代国价格"对中国非常不利。首先,替代国选择具有一定的随意性,尽管美国商务部选择的替代国要具备一定条件:经济发展水平与非市场经济国家的发展水平具有可比性;替代国是所比较的商品的重要生产商。即使所选择的替代国满足上述条件,如印度,但因为两国的价格结构不同,会造成对"正常价值"的高估。仍然以印度为例,虽然印度经济发展水平与中国相当,但其制造业没有中国发达,其制造业产品价格远高于中国。大多数替代国与中国生产出口产品的企业在工资、能源及原材料价格方面存在相当大的差异,产品价格自然也就不同。其次,由于只有在遇到反倾销时才选择替代国,中国出口商无法在开始出口就制定一个不存在倾销的价格。所以该标准对中国的出口商是很不公正的。

　　在中国加入 WTO 后的 15 年内,外国企业和政府仍可以使用针对"非市场经济国家"的第三替代国价格办法处理对中国产品的反倾销案。①

　　所以,获得"市场经济地位"成为中国企业应对国外反倾销的一个关键因素。但是,非市场经济问题在国际贸易当中实际不是一个学术问题,而是一个涉及实际利益的政治问题,它不是按照几个指标的衡量来完成最后的判定。认定一个国家是不是市场经济国家,没有国际上公认的标准。中国经济自由度明显高于俄罗斯,但是,欧盟在 2002 年、美国在 2003 年认可俄罗斯是市场经济国家。中国政府为获得"市场经济地位"的认可,进行了不懈的努力。到目前为止,全球已有包括俄罗斯、巴西、新西兰、瑞士、澳大利亚在内的 80 多个国家承认中国市场经济地位,而美国、欧盟及其成员方、日本等仍未予以承认。②

---

　　① 虽然欧盟已将中国从"非市场经济国家"名单划入"特殊的市场经济国家"(这一类国家过去只有中国和俄罗斯,俄罗斯已于 2002 年获得欧盟"市场经济国家"的认可),但实际做法与"非市场经济"并无太大不同。

　　② http://news.xinhuanet.com/fortune/2011-09/27/c_122091094.htm。

 **专栏 2-3**

欧盟对华光伏反倾销案

1. 事件概述

应欧盟支援太阳能组织请求,2012年9月6日欧盟正式宣布对华光伏组件、关键零部件如硅片等发起反倾销调查。欧盟支援太阳能组织称,中国企业以低于成本60%～80%的价格在欧盟市场"倾销"光伏产品,同时中国企业还得到"大量"政府补贴。此次反倾销调查涉及产品范畴超过此前美国"双反案",涉案金额超过200亿美元,是迄今为止欧盟对华发起的最大规模贸易诉讼。这无疑对已入寒冬的中国光伏企业产生了致命性的打击。

在中国,光伏产业的崛起,很大程度上来自于欧洲市场的支撑。根据中国商务部网站提供的数据,中国在2011年对欧盟的光伏产品出口额达到204亿美元。中国的光伏产品约九成出口海外,其中欧盟市场占了中国光伏出口市场的六成。对于大部分中国光伏企业来说,欧洲市场意味着超过50%的出货量份额。如果欧洲市场的大门关闭,中国企业巨大的产能恐将无处释放。

光伏案是由于欧洲一些生产商认为中国的生产商以低于成本价销售产品,如果对话不能达成一致,双方会在WTO的框架下解决问题,而中国的非市场经济地位是中国企业应诉过程中的最大障碍。由于欧盟暂未承认中国的市场经济地位,欧盟委员会对中国光伏企业倾销事实的认定将选取一个市场经济国家作为替代国,以对中国光伏产品的正常市场价格进行判断。在欧盟的立案文件中,这一替代国被选为了美国。但业内人士认为,即使不选美国,只要有非市场经济国家地位这一前提,无论选择谁做替代国中国企业的倾销事实都很容易被认定,唯一差别只是税率的高低。

2. 各方反应

针对来势汹汹的光伏案,中国商务部新闻发言人沈丹阳表示,中方再次敦促欧方信守二十国集团洛斯卡沃斯峰会承诺:在2014年前不采取任何新的贸易和投资保护主义措施,并收回任何已产生的新保护主义措施。

事实上欧盟委员会发起涉及中国对欧出口200多亿美元的"史上最大双反案件"之后,遭到了欧洲政界和商界广泛反对。据可靠消息人士透露,欧盟委员会此前的提议遭到了包括德国和英国在内的18个成员方的反对,欧盟700多家光伏企业的高管也曾向欧盟贸易委员德古赫特发去联名信表达强烈抗议。

3. 事件影响

分析人士指出,欧盟对中国光伏产品征收惩罚性关税将导致"双输"结果理由有三:

第一,将打击欧洲本身的太阳能产业。虽然对中国光伏电池产品征收反倾销关税会让欧洲少数光伏电池制造商从中受益,但在全球光伏产业链中,欧洲的太阳能材料和设备加工企业是其中重要一环,中国制造太阳能电池板所需的原材料、技术及设备等都是从欧洲等发达国家和地区进口。比如,近年来中国累计从欧洲国家采购价值超过 100 亿美元的生产设备,2011 年中国仅从德国就进口价值 10 亿多美元的银浆和多晶硅。由此可以看出,中国的光伏电池制造商与欧洲的材料和设备加工商是一荣俱荣、一损俱损的关系,欧盟举起反倾销大旗,必将会伤及产业链内的大多数欧洲企业,并为此付出高昂代价。

第二,将打击欧洲太阳能用户,包括普通农户。近几年来,欧洲的可再生能源产业发展迅速,利用太阳能、风能成为大潮,欧洲已发展成为全球光伏产品的最大市场。且不说城市里的企业和集团用户,就是在阿尔卑斯山乡村,越来越多的农户都将屋顶装上太阳能电池板。欧洲若将中国优质低价的光伏产品挡在门外,欧洲数量庞大的太阳能消费者将由此付出更高的成本,殃及普通民众的切身利益。

第三,将对欧盟能源安全和能源战略带来负面影响。众所周知,欧盟所需能源约一半靠进口,能源一直是制约欧盟经济发展的"软肋",这些年也尝够了俄罗斯"断气"之苦。为此,欧盟从能源安全出发,雄心勃勃打造 2020 年能源战略,其核心是加大节能减排和提高可再生能源使用比例。太阳能以其低碳、绿色、可持续的特点赢得欧洲各国的青睐,是欧盟能源战略中的重头戏。在经济全球化的背景中,若少了中国质优价廉的太阳能产品,欧盟推进其能源战略将蒙上阴影。

总之,欧盟对中国光伏组件反倾销是得不偿失。更何况,中国产品近年价格下降的主要原因是国际原材料价格的大幅降低、技术进步和集约化生产降低了成本,而绝非倾销和补贴行为。

4. 欧盟最新裁定

欧盟委员会 2013 年 7 月 27 日宣布中欧已就光伏贸易争端达成"友好"解决方案。观察人士认为,由于这一争端是中欧贸易史上涉案金额最大的贸易摩擦案件,因此解决方案的达成,不但使双方避免了在光伏贸易中的"双输",

也为中欧解决其他贸易争端提供了良好先例。和解协定的主要内容是,大约90 家中国太阳能产品企业(约占欧盟市场 60%的份额)承诺,向欧盟出口产品的价格将不低于每瓦 56 欧分,以避免被欧盟征收上述临时性关税。

该协定适用于欧盟太阳能产品市场至多 7 千兆瓦的份额;欧盟市场总规模预计将达到 10 千兆瓦~12 千兆瓦,这个上限将保持至 2015 年底。

5. 后续影响

分析人士认为,中欧经贸近来频频出现争端,涉及陶瓷产品、有机涂层钢、电信设备、葡萄酒等。双方通过对话妥善解决了光伏案这个"重量级"争端,对于改善双边经贸关系的氛围大有裨益,也为今后解决其他贸易争端提供了良好先例。

当然,中欧经贸摩擦并未因光伏案的暂时解决而彻底消除。仅就光伏案来说,反倾销案一波未平,反补贴案很快将一波又起。按照欧盟相关程序,欧盟委员会拟宣布对中国光伏产品反补贴调查的初裁结果,其结果殊难预料。

与此同时,欧盟还威胁对中国的通信设备供应商华为和中兴展开贸易调查。欧委会宣布"原则上决定"对产自中国的无线通信网络与关键设备展开反倾销与反补贴调查。有专家说,光伏争端的暂时解决可能会使欧盟的立场有所缓和,从而对电信设备案更加谨慎。但另一种观点认为,光伏贸易争端暂歇,反而使欧盟能够"放开手脚"开展对电信设备案的调查。

6. 事件回顾

2012 年 7 月 24 日,欧洲光伏制造商向欧盟提起对华"反倾销"调查申请。由于欧盟市场的重要性,中国光伏企业感受到了前所未有的危机。

2012 年 7 月 26 日,英利、尚德、天合及阿特斯四大中国光伏企业,代表光伏发电促进联盟和中国光伏行业正式发表联合声明,强烈呼吁欧盟慎重考虑对华光伏发起"反倾销"调查,呼吁中国政府积极维护国内企业合法权益,力求阻止欧盟立案。

2012 年 8 月 13 日,商务部紧急召见英利、尚德、天合以及阿特斯等中国光伏企业入京,共商对策。四巨头提交《关于欧盟对华光伏产品实施反倾销调查将重创我国产业的紧急报告》。

2012 年 8 月 17 日,商务部受理了对欧盟多晶硅企业的双反申请,将在一个月后宣布是否立案。

2012 年 8 月 30 日,在距离欧盟是否对中国光伏产品进行反倾销立案不足 10 天的关键时刻,默克尔 4 年之内第 6 次访华。当天,与外界"默克尔将避谈光伏"的猜测截然相反,利好消息最终传出:中国与德国同意通过协商解决光伏产业的有关问题,避免反倾销,进而加强合作。

2012 年 8 月 31 日,欧盟却向中国驻欧盟使团发出照会,确认将对中国企业出口欧洲的太阳能电池及其组件发起反倾销调查。

2012 年 9 月 6 日,中国等来了欧盟委员会对中国光伏产业反倾销调查的正式立案。

2012 年 9 月 10 日,中国商务部援引商务部部长陈德铭的话透露,商务部将派出副部长级代表团赴德国、法国和欧盟,就光伏电池案与后者交涉。欧盟贸易总司司长表示,此案是欧盟委员会根据企业申请并依法律程序立案调查,不对结果有任何预判;欧方愿意在世贸组织规则和欧盟法律框架下,在立案调查的同时与中方进行磋商讨论。

2012 年 9 月 14 日,中国商务部国际贸易谈判副代表崇泉率中国政府代表团,在布鲁塞尔与欧盟贸易总司司长德马迪就欧盟对中国太阳能电池反倾销案进行磋商。

2012 年 9 月 17 日,德国总理默克尔在柏林举行的新闻发布会上表示,尽管欧盟委员会已经针对中国光伏产品启动反倾销调查程序,但她仍然坚持通过对话政治解决中欧光伏贸易争端。

2013 年 7 月 27 日,欧盟委员会贸易委员德古赫特宣布,经过谈判,中国与欧盟就光伏贸易争端已达成"友好"解决方案,该方案近期将提交欧盟委员会批准。这一谈判结果对于中欧双方意义重大。

资料来源:百度百科。

(2) 反补贴税

反补贴税又称为抵消关税,是指为抵消进口商品在制造、生产或输出时直接或间接接受的任何奖金或补贴而征收的一种进口附加税①。它主要是为了控制出口补贴对本国造成的影响,一般按"补贴数额"征收。与反倾销不同,进口国在开始反补贴调查前,它有与出口国政府进行磋商的义务。

乌拉圭回合以前,与补贴有关的条款是《GATT1947》第 16 条,与反补贴措施有关的条款是第 6 条。现在,作为《WTO 协议》不可分割的一部分,《补贴与反补贴措施协议》同时涵盖了这两个问题(农产品除外)。当然,只要不与《补贴与反补贴措施协议》相冲突,《GATT1947》第 16 条与第 6 条依然有效。

---

① 反补贴调查对进口的阻碍作用,则成为非关税措施。

 **专栏 2-4**

中国遭遇的反补贴措施

长期以来,国外反倾销法都将中国视为非市场经济国家,只对中国适用反倾销法,而不对中国适用反补贴法。

国外对华第一起反补贴调查是 2004 年 4 月 13 日,加拿大边境服务署(以下简称 CBSA)对原产于中国的烧烤架进行反倾销和反补贴立案调查。因为从 2003 年起,加拿大调整了反倾销法中的非市场经济政策和做法,所以从 2004 年开始,加拿大对华进口产品提起反倾销的调查的同时,也提起反补贴调查。

2004 年 6 月 11 日,加拿大国际贸易法庭作出初裁,原产于中国的烧烤架对加拿大国内产业造成了实质性损害。2004 年 8 月 27 日,CBSA 对原产于中国的烧烤架作出反倾销及反补贴初裁,裁定原产于或来自中国进口的烧烤架存在倾销及补贴,倾销幅度为 7.2%~57.5%,平均倾销幅度为 34.6%,补贴幅度为 16%。自 8 月 27 日开始,加方进口商在进口上述被调查产品时,将被征收相当于倾销幅度的临时反倾销税及相当于补贴幅度的临时反补贴税,或被要求提交相应的保证金。11 月 19 日,CBSA 决定终止对原产于或来自中国的户外用烧烤架进行的反倾销和反补贴调查。经过最终计算,涉案产品的加权平均倾销幅度为 1.6%;同时,CBSA 认定,在被调查的 8 项"政府补贴"中,中国企业仅从中国政府的外商投资企业税收优惠政策中获得了利益,经计算补贴幅度为 1.4%。根据加反倾销法规定,上述倾销和补贴幅度可忽略不计。因此,CBSA 终止本次反倾销和反补贴调查,并将退还已征收的临时关税。因此,国外对我国发起的首起反补贴调查因中方应对及时合理而获得彻底胜利。

2007 年 3 月 30 日,美国商务部宣布对中国进口铜版纸适用反补贴法,并对原产于中国的铜版纸作出反补贴初裁,中国企业的净补贴率为 10.9%~20.35%。这是美国首次对非市场经济国家的进口产品适用反补贴法。该决定改变了 23 年来美国不对"非市场经济国家"适用反补贴法的政策。

资料来源:作者根据相关新闻摘录编写。

(三)按照征税标准分类

(1) 从量税(specific tariffs)。从量税是按照商品的重量、数量、容量、长度和面积等计量单位为标准计征的关税。计算公式为：从量税额＝商品数量×每单位从量税。

（2）从价税(ad valorem tariffs)。从价税是以进口商品价格为标准计征一定比率的关税,其税率表现为货物价格的百分率。计算公式为：从价税额＝商品总值×从价税率。

（3）混合税(compound tariffs)。又称复合税,它是对某种进口商品采用从量税和从价税同时征收的一种方法。计算公式为：混合税额＝从量税额＋从价税额。

（4）选择税(alternative tariffs)。选择税是对于同一种进口商品同时订有从价税和从量税两种税率,在征税时选择其中一种计算应征税款。一般是选择税额较高的一种征税。

（5）差价税(variable levy)[①]。又称差额税,当某种商品国内外都生产,但国内产品的国内价格高于进口产品的进口价格时,为保护国内生产和国内市场,按国内价格和进口价格之间的差额征收关税,这种关税称为差价税。欧洲联盟对农畜产品征收的差价税在1995—1996年海关税则中已改为按通常关税征收。

三、关税的经济效应[②]

关税对进口国经济的多方面影响称为关税的经济效应。对关税的经济效应的分析,可分为局部均衡分析(partial equilibrium analysis)与一般均衡分析(或总体均衡分析,general equilibrium analysis),每一种分析又可分进口大国和进口小国两种情况。

在关税的局部均衡分析中,只分析关税对一种商品(X)市场的影响,而不分析这种影响对其他商品市场的影响,以及这些影响对X商品市场产生的反作用。关税的一般均衡分析则考虑了包括关税所影响的商品X在内的所有市场,因为商品X的市场的变化会影响其他商品的市场,而这些影响又会对X商品的市场产生重要的反作用。由于各种商品市场都是紧密相连的,一般地说,局部均衡分析只用作第一步的近似分析,一般均衡分析才有助于把握关税对整个经济的影响。

---

① 陈琦伟(1988)将差价税称为"变动进口税率",并把它看作是一种非关税壁垒,理由是差价税的经常变动与"一旦确定不再轻易变动的传统关税政策不同"。

② 读者可以跳过这部分内容的分析过程,直接阅读结论。

进口大国是指一国某种商品进口量占这种商品国际贸易量的比重较大，以至于其进口量的变化能影响这种商品的国际市场价格，是国际市场价格的影响者(price-maker)，它面对的外国出口供给曲线是一条向上倾斜的曲线；进口小国正好相反，是国际市场价格的接受者(price-taker)，它面对的外国出口供给曲线是一条水平直线。

学习这一部分内容，有助于理解中国履行"入世"承诺如降低关税率、取消或扩大进口配额对中国的影响。下面的分析反过来就是中国降低进口关税率的影响。由于配额可以折算为等价关税，下面的分析反过来也可以理解取消或扩大配额的影响。

(一) 关税的局部均衡分析

1. 小国征收关税的影响

小国征收关税的影响的局部均衡可用图 2-4 分析。图中 S_d 表示 A 国生产的 X 产品的供给曲线。供给曲线说明了生产者每增加一个单位该商品所支付的额外成本，因为供给曲线表明了生产者对每一单位商品愿意接受的最低价格。D_d 表示 A 国对 X 产品的总需求曲线，既包括对国内生产的 X 产品的需求，也包括对外国生产的 X 产品的需求。需求曲线表明了消费者对新增的每一单位商品愿意支付的最高价格。供给曲线和需求曲线交于点 H。自由贸易条件下，A 国国内产品价格与世界价格一致，都为 P_w。在此价格条件下，A 国对 X 产品的需求量为 D_0，国内供给量为 S_0，供求存在缺口，即贸易量为 D_0-S_0。在此供求关系下，生产者剩余为 e，消费者剩余[①]为 $(a+b+c+d+f)$。

如果 A 国对进口的 X 产品征收关税：

(1) 由于 A 国是小国，X 产品的世界市场价格不变，而进口产品 X 在国内的售价由 P_w 提高到 P_d，此即小国征收关税的价格效应。

(2) 由于世界市场价格不变，进口价格不变，进而进口价格指数(P_M)不变；又未考虑出口，出口价格及出口价格指数(P_X)视作不变，根据贸易条件(TOT)公式 $TOT=P_X/P_M$，可知贸易条件不变，此即小国征收关税的贸易条件效应。

---

① 所谓生产者剩余，指生产者以比他们愿意接受的最低价格更高的市场价格销售商品所获得的经济福利，在数字上即收入与生产成本的差额；在图形上表示为供给曲线以上，价格线以下，与纵轴围成的面积。消费者对产品的价值评价与其购买商品时所支付价格的差额，对消费者来说，这是一个净经济福利收益，即消费者剩余，也就是消费者用比他们为某商品愿意且能够支付的最高价格更低的市场价格购买该商品所获得的经济福利；在图形上表示为需求曲线以下，价格线以上，与纵轴围成的面积。类似的表述见本书第一章专栏 1-1。

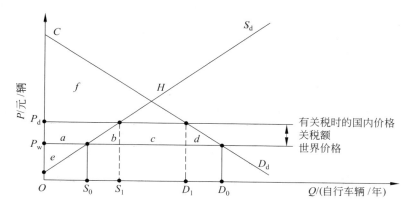

图 2-4 小国关税的局部均衡效应

（3）国内生产由 S_0 增加到 S_1，此为关税的生产效应（也指面积 b 所代表的福利损失，即因为关税，商品 X 的部分供给由进口转移至成本更高昂的国内生产而损失的生产专业化利益）。

（4）对 X 产品的需求量由 D_0 减少到 D_1，此为关税的消费效应（也指面积 d 所代表的福利损失，即由于关税而失去的国际贸易利益）。

（5）进口量由 $D_0 S_0$ 减少到 $D_1 S_1$，此为关税的贸易效应。

（6）政府获得了关税收入 c，此为关税的收入效应。

（7）关税的福利效应如下：消费者剩余损失（$a+b+c+d$），生产者剩余增加 a，考虑到政府关税收入 c，关税给 A 国的净福利影响为减少了（$b+d$）。

2. 进口大国征收关税的影响

在图 2-5 的上方，S_H 表示大国国内对商品 X 的供给曲线，S_F 表示外国对该国的出口供给曲线，S_{H+F} 表示对该国商品 X 的总供给曲线。S_{H+F} 是将国内对商品 X 的供给曲线和外国对该国的商品 X 的供给曲线相加得到的。例如，当 $P_X = 1$ 时，10X 由国内供给，10X 由国外供给，总供给是 20X。当 $P_X = 2$ 时，国内供给 20X，国外供给 30X，总供给是 50X。与小国面对的外国供给曲线是水平直线不同，该国面对的是向上倾斜的曲线，表示大国进口增加时，外国供给的商品 X 的价格会提高。

在图 2-5 的下方，自由贸易时，国内对 X 商品的总需求曲线 D_H 与商品 X 的总供给曲线 S_{H+F} 相交于点 B。在这一点，$P_X = 2$，20X 由国内生产商供给，30X 由国外厂商供给，共 50X。如果该国对商品 X 征收关税（T），比如 $T =$

50％,则 S_F 向上移动 50％,成为 S_{F+T},此时对该国商品的总供给曲线为 S_H 和 S_{F+T} 之和,即 S_{H+F+T}。现在 D_X 与 S_{H+F+T} 相交于点 H,此时,$P_X=2.5$,总需求为 40X,国内供给 25X,国外供给 15X。

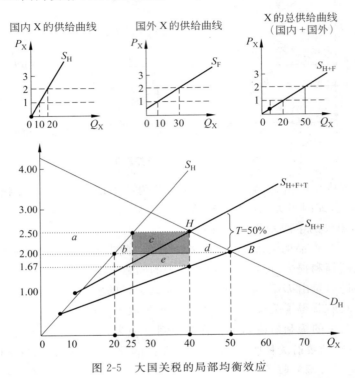

图 2-5　大国关税的局部均衡效应

　　关税导致该国商品 X 的国内售价提高,外国价格降低,这是大国征收关税的价格效应;由于该国进口价格降低,进口价指数降低,且不考虑出口,出口价格、出口价指数视作不变,根据贸易条件公式(TOT＝P_X/P_M),可知该国贸易条件改善,这是关税的贸易条件效应;国内生产增加,这是关税的生产效应;消费减少,这是关税的消费效应;政府得到了($c+e$)的关税收入,这是关税的收入效应。

　　关税的福利效应如下:消费者剩余减少($a+b+c+d$),生产者剩余增加(a),考虑到政府增加的关税收入($c+e$),大国征收关税对国民福利的净影响是($e-b-d$)。其中,c 是政府从消费者手中得到的关税收入,e 是政府从国外出口商那里得到的关税收入。该国国内消费者和出口商共同分担了关税。

（二）关税的一般均衡分析

1. 小国关税的一般均衡效应分析

进口小国征收关税不会影响世界价格，它面对的仍然是与征收关税前相同的世界价格，但是它的进口品的国内售价会增加一个与关税额相同的数额。区别征收关税对单个生产者和消费者的影响，与对国家作为一个整体而言的影响，对理解小国情况下关税的一般均衡效应是非常重要的。我们假定，征收关税的小国政府将关税简单地分发给国内的每个人，或政府由于有了关税收入，可以减少对国内基础服务部门的收费。总而言之，在征收关税的条件下，与征税但不考虑关税收入相比，上述假定直接或间接地增加了消费者的收入，[①]消费者可以达到表示更高效用的无差异曲线。

在图 2-6 中，自由贸易时，小国 A 专业化生产大米，并通过出口大米，换取货币以进口钢铁。给定相对价格 (P_r/P_s)，A 国的生产点是 S_1，社会福利最大化下的消费点是 D_1。D_1O_1 是进口的钢铁数量，S_1O_1 是出口的大米数量，社会福利水平为 CIC_1。

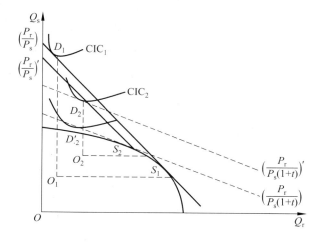

图 2-6　小国关税的一般均衡效应

如果 A 国钢铁行业成功地游说议会，对钢铁征收 t 的关税，从而使得钢铁的国内市场价格上涨了 t 个百分点，变为 $P_s(1+t)$，高于世界价格 P_s。在大米的世界价格不变的情况下，国内大米价格相对降低了，在国内市场上，人们

---

①　假定这种"收入增加"没有改变收入分配，因为收入分配的变化有可能改变社会无差异曲线的图形。

现在需要用更多的大米来换取与原先同样数量的钢铁。在图 2-6 中,这一变化表现为国内大米相对价格曲线变成了一条斜率为 $P_r/[P_s(1+t)]$ 的直线。厂商们将钢铁相对价格的上涨视作促使他们生产更多钢铁(相应地只能生产更少大米)的信号,开始不断地调整生产,直至 $MC_r/MC_s = P_r/P_s(1+t)$ 时为止。当较为平坦的国内相对价格线与生产可能性边界在点 S_2 相切时,二者便相等了。厂商的调整反应代表着生产偏离了专业化分工的模式,它使该国(作为一个整体而非单个生产者或消费者)的消费可能性边界从 (P_r/P_s) 平行地移到了 $(P_r/P_s)'$。就消费者来说,只能在 $(P_r/P_s)'$ 上选择消费点,使无差异曲线和与相对价格线 $P_r/[P_s(1+t)]$ 平行的虚线 $P_r/[P_s(1+t)]'$ 相切,切点为 D_2。钢铁相对价格的上升,不仅使钢铁的消费减少,其产生的负收入效应也可能减少大米的消费。

在图 2-6 中,消费点 D_2 在 D_1 之下,但在 D_2' 之上,即在国内相对价格线 $P_r/[P_s(1+t)]$ 的外边。这是因为在关税保护下,经济参与者除了生产者与消费者外,还有政府,政府通过征收关税获得了收入。由前面的假定,消费者可以在比国内相对价格线 $P_r/[P_s(1+t)]$ 所决定的效用更高的无差异曲线 CIC_2 上选择消费点。反映到图 2-6,就是无差异曲线与外移的国内相对价格线即 $P_r/[P_s(1+t)]'$ 相切的点 D_2。这一消费变动实际上是关税收入所带来的消费。最终消费点 D_2 有如下两个特征:①在从生产点 S_2 向左上方延伸出来的国际相对价格曲线上,是 A 国作为一个整体面对的消费可能性曲线。换句话说,A 国在 S_2 点上生产,但可以在国际相对价格下与别国进行贸易,从而在国际相对价格线上选择消费。②由于国内消费者面对的是国内相对价格,在最终消费点上,反映福利水平的社会无差异曲线必定与国内价格曲线相切。切点 D_2 是这些切点中的一个,在 $(P_r/P_s)'$ 上。在这一点,商品的边际替代率 (MRS)[①]等于包含关税的商品相对价格(国内相对价格曲线的斜率),这是社会福利最大化的选择。

现在对上述内容进行一下总结:理解小国征收关税的一般均衡分析的思路是,A 国生产可能性边界和国际相对价格线 (P_r/P_s)(也是国内相对价格线)的切点决定该国的生产点 S_1;征收关税后,A 国生产可能性边界与国内相对价格线 $P_r/[P_s(1+t)]$ 的切点决定该国生产调整后的生产点 S_2;S_2 决定了

---

① MRS 被定义为:为了使消费者的效用不变或保持在原来的无差异曲线上,当多增加一个单位 X 商品的消费时,消费者必须放弃的 Y 商品的数量。MRS 是无差异曲线的斜率的绝对值,用两种产品的边际效用的比率来反映。

该国征收关税后该国作为一个整体的消费可能性边界$(P_r/P_s)'$；又由于消费者面对的是国内相对价格线 $P_r/[P_s(1+t)]$，消费者只能在社会无差异曲线簇与$(P_r/P_s)'$相交的交点中选择其斜率与国内相对价格线 $P_r/[P_s(1+t)]$平行的交点，即点 D_2，为消费点，该点在$(P_r/P_s)'$上，又是无差异曲线与外移的国内相对价格线 $P_r/[P_s(1+t)]'$[①]的切点。在最终消费点 D_2 上的社会无差异曲线(CIC_2)低于自由贸易中的社会无差异曲线(CIC_1)，反映了社会福利水平的下降。总之，小国征收关税的经济影响可以概括为：增加进口竞争产业的生产，减少出口产品的生产；减少进口竞争产品的消费；减少贸易量；降低社会福利水平。

2. 大国关税的一般均衡效应分析

我们使用提供曲线(提供曲线的概念见第一章的附录 1-2)分析大国征收关税的一般均衡效应。在大国的情况下，征收关税的福利影响就不像小国那样清楚了，关税可能减少、增加该国的福利，也可能使该国的福利与征收关税前保持不变，因为大国能通过征收关税影响国际市场价格。所以，进口大国征收关税不仅给进口国本身造成影响，而且影响到整个世界。

如图 2-7 所示，OA 是大国 A 自由贸易条件下的提供曲线，OB 是其贸易伙伴的提供曲线。征收关税前，由 OA 与 OB 的交点 E 确定的 TOT 为贸易均衡时的贸易条件。现在 A 国征收关税，在每一贸易条件下，该国从事贸易的意愿都有所减弱，提供曲线"向下移动"，即偏转为 OA'。OA' 与 OB 在点 E' 相交，达成新的贸易均衡，贸易条件 TOT 移至 TOT'，A 国贸易条件改善。A 国征收进口关税导致的这种提供曲线移动，也可代表征收出口税的情况，因为这两种手段都意味着在任一贸易条件下，A 国从事贸易的意愿都有所减弱。进口关税和出口关税对贸易量和贸易条件的相同影响称为勒纳对称定理(Lerner symmetry theorem)。

由此可见，大国征收进口关税，贸易量减少，减少了其福利；但由于贸易条件改善，关税增加了其福利。关税对福利的净影响就取决于这两种反作用的大小。显然，这与小国征收关税的情况形成了对比：小国由于关税而贸易量减少时贸易条件不变，因此，征收关税后小国的福利总是减少的。

---

① $P_r/[P_s(1+t)]'$的位置由关税收入决定。若不考虑关税收入，消费点为 D_2'。

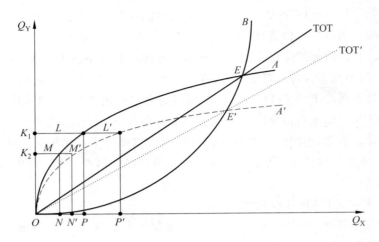

图 2-7　大国关税的一般均衡效应

（三）最优关税

由上文可知,大国征收关税后,其贸易量减少,贸易条件改善。前者将减少该国的福利,后者则会增加该国的福利。由此产生了最优关税税率问题。

最优关税税率是指能使一国福利最大化的关税税率,即使一国从贸易条件改善中所得的收益减去进口数量减少造成的损失后的正差额达到最大时的关税税率。若实际的名义关税税率低于最优关税税率,则该国福利水平就会低于其最大值,因为进一步改善贸易条件可能产生的收益大于进口数量进一步减少所造成的损失。同样地,若实际的名义关税税率高于这一数值,则进一步改善贸易条件所增加的收益已不能抵消进口数量进一步减少所造成的损失的增加。随着关税率提高,最终这个国家将通过禁止性关税回到自给自足的生产点。

最优关税率的计算公式为 $t^* = 1/S_m$。其中 t^* 是一国的最佳关税率；S_m 是外国的供给价格弹性, $S_m = \dfrac{dM/M}{dP/P}$, M 为本国进口量, P 为进口品价格。

由于小国在国际市场上面临的供给曲线是具有完全弹性的($S_m = \infty$),所以小国的最优关税率为零。

　　然而,一国征收关税改善贸易条件的同时,其贸易伙伴的贸易条件就会恶化,因为它们的贸易条件与征税国是相对的。面临贸易量减少和贸易条件恶化,贸易伙伴的福利无疑会减少,贸易伙伴因此极有可能征收报复性的最优关税,从而改善自己的贸易条件并挽回一定的损失,当然同时也进一步减少了其贸易量。如果率先征收关税的国家又进一步采取报复行动,由此导致无休止的贸易战,最终的结果是所有参加贸易战的国家损失全部或大部分贸易利益。

　　需要注意的是,一国征收最优关税,其贸易伙伴不采取报复行动时征收最优关税的国家所得收益也会小于贸易伙伴的损失。这样,就世界总体而言,征收关税要比自由贸易下福利减少。从这个意义考虑,自由贸易使世界福利最大化。正是基于此种认识,GATT/WTO这样的没有后盾、其规则仅仅依赖于缔约方/成员方遵守意愿的国际经济组织才能得以成立并运作下去。

第三节　出口障碍之二：非关税措施

　　非关税措施即非关税贸易壁垒,是指一国政府采取的除了关税以外的任何对国际贸易形成阻碍的措施总和,包括一国的法律和行政规定,对本国对外贸易活动进行调节、管理和控制的所有政策。一国政府可以直接将措施施用于对进口商品的限制,包括进口许可证、进口配额等,这是直接的非关税贸易壁垒;一国政府也可以利用各种措施间接限制对外国商品的进口,包括外汇管制、技术标准、环境标准、苛刻的海关通行程序、苛刻的原产地规定等,这是间接的非关税贸易壁垒。在实际应用中,这两种措施一般是结合在一起使用的。

　　在1929—1933年经济大危机之后,非关税措施开始大量出现。在第二次世界大战结束后,各国对国际贸易达成的共同认知就是：对外贸易能够给参加国带来利益,但各国所获利益的多寡取决于该国在国际市场上的比较优势以及竞争优势,而比较优势及竞争优势并不一定是天生的,或者上天赋予的,通过后天学习也可以获得。如此,各国政府可以通过某些政策保护或扶植国内某产业的发展,使其获得比较优势及竞争优势,然后获得更多的贸易利益。因此,与贸易有关的产业政策在20世纪70年代之后大量涌现,成为各国保护本国市场与产业的首选措施。

　　自 1995 年 WTO 建立以来,非关税措施并没有像关税措施那样受到较为严格意义上的"约束",新的贸易壁垒措施接踵而至。例如,WTO 要求一般取消数量限制,显然关税配额措施应该逐渐取消,但它在各国的贸易政策中依然占据较重要的位置。技术标准、环境标准、动植物的检验检疫问题、劳工标准问题等又成为各国的新贸易壁垒措施。

　　与关税贸易壁垒相比,非关税措施具有一些明显的特色:

　　(1)隐蔽性。任何国家征收关税一般都是按照该国的海关税则进行的。而非关税措施一般是以法律、政策措施形式出现,也可以是在执行的过程中造成实际的障碍效果,因而具有较强的隐蔽性。

　　(2)灵活性。由于关税都在海关税则中规定,且一般在 WTO 的协议中得到约束,一般不容易变动。而非关税措施采取的是行政手段,且种类繁多,它的制定、实施、调整或改变都可以迅速且简单,因而拥有更强的灵活性。

　　(3)有效性。关税对进口产生的效果是间接的,它主要通过提高进口商的进口成本再影响进口数量。如果进口商品凭借规模经济或出口补贴取得低生产成本时,关税的保护作用不再明显。非关税措施往往是直接限制进口数量,或直接禁止某些种类的产品进口。例如绝对配额,超过限额的部分是不允许进口的;技术标准的要求是,不符合标准的产品不具备市场准入的资格。因此,非关税措施有效性强于关税措施。

　　(4)歧视性。任何国家只有一部关税税则,不论是单式还是复式税则,不能很好地体现进口国的国别政策,而非关税措施则拥有极强的歧视性,甚至可以针对某一个或数个国家单独采取某种措施。典型的例子就是美国和墨西哥之间的"金枪鱼"案。美国颁布的保护海豚相关法规规定禁止进口不符合某些捕捞标准的金枪鱼。墨西哥认为,这一规定是针对它的歧视性做法,最终进入 GATT 的争端解决机制进行裁决。

一、进口配额制

　　所谓进口配额制(import quotas system),又称进口限额制,是一国政府对一定时期内进口的某些商品的数量或金额加以直接控制的制度。在规定的期限内,配额以内的货物可以进口,超过配额不准进口,或征收较高关税后才能进口。简单而言,进口配额的目的与征收关税一样,是为了限制进口、保护国内产业。但与关税不同的是,进口配额是直接的数量控制而不是通过提高进口商品价格间接地减少进口。

尽管世界贸易组织要求成员一般取消数量限制,但是,进口配额制度在某些领域仍然占据十分重要的地位,例如在纺织品和农产品贸易中,进口配额还将长久存在。

与关税措施相比,进口配额可以有效地、直接地控制进口数量,对国内市场和产业的保护作用更加明显。但是,有一点应该澄清:配额的规定并不意味着该国的进口数量或金额必须等于配额,配额只是市场准入的(优惠)上限,并不是一个国家承诺必须进口的数量,如果进口国国内对进口商品没有需求,那也可以完全不进口。

根据对超过配额部分的做法不同,进口配额可以分为绝对配额和关税配额。

(一)绝对配额

绝对配额,是指在一定时期内,对某些商品的进口数量或金额规定一个最高限额,超过限额后,就不准进口。根据具体实施方式的不同,绝对配额有全球配额、国别配额和进口商配额之分。

(1)全球配额,是指对某种商品的进口给出一个总的限额,对来自任何国家或地区的商品一律适用。主管当局一般根据进口商的申请先后或过去某一时期内的实际进口额发放配额,直至总配额发完为止。

(2)国别配额,是指政府不仅规定了一定时期的总配额,而且在总配额内按照国别和地区分配固定的配额。如果配额的分配由进口国单方面决定,即为自主配额;如果是由进口和出口两国政府或民间团体之间通过协议来确定,则为协议配额。

(3)进口商配额,是指进口国政府将某些商品的进口配额在少数进口商之间进行分配。这一类型的配额在日本比较明显,如日本的食用肉进口配额就是在 29 家大商社间进行分配。

在这三种配额中,由于国别配额最能体现进口国的国别政策,而且通过双边协商后订立的双边国别配额不容易引起对方的不满或报复,因此,双边协商的国别配额运用十分广泛。

(二)关税配额

关税配额,是指在一定时期内,对商品的进口数量或金额规定一个限额,对于限额之内的进口商品,给予低关税或免税待遇,对于超过限额的进口商品则征收高额关税,或征收附加税或罚款后再允许进口。从概念内容上可以了解,关税配额就是将关税与配额的特点综合起来的一种贸易壁垒措施。

关税配额与绝对配额的最大区别在于,关税配额对超过配额的部分是允许进口的,而绝对配额是不允许进口的,因此绝对配额限制得更严,也更容易招致不满和报复。

 **案例 2-4**

澳大利亚与新西兰进口配额的拍卖制度

在 20 世纪 80 年代,澳大利亚拍卖过纺织品、服装、鞋类和机动车等的进口配额。澳大利亚对纺织品和服装进口配额拍卖源自于其 1974 年加入的《多种纤维协定》(MFA),因为该协定不允许缔约国控制进口激增,所以澳大利亚转而采用拍卖配额的方法来控制纺织品和服装进口。

新西兰也对进口配额进行过拍卖,范围较澳大利亚更为广泛。表 2-2 显示了 1981—1987 年新西兰受到进口配额限制的产品进口额。1988 年新西兰开始逐步取消进口配额,到 1992 年该国所有进口配额均被取消。

表 2-2　新西兰拍卖进口配额

年度(3月至次年2月)	进口额/百万美元	竞标额/百万美元	等量关税(竞标额/进口额)/%
1981—1983	56	10.5	18.7
1983—1984	134	8.3	6.2
1984—1985	397	42.7	10.7
1985—1986	621	NA	NA
总计	1 208	NA	NA

资料来源: C. Fred Bergsten, Kimberly Ann Elliot, Jefferey J. Schott, and Wendy E. Takacs,1987, Auction Quotas and United States Trade Policy, Peterson Institute for International Economics, Washington,D. C. 101.

二、"自愿"出口限制

"自愿"出口限制(voluntary export restrict,VER)是指出口国家或地区在进口国的要求和压力下,"自愿"规定某一时期内某些商品对该国的出口限

制,在该限额内自行控制出口,超过限额即停止出口。简单而言,就是出口国
"自愿"限制其出口量。

对进口国来说,由于对方自愿限制,其进口量也就自然减少。所谓"自
愿",其实只是出口国在进口国的要求和压力下不得不采取的限制政策。因
此,经济学家把"自愿"出口限制看成是进口配额的一种特殊形式。对于出
口国来说,与进口国设置"进口配额"或采取反倾销措施相比,"自愿出口限
制"对出口国的损失要少一些,甚至可能因为进口国旺盛的需求而获得"超
额利润",因为出口国控制配额分配,出口国政府或企业可以因此获取"出口
配额租"。

典型的"自愿"出口配额制是 1981 年日本汽车生产商不得不自愿限制对
美国的汽车出口。由于 20 世纪 70 年代后期石油危机的出现,尤其是 1979 年
的石油价格急剧上涨,美国国内市场上对小型的节能型汽车需求剧增。日本
由于本身资源的限制,其汽车厂商开发的车型大都是小型的、节能的。此种
"领先性"的需求使得日本汽车在石油价格上涨后十分畅销。美国市场对日本
汽车的需求大幅度上升,美国本土的汽车销量迅速减少。出于对美国汽车产
业的保护,1981 年到 1983 年日本与美国之间的第一份"自愿"出口限制协议
开始实施,限制日本出口到美国市场的汽车每年不超过 168 万辆。该协议于
1984 年进行了修订,允许日本汽车厂商每年的出口不超过 185 万辆。但是,
在 1985 年允许协议中止时,日本政府却决定继续将出口到美国的汽车量限制
在 185 万辆。事实上,根据美国相关部门的统计分析,仅 1984 年美国就因为
这项措施净损失 32 亿美元。这也可以部分说明日本从不得不"自愿"限制到
实际自愿限制的原因。

尽管 WTO 要求在 1998 年年底以前取消"自愿"出口限制,但由于此类措
施未引起任何正式的争端案件,且"是有选择的",避开了非歧视要求,"自愿出
口限制"并未实际消失。例如美国、日本、芬兰、挪威等国对中国的纺织品进口
和欧盟对中国的农产品进口都实行"自愿"出口限制的政策。

 案例 2-5

中国纺织品与服装的"自愿"出口限制

1972 年,在关贸总协定的主持之下,42 个纺织品贸易国达成了《国际纺织

品贸易协定》,也称《多种纤维协定》(MFA),并于 1974 年 1 月 1 日生效。中国是纺织品出口大国,并于 1984 年加入了国际纺织品贸易协定。《多种纤维协定》允许工业化国家对来自发展中国家的纺织品与服装产品实施进口配额。该协定对进口配额的规定非常具体,详细规定了各发展中国家销往美国、加拿大、欧洲等国家或地区的每种纺织品和服装的具体数量,以及年度增长率。1994 年世界贸易组织的乌拉圭回合谈判结束,发展中国家与发达国家就这一进口配额进行了谈判,达成了《纺织品与服装协定》,并使该协定在 2005 年 1 月 1 日终止。

中国是全球主要的纺织品与服装供应商,无论是纺织品与服装的进口国还是其他出口国都对协定终止后中国纺织品与服装出口的巨幅增长潜力感到担忧。2005 年第一季度,中国的纺织品服装出口 107.1 亿美元,比 2004 年同期增长 40.6%,其中对欧盟出口增长 29%,对美国出口增长 22.1%。表 2-3 为美国 2004—2005 年服装与纺织品前 10 位进口来源地。

表 2-3　美国 2004—2005 年服装与纺织品前 10 位进口来源地　　　%

进口来源地	2004 年配额占比	2004 年市场份额	2005 年市场份额	进口来源地	2004 年配额占比	2004 年市场份额	2005 年市场份额
中国	18.0	20.7	27.8	韩国	27.7	3.4	2.4
墨西哥	0	9.7	8.4	洪都拉斯	0	3.1	2.8
印度	36.0	4.5	5.3	越南	29.1	3.1	3.0
加拿大	0	4.1	3.6	印度尼西亚	64.2	2.9	3.2
中国香港	50.4	3.6	2.9	巴基斯坦	42.3	2.9	3.1

表 2-4 中,美国服装与纺织品前 10 大进口来源地的价格变化百分比从总计、2004 年前后(受限制的和未受限制的)三个数据进行展示。就 2004 年前受《纺织品与服装协定》限制的产品而言,从 2004 年到 2005 年,中国的价格下降幅度最大,为 37.8%;巴基斯坦为 18%;印度为 9.2%。美国从中国的进口数量增长了 449.6%,质量却下降了 11.2%。

表 2-4　美国服装与纺织品前 10 大进口来源地的进口数量、价格、质量和金额变动百分比

进口来源地	数量			价格			质量			金额
	总计	未受限制	2004年受限制	总计	未受限制	2004年受限制	总计	未受限制	2004年受限制	总计
中国	155.9	51.8	449.6	-10.2	-1	-37.8	-3	-0.3	-11.2	44.7
墨西哥	-7	-7	—	4	4	—	0.6	0.6	—	-6.5
印度	124.5	166.3	54.1	-1.9	2.3	-9.2	-1.2	-0.4	-2.7	27.6
加拿大	-2	-2	—	1.7	1.7	—	-0.9	-0.9	—	-5.3
中国香港	21.8	27.5	16.9	-2.2	-1.6	-2.8	0.6	5.5	-4	-13.7
韩国	-11.3	-14	-3.7	3.9	7.1	-4.9	-2.3	-1.7	-3.8	-21.9
洪都拉斯	1.8	1.8	—	-1.8	-1.8	—	-2.3	-2.3	—	-1.9
越南	11	18.5	-9.4	3	2.2	5	0.4	0.6	0	5.9
印度尼西亚	41.7	27.8	49.3	-5	1.7	-8.4	-1.7	0.4	-2.7	18
巴基斯坦	54.7	-0.1	113.3	-8.6	-0.4	-17.6	0.4	0.5	0.2	14.4

对于中国纺织品与服装的出口激增,欧盟威胁要对中国的出口重新设立进口配额。为此,中国作出承诺,在2005年6月11日到2008年底实施"自愿"出口限制,将每年的纺织品出口增长控制在大约10%范围内。另外,根据中国"入世"协议规定,2005年到2008年间,中国对美国的纺织品出口年增长率将限制在7.5%。在2008年中国纺织品"自愿"出口限制措施到期之前,中欧签署了协议合作建立纺织品双边监控体系以取代"自愿"出口限制。

资料来源：根据相关新闻与文章整理。

三、进口许可证制

当一国政府出于对本国利益的需要必须限制进口或监控进口情况时,一般都会采用进口许可制度。按照WTO《进口许可程序协定》总则的定义,所谓进口许可,是指实施进口许可制度的行政程序。进口许可证制(import license system)是指进口国家规定某些商品进口必须事先领取许可证,才可进口,否则一律不准进口。

(一)进口许可证的种类

(1)按照是否与配额相结合,进口许可证可以区分为有定额的进口许可证和无定额的进口许可证。有定额的许可证是指进口国事先规定有关商品的进口配额,然后在配额的限度内,根据进口商的申请对每笔进口货物发给一定数量或金额的进口许可证,配额用完即停止发放。无定额的进口许可证不与进口配额相结合,有关政府机构事先不公布进口配额,颁发有关商品的进口许可证,只是在个别考虑的基础上进行。由于无定额的进口许可证是个别考虑的,没有公开的标准,因而就给正常贸易的进行造成更大的困难,起到更大的限制进口的作用。

(2)按照进口商品的许可程度可以分为自动进口许可证和非自动进口许可证。自动进口许可证对进口国别或地区没有限制,对于属于这类许可证范围的商品,进口商只需填写一般许可证之后,即获准进口。非自动许可证,又称为特种商品进口许可证。对于该许可证项下的商品,进口商必须向政府有关当局提出申请,经过政府有关当局逐笔审批后才能进口。

(二)WTO《进口许可程序协议》的规定

《进口许可程序协议》要求WTO成员国的进口许可程序不应成为对一般来源或特定来源的产品实施进口限制的手段,要求各成员防止因实施进口许可程序对贸易产生不必要的扭曲。

《进口许可程序协议》要求各成员的进口许可制度透明并且具备可预见性、公开足够的信息，使贸易商了解为什么采取许可证制度。为使各成员进口许可程序保持非歧视性，减少行政管理措施的随意性，该协议还要求各成员做到：中性实施并公平、公正地管理进口许可程序；提前公布为符合许可要求所需的一切规章和资料，并将有关副本提交 WTO 秘书处；简化许可申请表格和手续，行政管理机关不得超过三个；许可证持有者应该与非许可证产品的进口者一样拥有获得必要外汇的机会。

四、歧视性的政府采购政策

由于凯恩斯主义的主流经济学地位，政府在经济中的影响与作用都变得非常重要。无论是长期维护一个较为庞大的政府也好，短期通过扩大政府支出来刺激经济也好，政府采购已成为一国消费的重要组成部分，也成为宏观经济学中国民支出的重要组成部分。事实上，每年政府采购额约占国际贸易额的 10%～15%。

歧视性的政府采购政策(discriminatory government procurement policy)是指国家通过法令和政策明文规定，政府机构在采购商品时必须优先购买本国货物或服务，或其他歧视性的规定。具体的做法包括：

(1) 优先购买本国产品与服务。例如，20 世纪 80 年代已经取消的美国《购买美国货法案》(*Buy American Act*)中，规定联邦政府必须购买美国产品，除非该商品的价格超过国际市场同类商品的 6% 以上；对于国防部的采购，这一标准达到 12%，甚至一度达到 50%。

(2) 强调产品与服务中的国产化程度。在政府不得不使用外国产品和服务时，强调国产化程度，例如零部件国产化程度、当地产品含量或本国提供服务的比例等。

(3) 偏向国内企业的招标。在政府出资的工程招标中也经常存在歧视性做法，采用的评标标准或程序偏向国内企业。尽管不明文规定外国企业不能投标，但政府制定一些苛刻的歧视性标准和不透明的程序，使外国企业实际上不可能中标。

(4) 直接授标。有的政府工程不通过招标而直接将工程授予一家特定企业(一般都是本国企业)。

在某些情况下，政府采购会导致需求转移，直接从进口商品转移到本国商品，从而导致利润转移，由此对国际贸易形成了不必要的歧视，违反了 WTO

的非歧视待遇原则。因此,WTO 反对歧视性的政府采购,并建议成员进行相互减让。WTO《政府采购协议》于 1996 年 1 月 1 日生效,协议加强了保证国际竞争的公平和非歧视条件的规则。与东京回合达成并于 1981 年生效的《政府采购协议》相比,1996 年生效的协议将管辖范围扩大到了服务贸易、地方政府的采购以及公用事业单位的采购。

五、技术性贸易壁垒

技术性贸易壁垒(technical barriers to trade,TBT)是一国(地区)或区域组织为维护国家或区域安全、保障人类健康和安全、保护动植物健康和安全、保护环境、防止欺诈行为、保证产品质量等而采取的一些强制性的或自愿性的技术性措施。这些措施对其他国家或区域组织的货物、服务和投资自由进入该国或该区域市场产生影响,形成贸易扭曲,因而具有贸易壁垒的实际效果。

技术性贸易壁垒有狭义与广义之分,狭义的技术壁垒主要是指世界贸易组织《技术性贸易壁垒协议》规定的技术法规、标准和合格评定程序;广义的技术壁垒还包括动植物及其产品的检验和检疫措施、包装和标签及标志要求、绿色壁垒、信息技术壁垒等。

(一)技术性贸易壁垒的主要构成

1. 技术法规和标准

各种产品的技术标准和认证制度是经济运行中必不可少的组成部分。一部分的产品技术标准是由某个行业或某个非政府标准化机构制定的,旨在便于通用、降低成本或保证质量,如电压、认证等。另一部分的产品技术标准是通过政府授权强制实行的,具有法律约束力。制定这些标准的目的是保证安全或保护整体利益,如环境、食品、药品标准等。

技术法规和标准对于国际贸易来说,与其他贸易壁垒措施不同的是,它不是限制,而是完全禁止。因为,发达国家一般都规定不符合技术法规或标准的产品是不允许进入市场的。

由于历史、社会或技术的原因,各国采用的技术标准往往有很大差别。比如,在度量衡方面,有的国家采用的是"英制",有的国家用"国际单位制"。因此,各国生产的产品规格不一,客观上使得进口产品的维修变得困难,使用进口产品的成本提高。

技术法规与标准中的安全规定主要针对汽车和电器设备等。例如,欧盟的 CE 认证就要求电子产品电磁辐射必须低于相应的数值;某些国家对进口汽车的轮胎、安全玻璃、重量和体积都有严格的规定。一些国家对玩具的安全性能规定也很严格，如玩具手枪射出的子弹会不会造成伤害，玩具破碎后会不会割破皮肤等。

2. 卫生检疫标准

卫生检疫标准主要涉及的是农副产品及其深加工产品，也包括化妆品在内。这些规定对进口商品中所含有的各种化学成分都有严格的限制。卫生检疫中的一项重要方面是动植物检疫措施。动植物进口必须通过本国的检疫，用以保护本国人民、动物或植物免受外国害虫、疾病及污染的侵害。

典型的例子就是 1999 年中国出口到美国的木质包装事件。由于美国的动植物检疫部门发现中国输美产品的木质包装中有光肩星天牛的虫卵，美国商务部因而紧急通知禁止中国未经过熏蒸的木制包装进入美国市场。在美国之后，加拿大、欧盟也出台相同的规定，使中国出口企业受到不小的损失。

3. 商品包装和标签的规定

包装及标签规定除了对进口商品的包装规格、包装材料有一定的要求外，还要求注明产品的产地、内容等，不合乎包装及标签规定的商品，即使质量合格也不准进口。例如，在北欧有些国家规定了包装材料的可回收要求，禁止使用易拉罐等包装容器；法国则要求所有的标签、说明书、使用手册、保修单等必须使用法语等。

商品包装与标签的规定对国际贸易的影响，主要在于通常所说的绿色包装问题。由于各国对环境问题的重视，过度包装或者是不能重复利用的包装问题显得比较突出，因此严格的绿色包装规定在某些发达国家得到推行，成为发展中国家产品进入的明显障碍。

（二）WTO《技术性贸易壁垒协定》的规定

WTO 颁布《技术性贸易壁垒协定》的目的是要确保各成员制定的技术法规、标准以及合格评定程序不会对国际贸易造成不必要的障碍或扭曲。该协定规定，各成员有权制定它们认为恰当的标准；同时，WTO 不反对成员为确保标准得以实施而采取的相应措施。除此之外，WTO 鼓励成员适时采用国际标准，以避免法规和标准的复杂化，但并没有要求成员改变自身已有的保护水平。

WTO 同时规定，对各成员政府在制定、采纳和实施技术法规和标准时应遵循以下指导原则。

（1）避免不必要的障碍。在制定技术规则和标准时应避免对国际贸易产生不必要的障碍。

（2）非歧视原则。应保证在技术法规方面给予来自任一成员方境内产品的待遇，不低于本国生产的同类产品或来自任何其他国家的同类产品的待遇；在使用合格评定程序上，也应保持一致性，而不应有任何歧视。

（3）国际性原则。在制定本国技术法规时，应以业已存在的相应国际标准作为基础，除非这些标准已经失效或不适用，同时还鼓励成员方在条件允许的情况下广泛参加国际标准化组织的标准制定工作。

（4）等效原则。尽管各成员方的技术法规不尽相同，但只要能实现同样的目标或效果，相互应予以接受。

（5）相互认可原则。鼓励成员方相互认可对方的合格评定程序和检测结果，这样，制造商和出口商通过在本国检测其产品即能知道是否符合进口国的有关标准。

（6）透明度原则。要求每一成员方建立国家级咨询站，本国产品制造商和出口商通过国家级咨询站可以了解其他国家相关产品市场有关标准的最新动态，其他成员方也可要求该国咨询站提供该国有关技术法规、标准、检测程序等信息和文件。

此外，WTO《卫生和植物检疫措施协定》规范了各国所有可能影响国际贸易的动植物检疫行为。与《技术性贸易壁垒协定》一样，该项协定也并非具体规定各成员方应该采用什么标准，而只是制定了各成员方实行具体标准时必须遵守的纪律。技术标准和动植物检疫措施两项协议实际上建立了一个防止各国政府滥用标准拒绝产品进口的规范。

专栏 2-5

发达国家在标准和技术法规上的技术壁垒

经过分析研究发现，在国际贸易中用来设置技术壁垒最为广泛的是技术标准和技术法规，主要是因为凭借技术标准、技术法规很容易达到使所实施的技术壁垒具有名义上的合理性、提法上的巧妙性、形式上的合法性、手段上的隐蔽性，从而使得出口国望之兴叹，其具体体现在：

（1）技术标准、法规繁多。为了阻碍外国产品的进口，保护本国市场，许多国家制定了繁多严格的标准、法规，甚至用法律明确规定进口商品必须符合进口国标准。目前，欧盟拥有的技术标准有十多万个，德国的工业标准约有

1.5 万种,据日本 1994 年 3 月调查的结果其有 8 184 个工业标准和 397 个农产品标准。美国是目前公认的法制、法规比较健全的国家,其技术标准和法规之多就不必多说了。

(2) 技术标准要求严格。发达国家凭借其经济、技术优势,制定出非常严格苛刻的标准,有的标准甚至让发展中国家望尘莫及。如西欧有些国家规定,面条内的鸡蛋含量要在 13.5% 以上,食盐含量不能超过 1%,不准加颜色等。欧共体的 OKO 生态纺织品标准 100 中对服装和纺织品中的某些物质的含量要求高达 PPb 级,如对苯乙烯的要求是不超过 5PPb,乙烯环乙烷不超过 2PPb,给发展中国家的纺织出口贸易造成很大的难度。如果让发达国家的检测机构检测,费用相当昂贵,成本增高,从而起到了技术壁垒的作用。

(3) 有些标准经过精心设计和研究,可以专门用来对某些国家的产品形成技术壁垒。如法国为了阻止英国糖果的进口而规定禁止含有红霉素的糖果进口,而英国的糖果是普遍采用红霉素染色剂制造的;法国禁止含有葡萄糖的果汁进口,这一规定的意图就在于抵制美国货物,因为美国出口的果汁普遍含有葡萄糖这一添加剂。又如原西德曾制定过一部法律,规定禁止进口车门从前往后开的汽车,当时意大利生产的菲亚特 500 型的汽车正是这种形式,结果使其完全丧失了德国的市场。

(4) 利用各国的标准的不一致性,灵活机动地选择对自己有利的标准。如法国规定纯毛的服装含毛率只需达到 85% 以上,就可以算作纯毛服装了,而比利时规定的纯毛含毛率必须达到 97%,联邦德国则要求更高,只有当纯毛的含毛率达到 99% 时,才能成为纯毛的服装,这样对于德国来说,它出口时就选择对方的标准,而防止纯毛服装的进口时就选择自己的标准,而使得法国的羊毛制品在德国和比利时就难以销售。

(5) 技术标准、法规在实施过程中也可以对外国产品的销售设置重重障碍。如英、日汽车技术标准的实施,英国方面规定,日本销往英国的小汽车可由英国派人到日本进行检验,如果发现有不符合英国技术安全的,可在日本检修或更换零件,这种做法比较方便;但日本方面规定,英国销往日本的小汽车运到日本后,必须由日本人进行检验,如不符合规定,英国财须雇日本雇员进行检修。这种做法费时费工,加上日本有关技术标准公布迟缓,客观上较大地妨碍了英国小汽车进入日本市场。

此外,一些国家还利用商品的包装和标签标准、法规给进口商品增加技术和费用负担,设置技术壁垒。如德国和法国禁止进口外形尺寸与本国不同的食品罐头；美国和新西兰禁止利用干草、稻草、谷糠等作为包装或填充材料，在某些情况下，这类包装材料只有在提供了消毒证明后才允许使用。

资料来源：http://www.tbtsps.cn/sites/workweb/Pages/ArticleKnow.aspx? ID=255。

（三）技术性贸易壁垒的商务含义

对于企业而言，若不能越过技术性贸易壁垒意味着市场不准入，即出口困难甚至退出市场，但如果能够通过技术升级等方法越过技术性贸易壁垒则意味着市场的扩大，价格提升，竞争力扩大。案例 2-6 是中国机电产品出口遇到技术性贸易壁垒案例，案例 2-7 则是中国冻鸡出口受阻于技术性贸易壁垒的案例。

 **案例 2-6**

机电产品出口的技术性贸易壁垒

我国出口额第一位的机电类产品，由于受发达国家在噪声、电磁污染、节能性、兼容性、安全性等方面的技术标准限制，仅 1992 年就有 80 多亿美元出口产品受到影响。

1992 年上海汽轮机厂出口菲律宾的 2 台 30 万千瓦发电机组，因为没有质量体系证书，只得由美国西屋电气公司以每台 28 万美元作为质量担保，才得以销往该国。

上海跃进电机有限公司一度亏损，其后该公司按照出口产品的标准进行技术创新，通过努力将各类电机的噪声指标降低到了世界上先进国家能够接受的 34 分贝，并获得了 ISO 14001 环境管理体系的质量认证。此后，其生产的各类电机外销产品的比重由 35% 猛增至 60%，产值、利润、人均销售额等多项经济指标迅速跃居国内同行业首位，电机产品已经广销欧亚美等大洲。

上海航空机械厂是一个以生产汽车千斤顶为主的中型企业，按日本标准制造，安全、质量均无问题，产品主销美国。在美国客商提出希望按美国标准生产以增加美国人对产品的安全感后，厂里立即组织人员进行重新设计。当美方过后又提出产品净重最好不要超过 70 磅时，他们意识到这是一个很好的机会，因为低于 70 磅的物品在美国可以邮购，于是他们又及时地作出反应，使客户非常满意，主动提高了订购价，订购量也因此而增加，产品顺利地进入了美国邮购市场，年创汇 400 多万美元。

资料来源：http://liuxinhua001.blog.163.com/blog/static/35788573200844471544611/。

**案例 2-7**

我国冻鸡出口受阻

2001 年底以来,由于进口国纷纷设置技术性贸易壁垒,我国鸡肉出口处处受阻。这其中部分原因是进口国对来自不同国家的同种产品实行不同的标准,对来自中国的产品实行较为苛刻的技术标准。

上海大江集团股份有限公司是我国主要的鸡肉出口企业之一。2001 年 11 月,大江公司所属三厂、四厂各有一批产品因被日本农水省动检所检出新城疫疫苗病毒而被禁止输入,随后,上海出入境检验检疫局要求大江一厂、五厂也停止产品出口。至此,大江公司的全部生制鸡肉产品无法出口日本市场。据大江公司反映,该公司宰杀肉鸡全部来自集团下属的 28 个肉鸡场,统一投苗、统一免疫、统一用药、统一宰杀,整个过程处于集团公司有效监控之下。上市肉鸡先要由上海市兽医站检疫,由国家指定的农科院进行疫病检测,再由上海市检验检疫局检测中心进行产品检验,全部合格后方可出口。因此该公司的产品质量是有保证的。另外,此前日本进口中国产品从不检测新城疫疫苗,而且此次检出的病毒毒力 ICPI 结果仅为 0.28,而我国政府和欧盟达成的协议规定 ICPI 小于 0.7 即为合格。由此可见,日本方面是有意设置技术性贸易壁垒,人为阻碍我国鸡肉进入其市场。

2001 年 5 月底,欧盟宣布重新开放进口中国禽肉产品,大江公司有两个加工厂被认定可向欧盟出口鸡肉,并顺利出口了 5 批鸡肉产品。2002 年 1 月底,欧盟又宣布禁止进口所有中国产动物源性食品。尽管在禁令下达前该公司所发货物到港后全部通过欧盟的严格检验,并得到客户的认可,可是该公司仍无法继续出口。

2003 年 5 月 12 日,日本以从中国山东一家企业对日出口的一批鸭肉中分离出两例禽流感病毒为由,突然宣布停止进口中国所有的禽肉蛋产品。2003 年 8 月 4 日至 8 日期间,日本家畜卫生专家在华进行了实地调查。日本农水省称其确认中国国内 90 天以上没有发生该疫情,并采取了其他清洁性措施,因此屠宰日期为 8 月 17 日以后的鸡肉等的暂停进口措施予以解除。

资料来源:http://liuxinhua001.blog.163.com/blog/static/35788573200844711544611/。

六、贸易救济措施

如今的贸易保护主义者更经常引用的保护措施还是世界贸易组织允许使用的贸易救济措施,也就是耳熟能详的反倾销措施、反补贴措施以及紧急保障措施。此外,为了国际收支平衡、保护幼稚产业、维护国家安全等目的也可以实施暂时性贸易保护措施。这里作为非关税措施的反倾销措施,是指反倾销调查对进口的阻碍作用(威慑)以及作为补救措施的价格承诺;反补贴措施是指反补贴调查对进口的阻碍作用(威慑)以及动用争端解决程序。反倾销与反补贴见本章第二节,这里仅介绍保障措施。

国内产业受进口产品严重损害时,政府可以实行临时的进口限制以保护国内生产者,这就是关贸总协定和世界贸易组织认可的保障措施(GATT1994 年第 19 条)。在关税和非关税保护政策日益受到约束的情况下,许多发达国家利用这一措施对本国企业实行"紧急保护"。

(一)采取保障措施的前提条件

WTO《保障措施协议》规定:"一成员只有在根据以下规定,确定正在进口至其领土的某一产品的数量与国内生产相比绝对或相对增加,且对生产同类或直接竞争产品的国内产业造成严重损害或严重损害威胁时,方可对该商品实施保障措施。"具体来说,这一条款主要规定了采取保障措施的必要条件,包括:①进口产品数量的绝对或相对增加;②进口增加是由不可预见的情况造成的;③进口增加是多边贸易谈判所带来的贸易自由化的结果;④这种大量进口对国内生产者造成了严重损害或严重损害的威胁。

(二)进口国政府实行保障的具体措施

针对进口产品数量的大幅度增加,进口国政府可以采取以下措施:①全部或部分地停止在正常情况下所承诺的关税减让或其他优惠;②采用数量限制;③如果情况紧急,世界贸易组织的成员还可以根据严重损害的初步裁定采取紧急保障措施。

为了防止各国滥用保障措施进行贸易保护,《保障措施协议》要求保障措施的实施一般不得超过 4 年,延长后总期限不得超过 8 年,紧急保障措施的实施期限不得超过 200 天。

有两个采取保障措施进行保护的典型范例值得一提:①美国 2002 年根据《美国综合贸易法案》的 201 条款发起钢铁制品保障措施案。②2001 年 4 月 23 日,日本政府对中国的大葱、鲜蘑菇、灯心草垫实行紧急进口限制,实施关税配额管理(配额分别是：5 383 吨大葱，8 003 吨鲜蘑菇和 7 949 吨灯芯草垫)。具体做法为提高关税，对超过限量的进口分别追加 256%、266% 和 106% 的关税。这项措施的有效期为 200 天，持续到 2001 年 11 月 8 日。

 **专栏 2-6**

中国"入世"后面对的保障措施

在中国加入 WTO 之后 12 年内，WTO 其他成员可以在比较宽松的条件下对中国进口产品实施特殊保障措施。GATT1994 第 19 条和 WTO《保障措施协定》中对实施保障措施规定的条件十分严格，而对中国的"特殊产品过渡性保障机制"，条件要宽松得多：不是一般条款之中的"造成严重损害或严重损害威胁"，而是"造成市场扰乱或市场扰乱的威胁"。由于对"市场扰乱"的界定并不明确，因此中国要对此类保障措施进行有效的防护难度很大。从相关的条款分析，应尤其注意提供这样三个方面的数据：受影响的 WTO 成员是否考虑了客观因素，受影响的进口国在采取保障措施之前是否提供合理公告、听取拟议措施适当性的意见和证据，实施的保障措施是否符合必要的时间限度。而这些数据的收集和积累，需要中国国内有关政府部门的技术支持，也需要企业和行业协会的自主努力。

资料来源：海关总署网站。

七、其他非关税措施

除了配额等公开的进口数量限制以外，还有许多其他非关税措施从不同程度上直接或间接地起着限制进口的作用，包括：

（一）海关程序

海关程序是指进口货物通过海关时所必须经历的程序，一般包括申报、征税、查验和放行。对于各国来说，虽然没有进口限制，但是，只需要实行烦琐的进口海关程序，就能通过层层填表、盖章或故意拖延时间，降低通关效率，从而有效地限制甚至禁止进口。具有贸易壁垒作用的海关程序主要包括以下几个方面：①海关对申报表格和单证作出严格要求；②通过改变商品归类提高税率或适用进口配额；③通过海关估价制度使完税价格高估，从而提高关税税额；④从进口商品的查验放行程序上限制进口。

经典的案例是，法国为了限制日本等主要出口国向其出口录像机，曾在

1982 年 10 月规定,所有进口的录像机都必须到普瓦蒂埃(Poitiers)海关通关,并对所有伴随文件都要彻底检查。普瓦蒂埃是距离法国北部主要港口一百多英里的小镇,该海关只有非常窄小的一间屋子,海关人员也少。其结果十分有效,进口量从原来的每月数万台降到每月不足 1 万台。如此烦琐的海关程序如果放在鲜活产品上,又会是一种什么样的结果呢?

WTO《海关估价协议》规定了六种顺序采取的海关估价方法,以尽量减少因海关估价不合理而对国际贸易造成不必要的损害。这六种海关估价方法依次是:①进口商品的成交价格;②相同商品的成交价格;③类似商品的成交价格;④倒扣法;⑤计算价格法;⑥合理办法。

 **案例 2-8**

鸭子何时才和床罩不一样

蓝山公司(Blue Ridge:The ltem Co.)是一家位于北卡罗来纳州斯卡兰市的公司,有大约二十名员工,罗伯特·坎普斯是公司的总裁。1995 年,蓝山公司打算从中国进口一系列被叫作"电视鸭子"的新奇产品。这些"鸭子"是用布做的可爱的小动物,可以放在长沙发的扶手上,它们身上附带的口袋可以装电视遥控器和一些小杂志。

但是美国海关官员检查这些"鸭子"之后,判定这些小动物与床罩同属一个海关税则,而这类物品的进口要服从美国纺织配额。如果坎普斯想把这些"鸭子"带进美国,就必须购买一份纺织品配额,这会使得它们的价格翻番,变得无利可图。

因此坎普斯以每小时 250 美元的报酬从华盛顿聘请了一位律师,这位律师称:"我的工作就是说服法官'电视鸭子'与床罩不一样。"他成功了,玛丝格蕾芙法官发布了一条严厉的命令,要求美国海关允许坎普斯把他的新奇商品带进美国。但是海关官员和以部长珍妮特·雷内为首的司法部的律师并不打算放弃或者承认他们出了错,他们反而向美国上诉法院提出上诉。政府的律师坚持说鸭子与床罩一样,你只有在法庭中才能欣赏到当时法官那一脸无法置信的表情。

上诉法院裁决坎普斯胜诉,但是这并没有结束司法部律师的消极行动。律师们继续纠缠,为了确保政府不必支付 10 万美元的费用,再加上他们强加给坎普斯的诉讼费用。

蓝山公司得以继续在英国、新西兰和澳大利亚出售"电视鸭子"。坎普斯评论说，就像其他一些事情，这件事"只不过是大政府挑剔小人物的又一个例子而已"。

资料来源：［美］Donald A. Ball，等. 国际商务：全球竞争的挑战［M］. 第 8 版. 刘东明，等，译. 北京：清华大学出版社，2004：453.

（二）进出口国家垄断

进出口的国家垄断又称为国营贸易，包括国家机关的直接经营和交由某些垄断组织的独家经营。垄断的范围既可以是全部商品，也可以是部分商品。中国在外贸体制改革以前基本上是由国家垄断对外贸易，西方国家则存在不少大公司对某些产品的经营垄断。

一般而言，国家垄断经营的商品主要是关系国计民生或国家安全的重要商品，以及容易产生垄断利润的产品。各国国家垄断的进出口商品主要包括四大类：烟酒、农产品、武器和石油。这些产品具备的特征是：需求价格弹性极小，或是具备战略性。

进出口国家垄断的保护作用不是通过政府贸易政策而是通过垄断组织的行为实现的。由于独家经营，垄断机构为了牟利就可以通过控制进口量来提高进口商品在国内市场的价格。其结果一方面减少了进口，另一方面刺激了国内生产，能够起到贸易保护的实际效果。

针对国营贸易问题，《GATT 1947》第 17 条，以及《GATT 1994》中"关于对第 17 条解释的谅解"进行了规范。协议规定，国营贸易企业在购买和销售时，应该只以商业上考虑为根据，并按商业惯例对其他成员国提供参与购买或销售的适当竞争机会，不得实行歧视政策。

（三）外汇管制

所谓外汇管制（foreign exchange control），即一国政府通过法令对国际结算和外汇买卖加以限制，以平衡国际收支和维持本国货币汇率的一种制度。外汇与对外贸易关系密切，如果实行外汇管制，进口商和消费者不能自由兑换外汇，也就不可能自由进口。利用外汇管制来达到限制进口目的的方式包括：

（1）国家对外汇买卖的数量直接进行限制和分配，称为数量性外汇限制。

（2）采用复汇率制度，对不同的外汇需求实行不同的汇率，通过对外汇买卖成本的控制来影响商品的进出口，称为成本性外汇管制。

（3）通过上述两种方式的结合实行更严格的控制，称为混合性外汇管制。

（四）最低限价制和禁止进口

最低限价制（minimum price）是指一国政府规定某种进口商品的最低价格，凡进口商品的价格低于这个标准，就加征进口附加税或禁止进口。如美国1977年制定的钢铁启动价格制度。

（五）劳工标准

经济全球化的发展推动着科技加速发展，也促成了诸多社会问题的日益尖锐，劳工标准和社会责任之争日益突出。由于各国经济发展水平的差异以及政治、文化、历史的不同，各国的社会标准也不同，劳工标准就是其中一个重要的社会标准。一般来说，发达国家劳工的工资和福利待遇要高于发展中国家。许多发达国家都有禁止童工、法定休息日、最低工资等法律。但大多数发展中国家则没有这些要求。发达国家的工业部门认为，发展中国家的低劳工标准会降低其出口产品的生产成本，从而使发达国家处于一种竞争劣势。因此，一些发达国家一直企图通过提高发展中国家的劳工标准来保护其国内企业。

关于劳工标准和贸易的讨论与磋商可以追溯到19世纪，当时的国际磋商最终导致了1919年国际劳工联合会的创立。自1947年GATT实施以来，美国与其他发达国家也一直不断地在这一领域中努力。近年来，发达国家对劳工标准问题更加重视，这是因为发达国家的经济发展出现了"失业型经济增长"现象。发达国家失业率高的产业往往是一些传统产业，或者说相对非熟练劳动密集的产业，而且往往是在国际市场上竞争优势不够强大的产业。

典型的例子是2004年美国政府开始质疑商业巨头沃尔玛公司的全球采购体系，认为沃尔玛的巨额利润都是来自于对工人的极度剥削，或者说是来自于那些对工人没有任何保障的、不符合劳工标准的企业，并促使沃尔玛公司开始执行"回归本土"策略。

八、商务意义

对于中国的出口企业（包括加工贸易企业）来说，除了关注进口国的关税变动之外，更要关注进口国非关税措施的变动。非关税措施的实施相对而言比较机动灵活，而且对进口的打击更为直接。若不能越过非关税措施带来的壁垒效应，一般意味着企业出口市场的基本丧失。换言之，若企业能够成功地越过其带来的壁垒效应，则可以保持甚至获得更大的市场。对于中国的出口企业来说，保持与相关协会、商会、质量监督管理部门以及商务部门的信息畅通是及时得到国外非关税措施信息的唯一选择。

基本上所有的技术性贸易壁垒措施的实施都具有一个简单的商务意义：未通过相关的法规和标准的认定意味着市场不准入；要想通过认定获得广阔的市场，则必须付出代价——技术革新和检测成本。

对于国内生产商而言，在遭遇来自进口产品的严重威胁而受到损害或损害威胁时，了解国内可申请的贸易救济措施是十分必要的。反倾销措施首先着眼的是对进口竞争厂商的利益保护。不过由于规避措施的存在，反倾销措施对进口竞争产业的保护效果经常被削弱。

第四节　贸易政策制定中的政治经济学

在世界贸易组织公布的《WTO 十大利益》一文中，第 9 条利益是，"WTO 能够使各国政府在制定政策时避免受限于过窄的经济利益"，"经过半个多世纪发展的 GATT/WTO 贸易体系帮助政府更平衡地看待贸易政策"。换句话说，就是 WTO 有助于避免政府受到过多的游说影响，因为各产业或产业集团都是政府政策制定过程中强有力的"院外利益集团"。

一、对外贸易政策的类型

从对外贸易政策的发展历史来看，基本上可以将各国的贸易政策划分为自由贸易政策和保护贸易政策。

自由贸易政策是指政府取消对对外贸易的限制，不对本国货物和服务企业提供特权和优惠，力图消除各种贸易壁垒，使货物与服务尽可能地自由流动。从贸易政策的历史发展进程来看，自由贸易政策并不是绝对的自由，即使是在英国经济最强大的时候，尽管有亚当·斯密和大卫·李嘉图的理论指导，英国也没有实行完全的自由贸易政策。换言之，自由贸易政策一般都是相对的、部分的。

保护贸易政策是指政府采取各种措施限制货物和服务的进口，以保护本国的产业和市场不受或少受外国货物和服务的竞争，同时对本国的货物与服务出口采取促进措施，以鼓励出口。从贸易政策的历史发展进程来看，保护贸易政策不是绝对的保护，也不是完全地保护本国的所有市场和产业。因为任何一个国家总有部分产业或商品在国际上具有竞争力，需要自由地参与竞争。由于日本和韩国的成功崛起，"战略性贸易政策"在 20 世纪 80 年代受到各国瞩目，成为发展中国家贸易政策的主要模仿对象之一。这种"以邻为壑"的贸易政策也是保护贸易政策的一种。而如今所说的"贸易自由化"政策,则是在保护贸易政策的基调上努力促进部分市场、部分产业的自由贸易。

 **专栏 2-7**

2009 年美国轮胎特保案的出台

如图 2-8 所示,美国贸易政策的决策机构涉及 ITC、USTR、美国总统和美国国会,尤其是相关利益方对于各决策机构的影响。

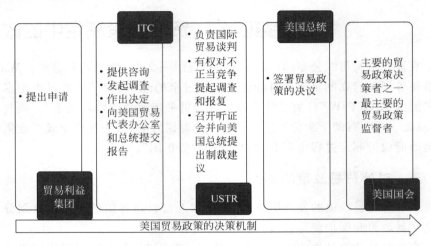

图 2-8 美国贸易政策的决策机制

如图 2-9 所示,在美国对华轮胎特保案中,各相关利益方围绕是否对中国出口到美国的轮胎制品采取特别保障措施进行了博弈,其结果是支持制裁的一方获得了相应的政府政策。

2009 年 4 月 20 日,美国"钢铁、造纸和林业、橡胶、制造业、能源、联合工业和服务工作者国际联盟"向美国国际贸易委员会(ITC)提出申请,请求对中国输美的所有乘用车和轻型卡车轮胎发起特别保障措施调查。

2009 年 4 月到 6 月,ITC 根据美国《1974 年贸易法》第 421 条(以下简称"421 条款")宣布启动调查并作出肯定性裁定,认定中国输美涉案轮胎产品在美国市场的大量增加造成或威胁造成美国国内产业的市场扰乱,建议对中国涉案轮胎采取特保措施,在现行进口关税(3.4%～4%)的基础上,连续 3 年分别加征 55%、45% 和 35% 的特别从价关税。

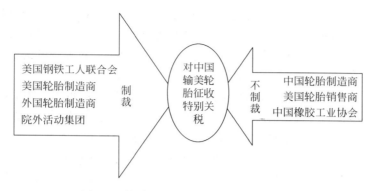

图 2-9　轮胎特保案中的相关利益方博弈

　　2009 年 8 月 7 日,美国贸易代表办公室(USTR)召集涉案各方召开听证会并于 2009 年 9 月 2 日向美国总统奥巴马提出制裁建议。

　　2009 年 9 月 11 日,奥巴马根据"421 条款"的规定签署决议,对中国输美的所有乘用车和轻型卡车轮胎连续 3 年加征特别从价关税,以此规范因轮胎进口而被扰乱的美国市场秩序。该惩罚性关税税率第一年为 35%,第二年为30%,第三年为 25%。2009 年 9 月 26 日,美国海关开始对上述产品征税。

　　资料来源:作者根据相关新闻整理。

二、贸易政策的政治经济学理论

　　贸易理论和贸易政策的分析告诉我们不同的利益集团有不同的贸易政策需求。如斯托尔珀-萨缪尔森定理阐明,自由贸易会使一国原来丰裕要素的所有者受益,稀缺要素的所有者受损,因此,一国丰裕要素的所有者希望更自由的贸易政策,而稀缺要素的所有者则会要求贸易保护。在关税的经济分析中我们也看到,征收关税会增加生产者剩余而减少更多的消费者剩余,因而二者对贸易政策有不同的要求。

　　一般而言,任何贸易政策都可能影响一国的收入分配格局,不同的社会阶层或利益集团对此会有不同的反应,受益的支持,受损的反对,共同影响该国的贸易政策。因此,一国政府所采取的政策必然是国内利益集团竞争的结果。

　　对于任何执政党来说,维持政权的稳定和保证继续执政都是最根本的。服从于这一目标,其制定政策时就既要考虑经济方面的因素,如资源的最有效利用和社会福利的最大化,又要考虑政治和社会因素。在经济学的分析中,贸易政策的选择取决于社会总体福利水平的最大化。在贸易政策的政治经济学分析中,任何一项贸易政策的实施都是利益集团的需求和政府供给的均衡。

(一)贸易政策政治经济学的核心思想与研究内容

贸易政策政治经济学认为,从经济效率(帕累托最优)的目标看,贸易干预政策的福利效果与自由放任贸易政策相比总是次优的,或者说,在理论上总是存在着替代贸易干预政策的最佳政策。然而现实中贸易干预政策在社会的公共选择过程中"优于"自由贸易政策,其真正根源必须从政治市场中寻找答案。更进一步说,贸易政策导致的收入分配效应促使政治市场中的参与者——选民或公众、政府、官僚、利益集团乃至外国人——将根据各自的既定目标或既得利益产生对新的贸易政策的需求和供给,关税率、非关税壁垒、补贴率等作为贸易政策的"价格"在政治市场上出清,最终达到均衡稳定状态,从而决定了贸易政策选择的质量(形式)和数量(程度)。很显然,一国的政治制度、体制和结构特征决定和制约着贸易政策的各个方面。

概括地说,贸易的政治经济学(以贸易保护为例)的研究内容包括以下几个主要方面:①总体保护水平的变化及其决定因素;②某时点截面(跨部门或跨国家)的保护结构及其决定因素;③不同时期(时间序列)保护结构的变化及其决定因素;④保护形式(如关税和数量限制)的选择及其决定因素;⑤保护的福利效果以及不同保护形式之间福利效果的比较;⑥保护的政治决策过程和机制。

(二)国际贸易政策政治经济学的理论方法

按照对政府的角色和行为的假设将其划分为"仁慈的政府"、"自利的政府"和"民主的政府"。

(1)"仁慈的政府"是将政府视为谋求社会利益最大化的明智的专制者,它有自身独立的价值标准和目标函数,不受个别利益集团的左右。"社会福利函数"(social welfare function)方法和贸易政策的"保险理论"(insurance theory)是解释"仁慈"政府贸易政策的两个主要模型。

(2)"自利的政府"是将政府视为一个特别的团体,它的成员(官僚和政治家)与一般经济人一样追求自身利益的最大化,比如寻求政治统治的稳定、选举概率的最大化或者个人在政治"收入"上的最大化。也就是说,政府是社会中的一个利益集团,只不过由于它是贸易政策的最终制定者,因而显得地位更突出和特殊些而已。在这种模式下,再按照政治市场上对贸易政策的供求的主导力量划分为"需求分析"、"供给分析"和"需求-供给分析"三种类型的模型。

（3）"民主的政府"是指政治家出于人自利的本性仍将追求个人利益的最大化，但由于同时受到民主制度、规则和程序的约束，他们还必须"自觉地"从整个社会的福利出发在最大限度上反映普通选民的意愿。或者说，政府的贸易政策是在利益集团和公众的夹缝中求得平衡。它试图将"仁慈的政府"和"自利的政府"两种模式进行折中。

由此可知，贸易政策可以被视为以下因素的共同作用的结果：①政策制定者的目标；②贸易保护中的受益者和受损者对政策所施加的影响；③监管政策制定者与贸易保护中受益者和受损者之间相互作用的制度设置。

下面用经济学家罗德瑞克（Dani Rodric）的一张示意图从"自利的政府"的角度来描述贸易政策的制定框架（见图 2-10），用案例 2-9 来说明美国钢铁产业政策的演变。

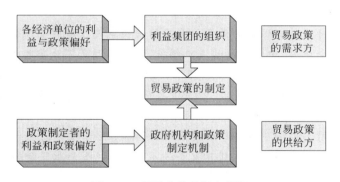

图 2-10　贸易政策的制定框架

 **案例 2-9**

美国钢铁保护的政治经济学

一国贸易政策的出台最终取决于支持自由贸易和保护贸易政策的双方竞争，如伊尔文·道格拉斯（2002）在《备受争议的自由贸易》中写道："反对进口的产业一般都积极地通过寻求贸易限制来达到自己的经济利益。"

在美国的经济学家看来，贸易政策的最终制定明显是国内各利益集团竞争的政治产物。以美国对钢铁产业的保护为例，尽管有钢铁产品消费商联盟的反对,但是二十多年来美国的钢铁产业在争取贸易保护方面是十分成功的。例如,1969 年签订的钢铁"自愿限制协议",20 世纪 80 年代的钢铁产品的启动价格机制,在 1998—2002 年期间,已经有 148 个对钢铁和钢铁相关产品进行反倾销(AD)和反补贴(CAD)调查。截至 2003 年 7 月,有 134 个反倾销和 35 个反补贴调查是关于钢铁相关产品的。美国经济学家罗伯特·鲍德温(1985)提供了一个美国钢材行业运用干预的政治途径保证贸易保护的案例研究。吉恩·格罗斯曼(1986)继续调查了钢材行业。

美国钢铁产业成功地获得保护贸易政策的关键在于,钢铁生产商、钢铁工人工会以及"钢铁城"的国会议员的紧密团结。直到 1989 年,钢铁产品消费商才成立了美国钢铁消费产业联合会,并开始有效地运作,抵制钢铁产品保护的扩张。因此自 1989 年以来,钢铁产品的配额没有约束,而且在 1993 年以后的反倾销诉讼中,钢铁产业也很少获得成功。但是在 2002 年,美国总统布什却对钢铁产品启动了 201 条款,实施了保障措施。美国二十多年对于钢铁产业的政策取向,完全由这些利益集团的争夺所左右。

对钢铁产业进行保护的最常被引用的理由就是保护就业。钢铁生产商和钢铁产业工会认为,由于廉价的进口钢铁产品,而且是不公平的外国竞争使得美国钢铁企业被迫停产、关闭工厂甚至破产,致使大量钢铁工人失业。1974 年美国钢铁工人的就业人数是 512 000 人,而 1992 年下降到 140 000 人。问题的关键还在于,这些钢铁企业大多集中在美国的中西部州,这些州在政治上却是游移不定的。1974 年的 51 万就业人口,确实能够在美国的选举中起到一个举足轻重的作用。为了达到其贸易政策目标,钢铁产业联合会及钢铁工人工会几乎通过所有可能的途径来限制外国钢铁产品进入美国市场。这些手段包括:施加压力迫使国会提供直接的法律救济;游说政府机构签订多边钢铁部门协议;最重要的是根据贸易救济法提出成百上千的诉讼。因此,很长时期,美国的钢铁贸易政策在很大程度上取决于"钢铁三角",也就是钢铁生产商、钢铁工人工会和钢铁城的国会议员构成的联盟。

随着 1989 年美国的钢铁消费产业联合会的成立,以及美国钢铁产业地位、就业人数的下降,20 世纪 90 年代针对钢铁产业的保护政策就不如前 20 年那么明显。钢铁产品消费产业联合会提出:美国政府应该考虑的是高工资的、高效益的钢铁消费产业的工人就业,还是牺牲这些更有竞争力的产业就业去获得在钢铁产业低工资、低效益的就业岗位。因为钢铁工人人数下降,钢铁工人的选票对政治家们的吸引力下降。钢铁产业在美国经济中的地位为高技术产业所取代，或者可以说，钢铁产业与钢铁消费产业给美国经济增长带来了不同的影响，再加上20世纪90年代的钢铁企业与70年代的不同，有些中小型的钢铁企业的技术和管理水平极高，因此产业内部的团结力量也不如以前。因此，美国政府对钢铁产业的保护意愿也就不那么强烈。直到小布什总统就职后的2001年，因为支持小布什总统而得到获得政府提供保护的承诺（具体内容见第三章中"WTO的政治经济学"一节内容）。

资料来源：NEBR working paper series，"Steel Protection in the 1980s：the waning influence of big steel"。

三、影响一国对外贸易政策的因素

贸易政策政治经济学的理论假定了一种制度安排、个人及利益集团通过民主程序自由地寻求对政策结果的影响。贸易政策的实施决定取决于政策制定者的动机，也就是政策制定者要最大化他的政治目标。贸易政策的实施决定还取决于压力集团的偏向。

一般来说，影响一国对外贸易政策制定的因素有：

（一）经济力量的强弱

从历史进程来看，经济比较发达、国际竞争力强的国家一般主张自由贸易政策，如19世纪中后期的英国。经济发展落后、国际竞争力弱的国家，则倾向于保护贸易政策，对对外贸易加以诸多限制，如19世纪的美国和德国，以及第二次世界大战结束后的日本。

（二）经济发展战略的选择

采用"外向型"经济发展战略的国家或地区一般更倾向于自由贸易政策，例如20世纪80年代的亚洲"四小龙"。如果一国采取的是进口替代型发展战略，一般倾向于保护贸易政策。一国的产业发展战略，也对该国的贸易政策倾向产生深远的影响，对于一国重点发展的产业，通常采用保护贸易措施。

（三）利益集团的影响

不同的贸易政策对不同的利益集团带来不同的影响。自由贸易政策对于具备国际竞争力的产业、出口行业和消费者十分有利。但是对于不具备国际竞争力的产业而言，自由贸易政策就意味着更激烈的竞争、破产和失业。对于新兴产业来说，自由贸易政策意味着产业不能正常地成长，或者成长更为艰辛。因此，不同的利益集团会出于自身利益的考虑要求采用不同的贸易政策。

（四）国际政治经济环境和一国的外交政策

国别政策是一国对外贸易政策中的重要部分。在美国的对外贸易政策中可以明显地体现这一点，尤其是对中国的政策。从最初的每年一次"最惠国待遇"审议，到美国对华高技术产品的出口管制措施，都体现着美国对国际政治经济环境和其外交政策的考虑。虽然中国政府一再强调不应该把贸易问题政治化，但是从政治经济学的角度来看，美国是不太可能不把贸易问题和政治问题联系在一起的。

参考文献

[1] ［美］托马斯·A.普格尔，彼得·H.林德特.国际经济学[M].第11版.李克宁,等,译.北京：经济科学出版社,2001.

[2] Dominick Salvatore.国际经济学[M].第5版.朱宝宪,吴洪,等,译.北京：清华大学出版社,1998.

[3] ［美］道格拉斯·A.欧文.备受非议的自由贸易[M].陈树文,译.北京：中信出版社,2003.

[4] Simon J. Evenett.世界贸易体制：未来之路[J].金融与发展,1999(12)：22.

[5] 巴吉拉斯·拉尔·达斯.世界贸易组织协议概要——贸易与发展问题和世界贸易组织[M].刘钢,译.北京：法律出版社,2000.

[6] 保罗·克鲁格曼,茅瑞斯·奥伯斯法尔德.国际经济学[M].第4版.海闻,等,译.北京：中国人民大学出版社,1998.

[7] 伯纳德·霍克曼,迈克尔·考斯太基.世界贸易体制的政治经济学——从关贸总协定到世界贸易组织[M].北京：法律出版社,1999.

[8] 卜伟,赵伟滨."完全市场经济地位"与对华反倾销反补贴[J].郑州航空工业管理学报,2008,26(1)：45-49.

[9] 查尔斯·W.L.希尔.国际商务：全球市场竞争[M].第3版.周健临,译.北京：中国人民大学出版社,2001.

[10] 陈琦伟.国际经济学对话[M].上海：上海人民出版社,1988.

[11] 陈宪,韦金鸾,应诚铭,等.国际贸易理论与实务[M].第2版.北京：高等教育出版社,2004.

[12] 丹尼斯·R.阿普尔亚德,小艾尔佛雷德·J.菲尔德.国际经济学[M].第3版.龚敏,等,译.北京：机械工业出版社,2001.

[13] 冯宗宪,柯大钢.开放经济下的国际贸易壁垒——变动效应、影响分析、政策研究[M].北京：经济科学出版社,2001.

[14] 高永富.WTO与反倾销、反补贴争端[M].上海：上海人民出版社,2001.

[15] 海闻,P.林德特,王新奎.国际贸易[M].上海:上海人民出版社,2003.
[16] 金祥荣,田青,陆青.贸易保护制度的经济分析[M].北京:经济科学出版社,2001.
[17] 联合国国际贸易中心,英联邦秘书处.世界贸易体系商务指南[M].第 2 版.赵维加,译.上海:上海财经大学出版社,2001.
[18] 刘厚俊,等.国际贸易新发展——理论、政策、实践[M].北京:科学出版社,2003.
[19] 刘力,刘光溪.世界贸易组织规则读本[M].北京:中共中央党校出版社,2000.
[20] 世界贸易组织秘书处.贸易走向未来——世界贸易组织(WTO)概要[M].张江波,索必成,译.北京:法律出版社,1999.
[21] 唐海燕.国际贸易学[M].上海:立信会计出版社,2001.
[22] 薛荣久.国际贸易[M].北京:对外经济贸易大学出版社,2003.
[23] 杨国华.中美经贸关系中的法律问题及美国贸易法[M].北京:经济科学出版社,1998.
[24] 张二震,马野青.国际贸易学[M].第 3 版.南京:南京大学出版社,2007.
[25] 赵春明.国际贸易学[M].北京:石油工业出版社,2003.
[26] 中国商务部网,http://www.mofcom.gov.cn.
[27] 中国国家外汇管理局网,http://www.safe.gov.cn.
[28] 中国海关总署网,http://www.customs.gov.cn.
[29] 世界贸易组织网,http://www.wto.org.
[30] 联合国国际贸易中心网,http://www.intracen.org.
[31] 中国经济信息网,http://www.cei.gov.cn.
[32] 国际货币基金组织网,http://www.imf.org.
[33] 中国贸易救济信息网,http://www.cacs.gov.cn.
[34] 中国化工网,http://www.chemnet.com.cn.
[35] 联合国贸易与发展会议网,http://www.unctad.org.
[36] 中国进出口银行网,http://www.eximbank.gov.cn.
[37] 中国银行网,http://www.bank-of-china.com.
[38] 中国出口信用保险公司网,http://www.sinosure.com.cn.
[39] 国际质量监督检验检疫总局网,http://www.aqsiq.gov.cn.
[40] 美国经济研究院网,http://www.nber.org.
[41] 商务部国际贸易经济合作研究院网,http://www.caitec.org.cn/cn/index.html.
[42] 中国 TBT/SPS 通报咨询局网,http://www.tbtsps.cn.
[43] 路透中文网,http://http://cn.reuters.com.

第三章 国际贸易政策协调：多边贸易体制

作为多边贸易体制的管理机构，按照世界贸易组织（WTO）秘书处的观点，WTO是为各成员提供贸易谈判场所、执行经过磋商的贸易规则和协议、解决贸易争端的国际组织。对于我国的各级政府机关和企业来说，熟悉WTO的贸易规则，参与多边贸易谈判，以及通过WTO争端解决机制来解决现有的贸易冲突是非常重要的（企业和地方政府需要通过本国中央政府才能参与世界贸易组织）。因此，本章着重介绍WTO的组织机构、基本原则、争端解决机制，以及WTO的政治经济学。

第一节 WTO 的基本知识

世界贸易组织（World Trade Organization，WTO）于1995年1月1日经由乌拉圭回合谈判成立，总部位于瑞士日内瓦。截至2014年1月，WTO共拥有159个成员。WTO的日常运行机构为WTO秘书处，该秘书处有雇员639人，行政领导为总干事。中国于2001年12月11日成为WTO的正式成员国。

一、WTO 的含义

WTO秘书处认为，"WTO就是在全球或接近全球的层面上处理国与国之间贸易规则的国际组织。但它的含义不仅如此，从不同的角度看待WTO，可以有不同的答案。它是一个促进贸易自由化的组织，也是政府间谈判贸易协议的场所，还是政府解决贸易争端的地方，以及多边贸易体制的管理机构"。正因为此，有人将WTO比喻成桌子，大家围桌而坐，商讨关心的贸易问题。由上述观点，我们可以了解到，WTO同时承担着不同的角色，其中至少包括三个。

（一）WTO 是一个谈判场所

从WTO的前身关贸总协定（GATT）发展的历史看，和平解决贸易争端应该是多边贸易体制建立的根本原因之一，而和平解决争端的第一步就是谈判。因此,从本质上来说,WTO 是供成员政府试图解决相互面临的贸易问题的场所。而且 WTO 本身产生于谈判,WTO 所做的任何事也都是谈判的结果,其大量现有工作都来源于 GATT 乌拉圭回合及之前的谈判。同时,WTO 也是始于 2001 年的"多哈回合议程"新一轮谈判的东道主。

自从国际贸易产生以来,每个参与其中的国家或地区都或多或少地采取保护措施,尽管它们并不十分了解自己所采取政策的理论根据,但是它们的初衷都是为了提升自己的贸易竞争力。换言之,它们都意识到,国家(或产品)的竞争力并不像自由贸易主义者所认为的那样由自然禀赋决定,而是可以从后天的努力中获得。但是就效率而言,在比较优势或竞争优势一定时,自由贸易能够带来更多的贸易利益。因此,WTO 是一个致力于促进贸易自由化的组织。但在某些情况下,WTO 的规则也允许维持贸易壁垒,例如保护消费者或阻止疾病的传播,或是给发展中国家提供的例外。国际贸易发展到今天,新贸易保护措施层出不穷,而当各国遭遇并希望降低贸易壁垒时,谈判就能够促进贸易自由化,带来更多的贸易利益。作为谈判场所的 WTO,在解决贸易自由化与贸易保护的冲突中扮演了极其重要的角色。

（二）WTO 是一系列规则

WTO 的核心是 WTO 协议,这些协议是全球大多数贸易国家通过谈判签署的。这些文件为国际商务活动提供了基本的法律规则,本质上来说它们是契约,约束各国政府将其贸易政策限制在议定的范围内。WTO 协议的目标是帮助产品制造商、服务提供者、进出口商进行商务活动,同时也允许政府达到其社会和环境目标。

GATT 的 8 次多边贸易谈判形成了大量的法律文本和贸易协议,其中历时最长的乌拉圭回合谈判达成的多边贸易协议就包括《建立 WTO 协议》,而 WTO 也是依据该协议成立的,同时其日常的工作本身就围绕着多边贸易协议的履行和磋商。WTO 所掌管的贸易协议都是各成员政府经过谈判达成的,也是经过各成员立法机构签署认定的,因此具备国际法地位。WTO 的协议既然是磋商而得的,也就是说这些协议大多数是经过各方的讨价还价,相互约束贸易规则和贸易政策形成的,因此,我们说 WTO 的协议约束各成员政府的贸易政策在其承诺水平上。

WTO 所管理的贸易体制为多边贸易体制,它的首要目的是在不产生不良影响的情况下促进贸易尽可能自由化。一方面,这意味着消除贸易壁垒并具备可预见性;另一方面,它也意味着保证个人、公司和政府了解世界上的贸易规则,并使它们相信政策不会突然发生变化。

(三)WTO 帮助解决争端

在任何产品、产业或国家的价值链中,销售环节是整个价值链实现的关键。在经济一体化、企业全球化的今天,贸易关系带来更多的利益冲突,尤其是各成员对贸易与就业、贸易与国内产业的发展等问题的认识不一,更带来了经济利益冲突,甚至是政治利益的冲突。为此,需要第三方介入,对贸易争端进行调解和裁决认定,这就是 WTO 贸易争端解决机制的功能。

WTO 协议是法律文本,而且由于文化的差异,各成员的理解也不完全相同,因此经常需要解释,这也包括那些在 WTO 体制下经过艰苦谈判的协议在内。解决分歧的最和谐方法是通过建立在议定的法律基础上的中立程序——多边贸易争端解决机制。这也就是《WTO 协议》中包含争端解决机制的目的之一。

二、WTO 的宗旨、职能与组织机构

WTO 建立于 1995 年,是世界最年轻的国际组织之一,但它是第二次界成大战结束后建立的 GATT 的继承者。所以,尽管 WTO 相当年轻,而始于 GATT 的多边贸易体制却有五十多年的历史。自 1948 年以来,关税与贸易总协定(作为组织我们简称它为 GATT)就已经为这个多边贸易体制制定了规则。

(一)宗旨

《建立 WTO 协定》导言中明确规定:各成员在处理贸易和经济关系发展方面,应该关注提高生活水平,保证充分就业,大幅度提高实际收入和有效需求,扩大货物与服务的生产和贸易,坚持可持续发展和世界资源的合理利用,保护和维持环境,并以符合不同经济发展水平下各自需要的方式采取相应的措施,进一步作出积极的努力,确保发展中国家尤其是最不发达国家在国际贸易增长中获得与其经济相适应的份额。

(二)职能

为了实现上述目的,WTO 除了作为贸易谈判场所和解决贸易争端外,还拥有以下几项职能。

(1)实施协议。由于 WTO 本身是根据《建立 WTO 协定》而存在的,因此该协定第三条规定 WTO 首要和最主要的职能就是"便利本协议和多边贸易协议的履行、管理和实施,并促进其目标的实现",以及"为诸边贸易协议的

履行、管理和实施提供框架"。

（2）审议各成员的贸易政策。WTO的第四项职能是管理《WTO协议》附件3所列的安排，即按照规定的时间期限对各成员的贸易政策进行审议，其中在全球贸易中份额在前4位的成员每2年审议一次，第5到第20位的每4年审议一次，对余下成员每6年审议一次，对最不发达成员的审议可以间隔更长。

（3）通过技术援助和培训项目在贸易政策问题上帮助发展中国家。在《关于有利于最不发达国家措施的决定》中规定，只要属于最不发达国家类别，"只需承担与其各自发展、财政和贸易需要或其管理和机构能力相符合的承诺和减让"，且协议中的规则和过渡期"应以灵活和有支持作用的方式适用于最不发达国家"。这一决定给予最不发达国家额外1年的时间提交货物贸易和服务贸易减让表，其他条款要求定期审议以保证有利于最不发达国家的特殊和差别措施得到及时实施；鼓励发达国家尽早采取行动，减少对发展中国家有利的产品的贸易壁垒；并要求发达国家注意针对最不发达国家出口产品采取的任何进口补救措施或其他措施的影响。该决定最后保证实质性增加给予最不发达国家在生产和出口的发展、增强和多样化方面的技术援助，并继续审议它们的特殊需求。在全部乌拉圭回合协议中，没有一个可与该决定相比，涉及最不发达国家以外的发展中国家的一般性文件。给予发展中国家的特殊和差别待遇，包含在乌拉圭回合达成的大多数单独协议和安排中，通常是规定发展中国家不必承担像发达国家那么严格的义务。

（4）与其他国际组织进行合作。WTO的第六项职能是"为实现全球经济决策的更大一致性"，将酌情与国际货币基金组织（IMF）和世界银行（IBRD）进行合作。《建立WTO协定》第三条的补充文件之二是《关于WTO对于实现全球经济决策更大一致性所作贡献的宣言》，也就是针对WTO在与其他国际经济组织合作时应该有哪些作用，以及如何合作进行了说明。我们知道，最早协商组建国际贸易组织的目的也是与IMF和国际复兴开发银行（IBRD）共同促进全球经济的健康发展和繁荣。

（三）WTO的组织机构

WTO的所有成员都有权参加任何理事会、委员会，但是争端解决机构的上诉机构除外，具体的组织机构见图3-1。

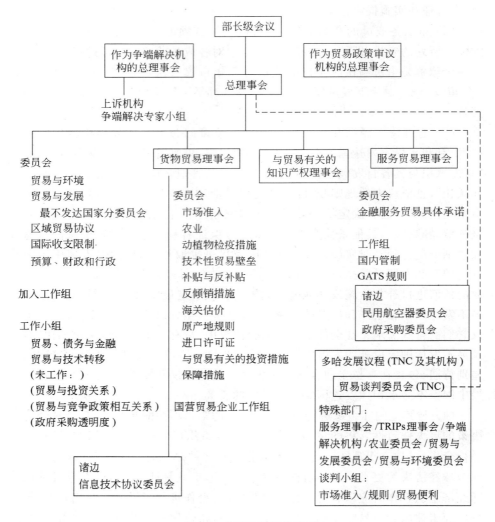

图 3-1　WTO 组织机构图

资料来源：http://www.wto.org/english/thewto_e/whatis_e/tif_e/org2_e.htm.

三、WTO 协议

　　WTO 协议是成员间进行磋商的结果,主要是 1986—1994 年乌拉圭回合谈判的产物。《关税与贸易总协定》(GATT)现在是 WTO 在货物贸易方面的主要规则。乌拉圭回合同时也创立了处理服务贸易、知识产权、贸易争端和贸易政策审议方面的规则。整个协议长达 3 000 多页，共有 60 个协议、附件、决定和谅解，但实际上它的结构比较简单（见图 3-2）。通过这些协议，WTO 成员建立了非歧视性的贸易体制。每个国家都得到其他成员的承诺，它们的出口在其他国家将会受到公平和一致的待遇。每个承诺对进口到本国的产品亦有效。

图 3-2 《马拉喀什建立 WTO 协定》的法律结构

注："国际奶制品协议"和"国际牛肉协议"已于 1997 年底终止。

资料来源：世界贸易组织秘书处.贸易走向未来：世界贸易组织（WTO）概要［M］.北京：

法律出版社,1999：24.

对于货物和服务贸易两大贸易领域的协议,其基本框架相同,都包括了以下三部分内容:①内容广泛的原则性协议,即 GATT1994 和 GATS;②其他协议与附件,即处理具体部门或问题的特殊要求;③减让表,即各成员允许外国具体产品或服务进入本国市场的具体承诺程度。但是服务贸易总协定还包含第四部分——关于最惠国待遇豁免的清单。下面选择部分协议作出简要介绍。

（一）有关货物贸易的主要协议

1. 1994 年关税与贸易总协定

该协议的主要内容包括《GATT1947》的各项条款,及其在《建立 WTO 协议》生效前已经实施的法律文件核准修正和修订的文本及附件等。

2. 农产品协议

农产品协议主要涉及三大方面内容,包括市场准入、国内支持和出口补贴及其他人为增加出口产品竞争力的措施。

（1）对于市场准入,该协议规定的规则是“单一关税”,即要求各成员将农产品的非关税措施转化成关税措施。

（2）对于国内支持,该协议则将其划分为三类:“红箱”措施,即不允许使用的对贸易产生严重扭曲的国内支持措施;“蓝箱”措施,即允许限制使用的某些国内支持措施,例如对于被迫限制生产的农民,可以给予某种直接支付;“绿箱”措施,即对贸易影响最小,而且允许自由使用的措施,包括政府的农业服务措施,如研究、病虫害控制、基础设施和粮食安全等,以及不刺激生产的对农民的直接给付等。

（3）对于出口补贴,协议禁止对农产品实施出口补贴,除非补贴已经列入了成员的减让表。

3. 纺织品与服装协议

1995 年《纺织品与服装协议》取代《多种纤维协定》,将纺织品与服装正式纳入正常的 WTO 规则之中。协议规定自 1995 年 1 月 1 日起 10 年内分三阶段逐步取消发达国家按《多种纤维协定》对纺织品和服装进口的配额限制,实现贸易自由化。该协议是 WTO 协议中唯一规定了自行废止的协议。但是目前这一协议的权威性受到了威胁,如在“非关税壁垒措施”一节中所提到的美国等不少国家提出将配额取消的时间期限延长到 2007 年。

4. 与贸易有关的投资措施协议

该协议要求各成员将其与贸易有关的投资措施中容易引起贸易限制或扭

曲的规定通知货物贸易理事会,并要求发达国家在 2 年内、发展中国家在 5 年内、最不发达国家在 7 年内取消这些规定。要求取消的主要规定包括:当地成分要求、出口比例要求、外汇平衡等。

（二）服务贸易总协定

本协定是迄今为止第一套关于国际服务贸易的、具有法律效力的多边贸易规则。该协定所涉及的领域包括国际运输、国际旅游、国际金融与保险、国际电讯、国际工程承包、视听服务、国际文教卫生交流等。与 GATT 的结构唯一不同的地方在于,它还包括了第四部分,即关于最惠国待遇豁免的清单,其列明了各成员分别在哪些领域暂时不适用非歧视待遇原则中的最惠国待遇原则。

市场准入和国民待遇是本协定中最重要的条款。与货物贸易领域不同,这两个原则并不是各成员必须履行的普遍义务,而是建立在各自的承诺之上,或者说是在平等协商基础上按照大多数成员同意的市场开放程度通过谈判达成协议,再根据协议在不同行业实行不同程度的国民待遇。

协定还包括人员流动、航空运输、金融服务、电讯服务和最惠国待遇例外申请等五项附录,以及 1995 年后达成的《金融服务协议》和《信息技术产品协议》。

（三）与贸易有关的知识产权协议

该协议主要的目的在于缩小各国在知识产权保护方面的差距,并要使这些权利受到共同的国际规则的管辖。协议涉及的议题包括如何适用贸易体制及其他国际知识产权协议的基本原则;如何给予知识产权充分的保护;各国如何在其领土内充分实施这些权利;各成员之间如何解决与知识产权有关的争端;过渡期间如何安排。

本协议覆盖的知识产权范围有版权及其邻接权、商标(包括服务商标)、地理标识、工业设计、专利、集成电路外观设计、未公开信息(包括商业秘密)。

四、WTO 的基本原则

因为 WTO 协议都是法律文本,而且覆盖了农业、纺织品和服装、银行、电信、政府采购、产业标准和产品安全、食品卫生检疫规则、知识产权等各个领域,内容冗长而复杂,工商管理人员并不需要完全掌握这些法律文件,但需要了解贯穿所有这些文件的简单基本原则,因为这些原则就是现行多边贸易体制的基础。WTO 秘书处在《贸易走向未来》一书中写道:"WTO 首要的目标是促进贸易流动的稳定、自由、公平和可预期性。"由此,我们可以知道 WTO 所秉持的基本原则包括以下 6 个。

（一）非歧视待遇原则

非歧视原则又称无差别待遇原则,即缔约双方在实施某种优惠和限制措施时,不要对缔约对方实施歧视待遇。在 WTO 中,非歧视原则体现在最惠国待遇和国民待遇条款。

1. 最惠国待遇

所谓最惠国待遇是指缔约一方现在和将来给予任何其他第三方的任何优惠、特权都必须自动、无条件地给予缔约另一方。WTO 协议规定,成员间不能歧视性地对待它们的贸易伙伴。WTO 某成员一旦授予某个(些)国家一项特殊优惠(例如给予某种产品更低的关税),就必须给予所有其他成员。换言之,就是优惠一个国家,就必须优惠全部国家(Favour one,favour all)。

最惠国待遇最早出现在双边协议中,本意是给予协议国最优惠的待遇,意味着歧视性待遇,后经过 GATT 的采用而转化。当绝大多数国家享受最惠国待遇时,"最优惠的"也就成了基本的待遇,而且成为 GATT/WTO 非歧视待遇的要求原则之一。通过下面的例子可以明确地了解这一点。在 20 世纪八九十年代,美国国会每年一次审议是否延长中国最惠国待遇(后来是审议是否给予永久性正常贸易关系,英文缩写为 PNTR),而在 2001 年中国"入世"之后,根据 WTO 的最惠国待遇原则,美国就不太可能不给予中国最惠国待遇(但有某些特殊情况例外)。

最惠国待遇原则在 GATT1994 第 1 条,《服务贸易总协定》(GATS)第 2 条,《与贸易有关的知识产权协定》(TRIPs)第 4 条中都有规定。尽管各协议的规定有些区别,但是足见该原则的重要性。

(1)最惠国待遇的适用领域。从货物贸易领域来看,最惠国待遇主要适用于以下几个方面:①进口关税;②对进出口本身征收的费用,包括进口附加税、出口税等;③与进出口相关的费用,如海关手续费、质量检验、卫生检疫费等;④对进出口国际支付及转账征收的费用;⑤征收上述税费的方法;⑥对进出口相关的各种规则和手续;⑦对进口货物直接或间接征收的税费,如销售税等;⑧有关进口产品在境内销售、购买、运输、分销等方面的法律、法规、规章和政策措施。

(2)最惠国待遇的例外。出于各种各样的原因,WTO 对最惠国待遇也规定了一些例外,也就是当成员出现某些特定情况时,允许成员援引例外规定而不遵守最惠国待遇原则。这些例外规定包括：①区域经济一体化例外；②授权条款与普惠制的例外；③历史特惠关税例外；④特定成员间互不适用方面的例外；⑤特殊情况下义务的豁免；⑥边境贸易的例外；⑦利益丧失或损害而中止义务；⑧游离于 WTO 之外的货物与服务；⑨一般例外与安全例外。

WTO 的所有这些例外规定都构成了实际的法律漏洞，或者说在非常时期准许放弃贸易自由化政策，而采用贸易保护政策。这也是当 WTO 的发展遇到困难时，区域经济一体化现象蓬勃发展的原因之一。

2. 国民待遇

平等对待外国人和本国国民。WTO 规定，进口产品和本地生产的产品应该受到同等的待遇，至少应该在外国产品进入进口国市场之后给予同等待遇。对于外国和本土的服务、商标、版权和专利也应该享受同等的待遇。这就是"国民待遇"原则，它出现在 GATT 1994 第 3 条，GATS 第 17 条，TRIPs 第 3 条。

（1）国民待遇原则的基本内容。具体而言，国民待遇原则包括以下内容：①不能直接或间接地对进口产品征收高于对境内相同产品征收的税费；②给予进口产品在境内销售、购买、运输、分销等方面的待遇，不得低于给予境内相同产品的待遇；③不得直接或间接地对产品的加工、使用规定数量限制，不得强制规定优先使用境内产品；④不得利用税费或者数量限制等方式，为境内产业提供保护。

（2）应用国民待遇原则应该注意的事项。对于国民待遇原则应该注意以下三个方面内容：①适用对象涉及货物、服务和知识产权三个方面，但适用的范围具体规则有所差别。②只涉及其他成员方的货物、服务或服务提供者、知识产权所有者和持有者在进口国关境内所享有的待遇。也就是说，只有一成员的货物、服务或知识产权进入另一个成员境内时才能享受国民待遇，换言之，一成员对进口征收关税并不违反本原则。③成员方的货物、服务或服务提供者、知识产权所有者和持有者在进口国境内享有的待遇不应该低于进口成员方同类产品、服务及相关对象所享有的待遇。换言之，允许成员对进口实施超国民待遇，但不允许实施低国民待遇。

（3）国民待遇与最惠国待遇的区别。与最惠国待遇不同，国民待遇的实施必须是对等的，且不得损害对方国家的主权，并只限定在一定的范围内，包括：①对货物贸易，GATT 1994 第 3 条规定国民待遇是无条件的；②对服务贸易，GATS 第 17 条规定，对服务产品国民待遇仅适用于一成员作出具体承诺的部门，即不是无条件地给予国民待遇。③对于知识产权，TRIPs 第 3 条规定,每个成员给予其他成员的国民待遇不应该低于它给予本国公民的待遇,除非其他有关国际知识产权公约有规定。

（二）贸易自由化原则：通过谈判逐渐降低贸易壁垒

降低贸易壁垒,消除贸易扭曲,是促进国际贸易自由流动的主要措施之一。贸易壁垒不仅包括关税措施,还包括一切存在贸易效应的非关税措施,例如进口禁令、进口配额等有选择性的数量限制措施以及其他贸易政策措施。随着时间的推移,大部分的非关税壁垒措施,像汇率政策、技术标准、环境保护、生态安全等都纳入 WTO 的谈判范畴,有不少已经达成了多边协议。

尽管贸易自由化原则要求各成员进行各项贸易政策的调整,但整体而言对各成员还是利大于弊的。WTO 协议允许各成员通过渐进式自由化,逐步进行调整,而且发展中国家也有更长的过渡期来履行其作出的承诺。

总而言之,本原则要求各成员通过谈判逐渐降低贸易壁垒,开放市场,促进货物与服务的自由流动。对于各个成员来说,就是削减关税,控制非关税壁垒措施的实施。但是,贸易自由化并不意味着完全的自由贸易,而是在某些情况下允许一定程度的保护。例如,当某成员出现因进口商品的倾销而受到损害时可以提起反倾销诉讼,征收反倾销税;在受到补贴产品的损害时可以寻求反补贴诉讼和反补贴措施,甚至在进口商品因正常贸易,即使没有受到不公平竞争而出现某些问题时,也允许寻求保障措施的保护。另外,WTO 要求一般取消数量限制,禁止出口补贴,但是在农产品、纺织品领域还存在不少例外。

（三）可预见性原则

对于参与国际贸易业务的企业来说,进口国政府保证不提高贸易壁垒有时可能与降低贸易壁垒同样重要。这主要是因为,WTO 允许存在各种贸易救济措施,而且它的基本原则中也存在不少例外,并因此形成了诸多履行中的法律漏洞,所以说它并不是一个完全禁止贸易保护的组织。因此,如果 WTO 成员承诺不会无故地提高贸易壁垒,将有助于提供一个清晰的、透明的商务环境,并因此增加国际投资,促进就业的增加,消费者也同样会拥有更多的选择。当然,各成员政府推动多边贸易体制的建立健全,这本身就是期望获得稳定而又可预见的商务环境。

在 WTO 中,当成员同意开放其货物或服务市场时,它们就受到了自己的承诺的约束。对于货物贸易来说,这些约束就是承诺关税税率的上限。也就是说,成员征收的关税税率不会高于自己的承诺水平,但允许降低。一旦成员要求提高约束的关税税率,它必须与其他成员协商之后,才有可能采取。乌拉圭回合谈判的成就之一就是扩展了受约束的贸易范围(见表3-1)。在货物贸易领域,对一些敏感性商品GATT一直没有达成协议,也就是农业、纺织品与服装一直游离于GATT规则管辖之外,而经过乌拉圭回合谈判后签订的WTO协议中包括《农业协议》,对100%的农产品贸易达成了关税约束。《纺织品与服装协议》则将纺织品与服装纳入了WTO管辖的范围。由于关税约束的存在,给贸易和投资者提高了市场保证的程度。

表3-1　乌拉圭回合前后的关税约束程度　　　　　　　%

国 家 类 型	之　　　前	之　　　后
发达国家	78	99
发展中国家	21	73
转型国家	73	98

说明:本数据为关税税号的百分比,未根据贸易额或贸易量进行调整。

资料来源:世界贸易组织秘书处.贸易走向未来——世界贸易组织概要[M].北京:法律出版社,1999:6.

除关税约束之外,WTO的多边贸易体制也通过其他方式改进自己的可预见和稳定性。方法之一是减少使用配额和其他措施来设立进口数量限制,因为经济学分析显示,配额对一国经济的扭曲程度更高。另一种方法是使成员的贸易规则尽量清晰和公开,也就是保证透明度。许多WTO协议要求成员政府公开其政策,既可以在国内公开,也可以通知WTO。WTO贸易政策审议机制对成员贸易政策的常规监督也鼓励各成员政策的透明。

(四)鼓励公平竞争原则

经常有人说WTO是一个"自由贸易"机构,但是这种说法不完全,也不准确。WTO所管理的多边贸易体制确实允许进行关税保护,在某些情况下也允许其他形式的保护。所以准确地说,WTO是一个致力于公正、公平和无扭曲竞争的贸易体制。例如,在货物贸易方面,允许在国际收支恶化的情况下不履行承诺的义务;在一国因出现倾销损害、他国补贴的损害时允许征收进口附加税;尤其是允许在特定条件下采取保障措施。尽管保障措施与反倾销和反补贴措施同属贸易救济措施,但前者与后者最大的区别就在于:保障措施是针对正常贸易行为采取的措施。在服务贸易领域,各成员开放市场的依据是自己的承诺表。换言之,成员可以对没有列入承诺表中的行业采取保护措施。在知识产权方面,由于知识产权有别于一般的货物和服务,其价值保存的前提就是采取一定的手段进行保护,以维持知识产权方面的公平竞争,所以相关协议的主要目的是加强全球范围内对知识产权的保护,而不是降低保护。因此,在某些教科书中,"允许正当保护"也作为 WTO 的一项基本原则。

非歧视原则,包括最惠国待遇和国民待遇原则设立的目的之一就是寻求公平的贸易条件。倾销和补贴问题在某些情况下是不公平竞争行为,应该受到谴责。但是这些问题非常复杂,如何判定一项倾销或补贴是否该受到制裁,如何制裁,税率如何确定,这些问题在各国都有不同的规定。WTO 的《反倾销协议》、《补贴和反补贴协议》都是针对存在不公平竞争行为时,进口国遭受损害的情况达成的成员共识。

许多其他 WTO 协议中也都有支持公平竞争的内容,例如农业、知识产权、服务方面的协议。《政府采购协议》将竞争规则拓展到成千上万个地方政府机构和公用事业单位的采购之上。

（五）对欠发达国家更优惠

WTO 鼓励发展,而发展中国家在履行协议内容时需要更大的弹性。同时,WTO 协议一般都继承了 GATT 对发展中国家提供特殊援助和贸易优惠的条款。

WTO 成员中有 3/4 是发展中国家和转型国家。在乌拉圭回合的 7 年半谈判中,这些国家中有近 60 个执行了贸易自由化计划。同时,发展中国家和转型国家比以往更积极地参与乌拉圭回合谈判,在多哈回合谈判中也是如此。

在乌拉圭回合后期,发展中国家准备接受发达国家提出的绝大多数义务。但是,协议也确实给予它们一段过渡时间来进行调整,以适应其不熟悉甚至是困难的 WTO 条款,尤其对那些最不发达国家而言。

考虑到发展中国家成员的具体利益和要求,WTO 确立了对发展中国家成员的特殊待遇原则。这包括允许发展中国家成员的市场保护程度可以高于发达国家成员;通过"授权条款"规定各成员可以给予发展中国家成员差别及更加优惠的待遇,而不必将这种待遇延伸到其他成员;GSP 制度的存在为发展中国家的工业制成品出口提供了单方面的优惠待遇;在知识产权协议的实施方面,发展中国家有更长的时间安排;在争端解决机制方面,也要求 WTO 秘书处对发展中国家提供技术援助和法律援助。

（六）保护环境

在 2011 年的 WTO 年度报告中,保护环境被列入多边贸易体系的第六个基本原则。WTO 协议允许成员方采取措施保护环境和公共健康、动植物安全。但是实施这些措施时必须对本国和外国企业一视同仁。换言之，在实施环境保护措施时，成员方不能将其作为隐蔽的贸易保护政策之一。

五、WTO 的多边回合谈判——多哈发展议程

2001 年 11 月，在卡塔尔首都多哈举行的第四次世界贸易组织部长级会议上，发起新一轮多边贸易谈判，通称为多哈发展议程（Doha Development Agenda，DDA），其主要的原因在于涉及的议题大多为发展中国家关心的问题，而且也是发展中国家最主动参与的一次多边贸易谈判。多哈回合谈判的宗旨是促进世贸组织成员削减贸易壁垒，通过更公平的贸易环境来促进全球特别是较贫穷国家的经济发展。多哈发展议程的谈判内容包括：①现有协议的履行问题；②农业谈判；③服务谈判；④非农产品的市场准入谈判；⑤与贸易有关的知识产权；⑥新加坡议题；⑦WTO 规则——反倾销和反补贴问题；⑧WTO 规则——区域贸易协议；⑨贸易争端解决机制的谅解（DSU）；⑩其他议题。整个磋商过程由贸易谈判委员会及其下属机构主持，其他事务则由相关理事会和委员会主持。与以往的多边谈判相比，这是包括议题范围最广，参加成员最多的一轮谈判。

多哈回合启动以来，谈判进程一波三折。2003 年在墨西哥坎昆召开的 WTO 第五次部长级会议就无果而终。其后，谈判各方于 2004 年 7 月达成"多哈框架协议"。根据这一协议，发达成员方同意在具体时限内取消所有形式的农业出口补贴，对扭曲农业贸易的国内支持方面进行实质性的削减。作为补偿，发展中成员方同意降低工业品的进口关税和其他壁垒，进一步开放非农业产品市场，降低市场准入门槛；对一些极度贫穷的成员方，协议允许它们继续在一些关键领域实行贸易保护政策。同时，还增加了对最不发达成员和新成员的待遇安排上的灵活度。但这一协议只设定指导原则和基本内容，不包含具体的减让数字，框架协议明确了多哈回合谈判结束的时间将推迟。

多哈谈判在框架协议达成后继续推进，经过包括大连会议等一系列小型部长会议的政治推动，各主要谈判方均表示愿推动谈判，把 2006 年结束多哈谈判作为目标，但由于在主要谈判议题特别是农业议题上分歧巨大，各方未能在 2006 年 7 月底之前达成协议。2006 年 7 月 27 日，世界贸易组织总理事会正式批准中止多哈回合贸易谈判。

2007 年 1 月，WTO 各成员方一致同意重开多哈回合谈判。2007 年 4 月 11 日，美国、欧盟、印度、巴西的最高贸易官员在新德里开始进行自 2006 年

7月多哈回合中止以来四方的首次正式磋商。2007年6月19日,美国、欧盟、巴西和印度四方开始在德国波茨坦举行部长级非正式会议,但会谈破裂。

2008年7月21日,WTO成员方小型部长级会议召开,来自35个成员的贸易和农业部长22日开始为解决多哈回合诸多未决议题进入实质性谈判,经过9天的紧张谈判,最终仍因农业补贴问题,29日在瑞士日内瓦宣布失败。

六、WTO 多边贸易体制的商务意义

WTO多边贸易体制给各成员方的企业带来直接利益。在货物贸易方面,由于各成员方的关税约束使得市场准入程度上升,由于各成员方使用同一套贸易规则而使贸易环境相对稳定,因此制造企业和商业企业可以在更为确定的条件下运行。在服务贸易方面,因为各成员有约束力的承诺,企业会在更加透明的贸易环境中运行而受益。

由于进口环境的透明和稳定,促使进口企业的成本下降,也会促使进口原材料、中间品和服务的出口企业成本下降,最终因竞争力上升而受益。

WTO体制也赋予各成员方的企业相当的权利(见表3-2)。对于本国生产商和进口商来说,因WTO体制而获得的权利包括:有权按照《海关估价协议》进行纳税、申辩和上诉;有权申领和获得进口许可证等。对于出口企业来说,获得的权利包括:在遭遇进口国的贸易救济措施调查期间有权利提供证据,当进口国没有尊重自己的这一权利时,有权利向自己的政府寻求帮助,由双方政府协商处理,直至由WTO争端解决机制处理。

表 3-2　WTO 多边贸易体制给企业提供的权利和带来的利益

减让和承诺的约束	商业意义	进入外国市场的保证
	出口商的权利	有权期待出口产品关税不高于约束税率,或新增非关税措施约束;有权期待服务产品与服务提供者不会受到进口国承诺以外的其他限制
	进口商的权利	有权期待进口产品关税不高于约束税率;服务企业有权在遵守承诺的情况下与外资设立合资公司
海关估价协议	商业意义	保证进口商申报的价值作为确定完税价格的依据
	进口商的权利	进口商有权获得对其货物如何予以确定海关估价的书面解释,避免武断或虚构的海关估计;进口商有权对估价确定提出申诉

续表

装船前检验协议	商业意义	为出口商提供便利,改善贸易环境,减少海关相关的腐败
	出口商的权利	有权要求进口方所采用的检验程序、标准按贸易合同确定的要求和标准进行;有权获得所有其需遵守的检验要求的有关法律、法规规定; 有权期待装船前检验活动避免不合理的延误;有权在不满海关决定时,向独立的审查机构提出上诉*
	进口商的权利	有权在货物装船前进行质量、数量检验和对合同商品的价格审核
进口许可证程序协议	商业意义	保证进口商和外国提供者迅速获得需要的进口许可证
	进口商的权利	有权期待发放许可证程序符合协议规定的指导原则;履行了进口国法律要求,从事属于自动进口许可证有关产品的进口业务的任何人、商号或机构,均有资格申请和取得进口许可证;** 不会因为文书的书写等小错误而受到不适当的惩罚;有权期待在规定的期间内获得许可证
适用于出口的规则	商业意义	退还出口产品承担的间接税
	出口商的权利	有权期待免于支付,或者退还用于生产出口产品的进口料件所纳关税;有权期待退回出口产品所承担的所有间接税;当政府征收出口税时,有权期待政府的公平对待
反倾销和反补贴	出口商的权利	有权在立案调查开始后,立即被告知;在调查中,有权提供有利于自己的证据;有权期待在初步调查确立倾销幅度或补贴成分微小,或是进口无关紧要时,终止调查
	进口商的权利	在遭遇损害时,有权提出反倾销或反补贴调查的申请,前提是提出申请的企业生产量占国内总产量的 25% 或以上

* 黄建设.WTO中装船前检验制度及相应对策建议[J].航海技术,2002(5).

** 胡楠.WTO《进口许可证程序协议》解读[J].当代石油石化,2002(1).

　资料来源:联合国国际贸易中心,英联邦秘书处.世界贸易体制商务指南[M].上海:上海财经大学出版社,2001:34-35.

第二节　WTO 的争端解决机制

　　由于贸易是产品价值的实现环节,直接与经济利益挂钩,因此,简单的贸易问题常常会涉及巨大的利益冲突,引发贸易争端。WTO 的主要功能之一就是提供贸易争端解决的场所,而且从某种程度上来说,WTO 本身也就是一个贸易争端解决机制。

　　一般而言,争端解决机制是多边贸易体制的一个中心内容,它也是 WTO 对全球经济稳定的特有贡献。如果没有争端解决的手段,那么以规则为基础的多边贸易体制就会非常脆弱。因为不对违反规则的情况进行惩处,规则是不会得到有效执行的。与 GATT 的贸易争端解决机制相比,WTO 的争端解决程序加强了争端解决机构裁定的执行力度,并使贸易体制更加有保证而且具有可预见性。WTO 争端解决机制对具体争端规定了时间表。贸易争端解决机构的出发点不是进行审判,而是解决争端。所以,如果可能的话,它一般鼓励争端成员方通过磋商来解决争端。根据 WTO 贸易争端解决机构的资料显示,自 1995 年成立以来到 2012 年 12 月 31 日为止,WTO 争端解决机制已经收到成员提交的并已经立案的贸易争端共 454 件。大部分案件都是"庭外解决",或者在磋商阶段就已经达成谅解。

一、WTO 争端解决机制的宗旨与职能

　　WTO 争端解决机制源自 GATT 的贸易争端解决制度,而乌拉圭回合《关于争端解决规则和程序的谅解》(*Understanding on Rules and Procedures Governing the Settlement of Disputes*,DSU)则是对 GATT 争端解决制度的全面修订和更新。DSU 第 3 条中明确重申,WTO 成员应该遵守根据 GATT 第 22 条和第 23 条所适用的争端解决的原则。GATT 第 22 条规定了 GATT 缔约方之间进行磋商的权利;第 23 条规定的是由于一成员采取的措施使另一成员未能获得根据 GATT 所应获得的利益时,后者可以采取的解决办法。这两个条款都强调通过磋商产生合意的方案来解决争端。如果磋商没有达成一致,则可以邀请 GATT 缔约方全体对这一争端进行审议,并作出适当的裁决和提出适当的建议,有必要的话,可以授权有关缔约方进行报复。

　　(一)争端解决机制的宗旨

　　从协议内容来看,争端解决机制在为 WTO 多边贸易体制提供安全和可预见性方面起着中心作用。争端解决机制的宗旨是提供一种有效、可靠和规则取向的制度(rule-oriented system),以便在多边框架内解决因适用 WTO 协定所产生的各种争端。从 DSU 和 GATT 条款的规定来看,争端解决机构(dispute settlement body,DSB)确实是偏爱磋商一致的解决办法,因为即使是在专家小组阶段也允许进行磋商调解。如果磋商不能达成一项相互满意的解决办法,争端解决机制的目标就是保证撤销已经被确认为违反 WTO 协定

的有关措施。

（二）争端解决机制的职能

争端解决机制的职能包括：①维护 WTO 各成员依据 WTO 协定所享有的各项权利和所承担的义务；②按照国际公法解释的习惯规则，澄清 WTO 协定的各项现行规定。

在行使职能时，争端解决机构不能损害各成员根据 WTO 协定、诸边协议，通过决策程序谋求总理事会权威性地解释该协定条文的权利。争端解决机构作出的建议和裁定也不能增加或减损 WTO 协定所规定的各项权利和义务。

二、争端解决机制的原则

WTO 的争端一般都涉及不遵守承诺的问题。WTO 成员已经承诺，如果它们认为其他成员违反了贸易规则，那么它们将会用多边争端解决机制取代以往的单方面行动。这意味着每个成员都承诺遵守这个一致通过的争端解决机制程序，并尊重最后的裁定。

当一个成员采取某项贸易政策，或采取某些行动时，如果其他某成员或多个成员认为这违反了 WTO 协议，或者没有遵守该国承诺的义务时，就产生了争端。另外，有第三方可以提出与该案件利益相关，而享有某些权利。

DSU 规定，迅速解决一成员认为另一成员所采取的措施正在对其依照 WTO 协定直接或间接享受的任何利益造成损害的情势，是 WTO 有效运行与维护其成员权利义务适当平衡的必要条件。因此，快速和有效是争端解决机制的基本原则之一。为保证快速，DSU 规定了争端解决的时间表；为保证有效性，DSU 规定了详尽的程序规则，并赋予争端解决程序准司法性质。

与 GATT 的争端解决程序不同，乌拉圭回合协议引进的程序结构性较强，对整个程序的各个阶段进行了清楚界定。争端解决程序中也加入了对案件解决的期限规定，形成一个相对固定的时间表（见表 3-3）。当然在各阶段的时间规定上还是有一定的弹性。如果一个案件经历了整个程序，那么它持续的整个期限不应该超过 1 年——但是，有上诉的话，不超过 15 个月。一致同意的时间表是有弹性的，如果认为案件十分紧急，也可以加速进行。

表 3-3　争端解决的具体时间表

程　　序	期　　限
协商、调解等	60 日
建立专家小组并任命其成员	45 日
最终报告提交各方	6 个月
最终报告提交给 WTO 各成员	3 个星期
DSB 通过报告(如无上诉)	60 日
总计	1 年
上诉机构报告	60~90 日
DSB 通过上诉机构报告	30 日
总计(如上诉)	1 年零 3 个月

对于争端解决机制准司法性质的最好解释就是,对于败诉的成员,DSU 的规定使其不能阻止裁决的通过。在 GATT 程序中,裁决必须经过全体合意才能通过。这就意味着,任何一个国家的反对都能阻止裁决的通过。现在,裁决自动通过,除非有"一致拒绝"的合意。也就是说,任何希望阻止裁决通过的国家必须劝说其他所有成员,包括案件中的对手,都同意它的观点。因此,争端解决机构作出的最后裁决被否定的可能性极低。

三、争端解决程序

解决争端由 DSB 负责,而 DSB 由 WTO 所有成员组成,它有权建立处理案件的专家小组,有权接受或拒绝专家小组的认定或上诉机构的结论。它监督着裁决和建议的执行,而且在成员没有遵守裁决时,它还有权授权进行报复。根据 DSU 的规定,整个争端解决的程序如下。

(一)第一阶段:磋商(60 天)

在采取任何行动之前,争端各方必须相互进行谈判,以期自己解决相互的分歧。如果未能磋商成功,它们也可以要求总干事进行调解或采取其他行动来解决这个争端。

(二)第二阶段:专家小组(45 天之内成立,6 个月内形成报告)

如果磋商失败,那么申诉方可以要求成立专家小组。被诉方可以有一次阻止专家小组成立的机会。但是,当 DSB 对同一申诉举行第二次会议时,就必须成立专家小组(除非一致同意不成立)。专家小组帮助 DSB 作出裁决或建议。但是,因为专家小组报告只能在 DSB 一致拒绝的情况下才会被否决,所以它的结论一般很难被推翻。专家小组的认定必须建立在所引用的协议之上。

专家小组报告一般应该在 6 个月之内提交给争端各方。在紧急情况之下,这一期限缩短为 3 个月。协议中也规定了专家小组如何进行工作的程序。主要包括:①在第一次听证会之前:争端各方向专家小组提交书面材料。②第一次听证会:申诉方、被申诉方,以及那些声称有利益关系的第三方,在第一次听证会上进行陈述。③反驳:涉案各方提交书面反驳意见,并在专家小组第二次会议上进行口头辩论。④专家:如果一方提出科学或其他技术问题,专家小组可以与技术专家进行磋商,或者指派一个技术专家审议小组准备一份建议报告。⑤第一草稿:专家小组将其报告的描述部分提交给争论双方,并给它们两个星期的时间审议。这份报告并不包括认定和结论部分。⑥中期报告:其后,专家小组向争端双方提交中期报告,包括它的认定和结论,给它们一星期的时间提出复审要求。⑦复审:复审阶段不能超过两个星期。在此期间,专家小组可能与双方举行额外的会议。⑧最终报告:最终报告提交给争端双方,三个星期后提交给所有的 WTO 成员。如果专家小组认定争议的贸易措施确实违反了 WTO 协议或义务,那么它会建议该措施与WTO 规则保持一致。专家小组也可能建议如何来保持一致。⑨报告作为一个裁定:除非全体一致拒绝,否则 60 天之内,该报告将成为 DSB 的裁定或建议。双方都可以就报告提起上诉(在某些情况下,双方都提出上诉)。

（三）上诉

提出的上诉必须基于法律要点,比如法律解释——它们不可能重新审议证据或新问题。上诉机构由 7 名常任成员构成,每个上诉案件都由 3 名常任成员负责。这些成员的任期为 4 年。他们必须独立于任何政府,以个人的立场来解释法律和国际贸易。

上诉机构可以维持、修改或推翻专家小组的法律认定和结论。一般而言,上诉程序不得超过 60 天,最长绝对不得超过 90 天。

DSB 必须在 30 天内接受或拒绝上诉机构报告,当然拒绝必须是在全体一致同意的情况下才能作出。

（四）后续程序

如果某成员确实做错,那么它应该修正错误之处。如果它继续违反协议,那么它必须支付赔偿或接受适当的惩罚。即使案件已经进行了裁决,在进行贸易制裁(传统的惩罚方式)之前仍然有不少可以选择的行动。在此阶段,败诉的"被诉方"首先应该使其政策与裁定或建议相符。争端解决协议强调的是,"为保证对所有成员有利的有效争端解决方式,遵守争端解决机构的裁定或建议非常重要"。

如果被诉方败诉,那么它必须遵循专家小组报告或上诉机构报告的建议。它必须在报告通过 30 天内举行的争端解决机构会议上陈述自己的打算。如果证实立即遵守建议方案不具备可行性,那么该成员就可以获得一个"合理期限"以遵守建议。如果它在此期间没有做到,那么它就必须与申诉方进行磋商,以决定相互可以接受的补偿,例如,在对申诉方具有特殊利益的领域进行关税削减。

如果 20 天后,没有达成满意的补偿方案,那么申诉方可以要求 DSB 授权它对另一方进行有限的贸易制裁("中止减让或义务")。争端解决机构必须在"合理期限"期满之后的 30 天内授权,除非全体成员一致反对。

原则上说,报复必须是针对争端的同一部门。但是,如果在同一部门进行报复不可行,或者无效的话,可以对同一协议中不同部门进行报复。同理,如果这也不可行或无效的话,或情况十分严峻的话,也可以对另一协议管辖的范围进行报复。这就是所谓的交叉报复。如此规定的目的是尽量减少行动涉及不相关的部门,但同时又使报复行为具备一定的有效性。

争端解决机构还负责监督已经通过的裁定如何执行。任何案件都列在它的日常事务之上,直到问题已经完全解决。

四、参与争端解决活动的有关实体介绍

(一) 争端解决机构(DSB)

DSU 第 2 条规定,DSB 管理争端解决规则和程序,且有权设立专家小组,有权通过专家小组和常设上诉机构的报告,有权监督对专家小组和上诉机构的裁定和建议的执行,以及有权授权中止减让和其他适用协定义务。

DSB 是总理事会在履行管理争端解决活动职责时的称谓,有自己的主席(任期一年)、自己的程序规则、单独的工作人员和文件档案。DSB 对所有成员开放,即任何成员都可以派出代表参加该机构,但是在涉及有关诸边协议的争端时,只有该诸边协议的签约国才能参与 DSB 就此作出决定或采取行动的活动。

DSB 主席在涉及最不发达国家的案件中有特殊的作用。如果协商不能

解决问题,在进入专家小组程序之前,在最不发达国家的请求下,DSB 主席必须进行斡旋、调解或调停以协助解决争端。当然,在提供协助时,主席可以向其认为合适的任何途径咨询。

（二）专家小组（panels）

专家小组由 DSB 设立,职能是协助 DSB 对争端各方提出的事实和理由进行客观审查,并就案件的事实与法律问题提出调查报告,进行事实认定,得出结论,提供建议,便于 DSB 在此基础上提出建议和作出裁决。

专家小组的设立程序是,WTO 秘书处在通过设立专家小组决定后的30 日内,从其保管的专家候选人名册中推荐三位候选人供争端各方决定,如果争端各方无法决定,则由 WTO 总干事直接任命。

专家小组只能以独立的身份参与争端解决,不能接受任何政府的指示。专家小组有权从任何有关途径获得信息,进行咨询,但一般需要向相关成员通报才能搜集信息。专家小组还可以要求与有关技术专家协商,要求技术专家为争端提供科技问题的书面咨询报告。

（三）常设上诉机构

常设上诉机构的职责是,当争端方对专家小组报告提出上诉时,负责审查该报告所涉及的法律问题,专家小组对引用的 WTO 协议条款作出的法律解释;最后作出维持、更改或推翻专家小组的法律认定和结论的意见。

常设上诉机构由 DSB 任命的 7 名公认的国际贸易、法律和 WTO 其他活动领域的权威人士组成,任期 4 年,允许连任一次。任何上诉的案件由 3 名常设上诉机构成员组成的上诉庭审理。

（四）WTO 秘书处

WTO 秘书处参与争端解决活动主要体现在：

（1）WTO 总干事的参与。应争端方的要求或各方的同意,WTO 总干事可以以职务身份在任何时候进行斡旋、调解或调停,协助解决争端。在提出建立专家小组之前,根据最不发达国家成员的请求,总干事还可以进行斡旋、调解或调停。争端各方还可以请求总干事直接任命专家小组人选。

（2）WTO 秘书处其他人员的参与。WTO 秘书处负责管理专家名册,负责推荐专家小组人选,负责为专家小组提供秘书服务。同时,根据成员的请求,可以提供争端解决方面的协助,尤其是给发展中国家提供长期法律咨询服务和援助。

五、商务意义

对于企业来说,当进口贸易政策对企业出口造成不必要的阻碍、损害或损害威胁,通过市场渠道无法解决困境时,通过若干企业的联合(达到一定的市场份额),可以通过本国政府与进口国政府进行磋商。若情况紧急,无法通过双边政府谈判解决时,就可以利用 WTO 的 DSB 进入贸易争端解决程序。一般而言,进入争端解决程序的案件多数是以双边谈判解决,少部分进入专家小组程序。

对于企业而言,WTO 的 DSB 是企业面临不公平竞争时的选择之一。案例 3-1 给出了进入 WTO 的 DSB 程序专家小组后的进程。

 **案例 3-1**

美国-委内瑞拉汽油案: 争端解决的时间表例证

1995 年 1 月 23 日,委内瑞拉向 DSB 投诉,认为美国正在使用的规则在进口与国产汽油之间造成了歧视,并正式要求与美国进行磋商。案件的起因是,美国对进口汽油实施的化学指标规则比对国产汽油的规定更严格。委内瑞拉及后来的巴西认为,这是不公平的做法,因为美国汽油并没有达到相同的标准——这违反了"国民待遇"原则,而且不能根据 WTO 的保护健康与环境措施例外而免除美国违反 WTO 基本原则的责任。

1996 年 1 月 29 日,专家小组完成了它的最终报告,同意委内瑞拉和巴西的意见。那时,巴西已经加入这个案件,1995 年 4 月提出申诉,由同一专家小组审理这两个案件。其后,美国上诉,上诉机构完成其最终报告。上诉机构报告支持了专家小组的结论(但也对专家小组的某些法律解释进行了修改)。DSB 于 1996 年 5 月 20 日采纳了上诉机构报告和经过修改的专家小组报告,此时距离初次提出申诉 1 年零 4 个月。

美国和委内瑞拉进行 6 个半月的协商后,双方达成了一致,并同意美国在 15 个月内修改它的法律规定,即执行 DSB 解决方案的时间为上诉结束后的 15 个月内(也就是 1996 年 5 月 20 日到 1997 年 8 月 20 日)。

1997 年 8 月 26 日,美国向 DSB 提交报告,它已经在 8 月 19 日签署了一份新的规定,也就是对原来的清洁空气法进行了修订(该争端经过的时间见表 3-4)。

表 3-4　美国-委内瑞拉汽油案

时间(0＝案件开始)	目标时间/ 实际时间	日　期	行　　动
—5 年		1990	美国修改《清洁空气法案》
—4 个月		9/1994	美国根据《清洁空气法案》限制汽油进口
0	60 日	23/1/1995	委内瑞拉向 DSB 投诉，并要求与美国磋商
＋1 个月		24/2/1995	磋商失败
＋2 个月	30 日	25/3/1995	委内瑞拉要求 DSB 建立专家小组
＋2 $\frac{1}{2}$ 个月		10/4/1995	DSB 同意设立专家小组，美国未阻挠(巴西投诉，要求与美国磋商)
＋3 个月		28/4/1995	专家小组成立(5 月 31 日,专家小组也被指定审查巴西的申诉)
＋6 个月	9 个月(目标期限是 6～9 个月)	(10—12)/7/1995, (13—15)/7/1995	专家小组召开会议
＋11 个月		11/12/1995	专家小组将中期报告交给美国、巴西、委内瑞拉评论
＋1 年		29/1/1996	专家小组向 DSB 交最终报告
＋1 年零 1 个月		21/2/1996	美国上诉
＋1 年零 3 个月	60 日	26/4/1996	上诉机构提交报告
＋1 年零 4 个月	30 日	20/5/1996	DSB 通过专家小组报告和上诉机构报告
＋1 年零 10 $\frac{1}{2}$ 个月		3/12/1996	美国与委内瑞拉就美应该采取的措施达成协议(实施期为自 5 月 20 日起 15 个月)
＋1 年零 11 $\frac{1}{2}$ 个月		9/1/1997	美国向 DSB 提交关于实施情况的第一份月度报告
＋2 年零 7 个月		(19—20)/8/1997	美国签署新规则(19 日)，实施期结束(20 日)

资料来源：世界贸易组织秘书处.贸易走向未来——世界贸易组织概要[M].北京：法律出版社,1999：76,77.

第三节　WTO 的政治经济学

从第二章对国际贸易政策的政治经济学的论述中,以及国际贸易理论的分析中,可以了解到,自由贸易政策对经济小国具有绝对的好处;保护贸易政策对于经济大国或许有一定的好处。但是,无论是哪个国家,它都不可能在所有产品的进口上都是世界市场中的大国,因此,参与国际贸易的各国对于市场价格的控制力是有限的。所以,理论推导的结果是各国都应该采取自由贸易政策。

但是出台和维持一项自由贸易政策并非易事。每个国家都存在无数的利益集团,不同的利益集团对贸易措施存在不同的偏好。所以保护贸易政策在什么时候都是不同利益集团的需求和政府贸易政策供给之间相互作用的结果,也就是利益集团之间、利益集团与政府之间达到的一种竞争均衡。任何试图改变这种均衡的尝试,也就是降低保护,都必然引起那些因为贸易自由化而遭受损失的利益集团的反对。同时,因为贸易自由化带来的损失往往集中在进口竞争产业,涉及某个或几个利益集团,而贸易自由化带来的利益或者说福利的增加则涉及广大消费者,非常分散,相对而言,遭受损失的产业比获得福利增加的消费者更容易联合起来对贸易政策实施影响。所以说,保护主义可以被认为是政府寻求政治支持最大化的政治过程的产物,这就是一国贸易政策的政治经济学问题。

一、国际贸易政治经济学的发展

传统的贸易保护理论研究的基本假设是:贸易政策是提高"经济效率(福利水平)"的手段。但事实上,据经济学家的实证分析,贸易干预政策并不能实现经济效率最大化。理论与事实的偏差导致贸易理论的新发展,即重新重视贸易的收入分配问题,由此"贸易的政治经济学"问题开始逐渐填补这个理论与现实之间的差距。

近年来,发展起来的贸易政治经济学起源于对纯贸易理论无力解释现实中贸易干预政策存在性的困惑,它将公共选择的分析范式引入传统贸易理论,从收入分配而非经济效率的角度出发,从政策决策过程中探究贸易干预的水平、结构、形式和变化,这一被简称为"关税内生化"的理论增强了人们对作为公共政策形式之一的贸易政策的"科学"认识。大量的跨部门、跨国、时间序列和案例实证研究表明行业的政治、经济和社会特征以及决策者的目标和理念、利益寻租活动、宏观经济和政治周期、国内外制度约束等因素对贸易保护的水平、结构及其变化有显著性的影响，从而验证了理论模型中的一些重要假说。

国际贸易政治经济学的理论主要使用正式或非正式的模型来解释和描述贸易干预政策制定的政治意图、过程、机制和结果，国内学者盛斌将已有的相关理论研究归纳如下。

（1）贸易的规范政治经济学在20世纪70年代出现，包括三个分支：①寻租理论；②"直接非生产性寻利活动"（DUP）理论；③市场扭曲的一般理论。

（2）贸易实证政治经济学有不同的分类方法，如果按照政府的角色和行为的假设不同，将其区分为"仁慈的政府"、"自利的政府"和"民主的政府"，在不同的假设类别下，分别有不同的实证模型分析相对应。

（3）关于贸易政策的政治学分析，政治学家对贸易政策的政治经济分析要早于经济学家的分析，一般将贸易政策放在"国际政治经济关系"的框架中来考察，将国家或社会作为一个整体对待，而不是经济学上的"个人理性"。

二、WTO 中的政治经济学

正因为看到自由贸易能够给成员带来"共赢"的结果，所以 WTO 促进各成员贸易政策自由化。但是考虑到各国的实际经济情况，WTO 不可能要求各成员完全取消保护贸易政策。这就使得 WTO 也在贸易自由化和保护贸易政策之间寻找均衡。这种均衡依靠的就是 WTO 的多边贸易谈判，而这种多边贸易谈判，本身就是各国在 WTO 中进行的政治经济博弈。

WTO 中的贸易谈判进行的是互惠的贸易壁垒削减及其他问题。贸易壁垒削减的前提是存在贸易壁垒，而贸易壁垒或是保护贸易政策是进口替代产业在本国市场上获得了一定的政治支持的结果，或者这些产业获得了一种受保护的权利。进口替代产业的这种权利是通过以往的游说或政治支持获得的，要求它们放弃保护的权利，从经济学角度来说，必须为其提供补偿。所以任何国家在 WTO 的谈判中达成的市场准入程度和贸易壁垒削减幅度，就是这样的国内"受保护权利持有者"与致力于在海外市场寻求相当权利的其他国内产业达到的均衡结果。假若后者拥有足够的政治力量，对前者集团权利的侵蚀就可以被认为是具有政治合理性。因此，在贸易谈判中真正起作用的是政治力量，而不是经济效率。

正如本章第一节所陈述，WTO 给各国提供贸易谈判的场所，是各国解决经济贸易纠纷的中介,也是制定和推行国际贸易规则的场所。作为贸易谈判场所的 WTO,是所有成员之间进行政治经济博弈的场所,一国究竟能够获得多少贸易政策优惠,究竟付出多大代价,取决于贸易谈判中各方进行的政治经济博弈,最终达成竞争均衡。作为解决贸易纠纷的中介,WTO 直接介入各成员之间的竞争或争端,也是各国政治和经济博弈的场所。WTO 还是制定和推行国际贸易规则的场所,因此,任何成员加入 WTO,其追求的主要权利之一就是参与国际贸易政策的制定过程,将自身的政策倾向陈述到 WTO,并促使其尽可能地成为国际贸易规则,毕竟任何国际贸易规则都来源于国别规则。

三、WTO 中的政治经济博弈分析案例

本着简单但又不失一般性的原则,这里选择近年的国际钢铁产品贸易争端来进行分析。通过美国对钢铁贸易政策的选择,了解 WTO 中存在的政治经济学问题。自 1980 年以来,美国的钢铁业已经历了相当大的结构重组,使得国内钢铁生产量大大削减,进口增加。在 1997—2002 年,有 35 家钢铁企业申请破产,其中有 18 家企业在该时期末已经停止运营或是已经停止设备的使用。钢铁在美国制造业贸易中的地位日益下降。1999 年,钢铁业分别占制造业出口和进口的 0.9% 和 1.7%。从美国进口的国家构成上看,加拿大和墨西哥占进口的 25.1%,欧盟占 24.4%,亚洲占 25.1%。现在,美国的钢铁产业不足 GDP 的 1%,2002 年提供了 17 万个工作岗位。

钢铁产品在美国是一个政治敏感的产品,美国对国内钢铁产业一直通过关税配额、最低限价、反倾销、反补贴和保障措施进行保护,并且通过贷款担保、退休金紧急拨款和"购买美国货"计划等对钢铁产品提供联邦支持,同时钢铁产业也是美国反倾销和反补贴的主要领域。在 1998—2002 年,有 148 个对钢铁和钢铁相关产品进行反倾销(AD)和反补贴(CAD)调查案件。

美国钢铁贸易政策本身源自于政治与经济利益的结合,对不同的贸易对象国采取了截然不同的钢铁贸易政策。对于俄罗斯这个申请加入 WTO 的国家,采取的是软硬兼施的谈判手段,达到的是自愿出口限制;对于日本采取的反倾销措施,最终失败。当时间进入 2001 年,小布什总统出于政治利益的考虑开始再次提出钢铁产品的保护贸易措施时,这次选择的是保护力度极大的保障措施,当然这也引起了相当多国家的质疑。

在受到美国钢铁保障措施损害的国家或国家集团提出申诉时,在整个争端解决程序中,包含的主要阶段都是各个成员方的政治经济博弈。例如,8 个

申诉方出于利益的考虑最终联手，表达一致的意见，最终推翻美国的不合理政策。当然，美国的保障措施政策虽然已经取消，但是美国政府的目的也达到了。接下来，美国政府该考虑的是其他利益集团的要求了。

在本案结束后，美国的某些议员开始鼓吹"WTO 未经选举的官僚会毁掉美国经过选举产生的政府制定的政策体系"。对于这个问题的探讨，又是WTO 政治经济学的另一方面内容，即国际贸易规则如何体现各国贸易规则和政策，或者说，使各国贸易规则在多大程度上成为通行的国际贸易规则。

另外，中国的钢铁产业在 2002 年也提出要求进行产业保护，其结果是临时保障措施在实施不到 3 个月时，就被迫进行紧急修改，其中的原因是中国的钢铁生产商和消费商这两个不同的利益集团在中国的政治考虑中处于不同的位置。所以，任何贸易政策的实施都是国内外各种利益集团进行较量的直接结果。

 **案例 3-2**

2002 年美国钢铁产品 201 条款保障措施案

在美国传统的利益集团中，钢铁制造商和钢铁工人工会仍然保持着相当大的影响力，这主要是因为美国钢铁工业主要集中在几个老牌的工业州，如西弗吉尼亚、宾夕法尼亚、俄亥俄和密歇根州，而这些州在政治上多是游移不定。2002 年 11 月，美国国会进行中期选举，布什政府希望通过帮助钢铁工业来支持这几个州的共和党候选人。

在此背景下，2001 年 6 月 28 日，美国国际贸易委员会（United States International Trade Commission，USITC）启动了针对 4 大类、33 小类进口钢产品的 201 保障措施调查，并于同年 12 月 7 日就 16 小类产品分别提出提高关税、实施关税配额或配额管理等救济措施的建议。2002 年 3 月 5 日，美国政府宣布对部分国家对美出口的 16 小类钢材实行保障措施，加征 8%～30%的关税，为期 3 年；同时对其优惠贸易伙伴加拿大、以色列、约旦和墨西哥以及大部分发展中国家免除以上措施。

USITC 已经发表了关于总统自 2002 年起实施的钢铁产品保障关税（措施）的中期影响报告。该报告称，GDP 受到的影响并不大，大约为 3 004 万美元。钢铁从国内的直接购买从 65% 增加到了 73%。保障措施对美国各产业的福利影响不等，从受益 6 560 万美元到损失 1.1 亿美元。综合来说，损失

4 160 万美元。

2003 年 7 月 11 日,专家小组裁定,美国针对钢铁产品的保障措施违反了世界贸易组织的有关规则;认为美国没有证明,"不可预见的发展"导致了对国内相关钢铁产品制造商造成严重伤害的进口激增;没有提供充分和足够的证据,说明进口激增和国内相关产业严重伤害之间的"因果联系"。

WTO 上诉机构于 2003 年 11 月 10 日公布了对轰动一时的美国钢铁保障措施案的终审裁决,维持该案专家小组 2003 年 7 月的裁定,即认为美国从 2002 年 3 月 6 日起对热轧、冷轧钢材与不锈钢材等 10 种钢铁产品采取的保障措施违背了世界贸易组织的有关规则,作为原告的欧盟、日本、中国、巴西、韩国、新西兰、挪威、瑞士等 8 国(集团)胜诉。

最后,上诉机构建议,争端解决机构要求美国根据上诉机构报告和修改后的专家小组报告,将其不符合《保障措施协议》和 GATT1994 规定的保障措施进行修改,以符合其在这些协议下承担的义务。

2003 年 12 月 4 日,美国总统布什终于发表声明,决定取消美国对进口钢材征收的保护性高关税,同时发表声明,决定取消从 2002 年 3 月开始对进口钢材征收的惩罚性高关税。消息传出,欧盟、日本也纷纷宣布放弃将对美国采取的贸易报复计划。中国商务部也表示欢迎美国的这一决定,如果美国兑现其取消保护性关税的承诺,中国将不再对部分自美国进口的商品采取报复措施。一场全球贸易大战终于得以避免。

美国最终撤销保障措施的原因有:

(1) 担心招致欧盟报复。美国总统布什当初决定发起 201 条款调查显然出自争取选票的考虑,而取消保护性关税也同样是考虑到了选民的要求。如果欧盟对美国柑橘类水果、农业机械等大批产品进行贸易制裁,布什总统会赢得一些以钢铁业为支柱产业的州的选票,却会得罪另一些以农产品为支柱产业的州的选民。在权衡利弊之后,美国政府最终作出了取消保障措施的选择。

(2) 保障措施已经达到了目的。尽管美国钢铁业指责布什总统是"向欧盟的勒索投降",有人认为,这项措施的实施期刚刚过半,就不得不将其取消,从政治上看是一次失败。但《商业周刊》发表题为《布什狡猾的钢铁政策》的评论,称此次启动保障措施不仅不是失败,反而在政治和经济上得了分。美国启动保障措施的真正目的是争取时间,使受保障企业能够通过调整提高竞争力,变弱为强。在受保护的这段时间,美国许多钢铁厂商加强了整体运作。

目前美国 3 个最大的钢铁厂家投资 30 亿美元合并了扁轧钢生产,而且美国钢铁一半以上生产力都来自采取保障措施后合并或重组的钢铁公司。美国贸易代表不久前表示,在钢铁关税的保护下,高达数千万吨的钢铁过剩产能已经被清除,钢铁业的竞争力已明显提升,2001年3月实施的这项措施已经"达到了目的"。此外,美元下跌、美国对钢铁的需求减少以及运输成本的上升使进口钢铁的吸引力降低,使美国政府具备了取消钢铁保护性关税的充分理由。

资料来源:http://www.wto.org/english/tratop_e/dispu_e/cases_e/ds258_e.htm.

参考文献

[1]　巴吉拉斯·拉尔·达斯.世界贸易组织协议概要[M].刘钢,译.北京:法律出版社,2000.

[2]　伯纳德·霍克曼,迈克尔·考斯泰基.世界贸易体制的政治经济学[M].刘平,洪晓东,许明德,译.北京:法律出版社,1999.

[3]　布瑞恩·麦克唐纳.世界贸易体制——从乌拉圭回合谈起[M].叶兴国,译.上海:上海人民出版社,2002.

[4]　[美]道格拉斯,A.欧文.备受非议的自由贸易[M].陈树文,译.北京:中信出版社,2003.

[5]　联合国际贸易中心,英联邦秘书处.世界贸易体系商务指南[M].第2版.赵维加,译.上海:上海财经大学出版社,2001.

[6]　商务部世贸司.多哈谈判进行时专题[EB/OL].http://sms.mofcom.gov.cn/subject/dhtp/index.shtml,2008-08-20.

[7]　石广生.中国加入WTO知识读本(一)——WTO基础知识[M].北京:人民出版社,2002.

[8]　石广生.中国加入WTO知识读本(二)——乌拉圭回合多边贸易谈判结果:法律文本[M].北京:人民出版社,2002.

[9]　石广生,中国加入WTO知识读本(三)——中国加入WTO法律文件导读[M].北京:人民出版社,2002.

[10]　世界贸易组织秘书处.贸易走向未来——世界贸易组织概要[M].北京:法律出版社,1999.

[11]　世界贸易组织秘书处.乌拉圭回合协议导读[M].索必成,胡盈之,译.北京:法律出版社,2000.

[12]　薛荣久.世界贸易组织教程[M].北京:对外经济贸易大学出版社,2003.

[13]　余敏友,等.WTO争端解决机制概论[M].上海:上海人民出版社,2001.

[14]　世界贸易组织网,http://www.wto.org.

[15]　美国经济研究院网,http://www.nber.org.

第四章　国际贸易政策协调：区域经济一体化

随着经济的发展，世界各国无一例外地都卷入了国际分工和国际交换，成为全球产业链中的一环。各国都在利用整个国际市场来扩大自己的社会再生产规模，利用中间品贸易来创造和维持自己的比较优势，促进了国际贸易的空前发展。同时，世界贸易组织在进入 21 世纪后受到了空前的阻力，某些领域的贸易自由化受到了严重的挑战。为了把握经济全球化带来的商机，避免被边缘化，区域经济一体化成为世界各国除加入多边贸易体制之外的又一个选择。

20 世纪五六十年代曾经出现过大批跨区域经贸集团，在经过七八十年代的停顿后，20 世纪 90 年代以来，区域经济一体化的发展步伐明显超过了全球经济一体化的发展，区域贸易自由化的倾向超过多边贸易自由化。从诸多经济一体化组织的现实来看，虽然存在一定的贸易转移效应，但是区域经济一体化确实能够带来巨大的贸易创造潜力，而且在某些时候它们是贸易自由化仅有的现实选择。由此，进入 20 世纪 90 年代，地区性的经济合作出现了史无前例的繁荣发展，大多数国家对地区性经济贸易合作组织的热心甚至超过了对 WTO 的关注。

由于区域经济一体化过程中会不可避免地出现贸易创造和贸易转移效应，企业一般都会关注本国和主要市场所在国家参与的区域经济一体化组织，以充分利用商机，减少损失。

第一节　区域经济一体化概述

新帕尔格雷夫大辞典认为，"两个独立的国民经济之间如果存在贸易关系就可认为是经济一体化（economic integration）；另外，经济一体化又指各国经济之间的完全联合。"经济一体化"作为一个过程，它包含着旨在消除不同国家经济单位之间的歧视"；"作为事物的一种状态，它表示各国民经济之间不存在各种形式的歧视"。由此可知，经济一体化既可以是静态的状态概念，也可以是一个动态的进程概念。实现经济一体化的手段是"成员国消除相互间的各种歧视"，即消除各国间的贸易、投资壁垒，促进贸易与投资的自由流动。经济一体化的目的就是"把各自分散的国民经济纳入一个较大的经济组织中"，以便获得各个国家单方面行动无法获得的政治经济利益。

所谓区域经济一体化(regional economic integration)是指一个地理区域内，各国一致同意减少并最终消除关税和非关税措施，以便做到相互之间货物、服务和/或生产要素自由流动的状态或过程。由于经济发展存在不平衡，所以世界各国尤其是小国建立各种类型的区域经济一体化组织，以此来适应经济全球化中的激烈竞争，期望在国际市场的竞争中能与经济实力强大的美国等经济实体相制约，因此区域经济一体化是当今世界经济发展不平衡的结果。

在区域经济一体化组织中，成员国之间取消了关税和非关税措施，使商品和生产要素实现自由流动，利用自由贸易的动态利益，扩大整个国家的经济循环，促进区域内贸易和经济的持续增长。在成员国与非成员国之间则分别或统一采取贸易壁垒措施，限制货物、服务和生产要素的跨国界自由流动，以保护区域内的市场、产业和企业。

一、区域经济一体化的层次

依据区域内的经济一体化程度，或者说依据商品和生产要素自由流动程度的差异，成员国的政策协调程度不同，区域经济一体化可以从低到高划分为六个层次。

（一）优惠贸易安排

优惠贸易安排(preference trade arrangements)是指成员国之间通过协定或其他形式，对全部或部分货物贸易规定特别的关税优惠，也可能包括小部分商品完全免税的情况。这是经济一体化程度最低、成员间关系最松散的一种形式。早期的东南亚国家联盟就属于这种一体化组织。

（二）自由贸易区

自由贸易区(free trade area)是指各成员国之间取消了货物和服务贸易的关税壁垒，使货物和服务在区域内自由流动，但各成员国仍保留各自的关税结构，按照各自的标准对非成员国征收关税。

从理论上来说，理想的自由贸易区不存在任何扭曲成员国之间贸易的壁垒措施、补贴等支持性政策以及行政干预，但对非成员国的贸易政策，则允许各成员国自由制定与实施，并不要求统一，因此这种形式也是松散的一体化组织。

建于 1960 年的欧洲自由贸易联盟(EFTA),是目前持续时间最长的自由贸易区,但是随着奥地利、芬兰和瑞典在 1995 年加入欧盟后,其成员只剩下挪威、冰岛、列支敦士登和瑞士四个成员。建立于 1994 年的北美自由贸易区(NAFTA)则是最负盛名的自由贸易区,因为它是由美国、加拿大和墨西哥三个处于不同经济发展阶段的国家构建而成的,并因为经济发展差异导致集团内部的冲突不断,而成为备受瞩目的区域经济集团。

(三) 关税同盟

关税同盟(customs union)是指各成员国之间完全取消了关税和其他壁垒,实现内部的自由贸易,并对来自非成员国的货物进口实施统一的对外贸易政策。

关税同盟在经济一体化进程中比自由贸易区前进了一步,因为它对外执行统一的对外贸易政策,目的是使结盟国在统一关境内的市场上拥有有利地位,排除来自区外国家的竞争。为此,关税同盟需要拥有强有力的管理机构来监管与非成员国之间的贸易关系,即开始带有超国家的性质。

世界上最著名的关税同盟是比利时、荷兰和卢森堡于 1920 年建立的比荷卢关税同盟;美洲的安第斯条约组织也是一个典型的关税同盟,因为安第斯条约各成员国之间实行自由贸易,而对外统一征收相同的关税,税率从 5%～20%不等。另外,沙特阿拉伯等海湾六国于 2003 年建立的海湾关税联盟也属于典型的关税同盟。

(四) 共同市场

共同市场(common market)是指除了在各成员国内完全取消关税和数量限制,并建立对外统一关税外,还取消了对生产要素流动的限制,允许劳动、资本等生产要素在成员国间自由流动,甚至企业可以享有区内自由投资的权利。

南方共同市场(也称南锥体共同市场),即由阿根廷、巴西、巴拉圭和乌拉圭组成的南美集团,正朝这一方向努力。

(五) 经济同盟

经济同盟(economic union)是指成员国间不但货物、服务和生产要素可以完全自由流动,建立对外统一关税,而且要求成员国制定并执行某些共同的经济政策和社会政策,逐步消除各国在政策方面的差异,使一体化程度从货物、服务交换,扩展到生产、分配乃至整个国家经济,形成一个庞大的经济实体。

（六）完全经济一体化

完全经济一体化（perfectly economic integration）是指各成员国之间除了具有经济同盟的特征之外，还统一了所有的重大经济政策，如财政政策、货币政策、福利政策、农业政策，以及有关贸易及生产要素流动的政策，并有共同的对外经济政策。完全经济一体化是区域经济一体化的最高级形式，具备完全的经济国家地位。因此，加入完全经济一体化组织的成员国损失的政策自主权最大。

在欧元（Euro）取代欧元区 12 国的货币之后，欧盟朝着完全经济一体化又进了一步。不过，虽然欧盟拥有欧洲议会、部长理事会、欧洲中央银行，但是因为欧元还不是整个欧盟区域的货币，再加上欧盟 2004 年 5 月 1 日和 2007 年 1 月 1 日的扩张（见下文"欧洲的区域经济一体化"），它仍然是一个在向完全经济一体化组织推进的区域经济一体化组织。

二、区域经济一体化的发展现状

按照 WTO 协议规定，成员有义务向 WTO 报告其参加的区域经济一体化组织或者签署的 PTA。截至 2007 年 8 月，几乎所有成员都向 WTO 通知参与了一个或一个以上的区域贸易安排。在 1948—1994 年，GATT 大约收到 124 份与货物贸易有关的区域贸易安排。而自 1995 年 WTO 成立之后，有240 多个涉及货物或服务贸易领域的区域贸易安排通知到 WTO。按照 WTO 区域委员会的统计，到 2011 年 5 月 15 日，包括商品和服务贸易协议在内，其成员向 WTO 报告了 489 个 RTAs，其中 297 个实际履行，设有实际机构的有 202 个（只涉及货物贸易的有 120 个；只涉及服务贸易的有 1 个，同时涉及货物与服务贸易的的有 101 个）。表 4-1 和表 4-2 详细列出了区域一体化协议的分类等情况。

表 4-1　根据通知所依据的条款不同分类的实际生效 RTAs

项　　　目	原　　　有	新 RTAs	合　　　计
GATT 第 24 条（FTA）	1	162	163
GATT 第 24 条（CU）	6	9	15
授权条款	1	33	34
GATS 第 5 条	3	82	85
合计	11	286	297

表 4-2　根据类型不同分类的实际生效 RTAs

项　　目	授权条款	GATS 第 5 条	GATT 第 24 条	合　　计
关税同盟	7	—	9	16
关税同盟新增	0	—	6	6
经济一体化协议	—	82	—	82
经济一体化协议新增	—	3	—	3
自由贸易区	12	—	162	174
自由贸易区新增	0	—	1	1
部门一体化协议	14	—	—	14
部门一体化协议新增	1	—	—	1
合计	34	85	178	297

　　随着欧洲和美洲经济一体化的发展,双边和诸边贸易协议开始大量出现,洲际经济一体化的构想也开始出现并在逐步推进之中。长期强调多边贸易自由化的亚太地区从 20 世纪 90 年代也开始迅速卷入这一趋势。随着跨国公司的全球扩张,以及企业全球化的进程加速,区域经济一体化组织的绝大多数主要参与者在不断跨越区域边境寻求结盟伙伴,因此不相邻的国家之间也开始大量出现跨区域的经济一体化组织。下面分别从欧洲、美洲、亚洲和洲际的区域经济一体化情况来说明全球区域经济一体化的发展进程。

　　(一)欧洲的区域经济一体化

　　欧洲的区域一体化组织主要有欧盟和欧洲自由贸易联盟,其中欧盟在不断扩大,而欧洲自由贸易联盟则有缩小之势,所以,下面用欧盟的发展来说明整个欧洲区域经济一体化的进程和趋势。

　　1. 欧盟的发展历程

　　欧盟源自 1951 年的欧洲煤钢共同体,最初成员包括比利时、法国、联邦德国、意大利、卢森堡和荷兰六国。1957 年,《罗马条约》签订以后,上述 6 国建立了欧洲经济共同体和欧洲原子能共同体。1967 年 7 月,6 国决定将 3 个机构合并,统称为欧洲经济共同体。根据《罗马条约》第 3 条的要求,欧洲经济共同体要求成员国消除内部的贸易壁垒,创立统一的对外关税,同时要求各成员国消除阻碍生产要素在成员国之间自由流动的各种障碍,因此,欧洲经济共同体实际上是一个共同市场。20 世纪 80 年代,欧洲经济共同体正式更名为欧洲共同体(EC),1993 年 11 月 1 日《马斯特里赫特条约》生效后,欧洲联盟正式诞生。1995 年 12 月 15 日,欧盟首脑马德里会议决定未来欧洲采用统一货币

"欧元"，并于 1999 年在欧元区 11 国首先发行实施。

20 世纪 70 年代后，欧洲经济共同体成员不断增加，到目前为止经历了 6 次扩展。英国、爱尔兰和丹麦于 1973 年 1 月，希腊于 1981 年，葡萄牙和西班牙于 1986 年，奥地利、芬兰和瑞典于 1995 年加入，2004 年东欧 10 国加入，2007 年罗马尼亚和保加利亚也正式成为欧盟成员。至此，欧盟目前已成为一个拥有 27 个成员国，人口超过 4.8 亿人的大型区域一体化组织。除了向更高形式的经济一体化组织迈进，吸收新成员以外，欧盟还通过缔结新的区域贸易协定或重新启动沉寂多年的区域经济合作谈判来发展自身。例如，EU 与海湾合作组织（GCC）以及南美共同市场进行区域自由贸易区谈判将使其在各方面，尤其是能源战略上取得重大的进展。

2. 欧盟的统一经济政策

欧盟统一大市场的基本特点是实现货物、服务、人员和资金的四大自由流动，因此欧盟共同的经济政策就是围绕着这四个特点进行磋商和制定。

（1）货物自由流动。在这一方面，欧盟统一了海关制度，打破了原来的关税和非关税措施。具体体现在：①简化海关手续和商品产地条例，各成员方都执行统一的商品过境管理方案和统一的商品分类目录；②建立一系列专门机构，制定统一的安全、卫生、检疫以及统一的产品和技术标准，商品进出口时，只需要提供发运国的检疫证书；③加强技术合作，实现科技一体化，以科技促进经济的发展；④建立税务清算手续，统一增值税和消费税，成员方之间的商品进出口不再办理出口退税和进口征税。这四方面的措施既降低了企业的交易成本，也减少了政府的某些行政费用支出。

（2）服务自由流动。包括：①各成员之间相互开放服务市场，允许各种职业者任意跨国界开业；②各成员互相承认按各国法律建立起来的公司与企业，允许银行、证券交易、保险、租赁、运输、广播电视、通信和信息等服务业开展跨国服务，并在共同体内部发放统一的运营许可证；③统一所得税，并制定统一的运输、服务价格和标准，以鼓励各国工程技术人员的自由流动。

（3）人员自由流动。欧盟各成员方相互承认现有的立法和制度，消除国籍歧视，允许各国间人员自由流动。各国都相互承认文凭和学历，提供均等的就业机会。

（4）资金自由流动。取消各成员方之间对跨国界金融交易的限制，允许一国银行在其他成员方设立分行，允许一国居民自由购买其他成员方的债券和股票；放宽对其他成员方公司和企业在本国发行债券和股票的限制，取消对为买卖债券而获得商业信贷的限制。

（二）美洲的区域经济一体化

整体而言,美洲的区域经济一体化程度不如欧洲,而且作为美洲最引人注目的区域经济一体化组织,北美自由贸易区也是建立在美国对于欧盟扩张的戒备基础之上。中美洲共同体、安第斯条约组织和南方共同市场在美洲经济一体化的进程中也比较重要。此外,原计划在 2005 年建立的美洲自由贸易区也在不断地推进。

1. 北美自由贸易区

北美自由贸易区是美国为了与欧盟相抗衡而联合加拿大和墨西哥组成的区域贸易集团。1988 年 1 月 2 日,美国与加拿大政府签署自由贸易协定,并于 1989 年 1 月 1 日正式生效。1990 年美国与墨西哥进行有关两国自由贸易的磋商,1991 年 2 月加拿大也参与谈判,三国开始就建立北美自由贸易区问题进行谈判。1992 年 12 月 17 日,《北美自由贸易协定》签署,并于 1994 年 1 月 1 日正式生效。如此,拥有 3.6 亿人口,国民生产总值达到 6 万多亿美元,贸易总额高出欧盟 25% 的全球最大的自由贸易区宣告成立。随着 1996 年加拿大和智利在渥太华签署自由贸易协定、2003 年美国与智利签订自由贸易协定,北美自由贸易区也走向扩展道路。

北美自由贸易协定的内容包括:①在 10 年内取消墨西哥、加拿大和美国之间 99% 的商品贸易关税;②取消大部分阻碍跨国界的服务贸易壁垒;③保护知识产权;④取消三个成员国之间对外直接投资的大部分限制;⑤实行共同的国家环境标准,不允许为了吸引投资而降低标准等。

北美自由贸易区自建立以来一直就存在不和谐的音符。与欧盟不同,北美自由贸易区是由发达国家美国、加拿大和发展中国家墨西哥组成,是一个垂直一体化组织。所以,当来自墨西哥的廉价劳动力取代美国的就业时,矛盾就非常突出。对于墨西哥来说,廉价的美国农产品的输入导致墨西哥农民的利益受到严重的打击。因此,北美自由贸易区的发展历程也不如欧盟那般顺畅。

2. 安第斯条约组织

1969 年,玻利维亚、智利、厄瓜多尔、哥伦比亚和秘鲁签署了《卡塔赫纳协定》,由此建立了安第斯条约组织。该协定规定,各成员国进行内部关税的削减,统一对外关税和运输政策,实施共同的公共政策,以及对最小的成员国玻利维亚和厄瓜多尔实施特惠政策。

在 20 世纪 80 年代,由于某些政治原因和经济原因,这一组织名存实亡,既没有无关税的贸易,也没有统一的对外关税;既没有共同的工业政策,也没有经济政策的协调。直到 1990 年,现在的成员国玻利维亚、厄瓜多尔、秘鲁、哥伦比亚和委内瑞拉签署了《加拉帕哥斯宣言》,安第斯条约才真正得到启动。各国在宣言中称,其目标是在 1995 年建立共同市场。1994 年中期,安第斯条约成员国才削减内部关税,实行统一对外关税,建立了关税同盟。

3. 南方共同市场

1994 年底,阿根廷、巴西、乌拉圭和巴拉圭正式建成了关税同盟(虽然名称为"共同市场")。南方共同市场对成员国经济增长作出了积极的贡献。但是世界银行的一份报告指出,该区域集团的贸易转移效应超过了贸易创造效应(见案例 4-1)。

4. 美洲自由贸易区

1995 年 6 月,在 34 个西半球国家的贸易部长会议上,发起了创立美洲自由贸易区的有关工作。依据酝酿得出的《联合声明》和《工作计划》,成立了 7 个工作小组,内容涉及市场准入、海关程序与原产地规则、投资、技术标准和技术壁垒、卫生与健康措施、补贴以及小国问题。尽管美国是美洲自由贸易区早期的倡导者,但是,美国的态度目前并不十分明朗。美国的经济实力决定了它在美洲自由贸易区中的主导地位,即美国的大力支持是建立美洲自由贸易区的前提。

(三) 亚洲的区域经济一体化

与欧洲和美洲的区域经济一体化过程不同,亚洲的区域经济一体化出现较晚。东南亚国家联盟成立的日期确实很早,但是它主要是一个政治联盟,在贸易领域只不过具有优惠贸易安排这种初级形式。东南亚自由贸易区也是在 2000 年以后才形成的。20 世纪 90 年代以后的亚太经济合作组织则只是一个潜在的自由贸易区的雏形,而非实质上的区域经济一体化组织。南亚有由孟加拉国、印度、不丹、马尔代夫、尼泊尔、巴基斯坦、斯里兰卡等七个国家在 1985 年 12 月构建的南亚地区合作协会(SAARC)。2003 年中东的沙特阿拉伯等海湾六国组建了海湾关税同盟。进入 21 世纪以来,整个亚洲地区(亚太地区)的双边贸易协定磋商进入升温阶段。

1997—1998 年的东南亚金融危机之后,经济一体化问题在东亚地区急速升温,包括中国、日本和韩国在内的东亚国家都开始卷入区域经济一体化的进程当中,出现了所谓的"十加三"构想,三个"十加一"构想。其中,中国已经与东盟在 2002 年发表签署协议,计划在 10 年内建成中国-东盟自由贸易区。

1. 东南亚自由贸易区

东南亚国家联盟(Association of Southeast Asian Nations,ASEAN)成立于 1969 年。东盟建立之初主要是一个政治联盟,在经济上只是一个优惠贸易安排,目标只是促进成员之间的自由贸易和在产业政策之间进行合作。

自 1992 年开始东盟意识到区域经济一体化的重要性,并着手计划建立较高层次的区域经济一体化组织,目标是在 2008 年实现东南亚自由贸易区。虽曾遭受东南亚金融危机的沉重打击,但孕育 10 年之久的东盟自由贸易区仍在 2002 年 1 月 1 日正式启动,达到了"在 2002 年之前将产品关税降至 5% 以下"的目标。10 年来,东盟的平均关税已从 12.76% 降至 3.85%。在 55 000 多个关税项目中,超过 90% 的产品关税已降到了 0~5%。6 个老成员国相互间的贸易关税已降至 3.21%,4 个新成员国也有 50% 的产品关税达到《东盟共同有效优惠关税协定》的要求。关税降低带来了区域内出口额的稳步增加,东盟内部的出口额已从 1993 年的 432 亿美元增加到 2003 年的近 900 亿美元。东盟自由贸易区的下一步目标是"在 2010 年全面撤除进口壁垒、产品关税降至零,进而实现东南亚区域内资金、货物和人才的自由流动"。

东盟除大力推动区内自由贸易外,也在积极推动与亚太区国家的自由贸易。例如,"中国-东盟"自由贸易区已进入启动阶段,"东盟-日本"经济合作、"东盟-澳新"经济合作也都处在紧锣密鼓的商议或计划中。

2. 南亚区域合作联盟自由贸易区

1985 年 12 月,南亚七国(包括印度、孟加拉国、不丹、尼泊尔、巴基斯坦、斯里兰卡、马尔代夫)首脑齐聚达卡,通过了《南亚区域合作宣言》和《南亚区域合作联盟宪章》,建立南亚区域合作联盟。1995 年 12 月南亚区域合作联盟启动"南亚特惠贸易安排(SAPTA)协定",截至 1997 年,各成员国已共同降低了 2 239 种商品的关税,减让幅度一般为 10%~60%。虽然上述减让商品多为贸易量较小的商品,大宗商品尚未被列入减让清单,但此举仍促进了区域内贸易额的上升。在 2004 年第 12 届首脑会议(伊斯兰堡),该联盟成员签署了《南亚自由贸易协定框架条约》,要求南亚各国从 2006 年开始降低关税,取消非关税壁垒,建立南亚自由贸易区以推动南亚区域内部经济合作。

(四) 跨洲际区域经济一体化组织

1. 亚洲太平洋经济合作组织

亚洲太平洋经济合作组织,简称亚太经合组织(Asia-Pacific Economic Cooperation,APEC)。1989 年 1 月,澳大利亚总理霍克提出召开亚太地区部长级会议,讨论加强相互间经济合作。1989 年 11 月,亚太经合组织第一届部长级会议在澳大利亚首都堪培拉举行,标志着亚太经合组织的正式成立。到2007 年 9 月,该组织拥有 21 个成员:美国、日本、加拿大、澳大利亚、新西兰、韩国、马来西亚、泰国、新加坡、菲律宾、印度尼西亚、文莱、中国、中国台湾、中国香港、墨西哥、巴布亚新几内亚、智利、秘鲁、俄罗斯和越南。亚太经合组织每年召开一次部长级会议,自 1993 年以后,每年也召开领导人非正式会议,讨论本区域内的经济贸易合作问题。

1991 年 11 月,亚太经合组织第三届部长级会议在韩国首都汉城(现称"首尔")举行,会议通过的《汉城宣言》正式确立该组织的宗旨和目标为:"为本地区人民的共同利益保持经济的增长与发展;促进成员间经济的相互依存;加强开放的多边贸易体制;减少区域贸易和投资壁垒。"

亚太经合组织的组织机构包括领导人非正式会议、部长级会议、高官会、委员会和专题工作组等。其中,领导人非正式会议是亚太经合组织最高级别的会议,其首次会议于 1993 年 11 月在美国西雅图召开。

目前亚太经合组织正在 10 大领域加强合作:贸易与投资数据处理、贸易促进、扩大投资和技术转让、人力资源开发、地区能源合作、海洋资源保护、旅游、通信、交通和渔业。从合作领域来看,亚太经合组织的目标不仅仅限于建立自由贸易区,而且还包括实现生产要素自由流动的经济一体化长期目标。

亚太经合组织的第一个贸易自由化目标是建立亚太自由贸易区,并在第二次非正式领导人会议上发表了《茂物宣言》,宣布了亚太经合组织的第一步长期目标:将加强亚太地区的经济合作,扩大乌拉圭回合的成果,以与关贸总协定原则相一致的方式,进一步减少相互间的贸易和投资壁垒,促进货物、服务和资本的自由流通。在宣言中明确要求,发达经济体不迟于 2010 年实现贸易和投资自由化,发展中经济体不迟于 2020 年实现贸易和投资自由化。

2. 跨太平洋伙伴关系协定

跨太平洋伙伴关系协议(Trans-Pacific Partnership Agreement,TPP)的前身是跨太平洋战略经济伙伴关系协定(Trans-Pacific Strategic Economic Partnership Agreement,P4),是由亚太经济合作会议成员国中的新西兰、新加坡、智利和文莱四国发起,从 2002 年开始酝酿的一组多边关系的自由贸易协定,原名亚太自由贸易区,旨在促进亚太地区的贸易自由化。2011 年11 月 10 日,日本正式决定加入 TPP 谈判,而中国没有被邀请参与 TPP 谈判。2013 年 9 月 10 日,韩国宣布加入 TPP 谈判。

跨太平洋伙伴关系协定与传统的自由贸易协定模式的区别在于它将是一个包括所有商品和服务在内的综合性自由贸易协议,将对亚太经济一体化进程产生重要影响,可能将整合亚太的两大经济区域合作组织,亦即 APEC 和东南亚国家联盟重叠的主要成员国,将发展成为涵盖 APEC 大多数成员在内的亚太自由贸易区,成为亚太区域内的小型世界贸易组织。

TPP 成员间的自由贸易协定共有 11 个。除了跨太平洋战略经济伙伴关系协定(P4),还包括澳大利亚-智利自由贸易协定(2009 年 3 月 6 日)、澳大利亚-新西兰更紧密经济关系协定(1983 年 1 月 1 日)、澳大利亚-新加坡自由贸易协定(2003 年 7 月 28 日)、澳大利亚-美国自由贸易协定(2005 年 1 月 1 日)、美国-智利自由贸易协定(2004 年 1 月 1 日)、美国-秘鲁贸易促进协定(2009 年 2 月 1 日)、美国-新加坡自由贸易协定(2004 年 1 月 1 日)、秘鲁-新加坡自由贸易协定(2009 年 8 月 1 日)、智利-秘鲁自由贸易协定(2009 年 3 月 1 日)、新西兰-新加坡更紧密经济关系协定(2001 年 1 月 1 日)。此外,美国还与越南签署了双边贸易协定(2001 年 12 月 10 日)。但 TPP 协定仍处于谈判之中。

TPP 谈判采取闭门磋商的方式进行,谈判结束前不对外公布技术文本。据媒体报道,谈判共涉及以下议题:农业、劳工、环境、政府采购、投资、知识产权保护、服务贸易、原产地标准、保障措施、技术性贸易壁垒(TBT)、卫生和植物卫生措施(SPS)、透明度、文本整合等。

3. 跨大西洋贸易与投资伙伴关系协定

跨大西洋贸易与投资伙伴关系协定(Transatlantic Trade and Investment Partnership,TTIP)是指美国和欧盟双方谈判之中的通过削减关税、消除双方贸易壁垒等来发展经济、应对金融危机的贸易协定。2013 年 6 月,美欧正式宣布启动《跨大西洋贸易与投资伙伴协议》的谈判,最终目标是建立美欧自由贸易区。2013 年 7 月,TTIP 的谈判小组已设置了多达 20 个不同领域,覆盖了大多数行业。2013 年 10 月,第二轮谈判在布鲁塞尔举行。根据双方圈定时间表,美欧 FTA 的谈判将在两年内完成,也就是 2015 年底之前。

三、WTO 对于区域经济一体化的关注

WTO 成员建立区域经济一体化组织时,对区域内实行贸易优惠措施,对区域外执行统一或不统一的贸易壁垒措施,这实际上违反了非歧视待遇原则。但是,根据 WTO 秘书处 1995 年的一份研究报告指出"区域经济一体化进程

和多边一体化进程在追求更加开放的贸易方面是互补的,而不是相互替代的",所以 WTO 不仅允许区域经济一体化组织的存在,而且鼓励它的发展。对于区域性协议,部分明文接受,部分持包容态度,只规定这些协议不得针对区域协议之外的国家设置贸易壁垒,必须包含所有贸易,必须尽快朝关税同盟或自由贸易区迈进。

尽管 WTO 允许区域经济一体化的存在,但还是对它进行了一些必要的规定,相关条款包括：①GATT 第 24 条的第 4 到第 10 款规定了涉及货物贸易领域的关税同盟和自由贸易区的构成和运作；②授权条款,指在发展中成员之间的货物贸易优惠安排；③GATS 第 5 条规定了发达国家和发展中国家参与服务贸易一体化的要求。

例如,GATT 第 24 条第 5 款明确规定,不阻止关税同盟或自由贸易区的成立,也不应阻止建立关税同盟或自由贸易区所必须的临时协议,只要它们满足如下条件：①对于关税同盟或建立关税同盟所必须的临时协议来说,针对非关税同盟成员的缔约方设置的关税和其他贸易措施整体上不超过在建立关税同盟或签订协议之前对这些成员的限制水平；②对于自由贸易区或建立自由贸易区所必须的临时协议来说,针对非自由贸易区成员的缔约方设置的关税和其他贸易措施整体上不超过在建立自由贸易区或签订协议之前对这些成员的限制水平；③临时协议应该包括建立关税同盟或自由贸易区的合理时间计划和安排。

简单地说,如果某一自由贸易区或关税同盟成立,那么优惠区域内所有贸易部门的关税和非关税措施都应该被削减或取消,而非区域内的 WTO 成员在与区域内成员之间的贸易不能比区域经济一体化成立之前限制更严。对于一项建立区域经济一体化组织的协议而言,尽管 WTO 不阻止,但是,规定了一个合理的期限,一般是 10 年。如果一项协议在 10 年内都未能成功地建立经济一体化组织,那么 WTO 就不承认它的合法性。

GATT 第 24 条同时还规定,"建立关税同盟或自由贸易区不应该影响到第一条第二段所指的优惠,但是也可以与受影响的缔约方进行磋商以消除这些影响"。

尽管 WTO 规则对区域经济一体化规定了一些条件,但是事实证明,对这些规定的解释却时常出现互相矛盾之处。而解释这些条文的具体含义则成为 WTO 区域贸易协议委员会的主要工作职责之一。自 1995 年起,对于某个贸易协议是否符合 WTO 的条款规定,区域贸易协议委员会从未作出过结论。

随着 WTO 成员越来越多地卷入区域经济一体化的进程中,区域经济一体化的合法性问题十分突出,也十分棘手。所以,WTO 成员同意在多哈发展议程中对这个问题进行磋商,以找到解决之策。

第二节　区域经济一体化的经济效应

作为动态过程的区域经济一体化本身就意味着对成员国和非成员国给予不同的贸易待遇,因此,区域经济一体化组织会导致资源在成员国和非成员国之间的重新配置,贸易活动在成员国与非成员国之间的重新划分,世界各国的福利也会随之出现变化。随着国内市场扩大成整个区域市场,成员国的整个经济循环基础得到扩大,规模经济效应也会因之更为明显。区域经济一体化对成员国经济的所有影响,称为区域经济一体化的经济效应,并将其划分为静态效应和动态效应。所谓静态效应,是指假定经济资源总量不变,技术水平给定时,区域经济一体化组织对区域内国际贸易、经济发展及消费者福利的影响。所谓动态效应,则指随着时间的推移,区域经济一体化对成员国带来的长期的、动态的影响。

一、区域经济一体化的静态效应

分析区域经济一体化静态效应的代表性理论是关税同盟理论。美国普林斯顿大学的雅各布·范纳(Jacob Viner)是经济一体化理论或者说是古典关税同盟理论的创立者,而理查德·利普西(Richard G. Lipsey)等经济学家则对关税同盟理论进行了扩展。

范纳在其著作《关税同盟》中提出,关税同盟成立以后会直接产生贸易创造效应和贸易转移效应。为了便于理解范纳所提的这些概念,利普西则在著名的论文《关税同盟理论的综合考察》中给出了简单的例证。

(一)贸易创造效应

范纳认为,区域经济一体化的贸易创造效应是指由关税同盟引起的产品来源地从资源耗费较高的本国生产者转移到资源耗费较低的成员国生产者而增加的福利。这种原来不存在的贸易被创造出来,体现了经济开始走向按照自由贸易来配置资源,因此可以提高成员国国内的福利水平。如果从全球的角度来看,福利水平同样也可以得到提高。利用利普西给出的简单例证,我们可以了解贸易创造的含义。

假设只存在甲、乙、丙三个国家，都生产某一种产品，只存在关税一种贸易壁垒(假设其他贸易壁垒都关税化了)。各国的价格(假定一切成本都考虑到价格之中)如表 4-3 所示。

表 4-3　建立关税同盟前后的各国价格与税率情况表

国别	建立关税同盟之前		甲、乙两国建立关税同盟之后	
	国内价格/ (美元/单位产品)	关税税率/%	国内价格/ (美元/单位产品)	关税税率/%
甲	35	100	35	成员间：0 对非成员：75
乙	26	75	26	成员间：0 对非成员：75
丙	20	0	20	0

从表 4-3 可以知道，在建立关税同盟之前，丙国具有该产品的绝对优势，按照古典国际贸易理论，丙国应该出口该产品，但是由于甲、乙两国存在较高的关税，所以三国之间不存在商品流动，每个国家都只能拘泥于国内市场进行资源配置、生产和销售产品。在甲、乙两国建立关税同盟之后，内部成员之间取消关税和其他非关税措施，对外统一执行 75% 的关税措施。因为乙国的产品价格是 26 美元，低于甲国的 35 美元，所以乙国具备了绝对优势，在不存在贸易壁垒的情况下，乙国向甲国出口产品。这一贸易活动在关税同盟建立之前是不存在的，因此，称之为贸易创造。

至于两国原来就有贸易发生，成立关税同盟后因取消关税壁垒而增加的贸易，可以应用经济学的局部均衡分析方法，得到图 4-1。我们从数字与图形的分析中可以了解建立关税同盟之后，贸易创造效应给成员国带来的经济影响，以及社会的净福利影响。

从表 4-3 的数据来看，在进行区域经济一体化(在此处是关税同盟)之前，按照国际市场价格，甲国的国内供给显然不能满足其国内需求。该产品的国际市场价格是 $P_{乙}$，因为征收关税(t)，所以甲国的产品销售单价是 $P_{甲} = P_{乙}(1+t)$。在甲国与乙国组建关税同盟后，对内关税取消。因此，甲国对从乙国进口的产品不再征收关税，价格降低。从进口数量上看，从原来的 40 单位(200−160)，增加到 160 单位(260−100)，增加的进口量中有 60 单位是替代本国原来的高成本生产，另 60 单位则是因为价格下降带来的消费扩张。因此,对于甲国来说,净福利的增加应该是图 4-1 中的 b 与 d 面积之和。

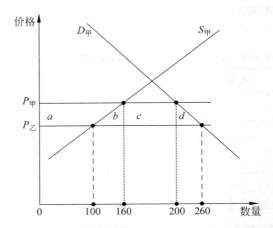

图 4-1　关税同盟对成员国(甲)的贸易创造效应与社会福利

(二)贸易转移效应

范纳认为,贸易转移效应是指产品来源地从资源耗费较低的非成员国生产者转移到资源耗费较高的成员国生产者而损失的福利。贸易转移效应阻止了从外部低成本的进口,而以高成本的集团内部生产代替,这违背了自由贸易的资源配置效率原则,使消费者的购买价格上升,造成福利损失。如果从全球的角度来看,生产资源的重新配置导致了生产效率的下降和生产成本的提高,从而导致全球福利水平的下降。利用利普西给出的简单例证,我们同样可以清楚地了解贸易转移的含义。

假设只存在甲、乙、丙三个国家,都生产某一种产品,只存在关税一种贸易壁垒(假设其他贸易壁垒都关税化了)。各国的价格(假定一切成本都考虑到价格之中)如表 4-4 所示。

表 4-4　建立关税同盟前后的各国价格与税率情况表

国别	建立关税同盟之前		甲、乙两国建立关税同盟之后	
	国内价格/ (美元/单位产品)	关税税率/%	国内价格/ (美元/单位产品)	关税税率/%
甲	30	50	26	成员:0;非成员:50
乙	26	75	26	成员:0;非成员:50
丙	20	0	20	0

　　从表 4-4 可以知道，在建立关税同盟之前，丙国具有该产品的绝对优势，而甲国的关税税率为 50%，即使考虑关税效应，丙国也具备出口优势，所以，丙国向甲国出口。乙国因为存在 75% 的关税，考虑关税的影响，乙国与丙国之间，甲国与乙国之间是不存在贸易的。在甲、乙两国建立关税同盟之后，在内部成员之间取消关税和其他非关税措施，对外统一执行 50% 的关税措施。因为丙国加上关税负担后的产品价格是 30 美元，高于乙国的 26 美元（甲乙之间不存在贸易壁垒），所以，相对于乙国，丙国丧失了对甲国出口的绝对优势，乙国向甲国出口产品，原有的贸易受到了抑制。因此这一贸易活动正是从原来丙国的出口转移而来，称为贸易转移。

　　如果应用经济学的局部均衡分析方法，我们可以得到图 4-2，从数字与图形的分析中可以了解建立关税同盟之后，贸易转移效应给成员国带来的经济影响，以及社会的净福利影响。

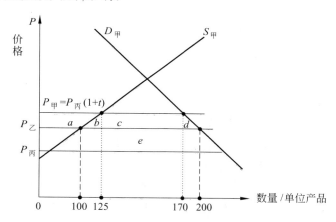

图 4-2　关税同盟对成员国的贸易转移效应与社会福利

　　从图 4-2 中可以得出，在组建关税同盟之前，甲国同样对进口产品征收 50% 的关税，因为有丙国的存在，且丙国的产品价格为 $P_丙$，$P_丙 < P_乙$，所以甲国从丙国进口 45 单位（170－125）。在与乙国建立关税同盟后，对内取消关税，对外统一关税，因此甲国不再从丙国进口，而从乙国以 26 美元的价格无关税进口 100 单位（200－100）。从乙国的进口中有 45 单位是从原来丙国的进口转移而来，有 25 单位（125－100）是对甲国高成本的生产的替代，还有 30 单位（200－170）是因为价格下降带来的消费增加。其中从丙国转移的 45 单位

进口就是贸易转移效应。对于甲国来说,因为贸易创造效应带来了$(b+d)$面积的福利增加,但也带来了e面积的福利减少(c加上e的面积是关税同盟之前的关税收入),因此它的净福利效应取决于贸易创造与贸易转移效应二者的大小。

从贸易创造和贸易转移效应的分析来看,关税同盟以两种相反的方式影响成员国的贸易和福利。如果贸易创造效应与贸易转移效应同时存在,那么成员国的价格越接近低成本的世界市场价格,区域经济一体化对该国市场的影响越可能为正。换句话说,此时的贸易创造效应带来的福利水平提高将大于贸易转移效应带来的福利下降。根据古典关税同盟理论的结论可以得出如下结论:当贸易创造效应大于贸易转移效应时,关税同盟才可能出现;否则,不应该建立关税同盟。

经济学家贝拉·巴拉萨用事后进口需求的收入弹性(YEM)这个指标对欧共体的贸易创造和贸易转移效应进行了分析,他得出的结果是,欧共体的成立确实带来了内部福利的增长。他的结论证实了欧共体(以及现在的欧盟)的出现确实符合经济学上的分析。

 **案例 4-1**

南美洲的贸易转移

1991 年,阿根廷、巴西、巴拉圭和乌拉圭四个南美国家组成了一个叫作 Mercosur(是葡萄牙文 Mercado Común del Sur 的缩写)的自由贸易区。这个协定对贸易产生了立竿见影的巨大影响:四年之内,成员国之间的贸易量增加了两倍。该地区的领导人为 Mercosur 取得的成绩骄傲不已,将它称为本国成效卓著的全面经济改革的组成部分。

不过尽管 Mercosur 在增加地区内贸易方面取得了显著的成绩,但是特惠贸易区理论告诉我们,这不一定是件好事,如果新贸易是在损害了与世界其他国家贸易的条件下发生的——或者说,这一协定并未创造新贸易而只是使原有贸易发生了转移——它实际上可能会降低福利。果然不出所料,1996 年由世界银行首席贸易经济学家设计的一项研究显示,虽然 Mercosur 显著地促进了地区域性贸易,但是由于这一成功牺牲了与其他国家的贸易,它对该地区经济的净影响很可能是负的。

该报告认为 Mercosur 的一个实质性影响是:成员国的消费者更倾向于

购买邻国生产的成本昂贵的制造品。特别值得一提的是，由于 Mercosur 的存在，巴西高保护、低效益的汽车工业实际上替代了来自其他地区的进口而独霸阿根廷市场，就像上面全例子中讲到的法国小麦在英国市场上取代加拿大小麦一样，报告的初稿作出了这样的结论："这些研究结果似乎为区域性贸易组织潜在的负面影响提供了证据。迄今为止，这些证据是最具说服力的，但同时也是最令人忧虑不安的。"

然而，在最终正式出版的报告中却找不到上面的一席话了。原来，初稿泄露给了新闻界，继而招致了 Mercosur 成员国政府（特别是巴西政府）的强烈抗议。迫于压力，世界银行先是迟迟不发表报告，在最终发表的版本中也加入了许多限制性说明。不过，即使是在公开发表的版本中，该报告还是通过确凿的证据表明：即使不能说 Mercosur 完全无益于社会生产率的提高，它已经造成了数量可观的贸易转移这一事实应该是不容置疑的。

资料来源：Paul R. Krugman，Maurice Obstfeld. International Economics：Theory and Policy(Fifth Edition，影印版)[M]. 北京：清华大学出版社，2001：244，245.

（三）贸易扩大效应

如前所述，就关税同盟而言，无论是贸易创造效应还是贸易转移效应，都导致一国消费者支付价格的降低，需求增加，进口增加，贸易扩大。贸易扩大效果是从需求方面形成的概念，而贸易创造效应和贸易转移效应都是从生产方面形成的概念。

（四）其他静态效应

区域经济一体化对成员国的静态效应还包括一些制度方面的影响，包括：①由于区域内关税的取消，负责监督越过边境的成员国产品和服务的海关官员可以减少，相应的某些海关也可以取消，由此带来整个行政费用和管理成本的下降。②与单个成员国过去所能获得的平均贸易条件相比，整个区域经济集团的整体谈判力量对比使其贸易条件得到改善。③成员国在同世界其他国家进行贸易谈判时，也比依靠自身力量谈判拥有更大的讨价还价能力。

二、区域经济一体化的动态效应

大市场理论分析了区域经济一体化的动态效应，该理论的代表人物是西陶斯基和德纽。他们认为，当区域经济一体化发展到共同市场之后，就能比关税同盟发挥出更大的优势；而优势主要来源于生产要素在共同市场内部的自由流动，从而形成超越国境的大市场，使产品与生产要素在大市场中进行重新配置,获得自由化带来的效率提高和动态的经济效应。

（一）获得规模经济效应

规模经济效应是指当企业的规模扩大到一定程度时,单位产品成本下降,报酬增加。获准进入更大的市场有可能使成员国在特定出口产品上获得规模经济。规模经济可能来自因生产企业的规模扩大而带来的内部规模经济,也可能来自企业外部经济条件的变化带来的投入品成本下降。可以肯定的是,这些规模经济效应都来源于区域经济一体化所带来的市场扩张。

从产业内贸易理论的分析来看,规模经济效应是产生中间品贸易以及产业内贸易的主要原因之一。因为规模经济效应的存在导致企业对某种产品的专业化生产,由此而形成大规模的产业内贸易。这一点可以从欧共体的产业内贸易增长中观察到。

（二）加强市场竞争,推动经济利益增长

降低进口的贸易壁垒能够带来更具有竞争性的经营环境,并且可能会削弱区域经济一体化组织建立之前存在的市场垄断力量。而竞争会促使企业进行机构改组、产业升级、管理更新和推动新技术的应用,促进生产率的提高和社会利益的增加。

对欧共体的研究表明,竞争加强是区域经济一体化对欧共体最重要的影响。恰恰是区域经济组织建立之后,实现了商品和生产要素的自由化流动,使各国企业面临空前激烈的竞争,从而刺激劳动生产率的提高和成本的下降,并刺激新技术的开发和利用。

但是,竞争加剧带来的另一个后果是,在与区外企业竞争时,区域内的企业为了获得竞争优势而进行区域内的合并,有可能重新出现垄断行为。

（三）刺激投资

通过贸易协议的约束,区域经济一体化组织内的市场规模得到扩大,投资环境得到改善,这一点对区内外的企业都具有投资吸引力。

（1）区域经济组织内部的企业为了应付市场的扩大和竞争的加剧,必须增加投资,以更新设备,开发和利用新技术,扩大生产规模。

（2）由于成员国减少从非成员国的进口,迫使非成员国的企业为了避免贸易转移的消极影响,而到成员国进行投资,以避开贸易壁垒。

美国经济学家 Magnus Blomstrom 在对北美自由贸易区和南方共同市场进行研究后得出的结论是:区域经济一体化带来的环境变动越大,单个国家或产业的区位优势越明显,一体化协议就越可能导致外商直接投资从区外国家或其他成员国家流入该国。不过也有经济学家的研究指出，区域经济一体化组织的贸易创造效应会导致一些产业的投资减少，而且外资的投入会减少本国的投资机会。同时，因为存在经济发展水平的差异，有可能产生资本移动的"马太效应"，即投资涌向经济发达地区，而落后地区的投资不仅会减少，而且固有的投资也可能会流失。所以，区域经济一体化对投资的促进作用可能会出现一些偏差。

第三节　区域经济一体化的动因

各国参与区域经济一体化的原因不同，但是它们在加入区域经济一体化组织时大体上都会以经济贸易利益、国家安全等为基本的考虑因素。因此，在讨论区域经济一体化的动因时，我们将所有参与的原因划分为经济和政治两种，另外，再简单地叙述反对区域经济一体化的一些理由。

一、区域经济一体化的经济动因

无论哪种形式的区域经济一体化，其成员构成如何，追求共同的经济贸易利益始终是贸易成员之间启动谈判和缔结贸易协议的首要动机，因为它进行的是经济合作。成员国参与区域经济一体化的经济动因包括以下几种。

（一）区域经济一体化是一种"次优的"解决方法

在区域经济一体化内部的贸易自由化通常被经济学家（和 WTO）看作是相对于多边贸易自由化来说的次优选择。因为区域经济一体化的成员国优惠措施并不对全球放开，而且成员国的经济也并不对全面的国际竞争开放，而是只对毗邻国或是缔约国开放，尽管从事实上看，这些毗邻国或是缔约国并不一定是某些货物和服务的最有效供应者。在经济全球化高涨的今天，因为成员的多元化，导致 WTO 管辖的范围不能得到足够的扩展，举行的市场准入谈判也时常无果而终，为了抢先获得部分贸易自由化带来的经济利益，不同的国家开始组建区域经济一体化。如此，既能够获得一定的贸易自由化利益，同时避免国内市场受到过度的冲击。所以，在"最优"的贸易自由化状态不能达到时，作为"次优"选择的区域经济一体化得到了长足的发展。

（二）追求贸易扩大的利益

1. 追求贸易转移的效益

尽管贸易转移对进口的成员国而言存在社会福利的丧失，但是，正如任何国家都存在自己的比较优势/劣势产品一样,区域经济一体化中的某一成员不可能在所有的产品上都是进口国,总有部分产品是出口的。尽管非成员国的产品和服务的生产或提供更有效率,但因为存在区域共同对外贸易壁垒,所以成员国可以成功地消除它们的份额,获得贸易转移效应。随着贸易转移效应的进行,成员国在获得规模经济效应的基础上,生产效率逐渐提高,最终获得预期的产业结构升级以及经济增长。

追求贸易转移效应的典型例子包括欧盟的共同农业政策和北美自由贸易区的纺织品与服装产业政策。共同农业政策的实施,使得非欧盟成员方的低成本农产品难以进入欧盟市场。北美自由贸易区建立前后,1992年墨西哥在美国的纺织品与服装进口中占3.6%,1998年这一比重上升到12.3%,与此同时,东亚国家的份额从32.5%下降到17.0%。由此导致墨西哥成为美国的第一大纺织品来源国,中国则下降到第二位。

2. 追求贸易创造带来的利益

按照范纳的观点,区域经济一体化组织都带有不同程度的贸易创造效应。当成员国内部生产成本的差异越大时,成员国和非成员国之间生产成本的差异越小;当成立区域经济一体化组织前关税越高时,区域经济一体化组织都越倾向于更多的贸易创造而不是贸易转移。

经济学家认为,贸易创造效应能够带来全球经济福利的增加,贸易转移效应则相反。WTO对区域经济一体化组织的要求之一是:对区域内的贸易自由化程度应该高于建立区域经济一体化组织之前,而对区域外的贸易自由化程度不能因此而降低。WTO如此规定的目的或许就是鼓励贸易创造,限制过多的贸易转移效应,避免对全球经济福利造成损失。

3. 例证

表4-5～表4-8给出的是建立NAFTA前后的区内贸易状况。美国在建立NAFTA之后,向墨西哥和加拿大的出口从1993年的1 418亿美元上升到1998年的2 332亿美元,所占比重从30.4%上升到34.3%;美国从墨西哥的进口,1993年是407亿美元,1998年上升到961亿美元,所占比重从6.8%上升到11.6%;美国从加拿大的进口,1993年是1 136亿美元,1998年上升到1 780亿美元,所占比重变化不大。从墨西哥的数据来看,墨西哥的出口从1993年的780亿美元上升到1998年的1 068亿美元,对美国的出口则从1993年的431亿美元上升到873亿美元(1997年曾达到945亿美元)。从数据来看,墨西哥参与NAFTA获得的贸易增长最大,无论从相对还是绝对值来考虑都

是如此。对于美国和加拿大来说，尽管相对的贸易增长不大，但是绝对的增长数值也不小。所以，获得贸易利益应该是每个经济一体化组织建立的经济动因之一。

表 4-5　NAFTA 的贸易模式 A—美国的贸易—美国的出口

年份	总出口/10 亿美元	向墨西哥的出口/10 亿美元	占比/%	向加拿大的出口/10 亿美元	占比/%
1980	220.8	15.1	6.9	35.4	16.0
1985	213.1	13.6	6.4	47.3	22.2
1990	393.1	28.4	7.2	83.0	21.1
1991	421.8	33.3	7.9	85.1	20.2
1992	447.3	40.6	9.1	90.2	20.2
1993	465.4	41.6	8.9	100.2	21.5
1994	512.4	50.8	9.9	114.3	22.3
1995	583.5	46.3	7.9	126.0	21.6
1996	622.9	56.8	9.1	132.6	21.3
1997	687.6	71.4	10.4	150.1	21.8
1998	680.0	79.0	11.6	154.2	22.7

资料来源：www.nber.org/paper/w7429.

表 4-6　NAFTA 的贸易模式 B—美国的贸易—美国的进口

年份	总出口/10 亿美元	向墨西哥的出口/10 亿美元	占比/%	向加拿大的出口/10 亿美元	占比/%
1980	257.0	12.8	5.0	42.0	16.3
1985	316.6	19.4	5.4	69.4	19.2
1990	517.0	30.8	6.0	93.8	18.1
1991	509.3	31.9	6.3	93.7	18.4
1992	552	35.9	6.5	101.3	18.3
1993	600.0	40.7	6.8	113.6	18.9
1994	689.3	50.4	7.3	132.0	19.1
1995	771.0	62.8	8.1	148.3	19.2
1996	817.8	74.1	9.1	159.7	19.5
1997	898.7	87.2	9.7	171.4	19.1
1998	944.6	96.1	10.2	178.0	18.8

资料来源：同表 4-5。

表 4-7 NAFTA 的贸易模式 C—墨西哥的贸易—墨西哥的出口

年份	总出口 /10 亿美元	向墨西哥的出口 /10 亿美元	占比/%	向加拿大的出口 /10 亿美元	占比/%
1980	18.0	12.5	69.4	0.1	0.8
1985	26.8	19.0	70.8	0.4	1.8
1990	40.7	32.3	79.43	0.2	0.8
1991	42.7	34.0	79.5	1.1	2.7
1992	46.2	37.5	81.1	1.0	2.2
1993	51.8	43.1	83.3	1.5	3.0
1994	60.9	51.9	85.3	1.5	2.4
1995	79.5	66.5	83.6	2.0	2.5
1996	96.0	80.7	84.0	2.2	2.3
1997	110.4	94.5	85.6	2.2	2.0
1998	106.8	87.3	81.8	4.9	4.5

资料来源：同表 4-5。

表 4-8 NAFTA 的贸易模式 D—墨西哥的贸易—墨西哥的进口

年份	总出口 /10 亿美元	向墨西哥的出口 /10 亿美元	占比/%	向加拿大的出口 /10 亿美元	占比/%
1980	17.7	10.9	61.6	0.3	1.8
1985	13.4	9.0	66.6	0.2	1.8
1990	30.0	19.8	66.1	0.4	1.3
1991	49.9	36.9	73.9	0.7	1.4
1992	62.1	44.3	71.3	1.1	1.7
1993	65.4	46.6	71.2	1.2	1.8
1994	79.3	57.0	71.8	1.6	2.0
1995	72.5	54.0	74.5	1.4	1.9
1996	89.5	67.6	75.6	1.7	1.9
1997	109.8	82.2	74.8	2.0	1.8
1998	106.9	79.0	73.9	0.9	0.8

资料来源：同表 4-5。

（三）追求市场扩大带来的竞争效应和规模经济效应

国内市场的限制很难使企业具有较强的盈利能力，整个国际市场则存在太多的强有力竞争。区域经济一体化融合若干狭小的市场，一是可以使成员国获得规模经济效应；二是提高了竞争强度。由此给成员国带来一些经济收益：①有利于通过竞争防止公司垄断力量的形成，降低其市场影响力；②市场的扩大可以使企业充分获得内部规模经济效应；③为产业和企业的发展创造更大的空间，企业能够在区域内市场考虑资源配置、生产和营销战略，减少了因市场狭小带来的各种弊端；④市场的扩大能够带来产业规模扩大，获得外部规模经济；⑤市场的扩大能够促进技术外溢效应，促进新产品的产生；⑥市场的扩大也可以防范来自成员国的贸易政策损害。

在经济缓慢增长或衰退的背景下，当某成员国的相关产业和企业受到压力时，成员国政府迫于这些压力采取各种贸易限制措施时，区域经济一体化组织中的成员国可以免于这些严厉的限制措施。典型的例子就是美国布什政府于 2002 年 3 月 5 日对主要的钢铁进口施加关税，但是作为北美自由贸易区成员国的墨西哥和加拿大得到了免除。

（四）促进投资增长

区域经济一体化的建立可以使区内国家的投资环境改善，吸引区域内外的投资增加。区外的企业为使贸易转移效应遭受的损失降到最低，必须采取规避贸易壁垒的方式进入市场，通常的方法就是各种形式的直接投资。另外，区域经济一体化带来的市场扩大也是吸引区外企业进行投资的原因，因为通过投资进入某一个国家就能够撬开整个区域市场。例如，《北美自由贸易协议》生效于 1994 年，墨西哥的外资流入超过 100 亿美元，比 1993 年翻了一番以上。其中比较突出的是墨西哥汽车产业的外资流入，全球各大汽车生产厂商都在墨西哥投资设厂，以便能够自由地进入美国、加拿大市场以及其他与墨西哥签署了自由贸易协议的国家。直接证明这一点的证据就是美、加、墨之间机械与运输设备的产业内贸易状况（见表 4-9）。1982—1993 年，欧盟在全球对外直接投资流入中所占份额从 28％上升为 33％。南方共同市场吸收美国投资的存量从 1993 年的 3.9％上升到 1995 年的 4.4％。另外，由于区域内的经济整合，使得区域内的竞争加剧，企业规模扩大，必然会增加区内的投资。同时因为交易成本的下降，使区内企业的预期利润增加，从而吸引更多的投资资金。

表 4-9　NAFTA 中美、加、墨之间机械与运输设备的产业内贸易状况

年份 国家与产品类别	1990	1991	1992	1993	1994	1995	1996	1997
美国								
机械与运输设备出口	31.4	30.2	30.8	32.1	33.6	31.6	31.8	33.0
机械与运输设备进口	23.2	23.6	27.3	27.2	28.6	29.4	31.5	32.1
加拿大								
机械与运输设备出口	89.2	88.8	90.0	89.3	90.7	88.6	89.3	89.7
机械与运输设备进口	75.8	74.5	74.6	77.6	80.2	80.2	81.2	80.3
墨西哥								
机械与运输设备出口	90.3	86.8	92.9	94.3	94.2	93.5	92.2	92.1
机械与运输设备进口	77.3	72.0	72.6	71.9	71.2	76.5	78.2	78.3

资料来源：同表 4-5。

　　从 2004—2006 年东盟外资流入的变动以及来源分布来看，足以说明区域经济一体化的形成对区域外的企业来说具备较强的投资吸引力。详细数据见表 4-10。

表 4-10　东盟外资流入情况分析

年份 FDI 来源国和地区	金额/百万美元			占比/%		
	2004	2005	2006	2004	2005	2006
东盟	2 803.7	3 765.1	6 242.1	8.0	9.2	11.9
美国	5 232.4	3 010.6	3 864.9	14.9	7.3	7.4
日本	5 732.1	7 234.8	10 803.3	16.3	17.6	20.6
欧盟	10 046.1	11 139.6	13 361.9	28.6	27.1	25.5
中国	731.5	502.1	936.9	2.1	1.2	1.8
韩国	806.4	577.7	1 099.1	2.3	1.4	2.1
澳大利亚	566.7	195.9	399.2	1.6	0.5	0.8
印度	118.7	351.7	(380.4)	0.3	0.9	(0.7)
加拿大	301.2	161.3	274.0	0.9	0.4	0.5
新西兰	3.5	480.7	(282.8)	0.0	1.2	(0.5)
巴基斯坦	4.8	3.5	7.8	0.0	0.0	0.0
合计	26 347.1	27 422.9	36 331.7	75.0	66.8	69.4

资料来源：东盟官方网站，www.aseansec.org。

二、区域经济一体化的政治动因

在大部分建立自由贸易区和关税同盟的尝试中，区域经济一体化的政治原因也十分突出。通过与邻国的经济建立联系以及日益增进的相互依赖，相邻国家之间就会产生政治合作的动力。相对而言，各国之间暴力冲突的潜在可能性因此减少，国家安全得到保障。另外，通过形成经济上的国家集团，各成员国可以凭借集团的力量提高自己在国际上的地位，以及增强国际经济政策的谈判或游说能力。

（一）区域经济一体化是国际政治中安全利益的需要

《世界贸易组织的十大利益》一文表述 WTO 的第一大利益就是多边贸易体系能够促进世界和平。早在重商主义时期，就认为一国的经济贸易实力强大与否与该国的军事实力成正比，而当时的大小战争大多与划分国际市场、争夺经济利益密切相关。20 世纪上半叶的两次极具破坏力的世界大战，都是由于某些难以控制的实现单一民族国家的野心引发的。因此，区域经济一体化成员国间进行经济合作，实现共同的经济发展，对于国家安全来说，无疑是增添了一道屏障。

有学者在 20 世纪 90 年代对贸易与安全的关系，以及起因的方向做过调查分析，得出的结论是："如果两国的贸易翻一番，则两国间冲突的风险大致降低 17%。"

政治学家则指出，各国间进行的贸易问题的谈判有利于彼此不通过战争对付对方。由于"区域经济一体化可能提供一种最佳的贸易冲突解决途径，对外贸易壁垒必然随着一体化的深化而不断降低"。因此，区域经济一体化将会有利于减少区域内的冲突，促进区域内贸易自由化的政策都有利于增强区域内的安全与和平。

政治理由是不少区域经济一体化组织建立的初衷之一。例如，南方共同市场的出现是为了缓解阿根廷和巴西之间军事力量的相互威胁，东盟成立之初也是希望减缓印度尼西亚和马来西亚的紧张关系。

此外，区域经济一体化对于成员国来说还有利于共同抵制来自区域外的安全威胁。

（二）提高国际政治实力，增强国际经济政策的谈判或游说能力

对于小国而言，彼此间的联合可以增强在双边谈判中的力量。在第二次世界大战结束后，欧洲各国在世界市场和世界政治领域都不能使自己达到一

流强国的地位,建立一个统一的欧洲以便与美国和苏联抗衡的想法占据了许多欧共体奠基人的脑海。随着欧共体的建立,成员国之间实现了经济贸易政策的协调和共同利益的一致,在与美国及其他贸易伙伴进行双边谈判时,欧共体的地位得到了明显的提高。比较 20 世纪 50 年代和 90 年代的欧美贸易摩擦及解决方法,可以得出一个结论:欧洲区域经济一体化程度的加深,使欧盟成员国具备了单个国家不可能具备的与美国相抗衡的经济与政治实力。

东南亚国家的经济一体化同样提高了其成员国在国际政治上的地位,也增强了它们与中国、日本和韩国进行双边谈判的实力。

 **专栏 4-1**

乌兹别克斯坦主张全面发展上海合作组织成员国的合作

新华社阿拉木图 2014 年 4 月 22 日电塔什干消息:乌兹别克斯坦外长萨法耶夫 22 日在赴莫斯科参加上海合作组织外长理事会会议前对新闻界表示,乌兹别克斯坦主张大力推动上海合作组织各成员国间的互利合作关系,促进上海合作组织的全面发展。

萨法耶夫说,在当前国家、地区和全球安全之间的相互关系日益密不可分的情况下,上海合作组织所倡导的反对国际恐怖主义、宗教极端主义和民族分裂主义等三股势力的斗争具有十分重要的现实意义。他指出,上海合作组织框架内的经济合作与交通、通信合作同样也是各成员国重点关注的问题,必须制定该组织统一的建立地区共同市场的步骤。

萨法耶夫说:"上海合作组织应当在阿富汗经济重建问题上更加密切合作,并发挥更大作用,因为阿富汗是中亚地区不可分割的组成部分,阿富汗的稳定与发展对整个地区的安全至关重要。"他说,上海合作组织强大的工业和生产能力可以帮助阿富汗实施重要的经济建设项目。

他还指出,即将举行的上海合作组织外长会议标志着该组织新发展阶段的开始。乌方坚信上海合作组织各国元首提出的关于把该组织建成名副其实的地区性国际组织的任务一定会顺利完成。

资料来源:http://www.chinajilin.com.cn/2002guoji/2004-04-23/12971.htm.

参考文献

[1] Suthiph,Chirathivat. ASEAN-China Free Trade Area：background，implications，and future development[J]. Journal of Asian Economics，2002(13)：671-686.

[2] 查尔斯·W. L. 希尔. 当代全球商务[M]. 第 3 版. 曹海陵,刘萍,译. 北京：机械工业出版社,2004：174,175.

[3] 陈宪,韦金鸾,应诚铭,等. 国际贸易理论与实务[M]. 第 2 版. 北京：高等教育出版社,2004.

[4] 陈岩. 国际一体化经济学[M]. 北京：商务印书馆,2001.

[5] 胡光辉,等. 中国-东盟自由贸易区与海南经济[M]. 海口：海南出版社,2003.

[6] 金祥荣,等. 贸易保护制度的经济分析[M]. 北京：经济科学出版社,2001.

[7] 刘厚俊,等. 国际贸易新发展[M]. 北京：科学出版社,2003.

[8] 马来西亚中国经济贸易总商会. 东盟中国：营造全球最大的自由贸易区[M]. 北京：世界知识出版社,2003.

[9] 张二震,马野青. 国际贸易学[M]. 第 3 版. 南京：南京大学出版社,2007.

[10] 赵晋平. 从推进 FTA 起步[J]. 国际贸易,2003(6).

[11] WTO 官方网,http://www.wto.org.

[12] 商务部商务专题商务统计网,http://zhs.mofcom.gov.cn/tongji2002.shtml.

[13] 中国商务部国际司网,http://gjs.mofcom.gov.cn.

[14] 新华网,http://news.xinhuanet.com/ziliao/2006-01/04/content_4006049.htm.

[15] 东盟官方网,http://www.aseansec.org.

[16] 中国东盟协会网,http://www.chinaasean.org.

[17] 中国-东盟自由贸易网,http://www.chinaaseantrade.com.

[18] 中国自由贸易区网,http://fta.mofcom.gov.cn/.

附录 4-1 中国参与区域经济一体化的情况

根据中国自由贸易区网的资料显示,目前,中国在建自贸区 18 个,涉及 31 个国家和地区。其中,已签署自贸协定 12 个,涉及 20 个国家和地区,分别是中国与东盟、新加坡、巴基斯坦、新西兰、智利、秘鲁、哥斯达黎加、冰岛和瑞士的自贸协定,内地与香港、澳门的更紧密经贸关系安排(CEPA),以及大陆与台湾的海峡两岸经济合作框架协议(ECFA),除了与冰岛和瑞士的自贸协定还未生效外,其余均已实施;正在谈判的自贸协定 6 个,涉及 22 个国家,分别是中国与韩国、海湾合作委员会(GCC)、澳大利亚和挪威的自贸谈判,以及中日韩自贸区和《区域全面经济合作伙伴关系》(RCEP)协定谈判。

一、亚太经合组织

亚太经济合作组织(Asia-Pacific Economic Cooperation,APEC)成立于 1989 年,是亚太地区最重要的区域经济合作论坛。我国于 1991 年汉城会议上加入 APEC。中国自加入 APEC 以来,作为重要成员国,全面参加了 APEC 各项活动,对 APEC 近年来的合作进程发挥了积极作用。

二、亚欧会议

亚欧会议(Asia Europe Meeting,ASEM)成立于 1996 年 3 月,是在世界政治多极化、经济全球化和区域一体化趋势迅猛发展的背景下,亚欧两洲为加强相对薄弱的政经联系而设立的论坛性对话合作机制。亚欧会议共有 38 个成员国,即欧盟二十五国和亚洲的中国、日本、韩国及东盟十国。由于欧盟委员会作为单独一方参加亚欧会议活动,故亚欧会议共有 39 方成员。

首届亚欧会议于 1996 年 3 月 1 日至 3 月 2 日在泰国首都曼谷举行。中国作为创始国积极参与了亚欧会议的各项后续活动:首脑会议、亚欧外长会议、经济部长会议、财长会议、高官会议、海关署长会议等。中国利用亚欧首脑会议、经济部长会议和贸易投资高官会等各种场合,与亚欧各国就经贸发展问题充分交换意见,并协调国内各部门推动《贸易便利行动计划》和《投资促进行动计划》的执行,在海关程序、标准和一致化、动植物检验程序、知识产权、政府采购、人员流动、电子商务以及提高投资政策透明度、减少投资障碍等方面与亚欧各国开展合作。

三、亚太贸易协定

《亚太贸易协定》前身为《曼谷协定》。《曼谷协定》签订于 1975 年,全称为《亚太经济社会发展中成员国贸易谈判第一协定》,是在联合国亚太经济社会委员会(以下简称亚太经社)主持下,在发展中国家之间达成的一项优惠贸易安排。协定的核心内容和目标是通过相互提供优惠关税和非关税减让来扩大相互间的贸易,促进成员国经济发展。成员有五个,分别是孟加拉、印度、老挝、韩国、斯里兰卡。2001 年 5 月 23 日起,中国正式成为《曼谷协定》的成员国。这是中国加入的第一个具有实质性优惠贸易安排的区域贸易组织。

2005 年 11 月 2 日,在北京举行的《曼谷协定》第一届部长级理事会上,各成员国代表通过新协定文本，决定将《曼谷协定》更名为《亚太贸易协定》。各成员国在全部完成国内法律审批程序后，自 2006 年 9 月 1 日开始实施第三轮谈判结果。自该日起，中国将向其他成员国的 1 717 项 8 位税目产品提供优惠关税，平均减让幅度 27%；另外，还将向最不发达成员国孟加拉和老挝的162 项 8 位税目产品提供特别优惠，平均减让幅度 77%。同时，根据 2005 年税则计算，中国可享受印度 570 项 6 位税目、韩国 1 367 项 10 位税目、斯里兰卡 427 项 6 位税目和孟加拉 209 项 8 位税目产品的优惠关税。

四、已经签署协议的自由贸易区

（一）内地与港澳关于建立更紧密经贸关系安排

2003 年 6 月和 10 月，中国内地分别与香港和澳门签署了《更为紧密的经贸关系安排》，即 CEPA，此后五年又分别签署了五个补充协议。香港和澳门在与内地实现自由贸易后，即可参加与周边国家和地区更为紧密的经贸关系安排。CEPA 在货物贸易、服务贸易、贸易投资便利化以及金融旅游合作和专业人员资格互认等方面对港、澳作出了开放程度较大的优惠安排。

CEPA 减少了内地与港、澳体制性障碍，加快了资本、货物、人员等要素更便利流动，对港、澳经济的复苏和两地的经贸交流起到了积极的促进作用，同时也推动了内地的改革开放。

2008 年 7 月，内地又分别与香港、澳门签署了《CEPA 补充协议五》，进一步扩大对港澳的开放。

（二）中国-东盟自由贸易区

中国政府十分重视与东盟之间的合作。1997 年首次首脑非正式会晤时，时任主席江泽民与东盟 9 国领导人和代表就中国与东盟的关系广泛深入地交换了意见。会后共同发表了《联合声明》，在联合声明中共同承诺"将发展彼此之间的睦邻互信伙伴关系作为中国与东盟在 21 世纪关系的重要政策目标"。

中国-东盟自贸区是中国对外建立的第一个自贸区，其成员包括中国和东盟 10 国。2000 年 11 月，我国时任总理朱镕基提出建立中国-东盟自贸区（China-ASEAN Free Trade Area，CAFTA）的设想，得到了东盟各国领导人的积极响应。经过双方的共同努力，2002 年 11 月 4 日，我国与东盟签署了《中国-东盟全面经济合作框架协议》，决定在 2010 年建成中国-东盟自贸区，并正式启动了自贸区建设的进程。

2007 年 1 月,双方又签署了自贸区《服务贸易协议》,已于 2008 年 7 月顺利实施,有望在 2010 年全面建成中国-东盟自贸区。

（三）中国-智利自由贸易区

2004 年 11 月 18 日,中国与智利自由贸易区谈判开始启动。2005 年 11 月 18 日,在韩国釜山 APEC 领导人非正式会议期间,中国与智利签署《中智自贸协定》,并于 2006 年 10 月 1 日起开始正式实施,并正式启动服务贸易和投资谈判。

《中智自贸协定》纳入了与货物贸易有关的所有内容,包括市场准入、原产地规则、卫生与植物卫生措施、技术贸易壁垒、贸易救济、争端解决机制等,并且将经济、中小企业、文化、教育、科技、环保、劳动和社会保障、知识产权、投资促进、矿产和工业领域的合作涵盖在内。

（四）中国-巴基斯坦自由贸易区

2006 年 11 月中国和巴基斯坦在巴基斯坦首都伊斯兰堡签署《中国-巴基斯坦自贸协定》。2007 年 6 月 1 日,双方换文确认完成各自国内批准程序。2007 年 7 月 1 日,《中巴自贸协定》关税减让进程全面启动,双方各有约 4 000 个 8 位税号的产品相互降低关税,总体减让幅度在 10% 左右。

除了货物贸易自由化外,协定也就投资促进与保护、投资待遇、损害补偿以及投资争端解决等作出了规定,这将对双向投资产生积极的推动。另外,协定还就原产地规则、贸易救济、技术性贸易壁垒、卫生和植物卫生措施等作出了详细规定。目前,服务贸易谈判正在进行之中,双方已于 2007 年 4 月举行了首轮谈判。

（五）中国-新西兰自由贸易区

2008 年 4 月 7 日,《中华人民共和国政府与新西兰政府自由贸易协定》正式签署。这是中国与发达国家签署的第一个自由贸易协定,也是中国与其他国家签署的第一个涵盖货物贸易、服务贸易、投资等多个领域的自由贸易协定。目前,缔约双方均已完成各自国内法律程序,该协定已于 2008 年 10 月 1 日开始生效。

（六）中国-新加坡自由贸易区

中国-新加坡自由贸易区谈判启动于 2006 年 8 月,经过 8 轮艰苦而坦诚的磋商,双方于 2008 年 9 月圆满结束谈判。《中新自由贸易协定》涵盖了货物贸易、服务贸易、人员流动、海关程序等诸多领域,是一份内容全面的自由贸易协定。双方在中国-东盟自贸区的基础上,进一步加快了贸易自由化进程,拓展了双边自由贸易关系与经贸合作的深度与广度。根据该协定,新加坡承诺在 2009 年 1 月 1 日取消全部自华进口产品关税;中方承诺在 2010 年 1 月 1 日前对 97.1% 的自新进口产品实现零关税。双方还在医疗、教育、会计等服务贸易领域作出了高于 WTO 的承诺。

（七）中国-秘鲁自由贸易区

中国-秘鲁自由贸易区谈判始于 2007 年 9 月 7 日,经过 8 轮谈判和一次工作组会议,2008 年 11 月 19 日,谈判成功结束,签署了《中国-秘鲁自由贸易协定》。该协定规定,在货物贸易方面,中秘双方将对各自 90% 以上的产品分阶段实施零关税;在服务贸易方面,双方将在各自对世界贸易组织承诺的基础上,相互进一步开放服务部门。在投资方面,双方将相互给予对方投资者及其投资以准入后国民待遇、最惠国待遇和公平公正待遇,鼓励双边投资并为其提供便利等。与此同时,双方还在知识产权、贸易救济、原产地规则、海关程序、技术性贸易壁垒、卫生和植物卫生措施等众多领域达成广泛共识。

（八）其他自由贸易区

除上述自由贸易区外,中国先后与哥斯达黎加、冰岛和瑞士达成了自由贸易协议。

五、次区域经济合作组织

（一）澜沧江-湄公河地区的次区域经济合作

湄公河次区域国家包括中国、柬埔寨、老挝、缅甸、泰国和越南。次区域的各个国家有着长期的友好交往和悠久的历史渊源。近年来,中国与次区域其他国家的双边经贸联系日益加强。呈现贸易额增长、贸易结构改善的良好发展局面。2001 年中国与五个国家贸易额较上年均有所增长,最高增幅达 51%。双边投资也有较大程度增长。

20 世纪 90 年代以来,湄公河次区域国际合作得到长足发展,中国政府也高度重视和积极支持中国参与湄公河次区域合作,该合作已成为中国与东南亚地区开展经济合作的重要组成部分,为中国与东盟合作的 5 个重点领域之一。自 1992 年以来,中国政府先后参加了由亚洲开发银行倡导的大湄公河次区域合作、东盟-湄公河流域开发合作等机制,还与湄公河委员会建立了正式对话关系,为扩大次区域合作发挥积极作用。目前次区域经济合作主要包括七个领域,即交通、能源、电讯、环境、旅游、人力资源开发和贸易与投资。

（二）图们江地区次区域合作组织

图们江地区次区域合作组织是 1995 年 12 月在联合国开发署图们江秘书处的协调下,中国、俄罗斯、朝鲜签署了《关于建立图们江地区开发协调委员会的协定》。中国、俄罗斯、韩国、朝鲜和蒙古签署了《关于建立图们江经济开发区及东北亚环境准则谅解备忘录》和《关于建立图们江经济开发区及东北亚协调委员会的协定》。自此,图们江地区次区域经济技术合作进入实质性阶段。

六、正在谈判的自由贸易区

（一）中国-南方共同市场自由贸易区

1997 年 10 月,由南方共同市场轮值主席国、乌拉圭外交部埃斯皮诺萨大使率领的南方共同市场代表团访华,同中方举行首次对话。1998 年 10 月 9 日,中国和南方共同市场在巴西首都巴西利亚举行第二次对话。2000 年 10 月 18 日,应外交部邀请,南方共同市场轮值主席国、巴西副外长利马率领的南锥体代表团访华,在北京同中方举行第三次对话。

（二）中国-澳大利亚自由贸易区

2003 年 10 月 24 日,中、澳两国签署《中国-澳大利亚经贸框架》。根据这一框架,中澳双方将促进在具有突出潜力的领域进行战略合作,并通过高层、商界和学术界互访和对话以及部长级经济联委会机制,就双边贸易投资促进、贸易救济措施、优惠贸易安排、区域和多边贸易问题,交流信息,加强磋商,协调政策和立场。2005 年初已经完成自由贸易区的可行性研究,目前已经就自由贸易区的建立展开谈判。

（三）中国-海合会自由贸易区

2004 年 7 月,中国与海湾合作委员会签署了《中国-海合会经济、贸易投资和技术合作框架协议》,并启动中国-海合会自贸区谈判。目前已经在货物贸易谈判大多数领域达成共识,并启动了服务贸易谈判。

（四）中国-挪威自由贸易区

2008 年 9 月,中国-挪威自由贸易区谈判启动。2010 年 9 月,中国-挪威自由贸易协定第八轮谈判举行,主要就货物贸易、服务贸易、原产地规则、卫生和植物卫生标准、技术贸易壁垒、贸易救济、贸易便利化等议题进行磋商。

（五）《区域全面经济伙伴关系协定》(RCEP)

中国、日本、韩国、澳大利亚、新西兰、印度以及东盟 10 国在 2013 年 5 月就《区域全面经济伙伴关系协定》(RCEP)举行第一轮谈判,正式成立货物贸易、服务贸易和投资三个工作组,并就货物、服务和投资等议题展开磋商。
2013年9月,RCEP第二轮谈判在澳大利亚举行。2014年1月RCEP第三轮
谈判在马来西亚举行。

此外,中韩自由贸易区和中日韩自由贸易区也正在谈判之中。

附录4-2　中国-东盟自由贸易区(CAFTA)

中国-东盟自贸区是我国同其他国家商谈的第一个自贸区,也是目前建成
的最大的自贸区。其成员包括中国和东盟十国,涵盖18.5亿人口和1 400万
平方千米(见图4-3)。东盟10个成员国包括文莱、印度尼西亚、马来西亚、菲律
宾、新加坡、泰国、柬埔寨、老挝、缅甸和越南。其中,前6个国家加入东盟的时间
比较早,是东盟的老成员,经济相对发达;后4个国家是东盟新成员。20世纪
90年代以来,我国与东盟的经济联系日益紧密,双边贸易持续攀升。目前,东
盟是我国在发展中国家中最大的贸易伙伴,我国是东盟的第四大贸易伙伴。

一、中国-东盟合作框架协议的主要内容

2002年11月4日签订的《中国与东盟全面经济合作框架协议》总体确定
了中国-东盟自由贸易区的基本框架。该协议共有16项条款,于2003年7月
1日生效。协议规定了自由贸易区的目标、范围、措施、时间表;先期实现自
由贸易的"早期收获"方案和经济技术合作的具体安排;给予柬埔寨、老挝和
越南三个非WTO成员国以多边最惠国待遇的承诺;以及在货物、服务和投
资等领域的未来谈判安排等。

(一)目标

协议规定中国-东盟自由贸易区的主要目标是:加强各缔约方之间的经
济、贸易和投资合作;促进货物和服务贸易,逐步实现货物和服务贸易自由
化,并创造一个透明、自由和便利的投资机制;为各缔约方之间更紧密的经济
合作开辟新领域,制定适当的措施;以及为东盟新成员国更有效地参与经济
一体化提供便利,缩小各缔约方之间发展水平的差距。文莱、马来西亚、印度
尼西亚、菲律宾、新加坡、泰国与中国,建成自由贸易区的时间是2010年;东
盟新成员(越南、老挝、柬埔寨、缅甸)建成自由贸易区的时间是2015年。

(二)全面经济合作措施

通过以下措施加强和增进合作:①实质上在所有货物贸易中逐步取消关

税和非关税措施;②逐步实现涵盖众多部门的服务贸易自由化;③建立开放和竞争的投资机制,便利和促进中国-东盟自由贸易区内的投资;④对东盟新成员国提供特殊和差别待遇及灵活性;⑤在中国-东盟自由贸易区谈判中,给各缔约方提供灵活性,以解决它们各自在货物、服务和投资方面的敏感领域问题,此种灵活性应基于对等和互利的原则,经过谈判和相互同意后提供;⑥建立有效的贸易与投资便利化措施,包括但不限于简化海关程序和制定相互认证安排;⑦在各缔约方相互同意的、对深化各缔约方贸易和投资联系有补充作用的领域扩大经济合作,编制行动计划和项目以实施在商定部门领域的合作;⑧建立适当的机制以有效地执行协议。

(三)具体内容

(1)货物贸易自由化。货物贸易是自由贸易区的核心内容,除涉及国家安全、人类健康、公共道德、文化艺术保护等世界贸易组织允许例外的产品以及少数敏感产品外,其他全部产品的关税将大幅度降低,并取消非关税措施。通过谈判确定货物贸易的基本原则,包括原产地规则、非关税措施、保障措施、与贸易有关的知识产权保护,以及补贴与反补贴、反倾销措施等各项规则。协议将产品划分成三类,即"早期收获"产品、正常类产品、敏感类产品,分别确定关税削减或取消计划。

(2)服务贸易自由化。为了加速服务贸易的发展,自由贸易区将逐步实现涵盖众多部门的服务贸易自由化。通过谈判确定在各缔约方之间的服务贸易领域,逐步取消彼此或各缔约方间存在的实质歧视,和/或禁止采取新的或增加歧视性措施;根据 GATS 所做的承诺继续扩展服务贸易自由化的深度和广度;增进各缔约方在服务领域的合作以提高效率和竞争力,实现各缔约方各自服务供应商的服务供给与分配的多样化。

(3)投资自由化领域。为了促进投资并建立一个自由、便利、透明并具有竞争力的投资体制,各缔约方同意进行谈判以逐步实现投资机制的自由化;加强投资领域的合作,便利投资并提高投资规章和法规的透明度,同时提供投资保护。

(4)"早期收获"计划。各缔约方约定在 HS 8 位或 9 位税号的所有产品都包括在早期收获计划之内,但有部分产品可以在例外清单中列出,不进入"早期收获"计划。所谓"早期收获"计划,即对属于早期收获计划的产品分三类进行关税削减和取消,并制定了实施时间表(见表 4-11)。其中第三类产品,要求中国和东盟六个老成员在 2004 年 1 月 1 日之前将关税取消。

表 4-11　中国-东盟老六国的早期收获计划实施时间表　　　　%

产品类别	不迟于 2004 年 1 月 1 日	不迟于 2005 年 1 月 1 日	不迟于 2006 年 1 月 1 日
1	10	5	0
2	5	0	0
3	0	0	0

资料来源：《中国-东盟全面经济合作框架协议》附录 3。

（5）其他经济合作方面。各缔约方商定将以农业、信息及通信技术、人力资源开发、投资促进和湄公河流域开发为优先发展领域，并且逐步向其他领域拓展。加强合作的措施包括：①推动和便利货物贸易、服务贸易及投资的措施，如标准与质量评定、技术性贸易壁垒和非关税措施，以及海关合作等；②提高中小企业竞争力；③促进电子商务；④能源建设；⑤技术转让。

二、中国-东盟自由贸易区经济效应

（一）贸易扩大效应

2012 年，东盟向中国出口 1 775.9 亿美元，从中国进口 1 418.9 亿美元，合计 3 194.8 亿美元，中国成为东盟区外的第一大贸易对象（见表 4-12），占其出口的 11.3% 和进口的 14.5%。

表 4-12　东盟与主要贸易伙伴的贸易情况（2012）

贸易伙伴	金额/百万美元			占 ASEAN 贸易的比重/%		
	东盟出口	东盟进口	进出口总额	出口	进口	进出口总额
东盟区内	323 855.0	278 193.2	602 048.2	25.8	22.8	24.3
澳大利亚	45 724.3	23 774.8	69 499.1	3.6	1.9	2.8
加拿大	6 576.9	5 758.5	12 335.4	0.5	0.5	0.5
中国	141 892.0	177 592.8	319 484.8	11.3	14.5	12.9
EU 28	124 891.7	117 707.2	242 598.9	10.0	9.6	9.8
印度	44 055.4	27 760.3	71 815.8	3.5	2.3	2.9
日本	126 507.0	136 376.8	262 883.9	10.1	11.2	10.6
韩国	55 030.3	75 999.8	131 030.1	4.4	6.2	5.3
新西兰	5 561.7	3 663.1	9 224.8	0.4	0.3	0.4
巴基斯坦	5 255.0	1 050.0	6 305.6	0.4	0.1	0.3
俄罗斯	4 875.6	13 282.6	18 158.2	0.4	1.1	0.7
美国	108 035.7	91 991.5	200 027.2	8.6	7.5	8.1
东盟贸易总额	1 254 580.7	1 221 846.8	2 476 933.2	100.0	100.0	100.0

数据来源：Table 19　ASEAN trade by selected partner country/region，东盟官网。

　　根据东盟统计数据显示,从表 4-12 和表 4-13 中的数据可得,2000—2012 年,东盟对中国的出口平均以 21.2% 的速度增长,东盟从中国的进口也以 20.9% 的速度增加。在这 13 年间,中国基本维持贸易顺差。2012 年中国对东盟的贸易逆差达到 357 亿美元。

表 4-13　2000—2012 年东盟与中国双边贸易基本情况　　　　亿美元

年份	东盟出口到中国	东盟从中国进口	贸易差额	进出口总额
2000	141.8	181.4	−39.6	323.2
2001	145.2	174.0	−28.8	319.2
2002	195.5	232.1	−36.6	427.6
2003	290.6	305.8	−15.2	596.4
2004	413.5	477.1	−63.6	890.7
2005	522.6	611.4	−88.8	1 133.9
2006	650.1	749.5	−99.4	1 399.6
2007	779.4	931.7	−152.3	1 711.2
2008	875.9	1 092.9	−216.9	1 968.8
2009	815.9	966.0	−150.0	1 781.9
2010	1 184.7	1 177.5	7.2	2 362.2
2011	1 425.4	1 471.4	−46.0	2 896.8
2012	1 418.9	1 775.9	−357.0	3 194.8

　　数据来源：ASEAN Trade Statistics Database,http://aseanstats. asean. org。

（二）降低关税的效应

1. 降税进程

　　2003 年 10 月 1 日,中泰蔬菜水果零关税安排作为早期收获的一部分开始实施,产品涵盖范围为《税则》第七章蔬菜、第八章水果,并立刻实现零关税。2004 年 1 月 1 日起,《框架协议》下的早期收获计划开始实施,除菲律宾暂时未能加入早期收获计划外,中国与其他东盟九国开始就早期收获计划之内的产品进行关税削减,拉开了中国-东盟自由贸易区的降税序幕。早期收获计划的涵盖范围主要有 570 种产品,另外还有出于贸易利益平衡考虑而增加的 30 多种特定产品。至 2006 年 1 月 1 日,中国和所有东盟老成员的早期收获产品降税实施完毕。2005 年 4 月,中国与菲律宾就早期收获计划达成协议,在 2006 年 1 月 1 日相互立即实现早期收获产品零关税。

　　2005 年 7 月 20 日,《中国-东盟全面经济合作框架协议货物贸易协议》正

式公布,中国-东盟自贸区货物贸易降税全面开始。按规定,双方开始对约
7 000 个税目的产品开始削减关税。5 年内它们中的大部分产品关税将降至
为零,部分敏感产品则将分步进行。开放的产品约占目前中国和东盟贸易产
品总额的 95%。中国和东盟中文莱、印度尼西亚、马来西亚、缅甸、新加坡和
泰国等六个国家开始相互实施中国-东盟自由贸易区协定税率。2005 年
12 月 11 日,中国与柬埔寨、老挝和缅甸三国在马来西亚吉隆坡签署换文,正
式确认中国将自 2006 年 1 月 1 日起对柬埔寨的 83 项、老挝的 91 项、缅甸的
87 项输华产品实行单方面零关税待遇。2006 年中国对东盟的平均关税为
8.1%,低于最惠国平均关税 1.8 个百分点。2007 年 1 月 1 日,我国扩大了对
东盟产品的降税范围和幅度,共涉及 5 375 个 8 位税号,占 2007 年全部税号
的 70.3%,比 2006 年增加了 1 967 个 8 位税号。此次降税后,我国对东盟的
平均关税为 5.8%,比 2006 年下降 2.3 个百分点,低于我国最惠国平均关税
4 个百分点。在此期间,东盟各国对我国的平均关税也有不同程度的降低。

　　2. 降税的宏观经济效应

　　降低关税使中国-东盟之间的贸易量显著增长,并因此拉动双方的 GDP
增长。表 4-14 是东盟经济学家计算的因为关税税率下降带来的宏观经济
影响。

表 4-14　ASEAN 六国与中国的贸易自由化的宏观经济影响　　　　%

变　量	ASEAN			中　国		
	总体影响	内部影响	外部影响	总体影响	内部影响	外部影响
土地租金	3.6	0.1	3.5	0.2	−0.6	0.8
工资	1.0	0.1	0.9	0.6	0.2	0.4
GDP 价格	0.6	−0.2	0.8	−0.2	−0.5	0.3
贸易条件	0.3	−0.1	0.4	−0.1	−0.4	0.3
福利/百万美元	2 986.2	190.4	2 795.8	1 787.1	587.6	2 000.5
真实 GDP	0.4	0.1	0.3	0.4	0.3	0.1
实际投资	0.8	0.3	0.5	0.7	2.5	0.2
出口量	1.0	0.5	0.5	2.4	2.0	0.4
进口量	1.3	0.4	0.9	3.4	2.7	0.7
贸易差额/百万美元	−177.7	−319.6	153.9	979.9	−1 238.3	276.6

资料来源：Suthiphand Chirathivat. ASEAN-China Free Trade Area：Background，implications，
and future development[J]. Journal of Asian Economics，2002(13)：671-686.

（三）降低非关税措施的效应

非关税壁垒的减少能使国际贸易活动变得方便，从而减少交易成本，增加福利。在 FTA 的建设过程中，贸易便利化措施，如提高透明度、简化海关程序、相互承认标准即肯定性评估程序、提供签证便利、建立区域内电子数据交换系统、协调海关、银行与运输部门的管理和经营等，可以降低出口成本，提高贸易效率，促进出口增长。

以 2001 年的数据计算（见表 4-15 和表 4-16），自由贸易区建立后，通关程序的协调简化将减少成本 25%，相当于获得了 1.75%~2.5% 的贸易收益，也就是可以使我国至少增加 7.2 亿美元的经济利益。另外，与标准和认证相关的技术条例造成的出口减少值占总出口值的 3.75%~6.25%。如果自由贸易区的建立能够使标准和认证统一，以 2001 年数据计算，则我国对东盟的出口将因此增加 6.86 亿美元。总地看来，从降低非关税措施中，我国至少可获得 14 亿美元的利益。

此外，贸易便利化能够增加双边的福利。双方通过建立区域内电子数据交换系统，协调海关、银行、运输部门的管理和经营，将大大提高双边贸易的效率。通过双方的技术合作，建立统一的知识产权保护体系将有利于整个区域内的技术进步和产业升级。

表 4-15　建立自由贸易区前 ASEAN 六国与中国的非关税措施（转化为等价的关税税率）

%

ASEAN 对中国产品		中国对 ASEAN 产品	
其他产品	13.6	其他产品	76.6
牛奶制品	17.0	大米	100.0
烟酒制品	51.2	金属制品	83.7
纺织品	7.3	皮革制品	76.8
矿产品	9.6	林木产品	96.8
总平均	9.2	总平均税率	69.1

资料来源：Suthiphand Chirathivat. ASEAN-China Free Trade Area: background, implications, and future development[J]. Journal of Asian Economics, 2002(13): 671-686.

表 4-16　ASEAN 六国与中国的非关税措施取消的宏观经济影响　　%

变　　量	ASEAN			中　　国		
	总体影响	内部影响	外部影响	总体影响	内部影响	外部影响
土地租金	9.4	−0.3	9.7	0.4	−1.2	1.6
工资	3.1	0.0	3.1	2.5	2.0	0.5
GDP 价格	2.0	−0.3	2.3	−1.0	−1.6	0.6
贸易条件	1.3	−0.1	1.4	−1.3	−1.6	0.3
福利/百万美元	116 396.5	−435.6	12 087.8	11 858.2	10 274.9	1 435.2
真实 GDP	1.4	0.0	1.4	2.3	2.1	0.2
实际投资	2.6	0.1	2.5	3.3	3.1	0.2
出口量	2.1	0.5	1.6	8.0	7.5	0.5
进口量	3.3	0.5	2.8	9.9	9.2	0.6
贸易差额/百万美元	−250.7	−290.0	59.2	−2 276.3	−2 095.4	613.3

资料来源：同表 4-15。

（四）投资效应

对于东盟来说，中国既是它争取国际直接投资的竞争对手，也是它极力争取的资本来源国，同时还是其国内资本的投资目的地。由前述的区域经济一体化组织的投资扩大效应，可以认为，中国-东盟自由贸易区的建立也将使得区域内的投资得到扩大。增加的投资既来源于国际市场，也来源于内部的企业扩张。1991—1998 年，东盟企业对华投资协议额为 442 亿美元，实际到位资金 184 亿美元，受金融危机影响，东盟企业对华投资有所减少。中国企业对东盟投资虽少于东盟企业对华投资，但也在不断增加，仅 2000 年，中国企业在东盟的投资项目就有 56 个，协议金额 1.7 亿美元，实际投入 1.2 亿美元。应该说，中国的对外直接投资刚刚起步，加入 WTO，中国将有更多的企业走出国门，进行跨国投资生产经营，推动国际直接投资的双向流动。东盟以其独特的地理优势和资源优势，成为中国企业"走出去"的首选目标之一。

（五）区域内服务业开放带来的利益

我国与东盟在该领域有较大的互补性，双方在承包工程和劳务、旅游业、文化交流、人力资源开发和培训等方面的合作都将得到促进。比如新加坡在建筑业、金融、电信和教育培训等方面具备较大的优势，我国与东盟在金融方面扩大合作有利于提高双方的国际信用，增强对外资的吸引力。

（六）其他效应

中国-东盟自由贸易区的建立,有利于增进和改善中国的国内竞争,推动产业结构升级;有利于推动中国和东盟之间的技术合作。

三、商务意义

中国与东盟双方关税的进一步降低将给企业带来巨大的商机。企业应该主动申请和利用自贸区的优惠政策,减少进出口货物在关税环节的支出。

以泰国为例,2007 年泰国对中国实施降税共有 1 390 个 6~7 位税号的产品,从我国进口数量较大、增长较快的产品主要是机电产品和纺织品;我国对泰国实施降税的 5 375 项产品中进口数量较大、增长较快的主要是化工产品和蔬菜产品。企业从中收益,既获得了商机,又因为降税而减少了关税支出,节约了成本。

中国的主要受惠产品是:蔬菜,2007 年贸易额 7.2 亿美元,比 2004 年(未开始降税时)增长 112%;水果,2007 年贸易额 5.0 亿美元,比 2004 年增长 72%;机电产品,2007 年贸易额 399 亿美元,比 2004 年增长 104%;钢铁制品,2007 年贸易额 27.8 亿美元,比 2004 年增长 231%;船舶,2007 年贸易额 27.3 亿美元,比 2004 年增长 900%。东盟的主要受惠产品是:木薯干,2007 年贸易额 6.6 亿美元,比 2004 年增长 94%;石油沥青,2007 年贸易额 3.0 亿美元,比 2004 年增长 131%;龙眼,2007 年贸易额 1 亿美元,比 2004 年增长 43%;香蕉,2007 年贸易额 1.1 亿美元,比 2004 年增长 21%。

2005 年 7 月起至 2006 年是中国-东盟自贸区实施降税的第一阶段,我国关税水平从 9.9%降为 8.1%;2007 年和 2008 年是降税的第二阶段,我国关税水平又降为 5.8%,低于我国最惠国平均关税 4 个百分点。2009 年 1 月 1 日,中国-东盟自贸区将启动第三阶段降税,我国关税水平将降至 2.4%,约 3 200 个产品实现零关税。2010 年 1 月 1 日将进行第四阶段降税,我国约有 94%的产品将实现零关税。同样地,东盟国家也将作出类似安排。以泰国为例,2005 年 7 月其对中国产品的平均税率已从 12.9%降到 10.7%,今年又降到 6.4%,2009 年将降到 2.8%,2010 年将对中国 93%以上约 7 000 种产品实行零关税。

享受自贸区优惠关税的条件是,申请并填写"中国-东盟自贸区出口货物原产地证书"(英文简称为 Form E)。Form E 是货物出口到东盟的"身份证",证明这些货物是原产于中国的,有资格享受自贸区提供的优惠待遇。所有的优惠原产地证都必须由受惠国官方指定机构签发。我国的指定机关是国家质量监督检验检疫总局及各地的分理机构。国家质检总局已于 2003 年 9 月将各地检验检疫签证机构使用的签名式样及印章印模向东盟各国进行了备案。中国企业的货物有了 Form E，可以在东盟通关时出示，经验证合格后，就可享受关税减免的待遇。至于哪些产品可以享受关税优惠，可以在商务部国际司的网站上进行查询。如果在东盟通关时遇到问题，也可联系商务部国际司或质检总局国际司，它们会直接与东盟国家的主管部门联系，帮助企业解决问题。

　　企业申请签发 Form E 证书的正确程序是，企业在当地检验检疫部门完成注册登记后，便可申请签发 Form E 证书。申请时须提交填制正确清楚的 Form E 申请书、出口商品的商业发票副本、装箱单以及必要的其他文件如提单等。需要注意的是，Form E 证书必须在签发之日起 4 个月内向进口国海关当局提交，特殊情况可以延长到 6 个月。

第五章　跨国公司与跨国经营

　　自 20 世纪 90 年代以来,由于经济全球化与信息化的发展,企业的经营环境发生了根本性的变化。这种变化表现在以下几个方面:第一是从 20 世纪 80 年代初以来,大多数国家采取了旨在吸引外国投资者并创造适宜的投资环境的政策,生产要素的跨国界流动越来越便利;第二是现代信息技术特别是国际互联网的出现极大地降低了跨国经济活动的交易成本;第三是市场全球化以及生产要素的跨国自由流动,改变了企业的生存方式,即企业必须具有全球视野,在全球范围内配置资源,参与国内外市场竞争与合作,才能在国际竞争中获得竞争优势。正是在上述背景下,跨国公司、企业跨国经营日益受到重视。

　　经济全球化加剧了企业之间的竞争,企业需要通过进出口贸易和对外直接投资在全球范围内寻找并获取廉价、优质资源,输出制成品与输出生产制造能力并举,增强自己的国际竞争力。本章首先对跨国公司进行概括性介绍;其次分析了企业跨国直接投资的动因与优势;最后结合中国的实际情况分析中国的对外直接投资或"走出去"战略。

第一节　经济帝国:跨国公司概述

　　根据《世界投资报告 2013》,全球价值链通常由跨国公司协调,投入和产出的跨境贸易都在其子公司、合同伙伴以及正常供应商的网络中进行。跨国公司协调的全球价值链约占全球贸易的 80%。全球价值链中的增加值贸易模式在很大程度上是由跨国公司的投资决定塑造的。因此,可以毫不夸张地说,跨国公司对世界经济有巨大的影响。

一、跨国公司的定义与运作

　　尽管跨国公司(multinational corporations,MNCs; transnational corporations,TNCs; multinational enterprises,MNEs; Multinationals)在全球经济中扮演着举足轻重的角色,但是跨国公司的定义并不统一。海闻等

(2003)给跨国公司下的定义是：跨国公司是指在两个或两个以上国家(或地区)拥有矿山、工厂、销售机构或其他资产,在母公司统一决策体系下从事国际性生产经营活动的企业。薛荣久(2003)认为跨国公司是跨国界进行直接投资并且获得控制权的企业。

联合国跨国公司委员会认为一个跨国公司需要具备的基本条件是：

第一,跨国公司本质上是一个工商企业,组成这个企业的实体要在两个或两个以上的国家从事生产经营,不论其采取何种法律经营形式,也不论其经营领域。

第二,跨国公司实行全球战略,尽管它的管理决策机构的设立主要以某国或某个地区为主。在跨国公司的全球决策中,市场占据主导地位：市场决定了企业的经营策略和经营状况。

第三,跨国公司的经营范围很广,从研究与开发、原料开采、工业加工到批发、零售等再生产的各个环节都纳入了它的经营范围。

跨国公司的运作是：通过对外直接投资在世界范围内进行生产和资源配置；在世界范围内配置研究与开发、采掘、提炼、加工、装配、销售以及服务等环节；把最高决策权保留在母公司,母公司承担确定整个公司的投资计划、生产安排、价格制度、市场安排、利润分配、研究方向以及其他重大决策的职能。

二、跨国公司的发展与政府政策

跨国公司是对外直接投资(FDI)的主体,而 FDI 的发展与政府政策有密切的关系。20 世纪 80 年代以来,世界各国政府采取了促进对外直接投资的政策措施。表现一是自 80 年代中期以来,世界各国对外直接投资政策自由化步伐加快。目前,发达国家对 FDI 的限制大多数已不存在,一些发展中国家和转型国家虽然有资本外逃和国内资本短缺之忧,但也正在逐步减少这种限制。当然,一国减少对 FDI 的限制,并不保证该国企业就能 FDI 以及 FDI 的规模,它主要是为该国企业扫除 FDI 的制度障碍,而根本上还取决于企业是否拥有所有权优势和内部化优势,以及是否发现了有利的投资区位即拥有区位优势。二是从 20 世纪 80 年代初以来,大多数国家采取了旨在吸引外国投资者并创造适宜的投资环境的政策(见表 5-1)。从表 5-1 可以看出,从 1991 年到 2012 年世界各国关于 FDI 规制的变化数量很大,绝大部分是有利于 FDI 的规制变化,是对外国直接投资减少限制、给予优惠的政策措施。虽然说彻底的限制性政策在很大程度上能保证取得预期的效果,而开放方向的政策变化即使是广泛的,也不一定能取得预期的效果,但是普遍的东道国吸引外资的优惠政策,为跨国公司提供了更为广阔的可供选择的区位决策空间。三是除了国家层面进一步的 FDI 政策自由化,国际层面上仍在继续签署协定(见表 5-2),以补充和加强各国国家层面上的趋势。国家之间的双边投资协定(BITs)减少了跨国公司的投资风险,双重征税协定(DTTs)便于跨国公司在全球范围内从事生产、经营活动。

表 5-1 1991—2012 年世界各国 FDI 规制的变化

项目 \ 年份	1991	1992	1993	1994	1995	1996	1997	1998
投资制度变化国家数	35	43	57	49	64	65	76	60
规制变化数	82	79	102	110	112	114	151	145
其中:有利于 FDI	80	79	101	108	106	98	135	136
不利于 FDI	2	0	1	2	6	16	16	9

项目 \ 年份	1999	2000	2001	2002	2003	2004	2005	2006
投资制度变化国家数	63	45	51	43	59	80	77	74
规制变化数	140	81	97	94	126	166	145	132
其中:有利于 FDI	131	75	85	79	114	144	119	107
不利于 FDI	9	5	2	12	12	20	25	25

项目 \ 年份	2007	2008	2009	2010	2011	2012		
投资制度变化国家数	49	41	45	57	44	53		
规制变化数	80	69	89	112	67	86		
其中:有利于 FDI	59	51	61	75	52	61		
不利于 FDI	19	16	24	36	15	20		

资料来源:1991—1999 年的数据来自于 UNCTAD. World Investment Report(WIR)2002;2000—2012 年的数据来自于 WIR2013,"有利于 FDI"和"不利于 FDI"的规制数之和与"规制变化数"的差为中性数。

表 5-2 1991—2012 年世界 BITs 和 DTTs 累计数

项 目		1991	1992	1993	1994	1995	1996	1997	1998	1999	2000	2001
BITs	增加数	81	124	129	191	202	211	172	171	129	84	158
	累计数	527	651	780	971	1 173	1 384	1 556	1 726	1 856	1 941	2 099
DTTs	增加数	55	62	96	107	101	114	126	95	114	57	67
	累计数	1 248	1 309	1 405	1 512	1 613	1 727	1 792	1 873	1 982	2 118	2 185
项 目		2002	2003	2004	2005	2006	2007	2008	2009	2010	2011	2012
BITs	增加数	82	86	73	70	73	44	59	82	54	33	20
	累计数	2 181	2 265	2 392	2 495	2 573	2 608	2 676	2 750	2 807	2 833	2 857
DTTs	增加数	68	60	84	78	83	69	75	109	113	57	—
	累计数	2 256	2 316	2 559	2 758	2 651	2 730	2 805	2 894	2 976	3 091	—

注：①由于 World Investment Report(WIR)后来年份关于数据的调整,经常出现当年增加数加上一年的累计数与当年的累计数不相等;②自 2013 年起,《WIR》不再统计 DTTs 数,故没有 2012 年的 DTTs 数。

资料来源：累计数 1997—2011 年数据来自 UNCTAD. World Investment Report(WIR)1998—2013,1991—1996 年数据来自 http://www. unctad. org/Templates/WebFlyer. asp? intItemID=3150&lang=1(2010 年 1 月 1 日进入);增加数 1991—2000 年数据来自 http://www. unctad. org/Templates/WebFlyer. asp? intItemID=3150&lang=1(2010 年 1 月 1 日进入),2001—2009 年数据来自 WIR2002—2010,2010—2012 年数据来自 WIR2011—2013。

政府政策在阻止 FDI 进入一个国家方面具有决定性影响。但是,一旦使 FDI 成为可能的规制框架是适当的,经济因素才是决定性的。如图 5-1 所示,从 1991 年到 2012 年的世界各国 FDI 规制变化趋势、BITs 和 DTTs 累计数 (1997—2012)增加趋势并无太大的变化,但 1991—2000 年 FDI 流量持续增长,2001—2003 年的 FDI 流量则大幅度减少,2004—2007 年大幅度增加,2008—2009 年减少,2010—2011 年增加,2012 年又减少(见表 5-3 和图 5-1)。

表 5-3 1991—2012 年按东道地区和国家统计的 FDI 流入流量

10 亿美元

年份	1991	1992	1993	1994	1995	1996	1997	1998
金额	159	176	218	243	331	381	478	691
年份	1999	2000	2001	2002	2003	2004	2005	2006
金额	1 087	1 388	818	716	558	742	946	1 306
年份	2007	2008	2009	2010	2011	2012		
金额	2 002	1 816	1 216	1 409	1 652	1 351		

注：WIR2004 及以前提供该数据的附录标题为"FDI inflows, by host region and economy",WIR2005 至 WIR2013 提供该数据的附录标题为"FDI flows, by region and economy"。

资料来源：2007—2012 年数据数据自 WIR2013,2004—2006 年数据自 WIR2007,2003 年数据自 WIR2006,2002 年数据自 WIR2005,1998—2001 年数据自 WIR2004,1995—1997 年数据自 WIR2001,1992—1994 年数据自 WIR1998,1991 年数据自 WIR1997。

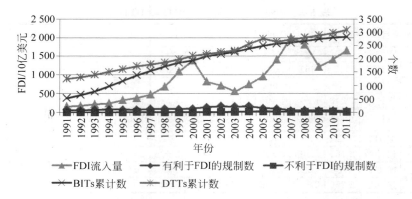

图 5-1　1991—2012 年世界各国 DTTs、BITs、FDI 流量与 FDI 规制变化

注：①"FDI 流入量"(10 亿美元)为按东道地区和国家统计,并经四舍五入;

　　②"FDI 规制变化数"为世界各国的总和。

资料来源：同表 5-1。

三、跨国公司：主宰世界经济

联合国贸易发展会议(UNCTAD)发布的《世界投资报告 1999》指出,跨国公司已经成为全球经济的核心,在推动经济全球化和世界 FDI 的高速发展上起着主导作用。以跨国公司 FDI 为核心的国际生产体系正在快速形成。2002 年的报告指出,主宰全球经济局面的仍然是世界上最大的跨国公司。2005 年的报告指出,跨国公司是最有影响的 R&D 参与者,占了全球 R&D 的主要份额。随着国际化大生产的发展,跨国公司在世界经济全球化中所起的作用越来越大。

作为跨国公司对世界经济影响的一个指示器,巨型跨国公司的经济规模堪比国家。用跨国公司的销售额与国家的 GDP 相比较,最大的 200 家跨国公司的销售额 1999 年占世界 GDP 的 27.5%。世界 50 个最大的"经济体"中,14 个是跨国公司,36 个是国家。当然,用跨国公司的销售额与国家的 GDP 相比较,在概念上是有缺陷的,因为 GDP 是一个附加值量度标准,而销售额不是。一个可比较的标准是将销售额重新计算为附加值。对于公司来说,附加值可用工资和利润、折旧和摊销、税前收入之和估算。按照此种测量方法,2000 年世界上最大的跨国公司是埃克森-美孚石油公司,其 2000 年的附加值估计为 630 亿美元,在国家和非金融公司的混合排名中列第 45 位。以附加值计,该公司的规模相当于智利或巴基斯坦。在 2000 年最大的 100 个国家-公司混合排名中,有 29 家跨国公司;排位在 51 到 100 的最大经济实体中半数是私人公司(见表 5-4)。

　　而且,跨国公司规模的增长率超过了许多国家。世界上最大 500 家企业的销售额在 1990—2001 年几乎增至三倍,而世界 GDP 按现在的价格在同一期间仅仅增长了 1.5 倍。UNCTAD 采用的 100 家跨国公司的总销售额在 1990—2000 年也从 3.2 万亿美元增加到将近 4.8 万亿美元。最大的跨国公司的附加值增长率近些年来也比国家发展要快。100 家最大的跨国公司的附加值 1990 年占世界 GDP 的比重为 3.5%,2000 年则为 4.3%。这一增长——大约 6 000 亿美元——几乎等于西班牙的 GDP。100 家最大的跨国公司的附加值在世界 GDP 的份额提高证实了跨国公司规模在过去的 10 年间变得更大了。

表 5-4　2000 年最大的跨国公司与国家经济体相比较有多大

10 亿美元

排名	跨国公司/经济体名称	附加值[a]	排名	跨国公司/经济体名称	附加值[a]
1	美国	9 810	18	俄罗斯联邦	251
2	日本	4 765	19	瑞士	239
3	德国	1 866	20	瑞典	229
4	英国	1 427	21	比利时	229
5	法国	1 294	22	土耳其	200
6	中国	1 080	23	奥地利	189
7	意大利	1 074	24	沙特阿拉伯	173
8	加拿大	701	25	丹麦	163
9	巴西	595	26	中国香港	163
10	墨西哥	575	27	挪威	162
11	西班牙	561	28	波兰	158
12	韩国	457	29	印度尼西亚	153
13	印度	457	30	南非	126
14	澳大利亚	388	31	泰国	122
15	荷兰	370	32	芬兰	121
16	中国台湾	309	33	委内瑞拉	120
17	阿根廷	285	34	希腊	113

续表

排名	跨国公司/经济体名称	附加值ª	排名	跨国公司/经济体名称	附加值ª
35	以色列	110	68	**英国石油 BP**	30
36	葡萄牙	106	69	**沃尔玛百货**	30ᶜ
37	伊朗	105	70	**国际商用机器 IBM**	27ᵇ
38	埃及	99	71	**大众汽车**	24
39	爱尔兰	95	72	古巴	24
40	新加坡	92	73	**日立**	24ᵇ
41	马来西亚	90	74	**道达尔菲纳埃尔夫**	23
42	哥伦比亚	81	75	**威利赞通讯**	23ᵈ
43	菲律宾	75	76	**松下电器产业**	22ᵇ
44	智利	71	77	**三井企业**	20ᶜ
45	**埃克森-美孚**	63ᵇ	78	**亿昂**	20
46	巴基斯坦	62	79	阿曼	20
47	**通用汽车**	56ᵇ	80	**索尼公司**	20ᵇ
48	秘鲁	53	81	**三菱**	20ᶜ
49	阿尔及利亚	53	82	乌拉圭	20
50	新西兰	51	83	多米尼加共和国	20
51	捷克共和国	51	84	突尼斯	19
52	阿拉伯联合酋长国	48	85	**菲利普·莫里斯**	19ᵇ
53	孟加拉国	47	86	斯洛伐克	19
54	匈牙利	46	87	克罗地亚	19
55	**福特汽车**	44	88	危地马拉	19
56	**戴姆勒-克莱斯勒**	42	89	卢森堡公国	19
57	尼日利亚	41	90	**西南贝尔电讯 SBC**	19ᵈ
58	**通用电气公司**	39ᵇ	91	**伊腾忠**	18ᶜ
59	**丰田汽车公司**	38ᵇ	92	哈萨克斯坦	18
60	科威特	38	93	斯洛文尼亚	18
61	罗马尼亚	37	94	**本田汽车公司**	18ᵇ
62	**皇家荷兰壳牌公司**	36	95	埃尼	18
63	摩洛哥	33	96	**尼桑汽车公司**	18ᵇ
64	乌克兰	32	97	**东芝公司**	17ᵇ
65	**西门子**	32	98	叙利亚	17
66	越南	31	99	**葛兰素史克**	17
67	利比亚	31	100	**英国电信(BT)**	17

注：a. 国家数字是 GDP,跨国公司数字是附加值。附加值被定义为工资、税前利润、折旧和摊销的总和。

　　b. 附加值是 2000 年用 66 个可获得相关数据的制造商的附加值占销售总额 30% 的份额估算出来的。

　　c. 附加值是用 2000 年 7 个可获得相关数据的贸易公司的附加值占销售总额 16% 的份额估算出来的。

　　d. 附加值是用 2000 年的其他 22 个可获得相关数据的第三级公司(other tertiary companies)的附加值占销售总额 37% 的份额估算出来的。

资料来源：UNCTAD. World Investment Report 2002,p.90。

四、跨国公司内部贸易

跨国公司内部贸易是指跨国公司的母公司与国外子公司、国外子公司相互之间进行的产品、原材料、技术与服务贸易。当前,跨国公司内部贸易约占了国际贸易的三分之一。

（一）跨国公司内部贸易的利益

（1）降低外部市场造成的经营不确定风险。由于受市场自发力量的支配,企业经营活动面临着诸多风险,包括投入品供应的数量不确定、价格不确定,不同生产工序或零部件分别由独立企业承担产生的协调上的困难。跨国公司可以将上述经营活动内部化,通过合理计划,安排生产、经营活动,进行公司内部贸易,大大降低上述各种经营的不确定性。

（2）降低交易成本。这里主要指减少通过外部市场进行对外交易谈判、签约和合同履行所发生的成本。当然,企业另外要付出内部化成本如行政协调成本。

（3）适应高技术产品生产的需要。高技术产品是 R&D 强度（即 R&D 经费支出占工业总产值的比重）很高的产品,其生产需要的技术在转让时会存在市场定价、交易成本和技术外溢等市场化问题。跨国公司可将研发和技术内部化,通过内部技术转让即内部贸易很好地解决上述问题。

（4）增强公司在国际市场上的垄断地位和竞争能力,实现全球利益的最大化。跨国公司通过内部化降低外部市场造成的经营不确定风险、降低交易成本和运用公司内部贸易价格可实现这一利益。

（二）跨国公司内部贸易价格

跨国公司内部贸易价格通常称为转移价格,指跨国公司内部母公司与子公司、子公司与子公司之间进行货物和服务交换中,在公司内部所实行的价格。转移价格包括转移高价与转移低价。转移价格的运用可带来如下效益。

（1）减轻纳税负担。跨国公司的子公司分设在世界许多国家和地区,其经营须向东道国政府纳税。母公司与子公司所在各国的税率高低差别可能较大,税则规定也不一致。于是,跨国公司往往利用各国税率差异,通过转移价格（转移高价或转移低价）人为地调整利润在母公司与子公司之间的分配,以把跨国公司总的所得税税负降到最低限度。当然,转移价格的运用还要考虑关税因素（以及海关估价）并在二者冲突时进行权衡。

（2）增强子公司在国际市场上的竞争能力。如果子公司在当地遭遇激烈的竞争,或要扩大市场份额,取得新市场,跨国公司就可能采用转移价格,降低子公司的成本,提高子公司的竞争能力以及子公司在当地的信誉,便于子公司在当地发行证券或获得贷款。

(3) 减少或避免外汇风险。首先是减少或避免汇率风险。原理如下:如果预测某一子公司所在的东道国货币将对外贬值,跨国公司就可以通过子公司高进低出的转移价格,将部分资产转移到国外,减少东道国货币对外贬值造成的损失(甚至可能获利)。其次是逃避东道国的外汇管制。当子公司所在的东道国政府对外国公司利润和投资本金的汇回在时间上和数额上有限制时,跨国公司可以通过该子公司高进低出的转移价格将利润或资金调出该东道国。

第二节　跨国经营理论

跨国经营通常有两种理解。狭义的跨国经营是指跨国公司的经营活动。广义的跨国经营则包括一切国内企业所从事的跨越国界的经营活动。在本章,跨国经营指在两个或更多的国家(地区)进行直接投资的营利性经济活动;跨国经营理论即国际直接投资理论,从国家角度来看即对外直接投资理论。下文在使用这些术语时不加区别。

理论界认为,现代国际直接投资理论产生于 20 世纪 60 年代,是一门年轻的学科,理论发展远未达到成熟的阶段。四十多年来,仍然没有出现一个普遍公认的所谓一般的直接投资理论。国际直接投资理论,即跨国经营理论,可以分为跨国经营的宏观理论和跨国经营的微观理论两类。前者以国家利益为出发点,研究跨国经营的变化规律及其对母国和东道国的影响,其重要假设之一是完全竞争;后者以企业的经济利益为中心,研究企业为什么进行跨国经营活动、怎样从事跨国经营以及在哪里跨国经营,其代表性假设是不完全竞争。本书由于主要从企业管理者的角度分析跨国经营活动,故仅仅介绍微观层面的跨国经营理论。微观层面的跨国经营理论主要有垄断优势理论、产品生命周期理论、内部化理论、区位理论、国际生产折中理论以及企业国际化渐进论。由于产品生命周期理论在本书第一章已经述及,区位理论在国际生产折中理论有所涉及,限于篇幅,本节仅仅介绍其他四个微观跨国经营理论。

上述宏观层面和微观层面的跨国经营理论是外国主流跨国经营理论,是由发达国家的学者们以英、美、日等发达国家的跨国公司为研究对象形成的。

考虑到中国是一个发展中国家,本章还要简单介绍发展中国家跨国经营的代表性理论,即小规模技术理论、技术地方化理论以及技术创新产业升级理论,为中国企业跨国经营提供理论支持。

一、跨国经营的微观理论

(一)垄断优势理论

1960 年,斯蒂芬·海默(Stephen Herbert Hymer)在其撰写的博士学位论文《国内企业的国际化经营:对外直接投资的研究》中,提出了以垄断优势来解释美国企业对外直接投资行为,并与他的导师查尔斯·金德尔伯格(Charles P. Kindleberger)共同创立了"垄断优势理论"。文献中称他们的研究为"海-金传统"(H-K tradition)。该理论以不完全竞争为分析的前提,认为垄断优势是市场不完全竞争的产物。

海默认为导致企业对外直接投资的决定性因素是企业拥有垄断优势。正是跨国公司拥有某种垄断优势,使其在跨国经营中立于不败之地。垄断优势包括三大类:①知识资产优势,如专利和专有技术、获得资金的便利条件、管理技能等;②产品市场不完全的优势,如名牌商标、产品差异、营销技巧、市场价格操纵;③跨国公司内部和外部规模经济优势。

海默认为垄断优势来自市场不完全。市场不完全(即不完全竞争)是指介于完全竞争与完全垄断之间的市场状况。他认为至少存在四种市场不完全:①由规模经济引起的市场不完全;②产品市场的不完全;③资本和技术等生产要素市场的不完全;④由政府课税、关税等措施引起的市场不完全。前三种市场不完全使企业能够拥有垄断优势,第四种市场不完全使企业通过对外直接投资利用其垄断优势实现价值增值。

(二)内部化理论

这一理论是由英国里丁大学的巴克利(Peter J. Buckley)和卡森(Mark C. Casson)提出,并由加拿大学者鲁格曼(Alan M. Rugman)等加以发展的。他们把美国学者科斯(Coase)的交易费用理论用于企业对外直接投资行为的研究,以垄断优势和市场不完全作为理论分析的前提,通过分析市场交易机制和企业内部交易机制的关系,提出由于市场竞争的不完全和交易成本的存在,促使企业通过建立企业内部市场来取代外部市场,以便降低成本,增强企业竞争力。该理论是当代西方跨国公司理论的主流,其主要观点可概括如下:由于市场的不完全,若将企业所拥有的科技和营销知识等中间产品通过外部市场来组织交易,则难以保证厂商实现利润最大化目标;若企业建立内部市场,可利用企业管理手段协调企业内部资源的配置,避免市场不完全对企业经营效率的影响。企业对外直接投资的实质是基于所有权之上的企业管理与控制权的扩张,而不在于资本的转移。其结果是用企业内部的管理机制代替外部市场机制,以便降低交易成本,拥有跨国经营的内部化优势。

1. 内部化理论基于三个基本假设

(1) 企业在不完全市场竞争中从事生产经营活动的目的是追求利润最大化。

(2) 中间产品市场的不完全,使企业通过对外直接投资,在组织内部创造市场,以克服外部市场的缺陷。所谓中间产品,除了用于制造其他产品的半成品外,还包括研究与开发、营销技巧、管理才能以及人员培训等。

(3) 跨国公司是跨越国界的市场内部化过程的产物。

2. 四组与市场内部化决策相关的因素

(1) 行业特定因素,主要是指产品性质、外部市场结构以及规模经济。

(2) 地区特定因素,包括地理位置、文化差别以及社会心理等引起的交易成本。

(3) 国别特定因素,包括东道国政府政治、法律、经济等方面政策对跨国公司的影响。

(4) 企业特定因素,主要是指企业组织结构、协调功能、管理能力等因素对市场交易的影响。

内部化理论认为,上述四组因素中,行业特定因素对市场内部化的影响最重要。当一个行业的产品具有多阶段生产特点时,如果中间产品的供需通过外部市场进行,则供需双方关系既不稳定,也难以协调,企业有必要通过建立内部市场保证中间产品的供需。企业特定因素中的组织管理能力也直接影响市场内部化的效率,因为市场交易内部化也是需要成本的。只有组织能力强、管理水平高的企业才有能力使内部化的成本低于外部市场交易的成本,也只有这样,市场内部化才有意义。

3. 利用和开发以知识为代表的中间产品是企业内部化的动力

中间产品不只是半成品、原材料,较为常见的是结合在专利权、人力资本之中的各种知识。知识产品包括知识、信息、技术、专利、专有技术、管理技能、商业信誉等,具有以下主要特征。

(1) 信息悖论。只有买方充分了解知识产品、确定了知识产品的价值以后,买方才会愿意且决定购买该知识产品。然而,一旦买方了解、掌握了知识产品,他们可能就不愿意再购买了。至少,由于信息不对称,买卖双方对知识产品的价值评价往往不一致,买方对知识产品的价值缺乏充分的认识,不愿意支付令卖方满意的价格。

(2) 零边际成本。知识产品生产与销售的成本并不取决于它的数量,它的边际成本为零。

(3) 非竞争性消费。知识产品被一个消费者使用,并不影响它被其他消费者使用。只要该知识产品没有失去价值,能够被无数消费者使用,就存在被买方继续扩散的可能,从而减少卖方在该知识产品上的获利。这样,将知识产品内部化是避免卖方风险的必要途径。

中间产品市场是不完全的,其表现是缺乏某些市场以供企业之间交换产品,或者市场效率低,导致企业通过市场交易的成本上升。因此,追求利润最大化的厂商必须对外部市场实行内部化,即建立企业内部市场,利用企业管理手段协调企业内部资源的配置,避免市场不完全对企业经营效率的影响。

当然,跨国公司市场内部化过程也是有成本的,如增加企业内部的交流成本、内部市场的管理成本等。"当且仅当(以知识产品为代表的)中间产品市场内部化的收益大于它的成本时,市场内部化行为就必然产生。"

(三) 国际生产折中理论

国际生产折中理论是英国里丁大学教授约翰·邓宁(John H. Dunning)于 1977 年提出的。该理论被广泛接受,逐渐成为西方跨国公司理论的主流,是迄今为止理解和解释企业跨国投资和经营的最好理论之一。该理论的核心思想是:企业跨国投资是为了获得、利用和开发三种关键的优势,即所有权优势(ownership specific advantages,OSA)、内部化优势(internalization specific advantages,ISA)和区位优势(location specific advantages,LSA)。邓宁认为企业只有同时具备这三种优势才能从事对外直接投资,故将这个模型称为"三优势模型"(OIL),并以"折中"一词来命名自己的理论。"折中"一词旨在"集百家之所长,熔众说于一炉"。

这三种优势的含义如下。

1. 所有权优势

所有权优势是指一国企业所拥有而别国企业没有或难以得到的生产要素禀赋、产品的生产工艺、管理技能等。邓宁把所有权优势分为三类:

(1) 企业本身具有的竞争优势,包括企业的规模和已经取得的经济地位;

生产的多元化；从劳动分工中取得的优势；垄断地位；对特有资源的获得能力；企业特有的技术、商标；生产、管理、组织和营销系统；研究与开发能力、人力资本、经营经验；在要素投入(劳动力、自然资源、资本、信息)获取上的优势；产品进入市场的优先权；政府保护。

(2) 国外子公司或分支机构与其他企业相比所拥有的优势，如能够从母公司直接得到的经营能力(管理、研究与开发、营销技巧等)，提供综合资源(生产采购、加工、营销、融资)的规模经济效益。

(3) 由企业的多国经营而获得的优势，如对信息、市场、投入等的深入了解，根据不同地区要素禀赋、市场结构、政府干预的特征，确定全球经营战略和分散风险的能力等。

2. 内部化优势

内部化优势是指企业克服市场失效的能力。邓宁将市场失效分为两类：

(1) 结构性市场失效(structural market failure)，指由非完全竞争市场所导致的市场缺陷，这种市场缺陷可以产生垄断租金。造成结构性市场失效的原因首先是东道国政府的限制，如关税壁垒和非关税壁垒所引起的市场失效，这是促使跨国公司为绕过贸易壁垒而到东道国大量投资的主要因素；其次是无形资产的特性影响了外部市场的形成和发育。

(2) 交易性市场失效(transactional market failure)，指公平交易不能充分发挥作用的情形，如交易因渠道不畅而需付出高昂的费用，交易方式僵化降低了成交的效率，因期货市场不完善而无法降低未来交易风险。

具体来说，邓宁认为在以下情况下，企业将实行内部化：①减少或避免交易成本和谈判成本；②避免为保护知识产权所需要的成本；③购买者不确定；④不允许价格歧视存在；⑤需要卖方保证产品质量；⑥弥补市场失灵的缺陷；⑦有利于防止政府干预(如配额、关税、价格歧视、税收歧视)；⑧保证供给条件稳定；⑨控制市场范围。邓宁认为市场失效不仅存在于中间产品，也存在于最终产品。

3. 区位优势

区位优势是指东道国所特有的政治法律制度和经济市场条件，包括两个方面：一是东道国要素禀赋如自然资源、地理位置、市场规模及结构、收入水平、基础设施等产生的优势；二是东道国的政治法律制度、经济政策、基础设施、教育水平、文化特征等产生的优势。区位优势是由东道国状况决定的，企业自身无法左右。

表 5-5 是邓宁对"三优势模型"(OIL)的简短解释：企业若同时拥有所有权优势、内部化优势和区位优势,则有条件以对外直接投资方式进入国际市场;企业若拥有所有权优势和内部化优势,但缺乏区位优势,则只能以产品出口方式进入国际市场;企业若仅拥有所有权优势而无内部化优势和区位优势,则企业只能进行无形资产转让。

表 5-5　企业优势与跨国经营方式

方　　　式	所有权优势	内部化优势	区位优势
对外直接投资	有	有	有
商品出口	有	有	无
无形资产转让	有	无	无

(四)企业国际化阶段论

企业国际化(internationalization of firms)是近三十年来跨国公司研究领域的重点课题之一。企业国际化理论是关于企业国际化经营发展过程的理解和概括,主要回答以下两个基本问题:①企业国际化是怎样一个发展过程,是渐进的还是跳跃的? 是演进的还是突变的? ②什么因素决定企业的国际成长?

北欧学者以企业行为理论研究方法为基础,提出了企业国际化阶段理论,也有学者称之为"乌普萨拉国际化模型"(Uppasala internationalization Model, U-M)。该理论有两个基本命题:①企业国际化应该被视为一个发展过程;②这一发展过程表现为企业对外国市场逐渐提高投入(incremental commitment)的连续形式。

约汉森(Johanson)和瓦尔尼(Vahlne)对瑞典四家企业的跨国经营过程进行比较研究时发现,他们在跨国经营战略步骤上有惊人的相似之处:最初的外国市场联系是从偶然的、零星的产品出口开始;随着出口活动的增加,母公司掌握了更多的海外市场信息和联系渠道,出口市场开始通过外国代理商而稳定下来;再随着市场需求的增加和海外业务的扩大,母公司决定在海外建立自己的产品销售子公司;最后,当市场条件成熟以后,母公司开始进行对外直接投资,在外国建立生产、制造基地。

约汉森等将企业跨国经营过程划分为四个发展阶段:①不规则的出口活动;②通过代理商出口;③建立海外销售子公司;④从事海外生产和制造。这四个阶段是一个"连续"、"渐进"的过程。它们分别表示一个企业海外市场的卷入程度或由浅入深的国际化程度。企业国际化的渐进性主要体现在两方面：①企业市场范围扩大的地理顺序通常是本地市场→区域市场→全国市场→海外相邻市场→全球市场；②企业跨国经营方式演变的最常见类型是纯国内经营→通过中间商间接出口→直接出口→设立海外销售分部→海外生产。

北欧学派用"市场知识"(market knowledge)解释企业国际化的渐进特征。市场知识分为两部分：①一般的企业经营和技术，即客观知识，这可以从教育过程、书本中学到；②关于具体市场的知识和经验，或称经验知识，这只能从亲身的工作实践中积累。决策者市场知识的多寡直接影响其对外国市场存在的机会和风险的认识，进而影响其对海外市场的决策。他们认为企业的海外经营应该遵循上述渐进过程。

北欧学者用"心理距离"(psychic distance)概念分析、解释企业选择海外市场的先后次序。"心理距离"是指"妨碍或干扰企业与市场之间信息流动的因素，包括语言、文化、政治体系、教育水平、经济发展阶段等"。他们认为当企业面临不同的外国市场时，选择海外市场的次序遵循心理距离由近及远的原则。

总而言之，北欧学者认为企业的跨国经营应遵循以下两个原则：①当企业面对不同的外国市场时，它们首先选择市场条件、文化背景与母国相同的国家，即企业的跨国经营具有文化上的认同性；②在某一特定市场的经营活动中，企业往往走从出口代理到直接投资的渐进道路。但是，也有例外情况，例如：①当企业拥有足够雄厚的资产，其海外投资相比之下微不足道时，海外经营阶段的跨越是有可能的；②在海外市场条件相同情况下，企业在其他市场获得的经验会使其跨过某些阶段而直接从事海外生产活动。

国际化阶段理论提出以后，引起了国际企业研究界广泛的关注。许多学者进行了大量的经验研究。得出的较为一致的结论是：国际化阶段理论(U-M)主要适用于中小企业的国际化行为。对于大型、多元化的企业而言，其抵御风险的能力提高，国际化的渐进特征并不十分明显。另一些检验结果表明，国际化阶段理论对"市场寻求型"跨国公司的国际经营行为有较强的解释力，但对于其他投资动因的企业，如资源寻求型、技术寻求型、战略资产寻求型等并不十分明显。

二、发展中国家跨国经营理论

迄今为止，跨国经营理论认为发达国家跨国公司的竞争优势主要来自企业对市场的垄断、产品差异、高科技和大规模投资以及高超的企业管理技术。发展中国家跨国公司显然不具备上述优势。这就产生了以下问题：发展中国家为什么要对外直接投资？后发展型跨国公司有哪些竞争优势？又怎样在激烈的国际竞争中生存、发展？从 20 世纪 70 年代开始，一些学者逐渐关注发展中国家企业跨国经营理论的探讨，提出了许多有价值的理论和观点。这些理论虽然还不够成熟与完善，但对发展中国家与地区的跨国公司的产生和发展仍有参考价值和借鉴意义。下面将介绍关于发展中国家跨国公司研究的三个代表性理论。

（一）小规模技术理论

美国哈佛大学研究跨国公司的刘易斯·威尔斯（Louis T. Wells）在 1983 年出版的《第三世界跨国企业》一书，被学术界认为是研究发展中国家跨国公司的开创性成果。威尔斯认为，发展中国家跨国公司的比较优势来自以下三方面。

（1）拥有为小市场需求服务的小规模生产技术。低收入国家制成品市场的一个普遍特征是需求量有限，因此大规模生产技术无法从这种小市场需求中获得规模经济效益。许多发展中国家企业正是开发了满足这种小市场需求的生产技术而获得了竞争优势。这种小规模技术的特征往往是劳动密集型的，生产有很大的灵活性，适合小批量生产。他对印度和泰国的调查结果证明了这一点。

（2）威尔斯认为发展中国家跨国公司具有来自"当地采购和特殊产品"的竞争优势。发展中国家的企业为了减少因进口技术而造成的特殊投入需要，寻求用本地的投入来替代。一旦这些企业学会用本地提供的原料和零部件替代特殊投入，它们就可以将这些专门知识推广到面临相同问题的其他发展中国家。另外，发展中国家企业对外直接投资具有鲜明的民族文化特点，主要是为服务于国外同一种族团体的需要而建立的。一个突出的例子是华人社团在食品加工、餐饮、新闻出版等方面的需求，带动了一部分东亚、东南亚国家和地区的海外投资。这些产品的生产往往利用东道国的当地资源，在生产成本上享有优势。根据威尔斯的研究，这种"民族纽带"性的对外直接投资在印度、泰国、新加坡、马来西亚以及来自中国台湾和中国香港两地区的投资都占有一定比例。

（3）低价产品营销战略。物美价廉是发展中国家跨国公司抢夺市场份额的主要武器。发达国家跨国公司的产品营销战略往往要投入大量的广告费用，以此树立产品形象，创造名牌产品效应。与此形成鲜明对比的是，发展中国家跨国公司花费较少的广告支出，采取低价营销战略。

在分析发展中国家企业对外直接投资的动机时,威尔斯认为对于制造业而言,保护出口市场是其对外直接投资的一个非常重要的动机。其他动机还包括谋求低成本、分散资产、母国市场的局限、利用先进技术等。

小规模技术理论对于分析与研究经济落后国家的企业走向跨国经营的初期阶段,怎样在国际竞争中争得一席之地颇有启发。对外直接投资不仅从企业的经营战略和长期发展目标上看是必要的,而且企业的创新活动大大增加了发展中国家企业参与国际竞争的可能性。

(二) 技术地方化理论

拉奥(Sanjaya Lall)在对印度跨国公司的竞争优势和投资活动进行了深入研究后,提出了关于发展中国家和地区跨国公司的技术地方化理论。拉奥认为,虽然发展中国家和地区的跨国公司的技术特征表现为规模小、标准技术和劳动密集性等,但是这种技术的形成包含着企业内在的创新活动。以下几个方面使发展中国家企业能够形成和发展自己的"特定优势"。

(1) 发展中国家跨国公司的技术知识当地化是在不同于发达国家的环境下进行的,这种新的环境往往与一国的要素价格及其质量相联系。

(2) 发展中国家企业生产的产品适合于发展中国家自身的经济条件和需求。

(3) 发展中国家企业的竞争优势不仅来自其生产过程及产品与当地的供给条件和需求条件紧密结合,而且来自创新活动中所产生的技术在小规模生产条件下具有更高的经济效益。

(4) 在产品特征上,发展中国家企业仍然能够开发出与名牌产品存在差异的消费品。当东道国国内市场较大,消费者的品位和购买力有较大差别时,来自发展中国家企业生产的产品仍有一定的竞争能力。

(5) 上述几种竞争优势还会由于民族或语言因素得到加强。

该理论的主要特点是不仅分析了发展中国家和地区企业的国家竞争优势,而且强调了形成竞争优势所需要的企业创新活动。

(三) 技术创新产业升级理论

英国里丁大学坎特威尔(Cantwell)和托兰惕诺(Tolentino)在研究新兴工业化国家和地区的企业对外直接投资迅速增长基础上,于 20 世纪 80 年代末期提出了技术创新产业升级理论。

该理论提出了两个基本命题:第一,发展中国家产业结构的升级,说明了发展中国家企业技术能力的稳定提高和扩大,这种技术能力的提高是一个不断积累的过程。第二,发展中国家企业的技术能力提高,是与它们对外直接投资的增长直接相关的。现有的技术能力水平是影响其国际生产活动的决定因素,同时也影响发展中国家跨国公司对外直接投资的形式和增长速度。在这两个命题的基础上,他们得出了如下结论:发展中国家对外直接投资的产业分布和地理分布是随着时间的推移而逐渐变化的,并且是可以预测的。

坎特威尔和托兰惕诺认为,发达国家企业的技术创新表现为大量的研究与开发投入,处于尖端的高科技领域,引导技术发展的潮流。而发展中国家企业的技术创新最初来自外国技术的进口,并使进口技术适合当地的市场需求;随着生产经验的积累,对技术的消化、吸收带来了技术创新;这种技术创新优势又随着管理水平、市场营销水平的提高而得到加强。因此,发展中国家跨国公司的技术积累过程是建立在他们"特有的学习经验基础上的"。

坎特威尔和托兰惕诺还分析了发展中国家的企业跨国经营的产业特征和地理特征。他们认为,发展中国家跨国公司对外直接投资受其国内产业结构和内生技术创新能力的影响。在产业分布上,首先是以自然资源开发为主的纵向一体化生产活动,然后是以进口替代和出口导向的横向一体化为主。从海外经营的地理扩张看,发展中国家企业在很大程度上受"心理距离"的影响,遵循周边国家→发展中国家→发达国家的渐进发展轨道。随着工业化程度的提高,一些新兴工业化国家和地区的产业结构发生了明显变化,技术能力也迅速提高。在对外投资方面,他们已经不再局限于传统产业的传统产品,开始从事高科技领域的生产和研发活动。

第三节　跨国经营动因与优势

1993 年,芬兰学者威尔什(Lawrence S. Welch)和罗斯坦端尼(Reijo K. Luostatinen)在《国际化中的内外向联系》一文中认为,企业国际化包括内向型视角和外向型视角两种地理导向,"企业内向国际化过程会影响其外向国际化的发展,企业内向国际化的效果将决定其外向国际化的成功"。外向型跨国经营包括下列方式:出口,向外国公司发放许可证,在国外与外国企业建立合资企业,建立或收购外国企业。内向型跨国经营指企业意识到了跨国公司对本土导向型企业竞争力的冲击,并采取下列方式:进口,作为许可证交易的受约人,在国内与外国企业建立合资企业,被国外企业并购。

在国内外有关企业国际化的研究中,绝大部分是把企业的国际化看作是企业如何或怎样进行跨国经营的。在本节的有关论述中,企业国际化即指企业跨国经营,而且有关跨国经营的论述局限于对外直接投资。

一、跨国经营动因

企业对外直接投资有三个目的:①降低生产与运输成本;②将国内过剩的生产能力向国外转移,获取规模经济效益;③发挥或获取技术优势。不同企业的跨国经营动机有着很大的区别。对于处在不同国家的企业来说,企业所在国家的资源禀赋、经济发展水平等,是决定企业是否跨国经营的外在重要因素;同一个国家的企业,因所处的经营领域及自身资金、技术等内在因素不同,跨国经营动机也会迥然不同。

(一)发达国家企业跨国经营动因

学者们对不同国家、不同企业跨国经营动因进行的调查和分析中,日本学者小岛清和英国学者邓宁对跨国经营动因所做的系统归纳,受到了学术界较为普遍的认同。小岛清认为企业对外直接投资的三类主要动因是自然资源寻求型、市场寻求型和生产要素寻求型。邓宁根据他对美、英等国企业的考察,归纳出资源寻求型、市场寻求型、效率寻求型和战略资产寻求型四种类型。下面依据邓宁的四类动因学说,对发达国家企业跨国经营活动动机进行详细的分析。

1. 资源寻求型跨国经营

在此区分为资源贫乏国家企业的跨国经营和自然资源富裕国家企业的跨国经营。

(1)自然资源贫乏国家企业的跨国经营。母国的资源禀赋、经济发展水平及东道国的区位优势等,对资源寻求型投资的时机与规模有重要的影响。相关的研究文献揭示了以下三种情形:①本国自然资源的稀缺(如石油、森林)和快速的工业化进程,使得类似英国、荷兰、比利时这样的欧洲国家,将海外资源的开发与经营视为维系本国经济发展的最重要手段之一。资源寻求型投资成为这些国家对外直接投资的发端。②德国第二次世界大战后的海外投资也发轫于寻求国外自然资源这一类型。在德国第二次世界大战后初期的对外直接投资中,资源寻求型投资占有突出的地位。但是与美国、英国企业相比,德国优秀企业是以国内投资为主,出口为辅,海外投资尤为次之。③日本企业的对外投资从资源寻求型开始,但首先是从寻求和利用周围地区的廉价劳动力资源开始,到20世纪70年代后期转向市场寻求型(电子、汽车)和效率寻求型(重化工业)投资为主。

（2）自然资源富裕国家的企业的跨国经营。由于企业的所有权比较优势不同，以及企业所在国家的保护资源政策，使得即使自然资源丰富的国家，也会经常进行资源寻求型投资，如瑞典企业和美国企业。瑞典是一个自然资源尤其是林业资源丰富的国家，其企业在这些领域的技术与管理水平世界一流。由于瑞典企业在造纸、木材加工领域所拥有的技术与管理方面的所有权比较优势，瑞典企业并不因为本国丰富的造纸资源而放弃对国外相应资源的开发，因为这涉及瑞典企业未来持续性的发展与扩张。瑞典林产品和造纸行业在美国、加拿大、巴西和葡萄牙投资，就是资源寻求型投资，其重要目的就是获得当地的原材料资源。美国石油公司在中东地区的初期海外投资以及在加拿大的投资，同样也属于资源寻求型投资。

2. 市场寻求型跨国经营

市场寻求型投资还可以细分为规避贸易壁垒型投资、稳定与市场扩大型投资、开辟新市场型投资和跟随潮流型投资等四种类型。推动企业进行市场寻求型跨国经营的主要因素有以下几种。

（1）区域经济一体化的发展。区域经济一体化对企业跨国经营有深远的影响。欧洲联盟（简称欧盟，前身是欧共体）和北美自由贸易区形成前后，带动了跨国公司对这两个地区直接投资的迅速增加。自由贸易区的建立，消除了成员国之间的关税壁垒，彼此之间商品可以自由流动。而关税同盟及更高级形式的经济一体化还对来自非成员国的产品征收统一的关税。在这种情况下，对于贸易与投资的权衡，非成员国的跨国公司多是积极采取直接投资方式进入这一区域市场。如欧盟经济一体化过程增加了美国、加拿大和日本对欧盟的直接投资。

不过，区域经济一体化对区域内所有成员国外资流入的影响程度并不相同，如北美自由贸易区中的美国、欧盟中的英国，它们的区位优势往往成为外资企业的最佳选择，然后再由这些国家向区域内其他国家出口产品。

（2）投资政策自由化趋势。各国的投资自由化政策为企业跨国经营建立新市场、扩大已有市场，提供了新的保证和动力（见本章第一节有关内容）。

3. 效率寻求型跨国经营

20世纪70年代，石油危机使日本原材料进口成本大幅度上升，其他国家对本国矿产资源的出口限制增加，日本国内环保主义呼声日高。在上述背景下，日本重化工业及电子、汽车等行业的企业利用东道国资源（包括自然资源和廉价劳动力资源），进行就地生产、就地销售的效率寻求型投资，取代过去的以资源寻求型投资为主。

欧、美企业的对外直接投资则是由技术流动因素引致。著名学者内热拉(Narula)对 1980—1994 年跨大西洋技术流动的研究发现,欧洲对美国技术的依赖远大于美国对欧洲的依赖,也远大于欧洲各国之间的技术依赖。由于美国企业在信息、生物等高技术领域所具有的所有权优势,造成欧洲区域内技术合作远不如与美国企业合作。欧洲企业通过与美国企业建立技术联盟直至采取并购行动,是欧洲企业获得美国先进技术的重要手段。

美国企业对外直接投资则倾向于具有投资高增长率的技术密集型行业,倾向于借助对外直接投资建立全球性的技术合作、营销网络,并获得优势地位。事实上,美国企业在全球范围内的跨国并购浪潮中发挥了引导性作用。

4. 战略资产寻求型跨国经营

只有大型跨国公司才能进行战略寻求型对外直接投资。20 世纪 90 年代全球范围内第五次企业并购浪潮中的大规模跨国战略并购,多属于战略资产寻求型。

(二) 发展中国家企业跨国经营动因

推动发展中国家企业跨国经营的动因,与发达国家有很多共同的地方,但由于受到国家(地区)经济和科技发展水平的限制,所以也与发达国家企业的跨国经营动因有一些区别。

1. 资源寻求型跨国经营

一些新兴工业化国家(地区)为了解决国内工业化与资源不足的矛盾,也进行了资源寻求型对外直接投资。韩国是一个典型例子。韩国资源寻求型投资以大企业为主,寻求的资源包括工业生产所需要的自然资源,以及由于国内劳动力成本上涨,劳动密集型产业需要的外国廉价劳动力资源。

2. 贸易替代(或促进)型跨国经营

巴西企业跨国经营的主要领域包括食品、纺织、服装、木材与家具、自行车、电子产品、钢铁制品、汽车零配件等。这些领域的投资与经营都是为了消除贸易壁垒对巴西产品出口所构成的障碍。

韩国企业为了克服贸易保护主义,加强对主要出口市场的竞争力,其综合商社通过建立海外分支机构,推动国内制造业的出口。与出口促进型跨国经营相适应,韩国物流业、金融、保险等服务业的对外直接投资业迅速发展了起来。

3. 市场寻求型跨国经营

中国台湾是这一类型投资的典型。虽然中国台湾岛内资源稀缺,但它的对外直接投资不是从资源寻求型开始的,而是从制造业的市场寻求型开始的。中国台湾第一笔对外直接投资,是 1959 年在马来西亚建立的投资 10 亿美元的水泥公司。此后,中国台湾对马来西亚、菲律宾等东南亚国家的直接投资也基本上集中在制造业领域。20 世纪 80 年代推动台湾企业跨国经营的主要因素是贸易保护和台币升值。

中国台湾中小企业的对外直接投资推动了中国台湾对外直接投资规模的扩大,这对发展中国家企业尤其是中国民营企业对外直接投资具有示范作用。中国台湾中小企业对外直接投资的领域包括纺织、服装、箱包、玩具、家用电器等,主要投资流向是东南亚国家。

4. 技术获取型跨国经营

进入 20 世纪 90 年代后,一些新兴经济体努力在发达国家从事生产经营活动的重要动因之一,就是为了获取东道国的先进技术。中国台湾的一批企业在这个时期开始了面向新技术的海外投资。韩国大企业在同时期的对发达国家投资中,十分重视在技术领域多种形式的合作。通过投资与合作,企业可以不断消化吸收先进技术,提高自有技术水平。

二、跨国经营竞争优势

跨国经营竞争优势是指跨国经营企业(跨国公司)在国际市场竞争中所拥有的超过本国国内企业、东道国和第三国企业的优越条件和地位。企业凭借此种优越条件和地位能优于对手,更好地满足顾客需要,从而给企业带来超额利润或提高企业的国际市场份额。

(一)发达国家跨国公司的竞争优势

20 世纪 60 年代以来的跨国公司主流理论很好地总结了发达国家跨国公司跨国经营竞争优势,认为这些企业以母国先进的工业为基础,建立了相对明显的企业综合优势。它们规模巨大,技术开发和管理能力强,资本雄厚,组织管理人才和经验丰富。它们主要集中在一些资本密集、技术密集、研究与开发密集的先进技术生产部门,如化学、医药、汽车、电子工业、机械制造等。

1. 规模经济优势

首先,由于固定成本的存在和固定投资的不可分割性,生产规模的扩大可以持续降低单位产品的生产成本,从而使产品价格具有竞争力。其次,规模经济优势还来自(甚至于主要是)非生产性活动,如集中化的研究与开发,建立大规模销售网络以及进行集中的市场购销、大规模的资金筹措和统一管理等。

跨国公司因其规模巨大而有能力充分利用这些活动,从而建立并拥有技术、信息、资金、货币以及企业组织协调等优势。事实上,当把规模经济与市场结构因素联系在一起时,在不完全竞争的市场结构中,不仅存在规模经济,而且存在企业最小最佳规模,达不到有效规模的企业在竞争中处于不利地位。这一结论可以解释跨国公司与规模经济的相关性。

2. 技术优势

掌握和使用新技术在市场竞争中起着越来越重要的作用,一家公司目前的新技术研究与开发活动很大程度上决定了它将来的市场地位。由于新技术研究与开发产品在企业内部转移的成本较小,跨国公司的技术成果往往通过内部使用和转移保持其技术领先地位。技术的内部转移是跨国公司利用其内部化优势的主要方面。目前,世界上新技术和新工艺的 80%、国际技术转让的 70%为不同类型的跨国公司所控制。企业内部技术转移占全部技术交易的比率在日本是 52%,在德国是 95%,在美国是 79%。

20 世纪最后 20 年,发达国家跨国公司技术优势发生了变迁,主要表现在以下几个方面。

(1) 跨国公司的技术创新活动在 20 世纪 90 年代出现了集中化趋势。如在美国,1996 年 50 家公司的研究与开发费用就占工业研究与开发总数(41 000 家企业)的一半左右。在发达小国,技术创新的集中度甚至更高。

(2) 20 世纪 80 年代以来,跨国公司研究与开发呈现全球化趋势日益明显。这种趋势首先表现为许多跨国公司改变了以往将研究与开发集中在母国的做法,纷纷增加了其海外技术开发的投入和比重。其次还表现为跨国公司在海外建立研究实验室并从事基础性的研究,同时加强海外研究与开发的一体化协调与管理。

(3) 研究与开发战略合作迅速发展,研究与开发活动趋于外部化。《世界投资报告1997》提供的资料表明,全球国际研究与开发合作数由 1990 年的304 个增长到 1995 年的 432 个,其中高峰期 1994 年接近 600 个。

3. 品牌优势

跨国公司凭借其先进的技术、高质量的产品和强大的广告宣传,形成了许多知名品牌或世界名牌。世界著名跨国公司都把品牌的树立和维护看作是增强竞争能力的重要手段。著名管理咨询公司麦肯锡的一份研究报告表明,美国《财富》500 强中的前 250 位大公司有近 50%的市场价值来自于无形资产,而品牌价值是企业无形资产中最重要的部分。

4. 先行者优势

先行者优势也称作"早行动者优势"。跨国公司作为行业的先行者,可以在获得资源、引领技术潮流(标准)、制定规则和掌握客户资源方面,在竞争中获得有利地位。在获得资源方面,先行者可比后来者获得更多的有形资产,如优越的地理位置、较低的厂房和设备投入、廉价的原料等。从掌握客户资源来看,跨国公司作为先行者可以通过规模经济和范围经济降低成本、通过提供高质量的产品和服务建立良好的声誉和品牌形象等差别化战略,牢牢掌握客户资源。另外,先行者还可抢先获取或建立商标、专利、品牌、知识和经验等无形资产。

(二) 发展中国家跨国公司的竞争优势

20 世纪 80 年代以来,随着经济全球化程度的加深,发展中国家跨国公司有了实质性的发展。在 1999 年《财富》公布的世界 500 强企业中,有 22 家发展中国家和地区的跨国公司。发展中国家跨国公司与发达国家跨国公司不同(见表 5-6),其竞争优势首先在于其低成本和低价格。价格竞争是发展中国家跨国公司在国际市场竞争的最重要的"武器"。其低价格来自于低成本。在 20 世纪 80 年代初对 369 家中国香港的对外直接投资企业的调查发现,中国香港跨国公司的主要竞争优势来自其管理和技术人员的工资水平低于发达国家跨国公司的同类指标。低劳动力成本使来自发展中国家的跨国公司在劳动密集型行业如建筑、服装、电子、玩具等具有明显竞争优势。另外,发展中国家对外投资的技术大多是标准技术,用于生产一般产品而非新产品。这类技术生产的产品价格需求弹性大,有利于在价格方面加强竞争力。其次在于其对周边国家比较熟悉,其适用技术对东道国市场适应性较强,以及它们以民族文化为纽带来拓展"生存空间",在文化背景上比发达国家跨国公司具有独特的竞争优势。

表 5-6　发展中国家与发达国家跨国公司比较

特　征	发达国家跨国公司	发展中国家跨国公司
海外子公司规模	大	小
产品特征	名牌产品	非名牌产品
技术含量	高技术	标准技术
研究与开发能力	高投入	低投入
主要海外投资地区	发达国家	发展中国家
主要对外投资形式	控股子公司	合资企业
投资动机	效益型和战略型	资源型和市场型

资料来源:鲁桐.WTO 与中国企业国际化[M].北京:中共中央党校出版社,2000:128.

第四节 中国企业跨国经营

企业跨国经营是指企业积极参与国际分工,由国内企业发展为跨国公司的过程,包括内向型跨国经营和外向型跨国经营两个方面(见第三节)。作为后发展型国家的跨国公司,中国企业内向跨国经营是其外向跨国经营的必要基础和条件:①技术、设备进口及合资企业的建立是企业跨国经营的前期准备;②内向跨国经营的方式、速度、规模影响外向跨国经营的方式和发展速度;③内向跨国经营的经验积累直接影响企业外向跨国经营的成功率;④企业内向跨国经营对外向跨国经营的联系与影响并不限于企业跨国经营的初期阶段,而是贯穿于企业跨国经营的全过程;⑤企业的外向跨国经营也会在一定程度上影响其内向跨国经营的深度和广度。

中国企业跨国经营主要包括对外贸易、对外经济技术合作和对外直接投资,但由于研究的需要,这里的跨国经营阐述囿于中国企业的对外直接投资,也就是"走出去"。下文中"走出去"与对外直接投资含义相同。

一、中国企业跨国经营的发展历程、现状与特征

(一)中国企业跨国经营的发展历程

中国企业跨国经营是 1979 年改革开放以后逐步发展起来的(其前身可追溯到新中国成立以后进行的对外经济技术援助)。其发展经历了四个阶段:

第一阶段为 1979—1985 年,是中国企业跨国经营的缓慢发展阶段。在这一阶段,中国企业的对外直接投资是在政府的严格监管和限制下进行的,投资主体主要是大型的贸易集团和综合性集团,投资业务以贸易活动为主,市场进入方式多为外国代表处或合资企业。非贸易性企业的投资大多集中在餐饮、建筑工程、金融保险、咨询服务等行业。

第二阶段为 1986—1991 年,是中国企业跨国经营的逐步发展阶段。该阶段出台了以下政策措施:1985 年 7 月国务院授权对外贸易经济合作部(简称外经贸部,是商务部的前身。下文一律用"商务部")制定并颁发了《关于在国外开设非贸易性合资企业的审批程序和管理办法》,对中国企业对外直接投资的管制有所放松;商务部下放了部分企业境外投资的审批权限,简化了部分审批手续。1988 年国务院正式批准中国化工进出口母公司为跨国经营的试点。

第三阶段为 1992—2000 年,是中国企业跨国经营的快速增长时期。1992 年初,邓小平南方讲话,把中国经济体制改革和对外开放推向了一个新的发展阶段。在这一大背景下,中国企业跨国经营进入了一个新的迅速发展阶段。如从投资规模看,1979—1991 年的 12 年间,中方境外投资额累计 13.95 亿美元,而 1992—1998 年 7 年间新增的中方海外投资额为 11.89 亿美元。

第四阶段为 2001 年至现在,是中国企业跨国经营的迅速增长阶段。2000 年中央提出了实施"走出去"战略,要"请进来"与"走出去"并举、相互促进;2001 年 12 月 11 日中国成为 WTO 的正式成员,极大地调动了中国各类企业推进跨国经营的积极性。截至 2012 年底,中国 16 000 家境外投资者在国(境)外设立对外直接投资企业(简称境外企业)近 2.2 万家,分布在全球179 个国家(地区),对外直接投资累计净额(简称存量)5 319.4 亿美元。截至2013 年 11 月底,我国累计非金融类对外直接投资 5 157 亿美元。

(二)中国企业跨国经营现状

财政部涉外司和商务部国际贸易经济合作研究院共同组办的一个境外加工贸易研究课题组,在 1999 年 6 月—2000 年 4 月对江苏、浙江、福建、深圳、珠海、厦门等地的上百家企业,进行了一次问卷调查。依据此次调查结果和商务部发布的资料,中国企业跨国经营现状可以归纳描述如下。

(1)从事跨国经营的企业绝大部分拥有较先进的技术。调查显示,有68.7%的企业认为其主要产品的技术在国内居领先地位,13.2%的企业自认为处于国际领先水平,18.1%的企业认为在区域内领先。从技术水平看,中国在俄罗斯、印度、越南、菲律宾、土耳其、墨西哥等发展中国家的投资项目与当地企业相比处于领先地位。

(2)企业对外直接投资的首要目标是寻求扩大市场空间,获取经济效益。在被调查的从事跨国经营的企业中,有 64%的企业在选择投资目标国时,主要看其市场规模和潜力如何,是否容易向第三国出口,以尽量拓展海外市场空间。约 98%的企业将境外加工产品在当地销售或向第三国出口。企业投资地的最终选择说明,东道国给予的投资优惠政策、海外投资所需资金量少,是企业极为看重的两点。

(3)境外企业管理以自派人员为主。在境外企业的管理上,存在三种模式:生产车间型、自主决策型和本土化型。调查显示,23.5%的境外企业只是作为国内企业的一个加工车间(这种现象在纺织品与服装业更加突出);有61.8%的境外企业实行独立核算,但事实上也在国内企业的控制之中。

92.7％的企业采取了自派人员把握住经理、财务、技术等关键部门的方式。

（4）投资方式以创建为主，但跨国并购发展迅速。我国企业在进行跨国经营时，为了规避风险，大部分采取了独资或控股51％以上的方式，以便掌握境外企业的主动权，取得支配地位。另外，据鲁桐1997年在英国对23家中国海外企业的调查，中国在英国的企业全部是独资经营，并采取创建的方式。据商务部《2009年中国对外直接投资统计公报》，2009年中国通过收购、兼并实现的对外直接投资192亿美元，占当年流量的34％。

联合国贸易与发展会议（UNCTAD）与外商保险同业公会（FIAS）、多边投资担保机构（MIGA）、国际金融公司（IFC）、（北京大学）中国经济研究中心（CCER）联合调查了2005年中国对外直接投资情况。这次调查访谈了中国八个主要城市的150家跨国公司，访谈使用的调查表包括动机（motivations）、驱动者（drivers）、能力（competencies）、效果（impact）和策略（policy）等详细问题。访谈的跨国公司约14％雇佣了10 000名以上的员工，略为超过50％的跨国公司雇佣了500～10 000名员工，25％的跨国公司雇佣员工数量为100～500名，其余的雇佣员工少于100人。约56％的中国跨国公司从事第二产业，33％的从事第三产业，11％从事第一产业。所述主要产业包括机械与装备、电器及电子制造业、纺织品与服装、建筑和贸易。就所有制来看，49％的跨国公司属于私有，34％的属于国有，6％的属于集体或合伙及其他。

（三）中国企业跨国经营的特征

中国企业跨国经营经历了二十多年的发展历程，既具有明显的发展中国家企业跨国经营初级阶段的特征，又带有明显的体制转轨烙印。

（1）跨国经营的主体是国有企业。在对外直接投资的中国企业中，最大的投资者仍然是国有企业。UNCTAD发表的《世界投资报告2002》中列出的12家国外资产最多的中国企业全部是国有企业。与此相适应，我国企业的跨国经营普遍具有为国内经济成长服务的倾向。

（2）政策驱动效应显著。中国企业跨国经营是在由计划经济向市场经济转变过程中孕育出来的，期间政府职能不断调整以适应市场经济要求。所以中国企业跨国经营的发展速度与规模很大程度上取决于改革开放政策，并受其制约。

（3）跨国经营企业属于后发展型。与先发展型跨国经营企业的先行者特征和技术自主者特征特点不同，中国企业作为后发展型跨国经营企业有以下特点：一是中国企业开始跨国经营时，其所在行业的国际市场已充满了跨国公司,即有后来者特征;二是中国企业的核心技术主要是从外国引进的,具有技术依赖者特征。

(4)平均投资规模小。据统计,我国海外企业的平均投资额 1993 年为 82 万美元,1997 年为 150 万美元,2001 年为 252 万美元,2002 年为 281 万美元,2004 年为 448 万美元。这一状况不仅大大低于发达国家海外投资项目平均 600 万美元的投资额,也低于发展中国家投资项目平均 450 万美元的投资水平。我国海外投资规模小受两方面因素的影响。一方面,它是中国企业跨国经营初期发展阶段的典型特征。企业国际化阶段论认为,企业国际化应该被视为一个发展过程,这一发展过程表现为企业对外国市场逐渐提高投入的连续形式。中国企业对外直接投资只有二十余年的时间。并且,国有企业改革仍然面临着艰巨的任务,企业内部结构和管理体制都难以适应市场竞争的要求,更缺少海外经营的经验;民营企业在改革开放后才逐渐发展起来,其间还受政策歧视和市场准入限制。这一状况决定了中国企业的对外直接投资必然是小规模、试探性的。另一方面,境外项目的严厉审批制度和严厉的外汇管制,使不少企业将其境外投资项目化整为零,采取先生存再发展的策略。

二、中国企业跨国经营存在的主要问题

商务部对 100 家重点企业的调查显示:在企业"走出去"遇到的困难中,有 40% 直接与政府有关,如外汇管理过分严厉、审批渠道不畅;另外有 45% 与政府政策有间接关系,如融资困难等。鲁桐的调查显示,企业对现行的对外直接投资审批制度叫苦连天,过长的审批期限往往贻误企业商机。

(一)政府与政策方面存在的主要问题

中国对外直接投资审批制度是基于国有企业的,过分严厉而且无效。现行管理体制和政策,基本上是针对国有企业"走出去"设计的,重视对国有企业对外直接投资的调整与管理,没有对非国有企业进行法律规范,导致非国有企业没有正常的对外直接投资渠道。由于国有企业在外国直接投资也存在国内国有企业的弊端,为防止境外国有资产流失,各个部门(包括商务部、国家计委、已经撤销的国家经贸委、财政部、银行、中国证监会、国家外汇管理局等)都非常重视事先审批。据不完全统计,阻碍企业"走出去"的审批就有 1 000 多项。"审批一个项目要经过经贸、外经贸、外汇三条线和市、省、国家 3 个级别,一共要经过九道关","期间还要通过中国驻海外机构商务部门审批"。据了解,完成一个审批过程大约需要盖上百个图章,需要花费一两年甚至 3 年的

时间。

但是,经严厉审批之后,相关部门的监管却基本上处于放任自流或无能为力的状态。商务部对境外加工贸易项目的年审流于形式,且基本上下放到省一级商务厅(外经贸委)。财政部对境外国有资产的管理也基本上是有名无实,其监管条例与措施可操作性比较差,如若真正实施监管,则成本极为昂贵。这种局面加重了国有资产被侵蚀、正常收益被截流的现象。据商务部等部门的抽样调查表明,我国境外投资企业汇回境内利润,仅占总利润的 2.5%,境外企业增资或再投资缺乏有效的制约手段。

由于审批制度过分严厉,还使得项目审批与相关优惠政策脱节。根据《关于鼓励企业开展境外带料加工装配业务的意见》,企业在拿到商务部颁发的《境外带料加工装配企业批准证书》后,可以享受一定的优惠政策,如中央外贸发展基金贴息贷款、援外优惠贷款、合资合作项目基金贴息贷款、出口退税、优先赋予自营进出口经营权等。但是,企业要获得实际的政策支持,仍需要经过层层审查、批准,从而进一步加大了企业成本。实践中,企业即使经过上述职能部门的审查程序,最终也未必能得到上述优惠政策所规定的"优惠"。实际上能享受到各种资金鼓励政策的企业为数不多。因此,优惠政策的支持力度极为有限。

就国家的鼓励或优惠政策来看,国家对企业海外投资的支持属于名义性的,政策支持仍然偏重于出口贸易,避开进口国的贸易壁垒和解决反倾销的困扰。而且,现行境外投资鼓励政策主要支持机械类、电子类、轻工类、纺织类等境外加工贸易项目,覆盖范围非常狭窄。国际上常用的一些鼓励政策,如财政政策中的海外投资亏损提留、所得税减免等,我国尚未实行。需要说明的是,鼓励政策仍然存在所有制限制,有些政策只适用于国有企业。

(二)中国企业存在的主要问题

(1)企业制度方面不尽如人意。对外直接投资中占主导地位的国有企业尽管经过了二十多年的改革开放,但国有企业的决策机制和内部管理机制仍不健全,存在不少旧体制遗留下来的"痼疾",与当今世界通常意义上的跨国公司相比,在企业制度方面存在较大差别。国有企业管理机制尚不具备运营和管理海外投资的能力。

(2)一些企业盲目投资,经济效益不高。据国家管理部门统计,目前我国境外企业经营的总体状况如下:盈利的企业约占 50%,盈亏持平的企业约占 30%,亏损的企业约占 20%。据世界银行估算,1/3 的中国对外投资是亏损的,1/3 盈利,1/3 持平。境外投资企业经济效益不好的原因很多,但投资决策失误是主要原因。

（3）缺乏具有跨国经营运作经验的高素质人才。我国企业由于从事跨国经营活动起步晚、发展快,跨国经营人才的培养跟不上企业发展的客观需求。一些企业虽然通过各种方法加以弥补,但由于受到财力、经营规模、管理体制和培养周期等方面的制约难以获得理想效果。至于国有企业,有的对派往境外的人员不注重选拔培养,往往搞一些照顾性的派驻,加重了中方派驻人员的素质低下。另外,从分配制度上看,国有企业境外人员的收入参照外交机构人员薪金补贴制度标准执行,使得境外企业管理人员待遇比较低,分配上吃大锅饭。工资收入与经营业绩的好坏没有直接联系,不能从制度上调动人员的积极性。尤其是近几年国内收入水平不断提高、外派人员大多前往发展中国家的情况下,企业选拔外派人员困难,难以发挥驻外人员的积极性,影响境外企业的发展。

（三）我国对外直接投资企业主体结构不够合理

目前,我国贸易型境外企业占我国对外直接投资总额的 60% 以上,而生产型、资源开发型境外企业加起来仅占对外直接投资总额的 30% 多,贸易型境外企业显得比重过大。尤其是我国企业对外直接投资主体中,占主导地位的是国有企业,特别是大型国有集团公司以及国有股占绝对控制地位的股份制企业,民营企业由于规模小和在政策上受歧视,在跨国经营中不占主导地位。如根据《2010 年度中国对外直接投资公报》,2010 年,中央企业和单位非金融类对外直接投资 424.4 亿美元,占流量的 70.5%;2010 年末,在非金融类对外直接投资存量中,中央企业和单位占 77%。这样的对外直接投资主体结构亟须改变,主要原因有以下几点。

（1）从国际来看,驰骋国际市场的外国跨国公司绝大多数是非国有企业。这就造成了国有企业境外投资办厂与大环境格格不入,无参照经验可循的被动局面。

（2）从实践效果来看,"走出去"的国有企业虽然较非公有制企业有实力优势,但经营状况却比后者差。国有企业产权不明晰或产权安排无效率,导致国有企业 FDI 时有以下现象发生:在选择合作伙伴上缺乏应有的谨慎,派出人员出卖其所在的国有企业,或者其法人代表将 FDI 作为非法转移资金的渠道,造成国有资产流失。

（3）从国内经济所有制结构调整来看,我国国有企业在"坚持有进有退,有所为有所不为"的国有经济战略调整中,将退出国内的竞争性领域,而"走出去"的领域一般是"竞争性领域"。很难想象没有国内市场作基础(除了主动退出,还因为经营状况不好),国有企业能在国际市场的竞争性领域有上佳表现。因此,只能由非公有制企业挤进这些竞争性领域的国际市场。而国内的非公有制企业也似乎看准了这个趋势,发展速度很快,比例正在逐年上升。

(4) 从体制上看,国有企业"走出去"存在体制上的非兼容性。国有企业在很大程度上不符合以欧美法为蓝本的亚非拉各国的公司法(企业法),许多国家不承认国家作为投资者的公司法人,只承认由股东构成的公司法人,认为只有后者才能承担有限责任,以国家作为投资者的公司被视作一人公司,要承担无限责任,造成国家财产的无端损失。

(5) 西方国家对外国政府控制的企业的 FDI 持十分谨慎的态度,有时甚至是排斥。

(6) 非公有制企业没有体制上的激励-约束机制缺陷。世界银行在对全球发展中国家与转轨国家国有企业低效问题的研究报告中指出,"它们(国有企业)甚至能使精明能干富于献身精神的公务员神不守舍,且心灰意冷。这个问题不是个人问题,而是体制问题……改善国有企业业绩,就要求有一个更好的激励机制"。

(7) 中国的非公有制企业是在计划经济的夹缝中发展起来的,在国内表现出很强的生命力,不怕市场竞争,在管理体制、用人机制、产品开发、市场营销和市场洞察力等方面与国有企业相比具有明显优势。而且,中国的一些非公有制企业现在已经粗具规模,具备了开展跨国经营的条件。它们走向国外开展跨国经营,将更能适应国外成熟市场经济的环境,实现非公有制企业从输出制成品向输出生产制造能力的转变。

(8) 现行 FDI 的前置审批手续烦琐、法规严厉的一个重要原因,是为了防止在 FDI 中国有资产流失。换句话说,只要以国有企业为政策选择的 FDI 主体,现行的前置审批条件、政策法规问题就无法彻底解决。

三、中国企业跨国经营动因与竞争优势

(一)中国企业跨国经营动因

1. 贸易替代/促进型为主的跨国经营

随着中国出口贸易改革开放以来的持续快速发展,占世界市场份额的增加,中国出口产品已成为包括发展中国家在内的世界各国反倾销调查的主要

对象。为了克服对中国产品日益增加的国际贸易壁垒而在外国市场进行本土化生产与销售,以 FDI 带动机械设备、中间产品和原材料出口,成为中国企业跨国经营的重要动因。贸易替代型或出口促进型 FDI 就地生产、就地销售,有助于扭转中国企业对外出口的被动局面,也有助于解决国内一些行业生产能力过剩问题。

2. 资源寻求型跨国经营

中国企业从事资源型跨国经营的数量和活跃程度远不如从事贸易替代型跨国经营的企业。但是,中国规模最大的对外直接投资企业,发生在能源行业(见表 5-7)。中国人均资源的贫乏,决定了中国要维持经济的稳定、持续增长,就必须通过参与国际分工,尽可能地利用世界资源。所以,中国以石油为核心的资源寻求型跨国经营,将与贸易替代型跨国经营共同成为中国企业跨国经营的主流动因。

表 5-7　2002 年部分中国企业资源寻求型跨国并购活动　　　　　亿美元

公　司	交　易　内　容	交易额
中国海洋石油母公司	收购 BP 在印度尼西亚一家油田 12.5% 的股份	2.75
	收购西班牙雷普索尔-YPF 公司	5.95
	购得澳大利亚西北大陆架天然气田 5% 的股份	3.2
中国石油化工母公司	收购阿尔及利亚 Zarzaitine 油田 75% 的股份	3.94
上海华谊集团	收购美国佛罗里达州 Moltech 能源系统公司	0.2
上海保钢集团	澳大利亚一座铁矿 48% 的股份	0.3

资料来源:鲁桐.中国企业跨国经营战略[M].北京:经济管理出版社,2003:193.

3. 技术获取型跨国经营

通过对外直接投资获取先进技术,是中国企业跨国经营的另一动机。虽然现阶段企业在权衡投资利弊时对市场和利润的考虑往往居于首位,技术寻求尚在其次,但技术寻求因素在高技术企业跨国经营的地位在上升。海尔集团在美国设立的研究与开发基地,虽然属于贸易替代为主的投资类型,但也有技术寻求因素的考虑。

总体来说,中国企业跨国经营的动因,就企业数量来说,贸易替代型无疑是最重要的,而资源寻求型的规模比较大,技术获取型也正在发展中。与发达国家跨国公司不同,中国企业进行战略资产寻求型跨国经营的数量和规模都还微不足道。但是,从 20 世纪 90 年代中期开始的第五次全球战略并购浪潮,将对中国企业产生深远的影响。表 5-8 是中国社会科学研究院鲁桐调查的中国民营企业跨国经营动因。

表 5-8　中国民营企业跨国经营动机调查

主　要　动　机	重要性评价
拓展海外市场的需要	3.8
获得海外市场信息	3.4
获得较高的利润	3.3
积累跨国经营的经验,培养国际化经营人才	2.6
获得先进技术	2.6
内需不足,国内市场竞争压力大	2.5
降低成本	2.5
分散经营风险	2.4
获取海外资源	2.4
母公司长期发展战略的组成部分	2.1
其他	1.5

注：1＝最弱,2＝较弱,3＝一般,4＝较强,5＝最强。

资料来源：鲁桐.中国企业跨国经营战略[M].北京：经济管理出版社,2003：197.

(二)中国企业跨国经营竞争优势

鲁桐的调查数据显示,列前五位的中国民营企业竞争优势分别是产品质量、良好的信誉和顾客关系、工艺水平、生产运行和管理能力,中国民营企业竞争优势最弱的五位是小规模技术、低价、获得母国政府支持、使用当地资源、企业组织机构(见表 5-9)。

表 5-9　中国民营企业竞争优势

竞　争　优　势	重要性评价
产品质量	3.2
良好的信誉和顾客关系	3.2
工艺水平	3.1
生产运行	2.7
管理能力	2.7
品牌优势	2.6
研究与开发	2.6
人力资源	2.6
市场营销	2.5

续表

竞 争 优 势	重要性评价
企业整合能力	2.4
有较大的灵活性和适应性	2.3
售后服务	2.3
资本充足	2.1
企业组织结构	2.1
使用当地资源	1.9
获得母国政府支持	1.8
低价	1.8
小规模技术	1.6

注：1＝最弱，2＝较弱，3＝一般，4＝较强，5＝最强。

资料来源：鲁桐.中国企业跨国经营战略[M].北京：经济管理出版社，2003：220.

参考文献

[1]　UNCTAD. World Investment Report[R]. 1997—2013.

[2]　刘文纲.中国企业"走出去"战略干部培训读本.北京：中共中央党校出版社，2002.

[3]　卜伟,叶广辉.中国对外直接投资政策研究[J].国际贸易问题,2004(8).

[4]　卜伟,郑纯毅.中国吸引外国直接投资政策研究[J].中央财经大学学报,2005(5).

[5]　高宏伟.铁路改革与激励约束机制[M].北京：经济科学出版社,2004.

[6]　海闻,P.林德特,王新奎.国际贸易[M].上海：上海人民出版社,2003.

[7]　李刚."走出去"开放战略与案例研究[M].北京：中国对外经济贸易出版社,2000.

[8]　刘红忠.中国对外直接投资实证研究与国际比较[M].上海：复旦大学出版社,2001.

[9]　卢进勇.入世与中国利用外资和海外投资[M].北京：对外经济贸易大学出版社,2001.

[10]　卢馨.构建竞争优势——中国企业跨国经营方略[M].北京：经济管理出版社,2003.

[11]　鲁桐.中国企业跨国经营战略[M].北京：经济管理出版社,2003.

[12]　鲁桐.WTO与中国企业国际化[M].北京：中共中央党校出版社,2000.

[13]　罗拉·D.安生迪森.鹿死谁手？——高技术产业中贸易冲突[M].刘靖华,等,译.北京：中国经济出版社,1996：55,56.

[14]　迈克尔·R.钦科陶,伊尔卡·A.隆凯宁,迈克尔·H.莫菲特.国际商务[M].第7版.北京：机械工业出版社,2011.

[15]　司岩.中国企业跨国经营实证与战略[M].北京：企业管理出版社,2003.

[16]　王林生,范黎波.跨国经营理论与战略[M].北京：对外经济贸易大学出版社,2003.

[17]　薛荣久.国际贸易[M].北京：对外经济贸易大学出版社，2003.

[18]　张为付，李逢春.对外直接投资决定因素的演进——FDI决定理论研究新进展[J].
　　　国际贸易问题，2011(4).

附录 5-1　FDI 的东道国决定因素

FDI 的东道国决定因素见表 5-10。

表 5-10　FDI 的东道国决定因素

东道国决定因素	按跨国公司动机分类的 FDI 类型	东道国的主要经济决定因素
Ⅰ.FDI 的政策框架 • 经济、政治和社会稳定 • 关于进入和经营的规则 • 对外国子公司的待遇标准 • 市场结构和运行的政策（特别是竞争和并购政策） • 关于 FDI 的国际协定 • 私有化政策 • 贸易政策（关税和非关税壁垒）以及 FDI 政策和贸易政策的相关性 • 税收政策	A.寻求市场	• 市场规模和人均收入 • 市场增长 • 区域性和全球性市场准入 • 一国特定的消费者偏好 • 市场结构
Ⅱ.经济决定因素 Ⅲ.商业便利 • 投资促进（包括形象建设、投资引致活动、投资便利服务） • 投资鼓励 • 与行政效率、腐败行为等有关的"紊乱成本" • 社会福利（双语学校、生活质量等） • 投资后服务	B.寻求资源和资产	• 原材料 • 低廉的非熟练劳动力 • 熟练劳动力 • 包括内含于个人、企业和群体之中的技术、革新和其他创造资产（如商标名称） • 物质基础设施（港口、公路、电力、通信）
	C.寻求效率	• 经劳动生产率调整后的 B 中所列的资源和资产的成本 • 其他投入物的成本，例如至/自东道国或东道国国内的运输和通信成本，其他中间产品的成本 • 拥有有利于建立地区性公司网络的地区性一体化协定的成员资格

资料来源：UNCTAD.World Investment Report 1998，p.91.

第六章 跨国经营中的货币价格

货币是交易的一般媒介。在众多的交易中,通过货币结算可以大量节约时间、降低交易成本。然而,世界上有200多个国家(包括单独关税区,下同),绝大多数国家都有自己的货币。通常情况下,一国货币不能在另一国流通。因此,企业在跨国经营中必然面对不同国家的货币(外汇)、货币兑换、货币价格变化即汇率变动等问题。本章在详细介绍外汇和汇率的相关内容基础上,结合外汇牌价阐述如何阅读汇率报表;然后介绍汇率决定的基础、影响汇率变动的因素以及汇率变动对经济的影响;最后介绍汇率制度,包括固定汇率制度、浮动汇率制度、现行的人民币汇率制度和香港的联系汇率制度。

**案例 6-1**

日本航空公司的外汇损失

日本航空公司(JAL)是世界上最大的航空公司之一,也是波音公司最好的客户之一,波音公司是世界最大的民用飞机制造商,每年JAL都要花费大约8亿美元向波音公司购买飞机。波音飞机按美元定价,价格从波音737每架3 500万美元,到顶级的波音747—400每架1.6亿美元不等。JAL在实际需要飞机之前的2~6年就下飞机订单,通常JAL在下订单时都要付给波音10%的定金,大批的付款是在飞机被送达时才交付。

从下订单到最后付款之间的长期滞后给JAL提出了难题。JAL的大多数收入都是日元形式,而非美元形式,JAL必须将日元兑换成美元来支付给波音公司。在下订单和最后付款之间的这段时间,日元相对于美元的价值可能会变动,这会使按日元计算的每架飞机的成本上升或下降。以1985年的一份747飞机的订单为例,该飞机将在1990年被送达。在1985年这份订单的美元价值为1亿美元,1985年当时的汇率是1美元=240日元(1美元价值240日元),所以747飞机按日元的价格为240亿日元。然而到1990年,当最后的付款应该被支付时,美元兑日元的汇率可能已经变化了。例如,美元兑日元的汇率可能是1美元=300日元了,747飞机按日元的价格会从240亿日元升到 300 亿日元,上涨 25％。或者日元相对于美元的价值可能会上升到 1 美元＝200 日元。如果发生这种情况,747 飞机按日元的价格就会下降 16.7％,为 200 亿日元。

JAL 没有办法了解 5 年后日元兑美元的价值会是多少,不过 JAL 可以与外汇交易商签订一份合约,按照那些交易商所认为的到那时美元兑日元的汇率的估价购买 5 年期的美元。这被称为订立远期交易合约。订立远期交易合约的好处是让 JAL 现在就可了解 5 年后它将必须为 747 飞机支付多少钱。例如,如果预期日元相对于美元的价值会上升,则外汇交易商就可能提供一份远期交易合约,允许 JAL 按 5 年后 1 美元＝185 日元的汇率而不是下订单时 1 美元＝240 日元的汇率来购买美元。按这份远期交易合约,买入 747 飞机只需花费 185 亿日元,比按下订单时的日元价格节省 23％。

1985 年 JAL 所面对的正是这一幕。那时,JAL 订立了一份 10 年期的远期交易合约,总值为 36 亿美元。这份合约赋予 JAL 按照 1 美元＝185 日元的平均汇率,在下一个 10 年里的不同点位上从外汇交易商协会那里购买美元的权利。假定 1985 年的汇率是 1 美元＝240 日元,对 JAL 来说这像是一桩合算的买卖。但是到了 1994 年 9 月,当大量合约被履行时,这就不像是一桩好买卖了。出乎所有人的意料,日元相对于美元的价值已经急剧上涨了。1992 年汇率站在 1 美元＝120 日元上,到 1994 年汇率是 1 美元＝99 日元。不幸的是,JAL 已经不能利用这一更有利的汇率了。相反,JAL 被合约条款约束要以合约汇率 1 美元＝185 日元来购买美元,这个汇率在 1994 年看起来是格外的昂贵。这次判断错误使 JAL 代价昂贵。1994 年 10 月,JAL 通过远期交易合约为每架用美元购买的波音飞机比其所需多付了 86％！1994 年 10 月,JAL 承认在其最近的财政年度里,错误判断带来的损失数量达到 4.5 亿美元或者 450 亿日元。外汇交易商推测自 1988 年以来,JAL 在这种合约上可能已经损失了总共 1 550 亿日元(15 亿美元)。

资料来源:［美］查尔斯·W.L.希尔.当代全球商务［M］.第 3 版.曹海陵,刘萍,译.北京:机械工业出版社,2004:203,204.

第一节　外汇与汇率

国家间各种经济往来必然产生国与国之间的货币收付。由于各国货币制度有别,货币单位不同,国家间的货币收付必然引起不同货币的兑换,而货币兑换与外汇、汇率是密不可分的。

一、外汇的概念

世界各国之间无时无刻不在进行着各种各样的经济往来,有经济往来就必然会产生债权债务关系。例如,一位中国的进口商购买一辆德国"宝马"小汽车,他需要支付欧元给德国出口商;若他还进口了日本"本田"小汽车就需要支付日元给日本出口商。这时,这位中国进口商就需要将他所持有的人民币兑换成欧元和日元去清偿债务。这种将本国货币兑换成外国货币,或者将外国货币兑换成本国货币以清偿国际债权债务的活动就被称为国际汇兑,简称外汇(foreign exchange)。

外汇的概念可以从动态和静态两个角度去界定。当外汇被看作是一种经济活动时,它就具有动态的含义,是指人们将一种货币兑换成另一种货币,通过一定的金融机构和信用工具,进行国家间债权债务清偿的经济活动,这时的外汇等同于国际结算。当外汇被看作是一种支付工具或手段时,它就具有静态的含义。静态的外汇又有广义和狭义之分。

广义的静态外汇概念泛指一切以外国货币表示的资产。国际货币基金组织(IMF)曾经对此作过明确的说明:"外汇是货币当局(中央银行、货币管理机构、外汇平准基金及财政部)以银行存款、国库券、长期和短期政府债券等形式保有的在国际收支逆差时可以使用的债权。"我国以及其他各国的外汇管理法令中一般沿用这一概念。如我国 2008 年 8 月 1 日,国务院第 20 次常务会议修订通过的《中华人民共和国外汇管理条例》中所称的外汇,是指下列以外币表示的可以用作国际清偿的支付手段和资产:①外币现钞,包括纸币、铸币;②外币支付凭证或者支付工具,包括票据、银行存款凭证、银行卡等;③外币有价证券,包括债券、股票等;④特别提款权[1];⑤其他外汇资产。[2]

狭义的外汇是指以外币表示的可用于国家之间结算的支付手段。在此意义上,以外币表示的有价证券和黄金不能视为外汇,因为它们不能直接用于国际结算,只有把它们变为在国外的银行存款才能用于国际结算。至于暂时存放在持有国境内的外币现钞,同样不能直接用于国际结算,也不能算作外汇。

---

① 有关特别提款权的内容请参见第三章国际储备的内容。

② 新《中华人民共和国外汇管理条例》,http://www. safe. gov. cn/model_ safe/laws/law_ detail. jsp? ID＝80100000000000000,47&id＝4。

诚然,外币在其发行国是法定货币。然而,它们一旦流入他国,便立即失去法定货币的身份与作用,外币持有者须将这些外币向本国银行兑换成本国货币才能使用。即使是银行,也要将这些外币运回其发行国或境外外币市场(如欧洲货币市场),变为在国外的银行存款,才能用于国际结算。这就说明,只有存放在国外银行的外币资金,以及将对银行存款的索取权具体化了的外币票据才构成外汇,主要包括银行汇票、支票、银行存款等。这就是通常意义上的外汇。

二、外汇的特征及分类

有些人认为外汇就是指外国货币,其实不然。以我国为例,通常只有可自由兑换货币才能在中国国内被称为外汇。若某种货币的持有人能自由地把该种货币兑换为任何其他国家货币而不受任何限制,则这种货币就被称为可自由兑换货币。按照国际货币基金协定的规定,所谓可自由兑换货币是指一种货币在国际经常往来中,随时可以无条件地作为支付手段使用,接受方亦应无条件接受并承认其法定价值。

(一)外汇的特征

从上述内容可以看出外汇至少具有三个基本特征,即可自由兑换性、普遍接受性和可偿还性。可自由兑换性是指外汇能够自由地兑换成其他形式的资产或支付手段;普遍接受性是指外汇必须在国际经济交往中能为各国普遍接受和使用;可偿还性是指以外币表示的债权或资产可以保证得以偿付,否则国际汇兑的过程将无法进行。[①] 随着国际交往的扩大和信用工具的发展,外汇的内涵日益增多,外汇概念本身也在不断发展之中。

(二)外汇的种类

根据外汇的以上特征,从不同角度按照不同的分类标准,可将外汇分为不同的类型。这里只介绍其中最常见的三种。

(1) 根据外汇的使用范围可分为自由外汇和记账外汇。自由外汇是指以可自由兑换的外国货币表示的各种支付手段和金融资产。作为自由外汇的货币的一个主要特征是可自由兑换货币。可自由兑换货币主要是指发行国对该国经常项目和资本与金融项目下的收支不进行管制或限制。国际货币基金协定第30条F款认为自由使用货币是指被基金指定的一会员国的货币,该货币:

---

① 类似的表述为:(1)票面所表示的货币一定是自由兑换货币;(2)是一国外汇资产,能用以偿还国际债务;(3)具有真实的债权债务基础(刘舒年.国际金融[M].第3版.北京:对外经济贸易大学出版社,2005:9)。

①事实上国际往来支付中被广泛使用；②在主要外汇市场上被广泛交易。目前世界上有 50 多种货币是可自由兑换货币,其中主要有美元、欧元、英镑、日元、港币、瑞士法郎、新加坡元、加拿大元、澳大利亚元、丹麦克朗、挪威克朗、瑞典克朗、新西兰元等。但是真正普遍应用于国际结算的可自由兑换货币的只有十多种,如美元(USD)、英镑(GBP)、欧元(EUR)、日元(JPY)、瑞士法郎(CHF)等。

记账外汇又称协定外汇或清算外汇,是指两国政府之间签订的支付协定项下的只能用于双边清算的外汇。未经货币发行国家货币管理当局批准,记账外汇不能自由兑换成其他国家货币或对第三国支付。记账外汇只能根据两国政府之间的清算协定,在双方银行开立专门账户记载使用。例如我国对某些发展中国家的进出口贸易,为了节省双方的自由外汇,签订双边支付协定,采用记账外汇办理清算。

(2) 根据外汇的交割期限可分为即期外汇和远期外汇。即期外汇又称现汇或外汇现货,是指国际贸易或外汇买卖中即期进行收付的外汇,是在买卖成交后立即交割,或在成交后第一个营业日或第二个营业日内完成交割的外汇。外汇买卖中的交割是指一方付出本币,另一方付出外币。

远期外汇又称期汇或远期汇兑,是指达成交易后,交易者只能在合同规定的日期才能办理资金收付的外汇。远期外汇的期限一般为 1～6 个月,也可长达一年。

(3) 根据外汇的来源和用途可分为贸易外汇和非贸易外汇。贸易外汇是指因商品的进口和出口而发生的支出和收入的外汇,包括对外贸易中因收付贸易货款、交易佣金、运输费和保险费等发生的那部分外汇。我国的贸易外汇主要包括出口外汇、补偿贸易外汇、来料加工的外汇收入等。贸易外汇是一国外汇收支的重要项目,在国际收支平衡表中占有极其重要的地位。

非贸易外汇是指因非贸易往来而发生收入和支出的外汇,包括侨汇、旅游外汇、劳务外汇、私人外汇、驻外机构经费以及交通、民航、邮电、铁路、银行、保险、港口等部门对外业务收支的外汇。随着经济全球化的发展,非贸易外汇收入在一些国家的外汇收入中占有的比重不断加大。

三、汇率的概念及其类型

世界上多数国家或地区都有自己的货币,如中国使用人民币、美国使用美元、日本使用日元、欧元区国家使用欧元等。通常情况下一国货币不能在另一个国家流通,而国家之间的经济往来频繁发生,就必然涉及不同货币之间的货币兑换及其兑换比率问题,如1美元可以兑换6.1213元人民币,100日元才可以兑换6.3156元人民币,这里的6.1213和6.3150就是汇率。

(一)汇率的概念

所谓汇率(exchange rate),即外汇的买卖价格,又被称为汇价、外汇牌价或外汇行市。具体而言,它是指两国货币之间的相对比价,也称为货币价格,是一国货币用另一国货币表示的价格,或以一个国家的货币折算成另一个国家的货币的比率。要确定两个国家货币之间的汇率,首先要明确以哪个国家的货币作为标准。在外汇交易中,人们把各种标价方法下数量固定不变的货币叫作基础货币或基准货币;数量随市场变动不断变化的货币叫作标价货币或报价货币。目前我国外汇管理局公布的人民币汇率牌价是100美元、100港元、100英镑、100日元和100欧元所能够兑换的人民币数额,这里美元、港元、英镑、日元和欧元为基础货币,而人民币则为标价货币。

(二)汇率的类型

在实际应用中,汇率可以从不同的角度分为不同的种类,下面介绍常用的几种分类方法。

(1)按照外汇交易的交割期限可划分为即期汇率和远期汇率。即期汇率(spot exchange rate),又称现汇汇率,是指进行即期外汇交易时所采用的汇率。即期外汇交易是指外汇买卖成交后,交易双方在两个营业日内进行交割的交易方式。银行公布的外汇牌价,如无特别说明均指即期汇率。

远期汇率(forward exchange rate),又称期汇汇率,是指进行远期外汇买卖时所使用的汇率。远期外汇买卖是指外汇买卖双方事先订立交易合同,但并不立即进行买卖货币的支付,而是约定在未来一定时期按事先约定的汇率、币种、金额、时间进行交割的业务。这一事先约定的汇率就是远期汇率,它一般在买卖合同中约定。远期外汇的交割期限一般为1~6个月或长达一年。

(2)从银行与客户买卖外汇的角度可划分为买入汇率、卖出汇率、中间汇率和现钞汇率。买入汇率(buying rate或bid rate),又称外汇买价,是指银行从同业或其他客户(企业、单位、个人等)买入外汇时所采用的汇率。卖出汇率(selling rate或offer rate),又称外汇卖价,是指银行向同业或其他客户卖出外汇时所采用的汇率。

无论是买入汇率还是卖出汇率都是从银行买卖基础货币的立场出发的,其差额是银行买卖外汇的收益。买入汇率和卖出汇率相差的幅度一般在0.1%~0.5%,但是各国不尽相同,具体多少还要由外汇的供求状况、外汇市场的行情、交易频繁程度[1]和银行各自的经营策略来决定。一般而言,银行间买卖外汇的买卖差价小于银行与一般客户之间的买卖差价,这主要是因为银行之间买卖外汇的数额巨大。

中间汇率(medial rate),又称中间价,是指现汇买入汇率和卖出汇率的平均价,即

$$中间汇率＝(买入汇率＋卖出汇率)÷2$$

中间汇率常被用于新闻、报刊报道和对汇率进行一般性考察时使用。它主要用来说明外汇市场中汇率的一般走势,还可以作为企业内部本币与外币核算时的计算标准。

现钞汇率(bank notes rate),又称现钞买入价或者钞价,是银行从客户那里购买外币现钞(包括现钞、铸币)的价格。[2]

(3) 按照银行的汇兑方式可划分为电汇汇率、信汇汇率和票汇汇率。电汇汇率(telegraphic transfer rate,T/T rate),也称电汇价,是经营外汇业务的本国银行,在卖出外汇后,以电报委托其国外分支机构或代理行付款给受款人所使用的一种汇率。在这种方式下,由于电信费用较高,而且因为电汇付款较快而使银行不能占用客户资金,所以电汇汇率较高,高于信汇汇率和票汇汇率。因为目前国际支付绝大多数使用电信传递,电汇汇率一般被看作基本汇率,其他汇率都以电汇汇率为基础来计算确定。各国公布的外汇牌价,如无特别说明,均指电汇汇率。在国际金融市场上,由于汇率很不稳定,各国的进出口商为了避免外汇风险,一般都会在贸易合同中规定交易采用电汇汇率。

信汇汇率(mail draft rate,M/T rate),是指银行卖出外汇收到本币时,以信函方式(邮寄支付委托书)通知国外分行或代理行,委托其向收款人付款时所采用的汇率。由于银行承兑汇票业务时,信汇邮程较长,银行可以占用客户资金并获得利息收益,且信函成本低于电报,因此信汇汇率低于电汇汇率。不过,现在航空邮寄用时也比较短,因而信汇汇率与电汇汇率的差价缩小了。目前信汇除中国香港和东南亚地区以外,其他地区很少采用。

票汇汇率(mail transfer rate,D/D rate),是指银行卖出外汇收到本币后,开立以其国外分行或代理行为付款人的银行汇票,交给汇款人,由汇款人自行

---

①　交易频繁的美元、欧元、日元、英镑、瑞士法郎等,买卖差价相对较小,而一些交易清淡的币种买卖差价就比较大。

②　钞价与汇价不同,原因见本章第二节"即期外汇牌价"部分所作的解释。

寄给或亲自携带交给国外收款人,收款人凭该银行汇票向汇入行提取款项,这种方式下所使用的汇率称为票汇汇率。因汇票有即期和远期之分,所以票汇汇率可分为即期票汇汇率和远期票汇汇率。即期票汇汇率一般等于信汇汇率,低于电汇汇率。对于远期汇票而言,票汇支付期限越长,票汇汇率越低。这是因为收款人未从汇入行提取汇款之前,汇出行都可以利用汇款人的资金获取利息收益,期限越长,获得的收益也就越多。

(4) 按照汇率制度可划分为固定汇率和浮动汇率。[①] 固定汇率(fixed exchange rate),是在历史上出现的法定汇率制下所产生的,它指政府选择黄金或外国货币作为标准,以法定的形式规定本国货币与另一国货币之间的固定比价,且这一比价的波动被限制在一定的小幅度范围之内。在金本位货币制度(包括金币本位、金块与金汇兑本位制度)下和第二次世界大战以后的布雷顿森林体系下,世界各国基本上都采用这种汇率。在金币本位制度下,汇率由货币的含金量决定,汇率的波动受到黄金输送点的限制,汇率比较稳定,波动幅度较小。在第二次世界大战后的布雷顿森林体系下,美元成为世界货币体系的中心货币,各国货币与美元挂钩,并确定相应的汇率,而且各国政府有义务维持该汇率的稳定,此时的汇率也是基本稳定的。当本国货币汇率上浮超过规定的幅度,中央银行必须进入外汇市场抛售本币,买入外币;当本国货币汇率下跌超过规定幅度,中央银行则必须抛售外币,买入本币,将汇率维持在一定的波动幅度内。

浮动汇率(float exchange rate),是指一国货币与另一国货币的汇率不是由该国的货币管理当局规定的,而是由外汇市场的供求状况自发决定的两国货币之间的比率。当外币供大于求时,外币贬值,本币汇率上升;反之,则外币升值,本币汇率下降。1973 年布雷顿森林体系崩溃后,各主要西方工业国家都采用了浮动汇率。

浮动汇率根据是否有政府的干预,又可分为自由浮动汇率和管理浮动汇率。自由浮动汇率又称清洁浮动汇率(clean floating rate),是指政府对汇率的波动不采取任何干预措施,汇率完全由外汇市场的供求情况来决定和自行调整。事实上,自由浮动汇率只是一个理论概念,世界上没有哪一个国家不对外汇市场进行干预,使汇率稳定或者使汇率朝着对本国有利的方向变动。管理浮动汇率又称肮脏浮动汇率(dirty floating rate),是指政府通过参与外汇市

---

① 阅读这部分内容时可结合本章第五节"汇率制度类型"部分的内容来看。

场买卖等手段,干预外汇的变动和走向,汇率的变动由市场供求关系和政府干预共同决定。随着经济全球化的逐渐深入,各国之间的经济交往越来越密切,其相互影响和相互依赖也越来越强,因此现在世界各国都在积极地干预外汇市场。

此外,根据汇率的浮动方式,浮动汇率又可分为单独浮动汇率、钉住单一货币浮动汇率、钉住一揽子货币浮动汇率和联合浮动汇率。单独浮动汇率是指一国货币不同任何一国货币产生固定联系,即其浮动并不依赖于任何其他国家的货币,其变动完全由外汇市场的供求状况来决定(不排除政府的干预)。目前,美国、日本和加拿大等国家都采用单独浮动汇率。钉住单一货币浮动汇率是指一国货币与另一国货币挂钩,其汇率波动被限定在很小的范围内。中国香港由于其独特的货币发行机制,港币与美元挂钩,是典型的钉住单一货币浮动汇率。钉住一揽子货币浮动汇率是指本国货币与几个国家货币挂钩,按照贸易所占的比重或其他标准对货币的重要程度赋予一定的权重,并以此确定本国货币对外币的汇率及其变动。联合浮动汇率是指一些经济联系紧密的国家组成货币集团,集团内成员国之间实行固定汇率制度,其货币之间的汇率变动不能超过规定的幅度,各中央银行有责任和义务将汇率稳定在该幅度内。欧元诞生之前,参加欧洲货币体系的德、法、意等国实行的汇率就是典型的联合浮动汇率,它们之间的汇率基本保持稳定,而对美元和其他国家的货币则实行联合浮动。

(5) 按照汇率的制定方法可分为基础汇率和套算汇率。基础汇率(basic rate),又称基准汇率,是指本国货币对关键货币的汇率。所谓关键货币是指在国际交往中使用得最多,在其外汇储备中所占的比重最大,在国际上被普遍接受的可自由兑换的货币。目前各国一般多选择本国货币与美元之间的汇率作为基本汇率。这是因为第二次世界大战后,美元在国际金融市场上占据了主导地位,成为国际支付中使用最多的货币和各国外汇储备的主要货币。各国在制定本国货币汇率时,一般首先会制定本国货币兑美元的汇率。[①]

套算汇率(cross rate),又称交叉汇率,是指两国货币通过各自对关键货币的汇率套算出来的汇率。目前在国际金融市场上,一般都报各国货币兑美元的汇率,而美国以外的其他国家之间的货币汇率,则由它们兑美元的汇率套算出来。例如,假设 1USD=0.729 7EUR;1USD=0.890 9CHF,则欧元兑瑞士法郎的交叉汇率为:1EUR=0.890 9/0.729 7=1.220 9CHF。

---

① 中国的关键货币包括美元、港元、英镑、日元和欧元。

 **案例 6-2**

套算汇率的计算

知道中间汇率后,进行汇率的套算相对来说比较简单。在实际业务中,关键货币的汇率也是双向报价,即买入价、卖出价同时报出。此时,根据两种货币汇率中起中介作用的货币所处的位置,将套算汇率的计算方法分为三种。设美元为中介货币,美元在两种货币的汇率中所处的位置有三种情况:①美元在两种货币的汇率中均为基础货币;②美元在两种货币的汇率中均为标价货币;③美元在一种货币的汇率中是基础货币,在另一种货币的汇率中是标价货币。三种情况下交叉汇率的计算如下。

(1) 美元均为基础货币时,用交叉相除的计算方法。

已知 USD/CHF:0.890 9~0.900 7

USD/EUR:0.729 7~0.732 7

计算 EUR/CHF 的汇率。

由于是交叉相除,就要确定两个问题,一是分子与分母的确定;二是确定交叉的是分子还是分母。在美元均为基础货币时,套算汇率中,处于基础货币位置上的、原来给定的含有该基础货币的汇率为分母,原来给定的含有标价货币的汇率为分子,交叉的是分母。

上例中要求计算 EUR/CHF 汇率,该汇率中 EUR 为基础货币,CHF 为标价货币。原给定的含有该基础货币的汇率 USD/EUR 即 0.729 7~0.732 7 作为分母,并将其交叉;将 USD/CHF 即 0.890 9~0.900 7 作为分子,则 EUR/CHF 的买入价为 0.890 9/0.732 7=1.215 9,卖出价为 0.900 7/0.729 7=1.234 3,故所求交叉汇率是:EUR/CHF 为 1.215 9/1.234 3。

上述套算可以从客户的角度进行分析。已知条件里,美元均为基础货币,所求交叉汇率 EUR/CHF 中,EUR 为基础货币,CHF 为标价货币。因为交易是由客户主动发起的,所以套算汇率从客户的角度开始分析。EUR/CHF 的买入价,即银行买进欧元的价格(支付瑞士法郎),也即客户卖出欧元适用的价格。客户卖出欧元、买入美元时,对银行来说是买进欧元、卖出美元,用 USD/EUR 的卖出汇率,即 0.732 7。其含义是银行卖出 1 美元,向客户索要 0.732 7 欧元。因此,客户卖出 1 欧元,收进 1/0.732 7 美元。然后,客户再将收进的美元出售给银行收进瑞士法郎。对银行来说是买进美元、卖出瑞士法郎,用 USD/CHF 的买入价,即 0.890 9。对客户来说,卖出 1 美元可得到 0.890 9

瑞士法郎,卖出 1/0.666 5 美元则得到 1.215 9[0.890 9×(1/0.732 7)]瑞士法郎,此即为 EUR/CHF 的买入价。EUR/CHF 的卖出价可按同样思路计算,得到 EUR/CHF 的卖出价为 1.234 3[0.900 7×(1/0.729 7)]。

(2) 美元在两个货币汇率中均为标价货币,交叉汇率的计算方法仍为交叉相除。

已知 CAD/USD:0.939 6~0.940 0

GBP/USD:1.633 9~1.634 2

计算 GBP/CAD 的汇率。

这种情况下,套算汇率中,处于基础货币位置上的、原来给定的含有该基础货币的汇率为分子;处于标价货币位置上的、原来给定的含有该标价货币的汇率为分母,交叉的仍然是分母。

本例中,中介货币美元在给定的两个汇率中均处于标价货币,在计算的交叉汇率 GBP/CAD 中,GBP 是基础货币,CAD 是标价货币。仍然可以从客户的角度进行分析。GBP/CAD 的买入价,从客户的角度看,首先卖出 1 英镑、买进美元,即银行买进 1 英镑、卖出美元,使用的汇率为 GBP/USD 的买入价 1.633 9,换得 1.633 9 美元;然后客户卖出美元、买进加拿大元,即银行卖出加拿大元、买进美元,使用的汇率为 CAD/USD 的卖出价 0.940 0,换得 1.738 1[1.633 9×(1/0.940 0)]加拿大元,此即为 GBP/CAD 的买入价。按同样思路计算得到 GBP/CAD 的卖出价为 1.739 3[1.634 2×(1/0.939 6)]。

故 GBP/CAD 的买入价为 1.633 9/0.940 0=1.738 1,卖出价为 1.634 2/0.939 6=1.739 3。

即 GBP/CAD 的汇率为 1.738 1~1.739 3。

(3) 美元在一种货币的汇率中是基础货币,在另一种货币的汇率中是标价货币。交叉汇率的计算方法为垂直相乘(同边相乘),即两种汇率的买入价和卖出价分别相乘。

已知 GBP/USD:1.633 9~1.634 2

USD/EUR:0.729 7~0.732 7

计算 GBP/EUR 的交叉汇率。

思路为:银行报 GBP/EUR 的买入价,即该行的客户卖出 1 英镑,买入若干美元。故客户必须先向银行卖出 1 英镑,获得 1.633 9 美元(用银行 GBP/USD 的买入价);客户然后将得到的 1.633 9 美元再卖出美元买入欧元(用银行 USD/EUR 的买入价 0.729 7),可得到 1.192 3(1.633 9×0.729 7)欧元,这也就是银行报 GBP/EUR 的买入价。按同样思路计算得到 GBP/EUR 的卖出价为 1.197 4(1.634 2×0.732 7)。

综上可得：GBP/EUR 的买入价为 1.633 9×0.729 7＝1.192 3,卖出价为 1.634 2×0.732 7＝1.197 4。

故 GBP/EUR 的汇率为 1.192 3～1.197 4。

(6) 按照外汇管制的程度可划分为官方汇率和市场汇率。官方汇率 (official rate),又称法定汇率,是一国中央银行或货币管理当局规定并公布的、要求一切外汇交易都采用的汇率。在实行严格外汇管制的国家,由于没有自由的外汇市场,因此汇率无法根据外汇市场供求状况形成,一般由金融当局制定和公布。凡规定官方汇率的国家,如无有关法令允许,一切外汇交易都必须以官方汇率为准。实行计划经济的国家一般都制定官方汇率。

官方汇率分为单一汇率和复汇率两种。单一汇率(single exchange rate)是指一切外汇交易均以一种官方汇率进行,这种汇率通用于该国所有的经济交往中。复汇率(multiple exchange rate)是指一国为达到某种政策目的,规定有两种或两种以上汇率,不同的汇率适用于不同的国际经济贸易活动。复汇率是外汇管制的一种产物,曾被许多国家采用过。[①] 官方汇率一经国家制定,一般不能频繁地变动。虽然官方汇率保证了一国汇率的稳定,但是却缺乏弹性,很难反映外汇市场的供求状况。

市场汇率(market rate),又称自由汇率,是指在自由外汇市场上进行外汇交易的实际汇率,它由外汇供求关系所决定。在汇率管制较松的国家,官方宣布的汇率往往只起到中心汇率的作用,外汇交易按自由市场外汇供求情况决定。

第二节　汇率报表阅读

汇率是一个非常重要的变量,其变动不仅影响每笔进口和出口交易的盈利与亏损,影响出口商品的竞争能力,而且还会通过各种传导机制对一国的国内经济和国际经济产生影响。因此,人们越来越关注汇率变动的情况。有关汇率的信息经常会在国内外的报刊、杂志、电视等媒体中报告。本节的目的是使读者能熟悉汇率的表示方法、报价方式,并能阅读外汇牌价,从而能从中获得读者自己所需要的金融信息。

---

① 包括双重汇率。双重汇率指一国同时存在两种汇率,是复汇率的一种形式。

一、汇率的表示方法

常见的汇率表示方法有两种,一种是用文字表述的汇率,如美元兑人民币汇率 6.071 0;另一种是用两种货币符号表述的汇率,如 USD/CNY6.071 0,这里的斜线表示兑换的意思。表 6-1 是汇率的两种表示方法比较表。这两种表示方法的形式虽然不同,但含义是一样的,都是 1 美元等于 6.071 0 元人民币。每一种货币都有货币符号。用三个英文字母表示货币标准符号,如美元的货币标准符号为 USD,人民币的货币标准符号为 CNY。

表 6-1　汇率的两种表示方法比较表

文字表述的汇率	货币标准符号表述的汇率	两种表示方式的含义
美元兑人民币	USD/CNY	每一美元等于若干数额人民币
美元兑日元	USD/JPY	每一美元等于若干数额日元
英镑兑美元	GBP/USD	每一英镑等于若干数额美元
美元兑欧元	USD/EUR	每一美元等于若干数额欧元

注:①货币符号表述的汇率中,斜线前面的货币是基础货币,斜线后面的货币是标价货币。②按惯例,银行报出的货币汇率有 5 位有效数字,最后一位为点数,以此类推,从右边向左边数过去,第一位称为"个(基本)点",第二位称为"十个(基本)点",第三位称为"百个(基本)点"。如某日 USD/CNY 的汇率为 6.071 0,第二天 USD/CNY 的汇率为 6.074 1,我们就说 USD/CNY 的汇率上升了 31 个(基本)点。

二、汇率的标价方法

既然汇率是两国货币的比价,那么,汇率的表示就有其特殊性,既可以用甲国货币表示乙国货币的价格,也可以用乙国货币表示甲国货币的价格。因此有必要先确定汇率的标价方法。要确定两个国家货币之间的汇率,首先就要明确以哪个国家的货币作为标准。由于在计算和使用汇率时确定的标准不同,因而就形成了不同的标价方法。

(一)各国外汇市场上汇率的标价方法

各国外汇市场上的外汇交易活动通常局限在一定的国家或地区,多数是银行与工商企业、个人等顾客进行本币与外币买卖。此时的银行报价既可以用本国货币表示外国货币的价格,也可以用外国货币表示本国货币的价格。这反映了两种标价方法,即直接标价法和间接标价法。需要说明的是,只有明确报价银行所处的国家或地区时,谈论直接标价法和间接标价法才有意义。

(1)直接标价法(direct quotation)。直接标价法也称应付标价法,是指以 1 个或 100 个单位的外国货币为标准,折算为一定数额的本国货币。也就是说,直接标价法将外国货币当作商品,而本国货币作为价值尺度。如 1 美元等于 6.071 0 元人民币,对于中国来说就是直接标价法。在直接标价法下,汇率是以本国货币表示的单位外国货币的价格。外汇汇率上涨,说明外币币值上涨,表示单位外币所能换取的本币增多,本币币值下降;外汇汇率下降,说明外币币值下跌,表示外国单位货币能换取的本币减少,本币币值上升。目前世界上大多数国家采用直接标价法。我国也采用直接标价法。

(2) 间接标价法(indirect quotation)。间接标价法是指以 1 个或 100 个单位的本国货币为标准,折算为一定数额的外国货币。也就是说,在这里本国货币被当作商品,用外国货币的数额来表示本国货币的价格,外国货币充当了价值尺度。如 1 英镑等于 1.738 1 美元,对于英国来说,就是间接标价法。在间接标价法下,汇率是以外国货币来表示单位本国货币的价格。若一定数额的本国货币能兑换的外国货币比原来减少,说明外国货币升值;若一定数额的本国货币能兑换的外国货币比原来增多,则说明外国货币的币值下跌,本国货币的币值上升。目前世界上使用间接标价法的国家不多,主要是英国、英联邦国家、美国、欧元区国家、澳大利亚等国家,其中美国对英镑、澳大利亚元、新西兰元和欧元采用直接标价法[①]。

在直接标价法下,买入汇率是本币数额较少的那个汇率,它表示银行买入一定数额外汇时所付出的本币数额。在间接标价法下,买入汇率是本币折合为较多外币的那个汇率,它表示银行买入多少外汇需要支付一定数额的本币。

在直接标价法下,卖出汇率是本币数额较多的那个汇率,它表示银行卖出一定数额外汇所得到的本币数额。在间接标价法下,卖出汇率是本币折合为较少外币的那个汇率,它表示银行卖出多少外汇应收到的一定数额的本币。

直接标价法与间接标价法虽然基准不同,但站在同一国家角度看,直接标价法与间接标价法是互为倒数的关系。例如,如果 1 美元能够兑换 6.071 0 元人民币,那么 1 元人民币可兑换 0.164 7(1/6.071 0)美元。所以,只要掌握了其中一种标价法下的汇率值,就可以计算另一种标价法下的汇率值。进行国际经济调研,尤其是对目标国家的货币汇率进行研究时,弄清目标货币汇率的标价方法,是分析问题或进行市场行情预测的前提。

为了避免对汇率标价法在概念上产生混淆,一般惯例认为,无论在哪一种标价法中,外汇汇率都是指外币兑本币的汇率。如我国公布的外汇牌价,就是指美元、日元等外币兑人民币的汇率。若是指人民币汇率,则将人民币看作基

---

① 见纽约联邦储备银行(Federal Reserve Bank of New York)http://www.ny.frb.org/markets/fxrates/noon.cfm。

准货币,表示人民币兑外币的汇率。在纽约外汇市场上,外汇汇率是指各种货币兑美元的汇率。在伦敦外汇市场上,外汇汇率指各种货币兑英镑的汇率;若是特别指明英镑汇率,则是指英镑兑其他货币的汇率。

为了不引起混淆,本书有关对汇率的分析,均以直接标价法为准,即外汇汇率上升是指本币价值下降或外币升值。

（二）国际金融市场汇率标价方法

国际金融市场上的外汇交易通常是跨国或跨地区的全球业务,交易的金额大,币种多,既做本币兑外币的交易,也做一种外币兑另一种外币的交易。在国际金融市场上,各种货币汇率的标价方法和报价已经形成国际惯例,大家共同遵守。

国际金融市场汇率标价方法按照美元是否是基础货币划分为"单位美元"标价法和"单位镑"标价法。"单位美元"标价法也叫美元标价法,是以美元为基础货币来表示各国货币的价格。世界各主要外汇市场银行间交易,多数货币的汇率都是以美元为基础货币,即每1美元等于若干数额其他货币。美元以外的两种货币之间的汇率则必须通过各自货币与美元的汇率进行套算。

"单位镑"标价法也叫非美元标价法,是以英镑、爱尔兰镑、澳元、新西兰元等货币为基础货币所表示的汇率,即每1英镑、1爱尔兰镑、1澳元、1新西兰元等于若干数额美元的标价法。在国际金融市场上,用英镑、爱尔兰镑、澳元、新西兰元等货币作为基础货币对外报价是历史或习惯的原因造成的（欧元诞生后也作为基础货币）。

三、中国外汇市场的牌价

（一）即期外汇牌价

表 6-2 是中国银行人民币即期外汇牌价。中国的外汇市场采用直接标价法,即外币是基础货币,人民币是标价货币。

表 6-2 中的基准价是各外汇指定银行之间以及外汇指定银行与客户之间人民币对美元、日元、港币、欧元、英镑买卖的交易基准汇价。2005 年 7 月 21 日之前公布人民币汇率基准价。各外汇指定银行和经营外汇业务的其他金融机构以基准价为依据,根据国际外汇市场行情自行套算出人民币对其他各种可自由兑换货币的中间价,在中国人民银行规定的汇价浮动幅度内①自行制定外汇买入价、外汇卖出价以及现钞买入价,办理外汇业务,并对外挂牌。

_____

① 2005 年 7 月 21 日汇率改革,取消了银行对客户非美元货币挂牌汇率浮动区间限制,扩大了美元现汇与现钞买卖差价,允许一日多价。见国家外汇管理局网站 http://www.safe.gov.cn/wps/portal/sy/sy 中的"统计数据列表"中的"人民币汇率中间价"备注 1。

2005 年 7 月 21 日人民币汇率形成机制改革后,中国人民银行于每个工作日
闭市后公布当日银行间外汇市场美元等交易货币对人民币汇率的收盘价,作为
下一个工作日该货币对人民币交易的中间价。自 2006 年 1 月 4 日起,中国人民
银行授权中国外汇交易中心于每个工作日上午 9 时 15 分对外公布当日人民币
对美元、欧元、日元和港币汇率中间价[1],作为当日银行间即期外汇市场[含 OTC
(询价交易)方式[2]和撮合方式]以及银行柜台交易汇率的中间价。

表 6-2　中国银行人民币即期外汇牌价

日期：2013/12/23　　　　　　　　　　　　　　　　　　人民币/100 外币

货币名称	标准符号	现汇买入价	现钞买入价	卖出价	基准价	中行折算价
英镑	GBP	988.58	958.06	996.52	1 000.23	1 000.23
港币	HKD	78.13	77.51	78.43	78.872	78.87
美元	USD	605.89	601.03	608.31	611.61	611.61
瑞士法郎	CHF	674.71	653.88	680.13		677.83
新加坡元	SGD	477.39	462.65	481.23		478.97
瑞典克朗	SEK	91.79	88.96	92.53		92.23
丹麦克朗	DKK	110.83	107.41	111.73		111.37
挪威克朗	NOK	98.17	95.14	98.95		98.72
日元	JPY	5.813 7	5.634 3	5.854 5	5.869 8	5.869 8
加拿大元	CAD	568.25	550.7	572.81	574.77	574.77
澳大利亚元	AUD	540	523.34	543.8	545.35	545.35
欧元	EUR	826.95	801.42	833.59	837.39	837.39
澳门元	MOP	75.92	73.37	78.65 (76.21)*		76
菲律宾比索	PHP	13.61	13.19	14.13 (13.71)*		13.65
泰国铢	THB	18.51	17.93	19.23 (18.65)*		18.57
新西兰元	NZD	495.59	480.29	502.56 (499.57)*		497.44
韩国元	KRW		0.552 3	0.598 9		0.572

注：①中行折算牌价为中行根据基准价及自身情况确定的、内部使用的中间价,主要用于内部会
计核算时各种货币之间的折算,同时也用于外汇买入后内部的平仓,计算该业务的损益。②标准符号
为作者所加。③＊澳门元、菲律宾比索、泰国铢、新西兰元的现汇卖出价和现钞卖出价不一样。括号
中标注的是现汇卖出价。

资料来源：中国银行网站,http://www.boc.cn/sourcedb/whpj/.

[1]　从 2006 年 8 月 1 日起公布英镑对人民币汇率价格后,同时对外公布人民币对英镑汇率中间价。
[2]　询价交易方式(简称 OTC 方法)：OTC 方式是指银行间外汇市场交易主体以双边授信为基础,通过自主双边
询价、双边清算进行的即期外汇交易。

如前所述,买入价、卖出价是站在银行的角度来说,买入价低于卖出价,买卖价差是银行的成本与利润。表 6-2 清楚表明,外汇的买入价均小于外汇的卖出价。其中外汇的买入价、卖出价是指现汇的买入价、卖出价。钞买价是银行买入现钞的价。

钞价与汇价不同,因为外币现钞与外汇有差异。外币现钞主要指的是由境外携入或个人持有的可自由兑换的外国货币,如美元、日元、英镑的钞票和硬币或以这些外币钞票、硬币存入银行所生成的存款,是具体的、实在的外国纸币、硬币。由于外币现钞有实物的形式,且人民币是我国的法定货币,外币现钞在我国境内不能作为支付手段,银行需要将购入的外币现钞累积到一定数额后,运送到该外币的发行国或者能流通该外币的国外地区或外币市场,变为该银行在国外的银行存款,现钞才能变成银行真正意义上可以使用的外汇资金。银行由此要损失利息和支付因运到国外而发生的包装、运输、保险等费用。银行要将所有这些损失和费用转嫁给出卖钞票的顾客,所以现钞买入价要低于现汇买入价。

现汇是账面上的外汇,它的转移出境只需要进行账面上的划拨就可以了,不存在实物形式的转移。对于银行来说只是在账上记了这么一笔,并不需要保管它。因此在银行公布的外汇牌价中现钞与现汇并不等值,现钞的买入价低于现汇的买入价。

但是,现钞的卖出价与现汇的卖出价相同。如表 6-2 所示,中国银行买入 100 美元的现钞需付出 601.03 元人民币,买入 100 美元的现汇需付出 605.89 元人民币,卖出 100 美元的现汇和现钞都可以收回 608.31 元人民币。现汇的买入价与卖出价相差 2.42 元人民币,此为银行买卖 100 美元所获得的收益。中间汇率是(现汇买入汇率＋卖出汇率)/2,如美元的中间汇率是 607.10[(605.89＋608.31)/2]。中间汇率常用来对汇率进行分析,例如,传媒为了方便人们参与外汇买卖,掌握外汇买卖行情,其报道的汇率多为中间汇率。我国结算本国贸易与非贸易的从属费用也采用外汇牌价的中间汇率。

表 6-3 是招商银行个人外汇买卖报价表。比较表 6-3 与表 6-2,可以看出它们的不同。表 6-2 是中国银行人民币即期外汇牌价,每天对外公布一次(允许一日多价)。表 6-3 是个人外汇买卖牌价,它是一天中某一特定时刻的报价。在整个交易日,汇率随市场上交易货币的供给与需求波动而波动。因受国际上各种政治、经济因素,以及各种突发事件的影响,汇价经常处于剧烈的波动之中,客户在进行外汇买卖时,应充分认识到风险与机遇并存。由于外汇

买卖牌价中的每一汇率报价都是某一特定时刻的汇率,汇率随时变动,当银行经办人员为客户办理买卖成交手续时,会出现银行报价与客户申请书所填写的汇率不一致的现象,若客户接受新的价格并要求交易,应经客户确认后,以新的汇率进行交易。外汇汇率一经成交,客户不得要求撤销。

表 6-3 招商银行个人外汇买卖报价表

深圳 2013-12-23 12:37:47

货币/货币	买入价	卖出价	货币/货币	买入价	卖出价
澳大利亚元/港币	6.916 8	6.924 8	加拿大元/港币	7.279 1	7.289 1
澳大利亚元/美元	0.891 6	0.893 6	加拿大元/日元	97.60	97.90
澳大利亚元/加拿大元	0.948 2	0.952 2	加拿大元/新加坡元	1.187 9	1.191 3
澳大利亚元/日元	92.67	93.07	英镑/港币	12.667 8	12.679 8
澳大利亚元/新加坡元	1.127 9	1.132 7	英镑/澳大利亚元	1.827 3	1.835 3
澳大利亚元/瑞士法郎	0.797 9	0.801 9	英镑/美元	1.633 3	1.635 7
美元/港币	7.751 4	7.756 4	英镑/欧元	1.192 8	1.197 8
美元/加拿大元	1.063 5	1.065 5	英镑/加拿大元	1.736 9	1.742 9
美元/日元	103.96	104.16	英镑/日元	169.78	170.38
美元/新加坡元	1.265 4	1.267 4	英镑/新加坡元	2.066 9	2.072 9
美元/瑞士法郎	0.895 0	0.897 4	英镑/瑞士法郎	1.461 9	1.467 9
欧元/港币	10.598 4	10.609 4	日元/港币	7.446 8	7.456 8
欧元/澳大利亚元	1.529 2	1.535 2	新加坡元/港币	6.120 1	6.126 1
欧元/美元	1.366 4	1.368 8	新加坡元/日元	82.06	82.28
欧元/加拿大元	1.453 0	1.458 6	瑞士法郎/港币	8.647 0	8.657 0
欧元/日元	142.02	142.58	瑞士法郎/加拿大元	1.186 1	1.189 5
欧元/新加坡元	1.728 8	1.734 8	瑞士法郎/日元	115.94	116.28
欧元/瑞士法郎	1.222 6	1.228 6	瑞士法郎/新加坡元	1.411 1	1.415 1

资料来源:http://fx.cmbchina.com/Hq/CmbQuote.aspx.

银行在开展外汇买卖业务时也是以双向报价的形式对客户报价。即银行在报某一货币(如美元/欧元)的买入价的同时,也对外报该货币对的卖出价,以满足不同客户的需要。中国外汇市场上的报价也是同时报出买入价与卖出价。目前,中国的银行为了向广大居民进行个人外汇买卖交易提供最大的优惠,除个别分行对个别货币有现钞、现汇价格之分以外,外汇买卖现钞、现汇价格都是一样的。虽然在外汇买卖中,钞买价与汇买价相同,但是,根据国家外汇管理有关规定,现钞、现汇之间外汇买卖业务不能互换,即现钞不能随意换成现汇,外汇买卖业务本着钞变钞、汇变汇的原则进行。

表 6-3 所示的交易货币左边是基础货币,右边是标价货币,买入价与卖出价是站在银行的立场,买入与卖出基础货币的价格。例如,左边币种是美元,右边币种是日元,我们称之为美元兑日元的报价,买入价与卖出价是银行买入与卖出美元的价。买入价为 103.96,卖出价为 104.16,即银行按 103.96 日元的价格买入 1 美元,按 104.16 日元的价格卖出 1 美元。若客户手中有 1 000.00 美元,可换为 103 960 日元,而卖出 104 160 日元才可换得 1 000.00 美元。

从表 6-3 可以看出,买卖的货币均是外币,这是由于人民币还不是可自由兑换货币,目前还不能进行人民币对外汇的自由买卖。外汇买卖业务不需要另交手续费。银行的费用体现在买卖差价上。在外汇交易中,银行及时报出的买卖价格之间的点差直接影响交易者的收入。通常用银行的卖出价减去买入价后,再除以买入价,就是交易银行的手续费。按照国际惯例,国内银行外汇买卖业务的报价,在柜台大屏显示时,用红色、绿色和黄色标示出汇率的变化情况。红色表示下跌,绿色表示上涨,黄色表示持平。这和我国股市的报价正好相反。股市中的红色表示上涨,绿色表示下跌。

在外汇市场中,上涨或下跌均是针对报价中的基础货币而言的。例如,美元兑日元的报价是绿色,即表示与上一次报价相比,美元兑日元的价格上涨了,用单位美元可以兑换更多的日元;反之,美元兑日元的报价是红色,则表示美元兑日元的价格下降了,用单位美元兑换的日元比上次报价要少。

（二）远期外汇牌价

表 6-4 是中国银行人民币远期外汇牌价。远期外汇牌价即远期汇率,它是在远期外汇交易中使用的汇率。远期外汇交易即预约购买与预约出卖的外汇业务,亦即买卖双方先行签订合同,规定买卖外汇的币种、数额、汇率和将来交割的时间,到规定的交割日期,再按合同规定,卖方交汇,买方付款的外汇业务。

由于市场竞争非常激烈,所以在国家间的对外贸易中,常用远期收汇的方式,即给予进口商短期信贷的方法,以扩大出口。但是,出口商远期收汇面临的汇率波动风险很大。为了避免风险带来的损失,便出现了远期外汇交易。

从参与远期外汇交易的人员构成来看,购买远期外汇的有远期外汇支出的进口商,负有不久到期的外币债务的债务人,输入短期资本的牟利者,以及对于远期汇率看涨的投机商等。卖出远期外汇的有远期外汇收入的出口商,持有不久到期的外币债权的债权人,输出短期资本的牟利者,以及对于远期汇率看跌的投机商等。经营外汇业务的商业银行,也利用远期外汇交易平衡自己的远期外汇买卖。

为满足企事业单位、国家机关、社会团体及外商投资企业的业务需要,经中国人民银行正式批准,中国银行自 1997 年 4 月 1 日起开办远期结售汇业务。到 2003 年 4 月,中国银行、中国工商银行、中国建设银行、中国农业银行均已获准开办此项业务。

表 6-4 中国银行人民币远期外汇牌价

日期:2014-01-24 人民币/100 外币

项目		美元	欧元	日元	港元	英镑	瑞郎	澳元	加元
7 天	买入	603.30	824.10	5.812 5	77.63	1 001.59	670.54	527.26	542.17
	卖出	607.19	832.68	5.878 9	78.37	1 010.51	676.76	533.44	547.49
1 个月	买入	603.54	824.52	5.816 9	77.67	1 001.82	670.80	526.63	542.04
	卖出	607.63	833.18	5.882 4	78.43	1 011.09	677.50	533.17	547.68
3 个月	买入	604.03	825.20	5.822 9	77.74	1 002.26	671.72	525.00	541.76
	卖出	608.17	833.81	5.889 8	78.50	1 011.47	678.38	531.52	547.38
6 个月	买入	604.35	826.05	5.832 6	77.84	1 002.55	672.98	522.39	541.20
	卖出	608.99	834.56	5.898 4	78.57	1 011.65	679.59	528.81	546.72
9 个月	买入	604.65	826.86	5.843 1	77.91	1 002.63	674.22	519.63	540.63
	卖出	609.79	835.47	5.908 2	78.65	1 011.87	680.98	526.17	546.21
12 个月	买入	605.10	827.90	5.855 4	78.00	1 002.71	675.76	516.98	540.20
	卖出	610.54	836.46	5.920 9	78.73	1 011.92	682.59	523.48	545.77

资料来源:中国银行"中行人民币远期外汇牌价"。

远期结售汇业务是指客户与银行签订远期结售汇合同,把将来办理结汇或售汇的外币币种、金额、汇率和期限固定下来,到期时按该合同订明的币种、金额、期限、汇率与银行办理结汇或售汇。结汇汇率即银行买入外汇的汇率,售汇汇率即银行卖出外汇的汇率。实际上远期结售汇业务就是我国的远期外汇交易业务。

在我国的外汇交易市场上,真实的贸易背景是交易的基础,交易的主体必须是企业与银行,结汇、售汇周转头寸不得超过核定的限额。目前开展远期结售汇业务的币种基本不受限制,其中美元是远期签约的主要币种。各家银行与客户签订远期合约后一般自行平盘。但是,交易的期限有一定的限制,目前远期交易的期限分为 7 天、20 天、1 个月、2 个月、3 个月、4 个月、5 个月、6 个月、7 个月、8 个月、9 个月、10 个月、11 个月、12 月月共 14 个档次。

远期外汇牌价与即期外汇牌价相同,买入价、卖出价是指银行买入与卖出基础货币的汇价,因此,表 6-4 中的买入价、卖出价是银行买入与卖出美元的汇价。远期外汇牌价每天公布一次。

远期汇率和即期汇率的差异,决定于两国的利息差异,并大致和利息差异保持平衡。但是,除了利息因素以外,对于货币的法定贬值、升值和下浮、上浮的预测而引起的投机活动,两国的政治局势,以及国际形势的变化等都对远期汇率有很大的影响。不过,这些因素的影响造成的远期汇率的贴水、升水数字往往很大,使远期汇率与即期汇率的差异完全超过了两地利率水平的差异,因而难以用数字加以计算。如 1967 年英镑公开贬值前夕,英国外汇市场上大量抛售 3 个月和 6 个月的英镑远期外汇,从而促使英镑远期汇率的贴水不断提高,贴水率甚至超过了 20%,与利率差异已毫无关联。

第三节　汇率决定的基础及影响汇率变动的因素

汇率是一种货币与另一种货币的价值之比,因此汇率决定的基础应该是两种货币所具有或者说是所代表的实际价值。谈到货币价值,就必然会涉及货币制度,因为货币制度是汇率存在的客观环境,决定了汇率形成的机制。

一、汇率决定的基础

汇率决定的基础与货币制度密切相关。货币制度是指一个国家以法律形式规定的货币流通的组织形式,简称币制。纵观人类发展历史,货币制度的演变主要经历了金本位和纸币本位制度两个阶段。不同的货币制度下汇率决定的基础是不同的。随着经济的发展,货币制度也在不断演变。

（一）金本位制度下汇率决定的基础

金本位制度是以黄金作为本位货币的货币制度,又分为金币本位制度、金块本位制和金汇兑本位制度。

1. 金币本位制度下汇率决定的基础

金币本位制度是以黄金为本位货币的货币制度,它盛行于 1880—1914 年。

　　在金币本位制度下,黄金可以自由铸造、自由兑换和自由输出输入。在这种制度下,各国都规定单位货币含有黄金的重量和成色,被称为含金量。两个实行金币本位制度国家的货币法定含金量之比就被称为铸币平价(mint par 或 specie par)。铸币平价是决定一国汇率的基础。例如,金币本位制期间,1 英镑的含金量为 7.322 4 克,1 美元的含金量为 1.504 656 克,英镑对美元的铸币平价为:1 英镑＝4.866 5 美元(7.322 4÷1.504 656)。由此可见,英镑和美元的汇率是以各自的含金量作为基础的。

　　值得注意的是,铸币平价只是汇率的决定基础,但是它所决定的汇率并不是外汇市场上实际的汇率。正如商品价格会围绕商品价值上下波动一样,金本位制度下的汇率由于受外汇市场供求因素的影响,汇率会围绕铸币平价上下波动。

　　汇率围绕铸币平价的上下波动并不是漫无边际的,而是以“黄金输送点”(gold transport point)为其最大的波动幅度。所谓黄金输送点,是指汇率的上涨或下跌超过一定的界限时,将会引起黄金的输入或者输出,从而起到自动调节汇率的作用。因为在两国之间输送黄金,需要支付各种运送费用,如包装费、运费、保险费、检验费和运送期间所损失的利息等,因此黄金输送点的构成为:

$$黄金输出点 ＝ 铸币平价 ＋ 1 单位黄金运送费用$$
$$黄金输入点 ＝ 铸币平价 － 1 单位黄金运送费用$$

　　第一次世界大战以前,在英国和美国之间运送一单位黄金的各项费用和利息,大约为所运送黄金价值的 0.5%～0.7%,按平均数 0.6% 计算,在英国和美国之间运送 1 英镑黄金的费用大约为 0.03 美元。设英镑对美元的铸币平价为 4.866 5 美元,由此就可计算出黄金输送点:

$$黄金输出点 ＝ 4.866 5 美元 ＋ 0.03 美元 ＝ 4.896 5 美元(波动上限)$$
$$黄金输入点 ＝ 4.866 5 美元 － 0.03 美元 ＝ 4.836 5 美元(波动下限)$$

　　假设在美国外汇市场上,英镑外汇的价格受市场供求关系的影响逐渐上涨。当英镑汇率上涨超过了 4.896 5 美元即黄金输出点时,则美国进口商就不愿按此高汇率在外汇市场上直接购买英镑,而宁愿直接运送黄金到英国去偿付债务,这时外汇市场上对英镑的需求就会减少,英镑汇率就会下跌,直至跌到 4.896 5 美元以内;相反,当英镑汇率下跌到 4.836 5 美元即黄金输入点时,则美国出口商就不愿意按此低汇率将英镑兑换为美元,而宁愿用英镑在英国购进黄金,再运回国内,这时外汇市场上英镑的供应就会相应减少,英镑汇率就会上升,直至上升到 4.836 5 美元以上。

因此,在金币本位制度下,汇率以铸币平价为中心,以黄金输出点为上限,黄金输入点为下限进行波动。但是相对来说,汇率的波动幅度较小,基本上是固定的。这是因为运送黄金的各项费用仅为黄金价值的 0.5%～0.7%,所占比重较小。

虽然金币本位制度下的汇率相对比较稳定,使得各国的经济往来走着稳定的发展道路,但是这种制度下汇率的稳定性并不是绝对的。因为世界黄金储备十分有限,世界经济的快速发展使得各国对黄金的需求量越来越大,黄金供给与需求的矛盾也越来越尖锐,此时金币本位制度的缺陷逐渐暴露出来。第一次世界大战爆发前,许多国家为了备战,纷纷开始限制甚至禁止黄金出口或者禁止纸币自由兑换黄金,金本位制度也因此失去了汇率稳定的基础并开始走向崩溃的边缘。第一次世界大战爆发以后,金币本位制度彻底瓦解(美国除外),取而代之的是金块本位和金汇兑本位制度。

2. 金块本位和金汇兑本位制度下汇率的决定基础

金币本位制度发展到后期,由于黄金产量跟不上经济发展对货币日益增长的需求,黄金参与流通、支付的程度下降,其作用逐渐被以其为基础的纸币所取代。只有当一国需要大规模支付时,才会使用黄金,而且金块的绝大部分为政府所掌握,因此其输入和输出受到很大的影响,它已经不再能够充当直接的支付手段和流通手段。在这种货币制度下,两种货币之间的汇率由纸币所代表的金量之比来决定,称为法定平价。法定平价成为汇率的决定基础,汇率以法定平价为中心上下波动,但是波动的幅度已经不再受黄金输入点和输出点的限制,而是由政府来规定和维护这一波动幅度。这是因为在金块本位和金汇兑本位制度下,黄金已不能自由输入和输出,这时黄金输送点事实上已经不存在,政府通过设立外汇平准基金来保持汇率的稳定。当一国外汇汇率上升到规定的上限以外时,该国政府将在外汇市场上出售外汇,增加外汇市场上的供给,从而使汇率下降到规定的范围之内;反之,当一国外汇汇率下降到规定的下限以外时,该国政府将在外汇市场上买进外汇,减少外汇市场上的供给,从而使得汇率上升到规定的范围之内。但是一国政府能够操纵外汇市场,使得汇率按照本国的意愿变动的前提是本国拥有足够的外汇储备,即经济实力比较强大。对于第一次世界大战刚刚结束的大多数国家而言,这一条件是不具备的。因此,在金块本位和金汇兑本位制度下的汇率,与金币本位制度相比,其稳定程度已经明显降低。

金块本位和金汇兑本位制度由于它的不稳定性,仅仅维持了短短的一段时间。1929—1933 年世界性的经济危机爆发之后,金块本位和金汇兑本位制度彻底崩溃,西方资本主义国家纷纷开始实行纸币流通制度,汇率决定基础变得越来越复杂了。

(二)纸币流通制度下汇率的决定基础

在纸币流通制度下,纸币本身并没有价值,它只是流通中的一种价值符号。马克思在他的货币理论中指出,"纸币是价值的一种代表,两国货币之间的汇率便可以用两国货币各自所代表的价值量之比来确定"。这里所说的两国纸币各自所代表的价值量之比即法定平价。纸币所代表的价值量是由各国政府根据过去流通中的金属货币的含金量来确定的,以法律的形式来规定。在纸币流通制度下,法定平价成为汇率的决定基础。例如,假设 1 英镑的法定含金量为 3.581 34 克黄金,1 美元的法定含金量为 0.888 671 克黄金,则 1 英镑=3.581 34/0.888 671=4.30 美元,即英镑兑美元的汇率为 4.30。

但是在第二次世界大战爆发之后,西方资本主义国家通货膨胀的发生,使得以纸币为基础的纸币流通制度极不稳定。为了稳定各国之间的货币关系,西方国家于 1944 年建立了布雷顿森林体系,各国间的汇率也因此得以稳定。布雷顿森林协议规定:①实行以黄金——美元为基础、可调整的固定汇率制度。即规定美元按 35 美元等于 1 盎司黄金与黄金保持固定比价,各国政府可随时用美元向美国政府按这一比价兑换黄金。②各成员国货币与美元挂钩,并根据各自代表的金量确定与美元的比价并保持固定。③各成员国货币对美元的波动幅度为平均上下各 1%,各国货币当局有义务对外汇市场进行干预以保持该国汇率的稳定。只有当一国国际收支发生"根本性不平衡"时,才允许该国货币升值或贬值,但要事先得到国际货币基金组织的同意。

从 20 世纪 50 年代开始,美国依次发动了朝鲜战争和越南战争,战争使得美国国际收支迅速恶化,美元的价值也随之开始波动,再加上日本、德国、法国等资本主义国家的崛起,美元的国际地位开始动摇。1971 年美元不得不进行法定贬值,此时西方国家也开始重新调整汇率,汇率的波动幅度由原来的 1%扩大到 2.25%,实际上汇率的波动幅度可以达到 10%。然而,汇率波动幅度的增加并没有减轻西方国家的通货膨胀。1973 年布雷顿森林体系不得不宣布瓦解,这标志着以美元为中心的固定汇率制度彻底结束。自此,西方各国不再宣布或者公布本国货币的法定平价,而是纷纷开始实行浮动汇率制度,自此法定平价不再是汇率的决定基础。

在与黄金脱钩了的纸币本位下,纸币所代表的价值量或纸币的购买力,是决定汇率的基础。在实际经济生活中,由于各国劳动生产率的差异,国际经济往来的日益密切和金融市场的一体化,信息传递技术的现代化等因素,使纸币本位制度下的货币汇率决定,还受其他多种因素影响。

二、影响汇率变动的因素

汇率的变动表现在两个方面:货币贬值和货币升值。无论是货币贬值还是升值,都不是自发的,而是由许多影响因素所致。影响一国汇率变动的因素很多,既有直接因素,也有间接因素;既有国内因素,也有国际因素;既有经济因素,也有社会和政治因素,而且这些因素相互影响,相互制约。随着世界政治、经济形势的发展,各种因素所占的影响权重也不尽相同,而且一种因素对于不同的国家,在不同的时期影响大小也不一样。因为影响汇率的因素很多,我们这里只选取一些相对重要的影响因素,分析它们是如何影响汇率的。

影响汇率变动的主要因素有:经常账户差额[①]、通货膨胀率、经济实力、利率、各国汇率政策和政府干预、投机活动与市场心理预期、政治与突发因素等。可以将这些因素分为长期因素和短期因素两类。其中,经常账户差额、通货膨胀率和经济实力为长期因素,利率、各国汇率政策和政府干预、投机活动与市场心理预期、政治与突发因素为短期因素。随着经济的发展,计算机技术的应用,信息的快速传递,过去认为是长期的影响因素在较短的时间内也会对汇率发挥作用。

(一)经常账户差额

经常账户差额既受汇率变化的影响,又会影响外汇供求关系和汇率变化。经常账户差额是影响汇率变化最重要的因素。当一国有较大的经常账户逆差时,说明本国外汇收入少于外汇支出,对外汇的需求大于外汇的供给,外汇汇率上涨,本币对外贬值;反之,当一国处于经常账户顺差时,外国对本国货币需求增加,会造成本币对外升值,外汇汇率下跌。虽然存在利率、心理预期等短期因素的影响,但经常账户差额与汇率之间的这种关系在长期内发挥作用。

经常账户状况是否会影响到汇率,还要看经常账户差额的性质。短期的、临时性的、小规模的差额,可以轻易地被国际资金的流动、相对利率和通货膨胀率、政府在外汇市场上的干预和其他因素所抵消。但是,长期的巨额的经常账户逆差,一般会导致本国货币汇率的下降。

---

① 经常账户、经常账户差额详见第十一章。

（二）通货膨胀率

纸币制度的特点决定了货币的实际价值是不稳定的,通货膨胀以及由此造成的纸币实际价值与其名义价值的偏离几乎在任何国家都是不可避免的,这必然引起汇率水平的变化。如果一国的纸币发行过多,流通中的纸币量超过了商品流通过程中的实际需求,就会造成通货膨胀。通货膨胀使一国的纸币在国内购买力下降,使货币对内贬值。通货膨胀几乎在所有国家都发生过。因此,在考察通货膨胀率对汇率的影响时,不仅要考察本国的通货膨胀率,还要与其他国家的通货膨胀率进行比较,即要考察相对通货膨胀率。一般来说,相对通货膨胀率持续较高的国家,表示其货币的国内价值的持续下降速度相对较快,其汇率也将随之下降。通货膨胀率的高低是影响汇率变化的基础。

通货膨胀率可以通过多种途径影响汇率。例如,通货膨胀率提高,以外币表示的本国商品的出口价格上涨,其产品在国际市场上的竞争力下降,出口减少,从而影响经常账户余额。通货膨胀率还会通过人们对汇率的预期,影响资本流动。如一国通货膨胀率高,人们会预期该国货币贬值,于是会进行货币兑换,造成该国货币在外汇市场上的实际贬值。

（三）经济实力

一国经济实力是奠定其纸币汇率高低的基础。而经济实力强弱是通过许多方面、许多指标表现出来的,如稳定的经济增长率、低通货膨胀水平、低失业率、平衡的国际收支、充足的外汇储备以及合理的经济结构、贸易结构等都标志着一国经济实力强。这不仅形成本币币值稳定和坚挺的物质基础,而且也会使外汇市场上人们对该货币的信心增强。反之,经济增长缓慢甚至衰退、高通货膨胀率、高失业率、国际收支巨额逆差、外汇储备短缺以及经济结构、贸易结构等失调,则标志着一国经济实力弱,从而使本币失去稳定的物质基础,人们对其信心下降,对外不断贬值。一国经济实力强弱对汇率变化的影响是较长期的,即它影响汇率变化的长期趋势。

（四）利率水平

利率在一定条件下对汇率的短期影响很大。利率对汇率的影响是通过不同国家的利率差异引起资金特别是短期资金的流动而发挥作用的。在一般情况下,当一国提高利率水平,或本国利率高于外国利率时,会引起资本流入该国,由此对本国货币需求增加,使本币升值,外汇贬值;反之,当一国降低利率水平或本国利率低于外国利率时,会引起资本从本国流出,由此对外币需求增大,使外汇升值,本币贬值。

利率对于汇率的另一个重要作用是导致远期汇率的变化。由利率引起的资本流动还要考虑未来汇率的变动，只有当利率的变动抵消了汇率在未来的不利变动之后金融资产所有者仍有利可图，资本的国际流动才会发生。现在国际资本流动规模大大超过国际贸易额，因此，利率变化对汇率的影响显得更为重要。

要注意的是，利率水平对汇率虽有一定的影响，但从决定汇率升降趋势的基本因素看，其作用是有限的，它只是在一定的条件下，对汇率的变动起暂时的作用。

（五）各国汇率政策和政府对市场的干预

为了维持汇率的稳定，或使汇率的变动服务于经济政策目的，政府常会对外汇市场进行干预，如中央银行在外汇市场上买进或卖出外汇；政府采取财政、货币政策间接干预外汇市场。一般来说，扩张性的财政、货币政策造成的巨额财政收支逆差和通货膨胀，会使本国货币对外贬值；紧缩性的财政、货币政策会减少财政支出，稳定通货，使本国货币对外升值。中央银行影响外汇市场的主要手段是：调整本国的货币政策，通过利率变动影响汇率，直接干预外汇市场，对资本流动实行外汇管制。

（六）投机活动与市场心理预期

自 1973 年实行浮动汇率制以来，外汇市场的投机活动愈演愈烈。投机者往往拥有雄厚的实力，可以在外汇市场上推波助澜，使汇率的变动远远偏离其均衡水平。投机者常利用市场顺势对某种货币发动攻击，攻势之强，使各国中央银行干预外汇市场也难以阻挡。适当的投机活动有助于活跃外汇市场，但过度的投机活动则加剧了外汇市场的动荡，阻碍正常的外汇交易，歪曲外汇供求关系。

市场心理预期①因素是影响国家间资本流动的一个重要因素。在国际金融市场上，有大量的短期性资金。这些资金对世界各国的政治、经济、军事等因素都具有高度的敏感性，受着预期因素的支配。当人们预期某种货币将贬值，市场上马上就会出现抛售这种货币的行为，使这种货币供大于求，迅速贬值。

心理预期是影响汇率短期变动的一个很复杂的因素，常让人难以把握。外汇市场的参与者常根据各种消息或者汇率的影响因素，对汇率进行判断和估计，预测某种货币汇率的升跌，据此作出在外汇市场上买进或卖出某种货币的决定。对于买卖数额较大的货币来说，这无疑会对外汇市场产生很大冲击，

---

①　所谓预期是指参与经济活动的人，对与其经济决策有关的经济变量在未来某个时期的数值所作出的估计和预测。心理预期是人们对未来事物发展趋势的估计。

对汇率产生很大影响。很多专家认为,1997 年 7 月爆发的东南亚金融危机的一个很重要原因就是东南亚各国居民不看好本国货币。

影响人们心理预期的因素主要有三方面:一是与外汇买卖和汇率变动相关的数据资料信息;二是来自电视、电台等的经济新闻和政治新闻;三是社会上人们相互传播未经证实的消息。这些因素都会通过影响外汇市场交易者的心理预期进而影响汇率。有时虚假的经济新闻或者信息也会导致汇率的变动。

另外,外汇市场的参与者和研究者,包括经济学家、金融专家和技术分析员、资金交易员等,每天致力于汇市走势的研究,他们对市场的判断、对市场交易人员心理的影响以及交易者自身对市场走势的预测都是影响汇率短期波动的重要因素。当市场预计某种货币下降时,交易者会大量抛售该货币,造成该货币汇率下浮的事实;反之,当人们预计某种货币趋于坚挺时,又会大量买进该种货币,使其汇率上扬。由于公众预期具有投机性和分散性的特点,加剧了汇率短期波动的振荡。

(七)政治与突发因素

由于资本首先具有追求安全的特性,因此,政治及突发性因素对外汇市场的影响是直接和迅速的。政治突发因素包括政局的稳定、政策的连续性、政府的外交政策以及战争、经济制裁和自然灾害等。另外,西方国家大选也会对外汇市场产生影响。政治与突发事件因其突发性及临时性,使市场难以预测,故容易对市场造成冲击,一旦市场对消息作出反应并将其消化后,原有消息的影响力就大为削弱。政治因素一般来得比较突然,很难预测,因此它对汇率的影响是比较直接和迅速的。例如 2003 年伊拉克战争期间,美元就经历了几次起落。

除了上述介绍的影响汇率的因素外,还有其他因素会引起汇率变动。各种因素对汇率的影响交织在一起,错综复杂,使得汇率的变动常常捉摸不定,难以预测。在分析影响汇率变动的因素时,很难用一种因素去解释汇率的变动,因此不仅要对单个因素进行分析,而且要进行综合分析,以便作出正确的判断。

 案例 6-3

1997 年泰铢的崩溃

在 20 世纪八九十年代,泰国成了亚洲最有活力的 4 小虎经济之一。从1985—1995 年,泰国取得了年平均 8.4% 的经济增长率,同时保持了其每年只有 5% 的通货膨胀率(这段时间里美国可比较的数字是 1.3% 的经济增长率和3.2% 的通货膨胀率)。泰国经济的大量增长都是由出口来推动,例如从

1990—1996 年,泰国出口的价值以每年 16％ 的复合式速度增长。出口引导的增长所创造的财富有助于刺激商业和居民不动产、工业不动产和基础设施的投资繁荣。随着对不动产需求的增加,曼谷的商业和居民房地产的价值开始飞涨。这又引起泰国从未有过的建筑繁荣。城里随处都有正在兴建的办公楼和公寓,来自银行的沉重借贷正在为许多这种建筑提供资金支持,随着不动产价值的持续上涨,银行也愿意借钱给房地产公司。

　　然而,到 1997 年早期,房地产的繁荣已经产生了居民和商业房地产的过剩生产能力。到 1996 年后期,曼谷估计有 36.5 万套公寓单元无人居住。1997 年还有 10 万套单元会如期完成,泰国不动产市场多年来的超额需求已经由超额供给所替代。据估计,曼谷的建筑业繁荣到 1997 年已经产生了足够的超额空间可以满足其居民和商业至少 5 年的需求。同时,泰国在基础设施、工业生产能力和商业房地产的投资现在正在以前所未有的速度吸引外国商品。为了建设基础设施、工厂和办公楼,泰国从美国、欧洲和日本购买了固定资产设备和材料。结果在 20 世纪 90 年代中期,贸易支付余额的经常账户转为严重的赤字。尽管有强劲的出口增长,但进口增长得更快。1995 年,泰国的经常账户赤字已经达到 GDP 的 8.1％。

　　1997 年 2 月 5 日,事情开始变得一团糟。当泰国一家房地产开发商 Somprasong Land 宣布它无法按期支付 0.8 亿美元欧洲债券贷款的 310 万美元利息时,事实上形成了拖欠。Somprasong Land 是曼谷不动产市场上投机过热的第一个牺牲品。泰国股票市场已经由其 1996 年早期的高点下跌了 45％,主要就是由于人们担心一些不动产公司可能会有破产的压力。现在有一家已经破产了,股票市场在消息的刺激下又下跌了 2.7％,但是这仅仅是刚刚开始。在 Somprasong Land 拖欠贷款的后果中已经很清楚的是:与一些其他不动产发展商一样,包括 Finance One 在内的许多国内金融机构都已经处于拖欠的边缘。国内最大的金融机构 Finance One 曾经倡导过一项实践,后来在泰国的机构中得以普及,即发行面值为美元的债券,并用其收益来为国内繁荣的不动产发展商的借贷提供资金支持。在理论上,这项实践有意义,因为 Finance One 可以利用美元面值的债务和泰铢债务的利率差(Finance One 以低利率借入美元并以高利率借出泰铢)。这种融资策略的唯一问题是:在 1996 年和 1997 年当泰国的不动产市场开始崩溃的时候,发展商们就不能再还回曾经从 Finance One 借出的现金了。这就使 Finance One 难以偿还其债主。1996 年,随着过度建设的效应变得明显,Finance One 的不履约贷款翻了一番,然后在 1997 年的第一个季度又翻了一番。

在 1997 年 2 月,当政府在一桩由泰国中央银行支持的买卖中,试图为这个陷入麻烦的公司安排由一家小泰国银行收购的时候,Finance One 的股票交易被停止了。这并没有奏效,当交易在 5 月重新开始时,Finance One 的股票一天里就下跌了 70%。截止到这个时候,泰国不动产市场中的不良贷款每天都在暴涨,已经超过 300 亿美元。Finance One 破产了,而且人们担心其他公司也会跟着破产。

正是从这时开始,货币交易商才开始集中攻击泰铢的。在过去的 13 年里,泰铢一直是以大约 1 美元=25 泰铢的汇率与美元挂钩的。不过这种挂钩制已经变得日益难以维护了。货币交易商看到泰国越来越大的经常账户赤字和以美元为主的债务负担,推论在泰国对美元的需求会上升,同时对泰铢的需求会下降(企业和金融机构要将泰铢兑换成美元以偿还它们的债务并购买进口品)。1996 年年末和 1997 年年初时,曾有几次促使泰铢贬值的尝试,这些投机冲击通常包括交易商卖空泰铢而从未来泰铢相对于美元价值的下跌中获利。这种情况下,卖空泰铢就是货币交易商从金融机构借得泰铢,并立刻在外汇市场里卖出这些泰铢换得美元。如果后来泰铢的价值相对于美元下跌的话,那么当交易商必须买回泰铢来偿还金融机构时,所花费的美元要少于在开始卖出泰铢时所收到的美元。例如,一个交易商可能从一家银行借得 6 个月的 100 泰铢,然后该交易商将这 100 泰铢兑换成 4 美元(按 1 美元=25 泰铢的汇率)。如果汇率后来下跌到 1 美元=50 泰铢,6 个月后交易商只花费 2 美元就可买回 100 泰铢,并把这些泰铢还回,留给交易商的是 100% 的利润!

在 1997 年 5 月,卖空者涌向泰铢,为了努力保卫钉住制,泰国政府动用其外汇储备(主要是美元)来购买泰铢。为了保卫泰铢花费了泰国政府 50 亿美元,将"官方报告"的外汇储备降低到了两年来的低点 330 亿美元。此外,泰国政府将基准利率由 10% 提高到 12.5%,以使持有泰铢更具有吸引力,但是由于这也提高了企业的借贷成本,就加剧了泰铢的危机。国际金融团体在这点上不知道的是:在其上级的授意下,泰国中央银行的一个外汇交易商早已在远期合同上锁定了泰国大多数的外汇储备。事实上泰国只有 11.4 亿美元可动用的外汇储备留给保卫美元钉住制。保卫钉住制现在已是不可能的了。

1997 年 7 月 2 日,泰国政府不可避免地屈服了,并宣布它将允许泰铢相对于美元自由浮动。泰铢立刻应声损失了其价值的 18%,并开始一路下滑,到 1998 年 1 月其汇率降到了 1 美元=55 泰铢。随着泰铢的贬值,泰国的债务炸弹爆炸了。泰铢相对于美元价值50%的下跌使得需要偿还以美元为主的债务所要求的泰铢数量翻了一番,这些债务是泰国金融机构和企业承诺偿还的。这就产生了更多的破产,并进一步推动了遭到攻击的泰国股票市场的下跌。泰国集合股票市场指数从1997年1月的787点在12月降到了本年的337点低点,由1996年的顶点算起下跌了45%!

资料来源:[美]查尔斯·W. L. 希尔.当代全球商务[M].第3版.曹海陵,刘萍,译.北京:机械工业出版社,2004:223,224.

第四节　汇率变动对经济的影响

汇率是一条连接国内外商品市场和金融市场的重要纽带,是经济生活中备受关注的一个经济变量。随着世界经济、金融全球化以及汇率市场化进程的加快,汇率对经济的影响越来越大。汇率的变动不仅要受诸如国际收支、通货膨胀、利率水平等一系列经济因素的影响,而且其变动又会反过来对一国国际收支、国内经济乃至世界经济产生广泛的影响。了解汇率的变动对经济的影响,一方面有助于一国外汇管理当局制定该国的汇率政策;另一方面也有助于涉外企业进行汇率风险管理。汇率的变动对经济的影响表现在对一国国际收支、国内经济和世界经济等方面。

一、汇率变动对一国国际收支的影响

一国国际收支[①]主要包括货物贸易收支、服务贸易收支、资本流动和外汇储备四个方面。汇率变动对一国国际收支的影响也体现在这四个方面。

（一）汇率变动对货物贸易收支的影响

一般而言,一国货币汇率的变动会直接导致该国商品价格的变动,进而影响本国商品的国际竞争力,最终影响该国的进出口规模和贸易收支状况。例如,如果一国货币对外贬值即本币汇率下降,则以本币所表示的进口商品价格升高,以外币表示的本国出口产品的价格降低,这样可以抑制进口,扩大出口,将有利于货币对外贬值的国家改善其贸易收支。如果一国货币对外升值即本币汇率上升,则情况正好与此相反。

但是汇率的变动对贸易收支的影响是有条件的。汇率的变动能否影响贸易收支主要取决于进出口商品的供给和需求弹性。设 ε 表示需求弹性,它是

---

① 国际收支的概念见第十一章。

指单位商品价格的变动所引起的进出口商品需求数量的变动比,即 $\varepsilon=\dfrac{\Delta Q_d/Q_d}{\Delta P/P}$。进口商品需求弹性为 ε_m,出口商品需求弹性为 ε_x。类似地,设 η 表示供给弹性,它是指商品单位价格变动所引起的进出口商品供给数量的变动比,即 $\eta=\dfrac{\Delta Q_s/Q_s}{\Delta P/P}$。进口商品供给弹性为 η_m,出口商品供给弹性为 η_x。

从出口角度而言,只有出口商品的需求弹性足够大,汇率的变动才能增加或减少外国对该国出口商品的需求。但是要实现最终出口商品需求的增加或减少,还要求出口商品的供给弹性足够大,这样该国才能充分利用闲置资源进行扩大或缩小生产,从而汇率的变动才能够起到扩大或缩小出口的作用。对进口也是一样。马歇尔等人对货币的贬值也有表述,即马歇尔-勒纳条件:假设商品的供给具有完全的弹性,即 $\eta_m\sim\infty$,$\eta_x\sim\infty$,那么贬值的效果就取决于进、出口商品的需求弹性 ε_m 和 ε_x。只有当进口商品的需求弹性与出口商品的需求弹性之和大于 1,即 $\varepsilon_m+\varepsilon_x>1$ 时,货币贬值才能改善贸易收支。

此外,从一国汇率的变动到贸易收支的变动还有一个时滞。本币对外币贬值后,出口商品以外币表示的价格下降,外国对该国商品的需求会增加,但是本国并不能立即增加供给,因为企业扩大生产还需要一个较长的过程,所以出口的增长会有一个时滞。同样,对于进口而言,因为原来已经签订的合同还要继续执行,因此货币贬值后进口不会立即减少。货币贬值后常常会出现这种现象,即在货币贬值的初期,出口商品的数量增加缓慢(以外币表示的价格已降低),进口商品的外币价格不变(本币价格提高)而数量未见减少,贸易收支反而恶化。[①] 只有经过一段时间的调整,贸易收支才能够得以改善,此即所谓的"J 曲线效应"[②]。

(二)汇率变动对服务贸易收支的影响

一国货币汇率的变动对国际收支经常项目中的服务贸易会产生一定的影响。以旅游为例,假设一国货币对外升值即本币汇率上升,则该国的货物、劳务、旅游等的相对价格将会大大提高,外国游客考虑到旅游成本的增加,将会减少对该国旅游的需求,因此会降低该国旅游、劳务等服务贸易收入。反之,若一国货币对外贬值,则有助于吸引更多的外国游客,服务贸易收入也会相应

---

① 以本币收支来看是如此。进一步的阐述见:姜波克.国际金融新编[M].第 2 版.上海:复旦大学出版社,1997:46,47.

② "J 曲线效应"见第十一章。

增加。但是本国货币的贬值同样也会使得以本币表示的国外商品、劳务、旅游等相对价格较为昂贵,从而抑制本国居民对国外旅游的需求,从而减少了本国对国外旅游和其他服务的支出。

此外,汇率的变动对一国单方面转移收支也会产生影响。一般而言,货币的贬值会对一国的单方面转移收支产生不利的影响。以侨汇为例:侨汇多为外国侨民赡养家属汇款,若家属所在国的货币对外贬值,外国侨民则只需汇回较少的外币就可以维持国内亲属以前的生活水平。这意味着货币贬值后,该国侨汇收入将减少。值得注意的是,汇率变动产生的上述作用,是以汇率变动国家国内物价不变或上涨、下降相对缓慢为前提的。

（三）汇率变动对资本流动的影响

汇率的变动对资本流动的影响可以从国际收支的资本与金融项目中体现出来。资本从一国流向国外,主要是追求利润和避免损失,因而汇率变动会影响资本流动。当一国货币贬值而未贬值到位时,国内资本的持有者和外国投资者为避免货币进一步贬值而蒙受损失,会将资本调离该国。若该国货币贬值,并已贬值到位,在具备投资环境的条件下,投资者不再担心贬值受损,外逃的资本就会抽回国内。若货币贬值过头,当投资者预期汇率将会反弹,就会将资本输入该国,以谋取汇率将来升值带来的好处。关于货币升值对于资本流动的影响,一般则相反。需要说明,汇率变动对资本流动的上述影响,是以通货膨胀、利率等因素不变或变动相对缓慢为前提的。若一国货币对外升值,则情况正好与此相反。

（四）汇率变动对外汇储备的影响

外汇储备是国际收支中十分重要的一部分内容。一国的外汇储备主要由该国对外支付所经常使用的可自由兑换的外汇构成。汇率的变动能够对一国外汇储备产生影响,前提是外汇汇率的变动是外汇储备中主要货币的汇率变动。本国货币汇率变动会通过资本流动和进出口贸易额的增减,直接影响本国外汇储备的增加或减少。通常,一国货币汇率稳定,有利于该国引进外资,从而会增加该国的外汇储备;反之,则会引起资本外流,减少该国的外汇储备。由于一国汇率变动,使其出口额大于进口额时,储备状况也改善;反之,储备状况则恶化。储备货币贬值,使持有储备货币国家的外汇储备的实际价值遭受损失。而储备货币国家则因储备货币贬值而减少了债务负担,又可从中受益。

在布雷顿森林体系下,各国的货币与美元直接挂钩,因此各国的外汇储备主要是美元,各国外汇储备的变动也主要取决于美元汇率的变动。若美元对外贬值即美元汇率下跌,则各国的外汇储备也会相应贬值;反之,若美元对外升值即美元汇率上升,则各国的外汇储备也会相应升值。但是在 20 世纪 70 年代布雷顿森林体系瓦解以后,各国的外汇储备由以美元为主逐渐走向多元化,汇率的变动对外汇储备的影响也逐渐复杂化了。在衡量汇率的变动对一国外汇储备的影响时,不仅要确定各种外币在外汇储备中的权重,还要分析各种货币的升值或者贬值程度,这样综合分析才能够得出准确的结论。

二、汇率变动对国内经济的影响

汇率变动对国内经济的影响体现在国内物价水平、国民收入和就业水平、产业结构和经济增长等方面。

(一)汇率变动对国内物价水平的影响

汇率变动的一个很直接的结果就是国内物价水平的变动,因为汇率的变动会引起进出口商品价格的相对变化,最终将改变国内的物价水平。但是,汇率变动对物价水平的影响是复杂的。本币贬值可以提高以本币表示的进口商品的国内价格、降低以外币表示的出口产品的国外价格。根据需求理论,在进出口产品的需求弹性比较高的前提下,通过这种相对价格的变化,进口可以减少,出口可以增加,从而使生产进口替代品和生产出口商品的国内产业得以扩张。因此,贬值可以从这两个方面,在不产生对国内物价上涨压力的情况下,带动国内产量和就业的增长。但是,在实践中,贬值不一定真能达到上述的理想结果。因为,贬值会通过各种传导机制,反作用于国内经济的运行,抵消贬值带来的好处。第一,从货币工资机制来讲,进口物价的上升会推动生活费用的上涨,从而导致工资收入者要求更高的名义工资。更高的名义工资又会推动货币生产成本和生活费用的上升,如此循环不已,最终使出口商品和进口替代品乃至整个经济的一般物价水平上升,抵消货币贬值可能带来的好处。第二,从生产成本机制来讲,当进口商品构成出口产品的重要组成部分时,贬值会直接导致出口商品价格的上升,并可能最终恶化本国的贸易收支。第三,从货币供应机制来讲,本币贬值后,由于货币工资机制和生产成本机制的作用,货币供应量可能增加。另外,在外汇市场上,贬值后,政府在结汇方面将被迫支出更多的本国货币,也会导致本国货币供应的增加。第四,从收入机制来讲,如果因为国内对进口商品的需求弹性较低使得货币贬值不能减少进口总量(或减少的总量不足以抵消价格的上升),外国对本国出口产品的需求弹性较低从而货币贬值不能增加本国出口总量(或增加的总量不足以抵消价格的下降），在这种情况下，本国的收入会减少，支出会增加，并导致贸易收支恶化和物价水平上涨。

综上所述，贬值对国内物价的影响，并不像传统理论所说的那样，仅仅取决于进口商品和出口商品的需求弹性，还取决于国内的整个经济制度、经济结构和人们的心理预期。只有当进出口商品的需求弹性都比较高，并且从整体上讲，工资收入者和企业对生活费用和生产成本的上升反应不灵敏，政府采取必要的措施来抵消进口物价上涨的影响时，货币贬值对物价的影响才能较有效地得到控制。

（二）汇率变动对国民收入和就业水平的影响

在市场经济中，需求是制约收入增长和就业状况的关键因素。需求不足是一国经济增长缓慢、设备闲置、工人失业的直接原因。根据上述汇率变动对物价水平的影响分析可知，汇率变动通过对进出口的影响，进而影响国内总需求，总需求的变动又会进一步影响国民收入和就业水平。若一国货币对外升值，则会使该国商品进口增加，出口减少，国内总需求会相应减少，进而会抑制国内生产的发展，最终导致国民收入的减少和就业水平的降低。反之，若一国货币对外贬值，进口减少，出口增加，国内总需求相应增加，生产扩大，最终将导致国民收入水平和就业水平的提高。

在发展中国家，国民收入和就业的增长经常遇到资金、技术、设备、原料等方面的约束。若政府实行压低本币汇率的政策，使本国的土地和劳动力对外商来说更加便宜，便可能吸引投资性资本的流入。这有助于打破各种资源约束，推动收入增长和就业增加。

（三）汇率变动对产业结构的影响

根据与汇率变动关系是否密切，可以将产业结构划分为国际贸易部分和非国际贸易部分两大部分。国际贸易部分的产品主要用于国际贸易，非国际贸易部门的产品主要用于国内消费。汇率的变动对这两部分的影响程度并不完全相同，从而导致生产资源在两个部门的重新配置，进而影响一国的产业结构。

以货币贬值为例。一国货币对外贬值后，本国产品价格相对较低，出口产品在国际市场上的竞争力提高，出口规模扩大，出口部门即国际贸易部门利润增加，由此导致生产资源由非国际贸易品部门向国际贸易品部门转移。这样，一国产业结构会倾向于国际贸易部门，国际贸易品部门在整个经济体系中对经济的贡献增加，本国对外开放程度加大。若一国货币对外升值，则情况恰好与此相反。

但是本国货币的持续升值或贬值也会对本国产业结构产生十分不利的影响。例如,一国货币持续对外贬值会鼓励国内高成本低效益的出口产品和进口替代品的生产,在一定程度上具有保护落后产业、扭曲资源配置的可能。同时,由于国外先进技术等的本币价格相对较高,一些需求这些先进技术的企业就要承担过重的经济负担,不利于本国产业结构升级。

(四)汇率变动对经济增长的影响

汇率变动对经济增长的影响主要表现在汇率的变动通过影响一国的进出口来带动国民收入的增加或减少。以货币贬值为例,若一国货币对外贬值,将使得出口规模扩大,出口收入增加。只要增加的出口收入中有一部分用于本国产品的消费,那么出口收入的增加就需要国内产品供给的增加,即国内必须有闲置的资源用于扩大再生产。如果本国资源短缺,生产资源大部分依赖进口,那么货币的贬值就会增加进口需求,国民收入会因此而减少,同时经济的增长也会受到阻碍。

此外,汇率的变化对国内经济的影响还表现在一国收入分配、货币供给等方面。总之,上述分析告诉我们,汇率政策可以被一国政府用来实现其国内经济发展的目标。

三、汇率变动对世界经济的影响

在经济日益全球化的今天,各国之间的经济往来更加密切,一国汇率的变动往往会对许多国家的经济产生影响。其影响程度大小取决于该国的经济实力及其在世界中所处的地位。一般而言,小国的汇率变动只会对其贸易伙伴国的经济产生轻微的影响,而大国尤其是可自由兑换货币的大国,其汇率的变动将会对世界经济产生很大的影响。由于小国汇率变动的影响较小,这里就只介绍大国的汇率变动对世界经济的影响。

首先,大国货币大幅度的对外贬值,至少在短期内会不利于其他发达工业国家和发展中国家的贸易收支,由此会加剧发达国家与发达国家、发达国家与发展中国家之间的矛盾。这样很容易引起贸易战和汇率战,进而影响世界经济的发展。

其次,大国货币由于可自由兑换,一般被用来充当国家间计价手段、支付手段或储备手段。这些大国货币汇率的变动,对参与此种货币的交易以及将此种货币作为交易媒介的经济主体,即跨国公司等都会产生直接的利害关系。为了避免汇率变动造成的损失,各经济主体将会进行频繁的金融交易以对资产保值或牟取利润,由此会引起金融财富在国家间的大量转移,使得国际经济和金融领域呈现动荡的局面,不利于世界经济的发展。

最后,大国的汇率变动和不稳定也会对国际储备体系和国际金融体系产生很大的影响。目前的国际货币体系正在朝着多样化和多元化发展,正是其结果之一。第二次世界大战以前英镑在世界货币中占据绝对优势地位,但是第二次世界大战以后布雷顿森林体系的建立使得美元成为世界货币的中心货币,1973 年布雷顿森林体系瓦解之后就出现了由美元、日元、德国马克(现在是欧元)等许多货币共同充当国际货币的局面。

综上所述,无论是货币的升值还是贬值,都会对一国经济和世界经济产生很大的影响。汇率的变动常常会与一些宏观经济变量结合在一起共同起作用,对世界经济产生不利的影响。一般而言,一国经济对外开放程度越大,与国际金融市场的联系越密切,则该国受汇率变动的经济影响就越大。相反,受汇率变动的经济影响就越小。因此,为了整个世界经济的稳定发展,各主要发达国家,尤其是经济大国都应当努力维持本国汇率的基本稳定。

 **案例 6-4**

索罗斯狙击英镑

在 1990 年,英国决定加入西欧国家创立的新货币体系——欧洲汇率体系(简称 ERM)。索罗斯认为英国犯了一个决定性的错误。因为欧洲汇率体系将使西欧各国的货币不再钉住黄金或美元,而是相互钉住;每一种货币只允许在一定的汇率范围内浮动,一旦超出了规定的汇率浮动范围,各成员国的中央银行就有责任通过买卖本国货币进行市场干预,使该国货币汇率稳定到规定的范围之内;在规定的汇率浮动范围内,成员国的货币可以相对于其他成员国的货币进行浮动,而以德国马克为核心。早在英国加入欧洲汇率体系之前,英镑与德国马克的汇率已稳定在 1 英镑兑换 2.95 德国马克的汇率水平。但英国当时经济衰退,以维持如此高的汇率作为条件加入欧洲汇率体系,对英国来说,其代价是极其昂贵的。一方面,将导致英国对德国的依赖,不能为解决自己的经济问题而大胆行事,如何适时提高或降低利率、为保护本国经济利益而促使本国货币贬值;另一方面,英国中央银行是否有足够的能力维持其高汇率也值得怀疑。

特别是在 1992 年 2 月 7 日,欧盟 12 个成员国签订了《马斯特里赫特条约》。这一条约使一些欧洲货币如英镑、意大利里拉等显然被高估了,这些国家的中央银行将面临巨大的降息或贬值压力,它们能和经济实力雄厚的德国在有关经济政策方面保持协调一致吗？一旦这些国家市场发生动荡，它们无力抵御时，作为核心国的德国会牺牲自己的国家利益来帮助这些国家吗？

索罗斯早在《马斯特里赫特条约》签订之时已预见到欧洲汇率体系将会由于各国的经济实力以及各自的国家利益而很难保持协调一致。一旦构成欧洲汇率体系的一些"链条"出现松动，像他这样的投机者便会乘虚而入，对这些松动的"链条"发起进攻，而其他潮流追随者也会闻风而动，使汇率更加摇摆不定，最终，对追风机制的依靠比市场接纳它们的容量大得多，直到整个体制被摧毁。

果然，在《马斯特里赫特条约》签订不到一年的时间里，一些欧洲国家便很难协调各自的经济政策。当英国经济长期不景气，正陷于重重困难的情况下，英国不可能维持高利率的政策，要想刺激本国经济发展，唯一可行的方法就是降低利率。但假如德国的利率不下调，英国单方面下调利率，将会削弱英镑，迫使英国退出欧洲汇率体系。

此时此刻，索罗斯及其他一些投机者在过去的几个月里却在不断扩大头寸的规模，为狙击英镑做准备。

随着时间的推移，英国政府维持高利率的经济政策受到越来越大的压力，它请求德国联邦银行降低利率，但德国联邦银行却担心降息会导致国内的通货膨胀并有可能引发经济崩溃，拒绝了英国降息的请求。

英国经济日益衰退，英国政府需要贬值英镑，刺激出口，但英国政府却受到欧洲汇率体系的限制，必须勉力维持英镑对德国马克的汇价。英国政府的高利率政策受到许多金融专家的质疑，国内的商界领袖也强烈要求降低利率。1992 年 9 月 15 日，索罗斯决定大量放空英镑。英镑对马克的比价一路下跌至 2.80，虽有消息说英格兰银行购入 30 亿英镑，但仍未能挡住英镑的跌势。到傍晚收市时，英镑对马克的比价差不多已跌至欧洲汇率体系规定的下限。英镑已处于退出欧洲汇率体系的边缘。

英国财政大臣采取了各种措施来应付这场危机。首先，他再一次请求德国降低利率，但德国再一次拒绝了；无奈，他请求首相将本国利率上调 2% ～ 12%，希望通过高利率来吸引货币的回流。一天之中，英格兰银行两次提高利率，利率已高达 15%，但仍收效甚微，英镑的汇率还是未能站在 2.778 的最低限上。在这场捍卫英镑的行动中，英国政府动用了价值 269 亿美元的外汇储备，但最终还是遭受惨败，被迫退出欧洲汇率体系。英国人把 1992 年 9 月 15 日——退出欧洲汇率体系的日子称作黑色星期三。

资料来源：http://www.21cbh.com/HTML/2011-7-28/wOMTQ3XzM lMzUw OQ. html.

第五节　汇率制度

一、汇率制度类型

汇率制度(exchange rate regime 或 exchange rate system)，又称汇率安排，是指一国货币当局对本国汇率确定的原则及其变动的基本方式所做的一系列安排或规定，表明各国货币比价确定的原则和方式，包括货币比价变动的界限、调整手段以及为维持货币比价稳定所采取的各种措施等。按照汇率的变动方式，可将汇率制度分为两大类型：固定汇率制度和浮动汇率制度。

（一）固定汇率制度

固定汇率制度(fixed exchange rate system)，是指政府利用行政或法律手段确定、公布并维持本国货币与某种参考物之间的固定比价的汇率制度。所谓参考物可以为黄金，也可以为某国货币或一组货币。

固定汇率制度可以追溯到金本位货币制度时期。自 19 世纪末期西方国家开始实行金本位货币制度，到 1973 年布雷顿森林体系的瓦解，基本上世界各国实行的都是固定汇率制度。因此，固定汇率制度包括金本位货币制度下的固定汇率制度[①]和纸币流通货币制度下的固定汇率制度。

纸币流通制度下的固定汇率制度主要是指布雷顿森林体系下的固定汇率制度。它是第二次世界大战后根据 1944 年在美国新罕布什尔州的布雷顿森林召开的国际金融会议上所签订的《布雷顿森林协议》确定下来的汇率制度。主要内容是以《国际货币基金协议》的法律形式固定下来的。该协议规定：参加国际货币基金组织的会员国货币的汇价应以黄金或 1944 年 7 月 1 日所含黄金重量与成色的美元（当时 1 美元含 0.888 671 克纯金，即一盎司黄金为 35 美元）表示。这使得各国货币均与美元直接挂钩，各国货币浮动的幅度不能超过规定汇率的±1%，而且各国政府有义务维护本国汇率稳定，即通过动用外汇储备对外汇市场进行干预，使本国汇率保持在规定的范围之内。各国货币管理当局也常用贴现政策、外汇管制、直接输出黄金或举借外债来维护汇率在上下界限之内波动。确切地说，布雷顿森林体系下的固定汇率制度是可调整的钉住美元的固定汇率制度，美元也因此一直处于世界霸主地位。

---

① 金币本位、金块本位和金汇兑本位制下的固定汇率制度见"汇率决定的基础"部分内容。

　　在布雷顿森林体系下,汇率的波动范围虽然已经大大超过了金币本位货币制度下黄金输送点的范围,但是汇率还是相对比较稳定的。在当时,对世界经济的恢复与发展起到了至关重要的作用,但是由于其自身存在着无法克服的缺陷,最终布雷顿森林体系还是走上了解体的道路。布雷顿森林体系的缺陷主要表现在以下几个方面。

　　(1) 整个国际货币体系以一国经济地位为基础。把国际货币体系建立在美国的经济地位基础上,一旦美国经济地位发生变化,国际货币体系也必然随之动荡。这是布雷顿森林体系的根本缺陷。

　　(2) 缺乏弹性的固定汇率制度。布雷顿森林体系是一种固定汇率制度,限制了各国利用汇率杠杆来调节国际收支的作用,严重地影响各国实现宏观经济目标的各种政策。

　　(3) 自身无法克服的"特里芬难题"。布雷顿森林体系在清偿能力、信心、调整性方面的固有缺陷是导致其解体的根本原因。在该体系下,随着世界经济的发展,需要增加国际清偿能力,即增加国际储备(美元),而增加美元国际储备,美国的国际收支必须长期持续逆差,使人们对维持美元与黄金间的可兑换性产生怀疑,对美元的清偿能力丧失信心。要维持各国对美元的信心,美国必须纠正其逆差,这又使国际清偿能力不足。维持以美元为中心的布雷顿森林体系,保持"双挂钩"原则的实现,美国有两个基本责任:第一,要保证各国中央银行以 35 美元一盎司的官价向美国兑换黄金,以维持各国对美元的信心。美国履行其兑换义务,必须具有比较充足的黄金储备,这是布雷顿森林体系的基础。第二,美国要向各国提供足够的清偿力——美元,以解决各国对美元的需求。然而这两个问题,信心和清偿力是有矛盾的。美元供给太多又会有不能兑换黄金的风险,从而发生信心问题。而美元供给太少又会发生国际清偿力不足的问题。也就是说,要满足世界经济和国际贸易不断增长的需要,国际储备必须有相应的增长,这必须有储备货币供应国——美国的国际收支赤字才能完成。但是各国手中持有的美元数量越多,则对美元与黄金之间的兑换关系越缺乏信心,并且越要将美元兑换为黄金。这个矛盾终将使布雷顿森林体系无法维持。第一次指出布雷顿森林体系中的信心和清偿力矛盾的是美国耶鲁大学教授特里芬(R. Jriffin),故称之为"特里芬难题"。

　　事实上,"特里芬难题"不仅是布雷顿森林体系的缺陷,也是任何以一种货币为国际储备货币的货币制度的弱点。"特里芬难题"充分体现了理论的高度预见性,最终布雷顿森林体系就是因为这一根本缺陷走向崩溃。

进入 20 世纪 60 年代,美国的经济实力下降,而且经济增长缓慢,国际收支持续逆差,因此美元地位逐渐削弱。此时固定汇率制度的缺点也逐渐暴露出来,布雷顿森林体系下的汇率制度已不再能适应各国经济的发展需要。在 20 世纪 70 年代石油危机的再次冲击下,1973 年布雷顿森林体系彻底宣告瓦解,持续了 28 年的固定汇率制度终于走到了尽头,此时西方各主要国家相继实行浮动汇率制度。

（二）浮动汇率制度

浮动汇率制度（floating rate system）,是在 1973 年固定汇率制度崩溃之后,主要西方工业国家普遍实行的一种汇率制度。它是指一国政府不再对本国货币和外国货币之间的汇率加以固定,也不规定汇率波动的上下限,完全由外汇市场根据外汇的供求状况,自行决定本币对外币的汇率。浮动汇率制度已有很久的历史。在西方国家实行金本位货币制度时,一些殖民地、附属国,特别是实行银本位货币制度国家的货币汇率,就曾长期处于不稳定的状态,这实际上就是浮动汇率制度。第一次世界大战以后,法国、意大利、加拿大等国和亚非拉一些发展中国家,也曾实行过浮动汇率制度。浮动汇率制度从不同的角度可以有两种划分方式：按照政府是否干预可以划分为自由浮动（或清洁浮动）和管理浮动（或肮脏浮动）；按照汇率的浮动方式可以划分为单独浮动、联合浮动和钉住浮动。[①]

现在世界上实行固定汇率制度的国家虽然较多,但国际汇率制度的性质仍然是浮动汇率制,根本原因是,美元、日元、英镑、欧元等主要货币的汇率是浮动的。

（三）汇率制度的比较

汇率制度作为一国经济制度的重要组成部分,对于该国经济的增长和稳定具有十分重要的作用。作为两种汇率制度,固定汇率制度与浮动汇率制度各有其优缺点。

1. 固定汇率制度的优缺点

第二次世界大战之后实行的钉住汇率制度综合了固定汇率制度和浮动汇率制度的特点,汇率在短期内是比较稳定的。从这一点来看,固定汇率制度的主要优点是有利于世界经济的稳定发展。因为在固定汇率制度下,各国货币

---

① 这部分内容请参见本章第一节"固定汇率与浮动汇率"内容。有一种比较特殊的钉住浮动汇率制度——联系汇率制度,以港币的联系汇率制度最为典型。

之间的比价基本固定,这样有助于进出口企业、国际信贷和国际投资主体进行成本及利润的核算,同时也减少了汇率变动所带来的风险,因此有利于各国之间更好地进行经济往来,最终有利于整个世界经济的稳定发展。

但是固定汇率制度本身也存在着很多不足,主要表现在:第一,在固定汇率制度下,由于各国货币比价基本不变,因此汇率无法发挥调节国际收支的经济杠杆作用。第二,固定汇率制度容易引起一国经济内部失衡。当一国国际收支持续顺差时,因为汇率基本固定,该国只能采取扩张性货币政策来平衡国际收支,这样很容易导致国内物价上涨,形成通货膨胀。事实上,采取这种措施来调节国际收支是以牺牲内部均衡来换取外部均衡,虽然在短期内是有效的,但是在长期内对一国国内经济发展是十分不利的。第三,固定汇率制度容易引起国际汇率制度的动荡和混乱。若一国国际收支持续逆差,它所采取的财政政策或货币政策无效时,该国政府就会采用本国货币对外国货币法定贬值的措施,这会引起与其有密切贸易关系的国家也随之采取同样的措施进行报复,这将形成一条导火线,进一步引起世界上其他各个国家的货币纷纷贬值,从而导致整个国际汇率制度的动荡和混乱。

2. 浮动汇率制度的优缺点

浮动汇率制度和固定汇率制度正好相对,即浮动汇率制度的优点正好与固定汇率制度的缺点相对应,其缺点与固定汇率制度的优点相对应。

浮动汇率制度的优点包括:第一,浮动汇率制度能够发挥调节国际收支的经济杠杆作用,因为若一国国际收支失衡,只需通过汇率的上下浮动即可消除,而无须政府采用财政政策或货币政策。第二,在浮动汇率制度下,国际收支能够自动实现平衡,无须以牺牲国内经济为代价。第三,浮动汇率制度下各国可以减少外汇储备。因为浮动汇率制度下,各国不再有维持汇率稳定的义务,也就无须对外汇市场进行过多干预,因而就不需要太多的外汇储备,这样多余的外汇资金便可以用于引进国外先进的技术设备,增加投资,从而促进本国经济的发展。

浮动汇率制度的缺点表现在:由于汇率的频繁波动,使得各国进出口企业、国际信贷和国际投资主体难以核算成本和利润,并使它们面临着由于汇率的变动造成的汇率风险,从而不利于整个世界经济的稳定发展。而且,在浮动汇率制度下,汇率的变动也为外汇投机提供了土壤和条件,助长了外汇投机活动,这将会进一步加剧国际金融市场的动荡和混乱。此外,在浮动汇率制度下,世界各国将在汇率制度上选择朝着有利于本国经济的方向调整汇率,这样非常不利于国际金融领域的国际合作,从而会加剧国际货币体系的矛盾。

表 6-5　IMF186 个成员国的汇率制度安排表

汇率制度	国家数目
自由浮动制	39
全面浮动制	8
传统钉住制(以美元为主)	44
钉住一揽子货币制	5
爬行钉住制	4
爬行浮动制	3
有管理浮动制	33
单独浮动制	48

资料来源:谭雅玲,王中海.国际金融与国家利益[M].北京:时事出版社,2003:51.

　　根据国际货币基金组织(IMF)的统计,1982 年,在该组织的 147 个成员国中,实行钉住汇率制度的国家有 94 个,占基金组织成员国的 64%,实行浮动汇率制度的国家有 53 个,占基金组织成员国的 36%。

　　表 6-5 显示的数据说明,到 2000 年底,在国际货币基金组织的 186 个成员国[①]中,实行钉住汇率制度的国家和地区有 53 个,占成员国的28.5%;实行浮动汇率制度的国家和地区有 133 个,占成员国的71.5%。可以看出,实行固定汇率制度的国家大量减少,而实行浮动汇率制度的国家大幅增加。

 专栏 6-1

固定汇率制度和浮动汇率制度的选择

　　关于一国汇率制度如何选择的问题,目前理论界有两种主要的观点:"经济论"和"依附论"。"经济论"是由美国前总统肯尼迪的国际经济顾问罗伯特 · 赫勒(Robert Heller)提出来的。他指出,一国汇率制度的选择主要受经济因素决定。这些因素为:①经济规模,包括国民生产总值(GNP)和人均国民生产总值;②对外贸易依存度,等于对外贸易值与国民生产总值之商;③进出口商品结构和贸易的地域分布;④国内金融市场的发达程度及其与国

---

　　① 截至 2012 年 4 月,国际货币基金组织共有 188 个成员国(包括科索沃),6 个联合国成员国(古巴、北朝鲜、安道尔、列支敦士登、摩纳哥、瑙鲁)迄今仍未加入。部分领土争议的地区(巴勒斯坦自治政府等地)不包含在内。

际金融市场的一体化程度;⑤相对通货膨胀率,即一国通货膨胀率与世界平均水平的差异。

以上五种因素与汇率制度选择的关系具体为:如果一国经济规模较大、对外贸易依存度较低、进出口商品结构与贸易的地域分布多元化、国内金融市场发达并与世界金融市场联系密切、相对通货膨胀率显著低于世界平均水平,则该国一般比较倾向于选择浮动汇率制度。反之,则一般倾向于实行固定汇率制度或者钉住浮动汇率制度。

"依附论"是由一些发展中国家的经济学者提出的。其认为,一国汇率制度的选择,取决于其对外经济、政治、军事等诸方面联系的特征。它集中探讨的是发展中国家的汇率制度选择问题,认为发展中国家在实行钉住浮动汇率制度时,选择哪一种货币作为"参考货币",完全取决于该国对外经济、政治关系的"集中"程度,亦即取决于政治、经济、军事等方面的对外依附关系。从美国的进口在其进口额中占有很大的比例,或者从美国得到大量军事赠予及需要从美国购买军需物资的国家,还有同美国有复杂条约关系的国家,往往将本国货币钉住美元,即实行钉住美元的浮动汇率制度。此外,同美国、英国、德国等主要工业国家的政治关系较为"温和"的国家,往往选择钉住合成货币的浮动汇率制度。事实上,无论选择哪一种货币作为"参考货币",反过来都会影响一国对外经济贸易关系和其他各方面关系的发展。

国际货币基金组织于 1997 年 5 月所做的《世界经济展望》分析认为,在制定汇率制度时,应考虑以下因素:①经济规模和开放度。如果贸易占GNP 份额很大,那么货币不稳定的成本就会很高,最好采用固定汇率制。②通货膨胀率。如果一国的通货膨胀率比它的贸易伙伴高,那么它的汇率必须浮动,以防止它的商品在国际市场上的竞争力下降。如果通货膨胀的差异适度,那么最好选用固定汇率制。③劳动力市场弹性。工资越是具有刚性,就越需要选择浮动汇率制,以利于经济更好地对外部冲击作出反应。④金融发育程度。金融市场发育不成熟的发展中国家,选择自由浮动汇率制是不明智的,因为少量的外币交易就足以引起市场行情的剧烈动荡。⑤政策制定者的可信度。中央银行的声望越差,采用钉住汇率制来建立控制通货膨胀信心的情况就越普遍。⑥资本流动性。一国经济对国际资本越开放,保持固定汇率制就越困难。

总之,一国应根据本国的具体情况来选择汇率制度,做到扬长避短。

二、中国的汇率制度

（一）人民币汇率制度

人民币汇率又称人民币汇价，是人民币与外国货币的比价，是人民币对外价值的表现。人民币汇率采用直接标价法，是以 100 外币单位为标准，折算为相应数额的人民币。人民币汇率实行外汇买卖双价制，买卖差价一般为 0.5％。人民币汇率分为中间价、现汇买入价、现钞买入价、卖出价。现钞卖出价与外汇卖出价相同。买卖外汇价相加除以 2 为中间价。银行采用电汇、信汇、票汇卖出外汇时，使用同一汇率；但是，买入外汇汇票、旅行支票等，银行要另收贴息。

人民币汇率制度是我国经济政策体系中的重要组成部分，它规范了人民币汇率的运动方式。制定人民币的对外汇率是我国对外金融工作的重要内容之一。中国人民银行主要运用经济手段，如货币政策，调节外汇供求，保持人民币汇率的相对稳定。其中，中国人民银行向外汇市场买卖外汇是主要手段之一。

我国人民币汇率制度由国家外汇管理总局制订、调整并公布，一切外汇买卖和对外结算，除另有规定外，都必须按国家外汇管理总局公布的汇率折算。1994 年 1 月 1 日起，人民币实现官方汇率与外汇调剂市场汇率并轨。并轨后的汇率向市场汇率靠拢，是以市场供求为基础的、单一的、有管理的浮动汇率制度。1996 年 11 月，时任中国人民银行行长戴相龙宣布中国自 12 月 1 日实行人民币经常项目下的可兑换。亚洲金融危机后，鉴于国内外政治经济形势的变化，人民币成为实际上的"钉住美元汇率制"。

为建立和完善我国社会主义市场经济体制，充分发挥市场在资源配置中的基础性作用，自 2005 年 7 月 21 日起，我国开始实行以市场供求为基础、参考一篮子货币进行调节、有管理的浮动汇率制度。人民币汇率不再钉住单一美元，而是按照我国对外经济发展的实际情况，选择若干种主要货币，赋予相应的权重，组成一个货币篮子。同时，根据国内外经济金融形势，以市场供求为基础，参考一篮子货币计算人民币多边汇率指数的变化，对人民币汇率进行管理和调节，维护人民币汇率在合理均衡水平上的基本稳定。参考一篮子表明外币之间的汇率变化会影响人民币汇率，但参考一篮子不等于钉住一篮子货币，它还需要将市场供求关系作为另一重要依据，据此形成有管理的浮动汇率。[①]

① 国家外汇管理局网站 http://www.safe.gov.cn/"政策法规"中的"外汇管理"。

（二）香港的联系汇率制度

香港是小型开放经济体,这一经济特点决定了香港比较适合采用联系汇率制度。该汇率制度是香港货币制度的基石。自 1983 年正式实施以来,其金融制度本身也在逐步调整之中。

（1）联系汇率制的背景。香港自 1935 年放弃银本位制以来,先后实行过英镑汇兑本位制和纸币本位制、与美元挂钩的管理浮动汇率制和港币完全自由浮动的浮动汇率制。从 1978 年开始,香港经济环境不断恶化,贸易赤字增加,通货膨胀高起,加之实行以港币存款支持港币发行的、保障不足的港币自由发钞制度,为港币信用危机埋下祸根。1982 年 7 月 1 日至 1983 年 6 月 30 日的一年间,港币兑美元的汇率由 1 美元兑 5.913 港元跌至 1 美元兑 7.2 港元,港币贬值 18%。这一港币危机在 1983 年 9 月达到高峰,9 月 1 日的港币汇率为 1 美元兑 7.580 港元,至 9 月 26 日已急泻到 1 美元兑 9.600 港元,引起居民的挤兑和抢购风潮。在此背景下,为挽救港币危机,恢复港币信用,港英当局决定改变浮动汇率制,转而实行联系汇率制。

（2）联系汇率制的主要内容。1983 年 10 月 15 日,香港政府在取消港元利息税的同时,对港币发行和汇率制度作出新的安排:要求发钞银行在增发港元纸币时,必须按 1 美元兑 7.8 港元的固定汇率水平向外汇基金缴纳等值美元,以换取港元的债务证明书,作为发钞的法定准备金。以上新安排宣告港币联系汇率制的诞生。这是一种货币发行局制度。根据货币发行局制度的规定,货币基础的流量和存量都必须得到外汇储备的十足支持。

在货币发行局制度下,港元汇率透过自动的利率调节机制维持稳定。当港元资产的需求减少,港元汇率减弱至兑换保证汇率时,香港金融管理局便会向银行买入港元,货币基础随之收缩,利率因而上升,吸引资金流入,以维持汇率稳定。相反,若港元资产的需求增加,使汇率转强,银行可向香港金融管理局买入港元,货币基础因而扩大,对利率造成下调压力,遏止资金继续流入。

（3）香港联系汇率制的运作机制。在联系汇率制下,香港存在着两个平行的外汇市场,即由外汇基金与发钞银行因发钞关系而形成的同业现钞外汇市场,相应地,存在着官方固定汇率和市场汇率两种平行的汇率。而联系汇率制度的运作,正是利用银行在上述平行市场上的竞争和套利活动进行的,也即政府通过对发钞银行的汇率控制,维持整个港元体系对美元的联系汇率;通过银行之间的套利活动,市场汇率围绕联系汇率波动并向后者趋近。具体而言,当市场汇率低于联系汇率时,银行会以联系汇价将多余的港币现钞交还发钞银行,然后用换得的美元以市场汇价在市场上抛出,赚取差价;发钞银行也会将债务证明书交还外汇基金,以联系汇价换回美元并在市场上抛售获利。上述银行套汇活动还引起港币供应量的收缩,并通过由此而导致的港币的供求关系得到调整,促使港币的市场汇率上浮。同样,当市场汇率高于联系汇率时,银行的套利活动将按相反方向进行,从而使市场汇率趋于下浮。无论是哪种情况,结果都是市场汇率向联系汇率趋近。

(4)联系汇率制的利弊。联系汇率制的最大优点是有利于香港金融的稳定,而市场汇率围绕联系汇率窄幅波动的运行也有助于香港国际金融中心、国际贸易中心和国际航运中心地位的巩固和加强,增强市场信心。联系汇率制减少了因投机而引起的汇率波动,减少经济活动中的不确定性,使个人、企业、政府都有稳定的预期,从而有利于降低交易成本。此外,它还可以束缚政府,使其理财小心谨慎。香港自1983年实行联系汇率制度以来,香港的汇率一直保持在1USD＝7.8HKD左右的水平上,并且经受了1987年股市狂潮和1994年墨西哥金融危机。1997年下半年,东南亚金融危机爆发,致使泰国、菲律宾被迫放弃与美元挂钩的汇率政策,实行有管理的浮动。东南亚各国和地区的货币纷纷贬值,并进而波及新加坡元和港币。港币经受住了如此巨大的考验,不能不说是香港联系汇率制度的成功。港币汇率稳定,除了联系汇率本身的稳定机制之外,管理当局保守的理财哲学、香港巨额外汇储备和中国内地强有力的后盾都起到了很大的作用。

但是,联系汇率也有其自身的弱点,处理不好就会发生巨大危机:它使香港的经济行为及利率、货币供应量指标过分依赖和受制于美国,从而严重削弱了运用利率和货币供应量杠杆调节本地区经济的能力。同时,联系汇率制也使通过汇率调节国际收支的功能无从发挥。此外,联系汇率还被认为促成了香港高通货膨胀与实际负利率并存的局面。

(5)香港联系汇率制度的改革与发展。香港是一个高度外向型的经济体。这一经济特点决定了香港比较适合采用联系汇率制度。在开放的条件下,因为空间狭小,缺乏足够的回旋余地来应付各种国际冲击,也就不一定要求有独立的货币政策。同时,鉴于美元在香港对外贸易和清算中无可比拟的首要位置,香港实行港币与美元挂钩的联系汇率制度。20世纪70年代到80年代初的经验表明,香港不适合采用浮动汇率制,而联系汇率制度则非常适合香港的经济特点。事实上,正是由于浮动汇率制行不通,香港才转向联系汇率制的;而联系汇率制也很好地完成了其历史使命,拯救香港于危难之间。

所以,应该在肯定联系汇率制的前提下,对其某些环节进行不断的改进。

1991年2月港英当局成立了外汇基金管理局,不仅负责管理外汇基金和稳定干预汇率,还负有金融管理的职责。1992年10月,港督彭定康宣布于1993年成立金融管理局。金融管理局集服务、支持、调节、监管四大职能于一身,实际上是香港的准中央银行机构。香港金融管理局的成立,从体制上提供了维护联系汇率制的保障。

香港联系汇率制度经过不断完善,形成了以金融管理局为中心,以汇丰银行、渣打银行和中银集团为两翼的特有的金融体制模式。

 **专栏 6-2**

外汇管理与货币的自由兑换

外汇管理与汇率有密切关系。外汇管理在西方国家又被称作外汇管制(foreign exchange control),是指一国政府为维持汇率的稳定、国际收支的平衡,保障本国经济的发展,运用各种手段,包括法律、行政、经济措施,对在其国境内和管理范围内的本国和外国的机关、企业、团体、个人的外汇买卖、外汇收支、外汇借贷、国际结算、外汇汇率和外汇市场等实行的管制。

外汇管理最早源于第一次世界大战期间。当时参战的各个国家为了筹措作战物资,先后停止了金币本位制度,实行纸币流通制度。但是在纸币流通制度下,巨额的军事开支使得各国出现了严重的通货膨胀,国际收支出现巨额逆差,本国货币对外币的汇率迅速下跌,大量资金外流。为了集中外汇资金,减缓汇率的剧烈波动并防止资金外流,所有参战国都纷纷取消了外汇的自由买卖,禁止黄金出口,实行严格的外汇管理,在历史上外汇管理自此开始。

第一次世界大战结束后,国际关系逐渐恢复正常,西方各国政治和经济处于相对稳定的发展时期。为了发展本国经济和扩大对外贸易,争取国际市场和融通国际资金,各国先后取消了外汇管理。但是1929—1933年的世界经济大危机,又几乎将所有的西方国家再次陷入了国际收支危机的深渊。为了稳定汇率,维持国际收支平衡,抵御或削弱其他国家的经济危机对本国经济的影响,各国又逐渐恢复了外汇管理。自此外汇管理被世界各国所采用。

第二次世界大战结束后,西方主要国家在恢复经济时进行了外汇管理。随着这些国家经济的恢复和发展,逐渐放松了外汇管理。

一国外汇管理的主要内容之一就是对货币兑换的管理。在经济全球化迅速发展的今天,各国对货币兑换的管理在逐渐放松。但是各国放宽的程度又不尽相同,而且对货币兑换管理的对象和内容也有很大的差异。

　　货币的自由兑换是指在外汇市场上,能自由地用本国货币购买(兑换)成某种外国货币,或者用外国货币购买(兑换)本国货币。目前大多数国家都会对货币的自由兑换进行一定的限制,因此形成了不同含义的货币自由兑换。根据产生货币兑换需要的国家间经济交易的性质,可将货币的自由兑换分为经常项目下的货币可自由兑换和资本与金融项目下的货币可自由兑换。

　　经常项目下的货币可自由兑换是指对国际收支中经常账户的外汇支付和转移的汇兑实行无限制的兑换,即如果一国对经常项目下的对外支付解除了限制或管制,则该国货币就实现了经常项目下的货币可自由兑换。国际货币基金组织(IMF)在其章程第八条的二、三、四条款中,规定凡是能够实现不对经常性支付和资金转移施加限制、不实行歧视性货币措施或多重汇率、能够兑付外国持有的在经常交易中所取得的本国货币的国家,该国货币就是经常项目下的可自由兑换货币,也即承担了国际货币基金组织协议的第八条所规定的义务,成为"第八条款国"。此外,IMF还规定实现经常项目下的货币可自由兑换应对以下四项内容的支付不加限制:①所有与对外贸易、其他经常性业务包括服务在内以及正常的短期银行信贷业务有关的对外支付;②应付的贷款利息和其他投资收入;③数额不大的偿还贷款本金或摊提直接投资折旧的支付;④数额不大的家庭生活费用汇款。

　　资本与金融项目下的货币可自由兑换,是指对资本流入和流出的兑换均无限制。具体包括:①避免限制内资投资境外或者外资投资境内所需转移的外汇数量;②避免到国外投资的内资购汇流出或者相应外汇流入结转内资的审批或限制;③避免限制资本返还或者外债偿还汇出;④避免实行与资本交易有关的多重汇率制度。随着国际金融市场的一体化,各国都放宽了对资本与金融项目的管理。但是,实现资本与金融项目下的货币可兑换对一国各个方面条件的要求,要比实现经常项目下的货币可自由兑换困难得多。

　　货币的可自由兑换取决于一国的经济实力,它的实现需要一个很长的过程。一般而言,一国要实现货币的可自由兑换需要经历四个阶段:经常项目下有条件的可兑换、经常项目下的可兑换、经常项目下的可兑换加上资本与金融项目下有条件的可兑换、经常项目下的可自由兑换和资本与金融项目下的可兑换即货币的可自由兑换。

　　从西方国家的发展历程来看,实现货币的可自由兑换是一个十分漫长的过程,一国必须要根据本国的经济和金融的发展程度逐步实现货币的自由兑换。概括来讲,一国货币要实现自由兑换,必须要具备以下几个条件:①良好的宏观经济环境和稳健的宏观经济政策;②健全的微观经济主体;③具有合适的汇率制度、合理的汇率水平和开放的外汇市场;④具备高效、稳健的金融监管机构;⑤有充分的国际清算能力。

一国要具备上述所有条件需要一个很漫长的过程。上述条件是需要逐渐积累的,实际中,没有哪一个国家是同时具备上述所有条件才开始推进货币的可自由兑换的,它们都是在不断推进货币的可自由兑换的过程中逐渐创造和改善条件的。

参考文献

[1] 布莱恩·凯特尔. 外汇市场的驱动力:欧元的启动与金融市场新格局[M]. 项卫星,李宏瑾,译. 长春:吉林人民出版社,2001.

[2] 陈雨露. 国际金融[M]. 第2版. 北京:中国人民大学出版社,2006.

[3] 姜波克. 国际金融新编[M]. 第3版. 上海:复旦大学出版社,2005.

[4] 科普兰. 汇率与国际金融[M]. 第3版. 康以同,等,译. 北京:中国金融出版社,2002.

[5] 刘舒年. 国际金融[M]. 第3版. 北京:对外经济贸易大学出版社,2005.

[6] 英国路透有限公司. 外汇与货币市场导论[M]. 彭兴韵,译. 北京:北京大学出版社,2001.

[7] 吕随启,等. 国际金融教程[M]. 北京:北京大学出版社,2007.

[8] 谭雅玲,王中海. 国际金融与国家利益[M]. 北京:时事出版社,2003.

[9] 维塞尔. 国际货币经济学导论[M]. 卢力平,李瑶,译. 北京:中国金融出版社,2006.

[10] 吴念鲁,陈全庚. 人民币汇率研究[M]. 北京:中国金融出版社,2002.

[11] 辛清. 国际金融学[M]. 南京:南京大学出版社,2008.

[12] 张礼卿. 汇率制度变革[M]. 北京:中国金融出版社,2005.

[13] 左连村. 国际金融市场与投资[M]. 广州:中山大学出版社,2004.

[14] 中国银行网,http://www. bank-of-china. com.

[15] 中国财经信息网,http://www. cfi. net. cn.

[16] 国际货币基金网,http://www. imf. org/external.

[17] 国家外汇管理局网,http://www. safe. gov. cn/.

[18] 中国货币网,http://www. chinamoney. com. cn/index. html.

[19] 美联储网,http://www. ny. frb. org/index. html.

[20] 路透中文网,http://cn. reuters. com/.

[21] 英国路透社网,http://www. reuters. com/.

[22] IBTimes中文网,http://www. ibtimes. com. cn/.

[23] 金融时报网,http://www. financialnews. cn/.

附录 6-1　金融报刊导读

一、金融期刊

（1）《金融研究》：*Journal of Finance Research*，由中国人民银行总行主办，倡导理论与实践相结合的优良学风，贯彻"百家争鸣"的方针，及时反映我国经济金融界对中国社会主义现代化建设和金融体制改革以及世界金融理论和业务发展提出的重要金融理论问题进行研究所取得的新成果、新进展。是全国经济金融界的权威性货币信用理论、政策研究刊物。

（2）《国际金融研究》：*Studies of International Finance*，中国国际金融学会刊，由中国银行国际金融研究所、中国国际金融学会联合主办。内容涉及环球经济、国际金融业、中国经济金融观察、金融科技和环球经济等栏目，中国银行、中国人民银行、中国进出口银行、国家发展与改革委员会等权威专家经常在这一期刊上发表文章，是金融方面重要的全国核心期刊之一。

（3）《中国金融》：*China Finance*，由中国人民银行主管，中国金融出版社主办，内容涉及经济观察、政策解读、货币政策、银行监管、商业银行、国际金融、金融纪事等，旨在宣传金融政策方针，曾被评为"全国百种重点社科期刊"，是我国金融界具有较强权威性、政策性、指导性的刊物。

（4）《金融信息参考》：由中国人民银行总行主管、中国金融出版社主办。它每期都是由从全国几百种经济金融类报刊图书中精心摘编组成，内容涉及国际金融政策方针、国内外最新的金融信息、金融理论和观点等。该期刊是全国唯一的金融文摘类期刊。

（5）《中国城市金融》：是中国工商银行总行主办的综合性月刊，它遵循党的基本路线，贯彻"理论联系实际"、"百花齐放，百家争鸣"的方针，立足城市金融，放眼宏观经济，研究新问题、探索新思路、交流新经验，为推动我国城市金融应用理论研究的开展，为金融体制改革的深入作出了应有的贡献。

（6）《金融与保险》：*Finance and Insurance*，由中国人民大学主办，内容分为银企园地、金融市场、金融史话、金融法苑、保险追踪、国际金融等栏目，国内许多学者都在这里发表自己的看法，是国内比较受广大金融和保险学者欢迎的期刊。

二、金融报刊

(1)《金融时报》：*Financial News*，由中国人民银行、中国工商银行、中国农业银行、中国银行、中国建设银行、中国人民保险(集团)公司、交通银行、中信实业银行等国内主要金融机构出资主办。1987 年 5 月 1 日创刊，邓小平同志题写报名，是一张富有金融特色的全国性综合经济类报纸。它重点宣传报道党中央、国务院和中央银行在金融工作方面的方针、政策、法规，公布我国的金融法令和重要的金融经济统计资料，传递国内外金融新闻动态，及时报道我国金融事业的改革和发展成就，在国内具有很高的权威性。

(2)《国际金融报》：*International Financial News*，是人民日报社主办的金融类专业报纸，主要报道国际金融有关的新闻、消息。内容涉及国际金融、货币、证券、期货、人物、要闻等。要想迅速了解国际金融各方面的新闻消息，《国际金融报》会给你提供很大的帮助。

(3)《国际商报》：*International Business News*，是中国对外贸易经济合作部的机关报，也是全国外经贸行业唯一的权威性日报。该报所载信息反映和评述了中国对外经贸的方针政策、发展状况及前景；展示中国各地、各行业外经贸发展状况；向读者提供国际经贸新闻等。

(4)《中国财经报》：*China Financial and Economic News*，由中华人民共和国财政部主管，是财政经济领域的综合性报纸。政府通过这一报纸采购信息、发布指令，并及时宣传和报道中国财经领域的有关方针政策、动态信息及新闻，各位财经专家也会在这里就一些时事发表观点，它不仅容易获得，而且也是我们了解财经信息的一条十分重要的渠道。

(5)《中国城乡金融报》：是中国农业银行主办的国内最早的有影响力的金融专业报之一。它用于宣传党和国家经济、金融的方针政策和法律法规；报道重大事件；介绍我国经济特别是金融业改革和发展的动态；及时报道农业银行的信贷政策、贷款种类、服务项目等；迅速传递国内国际经济金融信息。

以上只介绍了几种我国国内比较容易获得的重要金融类期刊、报纸。此外，还有许多金融类期刊报纸，如《财经时报》、《金融时报》、《中华工商时报》等。学习金融的同时经常阅读金融方面的期刊、杂志与报纸是十分必要的。

第七章　跨国经营中的货币交易

　　商业环境越来越全球化,需要企业管理人员掌握有关外汇市场、外汇交易工具的基本知识,以适应海外竞争。本章遵循清晰与实用的原则,对基本概念、专业术语做详细解释;对外汇业务的基本原理,辅以充分的案例说明。

第一节　外汇市场简介

　　外汇市场(foreign exchange market)是指经营外汇业务的银行、各种金融机构以及个人进行外汇买卖和调剂外汇余缺的交易场所,是专门从事外汇买卖的市场,包括金融机构之间相互进行的同业外汇买卖市场(或称批发市场,通常是无形市场)和金融机构与顾客之间进行的外汇零售市场。由于各国的货币制度不同,使用的货币不一样,在履行国家间债权债务的结算时,就必须解决各国货币之间的兑换问题,也就是进行外汇交易。

　　外汇市场的存在具有重要作用:第一,使货币支付和资本转移得以实现。国家间的政治、经济和文化往来等都会产生国家间的支付行为,借助外汇市场可以进行资金调拨,清偿由此产生的债权债务关系,这是进行国际交往的前提。第二,减少汇率变动风险,有利于国际贸易的发展。浮动汇率制度下,汇率经常性的剧烈波动直接影响国际贸易和国际资本流动。外汇市场通过各种外汇交易活动(如远期外汇交易、期货或期权交易等),可以减少或消除汇率风险,促进国际贸易与投资的发展。

一、外汇市场参与者

(一)初级报价者

　　初级报价者(primary price maker)即市场创造者(market maker),是指专业的外汇交易商,包括大型银行、大型投资交易商、大型企业。它们提供外汇的双向报价。当客户询价时,它们将提供买进与卖出的报价,并愿意根据报价买进或卖出任何数量的外汇。

　　银行是传统上的初级报价机构,外汇交易属于银行提供的服务之一,在外汇市场中扮演着重要角色。通常把专营或兼营外汇业务的商业银行或金融机构称为外汇银行。

投资交易商通常仅就特定的客户群提供专业服务,将外汇交易视为附加服务,并将这方面的相关交易逐笔与银行往来。但随着金融市场国际化发展,以及银行在外汇市场获得的巨大利润,都促使投资交易商成为初级报价者。

某些大型跨国公司的触角也延伸到初级报价者的领域是因为:①它们常常需要以积极的态度管理资金流量、外汇风险、利率风险,有时这种管理活动所需的资金来源出自公司内部,所以涉及外汇报价活动。②它们拥有的财力往往优于银行,能以较低的成本购买最新的交易设备,而且银行还必须受保持最低资本比率的限制,所以企业界在某些市场中有相对的竞争优势。

(二)次级报价者

它们不提供双向报价,如旅店通常接受客户的外汇结算;某些公司专精于零售市场的外汇买入或卖出,这些公司之间或同一公司在不同的时间提供的买入或卖出报价之间往往有较大的差价。在必要时,次级报价者向初级报价者买进或卖出外汇。期货市场的交易者也属于次级报价者。

(三)价格接受者

价格接受者接受初级或次级报价者的报价,以供自己使用。如企业、个人、政府机构、小型银行等。有时大型银行也可能是价格接受者,如交易某些冷门的外汇时。

(四)外汇经纪商

其功能是散播当时的价格信息,希望撮合买卖双方以赚取佣金。它们买进或卖出的外汇不属于自己的头寸。一般来讲,经纪商只是为银行间市场提供服务,并未介入实际的交易。大型经纪商通常属于全球性机构,为银行间市场提供全天24小时的服务,以满足初级报价者为其客户全天候的服务。

(五)外汇交易商

其特点是为自己的账户买卖外汇,进行套利和投机。据国际外汇交易商协会2012年统计,目前全球前五名的外汇交易商分别是瑞士银行、花旗银行、苏格兰皇家银行、巴克莱银行、美洲银行。

(六)投机商

外汇市场的投机商由许多不同的参与者构成。如下行为,均可视为投机行为:①主要报价者主动在市场中建立头寸;②企业对贸易活动造成的外汇风险头寸,故意推迟抵补,或听任该头寸持续到实际的现金流动;③政府对借入或投资外币而造成的外汇风险头寸,故意推迟抵补,或听任该头寸持续到实际的现金流动;④个人买进外币计价的股票、债券或其他资产,但未抵补相关的外汇风险。这些头寸均会因汇率的变动而盈亏。

区分投机性行为与谨慎的商业决策不容易。一种观点认为,未立即抵补风险的属于投机性行为;另一种观点认为,纯粹为了外汇交易而建立的头寸才称为投机性行为。在外汇市场中,投机性交易占相当大的比重。市场确实需要这些投机性活动,因为它们可以提供市场的流动性,以处理"非投机性"的交易,否则市场的买卖报价的汇率差会扩大,交易的撮合会延迟,大额交易很难成交。

（七）中央银行

中央银行参与外汇市场的目的是稳定市场,也是为了扭转汇率的走势。在某些情况下,中央银行可能只是试盘,观察市场对于大量干预的可能反应;也可能试图操纵汇率的上浮或下跌。中央银行除了直接干预外,也可通过货币政策或道德劝说进行间接干预。

二、外汇市场报价

所谓银行外汇报价,是在一定标价方式下,外汇银行对其他银行或客户报出的愿意买入外汇和愿意卖出外汇的价格。在一个竞争的国际金融市场,国际惯例要求从事外汇交易的报价银行必须报出外汇交易的双向价格,既报买价也报卖价,买卖价差是银行外汇交易的主要利润来源。外汇兑换可以分为两类:一类是本国货币对另一国货币的交易,各国银行与其国内的客户之间的外汇兑换多数属于这类交易;另一类是一种外币对另一种外币的外汇兑换,国际金融市场上的外汇交易多数属于这类交易。这两类货币兑换的报价方法不同。

（一）各国外汇市场的报价方式

各国外汇市场上,银行与工商企业、个人等顾客进行本币与外币交易时,采用双向报价法(two-way price),同时报出买入汇率(buying rate 或 bid Rate)和卖出汇率(selling rate 或 offer rate)。这是从银行买卖外汇的角度考虑的。买入汇率又称买(入)价,是指银行从客户或同业那里买入外汇时所使用的汇率。由于这一汇率多用于出口商与银行间的外汇交易,也常称出口汇率。卖出汇率又称卖(出)价,是指银行向同业或客户卖出外汇时使用的汇率。

由于这一汇率多用于进口商与银行间的外汇交易,也常称进口汇率。

这里强调两点:其一,买入或卖出是从银行报价的立场来说的,切不可混淆为从进口商或询价方的角度;其二,买卖的是"外汇",而不是本币。银行从事外汇的买卖活动分别以不同汇率进行,当其买入外汇时以较低的价格买入,卖出外汇时以较高的价格卖出。低价买进、高价卖出之间的差价即为银行的经营费用和利润,一般约为 0.1%。各国的差幅不尽相同,储备货币与非储备货币相差幅度也不相同。

如前所述,在外汇市场上,银行报价通常都采用双向报价,即同时报出买入和卖出汇率。按照惯例,不论是直接标价法,还是间接标价法,在所报的两个汇率中,都是前一数值较小,后一数值较大。在直接标价法下,前一数值表示银行的买入汇率,后一数值表示卖出汇率;而在间接标价法下,前一数值表示银行的卖出汇率,后一数值表示买入汇率。例如,某日纽约外汇市场上,银行所挂出的加拿大元和英镑的牌价是:

USD/CAD 1.057 1/1.059 1

GBP/USD 1.587 0/1.588 0

由于美国采用间接标价法,但对英镑等货币采用直接标价法。故在加拿大元的牌价中,前一数字为加拿大元的卖出汇率,即银行卖出 1.057 1 加拿大元收进 1 美元;后一数字为加拿大元的买入汇率,即银行买入 1.059 1 加拿大元付出 1 美元。而在英镑的牌价中,前一数字为英镑的买入汇率,即银行买入 1 英镑付出 1.587 0 美元;后一数字为卖出汇率,即银行卖出 1 英镑收进 1.588 0 美元,其间的买卖差价为每英镑 0.001 0 美元,通常称为卖出价高于买入价 10 个点。

(二)银行同业报价的国际惯例

外汇市场上银行同业间报价也采用双向报价方式,即银行在外汇交易中作为报价方向外报价时,总是同时报出买入价和卖出价。当银行报一种货币兑另一种货币的买入价和卖出价时,按国际惯例,买入价和卖出价是指银行买入和卖出基础货币的价格。即银行报买入价是指银行买入基准货币愿意支付若干标价货币的价格;银行报卖出价是指银行卖出基准货币将收取若干标价货币的价格。

例如,银行某日报出汇率:USD/CAD 1.057 1/1.059 1。在这个报价中,美元是基础货币,加拿大元是标价货币。1.057 1 是银行买入美元的价,即银行买入 1 美元愿意支付 1.057 1 加拿大元。1.059 1 是银行卖出美元的价,银行愿意收进 1.059 1 加拿大元卖出 1 美元。

外汇交易中,一种货币的买入价与卖出价相差不大。如果所报汇率的买入价与卖出价 5 位有效数字中,前三位数一样,通常卖出价只报后两位数字。如上例的 USD/EUR 0.821 0/0.823 0,对外报价,只报 USD/EUR 0.821 0/30。这至今已成惯例,被普遍接受。

询价方一定要熟悉银行的报价方法。对于银行的报价,都是从银行的角度来说的。从报价方(银行)买卖基准货币角度看,买入基准货币价格肯定小于卖出基准货币价格,它们的差价是银行的利润。无论采用什么标价方式,包括直接标价法和间接标价法,只要明确了汇率报价中的基准货币,以上规则是普遍适用的。

三、外汇市场有效性

效率市场假说是现代金融市场理论中的重要内容之一。现代对效率市场的研究始于萨缪尔森(1965),后经法码(1970)、马其埃尔(1992)等人的进一步发展和深化,逐渐系统化,并建立起一系列用于验证市场效率的模型。

效率市场假说首先出现在资产、证券市场。在有效市场中,资产价格必须包含有关该项资产的所有信息,并有效地向供求双方传达。外汇市场有效性理论是效率市场假说理论在外汇市场中的应用。市场有效性一般分为三类:一是弱势有效(weak efficiency),即市场当前的价格包含了过去价格中包含的所有信息;二是半强势有效(semi-strong efficiency),即市场当前的价格包含了所有公开已知的信息,也包括过去价格中包含的信息;三是强势有效(strong efficiency),即市场当前的价格包含了所有可能知道的信息,在此市场上任何人的盈利都不能持续超过平均回报率。

在外汇市场上,由于汇率报价的垄断性、中央银行的干预、机构的大额交易等多方面的影响,市场参与者对信息的拥有不对等,因而强势有效难以达到。

国外有学者利用历史数据对外汇市场的有效性进行检验,分析远期汇率是否包含关于预期的未来即期汇率的所有重要信息,结果是外汇市场有效性非常不明显,即预期的投机回报率远远超过零,远期汇率难以等于预期的即期汇率。正因为如此,外汇市场存在尚未开发的利润机会,外汇风险无处不在。

第二节　传统外汇业务

传统的外汇业务包括即期外汇交易、远期外汇交易、择期远期交易、掉期外汇交易、套汇交易、套利交易。下面逐一介绍。

一、即期外汇交易

即期外汇交易(spot exchange transaction),又称现汇交易。它有广义和狭义之分。广义的即期外汇交易指外汇买卖成交后,在两个营业日内办理收付的外汇业务,这种办理实际收付的行为称为交割(delivery),交割的日期也称为起息日(value date)。广义的即期交易包括当日交割、翌日交割和狭义的即期交易。狭义的即期外汇交易仅指成交日后第二个营业日进行交割的外汇交易。"第二个营业日"是指在这两个国家都营业的日子。另外,假如即期外汇交易是在周末成交的,其交割日一般也应顺延。通常我们所说的即期外汇交易是指广义的即期外汇交易。交易滞后的原因有两个:①全球外汇市场之间存在着时差;②通过电话达成的交易需要书面证实,而且交易结算本身也需要时间。

即期外汇交易是外汇市场上最常见、最普遍的交易形式,约占全部外汇市场交易量的 2/3。外汇银行是从事即期外汇交易的主体,其原因是:①向进出口商和其他客户提供国际汇兑业务;②满足自身资金调整和头寸平衡的需要;③从事外汇投机。

(一) 即期外汇交易的报价

报价者一般是同时报出买价与卖价,如 USD/JPY120.10/20,第一个数字(120.10)表示报价者愿意买入被报价货币(即美元)的价格,这就是所谓的买入汇率(bid rate),第二个数字(120.20)表示报价者愿意卖出被报价货币的价格,这就是卖出汇率(offer rate)。在国际外汇市场上,外汇交易通常只会报出 10/20,一旦成交后,再确认全部的汇率是 120.10。依外汇市场上的惯例,汇率的价格共有 5 个位数(含小数位数),如 USD/JPY120.10、GBP/USD1.455 0。一般而言,汇率价格的最后 1 位数,称为基本点(point),也有人称之为 pips 或 ticks。这些皆是汇率变动的最小基本单位。外汇交易员在报价时,未曾报出的数字(例 USD/JPY120.10/20 中的 120),我们称之为大数(big figure)。交易员未报出的原因是:在短短数秒的询价、报价及成交的过程中,汇率通常不会如此快速地变动,于是大数便可省略不说。

银行报价的依据主要有以下几个。

（1）市场行情。市场行情是银行报价时的决定性依据。如现行的市场价格，一般是指市场上一笔交易的成交价或是指市场中核心成员的买价或卖价。

（2）市场情绪。即报价银行对外报价时，市场是处于上升还是下降的压力之下，这种依据具有很大的主观性。

（3）报价银行现时的某种外汇头寸情况。若询价方需要买入银行持有较多的某种外汇时，银行一般会报较低价格，以便于抛出该货币，减少风险。

（4）国际经济、政治及军事最新动态。报价银行所在国家及西方主要国家的经济繁荣或萎缩、财政盈余或赤字、国际收支顺差或逆差、政治军事动荡与稳定等，都会引起有关货币汇率的变化。

（5）询价者的交易意图。有经验的交易员在报价时，能够推测出问价方的交易目的（买入或卖出），借此调整报价。如问价方意欲卖出某种货币，报价则稍稍压低一点；反之则抬高一点。

（6）收益率与市场竞争力。有时为增加市场竞争力，报价员有意缩小买卖价差（spread），减少利润。

（二）即期外汇交易程序

即期外汇市场大都是无形的市场，交易各方普遍通过电话、电传或其他外汇交易工具进行各类外汇交易。在交易过程中，不论是采用电话形式，还是电传或其他形式，交易各方都要严格地按交易程序进行，以保证"快而不乱，简而不漏"。从我国外汇指定银行的角度出发，在西方外汇市场进行外汇交易一般可按以下程序进行操作。

（1）选择交易对手。在进行外汇交易业务时，正确地选择交易对手对于交易是否取得成功有着重要的作用。因此，银行在对外联系之前，应根据本身的实际需要和以往经验，并结合当前西方外汇市场的动态，正确选择那些资信良好、作风正派、与本行关系较好的国外银行作为交易对手。在具体业务上，应选择那些报价买卖差价较小（一般以 3～5 个基本点为宜）、报价及还价速度快、服务水平高且全面的银行作为交易对手，以保证交易取得成功。

（2）自报家门。选择好交易对手以后，就可以通过电话、电传或外汇交易机与对方联系。在联系过程中，为节省时间，并让对方知道交易对手是谁，外汇指定银行不论是打电话或电传等，首先要说明自己的银行名称，如"Bank of China Liao-ning"，以方便对方马上作出交易对策。

（3）询价（asking）与对方报价（quotation）。双方联系并确定以后，我方银行即可向对方询价,询价内容一般包括币种、金额、具体的交割日期。对方银行根据我方银行的询价,报出欲交易的汇率(对方报价时一般只报汇率的最后两位数,并同时报出买价和卖价)。

(4) 报出具体的交易金额。我方银行根据对方的报价,如认为对方报价合理并且愿意按对方报价成交时,即可确定并再次报出具体金额。

(5) 正式成交。对方根据我方报出的交易金额,承诺同意以我方所报金额进行交易,并将其开户行及账号报给我方,我方银行也相应将我方的开户行及其账号报给对方,双方均按对方要求将有关款项划拨到指定账户,交易即告成功。但为保证不出差错,最后双方一般要互相证实买或卖的汇率、金额、起息日期及资金结算方法。

 案例 7-1

即期外汇交易对话

案例 7-1A——最简单的交易对话

询价方:What is your spot USD JPY,pls.?(请问即期美元兑日元报什么价?)

报价方:104.20/30(也可写作 20/30 或 104.20/104.30).

询价方:Yours USD1 或 Sell USD1.(我卖给你 100 万美元。这里"1"代表 100 万,以下同。)或者:

Mine USD1 或 Buy USD1.(我买进 100 万美元。)

报价方:OK,done.(好的,成交了。)

案例 7-1B——还有一些对话需证实这笔交易和告知对方交收路线,即买入的货币付往何处代理银行,划入什么账户等内容。

A:Spot USD JPY pls.?(请问即期美元兑日元报什么价?)

B:MP(等一等),55/60.

A:Buy USD2(买进 200 万美元).

B:OK,done. I sell USD2 Mine JPY at 154.60 value 27/6/90(好的,成交啦。我卖给你 200 万美元买进日元,汇率是 154.60,起息日为 1990 年 6 月 27 日。)

JPY pls. To ABC BK Tokyo. A/C No. 123456.(我们的日元请付至东京 ABC 银行,账号是 123456。)

A:USD to XYZ BK NY. A/C 654321,CHIPS UID 03745. Thanks for

the deal,bye bye.（我们的美元请付至纽约 XYZ 银行,账号是 654321,CHIPS UID 03745,多谢你的交易,再见。）

（三）即期外汇交易的种类

根据买卖外汇的汇兑方式不同,即期外汇交易可分为电汇（telegraphic tansfer,T/T）、信汇（mail transfer,M/T）和票汇（demand draft,D/D）三类。

（1）电汇。即经营外汇业务的汇款银行应汇款人的约请,直接用电讯方式（电报、电传等）通知国外的汇入银行,委托其支付一定金额给收款人的一种汇款业务。电汇的凭证是加注密押的电讯付款委托书。由于电汇方式付款交付的时间最短,银行不能占用客户的资金,加之电讯资费比较昂贵,所以电汇汇率最高。其他汇兑方式的汇率均以电汇汇率为基础进行核算。

（2）信汇。即汇款银行应汇款人的申请,直接用信函通知国外的汇入银行,委托其支付一定金额给收款人的一种汇款业务。信汇的凭证是通过邮局邮寄的具有负责人签字的信汇付款委托书。由于信函邮寄需要的时间比电讯长,银行可以利用客户的资金,加之信函邮寄费用比电讯便宜,所以信汇汇率低于电汇汇率。由于现在国际邮件多用航邮或快件,邮程时间大大缩短,所以信汇、票汇汇率和电汇汇率的差额已缩小。

（3）票汇。即汇出行应汇款人的申请,开立以汇入行为付款人的汇票,列明收款人姓名、汇款金额等,交由汇款人自行寄送给收款人或亲自携带出国,以凭票取款的一种汇款方式。票汇的凭证即银行汇票。与电汇和信汇相比,票汇具有以下特点：一是汇入行无须通知收款人取款,而由收款人上门自取；二是若为远期汇票,收款人通过背书可以转让汇票,在汇票到期日到银行领取汇款的,很可能不是汇票上列明的收款人本人,而是其他人。

二、远期外汇交易

远期外汇交易（forward exchange transaction）,又称期汇交易,是指买卖双方预先签订合同,即远期外汇合约,规定外汇买卖的数额、汇率和将来交割的时间,到规定的交割日期再按合同规定进行交割清算的外汇交易。远期交易的期限一般以月计算,有 1 个月、2 个月、3 个月、6 个月、9 个月、12 个月不等,有的长达 3 年、5 年,甚至出现了 10 年期的远期外汇合约,但通常为 3 个月。只要交易双方同意,远期交易可以延期,也可以在规定的期限内提前交割,因此比较灵活,合同的具体内容完全可以由买卖双方自行商定。

（一）远期外汇交易的目的

（1）进出口商为防范收付外汇货款时汇率变动的风险。进出口商一般是在签订买卖合同的同时，向外汇银行买入或卖出远期外汇，到支付或收到货款时，按约定的汇率来办理交割。

（2）期汇投资者或定期债务投资者预约买卖期汇以避免外汇风险。根据凯恩斯的利率平价说，没有外汇管制条件下，一国的利率低于他国，该国的资金就会外逃到他国谋求高息。在汇率相对稳定的条件下，本国利率低于另一国时，投资者为谋求高息，就会用本币购买另一国现汇，存到另一国获取高息，同时出售期汇（期汇期间与存期一致）。

（3）外汇银行为平衡期汇头寸。进出口商为避免外汇风险而进行期汇交易的实质是，把那些汇率变动的风险转嫁给外汇银行。同即期交易一样，外汇银行很难保证某种货币的期汇的买入数量与卖出数量相一致，会出现期汇的多头与空头。为避免风险，外汇银行就需要在同业之间进行期汇买卖，以轧平各种货币、各种期限的期汇头寸。

（4）外汇投机者为获取投机利润。同即期市场上的投机不同，期汇交易不需要自身持有大量资金就可以进行交易，只需交纳少量的保证金，凭一张合同就可以办理。因此，它是一种较方便、数额大、风险高的交易行为。

 **案例 7-2**

远期外汇交易

案例 7-2A——锁定出口收汇收入

中国 A 服装公司向美国出口价值 10 万美元的外贸服装，成本为 82 万元人民币，约定 3 个月后付款。双方签订这笔合同时的 3 月期汇率为 USD/CNY8.27，按此汇率该公司可以换得 82.7 万元人民币，扣除成本 82 万元人民币，可获得 0.7 万元人民币的利润。A 服装公司预期美元汇率下跌，于是按 USD/CNY8.27 的汇率，将 3 个月的 10 万美元外汇卖给中国银行。一个月后美元跌至 USD1/CNY8.25，按此汇率该服装公司只能得到 82.5 万元人民币，比按原汇率计算的利润少 0.2 万元人民币；3 个月后美元跌至 USD/CNY8.20 以下，则 A 服装公司损失更大，甚至亏本。所以美元下跌，人民币升值将对该服装公司利润带来潜在的压力。该服装公司通过卖远期美元，避免了汇率变动带来的风险。

案例 7-2B——锁定进口付汇成本

某年 6 月 8 日美元兑日元的汇率水平为 133。根据贸易合同,进口商乙公司将在 7 月 10 日支付 4 亿日元的进口货款。由于乙公司的外汇资金只有美元,因此需要通过外汇买卖,卖出美元而买入相应日元来支付货款。公司担心美元兑日元的汇率下跌将会增加换汇成本,于是同银行做一笔远期外汇买卖,按远期汇率 132.50 买入 4 亿日元,同时卖出 3 018 867.92 美元(400 000 000÷132.50)。起息日(资金交割日)为 7 月 10 日。在这一天,乙公司需向银行支付 3 018 867.92 美元,同时银行将向乙公司支付 4 亿日元。这笔远期外汇买卖成交后,美元兑日元的汇率成本便可固定下来,无论国际外汇市场的汇率水平如何变化,乙公司都将按 132.5 的汇率水平从银行换取日元。

假如乙公司在支付货款到期的日期才进行即期外汇买卖,那么,如果 7 月 10 日美元兑日元的即期市场汇率水平跌至 124,那么乙公司必须按 124 的汇率水平买入 4 亿日元,同时卖出 3 25 806.45 美元(400 000 000÷124)。与做远期外汇买卖相比,乙公司将多支出 206 938.92 美元(3 225 806.45-3 018 867.53)。

案例 7-2C——套利

假设纽约资本市场利率为 8%,而中国为 6%,我国某机构投资者为获取较高的投资收益,以人民币买入美元现汇,在纽约进行 3 个月的短期投资,到期收回美元时,如果汇率不变,则可获利 2%;如果美元汇率下浮幅度大于 2%,则该投资者将蒙受损失。为了避免汇率下跌而带来的损失,该投资者可以在购进美元现汇的同时,卖出 3 个月远期美元,到期时按约定的汇率购回人民币(此即抵补套利,详见本章第三节)。

案例 7-2D——银行轧平外汇头寸

假设 2002 年某日某银行从客户手中共买进 100 000 万日元的 6 个月期汇,卖出 150 000 万日元的 6 个月期汇,则银行拥有 50 000 万日元的 6 个月期日元期汇空头。为避免 6 个月后人民币汇率下降,银行就买入 50 000 万日元的 6 个月日元期汇,即买进空头,避免外汇风险。

案例 7-2E——外汇投机(1)

远期外汇投机可分成两种情况:一种是"买空"或"多头"(buy long 或 bull),即在外汇汇率看涨时做的先买后卖的投机交易;另一种是"卖空"或"空头"(sell short 或 bear),即在外汇汇率看跌时做的先卖后买的投机交易。

中国某投机者认为欧元将由目前的 EUR/CNY7.28 上升到 3 个月后的 EUR/CNY7.38,他就按 EUR/CNY7.28 买进 1 000 万欧元 3 个月期的欧元期汇；如果 3 个月后果真如其所料,他可以按 EUR/CNY7.38 的汇率卖出 1 000 万欧元现汇,从而获得 100 万元人民币(1 000×7.38－1 000×7.28)的收益。而在实际操作中,此种期汇投机并不进行真正的现汇买卖,而是直接进行对这 100 万元人民币差价的收付。然而,当 3 个月后汇率出乎此投机者的预料而变动到 EUR/CNY7.28 以下,如 EUR/CNY7.18,则该投机者将蒙受 100 万元人民币的损失。

案例 7-2F——外汇投机(2)

条件：预期某种货币的远期汇率偏离未来的即期汇率,利用远期外汇交易在远期外汇市场投机。

情况 1：设银行公布的远期汇率：　　　　　1 美元＝2 泰铢

　　　　投机者预期的未来即期汇率：　　　　1 美元＝1.5 泰铢

投机思路：在未来的现货市场卖泰铢买美元,汇率是 1 美元＝1.5 泰铢；

　　　　　在现在的远期市场卖美元买泰铢,汇率是 1 美元＝2 泰铢。

　　　　　投机者做"买远期泰铢,卖远期美元"的外汇交易获得投机利润。

情况 2：设银行公布的远期汇率：　　　　　1 美元＝1.5 泰铢

　　　　投机者预期的未来即期汇率：　　　　1 美元＝2 泰铢

投机思路：在未来的现货市场卖美元买泰铢,汇率是 1 美元＝2 泰铢；

　　　　　在现在的远期市场卖泰铢买美元,汇率是 1 美元＝1.5 泰铢。

　　　　　投机者做"买远期美元,卖远期泰铢"的外汇交易获得投机利润。

(二) 远期外汇交易的报价方法

根据国际惯例,通常有完整远期汇率报价法和远期差价报价法。完整汇率报价法是直接将各种不同交割期限的远期买入价和卖出价完整地表示出来,这类似即期汇率报价的方法。日本、瑞士等国常采用这种报价法。例如,苏黎世外汇市场：

某日　USD/CHF

即期汇率	1.877 0/1.878 0
1 个月远期汇率	1.855 6/1.857 8
2 个月远期汇率	1.841 8/1.843 4
3 个月远期汇率	1.827 8/1.829 3
6 个月远期汇率	1.791 0/1.793 0
12 个月远期汇率	1.726 0/1.731 0

例中 USD/CHF 的 3 个月远期汇率为 1.827 8/1.829 3,分别表示银行买入与卖出 3 个月美元的远期汇率,即银行买入 1 美元支付 1.827 8 瑞士法郎,银行卖出 1 美元客户需要支付银行 1.829 3 瑞士法郎。直接报出远期汇率的方法,通常适用于银行对一般顾客的报价。

远期差价报价法不直接报出远期汇率,而是只报出即期汇率和远期汇率的差价,需根据即期汇率和远期汇率差价来计算远期汇率。远期汇率和即期汇率的汇率差称为远期汇水(forward margin)或远期差价,表现为升水、贴水、平价。目前,这种标价方式已成为包括英、德、美、法等在内的世界各地的主要外汇市场所采用。升水表示远期外汇比即期外汇贵;贴水表示远期外汇比即期外汇便宜;平价表示两者相等。在直接标价法下,远期汇率升水,则远期汇率=即期汇率+升水数字;远期汇率贴水,则远期汇率=即期汇率-贴水数字。在间接标价法下,远期汇率升水,则远期汇率=即期汇率-升水数字;远期汇率贴水,则远期汇率=即期汇率+贴水数字。

进行远期外汇交易时,银行通常只报出远期汇率的升水或贴水“点数”(points),并不表明是升水还是贴水。所谓点数就是表明货币比价数字中的小数点以后的第四位数。在一般情况下,汇率在一天内也就是在小数点后的第三位数变动,也即变动几十个点,不到 100 个点。表明远期汇水的点数有两栏数字,分左小右大与左大右小两种情况。在银行使用直接标价法的情况下,左小右大表示远期外汇升水,左大右小表示远期外汇贴水;在银行使用间接标价法下,左小右大表示远期外汇贴水,左大右小表示远期外汇升水。但不论直接标价法还是间接标价法,由即期汇率及远期汇水“点数”计算实际远期汇率时,都是“左小右大往上加,左大右小往下减”。这与上面给出即期汇率与升水或贴水的计算方法是一样的。

案例 7-3

由点数计算远期汇率

案例 7-3A——英国外汇市场:某日 USD/EUR

即期	0.884 0/60
1 个月	60/20
2 个月	90/40
3 个月	110/70

计算远期汇率,遵循"左小右大往上加,左大右小往下减"原则。

USD/EUR 的 3 个月的远期汇率　　0.884 0　　0.886 0

　　　　　　　　　　　　　　　−0.011 0　　−0.007 0

　　　　　　　　　　　　　　　　0.873 0　　0.879 0

所以,3 个月的 USD/EUR 远期汇率为 0.873 0/0.879 0。

案例 7-3B——纽约外汇市场:某日 USD/CHF

即期汇率　　　　　3 个月远期

1.508 6/91　　　　10～15

瑞士法郎对美元远期汇率的点数为 10～15,第一栏点数小于第二栏点数,故实际远期汇率数字应在相应的即期汇率数字上加上远期点数,即

1.508 6　　　　　1.509 1

+0.001 0　　　　+0.001 5

1.509 6　　　　　1.510 6

所以,3 个月的 USD/CHF 实际远期汇率为 1.509 6/1.510 6。

(三) 远期外汇交易的种类

远期外汇交易可分为固定远期外汇交易和择期远期外汇交易。固定交割日期的远期外汇交易是指外汇买卖双方按照成交时商定的具体交割日期进行实际交割的外汇交易。双方确定的该交割日在交割时,既不能提前,也不能推后。若一方提前交割,另一方既不需要提前交割,也不需要因对方提前交割而支付利息。

择期远期交易(option date forward transaction)是远期外汇交易的发展。远期外汇交易的交割日期是固定的,而择期远期交易的交割日期是不固定的,由客户在择期期间自己选择。具体来讲,择期远期交易是客户和外汇银行签订合约,根据合约客户可以在今后一定期间内未确定的日期以事先确定的价格买进或卖出一定数量外汇的交易行为。

(四) 择期远期外汇交易的报价

由于择期交易的交割日期确定方式对客户有利,对银行不利,所以,银行会选择从择期开始到择期结束期间最不利于客户的汇率作为双方实际交割时使用的汇率。

择期远期外汇交易报价的过程是:第一步,确定择期外汇交易交割期限内的第一个和最后一个工作日;第二步,计算出第一个和最后一个工作日的

远期汇率；第三步，比较这两个工作日的远期汇率，选择一个对银行最有利的报价。

**案例 7-4**

择期远期外汇交易

在国际贸易中，进口商往往不能知道付款的具体时间，因此利用远期外汇交易规避外汇风险有一定麻烦。但由于他们对在某一段时间内支付货款有把握，于是可采用择期远期交易避免外汇风险。

假设日本一位进口商在 3 月 11 日以择期远期（期限为 4 月 11 日至 5 月 11 日）交易购买了 10 万美元，即该进口商可以在合约签订的 4 月 11 日至 5 月 11 日期间的任何一天购买所需的美元。有关银行牌价如下：

即期汇率　　　　　　USD/JPY＝123.10/20

第 1 个月远期差价　　20/15

第 2 个月远期差价　　30/20

第一天的远期汇率，即 4 月 11 日交割的远期汇率为 USD/JPY＝122.90/123.05。

最后一天的远期汇率，即 5 月 11 日交割的远期汇率为 USD/JPY＝122.80/123.00。

根据以上分析，客户要求买入美元，则银行卖出美元时，可供银行选择的汇率有 123.05 和 123.00，此时选择 123.05 对银行更有利。

三、掉期外汇交易

一笔掉期（swap）外汇交易可以看成是由两笔交易金额相同、货币种类相同、起息日不同、交易方向相反的外汇买卖组成的。因此一笔掉期外汇买卖具有一前一后两个起息日和两项约定的汇率水平。在掉期外汇交易中，客户和银行按约定的汇率水平将一种货币转换为另一种货币，在第一个起息日进行资金的交割，并按另一项约定的汇率将上述两种货币进行方向相反的转换，在第二个起息日进行资金的交割。

例如，某客户今日以 USD1＝JPY123.23 的即期汇率卖出 10 万美元，同时又以 USD1＝JPY123.10 的远期汇率买入 10 万美元时，他所进行的就是一笔掉期外汇交易。在这一过程中，客户买卖的数额始终不变（如 10 万美元），改变的只是客户所持货币的期限。

掉期外汇交易大部分是针对同一对手进行的。如客户甲既向银行乙出售即期美元,又向银行乙买进远期美元。这种掉期称为纯粹的掉期(pure swap)。但有时掉期交易中同种货币的买卖可以和不同的对手进行。如客户甲向银行乙出售即期美元的同时从其他银行买进远期美元。这种掉期称为分散掉期(engineered swap)。

掉期期限分为三种形式:

(1) 即期对远期(spot against forward)。即买进或卖出一笔现汇的同时,卖出或买进一笔期汇。

(2) 即期对即期(spot against spot)。这是指买进或卖出一笔即期外汇的同时,卖出或买进另一种同种货币的即期。这两笔即期交易的区别在于它们的交割日期不同,可以用来调整短期头寸和资金缺口。常见的几种交易是:①今日对明日掉期(today-tomorrow swap),指将一个交割日安排在成交的当天(即"今天"),后一个交割日安排在成交后的第一天(即"明天")的掉期,又称隔夜交易(over-night,O/N)。②明日对后日掉期(tomorrow-next swap),指将第一个交割日安排在成交后的第一个工作日(即"明日"),后一个交割日安排在成交后的第二个工作日(即"后日")的掉期,又称为隔日交易(tomorrow-next,T/N)。这两种即期对即期的掉期交易的时间跨度都是一个交易日。

(3) 远期对远期(forward to forward)。即对不同交割期限的远期双方做货币、金额相同而方向相反的两笔交易。

 **案例 7-5**

掉期外汇交易

案例 7-5A——调整起息日

客户做远期外汇买卖后,因故需要提前交割,或者由于资金不到位或其他原因,不能按期交割,需要展期时,就可以通过做外汇掉期交易对原先交易的交割时间进行调整。

一家美国贸易公司在 2 月份预计 5 月 1 日将收到一笔马克货款。为防范汇率风险,公司按远期汇率水平同银行做了一笔 3 个月远期外汇买卖,买入美元而卖出马克,起息日为 5 月 1 日。但到了 4 月底,公司得知对方将推迟付款,在 6 月 1 日才能收到这笔货款。于是公司可以通过一笔 1 个月的掉期外汇买卖,将 5 月 1 日的头寸转换至 6 月 1 日。

案例 7-5B——固定换汇成本

如果客户现在持有甲种货币而需使用乙种货币,但在经过一段时间后又需收回乙种货币并将其换回甲种货币,则可通过做掉期外汇交易来固定换汇成本,防范风险。

一家日本贸易公司向美国出口产品,收到货款 500 万美元。该公司需将美元货款兑换为日元用于国内支出。同时公司需从美国进口原材料,并将于 3 个月后支付 500 万美元的货款。此时,公司可以采取以下措施,做一笔 3 个月美元兑日元掉期外汇买卖:即期卖出 500 万美元,买入相应的日元;买入 3 个月远期 500 万美元,卖出相应的日元。这样,公司便可以轧平它的资金缺口,达到规避风险的目的。

四、套汇交易

套汇交易(exchange arbitrage transaction)是指为获取汇率差价而从事的外汇交易,即套汇者在同一时间利用两个或两个以上外汇市场某些货币在汇率上的差异进行外汇买卖,在汇率低的市场买进,同时在汇率高的市场卖出,从中套取差价利润。

在一般情况下,各国外汇市场某种货币的汇率是非常接近的,但有时也会出现较大的差异。当经过计算的汇率差额足以抵补资金调动成本时,就会引起异地套汇。显然,套汇的结果造成汇率低的市场求大于供,被套汇的货币汇率上涨;汇率高的市场供大于求,被套汇的货币汇率下跌,从而使不同外汇市场的货币汇率差异趋于消失。

套汇交易包括以下两种类型。

(1)直接套汇(direct arbitrage),也叫两地套汇或两角套汇,指套汇者直接利用两国或两地(外汇市场)之间某种货币汇率的差异,以低价买进、高价卖出的方法同时在两个市场进行的外汇买卖交易。直接套汇可进一步分为积极型套汇和非积极型套汇。前者指非因资金国际移动所必须而完全以赚取汇率差额利润为目的的直接套汇活动;后者指由于本身资金国际转移需要或以此为主要目的,利用两地市场汇率不平衡,套汇获利,降低汇兑成本。

(2)间接套汇(indirect arbitrage),又称三角套汇(three-point arbitrage),指套汇者利用三个不同外汇市场之间的货币汇率差异,同时在这三个外汇市场上进行贱买贵卖,从中赚取汇率差额,获取利润。间接套汇是以不同外汇市场上三种货币之间的交叉汇率或套算汇率与实际汇率出现差距为必要条件,因此间接套汇交易也称作交叉套汇交易。间接套汇也可按套汇本意或主要目的大致分为积极型和非积极型两类。前者指套汇者原无资金调度意图,纯粹以套取不同市场汇率差额为盈利目的;后者指利用三地市场的汇率差异,以最有利的套汇汇率,达到资金国际转移的目的。

　　间接套汇要比直接套汇错综复杂,判断是否有套汇机会不如直接套汇直观,但仍有规律可循。可利用下述简单的计算方法进行判断:①将三个外汇市场报出的买入与卖出汇率变为中间汇率。②将三地外汇市场不同标价方法的汇率均转换成同一种标价法(直接标价法或间接标价法均可)来表示,并将基准货币统一为1。③将三个市场标价货币的数值相乘,如果乘积等于1或几乎等于1,说明三个市场汇率平衡,没有汇率差,或即使有微小差异,但不足以抵补资金调度成本,套汇得不偿失;如果乘积与1偏差较大,说明有套汇机会,当然需同时考虑套汇成本和投放资金量大小。④套算不同市场的汇率,确定套汇路线。

　　从事积极型套汇交易应注意把握以下要点。

　　(1) 套汇交易只有在没有外汇管制、没有政府插手干预的条件下,才能顺利进行。具备这一条件的欧洲货币市场是套汇交易的理想市场。

　　(2) 由于现代通信技术发达,不同外汇市场之间的汇率差异日趋缩小,因而成功的套汇须有大额交易资金和传递迅速的外汇信息系统及分支代理机构,才能及时捕捉和把握瞬息即逝的套汇时机,并在抵补成本基础上获利。

　　(3) 套汇过程必须遵循从低汇率市场买入,到高汇率市场卖出的原理,为便于比较营运资金能否增值,套汇过程应在货币资金初始投放点结束。

 案例 7-6

套 汇 交 易

　　案例 7-6A——积极型直接套汇

　　设某日纽约外汇市场即期汇率为 USD/HKD＝7.727 5/85,中国香港外汇市场该汇率为 7.737 5/85。若不考虑其他费用,中国香港某银行进行100 万美元的套汇交易可以这样进行:支出 772.85 万港元,在纽约买进100 万美元;在中国香港卖出 100 万美元,买入 773.75 万港元,收入 0.9 万元港币。

案例 7-6B——非积极型直接套汇

设某日纽约外汇市场即期汇率为 USD/HKD＝7.727 5/7.728 5,中国香港外汇市场该汇率为 7.729 0/7.730 0。若 100 万美元套汇的附加费用为 800 元港币,中国香港银行不能套汇,因为该银行在纽约支出 772.85 万元港币,买入 100 万美元;再在中国香港卖出 100 万美元,收回 772.90 万元港币,虽可获得 500 元港币的收入,但不足以抵偿其成本(800 元港币)。若该中国香港银行需要电汇纽约 100 万美元,可以在中国香港以 USD/HKD7.730 0 的汇率买入 100 万美元并电汇到纽约,也可以电汇到纽约 772.85 万元港元,在纽约买进 100 万美元。但是前者比后者的代价高 1 500 港元,故该银行会选择后一种电汇方式。

案例 7-6C——积极型间接套汇

某一时点,各外汇市场银行报价如下:

伦敦市场	GBP/CHF	1.643 5/85
苏黎世市场	SGD/CHF	0.282 7/56
新加坡市场	GBP/SGD	5.664 0/80

问:在三个市场有无套汇机会? 如何套汇? 套汇毛利是多少?

第一步,先求出三个市场的中间汇率:

伦敦市场	GBP/CHF	1.646 0	(1)
苏黎世市场	SGD/CHF	0.284 1	(2)
新加坡市场	GBP/SGD	5.666 0	(3)

第二步,将不同标价法均转换成统一标价法。因为苏黎世和新加坡都是直接标价法,只有伦敦是间接标价法,故将伦敦市场的汇率变成直接标价法。

伦敦市场	CHF/GBP	0.607 5
苏黎世市场	SGD/CHF	0.284 1
新加坡市场	GBP/SGD	5.666 0

第三步,将三个市场标价货币的数值相乘,得 0.607 5×0.284 1×5.666 0＝0.997 9。该乘积小于 1,存在套汇机会。

第四步,确定套汇路线。基本思路是利用甲、乙两个外汇市场(如本例的苏黎世和新加坡)的中间汇率,套算丙汇市场(如本例的伦敦)两种货币的中间汇率,并用这一套算中间汇率与丙外汇市场实际中间汇率进行比较,可以看出基准货币在哪一个外汇市场贵或贱;再用甲与丙或乙与丙两个外汇市场,进行类似计算和比较。在本例,由于 GBP 在两个外汇市场都是基准货币(见第一步),为了计算简便起见,可分别计算在苏黎世外汇市场 GBP 与另外两种货币的套算中间汇率,然后再与相应的其他两个外汇市场进行比较,本着贵卖贱买的原则,确定套汇路线,具体如下。

首先,由(2)和(3)可以套算出苏黎世外汇市场 GBP/CHF＝5.666 0×0.284 1＝1.609 7;和(1)进行比较,可知伦敦市场 GBP/CHF＝1.646 0 高于苏黎世市场 GBP/CHF＝1.609 7(考虑在伦敦出售 GBP,换取 CHF)。

其次,由(1)和(2)可以套算出苏黎世市场 GBP/SGD＝1.646 0÷0.284 1＝5.793 7;和(3)进行比较,可知新加坡市场 GBP/SGD＝5.666 0 低于苏黎世市场 GBP/SGD＝5.793 7(考虑在新加坡外汇市场出售 SGD,换取 GBP)。

由此可以确定套汇路线为:伦敦→苏黎世→新加坡。套汇者的具体操作是:在伦敦市场卖出 1 英镑,得到 CHF1.643 5;然后在苏黎世市场卖出 CHF1.643 5,得到 SGD5.754 6(1.643 5÷0.285 6);最后,再在新加坡市场卖出 SGD5.754 6,得到 GBP1.015 3(5.754 6÷5.668 0)。

操作者可获毛利情况是:通过三角套汇,套汇者每拿出 GBP1 可获得毛利 GBP0.015 3(1.015 3－1)(不考虑其他费用)。

五、套利交易

(一)单纯套利

单纯套利(interest arbitrage)又称利息套汇,指在既定的汇率预期基础上,投资者利用两个金融市场存款利率的差异进行谋利性质的转移资金所派生出来的外汇交易,简单地说就是利用两地间的利率差异而获利的行为。此时,投资者要承担汇率变动的风险。

(二)抵补套利

抵补套利(covered interest arbitrage)指投资者将套利交易与掉期远期交易结合起来,避免外汇风险的以谋利为动机的外汇交易。例如,投资者在买进或卖出即期外汇的同时,卖出或买进同样数额的远期外汇。掉期交易合同同时将投资者买进即期外汇和卖出远期外汇的汇率(二者之差称为掉期率)固定下来,使投资的外汇收益不受市场即期汇率变动的影响,从而起到避免外汇风险的作用。它要求掉期期限和投资期限保持一致。投资者对抵补套利进行可行性分析时,所采纳的一般原则如下。

(1)如果利率差大于利率较高货币的贴水幅度,那么应将资金由利率低的国家调往利率高的国家。其利差所得会大于高利率货币贴水给投资者带来的损失。

(2) 如果利率差小于利率较高货币的贴水幅度,则应将资金由利率高的国家调往利率低的国家。货币升水所得将会大于投资于低利率货币的利息损失。

(3) 如果利率差等于较高利率货币的贴水幅度,则人们不会进行抵补套利交易。因为它意味着利差所得和贴水损失相等,或者是升水所得与利差损失相等。无论投资者如何调动资金,都将无利可图。

(4) 如果具有较高利率的货币升水,那么将资金由低利率国家调往高利率国家,可以获得利差所得和升水所得双重收益。但是,这种情况一般不会出现。这是因为它所诱发的抵补套利交易会影响各国货币的利率和汇率。如果不考虑投机因素的影响,抵补套利的最终结果是使利率差与较高利率货币的贴水幅度趋于一致,举例如下。

设 A 国货币利率高于 B 国货币,且远期 A 币对 B 币升水。由于抵补套利交易可以给投资者带来双重收益,资金会大量地由 B 国调往 A 国。它首先会影响两国的利率。A 国资金供给增加,利率将会下降;B 国资金供给减少,利率将会上升。其次,它会影响外汇市场上的即期汇率和远期汇率。人们利用即期 B 币换取即期 A 币时,会引起即期 A 币汇率上升和即期 B 币汇率下降。同时,人们出售远期 A 币购买远期 B 币又导致远期 A 币汇率下降和远期 B 币汇率上升。只有当远期 A 币的贴水幅度与利率差相等时,人们才会停止抵补套利行为。换言之,利率平价关系是由人们的抵补套利行为促成的。

 **案例 7-7**

套 利 交 易

案例 7-7A——单纯套利

设 GBP/USD 的即期汇率为 1.577 0/80,美元年利率为 10%,英镑年利率为 8%。某英国投资者拿出 10 万英镑进行为期 1 年的套利交易。

(1) 若即期汇率不变,则他可以用 10 万英镑兑换 15.77 万(10 万×1.577 0)美元;将其存于美国银行,1 年的本利和是 17.347 2 万[15.77 万×(1+10%)]美元;可换回 10.993 万(17.347 万÷1.578 0)英镑,从而获利 0.193 万(0.993 万−10 万×8%)英镑。

(2) 若 1 年后即期汇率为 1.620 0/10,则他投资于美元 1 年的本利和是

17.347 万美元,用该美元换回 10.701 万(17.347 万÷1.621 0)英镑,亏损 0.099 万英镑。

可见,单纯套利是建立于投资者汇率预期基础上的。其成败取决于投资者汇率预期的准确程度。尽管汇率预期不可能总是十分准确的,但是投资者仍要根据它进行套利的可行性分析。这种可行性分析的基本原则如下。

第一,如果预期即期汇率变动率为 0,则投资者应将资金由利率低的国家调往利率高的国家。如上例已说明这种套利能够给投资者带来套利利润。

第二,如果两国利率正好相等,则投资者应将资金由预期其汇率下降的国家调往预期货币汇率上升的国家。例如,设美元和英镑的年利率均为 10%,GBP/USD 的即期汇率为 1.577 0/80;某英国投资者预期 1 年后的即期汇率为 1.500 0/10。如果他的预测十分准确,则他拿出 10 万英镑进行为期 1 年的套利交易,可获得 0.557 万英镑的利润:投资于美元 1 年的本利和是 10 万×1.577 0×(1+10%)=17.347 万美元;若预期十分准确,该美元可换回 17.347 万÷1.501 0=11.557 万英镑;扣除机会成本,该投资者可以获得利润为 11.557 万−10 万×(1+10%)=0.557 万英镑。

第三,如果两国之间的利率差明显大于较高利率货币的预期汇率下降幅度,则投资者应将资金由利率低的国家调往利率高的国家。例如,设美元年利率为 10%,英镑年利率为 8%;某英国投资者预期 1 年后英镑即期汇率为 1.592 8/38,高于现在的 1.577 0/80。如果他的预测十分准确,则他进行为期 1 年的 10 万英镑的套利交易,可获得 0.084 万英镑的套利利润:投资于美元 1 年的本利和是 10 万×1.577 0×(1+10%)=17.347 万美元;若他的预测十分准确,这些美元可换回 17.347 万÷1.593 8=10.884 万英镑;该投资者可获得利润 10.884 万−10 万×(1+8%)=0.084 万英镑。在此例中,利率差为 2%,美元汇率下降幅度只有 1%,故投资于美元有利可图。

第四,如果利率差明显小于较高利率货币的预期汇率下降幅度,则投资者会将资金由利率高的国家调往利率低的国家。例如,设美元年利率为 10%,英镑年利率为 8%,某美国投资者某日看到英镑即期汇率为 1.577 0/80,他预期 1 年后它会上升 3%,达到 1.624 3/53;如果他的预期十分准确,那么他将 10 万美元由美国调往英国,进行为期 1 年的套利交易,可获得 0.116 7 万美元的套利利润:该投资者将美元兑成英镑进行为期 1 年的投资,本利和是 10 万÷1.578 0×(1+8%)=6.844 万英镑;用这些英镑可换回 6.844 万×1.624 3=

11.116 7 万美元;扣除机会成本,该投资者可获得 11.116 7 万－10 万×(1＋10％)＝0.116 7 万美元,该利润来自英镑汇率上升的幅度大于利差。

第五,如果利率差等于较高利率货币的预期汇率下降幅度,那么投资者不会进行套利交易。因为利率差所得将会被高利率货币汇率下降所抵消,或者汇率上升所得将被该货币利率较低的损失所抵消,无论资金如何移动,套利者都无利可图。

案例 7-7B——抵补套利

设在纽约外汇市场上,USD/JPY＝125.15/18,远期差价是 300/280;纽约短期资金市场利率 12％,东京短期资金市场利率 10％。问日本套利者是否进行套利? 如果进行套利,套利净收入是多少?

这里,日本套利者首先要计算出掉期成本与套利利息收入,并做比较,才能决定是否进行套利交易。计算步骤如下。

(1) 掉期成本　买入美元现汇　10 000 美元

支出 1 251 800 日元(按 USD/JPY＝125.18 即期汇率)

卖出美元期汇　10 000 美元

收入 1 221 500 日元(按 USD/JPY122.15 远期汇率)

掉期成本＝1 251 800 日元－1 221 500 日元＝30 300 日元

(2) 利息收支　利息收入(按纽约市场利率计算)

＝10 000 美元×12％/年×1 年×122.15 日元/美元

＝146 580 日元

利息支出(按东京市场利率计算)

＝1 251 800 日元×10％/年×1 年

＝125 180 日元

利息收入

＝146 580 日元－125 180 日元

＝21 400 日元

(3) 套利净收入　套利净收入＝利息收入－掉期成本

＝21 400 日元－30 300 日元

＝－8 900 日元

通过以上计算,日本套利者不应该进行套利,否则亏损 8 900 日元(未考虑其他费用)。

第三节 新型外汇业务

随着国际金融业的竞争发展与金融工具的创新,外汇市场上出现了许多新的外汇业务。本节将介绍以下几种新型外汇业务:货币互换、外汇期货和外汇期权。

一、货币互换

货币互换是将一种货币的本金和利息与另一种货币的等值本金和利息进行互换。互换步骤一般是,双方在期初交换两种不同货币的本金,然后按预先规定的日期进行利息的互换,最后到期末进行本金再次互换。

案例 7-8

货币互换

例如某公司有一笔日元贷款,金额为 10 亿日元,期限 7 年,利率为固定利率 3.25%,付息日为每年 6 月 2 日和 12 月 2 日。2000 年 12 月 2 日提款,2007 年 12 月 2 日到期归还。公司提款后,将日元换成美元,用于生产出口产品,出口货款是美元收入。2007 年 12 月 2 日,公司需要将美元贷款换成日元还款。如果到时日元升值,美元贬值(相对于期初汇率),则该公司要用更多的美元来买日元还款。这样,由于公司的日元贷款在借、用、还上存在着货币不统一,就面临着汇率风险。

公司为控制汇率风险,可与中国银行做一笔货币互换交易。双方规定,交易于 2000 年 12 月 2 日生效,2007 年 12 月 2 日到期,使用汇率为 USD/JPY= 113。这一货币互换步骤,可表示为:

第一,在提款日(2000 年 12 月 2 日)公司与中国银行互换本金。公司从贷款行提取贷款本金(日元),同时支付给中国银行,中国银行按约定的汇率水平向公司支付相应的美元。

第二,在付息日(每年 6 月 2 日和 12 月 2 日)公司与中国银行互换利息。中国银行按日元利率水平向公司支付日元利息,公司将日元利息支付给贷款行,同时按约定的美元利率水平向中国银行支付美元利息。

第三,在到期日(2007 年 12 月 2 日)公司与中行再次互换本金。中国银行向公司支付日元本金,公司将日元本金归还给贷款行,同时按约定的汇率水平向中国银行支付相应的美元。

从以上过程可以看出,由于在期初与期末,公司与中国银行均按预先规定的同一汇率(USD/JPY＝113)互换本金,且在贷款期间公司只支付美元利息,而收入的日元利息正好用于归还原日元贷款利息,从而使公司完全避免了未来的汇率变动带来的风险。

关于货币互换需说明的是:①货币互换的利率形式,可以是固定换浮动,也可以浮动换浮动,还可以是固定换固定。②货币互换中所规定的汇率,可以用即期汇率,也可以用远期汇率,还可以由双方协定选取其他任意汇率水平,但对应于不同汇率水平的利率水平会有所不同。③货币互换中期初的本金互换可以省略,即上例中的第一步骤可以没有,但对应的美元利率水平可能会有所不同。这样,对于那些已经提款使用的贷款,仍然可以使用货币互换业务来管理汇率风险。

二、外汇期货

专栏 7-1

期货市场概念

期货市场(future markets):19 世纪中叶,芝加哥出现了谷物期货市场,并且很快扩展到其他商品和交易中心。远期合同——两个经济行为者就未来某个时期交货的详细交易事项达成协议——可以追溯到商业本身的发端之时,但期货市场有自己的特点——合同标准化、交易成本最小化、高度的流动性,因而合同在其生命期中能够而且通常多次被买卖,这与远期合同形成对照。对期货市场作用的标准解释是,它们有助于分散并降低风险,促进有关市场信息的搜集和传播。远期市场提供了同样的风险分担机会,但是期货市场的透明度和流动性更高,因而成为更有效的"价格发现"(price discovery)制度。

资料来源:[美]彼得·纽曼,默里·米尔盖特,[英]约翰·伊特韦尔.新帕尔格雷夫货币金融大词典[M].北京:经济科学出版社,2000:205,206.

(一)外汇期货交易概述

1. 期货交易简介

期货交易是在专门的交易所买卖期货合约的交易。期货合约是交易所为进行期货交易制定的标准化合同。凡是成交的期货合约,交易双方必须在约定的未来某个日期履行交割。但这个买卖合同并不表明买卖双方在签约时保证必须以商品、货币、有价证券履行未来交割。买卖双方可以在合同到期日履行实际交付货款,解除合同;也可以在到期日前买入或卖出一个相反的合同来抵消原合同,而无须对方同意。事实上,在期货交易中绝大多数是合同的多次转手冲抵,实物交割为数很少。期货合约的最大特点是标准化。除了价格可以由买卖双方协商决定外,合约的其他组成要素——买卖商品的等级、期货的数量、交货期、交货地点、价位(最低的价格波动幅度)都是标准化的。

现代期货交易产生于美国。最先经营期货交易的是 1848 年成立的芝加哥交易所(CBT)。直到 20 世纪 70 年代以前,期货交易仅限于农矿产品。在这一百多年中,期货交易从提供延期付款以避免价格波动风险的机制发展成了主要以套期保值避免价格波动风险并进行投机的场所。

农矿产品的期货交易可以使交易者避免价格波动风险的作用给了人们深刻的启发。20 世纪 70 年代以来,由于世界经济不稳定,利率、汇率大幅度波动,人们开始尝试把农矿产品期货交易的机制移植到外汇交易和金融凭证的交易上并取得了成功。目前期货交易有以下几种:农矿产品期货交易(一般称作商品期货交易)、外汇期货交易、利率期货交易以及股票指数期货交易。

2. 外汇期货交易概况

外汇期货交易是在有形的交易市场,通过结算所(clearing house)的下属成员清算公司(clearing firm)或经纪人,根据成交单位、交割时间标准化的原则,按固定价格购买与出卖远期外汇的一种业务。

外汇期货交易首先出现在芝加哥商人交易所(Chicago Mercantile Exchange,CME)的一个部门——国际货币市场(International Monetary Market,IMM)。国际货币市场成立于 1972 年 5 月 16 日,其主要目的就是将商品期货交易的经验运用于外汇交易,使得从事和外汇交易有关的国际经济交易者能够避免外汇风险。在其成立之初,该市场共经营 7 种外币的期货合约,即英镑、加拿大元、西德马克、日元、墨西哥比索、瑞士法郎、意大利里拉。以后增加了荷兰盾、法国法郎,撤销了意大利里拉。现在交易比较活跃的有五种货币:英镑、加拿大元、欧元、瑞士法郎、日元。10 年以后,在芝加哥商人交易所的帮助下,英国的伦敦国际金融期货交易所(London International Financial Future Exchange,LIFFE)于 1982 年 9 月开业,经营英镑、西德马克、瑞士法郎、日元四种货币的期货。此后,澳大利亚等一些国家也仿效它们,建立了外汇期货市场。目前全球外汇期货业务主要是在 IMM 与 LIFFE 进行的。交易比较活跃的货币有美元、英镑、加拿大元、欧元、瑞士法郎、日元等。

3. 外汇期货合约的主要内容

这里以 IMM2003 年提供的货币的期货合约规定为例。

（1）合约标准金额。每份外汇期货合约的标准金额分别为：加拿大元 10 万，日元 1250 万，瑞士法郎 12.5 万，欧元 12.5 万，英镑 6.25 万等。不过，以美元折算的价格随行就市变动。

（2）最小价格波动。合约中的点数为小数点右侧第四位数，一个点数为万分之一货币单位，期货交易所规定不同交易间最小价格波动额，每英镑为 2 个点数的美元波动额，一个期货合约为 62 500GBP，故最小价格波动额为 12.5USD＝0.000 2×62 500USD。同理，可计算出每欧元、瑞士法郎最小价格波动额为一个点数美元的合同最小价格波动额为 12.5USD，每加拿大元最小价格波动额为一个点数美元的合同最小价格波动额为 10USD，每百日元最小价格波动额是一个点数，一个期货合同的最小价格波动额也为 12.5USD。

（3）到期月份。一般情况下，到期月份为 3、6、9、12 月份。也有选择其他月份到期的，但交易数量较少。

（4）交割日期。指进行期货交割的日期，为到期月份的第三个星期三，如为非营业日，则顺延到下一个营业日。

（5）交易终结日。指期货合约停业买卖的最后截止时间。为交割日前的第二个交易日。

（6）保证金。保证金是期货契约的买方或卖方存放的现金存款，以此作为履约保证。其目的是保证期货契约的买方或卖方不发生履约行为。交易者初始缴纳的保证金叫初始保证金。初始保证金通常是合约价值的 1%～5%。如果逐日结算的结果，保证金账户金额低于交易所规定的维持保证金水平，经纪公司就会通知交易者限期把保证金水平补足到初始保证金水平，否则就会被强制平仓。维持保证金通常是初始保证金水平的 75%。

上述外汇期货合约规定，LIFFE 与 IMM 基本相符，一个微小的区别是，LIFFE 每英镑最小波动额按一个点数的美元额计算，这样面额 25 000GBP 的单个期货合同价格最小波动额为 2.50USD，而不是 IMM 的 12.5USD，每日价格波动额限额也不相同。

（二）外汇期货交易的特点

外汇期货交易有以下三个特点。

(1) 期货交易的双方,一般都在契约交割日前的有利时机,各自在期货市场作反向交易。保留期货契约至交割日的市场参与者通常不到5%。

(2) 期货价格与现货价格变动的平行性(price parallelism)。货币期货的均衡价格应等于预期的现货市场价格。在本质上,投机者期望期货价格会朝向预期的现货价格移动,因此,在投机者的参与下,"基差"(basis,现货价格与期货价格的差)将等于在期货契约期间,现货即期价格的预期改变,亦即期货价格必与现货价格朝同一方向变动,而且两者的变动幅度亦大致相同。如果两者的变动幅度完全相同,则避险者得以完全规避价格变动的风险。但实务上由于预期因素以及持有期货契约成本的变化,两者的幅度必定略有差异。因此,想通过期货交易规避价格变动的避险者,只能除去部分风险而已。

(3) 期货价格收敛于现货价格,即价格的合二为一性(price convergence)。当货币期货契约越接近到期日,则"基差"将随交割日的临近而越趋缩小,乃至交割日,卖方可从现货市场购入即期外汇,交给买方以履行交割的义务。因此在期货契约的最后交易日(last trading date)收盘时,现货与期货间"基差"必等于零,若不等于零,则投机者可套取期间的利益,亦即由于投机者的套利活动,而使期货契约最后交易日的收盘价格等于现货价格。所以就理论上来说,契约期货最后交易日收盘时,买卖双方须以现货价格买卖契约,乃至交割日,卖方恰可从现货市场购入即期外汇,交给买方以履行交割的义务。

(三) 外汇期货市场的组成

(1) 交易所(exchange)。外汇期货交易一般是在政府指定的交易所内,以公开竞争的方式进行的。交易所是非营利性机构,它主要提供交易场所与设施,制定交易规则,监督和管理交易活动及发布有关信息等,其目的是维持期货市场的正常运转。为了弥补支出费用,每个交易所都向会员收取一定费用,包括交易会费(席位费)和合同交易费。

交易所的董事会监督日常事务,并服从官方监督。交易所本身从事如下工作:①建立交易所会员共同遵守的交易方式、交易程序与记账标准;②定期检查与评价会员的财务实力;③设立稽核部定期审查会员的交易行为及经营记录;④调解会员纠纷,仲裁会员的违规行为;⑤收集与传播市场信息;⑥为会员提供交易担保。

(2) 清算所(clearing house)。每个交易所都指定一个清算所负责期货合同的交易与登记工作。清算所可以是独立组织,也可以是交易所的附属公司,既可以为交易所的全部会员也可以为交易所的部分会员所拥有。交易所的会员要想成为清算会员必须单独申请,若非清算会员的交易所会员必须与清算会员有账户关系,通过清算会员清算,并交纳一定佣金。

如果买卖双方的委托单中有交易数量与金额不相符之处,清算所有权拒绝清算,并责成场内经纪人调查和纠正,如果场内经纪人不能解决,则由仲裁机构裁决。当一天营业结束时,清算所给每个清算会员提供交易状况表,清算会员在规定的时间内核对交易记录,不实之处,立即告知清算所。从总体上看,每个清算所登记的合同必然包括买卖双向行为,所以,一些清算会员未平仓的卖出头寸必等于另一些清算会员的未平仓买进头寸,清算所的账户余额平衡。

一旦期货合同交易在清算所登记后,市场参与者就不再考虑交割信用问题。清算所作为期货合同买卖的中介,它既是期货合同买方的卖方,同时又是卖方的买方,即信用风险由清算所承担。

（3）期货佣金商（future commission merchant）。期货佣金商是代表企业、金融机构或一般公众进行期货和期权交易的经纪型公司。它既可以专营期货或期权业务,也可以兼营其他各种类型的金融服务与投资业务。它在代理客户做期货交易中,既可以专做套期保值业务或专做投机业务,也可以两者兼而做之。为便于管理期货交易,期货佣金商必须是经注册登记的期货交易所会员。期货佣金商,不管规模大小、经营范围如何,其基本职能是代表那些不拥有交易所会员资格的客户利益,代表客户下达指令,征收客户履约保证金,提供交易记录,传递市场信息和市场研究报告,并对客户交易进行咨询。佣金公司在这样做时,一般都要收取数目不大的佣金。

（4）市场参与者（market participant）。参加外汇期货交易的人,主要是一般工商客户、金融机构或个人。根据它们参加外汇期货交易的目的,可将它们归类为套期保值者（hedger）和投机者（speculator）。套期保值者主要是为了对手中现存的外汇或将要收、付的外汇债权债务进行保值;而投机者则主要是为了从外汇期货交易中获利,若外汇期货价格与投机者的预测一致,则有盈利,反之,就要亏损。按投机方式的不同投机可分为三类:①基差交易（basic trading）,目的是谋取现货与期货间价差变动的收益;②价差交易（spread trading）,以谋取两个期货间价差变动的收益为目的;③头寸交易（position trading）,谋取一种期货价格变动的买卖差额收益的活动。这种期货投机按其持有头寸的时间长短,又可分为:

① 抢帽子者(scalpers),即根据自己对短期期货价格变动趋势的预测(几分钟或几天),频繁地改变自己所持有的未平仓合约的头寸,以谋取短期期货价格差额收益为动机的投机者。这类投机者在交易者中比重较大,为市场提供了流动性;②日交易者(day trader),指短线投机者,从日价格变动中获利,持有头寸一般不过夜;③头寸交易者(position trader),指长线投机者,资金实力较雄厚,持有头寸通常为数日、数周,甚至为数月。

套期保值者和投机者都是期货市场不可或缺的组成部分,没有套期保值者,则期货市场不会产生;没有众多的投机者,套期保值者也无法有效地实现保值目的。这是因为市场上若只有想转移价格风险的人而没有愿意承担价格风险的人,则当套期保值者为避免价格下跌(上涨)而卖出(买进)期货时,就会无人购买(卖出)。因此,一个完善而发达的期货市场,要想获得较高的保值率,需要有大量的投机者参与。据统计,现代西方国家发达的期货市场中,期货交易者中至少有80%以上是投机者,只有达到这个比例才能使期货市场有较高的流动性,使套期保值者能够顺利地进出市场,获得满意的保值效果。

(四)外汇期货与远期外汇交易的比较

1. 外汇期货与远期外汇交易的区别

(1)外汇期货市场是一个具体的市场,交易场所明确固定,交易基本上在交易所内进行,交易所订有较为严格的规章条例。远期外汇市场则是一个抽象的无形的市场,它实质上是各金融中心之间、各银行之间的电信网络,因而是场外交易。

(2)外汇期货交易须委托交易所经纪人,以公开喊价的方式进行。交易双方互不见面,也不熟悉。远期外汇交易虽有部分通过经纪人牵线而成,但最终是由交易各方通过电话、电传和互联网直接商谈成交的。

(3)外汇期货交易双方无须了解对方资信情况,只要交足保证金,信用风险概由清算所承担;远期外汇交易双方(尤其是银行对一般客户),在开始交易前须作资信调查,自行承担信用风险。

(4)所有期货交易者都须交存保证金,清算所实行每日无债结算制,按收市结算价对每笔交易的多头方和空头方盈亏结算,保证金多退少补,形成现金流,增加或减少保证金。远期外汇交易在合同到期交割前无现金流,双方仅负履约责任。

(5)外汇期货交易中空头或多头地位调整容易,随时可用一个相反合同对冲原合同,以此了结债务。据统计,到期实际交割率约为3%~5%。远期外汇交易除对资信较差的非金融机构外,银行同业很少有收存保证金规定。由于不存在二级市场,一般很难找到相反的交易对冲原交易。即使有相反合同,如不是针对同一家银行,也无法冲销,反而使交易者面临两个合同的信用风险,远期外汇实际交割率通常在 90% 以上。

(6) 外汇期货交易合同对交易的货币、合同面额和交割日期都有统一的标准,只需确定买卖合同数量以及合同货币的美元价格,因而交易过程简化紧凑。远期外汇交易者对货币交易量和到期交割日都可议定,金额可从 100 万美元到 1 000 万美元不等,期限可以从一星期到长达 5 年期,有关条款须具体订明。相比之下,期货交易者很少是实际需要买进或卖出某种货币的。

(7) 外汇期货交易既有最低价格波动点数的规定,又有每日价格差最高金额的限制(IMM 已取消)。每日期货行市变动均与交易者利益相关,决定其空头或多头地位及保证金余缺。远期外汇交易既无每日价格变动额限制,也不受其影响,合同到期按预定的汇率一次交割结算清楚。

此外,外汇期货交易的标价与即期和远期外汇交易不同,除澳大利亚元以外,交易货币均以每单位货币值多少美元来标价。

(8) 外汇期货交易订单按客户委托指示可分成限价订单和市场订单,前者为指定价格或优于指定价格买卖一定数量外汇期货合同的指令,后者为按当时最优市场价格立即买卖一定数量外汇期货合同的指令。前者提供市场流动性,而为后者吸收,这与期货市场公开喊价自由竞价的特殊交易方式有关。远期外汇交易委托指示一般无此区分,基本上为市场指令方式。

(9) 外汇期货交易是在高度竞价条件下进行的,同一地点同一时间形成单一市场价格,存在汇率差机会极少。期货市场也有"市场经营者",按出价和要价差额进行报价和交易,但差价很小,并且交易限于场内交易圈。由于同一时点,一般只可能有一种交易价,市场经营者在竞价条件下必须不断缩小报价差额(提高出价,降低要价),才能赢得业务,因而实际成交差价比报价差额更小。远期外汇市场上,外汇银行可以在同一时点按买入汇率和卖出汇率同时分别成交(尤其对一般客户),因而报价差额较大,实际成交差价对报价差额变形度较小。

(10) 外汇期货市场上,交易参与者类型广泛,有大银行、大公司、其他金融机构,也有中小银行和工商企业,还有个人投资保值者和投机者,因资信可由保证金替补并且行市不断公布,而远期外汇市场基本上是银行同业市场,虽无法规限制,但中小企业和金融机构由于资金、信息传递等因素而涉足较少。

相形之下,外汇期货市场价格更具竞争性,因而在很大程度上对银行同业市场的即期和远期外汇报价起着协调稳定的作用。

2. 外汇期货与远期外汇交易的联系

(1)交易目的相同。从事外汇期货交易与远期外汇交易的目的都是防范外汇风险或外汇投机。

(2)都是一定时期以后交割,而不是即期交割。

(3)都是通过合同形式把购买或出卖外汇的汇率固定下来。

(4)交易市场互相依赖。外汇期货市场与远期外汇市场虽然分别为两个独立的市场,但由于市场交易的标的物相同,一旦两个市场出现较大差距,就会出现套利行为,因此,两个市场的价格互相影响、互相依赖。

(五)外汇期货交易运用

1. 以投机为目的的外汇期货交易

未握有外汇现货头寸,但相信本身有能力预测汇率走势的个人或厂商,亦可以利用货币期货达到投资的目的。根据投机者所建立头寸的不同,投机可分为多头投机与空头投机。所谓多头投机,是指投机者预期某种货币期货的市场价格将上涨,从而买进该期货,以期在市场价格上涨后通过对冲而获利的交易策略;所谓空头投机,是指投机者预测某种货币期货的市场价格将下跌,从而卖出该期货,以期在市场价格下跌后通过对冲而获利的交易策略。

若汇率走势与其所预期的方向相同,则获取利润;若走势与其所预期的方向相反,则遭受损失。因此,从事货币期货投资获利的关键在于对汇率走势预期的正确与否。至于如何掌握汇率的走势,则是件相当困难的事情。这是因为影响汇率的因素非常复杂,从事货币期货的投资者必须充分了解各国的国际收支状况、利率走势、货币政策、财政政策,甚至于黄金与石油价格的涨跌以及国际政治经济形势的变化,而这些因素彼此之间又会相互影响,从而使得预测工作显得更加困难。投资者做了上述基本因素的分析后,尚需利用各种图形做技术分析,然后再就本身所握有的资金,根据本身能容忍损失的最大程度进行期货投资。

2. 以避险为目的的外汇期货交易

在汇率大幅度波动的情况下,想事先固定外汇成本的借款人以及想事先固定收益额的投资人,可通过订定外汇期货契约,将未来可能发生的风险减至最低程度。外汇避险方法分为买入对冲(long hedge 或 buying hedge)与卖出对冲(short hedge 或 selling hedge)两种,下面就外汇期货举一例加以说明。

但为简化问题,保证金的利息成本和其他费用等均略而不计。

(1)买入对冲。所谓买入对冲是指预期未来将在现货市场购入某种外汇,乃先在期货市场购入该种外汇期货合约,到时在现货市场购入该种外汇的同时,再将原先已购入的期货契约在期货市场结清。

(2)卖出对冲。所谓卖出对冲是指预期未来将在现货市场售出某种外汇,而先在期货市场售出该种外汇期货契约,到时在现货市场售出该种外汇的同时,再将原先已售出的期货契约在期货市场结清。因此,卖出对冲实际上是买入对冲的相反模式,其原理相同。

从以上关于对冲交易的说明,我们可知避险者利用期货市场的目的,是想创造一个与设想中的现货头寸略约相等,但方向相反的期货头寸,来抵消汇率在过渡时期的任何变动所造成的成本或收益方面的影响。所以外汇期货头寸对避险者而言,是现货市场的一种临时替代品。若所购入或售出的期货合约,无论是在外汇种类、交割日期还是成交数量等方面,均与现货市场的交易需要相互吻合,则称"完全对冲"。但在现实交易中,由于外汇期货是一种数量标准化、交割日期固定化的契约,欲进行完全对冲殊为不易,因此在实务上所进行的不完全对冲无法将风险完全转移。

 **案例 7-9**

外汇期货交易——进口商利用货币期货交易达到避险目的

某美国进口商于某年 6 月 14 日与英国出口商签订合同,进口价值 125 000 英镑的一批货物,并约定同年 9 月 14 日(周一)付款提货。假设签约当日英镑的即期汇率为 GBP/USD＝1.567 8,3 个月后英镑的远期汇率为 GBP/USD＝1.60。进口商为规避 3 个月后英镑即期汇率上升的汇兑损失,乃购入 9 月 16 日(周三)交割的英镑期货契约 2 张(每张 62 500 镑),按 6 月 14 日英镑期货汇率 GBP/USD＝1.6 成交。假定此笔交易成交后,英镑期货收盘价格未变,仅于 7 月 13 日变动,以 GBP/USD＝1.625 收盘,则该美国进口商购买的 125 000 英镑期货市价将较原来增加 3 125 美元。至 9 月 14 日该美国进口商欲支付英镑货款时,若即期外汇市场英镑上升至 GBP/USD＝1.645,同时当月交割的英镑期货汇率上升至 GBP/USD＝1.650,此时由于美国进口商于 6 月 14 日购买的期货须至 9 月 16 日到期交割,所以其必须先于 9 月 14 日将之提前变卖,随后再至即期外汇市场按 GBP/USD＝1.645 的汇价补进 125 000 英镑来解付货款。兹将上述交易过程列于表 7-1。

表 7-1　外汇期货交易过程

日　期	即　期　市　场	期　货　市　场
6月14日	当日即期汇率为 GBP/USD=1.567 8,并预计 3 个月后英镑即期汇率约为 GBP/USD=1.6	当日购买 9 月 16 日交割的英镑期货契约两张,其成交汇率为 GBP/USD=1.6,进口商同意按 GBP/USD=1.6 的汇率订购英镑期货契约,即预计 3 个月后英镑即期价格将在此上下盘旋
7月31日		"盈亏拨付"收益=125 000×(1.625−1.6)=3 125 美元
9月14日	当日即期英镑即期汇率升值至 GBP/USD=1.645,美国进口商至即期市场购买 125 000 英镑以备当日解付货款	当月英镑期货成交汇率已随即期汇率同步升至 GBP/USD=1.650,则美国进口商必须先行变卖于 6 月 14 日订购的英镑期货,其变卖所得为 125 000×(1.65−1.625)=3 125 英镑。所以,进口商变卖期货所得与 7 月 31 日"盈亏拨付"的收益总计为 3 125+3 125=6 250 美元

美国进口商以 GBP/USD=1.645 的汇率买入 125 000 英镑,成本为 1.645×125 000=205 625 美元;实际成本=205 625−6 250=199 375 美元;单位成本=199 375÷125 000=1.595 美元。此进口商做了期货交易之后,将其成本固定于每英镑 1.6 美元左右的水准,达到了避险目的。

三、外汇期权

专栏 7-2

期 权 概 念

期权(options):"欧式买入(卖出)期权"是一种赋予所有者在指定时间(到期日)以指定价格(执行价格)购买(出卖)一定数量的金融资产或实际资产的权力的证券。"美式期权"则规定其所有者在到期日或到期日之前都可执行该期权。假如期权在到期日或到期日之前没有执行,它便失效并变得分文不值。

资料来源:[美]彼得·纽曼,默里·米尔盖特,[英]约翰·伊特韦尔. 新帕尔格雷夫货币金融大词典[M]. 北京:经济科学出版社,2000:88.

(一)外汇期权交易的概念

外汇期权(又称为货币期权)交易是继外汇期货以后在 20 世纪 80 年代所

开展起来的一项新业务。远期外汇的买方(或卖方)与对方签订购买(或出卖)远期外汇合约,并支付一定金额的保险费(premium)后,在合约的有效期内,或在规定的合约到期日,有权按合约规定的协定汇价(striking price)履行合约,行使自己购买(或出卖)远期外汇的权利,并进行实际的外汇交割;但是,远期外汇的买方(或卖方)即合约的购买者,在合约的有效期内,或在规定的合约到期日也可根据市场情况有权决定不再履行合约,放弃购买(或出卖)远期外汇。这种拥有履行或不履行购买(或出卖)远期外汇合约选择权的外汇业务,就是外汇期权交易。

当然,为取得上述买或卖的权力,期权(权利)的买方必须向期权(权利)的卖方支付一定的费用,称作保险费。因为期权(权利)的买方获得了今后是否执行买卖的决定权,期权(权利)的卖方则承担了今后汇率波动可能带来的风险,而保险费就是为了补偿汇率风险可能造成的损失。这笔保险费实际上就是期权(权利)的价格。保险费的收取可用协定价格的百分比表示。

决定期权价格的主要因素有三个:期权期限的长短;市场即期汇率与期权合同中约定的汇率之间的差别;汇率预期波动的程度。

(二)外汇期权交易的特点

(1)期权业务下的保险费不能收回。无论是履行合约还是放弃合约的履行,外汇期权交易的买方所交付的保险费均不能收回。

(2)期权交易的保险费费率不固定。期权交易所交付的保险费反映同期远期外汇升水、贴水的水平,所收费率的高低受下列因素的制约:①利率波动(interest rate movement)。货币利率的变动和两种货币的利率差也是影响保险费大小的因素。标价货币的利率越高,保险费也高;反之,则低。②预期波幅。一般说来,汇率较为稳定的货币收取的期权费比汇率波动大的货币低,这是因为前者的风险性相对后者较小。③期权的时间值(time value)或有效期(time remaining until expiration of option)。期权合同的时间越长,保险费越高;反之则低。这是因为时间越长,汇率波动的可能性就越大,期权卖方遭受损失的可能性也就越大。④期权供求关系。期权的买方多、卖方少,收费自然就会多一些;而如果期权的卖方多、买方少,收费就会便宜一些。这是基本供求规律的作用。

(3)具有执行合约与不执行合约的选择权,灵活性强。远期外汇合约、外汇期货合约一经签订,远期外汇或外汇期货的购买者(或出卖者)必须按合约规定的条款,按期执行;而期权合约则不同,期权合约的购买者既可执行也可不执行,具有较大的灵活性。

(三) 外汇期权交易的种类

(1) 根据期权买进和卖出的性质区分,可分为看涨期权(call option)、看跌期权(put option)和双向期权(double option)。

① 看涨期权,又称买入期权,即期权买方预测未来某种外汇价格上涨,购买该种期权可获得在未来一定期限内以合同价格和数量购买该种外汇的权利。购买看涨期权既可以使在外汇价格上涨期间所负有的外汇债务得以保值,又可以在外汇价格上涨期间有权以较低价格(协定价格)买进该种外汇,同时以较高的价格(市场价格)抛出,从而获得利润。

② 看跌期权,又称卖出期权,即期权买方预测未来某种外汇价格下跌,购买该种期权可获得在未来一定期限内以合同价格和数量卖出该种外汇的权利。购买看跌期权一方面可使在外汇价格下跌期间所持有的外汇债权得以保值;另一方面又可以在外汇价格下跌期间,以较低的市场价格买入外汇,以较高的价格(协定价格)卖出外汇而获得利润。

③ 双向期权,购买这种期权可以使买方获得在未来一定期限内根据合同所确定的价格买进或卖出某种外汇的权利。即买方同时买进了看涨期权和看跌期权。买方之所以购买双向期权,是因为他预测该种外汇未来市场价格将有较大波动,但波动的方向是涨是跌难以断定,所以既买看涨期权又买看跌期权,以保证无论是涨是跌都有盈利的机会。卖者之所以会出售双向期权是因为他预测未来市场价格变动的幅度不会太大,而双向期权的保险费高于前者中的任何一种,故期权卖方愿意承担外汇波动的风险。

(2) 根据行使权的有效日划分,又可分为欧式期权(European style)和美式期权(American style)。

① 欧式期权。一般情况下,期权的买方只能在期权到期日当天的纽约时间上午 9 时 30 分以前,向对方宣布,决定执行或不执行购买(或出卖)期权合约。

② 美式期权。期权的买方可在期权到期日前的任何一个工作日的纽约时间上午 9 时 30 分以前,向对方宣布,决定执行或不执行购买(或出卖)期权合约。美式期权较欧式期权更为灵活,故其保险费高。

(3) 根据外汇交易和期权交易的特点,可以把外汇期权交易分为即期外汇期权(options on spot exchange)、外汇期货期权(options on foreign currency future)和期货式期权(future-style options)三种。

① 即期外汇期权,指期权买方有权在到期日或以前,以协定价格买入或卖出一定数量的某种外汇现货。

② 外汇期货期权,指期权买方有权在到期日或之前,以协定的汇价购入或售出一定数量的某种外汇期货。

③ 期货式期权,指交易双方以期货交易的方式,根据期权价格的涨跌买进或卖出该种期权的交易。

后两者期权交易都是利用期货市场进行期权交易,双方都要提交一定数额的保证金,在交易发生后,盈利的一方可提取保证金中超额的部分,而亏损的一方则要追加保证金,否则,期货交易所会强制斩仓(斩仓是在开盘后所持头寸与汇率走势相反时,为防止亏损过多而采取的平盘止损措施)。

(四)外汇期权的好处与用途

1. 买进期权的购买者可以获得的好处

买进期权的购买者(包括买进期权与卖出期权)可以获得两个好处。

第一,在期权的有效期内,当汇率上升到一定程度时,购买者行使期权可以获利。即使外汇汇率上升幅度不大,甚至不上升,其损失仅限于保险费。总之对买进期权的购买者而言,其损失有限,可能获利的量却无限。例如,某人购买了英镑买进期权 100 英镑,协议价格 GBP/USD=1.400 0,保险费每英镑 0.02 美元。在期权有效期内可能出现以下几种情况。

(1)现行汇率等于协议价格。此时购买者行使或不行使期权无差别。行使,以 GBP/USD=1.40 的协议价,购买 100 英镑需支付 140 美元,在现汇市场上购买 100 英镑同样需支付 140 美元,无利可图。考虑到购买期权时支付的保险费,行使期权的损失为 2 美元(100×0.02)。不行使该期权,放弃购买英镑的权利,损失也是 2 美元。

(2)现汇汇率大于协议价格,小于协议价格与保险费之和。假若现汇汇率为 GBP/USD=1.410 0。行使期权可以 GBP/USD=1.400 的协议价格购买 100 英镑,和在现汇市场上购买相比,每英镑可获利 0.01 美元,100 英镑共获利 1 美元。不行使期权,损失为保险费总额 2 美元。所以在这种情况下,行使期权有损失,但损失小于保险费总额。比较利弊以行使期权较为有利。

(3)现汇汇率等于协议价格与保险费之和。行使期权不盈不亏,不行使期权损失为保险费总额 2 美元。购买者选择行使期权。现汇汇率等于协议价格与保险费之和的这一点为期权交易的盈亏临界点。

(4)现汇汇率大于协议价格与保险费之和。购买者行使期权可以取得净盈利,大得越多,盈利越多。

(5) 现汇汇率小于协议价格。行使期权损失大于保险费总额,购买者将放弃其权利,不行使期权。设现汇汇率为 GBP/USD=1.39,行使期权须以 GBP/USD=1.40 的协议价格购买英镑,和在现汇市场上购买相比,每购买 1 英镑损失 0.01 美元,购买 100 英镑损失 1 美元,再考虑到保险费,每购买 1 英镑共损失 0.03 美元,购买 100 英镑共损失 3 美元。不行使期权,损失仅为 2 美元。

将以上论述概括起来,可以画出买进期权购买者的盈亏图或称 P/L 图(见图 7-1)。图中 A 点的汇率为 GBP/USD=1.40,B 点的汇率为 GBP/USD=1.42。AC 为保险费,也是买进期权购买者的最大损失额。现汇汇率小于或等于 GBP/USD=1.40 时,购买者的单位损失为 0.02 美元,总损失为 2 美元(100×0.02)。现汇汇率在 A、B 之间时行使期权可以减少损失。现汇汇率大于 B,行使期权可以盈利;现汇汇率越高,盈利越多。

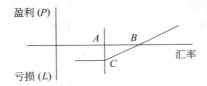

图 7-1 买进期权购买者的 P/L 图

第二,在期权有效期内,如果期权保险费上升,购买者可以转让期权。这样做不仅可以获利,而且可以避免可能出现的损失。

2. 卖出期权的购买者可以获得的好处

卖出期权的购买者同样可以获得两方面的好处。

第一,在期权有效期内,现汇汇率下跌到一定程度时,购买者行使期权可以获利。即使汇率不下跌或下跌幅度不大,其损失也仅限于支付的保险费。总之卖出期权的购买者可能遭受的损失有限,可能获利的量却无限。具体可分以下几种情况:①现行汇率等于协议价格时,行使与不行使期权,购买者的损失均为已支付的保险费。②现汇汇率小于协议价格,大于协议价格与保险费之差时,不行使期权,损失等于保险费。行使期权损失小于保险费。购买者将选择行使期权。③现汇汇率等于协议价格与保险费之差,行使期权的结果是不盈不亏,此点为盈亏临界点。④现汇汇率小于协议价格与保险费之差,购买者行使期权可以取得净盈利,低得越多,盈利越多。⑤现汇汇率大于协议价格,行使期权的损失大于不行使期权的损失。购买者放弃其权利,损失限于保险费。

根据以上论述可以作出卖出期权购买者的盈亏图或 P/L 图(见图 7-2),在 A' 点现汇汇率等于协议价格,在 B' 点现汇汇率等于协议价格与保险费之差,$A'C'$ 为保险费即卖出期权购买者的最大损失额。

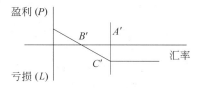

图 7-2　卖出期权购买者的 P/L 图

第二,在卖出期权的有效期内,如果保险费上升,购买者转让其期权不仅可以获利,还可以避免可能出现的损失。

3. 外汇期权的出售者可以获得的好处

一种交易总有买卖双方,期权交易的产生和发展表明,这种交易不仅有利于购买者,也有利于出售者。期权的出售者可以收取保险费。外汇期权出售者的利益、亏损和购买者的利益、亏损是相互对应的(见图 7-3 和图 7-4)。外汇期权出售者可以获得的最大利益为保险费收入。

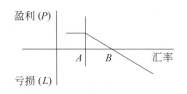

图 7-3　买进期权出售者的 P/L 图

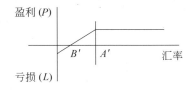

图 7-4　卖出期权出售者的 P/L 图

4. 外汇期权交易的用途

(1)对于已确定的外汇金额,利用期权交易可以避免外汇风险。在这方面和远期外汇交易相比,外汇期权交易是一个更有利的手段。

(2)对于不确定的外汇金额,可以利用外汇期权交易避免外汇风险。这方面最典型的例子是国际投标。企业参加国际投标时,往往需要许诺以固定的外币价格提供货物或服务。如果中标,企业在将来可以取得一笔外汇收入;如果没有中标则不会取得外汇收入。在参加投标时以远期交易来避免如果中标其外汇收入可能承担的风险是不合适的,采用外汇期权交易较为有利。

5. 外汇期权的不足之处

外币期权虽然灵活性较大,但存在一定的不足之处。表现在:

(1) 经营机构少。发达国家除少数大银行、大财务公司经营外,一般中小银行尚未开展此项业务,普及面不够广泛。期权市场有待于进一步充实扩大。

(2) 期权买卖的币种及金额有时存在一定限制。有些国家的外汇市场,买卖期权的币种只限于美元、英镑、日元、欧元、瑞士法郎和加元等;每笔期权交易的总额限于 500 万美元。

(3) 期限较短。一般期权合约的有效期以半年居多,期限较短。

2013 年上半年人民币外汇市场交易概况如表 7-2 所示。

表 7-2　2013 年上半年人民币外汇市场交易概况

交 易 品 种	交易量/亿美元	交 易 品 种	交易量/亿美元
即期	**33 819**	银行对客户市场	312
银行对客户市场	14 751	其中:外汇看涨/人民币看跌	167
银行间外汇市场	19 068	外汇看跌/人民币看涨	145
远期	**2 964**	银行间外汇市场	39
银行对客户市场	2 892	其中:外汇看涨/人民币看跌	27
银行间外汇市场	72	外汇看跌/人民币看涨	12
其中:3 个月(含)以下	32	其中:3 个月(含)以下	7
3 个月至 1 年(含)	34	3 个月至 1 年(含)	32
1 年以上	6	1 年以上	0
外汇和货币掉期	**15 456**	合计	52 591
银行对客户市场	332	其中:银行对客户市场	18 286
银行间外汇市场	15 124	银行间外汇市场	34 304
其中:3 个月(含)以下	13 072	其中:即期	33 819
3 个月至 1 年(含)	1 946	远期	2 964
1 年以上	106	外汇和货币掉期	15 456
期权	**352**	期权	352

注:数据均为单边交易额,采用四舍五入原则。

资料来源:国家外汇管理局,中国外汇交易中心。

 案例 7-10

外汇期权交易

　　某家日本企业 6 个月后需花费 100 万美元,为避免美元汇率上涨的风险,该日本企业向银行买进一个 6 个月期,USD1＝JPY115 的看涨期权,支付保险费 150 万日元。6 个月后,外汇市场汇率变化如下:①美元汇率上升,USD1＝JPY120。日本企业履行期权合约,节省的开支是:100 万美元×120 日元/美元－100 万美元×115 日元/美元－150 万日元保险费＝350 万日元。②美元汇率下降,USD1＝JPY110。日本企业放弃行使期权合约,损失150 万日元保险费。

参考文献

［1］　彼得·纽曼,默里·米尔盖特,约翰·伊特韦尔.新帕尔格雷夫货币金融大词典［M］.北京:经济科学出版社,2000.

［2］　陈雨露.国际金融［M］.北京:中国人民大学出版社,2000.

［3］　杜佳编.国际金融学［M］.第 2 版.北京:清华大学出版社,北京交通大学出版社,2013.

［4］　段文斌,杜佳.外汇市场与外汇业务［M］.北京:经济管理出版社,2001.

［5］　刘舒年.国际金融［M］.第 3 版.北京:对外经济贸易大学出版社,2005.

［6］　刘园.国际金融实务［M］.北京:高等教育出版社,2006.

［7］　钱荣堃,陈平,马君潞.国际金融［M］.天津:南开大学出版社,2002.

［8］　申觅.外汇期货投资［M］.广州:暨南大学出版社,2004.

［9］　王政霞,张卫.国际金融实务［M］.北京:科学出版社,2006.

［10］　叶蜀君.国际金融［M］.北京:清华大学出版社,2005.

［11］　张亦春.金融市场学［M］.北京:高等教育出版社,1999.

［12］　张亦春.现代金融市场学［M］.北京:中国金融出版社,2002.

［13］　中国货币网,http://www.chinamoney.com.cn.

［14］　中国银行网,http://www.boc.cn/cn/static/index.html.

附录 7-1 陈久霖怎样搞垮中航油：自己操盘期货期权一起上

手下有数个国际背景的操盘手,陈久霖还是输了。中国航油(新加坡)股份有限公司(以下简称"中航油")风险管理部的一位职员私下对油圈朋友说,此次输得如此不合理,因为多是陈久霖本人操盘。

而这位油圈朋友则说,2003 年年底陈久霖就已露出败相,因为他花了太多时间与精力放在投机交易的博弈上,把现货交易看得淡如白水,"这在期货市场是最忌讳的——输在一个'急'字上"。

2004 年 12 月 6 日,新加坡交易所发言人称已经成立了专门调查组,调查中航油在交易所市场的投机行为。

由于中航油更多的交易发生在场外的纸货市场上,新加坡交易所方面对于中航油的交易数据目前也没有详细掌握。最翔实的数据,应该可从中国证监会境外期货监管处查得。据说,中航油每月要向此处报备市场交易数据。

一位在上海做石油期货的人士表示,中航油在新加坡纸货市场上是航空煤油衍生品交易的做市商。中航油对航煤限价保顶期权作出错误定价,卖出了大量该期权合约,最终导致巨亏 5.5 亿美元,面临破产保护的境地。

陈久霖说,如果再给我 5 亿美元,我就翻身了。事情的逻辑真的如此简单吗? 回放这样一个 5.5 亿美元的惊天故事,我们可以看到什么?

一、错在何处、何时?

几乎所有后知后觉的人都会说,陈久霖犯了一个尼克·利森曾经犯下的错误,与市场趋势做相反的操作。

利森当年赌日本经济开始复苏,他赌错的结果是搞垮了巴林银行;陈久霖是在判断石油价格时做与行情相反的交易,他的代价是搞垮了一家上市公司。

从中航油内部了解到的消息显示,在 2003 年 7 月份左右,也就是国际原油价格在每桶 40 美元、航煤接近每吨 350 美元的时候,中航油,或者说陈久霖作出了错误的判断:石油价格不会继续升高,而要开始下跌。此时,原油已经从 2003 年 5 月的每桶 25 美元上升了超过 60%。

至于陈久霖是如何作出石油价格将开始下跌的判断,目前还不得而知。可以了解到的信息是,在这个时间,中航油开始在国际市场上作出错误的操作,大量抛空原油期货,由此一步步滑向深渊。

期货投资必须提交一定比例的保证金,国际惯例是在 5％ 左右。按照当时每桶 40 美元的价格计算,每桶需要保证金 2 美元左右,即使中航油持有几千万桶的空头头寸,所需保证金也不会超过 1 亿美元。

但是这种投资显然遭受了市场的严厉狙击。国际原油价格由每桶 40 美元迅速蹿升到 10 月 26 日的最高每桶 56 美元附近。这个价位,可以说是陈久霖心理崩溃的上限。

各交易所为防范期货交易中出现的交割风险,一般会在客户的账面损失到达一定界限时,强行将该客户所持有的头寸自动平仓。也就是说,中航油在原油期货上的投机损失,最大就是所投入的资金。这种损失,在遭受强行平仓时就马上发生。

另据消息,在原油价格到达 50 美元以上后,中航油的判断再次出现严重错误,入市建立多头仓位。然而市场的打击再次降临,油价从每桶 56 美元大幅下跌,至 12 月 6 日仅有每桶 42 美元。这时候油圈有人出来说,陈久霖实在是运气太差。而更难听的话还有:陈久霖不懂油,也不懂期货,所以才会一败涂地。

尽管中航油集团负责此次事件的发言人边辉称,不清楚中航油在期货上的损失有多大。但市场人士判断,中航油两次错误的判断和投机,造成的损失最多为 1 亿美金左右,占 5.5 亿美金总损失的少数;中航油的大出血,当来自新加坡纸货市场上的期权交易。

二、“期权”与“期货”一字之遥

新加坡的纸货市场,是区别于交易所市场的场外市场。在纸货市场上,最终不需要进行现货交割,而是进行现金交割,主要是在纸面上的交易,因此得名。

中航油作为中国最主要的航空煤油贸易商,几乎垄断了中国航空煤油市场。东方航空的一份报告指出,近年来中国航空煤油消费量在 600 万吨左右,而进口数量达到 30％。这些航煤有必要在国际市场上做套期保值业务。

由于中航油是在新加坡注册,而且又背靠中航油集团,在航空煤油的市场上占有非常重要的地位。借此,中航油在新加坡纸货市场上成为航空煤油期权产品交易的做市商。

所谓期权产品的做市商,就是在市场上自由报价,向投资者卖出看涨或看跌期权,以获得权力金。看涨期权指投资者有权在约定期限内以某个价格(行权价格)向期权卖出者买进标的产品,看跌期权则是有权卖出。期权买入方可以在合同期限内,根据市场条件选择执行期权合同(又叫行权),或者放弃。买入这种权力付出的资金,就叫作权力金。投资者买入期权一般是为了对冲其买入期货或者现货带来的风险,而期权卖出者则是为了获得权力金。

从合同上来看,期权卖出者似乎背负着无限的风险。正因为如此,只有信誉最好、实力最强的机构才能成为期权市场的做市商,卖出期权。从全球范围内看,期权卖出者基本上都有盈利,投资者行权的情况非常少见。

其实,中航油的期权交易,此前也是盈利颇多。据知情人士透露,中航油的风险投资收益占总利润的65%以上,其中主要就是卖出期权的收益。边辉也不否认风险投资收益是中航油的重要盈利来源,但认为比例可能不会有那么高。

如果说中航油的原油期货交易造成公司的创伤,而期权交易则是拉开了大口子,中航油大失血,走向崩溃。

中航油的失策之处在于,没有正确制定航煤限价保顶期权(一种看涨期权)的权力金,使得投资者购买了大量的这类期权。

市场人士透露,中航油卖出的这份看涨期权,价格大约在每桶3美元、每吨22美元左右。尽管具体的期权合约中行权价不同,但估计应在每吨400美元以下。然而,到了10月中下旬,受原油价格的影响,新加坡航煤价格已经达到450美元左右。由于航空煤油价格的高涨出乎中航油判断,行权价格低于市场价格,投资者要求行权,从而使期权卖出方,也就是中航油公司产生巨额亏损。

以每吨航空煤油产生30美元的亏损计算,每卖出300万吨的期权就差不多损失1亿美元。这种损失的速度和规模,都不是期货交易能比拟的。这种风险几乎是无限加于期权卖出者身上,而中航油又没有采取好的对冲措施。

期货、期权的双重损失,让中航油的5.5亿美元瞬间蒸发。

三、谁是狙击者?

相似的情形在1995年2月曾经发生过,巴林银行的眼光都盯在利森的巨额盈利上,根本忽视了他大量做多日经期货的风险,甚至假造的账户也能从银行里获得足够的资金。最终,巴林银行亏掉13亿美元,轰然倒下。

在被判无期徒刑后,利森写下《我是这样搞垮巴林银行的》。他说,"对于没有人来制止我的这件事,我觉得不可思议"。

从接手一个 21 万元资产的小公司发展到数亿资产的上市公司,不是每个人都能做到的。陈久霖做到了,尽管他多次谈及"赌",但只要他赌赢了,那就没人会去阻止他。

到现在为止,还不能确认陈久霖在中航油事件中要负什么责任,因为中航油的错误似乎不像利森那么明显。

一位资深市场人士认为,原油期货的损失是投机过度,止损不及时。而期权交易上的错误则在于,没有按照市场的变化,及时将看涨期权的权力金大幅调升,并降低看跌期权的权力金。这位人士认为,如果权力金足够高,那么很少会有人花大价钱买这份权利的。一个例子是,在燃料油价格波动很大的时候,燃料油的期权权力金曾经高达每吨 100 元人民币,而燃料油也不过仅仅是每吨 2 000 多元人民币而已。

当然,比起利森的故意欺诈,权力金的制定失误似乎错误更小一点,而且还有被人狙击的迹象在其中。

从原油价格"巧合地"在 10 月 26 日开始下跌,到"巧合地"有那么大规模的投机者买进看涨期权,中航油失血的步骤与市场的表现似乎巧合得多了一些。国际资金狙击中航油的影子绝对难以避免。而且,国际资金狙击中国资本在相当多的市场上都有表现,中国资金投资铜、锌等期货时都"享受"过类似的待遇。

由此看来,陈久霖的失误未必如利森那么严重,也未必需要承担利森承担的代价。但是,中航油事件的影响在有些方面要比巴林银行更恶劣——中国企业的国际地位有降级之虞。这是新加坡一位银行界人士说的,他任职的银行是中航油主要债权人之一。

陈久霖甚至放言:如果再给我 5 亿美元,我就翻身了! 此话听起来,恍如又一个惊天豪言。

资料来源:www.stock888.net。

附录 7-2　芝加哥商品交易所推出人民币期货期权意味着什么

2006 年 8 月 28 日,全球最大的金融期货交易所——美国芝加哥商品交易所将推出人民币对美元、欧元及日元的期货和期权交易,这将对人民币汇率定价权造成深远影响——未来,人民币的远期汇率将可能取决于境外市场。

中央银行能够始终以自主、可控和渐进三原则来调整人民币汇率形成机制吗？这取决于中央银行改革进程和市场自发进程之间的赛跑。在美国芝加哥商品交易所(以下简称 CME)即将推出人民币对美元、欧元和日元的期货期权交易时，这种时不我待的中国汇率改革紧迫感进一步凸显出来。

人民币汇率改革的方向，必然是增强人民币汇率弹性，并拓宽银行和企业通过外汇市场避险甚至套利的渠道，因此一国不能缺乏富有活力的国内汇市，其中主要银行应能灵活报价、管理风险并获得收益；企业应能便捷参与、转嫁风险并优化财务结构；市场应能提供多样化交易品种，并在市场主体间分散风险。遗憾的是，上述场景在国内暂未鲜明呈现。

芝加哥商品交易所(CME)官方网站公布，人民币对美元、人民币对欧元及人民币对日元的期货和期权，将于芝加哥中部标准时间 2006 年 8 月 27 日(亚洲时间 2006 年 8 月 28 日)，在 CMEGLBEX 电子交易系统上交易，每个合约的标定资金量为人民币 100 万元，大致是 12.5 万美元，最小变动单位为每合约 10 美元，日内交易为 5 美元。交易的月份为当前月开始的连续 13 个自然月和这之后的两个 3、6、9、12 周期月。这三对人民币衍生品将以无本金交割(NDF)的形式推出，即交易双方并不进行实际交割，而是在每个月的最后一个交易日，以现金结算方式平衡交易的损益。

作为全球最大的金融期货交易所，CME 在数日后推出人民币衍生产品交易，将对人民币汇率定价权造成深远影响。

一、对人民币衍生产品创新的影响

从 1994 年至今，能够观察到的中国外汇交易中心的创新和进步不多：中央银行和主要外汇银行之间的交易仍然显著决定着人民币汇率形成机制；交易量和中国的外贸、外资规模日益脱节；市场交易主体准入限制严格，银行对客户的零售市场发育迟滞；汇市的有形集中交易清算模式，以及过于僵化的报价空间，使得市场丧失效率。

这一系列长期痼疾导致国内人民币对外币的衍生产品发展迟缓，这在汇率改革之后亦无明显改善。

目前官方不再公布中国外汇交易中心的日均交易额。依据经验，估计目前中国外汇交易中心的日均交易为 20 亿美元左右，其中大约 80% 是人民币兑美元的即期交易，其余的交易(约 4 亿美元)中，大约一半是人民币兑美元的远期结售汇交易，另一半是人民币兑非美元的即期和远期等交易。

这种交易量,和新加坡、中国香港日均超过千亿美元的交易量,甚至和韩国日均 300 亿美元的交易量相比显得荒谬。区区两三亿美元的汇市衍生品日均交易额,显示国内银行和企业通过国内市场管理汇率风险的空间相当局促,也显示中国面临着加紧珍惜还是继续放任人民币衍生品交易的千载难逢的机遇。

如果中国外汇交易中心继续任由机遇丧失,将会在不知不觉中沦为 CME 人民币衍生品业务在国内的受理市场——CME 已和中国外汇交易中心签署合作协定,国内金融机构以及投资者将可以通过外汇交易中心交易 CME 的外汇和利率产品,如此,中国外汇交易中心未来有可能成为并无人民币衍生产品定价权的、CME 的国内分销市场。

二、对中国香港和新加坡成为人民币离岸中心的影响

当企业和个人把汇率风险对冲给银行之后,银行需要其他交易对手来对冲风险。目前国内银行难以在国内找到具有足够流动性的人民币衍生产品,来对冲其自身所承受的汇率风险。因此惯常的做法是国内银行的外汇交易部门转到新加坡或中国香港,通过人民币的 NDF 交易来进行风险对冲。依据经验,估计目前中国香港、新加坡两地人民币 NDF 日均交易额大约在 14 亿美元左右。针对韩元、人民币、印度卢比以及菲律宾比索等东亚货币的 NDF 交易主要集中在新加坡以及中国香港,CME 推出针对韩元、人民币等的期货和期权产品之后,在亚洲的这些 NDF 可能逐渐萎缩,交易向 CME 集中。

这样的客户转移是竞争强者为王所决定的:CME 具有强大的电子交易平台,能够为客户提供透明的、高流动性的市场,保证交易执行和交易风险控制;CME 也必然会对人民币衍生产品的新合约进行强力营销,包括要求做市商对这三对人民币衍生品合约提供具有连续性、透明性和有竞争力的报价;CME 正不断强化其在亚太地区的客户服务——过去两年,它已在东京和悉尼设有办公室,在新加坡设有通信服务器,并即将在中国香港设立办公室。

上述因素都可能导致原本集中在中国香港、新加坡两地的交易者,转而投向 CME 进行人民币汇率风险对冲。目前国内银行参与中国香港、新加坡 NDF 交易已是公开的秘密,更何况 CME 还和中国外汇交易中心签署了合作协议。因此如果 CME 针对包括人民币在内的东亚货币衍生品交易发展良好的话,无疑会使中国香港成为人民币离岸中心的设想令人惋惜地进一步被延误。

三、对中央银行调控人民币远期汇率的影响

即以目前的中国香港、新加坡 NDF 交易而言,国内人民币的远期价格和境外 NDF 报价之间越来越相互影响,中央银行对境内即期和远期汇率的影响,在 NDF 报价的波动中可以寻找到清晰的影子。同样,NDF 的报价也使国内远期结售汇的报价受到制约,否则就会产生这两类工具之间的相互套利。但是 CME 的创新,将使得人民币远期汇率取决于境外市场,而不是中央银行的意愿,或者说,市场相对于中央银行具有更大的定价话语权。

如果说目前境外 NDF 和国内远期结售汇报价还是相互影响的话,CME 的未来发展有可能使境外人民币远期报价决定境内报价,而不是境内影响境外。

CME 的交易平台和所提供产品报价的竞争性、透明度以及流动性,有可能使得交易量迅速做大。2005 年,CME 的外汇交易实质达到了 6.2 万亿美元;截至 2006 年 5 月,CME 电子交易系统 GLOBEX 的日均外汇交易量达到了 635 亿美元,因此 CME 针对人民币衍生产品的交易量如果发展良好,那么对人民币远期汇率将有决定性影响。

目前的形势决定了国内可能错过了开设 NDF 交易的最佳时机。如果在两年前,国内快速推进外汇衍生业务创新,那么在境内培育一个有容量、有流动性的市场尚有空间,但在中国香港、新加坡业务遭遇挑战,CME 大力度创新的情况下,这种机遇可能已经错过了。不仅如此,境内银行涉及本外币结构性产品的设计时,可能大部分收益也将通过 CME 的交易分离出去。

未来,CME 的人民币汇率定价可能显著制约央行对远期汇率的决策,并进而影响到跨境资本流动,甚至有可能影响境内人民币即期汇率的决定。

综上所述,国内汇率改革步调不仅取决于国内决策者的意愿和举措,也越来越取决于外部市场的发育,CME 推出人民币衍生产品,短期来看似乎对国内汇率改革决策影响不大,但却具有较为深远的意义,有可能意味着人民币汇率定价权从国内向国际的演变。

国内金融市场改革如果不够快,那么国际上针对中国货币、外汇和资本市场的创新就时不我待。而对这良机和风险并存的局面,国内金融市场改革需要寻求积极而稳妥的路子,要有紧迫感。

资料来源:http://news1.jrj.com.cn/news/2006-08-24/000001602314.html。

附录 7-3　外汇投机的形态

先利用期汇交易买入或卖出外汇,然后到交割时利用反向的卖出或买入现汇,赚取买卖差价的活动称为买空、卖空,是狭义的外汇投机。除此之外,一般经济活动中广泛存在着其他各种投机形式,主要特征是持有无底部的外汇头寸,即外汇头寸处于多余即"多头"(long position 或 over bought position),或处于短缺即"空头"(short position 或 over sold position)的状态,这是广义的外汇投机。广义的外汇投机有以下各种形态。

一、进出口商的无抵补外汇头寸

如果想避免汇率变动风险,预定在将来一定时期后要支付或收进外币货款的进出口商通常会预约期汇,即进口商事先签订合约买入将来要支付的外汇,以确定本币的进口成本;出口商则事先签订合约卖出将来要收入的外汇,以确定本币的出口收入。预约期汇可能有一定的成本(相当于两国的利率差),但这样便不再承担日后汇率变动的风险。因此,如不愿意参与外汇投机,进出口商的外汇支出或收入理应都是有套期保值的。可是,现实情况是,当汇率预测有利于进出口商——进口商预测外汇汇率将下跌、出口商预测外汇汇率将上升时,他们大多不会预约期汇。

据统计,日本的对外出口大多用美元计价结算,在出口比例较高的汽车、家电、钢铁、机床等产业的大企业的出口成交额中,只有 20%～40% 是有期汇交易作抵补的。其余的 60%～80% 中,除了少量进出口可以自我平衡其外汇收支,如制造商进口原材料,又以半制成品或制成品出口,以及贸易公司兼营进口与出口的以外,大部分的外汇头寸处于无抵补状态。进口方面,日本的进口商同样很少预约期汇。例如,在几乎全部需要支付美元的石油进口额中,1980 年的无抵补外汇头寸 85%,1981 年上升到 95%。而纤维、纸浆等产业则采用"外汇资产三分法"的方针,即预约外汇、维持无抵补头寸状态、根据汇率的变化在适当的时机预约期汇各占 1/3。

通常,进出口商不愿意按部就班地预约期汇,而宁可选择伺机预约这种灵活的投机性做法。伺机预约意为,根据进出口结算货币的汇率预测,选择适当的时机预约期汇。例如,三个月以后有外汇收入的出口商如预测外汇汇率将上升,并不立即卖出期汇。过了一段时间,一个月或两个月后,如预测外汇汇率将下跌,再预约期汇。当然,如果预测外汇汇率仍可能上升,则将无抵补外汇头寸维持到实际收入外汇为止。

无抵补外汇头寸的维持或中途伺机预约期汇,是以进出口商对汇率的预测为前提的,所以汇率预测的正确或失误将决定他们是获得额外利益还是遭受损失。由于进出口的外汇交易量一般很大,这种投机性交易是外汇市场上潜在的不稳定因素。

以上论及的是短期内有外汇收付的进出口交易。在船舶、成套设备等中长期贸易的场合,通常采取分期付款的方式。由于分期付款的时间大多长达数年,而期汇交易一般在一年以内,所以客观上难以对全部的外汇头寸都进行套期保值。但是,如果想尽可能地避免汇率风险,应该对于进入期汇预约期限内的外汇头寸实施抵补措施。没有意识到这点或故意不抵补,而将外汇头寸暴露于汇率风险下的,无疑应视为投机行为。

二、投资或筹资中的无抵补外汇头寸

购买外国证券一般是为了获取高利率。在固定汇率制下,这种活动可以不考虑汇率因素;但在浮动汇率制下,必然要面对汇率风险问题。不顾汇率风险,即不利用期汇交易进行抵补而将资金调到国外去投资,除了投资者缺乏汇率风险意识,不知风险抵补方法,或因为是中长期的投资而无法抵补的场合外,投资者的目的显然不仅在于国内外的利率差,而且还在于试图从汇率变动中获利。这种投机行为表现为,每当某种货币被预计要升值时,外国的个人、企业、金融机构、非营利团体,甚至中央银行等纷纷购入该货币计值的政府国库券、公司的债券与股票,以及办理该货币存款,这些投资中总有相当部分是无抵补保值的。

另外,企业筹措外币资金的方式很多,如发行外币债券、接受外币贷款等。因为是外币资金,而且通常要将外币资金换成本币后才能使用,所以,在整个外币资金的筹集与使用的过程中,存在着两方面的汇率风险与外汇投机的可能性:第一,将筹措到的外币资金兑换成本币有个时间的选择问题,企业可能根据自己的预测选择一个有利的时机兑换。在偿还外币债务时需要将本币资金换成外币,也可以选择适当的时机兑换。因为两次兑换的汇率差异之际构成企业的盈亏,所以选择兑换时机也是理所当然的。问题在于这是有汇率风险的,所以是投机行为。第二,在使用这笔资金的过程中,外币债务没有进行套期保值,使其外汇头寸暴露于汇率风险下。这通常是由于这样三种原因引起的：第一，债务偿还期长达数年，市场上没有这种长期的期汇交易予以抵补；第二，有些场合可以利用一些有效措施来避免汇率风险，但筹资者认为使用时间较长，暂时没有必要采取措施，接近偿还时再进行抵补即可；第三，有些筹资者缺乏汇率风险意识，没有注意到汇率变动将带来的风险。前两种情况随着时间的推移，当预测外汇汇率将上升时，筹资者会购买期汇。

三、外汇银行的无抵补外汇头寸

外汇银行与客户间外汇交易的结果总是会出现外汇头寸的余缺。按照通常的认识，外汇银行总会在银行同业市场上进行反向交易而随时轧平外汇头寸，以避免汇率变动的风险。但事实上，银行在同业市场上进行反向交易也有一定的成本（即买卖差价）；而且，由于银行拥有经验丰富的外汇交易操作人员、发达的信息网络，岂能对汇率变动中的差价利益无动于衷呢？所以外汇银行有时也不可避免地会加入投机的行列。外汇银行根据对汇率的预测，将一些外汇头寸置于无抵补状态伺机买卖外汇。当然，即使是外汇专家也不可能总是正确地预测汇率的变动。早期，最为令人震惊的投机失败事件是 1974 年 6 月联邦德国赫斯塔德银行的倒闭。该银行根据汇率预测，长期以来一直抛售马克买美元，终因美元接连下跌、损失巨额外汇而不得不宣告倒闭。

综上所述，我们可以看到，一切涉及外汇交易的各种经济活动、各种交易主体都存在着外汇投机的可能性，并且事实上外汇头寸中的相当部分总是处于无抵补状态，企业为此总是在接受汇率预测与外汇投机成败的考验。

资料来源：许少强，庄后响.外汇管理概论[M].上海：格致出版社，上海人民出版社，2008：77.

第八章 国际贸易融资

　　国际贸易融资是为国际货物交易提供信用和风险管理的服务。它涉及私人企业、商业银行、国有企业、政府机构、保险公司和资本市场的投资者。国际贸易融资既是出口商获得流动资金的来源，又是确保出口商及时收取货款的手段。此外，国际贸易融资还可以向进口商提供资金，便利其及时向出口商支付货款。

　　国际贸易融资涉及的内容较多，本章仅限于国际货物贸易筹资、收付及出口信用风险的论述，而将利用资本市场进行外汇风险管理的内容放在第十章"企业跨国经营中的金融风险管理"，国际贸易融资中的银团贷款放在第九章"国际借贷与证券融资"，与贸易融资相结合的金融衍生工具放在第七章"跨国经营中的货币交易"。根据出口商在国际贸易融资中承担风险的不同，国际贸易融资可分为出口商承担风险（包括承担一切风险和部分风险）、将风险转嫁给银行或其他金融机构两类。

第一节　出口商承担风险的国际贸易融资

　　出口商承担的风险包括承担部分风险和一切风险两类。出口商承担部分风险的国际贸易融资方法主要有出口信用保险，这部分内容在第二章第一节已论述，这里仅在本节最后给出一个案例（见案例 8-1）。现在开始介绍出口商承担一切风险的国际贸易融资方法，主要包括寄售、赊销和托收。出口商之所以愿意承担贸易融资中的一切风险，是因为它们能为进口商提供融资便利，降低成本，从而增加出口商出口产品的竞争力。

一、寄售

　　寄售（consignment）是指寄售人（consigner，也就是出口人、委托人或货主）先将准备销售的货物运往国外寄售地，委托当地代销商（consignee）按照寄售协议规定的条件和办法代为销售后，再由代销商与出口人结算货款。

（一）寄售的特点

寄售是一种委托代售的贸易方式,也是国际贸易中为开拓商品销路、扩大出口而采用的一种做法。它有如下特点:①寄售人与代销商是委托代销关系。代销商只能根据寄售人的指示代为处置货物,在寄售人授权范围内以自己的名义出售货物、收取货款,并履行与买主订立的合同,但货物的所有权在售出前属于寄售人。②寄售是寄售人先将货物运至寄售地,然后再找买主,是凭实物进行的现货交易。③货物售出前的一切风险和费用均由寄售人承担。

（二）寄售方式对出口商的利益与风险

对于出口人来说,寄售方式下,有利于调动有推销能力、经营作风好但资金不足的客户的积极性,因为代销商不需垫付资金,也不承担风险;有利于了解市场需求,不断改进产品品质和包装,从而开拓市场和扩大销路;有利于促成交易,因为寄售是凭实物进行的现货买卖,为买主减少了交易时间、风险和费用,从而提供了便利。但是,采用寄售方式,出口人要承担较大的风险,包括运输途中和到达目的地后的货物损失和灭失的风险,货物价格下跌和不能售出的风险,代销商选择不当或资信不佳而造成损失的风险;承担货物售出之前的一切费用开支,资金周转期延长,而且,一旦代销商违反协议,难保收汇安全。

（三）寄售协议

寄售方式下,出口人和代销商要就双方的权利、义务及寄售业务中的有关事项签订法律文件即寄售协议。寄售协议主要涉及寄售商品的作价方法、佣金支付的时间和方法、货款的收付等问题。

二、赊销

赊销(open account,O/A)是指出口商在装运货物后直接将运输单据寄交进口商,从而在未获得付款或付款承诺之前就失去了对货物所有权的控制;相应地,进口商尚未付款或作出付款承诺就可以提取货物。出口商不能控制货物的原因可能是由于运输单据的性质所致,如航空运单的收货人通常是买方,买方可以凭航空公司的到货通知提取货物,而不是凭出口商寄交的正本单据提货;也可能是卖方在收到货款以前直接将作为物权凭证的装运单据如正本提单释放给买方,使其凭单提货。

与寄售不同,买方对收到的货物满意后立即将货物款项结清,或者是在预定的未来时间结清,如按照销售合同在交货月的月末结清。显然,在赊销业务中,卖方在装运货物、失去对货物的控制后没有任何具体的措施可以迫使进口商在预定的时间内支付货款,仅仅是依赖于进口商的信用,所以面临着信用风险。在该种支付方式下,出口商既失去了对货物的控制,也失去了对货物的法律权利,而进口商则能够在未付款的情况下得到货物,并按照自己的意愿处置货物。

由于赊销对出口商存在信用风险,出口商必须认真考虑进口商的资信。一种谨慎可行的办法是,在日常了解进口商资信的基础上,掌握其最新资信状况,或者通过审查其年度报告以弄清进口商一以贯之的资信状况。如果业务需要,只能以赊销的支付方式出口,出口商减少这种信用风险的可考虑方法有三个:出口信用保险;福费廷;国际保付代理。福费廷和国际保付代理将在本章第二节详述。

三、托收

依据《托收统一规则》(URC522),托收(collection)是指由接到托收指示的银行根据所收到的指示处理金融单据和/或商业单据以便取得付款/承兑,或凭付款/承兑交出商业单据,或凭其他条款或条件交出单据。其中,金融单据主要是指汇票,商业单据主要是指商业发票、运输单据、物权单据等。简言之,托收是债权人(出口商)出具金融单据和/或商业单据委托银行,通过它的分行或代理行向债务人(进口商)收取货款的一种支付方式。

(一)托收的主要当事人

托收一般通过银行办理,故又称银行托收。在银行托收业务中,提出托收申请的一方,是委托人(principal);接受申请的银行称为托收银行(remitting bank);接受托收银行的委托向付款人(通常为进口商,即债务人)收取货款的进口地银行是代收银行(collecting bank);向付款人提示汇票和单据的银行是提示行(presenting bank),它可以是代收行委托的与付款人有往来账户关系的银行,也可以是代收银行自己兼任;有时,委托人为了应付拒付,要指定付款地的代理人代为料理货物存仓、转售或运回等事宜,这个代理人叫作"需要时的代理"(customer's representative in case-of-need)。委托人如指定需要时的代理人,必须在托收指示书上写明此代理人的权限。

(二)银行托收的一般做法

出口人(委托人)根据国际货物买卖合同先行发运货物,然后开立汇票(或不开汇票)连同商业单据,向出口地银行提出托收申请,委托托收行通过其在进口地的代理行或往来银行(代收行)向进口人(付款人)收取货款。一般地,出口人在委托银行办理托收时,须附具一份托收指示书,在指示书中对办理托收的有关事项作出明确指示,包括要注明按照 URC522 办理,这些是银行办理托收的依据。

(三)银行托收的种类

银行托收时可以不附有商业单据,也可以附有商业单据,前者称为光票托收(clean collection),后者称为跟单托收(documentary collection)。光票托收是指出口人提交金融单据(不附有商业单据)委托银行代为收款。若以汇票作为收款凭证,则使用光票。在国际贸易中,光票托收主要用于小额交易、预付货款、分期付款以及收取贸易的从属费用等。跟单托收是指提交附有或不附有金融单据的商业单据的托收。国际贸易中货款的收付大多采用跟单托收。

在托收业务中,出口人可以在进口人付款后交单(称为付款交单,documents against payment,D/P),也可以在进口人承兑后交单(称为承兑交单,documents against acceptance,D/A)。在付款交单条件下,出口人发货后可以开具即期汇票连同商业单据,通过银行向进口人提示,进口人见票后立即付款,付清货款后向银行领取商业单据,等货到后凭商业单据领取货物,这叫即期付款交单(D/P at sight);出口人发货后也可以开具远期汇票连同商业单据,通过银行向进口人提示,进口人审核无误后,即在远期汇票上进行承兑,于汇票到期日付清货款后再向银行领取商业单据,等货到后凭商业单据领取货物,这叫远期付款交单(D/P after sight)。若付款日期晚于到货日期,进口人为了抓住有利时机转售货物,可以采用以下某一种办法。

(1)提前付款赎单。在付款到期日前付款,扣除提前付款日至原付款到期日之间的利息,作为进口人享受的一种提前付款的现金折扣。

(2)请代收行提供信用便利。对于资信较好的进口人,可请代收行允许其凭信托收据(trust receipt)借取货运单据,先行提货,于汇票到期时再付清货款。所谓信托收据,就是进口人借单时提供的一种书面信用担保文件,用来表示愿意以代收行的委托人身份代为提货、报关、存仓或出售,并承认货物所有权仍属银行。货物售出后所得的货款应于汇票到期时交银行。由于是代收行自己向进口人提供的信用便利,与出口人无关,所以,代收银行承担借出单据后到期不能收回货款的风险。代收行减少风险的措施是进口人除了提供信托收据外,还要提供一定的担保或抵押。

(3)请出口人指示代收行借单。由出口人主动授权银行凭信托收据借单给进口人,即所谓远期付款交单凭信托收据借单(D/P、T/R)方式。在这种方式下,进口人承兑汇票后凭信托收据先行借单提货,在汇票到期后再付货款。由于是出口人自己指示代收行凭信托收据借单,日后进口人到期拒付货款的风险由出口人承担。显然,这种做法的风险与承兑交单相当。

在承兑交单条件下,出口人在装运货物后开具远期汇票,连同商业单据,通过银行向进口人提示,进口人承兑汇票后,代收行即将商业单据交给进口人,从而进口人先获得物权凭证,之后在汇票到期时再履行付款义务。

显然,托收虽然是通过银行办理,但银行只是按照出口人的指示办事,不承担付款的责任,不过问单据的真伪,如无特殊约定,对已运到目的地的货物不负提货和看管责任。因此,卖方发运货物后,能否收回货款,完全取决于买方的信誉。所以,托收属于商业信用。

(四)采用托收方式应注意的事项

由于托收对出口人存在巨大风险,对于一个出口企业来说,采用托收支付方式,需要注意以下事项:①认真调查进口人的资信情况和经营作风,妥善把握成交额,不宜超过其信用额度。②对于贸易和外汇管制较严的进口国家和地区不宜使用托收方式,以免货到目的地后由于不准进口或禁止外汇汇出而造成损失。③在远期付款交单条件下要了解进口国家的商业惯例,如有些拉美国家将 D/P 远期按 D/A 处理,增加了出口人的风险。④出口合同应争取按 CIF 或 CIP 条件成交,由出口人办理货运保险,也可投保出口信用保险;在不采用 CIF 或 CIP 条件时,应投卖方利益险。⑤要及时催收清理,发现问题应迅速采取措施,避免或减少可能发生的损失。

第二节　出口商将风险转嫁给第三方的国际贸易融资

一、信用证

信用证(letter of credit,L/C)在国际贸易中居于中心地位。它是在进口商的请求下由银行开立的。信用证规定,在出口商提交特定的符合条件的单据后,不管进口商主观态度和客观实际情况如何,银行都将向信用证的受益人(通常是出口商)支付一定金额的货款。

(一)在缺乏信任的交易双方之间建立桥梁

为了达成交易,从事国际贸易的企业必须信任一些居住在不同的国家、说着不同的语言、遵守（或不遵守）不同的法律制度的（潜在）贸易伙伴。当然,如果他们违约了,也很难去追查他们。所以,出口商(比如中国)担心收到货款前装运货物到进口商(比如美国)所在国,美国进口商可能会领取货物却不支付货款。相反,美国进口商可能担心,如果在货物装运前向中国出口商支付货款,中国出口商可能会收取货款但不及时装运合乎质量要求的足量货物。交易双方在空间、语言及文化方面存在的差异,加之使用不完善的国际法制度履行合同义务也存在一些问题,使得相互间的不信任进一步加剧,每一方都有自己的交易偏好。为了保证得到货款,中国出口商希望美国进口商在货物装运前向他支付货款(见图8-1)。同理,为了保证得到所期望的货物,美国进口商希望货物到时支付货款(见图8-2)。所以,若没有一种建立信任的机制,国际贸易就会很困难。

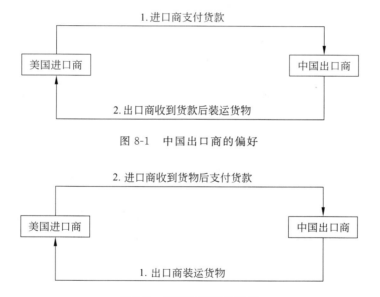

图 8-1　中国出口商的偏好

图 8-2　美国进口商的偏好

　　这一问题可以通过进出口双方都信任的第三方(通常是信誉卓著的银行)作为中介来解决。解决信任问题的过程概括如下(见图8-3)。
　　(1)美国进口商根据国际货物买卖合同向银行申请,获得银行在一定条件下代他支付的书面承诺(他知道中国出口商信任银行)。这种承诺就是信用证。

(2)中国出口商见到信用证审核无误后,按规定条件向美国装运货物,并将符合信用证要求的具有物权凭证(及收据和运输合同)作用的货运提单交给银行。作为回报,出口商要求开展银行或其他指定的付款银行支付货款。要求这种支付的单据是汇票。

(3)银行支付货款、获得提单后,通知美国进口商付款赎单。

开证银行审查单据,确认无误后支付货款、获得提单后,通知开证申请人(美国进口商)付款赎单。

下文"信用证的使用"将对这一过程进行详细阐述。

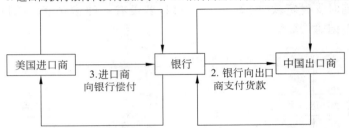

图 8-3　利用第三方

（二）信用证的含义及特点

根据 UCP600 第 2 条,信用证意指一项约定,无论其如何命名或描述,该约定不可撤销并因此构成开证行对于相符提示予以兑付的确定承诺。

其中,"相符提示"意指与信用证中的条款及条件、本惯例中所适用的规定及国际标准银行实务相一致的提示。"兑付"意指:①对于即期付款信用证即期付款;②对于延期付款信用证发出延期付款承诺并到期付款;③对于承兑信用证承兑由受益人出具的汇票并到期付款。

信用证支付方式具有以下特点。

(1)信用证付款是一种银行信用。由于信用证是开证行对受益人的一种保证,即只要受益人提交了符合信用证所规定的各种单据,开证行就保证付款。所以,在信用证支付方式下,开证行成为首先付款人,属于银行信用,开证行对受益人的责任是一种独立的责任。

(2)信用证是独立于合同之外的一种自足的文件。虽然信用证的开立以买卖合同作为依据,但信用证一经开立,就成为独立于买卖合同之外的另一种契约,不受买卖合同的约束。一家银行作出付款、承兑并支付汇票或议付及/或履行信用证项下其他义务的承诺,不受申请人与开证行或申请人与受益人之间在已有关系下产生索偿或抗辩的制约。受益人在任何情况下,不得利用银行之间或申请人与开证行之间的契约关系。

(3)信用证项下付款是一种单据的买卖。上述单据必须与信用证的规定"严格符合",不仅要做到"单证一致",即受益人提交的单据在表面上与信用证规定的条款一致,还要做到"单单一致",即受益人提交的各种单据之间表面上一致。

(三)信用证的使用

现在以中国出口商和美国进口商之间的交易为例介绍信用证支付方式的使用。美国进口商向其当地银行(假设是纽约银行)申请开立信用证,纽约银行对其展开资信调查。纽约银行将根据资信状况调查结果,要求进口商交付一定比例的押金或者其他形式的担保品。一般来说,资信状况越好,这个比例越低,相反就很高。另外,纽约银行还会向美国进口商收取一定金额的服务费用即开证费。这笔费用要依据进口商的资信状况和交易规模而定(一般是交易金额越大,百分比越低)。

纽约银行收取了押金和开证费后,依据进口商要求开出以中国出口商为受益人的信用证(纽约银行成为开证行)。信用证规定,只要中国出口商提交信用证规定的符合"单证一致"和"单单一致"的单据,纽约银行将向中国出口商支付货款。因此,信用证成为中国出口商和纽约银行之间的财务合同。然后,纽约银行将信用证寄给其在中国的往来银行(假设是中国银行)。中国银行审核信用证的印鉴。表面真实性审核无误后,中国银行通知出口商,它已收到经审核表面真实的信用证并转交受益人。中国出口商对照买卖合同审核信用证条款。假定合同条款与信用证条款(基本)一致(否则要求进口商修改信用证相应条款),则中国出口商按照信用证条款装运货物。装运货物后,将缮制并取得信用证所规定的单据,连同开立的以纽约银行为付款人的汇票一并交给中国银行议付(也许是其他银行,由信用证规定)。中国银行进行单证审核,若单据与信用证、单据之间表面一致,则中国银行议付(negotiation),即由议付行向受益人购进由出口商开立的汇票及所附单据。之后,中国银行将有关单据和汇票寄给纽约银行,要求付款,即索偿。纽约银行核验单据是否"单单一致"和"单证一致"。假定单据不存在"不符点"(即满足双一致要求),则纽约银行向议付行中国银行偿付(否则拒付)。开证行偿付后,通知进口商付款赎单。最后,进口商付款获得单据,提取货物。

以上是信用证使用最简单的情形,实际上可能复杂得多。其使用程序可简化为图8-4。

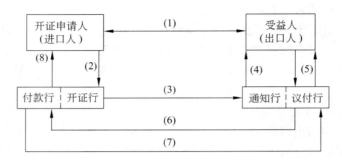

图 8-4 信用证支付的一般程序

说明:

(1) 订立合同。进出口双方签订交易合同,约定以信用证方式支付货款。

(2) 申请开证。进口商向银行提出开立信用证申请(递交开证申请书),开证行审核其资信,收取押金和开证费。

(3) 开证。开证行开立以出口商为受益人的信用证,寄交其在进口商所在地的代理银行(通知行)转递或通知受益人即出口商。

(4) 通知。通知行核对签字(电开信用证是密押),核验表面真实性无误后,转交出口商。

(5) 审证、交单、议付。出口商对照交易合同认真审核信用证;审核无误后,发运货物,缮制并取得信用证规定的全部单据,开立汇票连同信用证正本,递交银行议付;若该银行审核认为"单单一致"、"单证一致",则办理议付。

(6) 索偿。议付行根据信用证规定,凭单向开证行或其指定的银行(付款行或偿付行)请求偿付。

(7) 偿付。开证行核对单据无误(即单据与单据、单据与信用证表面一致)后,付款给议付行。

(8) 付款赎单。开证行偿付后,通知进口人付款,获得全套单据。

使用信用证支付方式能够解决中国出口商和美国进口商之间互不信任的问题,因为他们都信任信誉卓著的银行。若开证行信誉不够好,还可以请另一个信誉更好的银行担保,则这一银行成为保兑行,要向进口商收取一定的费用。中国出口商一旦看到与买卖合同(基本)一致的信用证,他就相信他的货款有了保证,于是开始装运货物。而且,通过信用证,中国出口商能比较容易地获得出口前的融资。例如,中国银行见到信用证后可能愿意贷款给出口商,用于着手处理和准备装运到美国的货物。这笔贷款可以到出口商收回出口货款后再还贷。对于美国进口商而言,只有当信用证规定的所有单据都满足信用证所列条款时,他才必须支付货款。但是,进口商申请开立信用证时,他必须交付一定比例的押金或其他抵押品和一定数额的开证费(若修改信用证要交付改证费)。而且,信用证对进口商来说是一项金融负债,这会削弱他为其他目的借款的能力。这种支付方式由于成本比较高,会导致进口商压价或出口产品竞争力降低。

(四) 缮制单据

既然信用证支付方式是单据的买卖,即其议付是以单据为条件,对买卖双方而言,明确对单据的要求至关重要。信用证要求的单据可能很多,我们在此介绍汇票、提单等几种重要单据。

1. 汇票

汇票是常用于国际商务的一种支付工具。在国际商务中,它是出口商签发的要求进口商或其代理人在某一规定时间内无条件支付一定金额的命令。在中国出口商和美国进口商的例子中,中国出口商签发汇票要求纽约银行(美国进口商的代理行)支付装运到美国货物的款项。签发汇票的企业或个人称作出票人(此例中是中国出口商),汇票所提示的一方(即汇票所要送达的那一方)称为受票人(此例中是纽约银行)。

按照付款时间的不同,汇票可分为即期汇票和远期汇票。若是即期汇票,则持票人向受票人(付款人)提示时,受票人就必须付款。若是远期汇票,则允许延迟一段时间支付——通常是30天、60天、90天或120天。远期汇票提示包括承兑提示和付款提示。承兑提示即持票人向付款人提交远期汇票,付款人见票后办理承兑手续,承诺到期付款。远期汇票一旦承兑就成了承兑方的付款承诺。付款提示即持票人向付款人提交汇票、要求付款的行为。

远期汇票经承兑可以流通,即持票人可以从票面价值中以一定的贴现率将汇票卖给投资者。假定中国出口商和美国进口商之间的合同要求出口商向纽约银行(通过中国银行)出示一份提示后120天付款的远期汇票。再假定纽约银行已经承兑(成为银行承兑汇票),且汇票金额是10万美元。此时,出口商有两种选择：要么持有经承兑的汇票，120 天后得到 10 万美元的货款；要么他按汇票面额以一定的贴现率将汇票卖给投资者，如中国银行。若贴现率为 10.5%，出口商将远期汇票立即贴现可得 96 500 美元$\left(100\,000-100\,000\times\dfrac{120}{360}\times10.5\%=100\,000-3\,500=96\,500\right)$。120 天后，中国银行将从纽约银行获得整整 10 万美元。如果出口商急需给运输中的货物提供资金或解决资金短缺问题，他可以立即将已经承兑的远期汇票卖掉。

汇票除了按照付款时间的不同分类外，还可按照出票人的不同分为银行汇票和商业汇票。银行汇票是指出票人和受票人都是银行的汇票；商业汇票是指出票人是商号或个人，付款人是商号、个人或银行的汇票。按照有无随附商业单据，分为光票和跟单汇票。光票是指不附带商业单据的汇票；跟单汇票是指附带有商业单据的汇票。银行汇票一般是光票，而商业汇票一般是跟单汇票。

2. 提单

提单是国际贸易融资中又一个重要的票据。提单是运输公司签发给出口商的。它有三个性质，即货物收据、运输契约和物权凭证。作为收据，提单表明运输公司已按提单所列内容收到货物；作为契约，提单规定了承运人在收取一定费用后有义务提供运输方面的服务，即规定了承运人和托运人之间的权利、义务关系；作为物权凭证，提单合法持有者有权支配货物。在装运后、进口商付款前，出口商也可将提单作为附属担保品，要求当地银行垫付货款。提单从不同角度可以分为很多种。

(1) 根据货物是否已装船可分为"已装船"提单和"货到待运"提单。前者证明承运人已收到货物并已经装上指定船只，后者只证明承运人已收到等待装船的货物，而不是货物已经装船，所以这种提单也就不是货物已经装船并运往买方的保证。

(2) 根据提单上对货物外表状况有无不良批注，可分为"清洁提单"和"不清洁提单"。前者说明承运人收到的货物表面状况良好。如果承运人收到的货物表面状况不好，则承运人在签发的提单上会带有宣称货物及/或包装有缺陷状况的条款或批注。信用证项下的议付一般只接受清洁提单。

(3) 根据提单收货人的不同可分为记名提单、不记名提单和指示提单。由于提单是物权凭证，所以提单收货人的确定至关重要。记名提单是指提单收货人栏内指明特定收货人名称(一般就是进口商),只能由该特定收货人提货,故这种提单不能通过背书方式转让给第三方(例如买主是中间商,他不想实际占有货物)。因此,记名提单不能作为一种良好的融资手段到银行进行抵押。与记名提单相反,不记名提单是指提单收货人栏内没有指明任何收货人,只注明提单持有人字样,承运人应将货物交给提单持有人。谁持有提单,谁就可以提货。因为承运人交货凭单不凭人,流通性极强,风险很大,在国际贸易中很少使用。大部分跟单信用证使用指示提单。这种提单项下的货物发给"凭某人指示"的收货人,"某人"通常就是出口商本人。用这种方法,出口商便始终保留货物的所有权,直到他通过背书转让给第三方为止。

信用证一般要求托运人(出口商)在议付信用证时提供背书提单,从而议付行可以将提单转交开证行,后者则拥有商品的所有权。接下来,开证行将提单转给进口商(即付款赎单)凭以向承运人提取货物。如果进口商资信比较好,不立即偿付信用证金额,而是用一笔短期贷款支付货款,他可以凭银行的信托收据出售货物后,再用销售货物所得款项偿付银行。

3. 其他单据

信用证还经常要求出口商在议付信用证时提供其他单据,最常见的是商业发票。出口商在商业发票中详细列明商品名称、单价以及进口商应付的总金额,包括可能的装运费用和货运保险(见附录 8-1 中的 CFR、CPT、CIF、CIP 等)。

大宗商品通常还需要商检证书。商检证书是由独立的检验机构(在中国是国家质量监督检验检疫总局及各级地方政府相应机构)对装运货物抽样检查后出具的证明,用来证明产品的实际品质与信用证的品质条款规定一致(如大豆的蛋白成分或铁矿的矿质结构)。如果抽样检验的产品品质低于信用证规定的标准,除非进口商同意改变要求(此时出口商通常要给予进口商价格折扣),否则出口商会遭到拒付。

对供人和动物消费和使用的食品、药品、化妆品以及其他一些产品,进口商或进口国政府还要求出口商提供健康或卫生证书,用以证明出口产品质量的安全性。这些检验证书通常由出口国的卫生部门出具。对于进入美国的产品来说,这些检验证书非常重要,因为美国的食品药品管理局(Food and Drug Administration,FDA)禁止那些它认为有潜在危害的产品进口,并且拒绝接受不符合健康质量标准的货物。

二、银行保函

银行保函也能有助于解决进出口双方之间的信任问题。银行保函作为一种融资工具,指在主债务人需要向受益人支付预付款或进行中间付款时,银行保函可以作为替代品,起到暂缓付款的作用,从而等于向主债务人提供了融资便利。

(一) 保函的概念与性质

保函(letter of guarantee,L/G),又称保证书,是指银行、保险公司、担保公司或个人应申请人的请求,向第三人开立的一种书面信用担保凭证。

依据保函与基础业务合同(如商务合同)的关系,保函可分为从属性保函和独立性保函两种。从属性保函,是商务合同的一个附属性契约,其法律效力随商务合同的存在而存在,随商务合同的变化、灭失而变化、灭失。在从属性保函项下,银行承担第二性的付款责任,即当受益人索赔时,担保人要对基础合同履行的事实进行调查,确实存在申请人违约时,担保银行才负责赔偿。由于以下原因,在国际经济贸易实践中发展出了独立性保函:①担保银行收费不多,却容易被卷入贸易纠纷,影响自己的声誉;②当债权人以主债务人不履行其债务为理由要求担保人承担其担保义务时,担保人往往以各种抗辩权对抗债权人,使债权人的要求得不到满足,或者不得不进行耗资、费时、复杂的诉讼程序,对债权人不利。

独立性保函是根据商务合同开出,但又不依附于商务合同而存在,是具有独立法律效力的法律文件。独立保函项下银行承担第一性的付款责任,即当受益人在独立保函项下提交了书面索赔要求及保函规定的单据时,担保行就必须付款,而不管申请人是否同意付款,银行也无须调查合同履行的事实。与从属性保函相比较,独立性保函使得受益人的利益更有保障,银行也可以避免陷入商务纠纷之中。因此,现代国际经济贸易中使用的保函以独立性保函为主。

(二) 见索即付保函

独立性保函在 URDG458 里称为见索即付保函。根据 URDG458 第 2 条规定,见索即付保函是"指任何保证、担保或其他付款承诺,这些保证、担保或付款承诺是由银行、保险公司或其他组织或个人出具的,以书面形式表示在交来符合保函条款的索赔书或保函中规定的其他文件(诸如工艺师或工程师出具的证明书、法院判决书或仲裁裁决书)时,承担付款责任的承诺文件"。简单地说,见索即付保函是担保人凭在保函有效期内提交的符合保函条件的索赔书(书面)及保函规定的任何其他单据支付固定金额的付款承诺。其性质如下:①见索即付保函是一种与基础合同相脱离的独立性担保文件;②担保人承担第一性的、直接的付款责任;③见索即付保函是不可撤销文件;④必须是书面的,包括有效的电讯信息或加密押的电子数据交换(EDI)信息。

(三)银行保函的当事人

由银行开立的由其承担付款责任的保函称为银行保函(banker's L/G)。银行保函一般为见索即付保函。在银行保函的使用中,向银行提出申请,要求银行开立保函的一方称为申请人;收到保函并有权按保函规定的条款凭以向银行提出索赔的一方称为受益人;开立保函的银行称为担保人。

以上三方为银行保函的主要当事人。除此之外,根据具体情况银行保函还可能涉及以下几个当事人。

(1)通知行(advising bank),又称转递行(transmitting bank),即根据开立保函的银行的要求和委托,将保函通知或转递给受益人的银行。通知行通常为受益人所在地银行。

(2)保兑行(confirming bank),又称第二担保人,即根据担保人的要求在保函上加以保兑的银行。保兑行通常为受益人所在地信誉良好的银行,对这样的银行,受益人比较熟悉和信任。

(3)转开行(reissuing bank),即根据担保人的要求,凭担保人的反担保向受益人开出保函的银行。转开行通常是受益人所在地的银行。

(4)反担保人(counter guarantor),即为申请人向担保银行开出书面反担保函(counter guarantee)的人。反担保人通常为申请人的上级主管单位、出口信贷保险公司或其他银行/金融机构等。

(四)银行保函的使用程序

银行保函的使用程序如图8-5所示,该图也反映了各当事人之间的关系。下面就银行保函的使用程序进行简单说明。

(1)申请人因业务需要向担保人提出开立保函的申请。

(2)申请人寻找反担保人,提供银行可以接受的反担保。

(3)反担保人向担保人出具不可撤销的反担保函。

(4)担保人将其保函寄给通知行,请其通知受益人;有时,担保人根据受益人的要求,须找一家国际公认的大银行对其出具的保函加具保兑;或担保人将其保函寄给转开行,请其重新开立以受益人为抬头的保函。

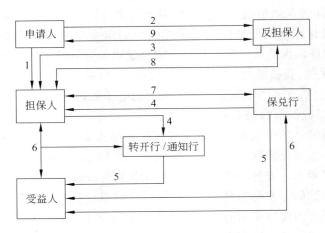

图 8-5　银行保函的使用程序

（5）通知行、保兑行或转开行将保函通知或转开给受益人（转开行转开保函后成为担保人）。

（6）受益人在发现保函申请人违约时，向担保人或转开行（担保人）或保兑行索偿，担保人/保兑行赔付。

（7）保兑行赔付后向担保人索赔，担保人赔付。

（8）担保人赔付后向反担保人索赔，反担保人赔付。

（9）反担保人赔付后向申请人索赔，申请人赔付。

图 8-5 包括了担保业务中各种可能的当事人，但除了主要当事人，其他当事人一般不会同时存在。因为，有些当事人的作用在一定程度上是重复的，比如，对受益人来说，转开行是其信任的本国银行，因而没有必要再要求保兑，也不需本国其他银行通知，因而就不会有"保兑行"，也不会有"通知行"；而且，银行转开、保兑、通知都要收取手续费，有些国家还要征收印花税等。

案例 8-1

履 约 保 函

原诉人（卖方）售货给一位埃及商人，合同规定以银行信用证方式结汇，但要求卖方事先提供合同金额 5% 的银行履约保函。于是，卖方委托当地银行向买方开出了见索即付履约保函。

合同执行过程中，双方发生纠纷。买方收到货物后说货物与合同规定不符,提出在保函项下索赔。卖方则称货物没有任何问题,索赔是不合理的。双方一直争执不下,于是,卖方向法院起诉,要求法院颁发禁止令。

法官认为,法庭只应在不寻常的情况下才出面干预银行不可撤销的责任。因为,银行是国际商业活动的命脉,除非有确切的证据表明有欺诈行为,否则,法庭会让买卖双方通过仲裁或法律手段来解决纠纷。法庭毫不考虑当事者应付索赔的困难,因为这是买卖双方自己所应承担的责任。此案中,原诉人既然接受了提供见索即付保函的要求,就应承担一切风险。银行理应根据保函的规定履行付款责任。否则,国际商界对银行保函就会失去信任,这个损失是无法弥补的。

最后,法庭拒绝颁发禁止令,判担保银行履约付款。

分析:

担保银行在保函项下是否履行赔款责任,关键是看受益人的索赔是否符合保函所规定的条件,而不是依据合同条款。银行对于买卖双方是否执行合同既不可能也不应该过分关心。因为,保函本身便是一份独立于商务合同的法律文件。此外,除非确信银行知晓或参与欺诈行为,法庭一般不会轻易颁发禁止令。

资料来源:邹小燕,朱桂龙.银行保函及案例分析[M].北京:中信出版社,1993:158,159.

三、国际保付代理

国际保付代理(international factoring)简称国际保理,是应用于国际的保付代理,指出口商以商业信用形式出口商品,在货物装船后立即将发票、汇票、提单等有关单据卖断给承购应收账款的财务公司或专门组织,收进全部或一部分货款,从而取得资金融通的业务。它是一项新兴的国际贸易融资业务,该业务在有的国家(如美国)由银行办理,在有些国家(如日本)由专门经营该业务的财务公司办理。通过保理业务,出口商可将出口信用风险转嫁给保理组织,获得保理组织关于对进口商资信调查、托收、催收账款甚至会计处理等服务。在典型的保理业务中,出口商在出卖单据后,可立即得到现款,获得资金融通。

(一)国际保理业务的类型

从出口商出卖单据是否可以立即得到现金的角度来划分,可分为到期国际保理业务和预支或标准国际保理业务两种。到期保理业务是最原始的保付代理业务,即出口商将出口有关单据出卖给保付代理组织,该组织确认并同意票据到期时无追索权地向出口商支付票据金额,而不是在出卖单据的当时向出口商立即支付现金;预支或标准国际保理业务即出口商装运货物取得单据后,立即将单据卖给保付代理组织,取得现金。

从是否公开保付代理组织的名称来划分,可分为公开保付代理组织名称和不公开保付代理组织名称两种。前者在票据上写明货款付给某一保理组织,后者按一般托收程序收款,不一定在票据上特别写明该票据是在保付代理业务下承办的。

根据国际保理业务中涉及的保理组织,可分为以下三种:一是双保付代理业务,即出口商所在地的保理组织与进口商所在地的保理组织有合同关系,出口商所在地的保理组织通过进口商所在地的保理组织调查进口商的资信状况;二是直接进口保理业务,即进口商所在地保理组织直接与出口商联系,并对其汇款,一般不通过出口商所在地的保理组织转递单据(美国这种情况较多);三是直接出口保理业务,即出口商所在地的保理组织直接与进口商联系,并对出口商融资,一般不通过进口商所在地的保理组织转递单据。后两者合称单保理业务。

(二)国际保理业务的程序

(1)出口商在以商业信用(如承兑交单,D/A;或赊销,O/A)出卖商品的交易磋商过程中,首先将进口商的名称及有关贸易状况报告给本国保付代理组织。

(2)出口方的保付代理组织将上列资料整理后通知进口方的保付代理组织。

(3)进口方的保付代理组织对进口商的资信进行调查,并将调查结果及可以向进口商提供赊销金额的具体建议通知出口方的保付代理组织。

(4)如进口商资信可靠,向其提供赊销金额建议的数字也积极可靠,出口方的保付代理组织即将调查结果告知出口商,并对出口商与进口商的交易加以确认。

(5)出口商装运货物后,把有关单据售予出口方的保付代理组织,并在单据上注明应收账款转让给出口方的保付代理组织,要求后者支付货款(有时出口商缮制两份单据,一份直接寄送进口商,一份交出口方保付代理组织),后者将有关单据寄送进口方的保付代理组织。

(6)出口商将有关单据售予出口方保付代理组织时,后者按汇票(或发票)金额扣除利息和承购费用后,立即或在双方商定的日期将货款支付给出口商。

(7) 进口方的保付代理组织负责向进口商催收货款,并向出口方保付代理组织进行划付。

(三) 国际保理业务的费用

保理组织不仅向出口商提供了资金,而且还提供了一定的劳务,所以它们要向出口商索取一定的费用,该费用由承购手续费和利息两部分内容构成。手续费的费率一般应为应收账款总额的 1.75% ～2%。利息是保理组织从收买单据向出口商支付现金至票据到期从海外收到货款期间产生的利息,利率通常比优惠利率高 2% ～2.5%。出口商若利用承购应收账款形式出卖商品,则把上述费用转移到出口货价中。

(四) 国际保理作为出口贸易融资的特点

在供应商将应收账款转让给出口保理组织时,可以要求出口保理组织提供无追索权的贸易融资。但是,如果债务人不能付款是由于贸易纠纷,则进口保理组织不负责任,出口保理组织可向出口人索回预付的融资款项。保理组织提供的融资通常在发票金额(已核准的信用额度内)的 80% 左右。这种融资的特点是出口商可以将得到的无追索权的融资作为正常销售处理,从而改善企业资产负债结构,提高企业的信用等级和清偿能力;而且融资手续简单易行,既不需要办理复杂的审批手续,也不需要像抵押贷款那样办理抵押品的移交和过户手续;出口商融资总额与发票金额成正比,二者保持同步增长,保证了资金供应和商品销售同步增长,自动调整出口商的资金需求,促使出口商的生产经营进入良性循环。

(五) 国际保理业务的发展

国际保理业务是一种新兴的国际贸易融资方式,它源于 19 世纪的美国和欧洲。进入 20 世纪 60 年代,随着经济贸易的发展和国际经济环境的改善,保理业务的使用日益增多。近三十年来,国际保理业务发展很快。1986 年,世界保理总额为 1 073.82 亿美元,其中,国际保理部分为 60 亿美元;根据国际保理商联合会(Factors Chain International,FCI)的统计,到 1999 年底,世界保理业务达 5 748 亿美元,其中国内保理为 5 413 亿美元,国际保理为 335 亿美元。

随着国际保理业务的迅猛发展,作为银行或其他金融机构的全资附属机构,专门提供风险担保的保理公司相继成立。1968 年,遍布 35 个国家与地区的 FCI 宣告成立,总部设在荷兰。FCI 现已有 160 多个成员,遍及全球 53 个贸易最活跃的国家和地区。亚太地区的日本、韩国、新加坡、马来西亚、泰国等国家和中国香港地区,都有保理公司加入该组织。

1993 年 2 月,中国银行作为首家中资银行正式加入了该联合会。截至 2003 年 5 月底,国内 FCI 会员已有 10 家,分别为工商银行、农业银行、中国银行、建设银行、交通银行、光大银行、中信实业银行、上海浦东发展银行、招商银行和汇丰银行上海分行。截至 2010 年底,FCI 大陆会员已增长到 23 家,大陆保理业务总量跃居全球第二,仅次于英国。2010 年,大陆保理业务总量 2 053.51 亿美元,相比 2000 年总量增长 1 041 倍。其中,国内保理增长 951 倍,国际保理增长 1 543 倍。

(六) 中国银行的国际保理业务

保理业务在中国才刚刚起步。中国银行于 1992 年在国内率先推出国际保理业务。2002 年,中国内地的国际保理业务量约为 3.1 亿美元(90% 为出口保理业务),其中中国银行一家的业务量就达到 2.4 亿美元,约占 80% 左右。几年来,中国银行与国外保理公司及保理国际组织密切合作,积累了相当多的业务经验,在全国各地为广大客户提供全面的国际保理服务。中国银行与 FCI 会员间的业务往来已完全通过 FCI 开发的保理电子数据交换系统(EDI factoring)进行,实现了作业无纸化,提高了业务效率,降低了业务风险。中国银行现已与美国、德国、英国、法国、挪威、比利时、意大利、丹麦、澳大利亚、中国香港、中国台湾、南非、土耳其、奥地利、泰国、新加坡、马来西亚、日本、韩国、匈牙利、以色列、希腊、西班牙、波兰、爱尔兰等 25 个国家和地区的近 50 家保理公司签署了国际保理协议,业务遍及五大洲。中国银行还根据客户需要,正在不断扩大代理网络。其国际保理业务流程见图 8-6。

中国银行国际保理业务具体运作步骤如下。

(1) 出口商寻找有合作前途的进口商。

(2) 出口商向出口保理商提出叙做保理的需求并要求为进口商核准信用额度。

(3) 出口保理商要求进口保理商对进口商进行信用评估。

(4) 如进口商信用良好,进口保理商将为其核准信用额度。

(5) 如果进口商同意购买出口商的商品或服务,出口商开始供货,并将附有转让条款的发票寄送进口商。

(6) 出口商将发票副本交出口保理商。

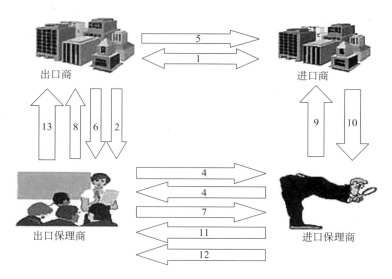

图 8-6　中国银行国际保理业务流程图

（7）出口保理商通知进口保理商有关发票详情。

（8）如出口商有融资需求，出口保理商付给出口商不超过发票金额 80％ 的融资款。

（9）进口保理商于发票到期日前若干天开始向进口商催收。

（10）进口商于发票到期日向进口保理商付款。

（11）进口保理商将款项付给出口保理商。

（12）如果进口商在发票到期日 90 天后仍未付款，进口保理商做担保付款。

（13）出口保理商扣除融资本息（如有）及费用，将余额付出口商。

 **案例 8-2**

利用国际保理开展进出口业务

经营日用纺织品的英国 Tex UK 公司主要从我国、土耳其、葡萄牙、西班牙和埃及进口有关商品。几年前，当该公司首次从我国进口商品时，采用的是信用证结算方式。最初采用这种结算方式对初次合作的公司是有利的，但随着进口量的增长，他们越来越感到这种方式的烦琐与不灵活，而且必须向开证行提供足够的抵押。为了继续保持业务增长,该公司开始谋求至少 60 天的赊销付款方式。虽然他们与我国出口商已建立了良好的合作关系,但是考虑到这种方式下的收汇风险过大,因此我国供货商没有同意这一条件。之后,该公司转向国内保理商 Alex Lawrie 公司寻求解决方案。英国的进口保理商为该公司核定了一定的信用额度,并通过中国银行通知了我国出口商。通过双保理制,进口商得到了赊销的优惠付款条件,而出口商也得到了 100% 的风险保障以及发票金额 80% 的贸易融资。目前 Tex UK 公司已将保理业务推广到了 5 家中国的供货商以及土耳其的出口商。公司董事 Jeremy Smith 先生称,双保理业务为进口商提供了极好的无担保迟期付款条件,使其拥有了额外的银行工具,帮助其扩大了从中国的进口量,而中国的供货商对此也应十分高兴。

虽然出口商会将保理费用加入到进口货价中,但 Jeremy Smith 先生认为对进口商而言,从某种角度看也有他的好处。当进口商下订单时,交货价格就已确定,他们不需负担信用证手续费等其他附加费用。而对于出口商十分关心的保理业务中的合同纠纷问题,相对而言,虽然理论上说信用证方式可以保护出口商的利益,但实务中由于很难做到完全的单证一致、单单一致,因此出口商的收汇安全也受到挑战。Jeremy Smith 先生介绍,该公司在与中国供货商合作的五年时间里仅有两笔交易出现一些货物质量方面的争议,但问题都很快得到解决,且结果令双方满意。

日本轮胎制造商 Shimano 公司为了开拓北欧这一新市场,于 1984 年首次采用出口保理的结算方式。目前该公司已对许多国家的出口采用了此方式。据公司的一位发言人介绍,出口保理作为一种价廉高效的结算方式,帮助公司抓住了出口机遇,改善了公司的资金流动性,减少了坏账,同时也节省了销售分户账管理、资信调查、账款回收等管理费用。该公司认识到,仅靠公司规模以及产品声誉不足以应付跨国贸易中的各种问题,与日本出口保理商的合作以及 FCI 全球网络提供的服务构成了公司成功开发海外市场的一个组成部分。

资料来源:肖理.走进国际保理[J].中国外汇管理,2001(3).

四、福费廷

"福费廷"(forfaiting)是音译,又称为"包买票据"或"中长期票据收买业务"。所谓"福费廷",就是在延期付款的大型设备贸易中,出口商把经进口商承兑并由一流银行担保的、期限在半年以上到五六年的远期汇票(或本票),无追索权地售予出口商所在地的银行(或大金融公司),提前取得现款的一种贸易融资形式。在这一业务中,出口商将进口商将来违约的风险转嫁给了银行,银行为保护自己,要求进口商的信誉良好,进口商承兑的汇票要有一流的大银行作担保。

(一)"福费廷"业务的主要内容和程序

(1)出口商与进口商在洽谈贸易时,若使用"福费廷",应事先与其所在地银行约定,以便做好各项信贷安排。

(2)出口商与进口商签订贸易合同,言明使用"福费廷",出口商为向进口商索取货款而签发的远期汇票要取得进口商往来银行的担保。进口商往来银行对远期汇票的担保方式有两种,一种是银行在汇票上签章,保证到期付款;另一种是由银行出具保函,保证对汇票付款。

(3)进口商延期支付货款的票据有两种方式:一是由出口商向其签发远期汇票,经进口商承兑后退还出口商以便贴现;二是由进口商开具本票寄交出口商,以便贴现。

(4)担保银行要经出口商所在地银行认可,如后者认为前者资信不高,进口商要另行更换担保行。担保行确定后,进出口双方方可签订贸易合同。

(5)出口商发运货物后,将全套货运单据通过银行寄送进口商,以换取进口商承兑的附有银行担保的承兑汇票或本票。

(6)出口商取得经进口商承兑并经有关银行担保的远期汇票或本票后,按照与买进这项票据的银行的约定卖断票据,取得现款。

(二)"福费廷"业务的作用

对出口商来说,办理福费廷业务除了能及时获得现金外,还能获得以下利益:在其资产负债表中,可以减少其国外的负债金额,提高企业的资信,有利于其证券的发行和上市;立即获得现金,改善流动资金状况,加速资金周转,促进出口的发展;通过把票据卖断给银行,把信贷管理、票据托收的费用与风险转嫁给银行;不受汇率变化与债务人情况变化的风险影响。在该业务中,银行虽然要向出口商收取各项费用,但这些费用都可以转移到货价上由进口商承担。

对进口商来说,办理"福费廷"业务手续比较简单。但也有不利之处,就是"福费廷"业务的利息和所有费用要计算在货价之中,因此货价比较高。

(三)"福费廷"业务的发展

随着国际贸易往来的不断加强,福费廷业务取得了长足的发展,国际福费廷业务合作也日益频繁。1999 年 8 月,国际福费廷协会(IFA)正式成立,总部位于瑞士的苏黎世,主要会员为金融机构和从事福费廷业务的中间商。到 2004 年 3 月,该协会共有 141 个会员,分布于全球 27 个国家。

中国工商银行 2001 年开始办理福费廷业务,业务稳步发展。2003 年工商银行全年福费廷业务量达到 8 447 万美元。2004 年 3 月,中国工商银行正式加入 IFA,标志着该行今后将利用 IFA 提供的资源进一步大力发展福费廷业务,为贸易融资客户提供更为优质的风险控制手段和资金融通渠道。

五、国际租赁

如果出口商预测进口商所在国的货币将要贬值,便可将原计划直接出售给进口商的商品先出售给本国的租赁公司,再由租赁公司将商品租赁给进口商。由于出口商在把商品出售给租赁公司时,就取得了货款,所以免受交易风险的威胁。

六、买方信贷

买方信贷也是一种银行承担风险的国际贸易融资方式,其内容见第二章第一节"出口信贷"。

参考文献

[1] 查尔斯·W.L.希尔.国际商务:全球市场竞争[M].周建临,等,译.北京:中国人民大学出版社,2002,561-579.

[2] 戴维·B.约菲,本杰明·戈梅斯-卡斯.国际贸易与竞争——战略与管理案例及要点[M].宫桓刚,孙宁,译.大连:东北财经大学出版社,2000:241-263.

[3] 黎孝先.国际贸易实务[M].第 3 版.北京:对外经济贸易大学出版社,2000.

[4] 李权.国际贸易实务[M].北京:北京大学出版社,2000.

[5] 梁琦.国际结算与融资[M].南京:南京大学出版社,2000.

[6] 刘舒年.国际金融[M].北京:对外经济贸易大学出版社,1997.

[7] 迈克尔·R.钦科陶,伊尔卡·A.隆凯宁,迈克尔·H.莫菲特.国际商务[M].第 7 版.北京:机械工业出版社,2011.

[8] 石玉川,徐进亮,李贞.国际结算惯例及案例[M].北京:对外经济贸易大学出版社,1998.

［9］　吴百福,舒红.国际贸易结算实务［M］.北京：中国对外经济贸易出版社,2000.

［10］　吴百福.进出口贸易实务教程［M］.上海：上海人民出版社,2001.

［11］　徐进亮.国际备用信用证与保函［M］.北京：对外经济贸易大学出版社,2004.

［12］　张宏伟.国际贸易融资研究［M］.北京：中国社会科学出版社,2002.

［13］　朱意秋.国际贸易结算新编［M］.青岛：青岛海洋大学出版社,2001.

附录 8-1　贸易术语

贸易术语是在长期的国际贸易实践中产生的,用来表明商品的价格构成,说明货物交接过程中有关的风险、责任和费用划分问题的专门术语。一些国际组织和权威机构为了统一各国对贸易术语的解释,在国际贸易习惯做法的基础上加以编纂、整理,形成了有关贸易术语的国际贸易惯例。有关贸易术语的国际贸易惯例主要有《1932 年华沙-牛津规则》、《1941 年美国对外贸易修订本》和《2010 年国际贸易术语解释通则》(INCOTERMS 2010)三个。国际贸易惯例本身不是法律,它对贸易双方不具有强制性约束力,其适用以当事人的意思自治为基础。但是,如果双方都同意采用某种惯例来约束该项交易,并在合同中作出了明确规定,则这项约定的惯例就具有了强制性;而且,如果双方在合同中既未排除,也未注明该合同适用某项惯例,在合同执行中发生了争议时,受理该争议案的司法或仲裁机构也往往会引用某一国际贸易惯例进行判决或裁决。

《1932 年华沙-牛津规则》对 CIF 合同的性质作了说明,并具体规定了 CIF 合同中买卖双方承担的费用、责任和风险。由于《1932 年华沙-牛津规则》仅仅是对 CIF 进行了编纂,在实际应用中,使用较少。《1941 年美国对外贸易修订本》所包含的六种贸易术语的内容与 INCOTERMS 有很大不同,在美洲国家有很大的影响。故在与美洲国家进行国际贸易时应特别注意。INCOTERMS 2010 是目前最具广泛影响、得到普遍采用的国际贸易惯例。下面对 INCOTERMS 2010 中常用的六种贸易术语进行简单介绍(全部术语见表 8-1)。

一、适用于水上运输方式的三种常用贸易术语

国际货物贸易中以海洋运输为主(中国对外贸易也是如此),适用于水上运输方式的常用贸易术语有 FOB、CFR 和 CIF 三种(含义见表 8-1 的说明)。

这三种贸易术语的区别如下。

(1) 这三种术语后面跟的地点性质不同。FOB后跟装运港名称；CFR和CIF后跟目的港名称。

(2) 运输、投保的承担方不同。FOB由买方负责安排运输和投保；CFR由买方负责保险，卖方负责安排运输(卖方要及时向买方发出装船通知以便买方办理投保)；CIF由卖方负责安排运输和保险。

(3) 价格构成不同。FOB是成本价；CFR是成本价加运费(＝FOB＋F)；CIF是成本价加运费和保险费(＝FOB＋F＋I＝CFR＋I)。

这三种术语具有以下共同特征：

(1) 风险的转移均以装运港船舷为界，即货物一旦越过装运港船舷，货物风险即由卖方转嫁给买方。实践中将CIF称为"到岸价"，这是一种误称。事实上，CIF中的运费和保险费并不一定是货物到达目的港的全部费用。其中的运费仅是正常运输费用，如果由于某种意外原因而绕航或转船，则由此产生的绕航费或转船费(以及可能的使用驳船费)由买方承担；至于保险费，如果合同里没有明确规定，则卖方仅投保最低的险别，若要投保保险人更大责任范围的险别和/或加保附加险，由此增加的保险费也由买方承担。相比之下，若海轮能直接靠岸，DES是名副其实的"到岸价"。

(2) 这三种术语下，卖方只要按期在约定地点完成装运，并向买方提交合同规定的包括物权凭证在内的有关单证，就算完成了交货义务，CFR和CIF都无须保证到货。这样的交易是"单据买卖"，卖方凭单交货，买方凭单付款。需要说明的是，卖方履行交单义务，只是其得到买方付款的前提，除此之外，他还必须履行交货义务。如果卖方提交的货物不符合合同要求，笼统地说，即使买方已经付款，仍然可以根据合同的规定向卖方索赔。

二、适用于各种运输方式的三种常用贸易术语

国际货物运输若采用水上运输之外的其他运输方式，常用的贸易术语有FCA、CPT、CIP三种(含义见表8-1)，其后都跟"指定地点"，它们对买卖双方义务的界定分别对应于FOB、CFR、CIF。其风险转移均以货交承运人为界。FCA是成本价，CPT是成本价加运费(＝FCA＋F)，CIP是成本价加保险费和运费(＝FCA＋F＋I＝CPT＋I)。

表 8-1 《2010 通则的 11 种贸易术语》

国际电码	英文	中文	备注	适用方式
EXW	ex works	工厂交货	在商品的产地和储存地交货	任何方式
FCA	free carrier	货交承运人		
CPT	carriage paid to	运费付至目的地		
CIP	carriage and insurance paid to	运费/保险费付至目的地		
DAT	delivered at terminal	目的地或目的港的集散站交货		
DAP	delivered at place	目的地交货		
DDP	delivered duty paid	完税后交货		
FAS	free alongside ship	装运港船边交货		水上运输
FOB	free on board	装运港船上交货	离岸价	
CFR	cost and freight	成本加运费		
CIF	cost insurance and freight	成本、保险费加运费	到岸价	

资料来源：INCOTERMS 2010。

附录 8-2 出口保函

银行保函按其具体用途的不同可分为出口保函、进口保函、借贷保函及其他保函四大类。这里介绍几种主要的出口保函，并给出示样。

出口保函是指银行应国际贸易出口方的申请，向进口方开立的、用以担保前者履行投标合同或贸易合同之某项义务的各种信用保函。出口保函主要有以下四种。

一、投标保函

投标保函(tender guarantee)是银行(担保人)应投标人(申请人)的请求而出具给招标人(受益人)的书面担保凭证。保证投标人在开标前中途不撤销投标或片面修改投标条件，中标后签订合约并及时开出履约保函或投标保函中要求的任何保函以及忠实履行投标时承诺的各项义务。否则，担保银行负责向招标人赔付一定金额的款项(该金额通常为投标人报价总额的 1%～5%)，以补偿招标人由于投标人给其造成的损失以及重新选择中标人所支付的费用。如果投标人未能中标,招标人则应退回投标人的投标保函,以解除担保人的担保责任。

示样 8-1：投标保函示样

FORM OF BID BOND

To：_____(BENEFICIARY)

DATE OF ISSUING：_____

Our Irrevocable Letter of Guarantee No. _____

We have been informed that, _____ (the name of the applicant) (hereinafter called the Bidder), responding to your invitation to _____ (the bid No. _____) dated _____ for _____ (the name of the goods or the name of the project), has submitted to you this offer No. _____ Dated _____.

Furthermore, we understand that, according to your conditions, offers must be supported by a bid bond.

We, Industrial and Commercial Bank of China _____ Branch, _____ (address), at the request of the Bidder, hereby irrevocably undertake to pay you the any sum or sums not exceeding in total an amount of _____ (say：_____) representing _____ percent (%) of the bid value upon receipt of your written notification stating any of the following effects：

a. The bidder has withdrawn his bid after submission of the bid and before the expiration of its validity period; or

b. The bidder has failed to enter into contract with you after notification of contract awards; or

c. The bidder as successful bidder has failed to establish acceptable performance bond(s) within _____ days after the effective date of the contract.

The guarantee shall become effective from issuing date and shall expire on _____ at the latest. Consequently, any demand for payment under it must be received by us at this office on or before that date. Upon expiry, this bond shall automatically become null and void and please return it to us for cancellation.

All rights and obligations arising from this guarantee shall be governed by the laws of _____ .

INDUSTRIAL AND COMMERCIAL BANK OFCHINA

_____ BRANCH

二、履约保函

履约保函(performance guarantee,performance bond)是银行应申请人的请求,向受益人开立的保证申请人履行某项合同项下义务的书面保证文件。在保函有效期内如发生申请人违反合同的情况,银行(担保人)将根据受益人的要求向受益人赔偿保函规定的金额。履约保函在日常业务中的应用范围较广。在进出口贸易项下,一般来说,履约保函主要是保证出口方(保函的申请人)履行贸易合同项下的交货义务,即保证出口方按时、按质、按量地交运合同规定的货物。有时候,履约保函也保证出口方交运的货物在一定时期内不出现违反合同规定的情况。这实际上是以履约保函代替了留置金保函。在实际业务中,应尽量争取将这两部分分别开立保函。因为,一般情况下,履约保函的担保金额为合同总价的10%左右,而留置金保函的金额通常为合同总价的5%左右。此类保函的生效日期应规定为基础合同生效日,或规定出口商在规定时间内收到进口商开来的信用证后保函生效。失效日期一般为出口商交货之日或规定以提单日期为保函失效日。如履约保函包括质量保证,则根据中国国际招标公司目前的做法,一般为货到目的港12个月左右保函失效。

在承包工程项下,履约保函一般为银行根据承包人的要求,向业主出具的保证承包人履行承包合同的一种书面信用文件。担保人的主要责任是保证承包人按期、按质、按量地完成所承包的工程。一旦承包人中途毁约,或任意中止工程施工,或者宣布破产、倒闭等,担保人就得向受益人支付担保的全部金额作为赔偿。此类履约保函的担保金额一般为承包工程价款的10%~25%。承包工程履约保函的失效期有两种情况:一种是工程完工,保函随之失效。在这种情况下,业主一般都要求承包人另外提供一份由银行开立的工程质量维修保函,保证承包人完成的工程在规定期限内不会出现质量问题。另外一种情况是,保函的失效期为工程完工后再加一年左右的时间(具体时间按照合同规定而定)。这样,实际上就是以履约保函代替了质量维修保函。可能的话,应争取将履约保函与质量维修保函分别开出,因为后者的担保金额通常要比前者少些。这样做,既可减少风险,又可使申请人减少费用支出。

示样 8-2：履约保函示样

FORM OF PERFORMANCE GUARANTEE

TO：_____(BENEFICIARY)

DATE：

Our Irrevocable Letter of Guarantee No. _____

We have been informed that _____（the name of applicant）(hereinafter called the applicant)，has entered into contract No. _____ Dated _____ with you，for _____(description of goods and /or services or the name of the project) at a total price of _____ and that the contract stipulates that a Performance Guarantee be required.

At the request of the applicant，we，Industrial and Commercial Bank of China _____ Branch，_____(address)，hereby irrevocably undertake to pay you any sum or sums not exceeding in total an amount of _____(say：_____) representing _____ percent of the contract price within days upon receipt by us of your written demand stating that the applicant is in breach of his obligation(s)under the underlying contract.

Your demand for payment must also be accompanied by the following document(s)：(specify document(s) if any，or delete)

This performance bond shall become effective from issuing date and shall expired on _____ at the latest. Consequently，any demand for payment under it must be received by us before that date. Upon expiry，this guarantee shall automatically become null and void and please return it to us for cancellation.

All rights and obligations arising from this guarantee shall be governed by laws of _____.

INDUSTRIAL AND COMMERCIAL BANK OF CHINA
_____ BRANCH

三、预付款保函

预付款保函(advanced payment guarantee)又称定金保函(down payment guarantee)或还款保函(re-payment guarantee)，是指银行(担保人)应劳务提供方(申请人)的请求，开给劳务的购买者(受益人)的书面担保凭证。其中规定,如劳务的提供方未能按有关合同提供劳务,担保银行将负责偿还受益人已付或预付给申请人的金额。

　　预付款保函除了用于工程承包,也用于国际贸易中,是指银行(担保人)应货物提供方(申请人)的请求,开给货物的进口人(受益人)的书面担保凭证。其中规定,如货物的提供方未能按有关合同提供劳务或交付货物,担保银行将负责偿还受益人已付或预付给申请人的金额。

　　还款保函还常用于借贷交易中,是指银行应借款人(申请人)的请求出具给贷款人(受益人)的担保文件,其中银行保证:如果申请人未能履行贷款协议中的还本付息义务,银行将负责按有关规定对贷款人进行偿还。

示样 8-3:预付款保函示样

FORM OF ADVANCED PAYMENT GUARANTEE

TO：_____(BENEFICIARY)

DATE：

Our Irrevocable Letter of Guarantee No. _____

We have been informed that _____ (the name of applicant) (hereinafter called the applicant), has entered into contract No. _____ Dated _____ with you, for _____(description of goods and /or services or the project) at a total price of _____.

Furthermore, we understand that, according to the conditions of the contract, an advance payment in the sum of _____ is to be made against as advance payment guarantee.

At the request of the applicant, we Industrial and Commercial Bank of China _____ Branch,_____(address),hereby irrevocably undertake to pay you any sum or sums not exceeding in total an amount of _____ (say _____) representing _____ percent of the contract price within _____ days upon receipt your written demand stating that the applicant is in breach of his obligation(s)under the underlying contract.

The sum of this guarantee shall be automatically and proportionally reduced in step of the progress of the contract.

Your demand for payment must also be accompanied by the following document(s)：(specify document(s) if any, or delete)

1.

2.

3.

This Guarantee shall become effective from the date of receipt of the said advance payment by the applicant and shall expired on _____ at the latest. Consequently, any demand for payment under it must be received by us before that date. Upon expiry, this guarantee shall automatically become null and void and please return it to us for cancellation.

All rights and obligations arising from this guarantee shall be governed by laws of _____.

INDUSTRIAL AND COMMERCIAL BANK OF CHINA
_____ BRANCH

四、质量/维修保函

质量/维修保函(quality or repair guarantee, maintenance guarantee)的区别仅在于,质量保函主要用于进出口业务中,而维修保函主要运用在国际劳务承包工程中。不过,有时在成套项目的出口或飞机、船舶等大型项目的出口上也使用维修保函。在进出口业务中,买方为了确保收到质量完好的商品,常常要求卖方提供银行的质量保函,保证若卖方提交的货物质量达不到合同规定的质量标准,卖方应及时退换货物或补偿损失,否则,担保银行负责赔偿。在国际劳务承包工程中,工程业主为了保证工程的质量,常要求承包方提供银行的维修保函,保证在工程质量不符合合同规定时,承包方负责维修或向业主赔偿损失,否则,担保银行负责向业主赔偿损失。劳务承包公司通过提供维修保函,得到了最后一笔款项,起到了融资作用。

示样 8-4:质量/维修保函示样

FORM OF QUALITY/MAINTENANCE GUARANTEE

TO: _____(BENEFICIARY)

DATE:

Our Irrevocable Letter of Guarantee No. _____

We have been informed that _____ (the name of applicant) (hereinafter called the applicant), has entered into contract No. _____

Dated _____ with you, for _____ (description of goods and /or services) at a total price of _____ and that the contract stipulates that a Quality/Maintenance Guarantee be required in the amount of _____% of the total price.

At the request of the applicant, we, Industrial and Commercial Bank of China _____ Branch, _____ (address), hereby irrevocably undertake to pay you any sum or sums not exceeding in total an amount of _____ (say: _____) representing _____ percent of the contract price within _____ days upon receipt by us of your written demand stating that the applicant is in breach of his obligation(s)under the underlying contract.

Your demand for payment must also be accompanied by the following document(s): (specify document(s) if any, or delete)

1.

2.

This Quality/Maintenance Guarantee shall become effective from issuing date and shall expired on _____ at the latest. Consequently, any demand for payment under it must be received by us before that date. Upon expiry, this guarantee shall automatically become null and void and please return it to us for cancellation.

All rights and obligations arising from this guarantee shall be governed by laws of _____ .

INDUSTRIAL AND COMMERCIAL BANK OF CHINA

_____ BRANCH

第九章　国际商业银行贷款与证券融资

企业跨国经营的一项重要业务是国际融资。第八章介绍了国际贸易融资,本章介绍国际商业银行贷款(主要是银团贷款)和国际证券融资。国际证券融资包括国际债券融资和国际股票融资,主要满足企业中长期生产资金的需要。对于债务人而言,债券融资成本通常要低于股票融资成本,从而成为企业加速资本积累、提高盈利能力的重要杠杆。在资本市场上,债券与股票同属直接融资范畴,其"直接"性表现为资金供求双方的成本、风险、收益关系互为耦合。就其本质而言,股票类似于永久债券;长期债券与股票,特别是与优先股有许多相似之处。可见,股票与债券之间并非具有不可跨越的鸿沟。国际证券融资场所主要分布在经济发达国家和地区。

第一节　国际商业银行贷款

一、国际商业银行贷款的含义与现状

国际商业银行贷款是指借款人为了本国经济建设的需要,为某一个建设项目或其他一般用途而在国际金融市场上向外国银行筹借的贷款。国际商业银行贷款的方式大致可分为三种:第一种是双边的,即由两国银行(或信托投资公司)之间签订协议;第二种是联合贷款,即由3~5家银行联合向一个借款人提供的一种贷款;第三种是由许多家银行组成的银团贷款。

国际商业银行贷款的特点如下。

(1) 贷款用途比较自由。国际商业银行贷款的用途由借款人自己决定,贷款银行一般不加以限制。这是国际商业银行贷款区别于其他国际信贷形式,如国际金融机构贷款、政府贷款、出口信贷和项目融资等的一个最为显著的特征。

(2) 借款人较易进行大额融资。国际商业银行贷款资金供应,特别是欧洲货币市场商业银行信贷资金供应较为充裕,所以借款人筹集大额长期资金较为有利。如独家商业银行贷款中的中长期贷款每笔的额度可达数千万美

元,银团贷款中每笔数额可达 5 亿~10 亿美元。

(3)贷款条件较为苛刻。在具有以上两点优势的同时,国际商业银行贷款的贷款条件由市场决定,借款人的筹资负担较重。这是因为,贷款的利率水平、偿还方式、实际期限和利率风险等是决定借款人筹资成本高低的较为重要的因素,而与其他国际信贷形式相比,国际商业银行贷款在这些方面均没有优势。

然而,国际商业银行贷款仍然一直是全球金融市场的重要组成部分。每逢金融风暴来临,资本市场就会动荡收缩,有时甚至不再成为一种融资的有效渠道,这使得借款人只能纷纷转向银行寻求融资。许多资信良好的企业借款人甚至在其资金状况最好的时期也保留着数目可观的银行信用额度,这样做的目的是在一定程度上确保在急需时可以随时得到这些银行的支持。有一些特殊的融资,比如为金融兼并、收购和杠杆收购所提供的短期贷款,以及为项目融资提供的长期贷款,这些传统的银行贷款都是无法为其他形式所替代的。这也许是因为借款人无法精确地预计何时需要资金,或是何时能够利用出售存货、发行债券、出售资产的收入来安排还款,或是因为企业的业务在规定期限内可能发生重大的无法预料的变化,因而对借款人来说获取贷款的灵活性要比企业将为此额外付出的成本更加重要。银行贷款提供了一种可以密切借款人与贷款人之间的联系并且便于操作的方法。像这样的方法并不多,同时该方法在安排文本合同和获取相关信息的成本控制方面保持着显著优势。

目前中资企业对国际商业贷款需求强烈,其原因主要有:一是满足企业生产经营的需要。企业为维持正常的投资生产经营,特别是在扩大规模、改造技术、产品更新等前提下,会遇到资金困难,国内融资难以满足需求。在此情况下,企业往往会把举借外债作为筹措资金的有效途径。二是降低企业融资成本的需要。国际市场融资成本相对较低,也进一步激发了中资企业境外融资的欲望。三是受金融危机的影响,外向型企业对周转性资金的融资需求大。

二、银团贷款

银团贷款是从双边贷款发展而来的融资方式,由一家或几家国际商业银行牵头,组织多家银行参加,在同一贷款协议中按商定的条件向同一外国借款人发放贷款,又称辛迪加贷款(syndicated loan)。这种贷款形式出现于 1930年,直到现在还在使用。

与传统的双边贷款相比,银团贷款对于解决双边贷款的缺陷具有重要意义。通过银团方式组织贷款,各家银行分别评审借款人的风险并相互沟通信息,通过相互协调的多边审查、多边制衡、多边监督机制,可以有效克服信息不对称问题,识别并分散贷款风险;参加银团的各家银行就贷款条件形成一致意见,可以有效防止各行竞相降低贷款条件进行不正当竞争;银团贷款可以比较全面地反映客户资金需求与银行资金供给的整体情况,有利于形成市场化的贷款利率形成机制;对于客户来说,采用银团贷款方式也可以省去与各家银行反复谈判,缩短筹资时间,降低筹资成本。

（一）银团贷款工具及特点

目前,在银团贷款市场上,由于政府或跨国公司需要大量定期信贷,银团贷款迅速发展。许多欧洲美元贷款是银行直接按客户关系或正式信贷额度安排的信用。达到一定信用等级的借款人可进入短期欧洲信用市场筹资。初次借款的客户同它的往来银行谈判可接受的信贷额度,信贷额度按年度安排,可以按 90 日和 180 日展期。

银团贷款程序是银行在国际贷款中分散单一主权风险的手段。对于借款较少的借款人,常常安排俱乐部贷款(club loan)。这时,牵头银行和经理银行筹集全部贷款资金,不需要安排分销的备忘录。这种信用在市场不稳定时期最普遍,但只有实力雄厚的跨国银行才愿意做这种业务。还有一种不太常用的贷款工具,是贷款参与证,它是银行参与辛迪加贷款的一种可半转让的凭证,即允许银行在某个时期之后出售贷款参与证,撤出参与贷款。

由于欧洲货币市场不受国内银行法管制,有自由的交易环境,产生了许多新的金融借贷手段。较成功的有:20 世纪 50 年代末期的货币调换交易(存款用一种货币,贷款货币可灵活选择,但成本较高);欧洲债券(1958 年);欧洲美元债券(1959 年);展期信贷(20 世纪 60 年代初期,贷款者可将资产到期日和债券到期日相对应,把利率风险转移给借款人);平行贷款(20 世纪 60 年代初期)。20 世纪 60 年代后期以来新出现的金融工具有:福费廷(forfaiting,20 世纪 60 年代后期)、浮息票据(FRN,1970 年)、多种货币贷款(20 世纪 70 年代)、货币期货市场(1972 年)。之后,又有合成货币债务、灵活偿还期贷款、累进偿还贷款、分享股权贷款,以及多种选择贷款等方式。下面择要介绍几种贷款工具。

(1) 多种货币贷款。欧洲银行(经营欧洲货币的银行)拥有多种货币寸头,这正适合跨国公司、政府部门及公共机构对资金用途多样化的需要。多种货币贷款允许借款人通过协议的规定,要求贷款银行按自己选择的一种或几种货币支付贷款。借款人也必须用相同的货币种类还本付息。多种货币贷款,对借贷双方都有巧妙利用汇率与利率差别及汇率和利率变动的好处,减轻由此造成的损失。例如,某跨国公司需要一笔长期流动资本,但不能预先确定未来收入哪种货币,什么时候到期。该公司可以通过谈判借一笔一定期限同美元等值的多种货币贷款。到期时,可以转换成其他几种货币的等值贷款。这种办法可灵活地中和货币的汇率风险,确保资金的可得性。

欧洲贷款有短期的贸易融资,也有长达十年期限的中期欧洲信贷。欧洲货币贷款也有循环式信贷,承诺期超过 6 个月,利率计算通常在循环的基础上,每 3 个月或 6 个月按当时市场情况重新确定。在贷款协议中,只规定一个最高贷款限额,借款人在贷款期限内按情势可以多次提用和偿还款项,即循环使用,直至贷款期终了。这对借款人有利,但费用较高。

(2)平行贷款。不同国家的两个公司在规定的时间内互借对方的货币的协议。在协议终止日,归还所借货币。这种互换能抵补汇率风险损失,因为每个公司在自己账户中,初始的互借由到期日的归还所对冲。但是,按照参与人的需要搭配借款要支付较高的成本,而且受到信用限制和外汇管制的约束。

(3)合成货币债务。这是欧洲市场上另一种筹资工具,用合成货币标价的贷款,如用特别提款权(SDRs)等,它可以抵消各种货币头寸的风险,保障贷款价值的稳定。

(4)灵活偿还期贷款。贷款有变动的偿还期,以代替变动的利率。债务人按协议规定条件还本付息,当利率上升时,债务偿付的摊提部分下降,而贷款的偿还期相应延长。如果利率大幅度上升,会出现负的摊提数,贷款人实际上要对借款人提供新的资金。这样,借款人能确定他们的债务还本付息额,贷款人能安排他们的贷款计划,可较少担心贷款的重新调整或可能的贷款注销。

(5)累进偿还贷款。债务本息的偿还数开始时较低,以后逐步增加。在贷款的初期几年,摊提数甚至可能是负的。这种手段特别适用于项目筹资。因为项目的收益和债务清偿能力随着项目的建成而上升。通过将债务还本付息的系列安排与项目预计的外汇收益相匹配,借款人就可能避免将外汇资金用于偿还债务。

(6)分享股权贷款。在项目贷款中,贷款者愿意接受低于市场的利率,以分享贷款项目的股权作为回报。这对借款人来说,可与贷款人分担项目牵涉的风险。由于项目的收益同产品定价有关,贷款协定中要包括一些定价规定,对该项目的管理施加影响。贷款人可能还要提出规定一些补偿规定或保险,以防止政治风险。

（7）多种选择贷款。这是一种灵活的辛迪加贷款。包括多种集资选择，按借款人意愿使用，例如商业票据发行、银行承兑、短期现金预支、承诺贷款。实际的贷款协议可以根据借款人的需要，包含其中几种融资方式。商业银行和投资银行都参与多种选择贷款的安排。这种贷款代替或补充传统的信贷额度。许多借款人利用多种选择贷款融资，支持短期商业票据计划，或替换成本高的普通银行贷款。在 1987 年全球股市危机后，多种选择贷款显现出吸引力，推动银团贷款的复兴。

银团贷款与普通国际商业银行贷款形式相比，其特点如下。

（1）贷款数额更大，期限更长，短则 3 年，长则 10 年。从市场方面看，借款数额大到一家银行无法承担的时候，银团贷款便会出现。从政府和法律角度看，各国银行法很少允许一家商业银行对同一借款人的贷款数额超过一定比例。例如《中华人民共和国银行法》第三十九条规定的限制比例为银行注册资本的 10%。所以，银团贷款既可以使借款人获得巨额资金，又使银行不至于承担太大的风险和违反法律。与发行国际债券相比，如果数额不是过大，银团贷款操作的时间更节省，手续更简单，费用比较合理。

（2）贷款合同有标准格式。

（3）涉及银团贷款的法律问题比较明确和固定，通常有专业国际金融律师提供高效服务。

（4）分散贷款风险。现有专门从事美元或日元以及欧洲货币的银团贷款的国际大银行，多家银行共同承担一笔贷款比一家银行单独承担要稳妥得多，各个贷款行只需按各自贷款的比例分别承担贷款风险，而且还可以加速各贷款行的资金周转。

（5）可以避免同业竞争，把利率维持在一定的水平上；可以提高银行特别是牵头行和安排行的影响和知名度，同时增强各款贷款银行间的业务合作。

（二）银团贷款运作过程

（1）一国的借款人联系经常从事这种业务的大型国际银行，委托它作为牵头银行（也称管理银行）组织银团。联系的方式有多种：邀约邀请书方式、公开招标方式、私下商谈方式等。

（2）确定牵头银行后，它便开始组织银团。牵头银行通过各种"招募"方式组成一定规模的银团。它们类似发行证券过程中的主承销商和承销团成员之间的关系。

（3）牵头银行同借款人谈判贷款的具体条件后，再将贷款数额按比例分配或由银团成员认购，然后牵头银行同借款人签订银团贷款协议。

（4）上述过程也可以是另一种方式，即牵头银行先同借款人签订协议，然后再将贷款数额分配给银团成员。

（5）银团贷款协议签订后，牵头银行的工作即结束。它可以转变为银团的代理人角色，或银团再选出其他银行作为代理人，代表银团同借款人联系贷款的划拨、使用和监督管理以及还款。

（三）国际银团贷款主要当事人及其职责

（1）牵头行与安排行（leading bank and arranger）。牵头行是受客户委托发起组织银团贷款的银行，安排行是具体负责组织安排银团的银行，协助代理行做一些事务性工作。通常牵头行与安排行为同一家银行。对金额较大的银团贷款，牵头行或安排行则联合若干副牵头行或副安排行共同牵头组织或安排。其主要职责是：为客户物色贷款银行、组织银团，认定贷款总额及种类，协助客户编制贷款项目信息备忘录，聘请律师起草贷款文件及有关法律文件，负责贷款项目的广告宣传，安排贷款合同正式签署，并协助代理行督促客户和其他有关方落实使用贷款的先决条件。

就风险而言，银团贷款与传统的工商贷款的风险接近，即在经济形势有利时，贷款的回报率较高；经济形势恶化时，贷款的回报率较低。这意味着除牵头银行之外，参与银行的回报应该不会高于发放相同信贷风险的普通工商贷款。

一般来说，牵头银行在组织银团贷款的过程中不会利用其在资讯上的优势，如资讯的不对称性，对贷款规模、借款者所处的行业、贷款季节、贷款结构等变数的了解优势等，而保留较多的质量较高的贷款、少保留质量较低的贷款，或不对参与银行透露较重要的非公开的信息。其主要原因是牵头银行不愿靠信誉的贬损来换取暂时的经济利益，即信誉风险比经济损失的意义更大。事实上，尽管牵头银行在建构、推销和管理银团贷款上享有经验及技术上的优势，但并不能代替参与银行自身对贷款的独立评估。美国银行监管当局明文规定，参与银行必须对其要参加的银团贷款进行独立的评价，这种评价在经济增长较快、银团贷款需求较高时尤为重要。目前在市场上最常见的投资级别的银团贷款的成熟期为 364 天，银行监管当局的资料显示，贷款恶化的时间通常较其发放的时间滞后 1～2 年。

（2）副牵头行与副安排行（co-leading bank and co-arranger）。在金额较

大的银团贷款中,除牵头行或安排行外,还需一个或若干副牵头行与副安排行协助工作,从而吸引更多的银行参加。

(3) 经理行(manager bank)。负责在银团贷款安排过程中与牵头行和安排行联系,组织内部评审贷款项目,决定是否参加银团并与安排行讨论贷款文件,直至贷款合同签署。有时经理行也负责推销一部分贷款额度。

(4) 代理行(agent bank)。代理行是银团与客户之间的联系人,是受银团的委托担任贷款管理人的一家银行,负责具体落实使用贷款的先决条件及贷款的管理工作,对贷款使用情况进行检查和监督,核实经济效益和还款能力等情况,定期向贷款人通报。有时代理行由牵头行或副牵头行担任。

代理行在银团中担任极为重要的角色,即负责在贷款协议签字后,全权代表银团按照贷款协议的条款,向借款人发放和收回贷款,并负责全部贷款的管理工作。负责沟通银团各成员之间的信息,接受各个贷款人的咨询与核查,代表银团与借款人谈判,出面处理违约事件,协调银团与借款人之间的关系等。在担保结构比较复杂的银团贷款,特别是项目贷款中,往往设一家担保代理行(security agent),负责协调落实贷款中的各项担保,包括各项权益转让事宜。

(5) 参加行(participants bank)。参加行是指参加银团的银行,亦即贷款人(lender),它们按照各自承担的份额提供贷款。参加行一般是接受牵头行或安排与客户商定的贷款条件,独立参加银团的成员行。各参加行对应的权益和风险,按其贷款比例分摊,按贷款合同履行其职责和义务。

(6) 顾问行(advisor)。在国际银团贷款中,面对许多银行的报价和贷款条件,为了正确作出借款决策,借款人可以指定一家银行担任自己的顾问行。顾问行向借款人提供有偿的财务顾问咨询服务,以保证全部借款工作的顺利进行。

(四) 国际银团贷款相关法律文件

(1) 借款人给牵头银行的委托书。一般的委托书可以是具有法律责任(即没有完成委托书的义务可能会导致法律责任)的文件。但是,银团贷款中给牵头银行的委托书却不是这样,它更多的是具有商业市场的意义,而非法律义务的意义。

(2) 借款情况备忘录。这个文件所涉及的法律问题是:对借款人有业务保密的义务;对银团成员行提供准确、完整和真实情况的义务;对牵头银行本身与银团贷款的利益冲突披露的义务。

(3) 银团贷款招募说明书。该文件与证券招股说明书相似,如果给过多数量的人发行,或非专业机构人士,就会引起市场证券监管机关要求注册的法律义务。

（4）借款人与牵头银行的银团贷款协议书。同定期贷款合同一样,区别在于贷款人不是牵头银行一家,而是多家银行参与贷款。或者表面上看只有牵头银行一家签字,但是条款中允许将债权转让分配给其他银行。

（5）牵头银行与银团成员之间的协议书。该协议书是分配贷款数额和风险的文件,要求牵头银行不能有与银团贷款的利益冲突;或者披露这种利益冲突后银团成员认为可以接受。

（6）银团成员与代理人之间的协议书。该文件的主要法律问题是代理人的授权范围,代理人不能有与银团有利害关系的利益冲突,代理人的利益保障。

（五）国际银团中成员间的关系

（1）银团的法律地位是由合同确定的,它们不是组成一家公司,不是合伙,也不是联合企业。银团本身没有法人地位。银团成员之间的关系是由合同确定的。例如,成员行之间不承担连带责任,它们各自的地位和责任都是独立的,它们的权利也是独立和平等的。但是,考虑到银团成员的各自利益具有相关性,它们有常采取一致行动的特点,在成员行行使权利时,要协商一致或经过民主程序后,依大多数银行的选择行动。

（2）民主程序可以采用在一般问题上,但是对于银团利益的重大问题,如调整贷款数额和利息、调整贷款银行的义务、减少借款人的义务、改变借款还款货币种类、延长还款期限、调整借款费用、银团成员增加或退出等时,往往采用合同约定的方式,提前作出强制性约定。目的是保护"少数银团"的利益不受"多数银团"成员的影响。

（六）参加银团的方式

（1）直接参加。前面所讲的银团贷款,成员银行都是直接参加银团。牵头银行与成员银行协商一致后,才同借款人签订贷款协议。

（2）从属贷款方式。成员银行先向牵头银行提供贷款,牵头银行再向借款人提供贷款。当借款人向牵头银行还款后,牵头银行立即向成员银行还款。这种间接参加银团的方法,限制成员银行要求牵头银行用借款人还贷以外的资源偿还它们的贷款。这种参加形式从表面上看是两份独立的合同。因此,成员银行的收益要更高一些,因为它们的风险比直接参与更大。直接参加时,成员行只需承担借款人破产的风险,间接参加时还要承担牵头银行破产的风险。

（3）隐名代理方式。牵头银行虽然与成员银行之间有代理关系,但是在同借款人的合同中并不表明它就是成员银行的代理人的身份,从表面上看它就是唯一的贷款人。如果不进入司法程序,隐名代理不必揭开明示。进入司法程序后,这些代理文件可以向司法部门和借款人明示。为了保护被代理的成员银行的利益,代理人应该为成员银行开设信托账户,以免代理人自己破产时牵连成员银行的利益。

（4）债权让与方式。这种间接参与方式是牵头银行将生效的贷款协议的债权收益等权益让与其他成员银行。债权的让与是外来应收利益,所以,成员银行实际得到收益要等到借款人偿还牵头银行贷款之后。由于债权让与协议可能在实际贷款发放给借款人之前签订,所以,让与的既可以是已存的债权,也可以是未来的债权。

（5）转让债权方式。牵头银行与借款人贷款的操作完成后,经过借款人同意,牵头银行可将债权转让给其他成员银行。从表面上看这是贷款合同的主体变更,实际上是为了节省谈判成本事先商谈好的程序。

（6）贷款证券化方式。由于国际银行监管规则《巴塞尔协议》对于信贷风险的评价机制,使得商业银行可采用贷款证券化方式,将风险分散转移给其他投资者。牵头银行发行可转换贷款证书或可转换债权证书等证券,将债权分销给更多的银行。这种方式涉及证券法的内容,如果是向非专业机构投资者发行这种证书,事先要在市场地国家的证券监管部门注册。

第二节　国际债券融资

企业除了在国内市场发行企业债券外,在条件成熟时,还可以充分利用国际资本市场,进行国际债券融资。国际债券融资是指通过发行国际债券来融通资金的一种融资行为。国际债券是一国政府、金融机构、企业或国际金融机构为筹措资金在国际金融市场上发行的以外国货币为面值的债务性工具。国际债券的重要特征,是发行者和投资者属于不同的国家、筹集的资金来源于国外金融市场。

发行国际债券的主要目的有：政府为弥补一国国际收支赤字、弥补财政赤字、为大型建设工程项目筹款；企业用于增加资本或进行经营扩张；国际金融机构为满足开发计划或贷款计划的资金需求等。

一、国际债券的分类

（一）外国债券

外国债券是指非居民在本国市场发行的以本国货币为面值的债券。外国筹资者在美国市场上发行的以美元计值的债券称为扬基债券（yankee bond）；在日本发行的以日元计值的债券称为武士债券（samurai bond）；在英国市场上发行的以英镑计值的债券称为猛犬债券（bull-dog bond）。外国债券的发行大多受发行所在国法律和其他规定的限制。

（二）欧洲债券

欧洲债券是指境外货币债券，指筹资者在面值货币发行国以外的市场上发行的债券。例如在伦敦金融市场上发行的以美元为面值的债券，称为欧洲美元债券。欧洲债券的发行人、发行地以及面值货币分别属于三个不同的国家。自20世纪80年代以来，特别是1982年出现国际债务危机以来，整个欧洲债券市场的发展极为迅速，欧洲债券的发行量一直超过外国债券。自2012年底以来，除日本以外的亚洲国家企业所发行的以欧元为面值的债券规模大幅增加。目前在国际债券市场上，欧洲债券所占比重已超过了外国债券。

欧洲债券的种类主要有：

（1）固定利率债券。也称普通债券，其利率在债券发行后不再变更，利息按固定的利率每年支付一次。其主要优点是预先确定投资者的收益。这种债券是传统形式的债券，通常在市场利率稳定期发行。

（2）浮动利率债券。这是一种定期根据市场情况调整利率的债券。通常每3个月或6个月，按伦敦银行同业拆放利率或其他基准利率进行调整。由于利率适时调整，所以使投资者免受利率波动带来的损失，在利率动荡时期特别有吸引力。

（3）可转换债券。债券持有人可在指定的日期，以约定的价格将债券转换成债券发行公司的普通股票，或其他可转让流通的金融工具，或转换债券面值等。

（4）附认购权证债券。债券持有者可凭该认购证按规定的价格购买发行公司的股票。它与可转换债券的区别是，持有者不能直接用债券兑换股票，而必须另用资金购买。此外，认购权可以与债券分离，在市场上单独出售，其价格按市场利率水平或股票价格行情而定。

（5）选择债券。这种债券在欧洲货币市场上很流行，其持有人有权按照自己的意愿,在指定的时期内,以事先约定的汇率将债券的面值货币转换成其他货币,但是仍按照原来货币的利率收取利息。这种债券大大降低了债券持有人的汇率风险。有的选择权债券有双重或多重的选择,除了选择转换面值外,还可选择同时兑换成其他货币并转换为普通股票等。

(6)零息债券。这是欧洲货币市场 20 世纪 80 年代的创新。这种债券没有票面利率,出售时以折价发行,到期一次归还本金。它属长期债券,对投资者的吸引力在于债券的增值。

(7)双重货币债券。于 1983 年下半年起在瑞士货币市场上推出。其特点是购买债券以及付息时使用的是同一种货币,而在到期日归还本金时使用的又是另一种货币。由于双重货币债券的两种货币折算汇率已事先确定,可以减少汇率变动的风险。

(三)全球债券

全球债券是指在世界多个主要资本市场上同步发行的、条件一致的,并且可以在这些市场内部和市场之间自由交易的一种国际债券。全球债券的实质是欧洲债券。1989 年 5 月世界银行首次发行该种债券。全球债券的特点主要有三:一是全球发行。外国债券仅仅局限在一个国家发行,欧洲债券的发行范围实际上也很有限,而全球债券则强调全球范围内发行,往往能覆盖全球主要的资本市场。二是全球交易和高度流动性。三是借款人信用级别高而且多为政府机构。

1994 年 1 月 14 日财政部代表中国政府正式向美国证券交易委员会注册登记发行 10 亿美元全球债券。这是我国发行的第一笔全球债券,也是我国政府第一次进入美国资本市场。此笔债券发行的牵头机构是美国的美林证券公司。债券由包括全世界的主要证券公司和银行在内的包销团承销,同时在美国、欧洲、亚洲分销。

2011 年 1 月 5 日世界银行在中国香港发行总额 5 亿元(约合 7 600 万美元)的两年期人民币债券。这是世界银行发行的第一支人民币债券,此举有助于促进人民币在全球市场的使用,进一步深化市场、允许投资者货币持有多元化,并提高人民币的影响力。

二、国际债券融资场所

(一)债券发行市场

债券发行市场即一级市场,是发行新债券的市场。债券的发行和股票的发行相类似,不同之处主要表现在债券发行合同书、债券评级和债券偿还等方面。

债券合同书又称信托契据,是表明公司债券发行人和持有人双方权益的法律文件。发行合同书的内容以为保护债权人利益而设定的各种限制性条款为主,分为否定性条款和肯定性条款。否定性条款是指不允许或限制债券发行公司的股东做某些事情的规定。最常见的规定如利息的支付,只要公司不能按期支付利息,债券持有人就有权要求公司立即偿还全部债务。肯定性条款是指对债券发行公司应该履行某些职责的规定。常见的有营运资金、权益资本要达到一定水平。一旦签订否定性条款和肯定性条款,债券发行公司必须遵守,否则导致公司违约。

由于债券风险的大小直接与投资者的利益密切相关,直接影响着债券发行人的筹资能力和成本,因此需要证券评级机构进行公正的评级。目前全球最著名的评级机构是标准普尔公司和穆迪投资服务公司,尽管其评级标准不尽相同,但主要包括行业分析、财务分析、债券合同分析和国家风险分析四个方面。其具体的信用评级等级见表 9-1。

表 9-1　国际债券的信用评级等级

穆迪投资服务公司	标准普尔公司
Aaa：品质最佳,投资风险极低	AAA：还本付息能力极强
Aa：高品质	AA：有能力还本付息
A：中等以上,可投资	A：虽有能力还本付息,但易受不利经济环境变化影响
Baa：中级品质	BBB：刚好有能力还本付息
Ba：投机性的中下品质	BB：还本付息能力不强,甚具投机性
B：缺乏投资意愿的低品质	B：还本付息能力不强,甚具投机性
Caa：品质不好	CCC：还本付息能力不强,甚具投机性
Ca：高度投机	CC：还本付息能力不强,甚具投机性
C：最低等级	C：无力付息
	D：偿还风险最高

在现实世界中,并不是所有信用等级 AAA 的借款人都能得到相同成本的资金,即使是债券发行者具有相似的特点。其部分原因在于饱和(saturation)和稀缺性价值(scarcity value)。在其他条件相似的情况下,如果一个发行者的债券在市场上没有饱和,他就会享有稀缺性价值的好处,就可以以较低的利率发行债券。

债券的偿还一般分为以下几种。

(1) 定期偿还。发行者每半年或一年偿还一定金额的本金,债券期满时全部还清的偿还方式。这种方法适用于发行数额巨大、偿还期限长的债券。

(2) 任意偿还。债券发行一段时间后,发行者可以自由决定偿还时间,在债券到期前任意偿还债券的一部分或全部金额。这种偿还方式对发行人有利,他可根据其财务状况随时调整债务结构,如可在市场利率下降时实行任意偿还。

(3) 提前售回。投资者有权在债券到期前,于一个特定日期或几个不同日期,按约定价格将持有的债券售回给债券发行人。

(4) 买入注销。

(二)债券流通市场

债券流通市场即二级市场,与股票市场相类似,可分为场内交易市场(证券交易所市场)和场外交易市场。证券交易所是债券流通市场的重要组成部分,在其申请上市流通的债券主要是公司债券,国库券一般不需申请即可上市,享有上市豁免权。一般而言,在债券流通总量中,上市债券占少数,绝大部分属非上市债券。因此,场外交易市场是大多数债券流通的场所。

债券流通市场的交易机制与股票流通市场的交易机制无显著差别,只是因债券的风险小于股票,其交易价格的波动幅度也较小。

三、全球主要国际债券市场

(一)美国外国债券市场

美国的外国债券称为扬基债券。它具有以下特点。

(1) 发行额大,流动性强。20 世纪 90 年代以来,平均每笔扬基债券的发行额大体都在 7 500 万~15 000 万美元之间。扬基债券的发行地虽在纽约证券交易所,但实际发行区域遍及美国各地,能够吸引美国各地的资金。同时,又因欧洲货币市场是扬基债券的转手市场,因此,实际上扬基债券的交易遍及世界各地。

(2) 期限长。20 世纪 70 年代中期扬基债券的期限一般为 5~7 年,80 年代中期后可以达到 20~25 年。

(3) 债券的发行者以外国政府和国际组织为主。购买者主要是美国的商业银行、储蓄银行和人寿保险公司等。

(4) 无担保发行数量比有担保发行数量多。

（5）由于评级结果与销售有密切的关系，因此非常重视信用评级。

（二）日本外国债券市场

日本的外国债券叫作武士债券。武士债券最初是 1970 年由亚洲开发银行发行的，1981 年后数量激增，1982 年为 33.2 亿美元，1985 年为 63.8 亿美元，超过同期的扬基债券。

日本公募债券缺乏流动性和灵活性，不容易作美元互换业务，发行成本高，不如欧洲日元债券便利。目前，发行武士债券的筹资者多是需要在东京市场融资的国际机构和一些发行期限在 10 年以上的长期筹资者，再就是在欧洲市场上信用不好的发展中国家的企业或机构。发展中国家发行武士债券的数量占总量的 60% 以上。

（三）瑞士外国债券市场

瑞士外国债券是指外国机构在瑞士发行的瑞士法郎债券。瑞士是世界上最大的外国债券市场，其主要原因是：

（1）瑞士经济一直保持稳定发展，国民收入持续不断提高，储蓄不断增加，有较多的资金盈余。

（2）苏黎世是世界金融中心之一，是世界上最大的黄金市场之一，金融机构发达，有组织巨额借款的经验。

（3）瑞士外汇完全自由兑换，资本可以自由流进流出。

（4）瑞士法郎一直比较坚挺，投资者购买以瑞士法郎计价的债券，往往可以得到较高的回报。

（5）瑞士法郎债券利率低，发行人可以通过互换得到所需的货币。

瑞士法郎外国债券的发行方式分为公募和私募两种。瑞士银行、瑞士信贷银行和瑞士联合银行是发行公募债券的包销者。私募发行没有固定的包销团，而是由牵头银行公开刊登广告推销，并允许在转手市场上转让。但是至今为止，瑞士政府不允许瑞士法郎债券的实体票据流到国外，必须按照瑞士中央银行的规定，由牵头银行将其存入瑞士国家银行保管。

（四）欧洲债券市场

1. 欧洲美元债券市场

欧洲美元债券是指在美国境外发行的以美元为面额的债券。欧洲美元债券在欧洲债券中所占的比例最大。

欧洲美元债券市场不受美国政府的控制和监督，是一个完全自由的市场。欧洲美元债券的发行主要受汇率、利率等经济因素的影响。欧洲美元债券没有发行额和标准限制,只需根据各国交易所上市规定,编制发行说明书等书面资料。和美国的国内债券相比,欧洲美元债券具有发行手续简便、发行数额较大的优点。欧洲美元债券的发行由世界各国知名的公司组成大规模的辛迪加认购团来完成,因而较容易在世界各地筹措资金。

2. 欧洲日元债券市场

欧洲日元债券是指在日本境外发行的以日元为面额的债券。欧洲日元债券的发行不需经过层层机构的审批,但需得到日本大藏省的批准。发行欧洲日元债券不必准备大量的文件,发行费用也较低。

欧洲日元债券的主要特点是:①债券发行额比较大,一般每笔发行额都在200亿日元以上;②欧洲债券大多与互换业务相结合,筹资者首先发行利率较低的日元债券,然后将其调换成美元浮动利率债券,从而以较低的利率获得美元资金。

20世纪80年代以来,欧洲日元债券增长较快,在欧洲债券总额中的比例日益提高。欧洲日元债券不断增长的原因除了日本经济实力强、日元一直比较坚挺、日本国际收支大量顺差、投资欧洲日元债券可获利外,还在于日本政府为了使日元国际化,使日元在国际结算和国际融资方面发挥更大的作用,从1984年开始,对非居民发行欧洲日元债券放宽了限制:①扩大发行机构。将发行机构由原来的国际机构、外国政府扩大到外国地方政府和民间机构。②放宽了发行条件。将发行公募债券的信用资格由AAA级降到AA级。③放宽了数量限制。在发行数量上,取消了对发行笔数和每笔金额的限制。④扩大主办银行的范围。除了日本的证券公司外,其他外国公司可以担任发行债券的主办机构。

3. 以多种货币为面值的欧洲债券

欧洲债券多数以美元、日元、英镑等货币单独表示面值,但也有以多种货币共同表示面值的。由于单一通货的汇率经常变动,风险较大,用多种货币表示面值的欧洲债券呈增加趋势。多种货币表示面值的欧洲债券有以下两种:①以几种货币共同表示欧洲债券的面值。每一种货币占有一定的比例。对于欧洲债券的发行者和购买者来说,这种计价的好处是减少风险。②用特别提款权为记账单位表示欧洲债券的面值。特别提款权是国际货币基金组织创造的由美元、日元、欧元、英镑这4种货币加权平均组成的记账单位。由于它是多种货币的加权平均,各种货币汇率变动可以互相抵消,其价值也较稳定,使发行者和投资者都能减少或避免汇率变动风险。

**专栏 9-1**

香港离岸人民币债券市场

2007 年 6 月,中国人民银行和国家发展与改革委员会正式批准境内政策性银行和商业银行在香港发行以人民币计价的债券,自此,香港离岸人民币债券市场形成。香港离岸人民币债券的主要监管政策见表 9-2。

表 9-2　香港离岸人民币债券的主要监管政策

时间	政　策
2007 年 6 月	中国人民银行和国家发改委联合公布了《境内金融机构赴香港特别行政区发行人民币债券管理暂行办法》,允许内地政策性银行与商业银行赴港发行人民币债券
2008 年 12 月	国务院公布了《关于当前金融促进经济发展的若干意见》,允许在内地有较多业务的香港企业或金融机构在港发行人民币债券
2010 年 2 月	香港金融管理局公布了《香港人民币业务的监管原则及操作安排的诠释》,指出人民币流进香港以后,只要不涉及资金回流内地,在港的企业即可按照香港的相关法规开展人民币业务,即国内在港上市企业、海外金融机构、跨国企业和跨国组织均可在港发行离岸人民币债券进行融资
2011 年 8 月	在香港举行的"国家'十二五'规划与两地经贸金融合作发展论坛"上,时任中共中央政治局常委、国务院副总理李克强指出允许境内企业赴港发行人民币债券,扩大境内机构赴港发行人民币债券的规模,促进香港人民币债券市场的发展和完善

资料来源:中国人民银行网站与香港金融管理局网站,经整理汇总得到。

随着政策的逐步放开,香港离岸人民币债券发行主体日益多元化,也使香港人民币债券市场规模逐步扩大。

目前香港离岸人民币债券有 2 年期、3 年期、5 年期、7 年期、10 年期债券;同时也包括政府债券、金融债券、企业债券。不同的发行主体、不同期限的债券使得债券收益率不同,这样的差异满足了不同投资者对收益率的需求,丰富了人民币债券种类。

从信用等级结构来看,香港离岸人民币债券集中在中高信用等级,低信用等级债券较少。香港金融管理局数据显示,人民币债券级别主要分布在 A-至 AA-,约占全部评级的 80%。这主要是由于香港人民币债券市场仍处在发展初期,中高信用等级的债券更容易被投资者接受。随着离岸人民币债券市场的进一步成熟,低信用等级的发行者也将逐步参与到该市场。香港离岸人民币发行主体构成及债券发行量分别见图 9-1 和图 9-2。

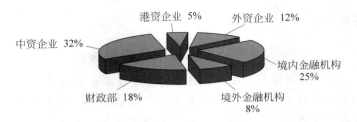

图 9-1　香港离岸人民币发行主体构成(2007—2011)

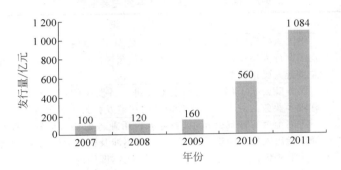

图 9-2　香港离岸人民币债券发行量(2007—2011)

四、国际债券的发行

（一）国际债券的发行步骤

下面主要介绍美元债券、日元债券和欧洲债券的发行步骤。

1. 美元债券的发行步骤

发行美元债券的主要步骤如下。

（1）发行人首先向美国的资信评定公司提供资料,以便调查和拟订发行人的债券资信级别。同时,发行人还要办妥向美国政府"证券和交易所委员会"呈报注册文件的草稿。

（2）债券发行人完成向美国证券和交易所委员会呈报注册文件工作。同时,资信评定公司也完成信用调查工作,提出债券资信级别的初步意见。如果债券发行人对此无异议,则正式资信级别的等级意见书成立;如果债券发行人不接受,则考虑不定级发行。

（3）美国政府证券和交易所委员会收到债券发行人呈报的注册文件后,要进行审查,审查完毕后发出一封关于文件的评定书。债券发行人应就评定书里提出的问题作出答复。

（4）债券发行人根据证券和交易所委员会在评定书中提出的意见，完成注册文件的修改工作。

（5）债券发行人应选择一名管理包销人，由其组织包销集团，负责包销及有关工作。管理包销人提出发行债券的初步方案，广泛征求意见，以期债券发行人和债券投资者双方都能满意。

（6）正式在债券市场上发行债券。

2．日元债券的发行步骤

发行日元债券的主要步骤有：

（1）取得临时信用评级，在缴款前签订承购合同后，取得试评级。

（2）选定证券公司。

（3）指定法律顾问。

（4）制定各种发行文件。召集发行者、受托银行及证券公司研究各种合同的准备文本，起草文件。主要有：有价证券呈报书、发行说明书、外汇法规定的呈报书、债券条款、担保条款、承购合同书、承购团合同书、募集委托合同书、本利支付事务代办合同书、登记事务代办合同书、有价证券报告书等。

（5）债券发行人取得国内有关部门的批准。

（6）向日本大藏省提出有价证券申报书，征得日本政府的批准。

（7）组织承购团。

（8）发行条件谈判。召开发行者、委托银行及证券公司三方会议，协商发行条件，签订承购合同。

（9）有价证券申报书生效后，开始募集，招募时间一般为 7～10 天。

（10）债券资金交款。认购人向发行单位支付债券发行款项。

（11）提交外汇报告书。

（12）债券在东京证券交易所上市。

3．欧洲债券的发行步骤

欧洲债券的发行是在国际银行组织下进行的。这种国际银行叫作主办银行，主办银行邀请几个合作银行组成发行管理集团，发行量过大时，要由几个主办银行联合进行。这种发行方式叫作辛迪加集团发行。主办银行为发行债券做准备，规定一些条件，包销人的推销集团中某一个主办行作为专门的付款代理人和财政代理人。所发行债券的大部分由发行管理集团所认购，有贷款

(募集)能力的包销者将参加债券的发行。包销者由世界各地的国际银行和大公司构成,数量在30~300家。发行集团和包销者共同保证借款者以确定债券价格募集资金。

推销集团的责任是把债券卖给公众。公众也包括主办行、包销者和有销售基础的银行。主办行、包销者、推销者就是债券市场的参加者,这些参加者要得到一定的佣金。

欧洲债券市场不受政府的管制,能比较容易地在3周内募集到资金。发行欧洲债券的具体程序包括:

(1)主办者和借款者一起决定发行债券的条件(数额、期限、固定或浮动利息率、息票),在这个阶段主办行组建发行管理辛迪加,准备各种文件。最主要的文件是说明书,在这个阶段叫作初步说明书。

(2)宣布日。主办行通过电传对债券的发行进行说明,并邀请银行参加包销和推销集团,向可能包销者送交初步说明书。在一两周之内,制定出债券发行的最终条件,辛迪加集团的借款者承担责任。

(3)上市日。发行最终说明书;债券公开上市;公众募集阶段大约是两周。

(4)结束日。认购结束,债券和现金交换,借款者实际卖出债券,取得现金。在各大报纸上登醒目的广告,公开宣传这次债券发行成功,并列出主办银行和合办银行名单。

(5)债券交易日结束后债券就可以上市交易。

(二)国际债券的发行条件

(1)发行额。发行额的多少,除了受信用级别的限制外,还要根据发行人的资金需要和市场销售的可能性确定。

(2)偿还期限。债券的偿还期限的长短,由发行者的需要、债券市场的条件和发行债券的种类所决定,一般短则5年,长则10年、20年以上。

(3)票面利率。一般采用固定利率,也有采用浮动利率的。发行债券的种类不同,利率也不同。对发行债券者来说,利率越低越好。银行存款利率和资金市场行情的变化对债券利率影响较大。

(4)发行价格。债券的发行价格以债券的出售价格与票面金额的百分比表示。以100%的票面价格发行的叫等价发行;以低于票面价格发行的叫低价发行;以超过票面价格发行的叫超价发行。

(5)偿还方式。国际债券的偿还方式主要有:定期偿还、任意偿还、购回偿还。

（6）认购者收益率。它是指所得的偿还价格和发行价格的差额利润率及票面利息率的总和。

（7）费用。发行债券的费用包括债券印刷费、广告费、律师费、承购费、登记代理费、委托费、支付代理费等。

（三）国际债券发行的主要文件

（1）有价证券申请书。是发行人向发行地政府递交的发行债券申请书，主要包括以下内容：发行人所属国的政治、经济、地理等情况；发行人自身地位、业务概况和财务状况；发行本次债券的基本事项；发行债券集资的目的与资金用途等。

（2）债券说明书。是发行人将自己的真实情况公之于众的书面材料，主要内容与有价证券申请书相似。

（3）债券承购协议。是由债券发行人与承购集团订立的协议，包括以下几个方面的内容：债券发行的基本条件；债券发行的主要条款；债券的发行方式；发行人的保证和允诺；发行人对承购集团支付的费用；承购人的保证和允诺等。

（4）债券受托协议。是由债券发行人和受托机构订立的协议，主要内容除受托机构的职能和义务外，基本与承购协议一样。

（5）债券登记代理协议。是债券发行人与登记代理机构订立的协议，主要内容除登记代理机构的职能和义务外，基本与承购协议一样。

（6）债券支付代理协议。是债券发行人与支付代理机构订立的协议，主要内容除债券还本付息地点、债券的挂失登记和注销外，基本与承购协议一样。

（7）律师意见书。是债券发行人和承购集团各自的律师就与发行债券有关的法律问题表示的一种书面意见书。

总之，发行国际债券是通过国际资本市场发行债券来融资的一种方式。随着债务证券化的发展，债券筹资将发挥越来越大的作用。国际债券的发行条件、成本、品种、手续、时间、流动性等优于银团贷款，所以发行国际债券能在较短的时间，在更广泛的范围内更有效地筹集到利率相宜的长期资金。但国际债券发行费用较高，手续复杂，需经过评估才能发行。国际债券一般可在外国债券市场上发行上市。国际债券的募集方式有公募和私募两种。我国首次于 1982 年 1 月 29 日由中国国际信托投资公司在日本东京国际债券市场以私募形式发行了 3 100 亿日元的 12 年期、年利率 8.7% 的债券。

此外,有 B 股或 H 股等股票发行的企业还可以发行可转换债券。可转换债券具有筹资成本低、筹资效率高、能改善公司财务价值以及转换股票时的溢价收入等优点。但它也存在风险,债券的市值会受到股价的影响。当转换期临近,股票的市价低于换股价时,会影响债券的转换。可转换债券的发行市场一般在欧洲市场,如瑞士市场。1993 年 11 月中国纺织机械股份有限公司在瑞士成功地以私募方式发行了总额为 3 500 万瑞士法郎的 B 股可转换债券,年息为 1%,转换期为 1994 年 1 月 1 日至 1998 年 12 月 11 日。这是中国在瑞士市场发行可转换债券的第一例。

五、近期国际债券融资状况

近几年国际债券发行额的增长主要由两个因素推动,一个因素是欧元的正式启用,使以欧元计值的国际债券发行量随之迅速增加;另一个因素是跨国公司并购,使与之密切相关的国际债券的发行与交易量亦有大幅增长,约占全部国际资本流动累计额的 29.80%。欧元正式启用后,欧元债券的发行额不断增长,这促使欧盟占据了世界债券发行约 55% 的份额。

亚洲开发银行 2012 年 5 月重返美元债券市场,为总额达 12.5 亿美元的 3 年期全球基准债券定价。这是亚洲开发银行该年第三次发行全球债券,收益是亚洲开发银行普通资金源的组成部分,并将用于非优惠性业务。

此次发行的债券票面利率为每年 0.50%,每半年支付一次,到期日为 2015 年 8 月 17 日,发行价为票面价格的 99.666%,收益率为 0.605%,较 2015 年 5 月到期的美国国债 0.25% 的收益率高出 19.55 个基点。此次亚行债券发行的市场覆盖范围也非常广,52% 在亚洲发行,22% 在欧洲、中东及非洲,26% 在美洲。就投资者类型而言,63% 债券由各国中央银行及官方机构认购,20% 由基金经理人认购,17% 由银行及其他投资者认购。

六、企业利用国际债券融资时应注意的事项

首先是降低融资成本,需要综合考虑的因素有:①有关市场信用质量的高低;②有关投资者的风险承受能力;③主要世界货币的汇率和利息率水平;④市场上相似债券的投资回报率水平等。其次是要熟悉各种国际债券发行程序及要求。最后是不断提高企业自身的信用等级。

第三节　国际股票融资

国际股票是指外国公司在某个国家的股票市场上发行的以本币或外币交易的股票,它是外国发行人在国际资本市场上筹措长期资金的工具。国际股票融资是指通过发行国际股票来融通资金的一种融资行为。

一、股票种类

按照股东是否具有剩余索取权和剩余控制权,股票可以分为普通股和优先股。

（一）普通股及其种类

普通股是在优先股要求权得到满足之后,在公司利润和资产分配方面给予持股者无限权利的一种所有权凭证。它是最基本也是最重要的股票种类,是股份公司筹集资本的基本根据。普通股的主要特征有:普通股股东有权参与公司经营决策;有优先认股权;是公司资产的最后分配者;普通股股息上不封顶,下不保底;普通股的价格波动较大。

根据普通股的风险特征不同,可以划分为以下几类。

（1）蓝筹股。是指一些业绩良好的大公司发行的,并被公认具有较高投资价值的普通股。

（2）成长股。是指销售额和利润迅速增长的公司,并且其增长速度快于其所在行业的其他公司发行的普通股。

（3）收入股。是指那些当前能够支付较高股息的公司发行的普通股。

（4）周期股。是指那些股息随着经济周期变化而波动的公司发行的普通股。

（5）防守股。是指在面临不确定因素和经济衰退情况下,股息仍能高于社会平均收益且具有相对稳定性的公司发行的普通股。如公用事业类公司发行的普通股就是典型的防守股。

（6）概念股。是指为迎合某一时代潮流的公司发行的、股价波动较大的普通股。

目前在我国发行的股票均是普通股。按照股票持有人不同可分为国有股(含国家股和国有法人股)、社会法人股、公众股、内部职工股等。按照股票上市和发行地不同可分为人民币普通股(A股)和人民币特种股票。根据人民币特种股票上市的地点不同,又可分为 B 股(即境内上市外资股)、H 股(即中国境内公司在境外发行并在香港证券联合交易所上市)、N 股(即中国境内公司在境外发行并在纽约证券交易所上市)等。

(二)优先股及其种类

优先股是指比普通股具有优先权利的股票,这种优先权主要表现在取得固定的股息和在公司破产清算时对公司剩余财产的要求权。优先股的主要特征有:股息率是固定的,但并不一定要支付;通常有固定的面值;股东通常没有表决权;股东不能要求退股,但却可以依照优先股股票上的赎回条款由发行公司予以赎回。

优先股的种类主要有:

第一,累积优先股和非累积优先股。前者是指当企业在某个时期内所获盈利不足以支付优先股股息时,可累积至次年或以后某一年有盈利时在普通股红利发放前连同本年优先股股息一并发放。它是一种常见的、发行范围非常广泛的优先股。后者的股东则不能要求公司在以后年度补发所欠的股息。

第二,参加优先股和非参加优先股。前者是指股东除了可按固定的股息率优先获得股息外,还可以与普通股股东一起分享公司的剩余收益。后者是指股东只能获取固定的股息,不能参加公司额外的分红。目前大多数优先股都属于非参加优先股。

第三,可转换优先股。是指股东在规定的时期内,可以按一定的转换比率把优先股转换成普通股。当公司盈利状况不佳时,优先股股东可以仍持有优先股,以保证取得较为固定的股息收入;而当公司大量盈利、普通股价格上涨时,他就可以按事先规定的转换比率把优先股转换成普通股,从中获取丰厚的收益。

第四,可赎回优先股。是指允许公司按发行价格加上一定比例的补偿收益予以赎回的优先股。它对股东不利。

二、融资场所

(一)股票发行市场

股票发行市场又称为一级市场,是股票初次发行的市场。股票发行有直接发行和间接发行两种方式。直接发行是指发行人自己而不是委托证券承销机构组织股票发售,主要当事人包括发行人、投资者、证券服务机构等。间接发行是指发行人委托证券承销机构代为发售股票,主要当事人包括发行人、投资者、证券投资服务机构、证券承销商,有时甚至证券交易所也介入其间(如股票的网上发行)。投资银行一般是主要的证券承销商。目前全球最大的投资银行是美国的高盛、摩根士丹利、美林证券。在当前的股票市场中,以前多采用直接发行方式的私募,现也多采用间接发行方式。

（二）股票流通市场

股票流通市场又称为交易市场或二级市场,是指已发行股票进行流通买卖交易的市场。根据组织程度的不同,股票流通市场可以分为场内交易市场和场外交易市场。场内交易市场即证券交易所市场,它是依据国家有关法律、经政府证券主管机关批准设立的证券集中流通的市场。其基本职能是为证券经营机构(即会员)提供所需的交易场所、设备、信息和服务人员,同时对证券流通活动进行严格的管理,保护投资者的利益。证券交易所主要有公司制和会员制两种组织形式,前者以盈利为目的,后者则不以盈利为目的。一般而言,能在证券交易所上市的股票通常是信誉好、规模大、收益稳定的公司发行的股票。场外市场也称柜台市场或店头市场,是指投资者、股东和证券交易商在证券交易所之外通过电子计算机和通信网络买卖非上市股票的流通市场。

三、全球主要股票流通市场

（一）美国股票市场

美国股票市场包括证券交易所、纳斯达克市场、场外公告板市场和粉红单市场。下面分别进行简要介绍。

（1）证券交易所。长期以来,美国股票交易量一直位于世界第一。美国证券交易所曾先后有过 100 多家,经过历史变迁,若干交易所先后停止和合并。目前向联邦证券交易委员会正式注册登记的证券交易所有十余家,其中最著名的有纽约证券交易所、美国证券交易所。此外,较大的、全国性的证券交易所还有辛辛提证券交易所、费城证券交易所、太平洋证券交易所、中西部证券交易所和芝加哥证券交易所。

2005 年 4 月,纽约证券交易所宣布收购电子交易运营商 Archipelago 控股公司。纽约证券交易所从非营利法人团体转化为营利性公司,合并后的新公司名为纽约证券交易所集团公司,集团的股票在纽约证券交易所上市。2006 年 6 月 1 日,纽约证券交易所宣布与泛欧证券交易所合并组成纽约-泛欧证券交易所。2007 年 4 月 4 日,纽约-泛欧证券交易所正式成立,总部设在纽约,由来自 5 个国家的 6 家货币股权交易所以及 6 家衍生产品交易所共同组成。其上市公司总数约 4 000 家,总市值达 28.5 万亿美元(21.5 万亿欧元),日平均交易量接近1 020 亿美元(77 亿欧元)。根据世界交易所联合会的统计数据,2009 年纽约证券交易所国内市场总价值为 118 378 亿美元,比 2008 年的 92 089 亿美元上涨了 28.5%。

(2) 纳斯达克市场。纳斯达克(National Association of Securities Dealers Automated Quotation System,NASDAQ,意译为[美]全国证券交易商协会自动报价系统)是全美证券商交易协会于 1971 年在华盛顿建立并负责其组织和管理的一个电子报价和交易系统,现已发展为全球最大的无形交易市场。1982 年,全美证券交易商协会建立了 NASDAQ 全国市场,将市场上的一部分最活跃和最优质的股票拿出来在新的全国市场上进行报价。全国市场上的上市标准比传统市场要高很多,同时也提供了更透明的交易机制。其他股票继续在 NASDAQ 常规市场上交易。随着越来越多的股票从 NASDAQ 常规市场转向 NASDAQ 全国市场,1993 年 NASDAQ 常规市场被更名为 NASDAQ 小型资本市场。

纳斯达克全国市场(NASDAQ National Market,NNM)作为纳斯达克最大而且交易最活跃的股票市场,现有近 4 400 支股票挂牌。2005 年 2 月,纳斯达克在自己的市场上挂牌交易。2007 年 5 月,纳斯达克以 37 亿美元收购北欧证券市场 OMX 公司,联合组建了一个跨大西洋的交易平台。新公司被命名为纳斯达克 OMX 集团,总市值高达 71 亿美元,其中纳斯达克拥有 72% 的股权,OMX 公司股东拥有 28% 的股权。

(3) 场外公告板(OTCBB)市场。美国 OTCBB(Over The Counter Bulletin Board,可译为未上市证券交易行情公告榜或电子公告板)是美国最有影响力的小额证券市场之一。这是一个受到监管的报价服务系统,能够提供未上市交易股票的实时报价、最近交易价以及交易额等信息。在 OTCBB 交易的证券包括权益证券、认购权证、基金单位、美国存股凭证以及直接参与项目等。这些证券没有资格在交易所或纳斯达克上市,并且可能在以后一段时间或永远也不会上市。需要指出的是,OTCBB 只是一个报价服务机构,并不是一个证券交易所。因此,它的主要监管对象是做市商而不是证券发行商,监管内容主要是做市商的报价信息和交易活动。

(4) 粉红单市场(pink sheets)。粉红单市场创建于 1904 年,由国家报价机构(National Quotation Bureau)设立。在没有创立 OTCBB 市场之前,绝大多数场外交易的证券都在粉红单市场进行报价。该市场对订阅用户定期制作刊物,发布场外交易的各种证券的报价信息,在每天交易结束后向所有客户提供证券报价,使证券经纪商能够方便地获取市场报价信息,并由此将分散在全国的做市商联系起来。粉红单市场的创立有效地促进了早期小额股票市场的规范化,提高了市场效率,解决了长期困扰小额股票市场的信息分散问题。

NASDAQ 和 OTCBB 市场都隶属于全美证券交易商协会,由该协会进行监管,而粉红单市场则隶属于一家独立公司。在粉红单市场上交易的股票没有任何财务要求和信息披露要求。粉红单市场是美国唯一一家不需要进行财务信息披露的证券交易机构。

(二)日本股票市场

(1)交易所市场。目前,按规模大小而言,日本有东京、大阪、名古屋、札幌、福冈 5 个证券交易所。广岛及新潟证券交易所于 2000 年 3 月合并到东京证券交易所。2001 年 2 月 28 日,在运营了 117 年之后,京都证券交易所也正式关闭,其业务并入大阪证券交易所。目前运作的这 5 个证券交易所中,东京证券交易所、大阪证券交易所、名古屋证券交易所合称为“3 市场”。这三个交易所的成交量一般占全国的 99% 以上,而其余 2 个地方性证券交易所的成交量只占不到整体的 1% 的比例。

(2)柜台交易(over the counter,OTC)市场。早在 1963 年,日本便出现 OTC 市场,目的是使第二次世界大战后股权繁荣的潮流得到顺利发展和有效组织。此后,日本金融市场的重构过程不断作出有利于 OTC 市场成长的规定。OTC 市场目前的定位是:为小企业股票发行者提供资金;为发行的股票提供公众投资的市场。特别是 OTC 市场为小公司发行新股票集资提供了机会,并让它们在日本证券经纪人协会合法注册它们的股票。日本证券经纪人协会是股票市场法规的制定者。

(三)欧洲股票市场

近年来欧洲发达国家的股票交易所出现了合并和联盟的发展趋势,即由原先多个独立市场合并成一个统一的市场。1998 年 11 月,伦敦、法兰克福、苏黎世、巴黎、米兰、马德里、布鲁塞尔、阿姆斯特丹 8 家交易所在巴黎就组建一个泛欧证券交易单一市场问题达成协议;2000 年 3 月,法国、荷兰、比利时三国股票交易所宣布合并,成立 Eumonex 交易所,成为仅次于伦敦股票交易所的欧洲第二大交易所。股票二级市场的统一,为投资者节省了因市场分割而产生的成本,有利于投资者在一个容量更大的市场中以低成本进行交易;

同时结算系统的合并和结算制度的统一,便利了各国金融监管当局进行市场监管方面的协调与合作。

1. 英国股票市场

与美国不同,英国股票交易市场基本上由证券交易所构成,几乎没有场外交易市场。1986 年 10 月,英国证券市场作出了重大改革之后,伦敦证券交易所和原先不属于它的伦敦国际证券业机构达成协议,改组建成了一个新的机构,于 1987 年正式改名为伦敦国际证券交易所。改组后的伦敦国际证券交易所由五大市场,即英国股票市场、国际股票市场、金融期货市场、金边证券市场和国际债券市场组成。目前在英国 7 家证券交易所中,只有伦敦国际证券交易所是全国性的证券交易所,其他 6 家都是地方性证券交易所。鉴于中国经济在国际经济舞台上扮演着日益重要的角色,为便于拓展中国业务,伦敦国际证券交易所将在北京开设办事处。

伦敦国际证券交易所包括主板市场、二板市场和科技板市场。建立于 1995 年的二板市场将市场目标定位于中小企业和初创企业,由于上市无需 3 年业绩,无最小市值限制,上市两年后没有不良业绩的企业可以直接升入主板,为中小企业融资提供了极好的机会。现已有 70 多家公司成功地升入主板市场。建立于 1999 年 11 月的科技板市场为企业与投资者的关系带来了新的衡量方式,赋予创新技术企业更大的透明度,促进投资者更轻松地与技术企业融为一体。此外,伦敦国际证券交易所还是英国主要的国际债券市场,常年有 9 000 余个债券挂牌上市交易。

2000 年,伦敦国际证券交易所经股东投票决定转变为一个公众公司,并于 2001 年 7 月在自己的主板上市交易。根据世界交易所联合会的统计数据,到 2009 年底,伦敦国际证券交易所共有上市公司 2 792 家,国内市场资本总价值为 17 318 亿英镑,较 2008 年的 12 881 亿英镑上涨了 34.4%。伦敦国际证券交易所的交易大厅内设 16 个六角形平顶交易专柜,按不同种类的证券分为:政府统一长期公债市场、美国股票和债券市场、外国公债市场、英国铁路证券市场、矿业证券市场及银行、工商证券市场等。各有固定的专业交易柜台。交易所由英国证券交易委员会管理,并设置伦敦国际证券交易所理事会为市场管理机构。交易方式有现货、期货和期权交易等。伦敦国际证券交易所的国际化程度也是世界上最高的,目前世界上的国际股票交易约有 2/3 是在伦敦进行的。在其国际股票市场,外国股的交易量甚至大过英国本国股的交易量,其国际证券交易量几乎是国内证券交易量的两倍。从上市公司的构成来看,二板市场、国际证券已经成为伦敦国际证券交易所的重要组成部分,伦敦国际证券交易所对外国公司尤其是新兴市场国家的吸引力日益增强。

2. 法国股票市场

法国股票市场的层级结构为:传统股票市场、第二市场(second-market,主要为中小型传统企业提供融资服务)、新市场(new market,高科技、创新板块)和自由市场。前三个市场都设在巴黎交易所内(该交易所已于 2000 年 9 月与里斯本、阿姆斯特丹、布鲁塞尔等证券交易所合并成为欧洲证券交易所),其中专门为创新型企业服务的新市场是在 1996 年设立的。新市场的目标公司大体有四类:一是已有融资计划的新生企业;二是高新技术企业;三是具有高成长潜力的企业;四是意欲跨上新台阶的发展中企业。在新市场中,既有市值超过 5 亿欧元的大企业,也有市值不足 1 000 万欧元的小企业,但以小企业为主。

3. 德国小额股票市场

德国新市场创建于 1997 年 3 月,其设立初衷是为投资者、高新技术企业提供一个更加直接和方便的投融资场所。在新市场创立的最初几年,的确为中小企业提供了新的融资机会,共有 343 家公司成功上市,其中绝大多数是小公司。但是,网络股泡沫的破灭同样给德国新市场带来巨大的负面影响。加上新市场在设立之初并没有对上市企业进行严格的审查,致使许多缺乏发展的公司得以进入,有些公司甚至虚报业绩欺骗投资者(例如德国远程通讯技术公司近 4 年的营业额有 80% 是虚报的),严重打击了投资者的信心。

四、发展中国家对国际股票市场融资的利用

(一)发达国家对发展中国家进行股权投资的方式

1. 在发展中国家直接购买股票

尽管机构投资者直接购买外国股票不是一条理想的投资活动的途径,但其仍乐此不疲,究其原因是多方面的。首先,在国内购买发展中国家的股票不仅要支付国内的佣金,也要向国外经纪人支付国际监管和清算过程中的成本和佣金。国际监管和清算过程的开发进展较为缓慢,现在只在发达国家之间建立了若干电子网络和清算体系。这些电子网络和清算体系用于发展中国家还需要一段时间,目前,证券交割、跨国清算及监管等的成本都还较高。其

次,在国内购买发展中国家的股票还涉及较高的信息成本。在国内获取有关国家的信息,一是不易获得,二是成本较高。发展中国家证券的即时行情屏幕显示系统正处于开发和完善阶段,而且与发达国家相比仍不十分配套。因为文化和会计标准的差异,报刊披露的信息量和类别也受到限制,而且与投资者所在的发达市场的惯例也有所不同。因此,在对发展中国家进行跨国投资时,对其证券价值的评估通常需要精通这方面的专家并涉及较高的成本。

从目前看,选择在发展中国家直接购买股票方式的主要是机构投资者,个人购买者不多。

2. 在本国直接购买发展中国家的股票

发达国家投资者在国内购买发展中国家股票的主要途径是购买存托凭证(depositary receipts,DRs)。存托凭证又称存股证,是一种可以流通转让的,代表投资者对境外证券所有权的证书,它是为方便证券跨国界交易和结算而设立的原证券的替代形式。DRs所代表的基础证券存在于DRs发行和流通国的境外,通常是公开交易的普通股票,现在已扩展代债券和优先股。DRs可以像其他证券一样在证券交易所或场外市场上进行交易,并且可以同时在几个国家的股票市场上流通。

存股证根据发行地的不同,可以分为美国存股证(ADRs)、欧洲存股证(EDRs)、中国香港存股证(HKDRs)、全球存股证(GDRs)等多种形式。其中以美国存股证出现最早,运作最规范,流通量也最大。按照发行方式不同,可以分为私募和公开发售两种方式。按发起形式不同,可分为无担保和有担保的存托凭证产品。

ADRs是摩根大通在1927年创立的一种金融工具,它通过减少或消除诸如交割延误、高额交易成本以及其他与跨国交易有关的不便之处,来达到方便美国投资者购买非美国证券和让非美国公司的股票可以在美国交易的目的。ADRs作为一种可转让凭证,以等同于普通股的交易方式在美国各证券交易所进行交易,为美国投资者的全球投资组合多元化提供了一个既方便又经济的途径。ADRs的建立过程是:美国投资者委托美国经纪人以ADRs的形式购买外国原始证券;美国经纪人与原始证券所在地的经纪人联系购买事宜,并由其将购买的原始证券交给美国的存券银行(即提供与存托凭证相关的所有业务的银行)在当地的保管银行;保管银行收到相应的证券后,通知美国的存券银行,由存券银行将新发行的ADRs交付给启动这笔交易的美国经纪人；美国经纪人把 ADRs 提供给美国投资者。

根据 ADRs 的发行方式，可将它分为有担保的 ADRs 和无担保的 ADRs。前者是由一家以上的存券银行发行，存托银行与原始证券的发行公司之间没有正式的存托协议。后者是由原始证券的发行人委托一家存券银行发行，且发行人、存券银行、保管银行三方签署存券协议，对 ADRs 与原始证券的关系、ADRs 持有人的权利，以及 ADRs 的转让、清偿、股息和红利的支付等作出具体的规定。从目前发行情况看，以有担保的 ADRs 居多。

由于 ADR 可以绕过中国内地与美国的证券交易制度、会计制度、法规、信息披露制度及清算交割制度等方面的差异，顺利实现中国内地证券在美国市场上的流通，因此企业通过 ADRs 既可以吸收美国资金，又可以为以后直接在美国发行股票融资创造条件。另外，通过发行 ADR，企业不仅可以筹集到大量的资金，拓宽资金来源，而且还可以扩大股东范围，起到开拓资金市场、稳定股票价格的作用；在很大程度上还可以提升上市公司的国际知名度，方便企业创立国际名牌形象。1993 年上半年，中国引进存托凭证，同年 8 月上海石化将其 H 股的 50% 转化为 ADRs 和 GDRs，分别在美国和欧洲配售，筹资 2.22 亿美元。同年 10 月，马鞍山钢铁也通过发行 ADRs 和 GDRs 共筹资 4.5 亿美元。以后，上海氯碱、上海二纺机、深圳特区房地产先后发行了 ADRs。

3. 通过各类基金间接投资

对大多数个人投资者和机构投资者来说，投资专门从事某一发展中国家证券的共同基金是非常受欢迎的一种投资方式，因为他们对发展中国家股票的研究与评判会带来较高的成本。更重要的是，这些基金已经建起一座座通往发展中国家市场的桥梁，使发达国家的投资者能够顺利地进入发展中国家。许多全球性的基金既投资于美国的股票市场，也投资于其他国家的股票市场；而另一些专门向外国股票市场投资的基金则只将部分基金投资于发展中国家的股票市场。此外，还有一些基金将其部分资金分散投资于不同的发展中国家股票市场的期货指数，以分散投资风险。目前，这些基金主要有：亚洲的中国基金、中国香港基金、韩国基金、马来西亚基金、菲律宾基金、新加坡基金、中国台湾基金和印度尼西亚基金；拉丁美洲的巴西基金、智利基金和墨西哥基金；欧洲的希腊基金、葡萄牙基金和土耳其基金。

投资于发展中国家的共同基金分为封闭型和开放型两种。封闭型投资基金对发展中国家的投资具有自身的优势，其投资结构适于长期投资，是发展中国家市场重要的资金来源。而开放型投资基金由于随时要按客户要求偿还权益,因而周转率明显高于封闭型投资基金。其结果是,开放型基金集中投资于发展中国家的大公司,因为这些公司的股票具有很好的流动性。

2003 年 9 月 8 日,第一支境外专门投资于中国沪深 A 股的基金——中国 A 股基金(Martin Currie China A Share Fund)通过已经获得境外机构投资者资格(QFII)的瑞士银行对 A 股市场进行投资。投资组合包括 A 股、可转换债券、债券和 10% 左右的现金。近 2 700 万美元资金中的 82% 都投资了 A 股股票。25 支股票的投资组合里包括"福耀玻璃"、"新兴铸管"。

据美国新兴市场投资基金研究公司(EPFR)报告显示,2012 年上半年新兴市场股票基金共有 143.26 亿美元资金流入,上年同期是有 130.09 亿美元流出。不过,上半年的资金流入主要出现在一季度,二季度新兴市场就有 104.93 亿美元的流出。"金砖四国"中仅俄罗斯的股票基金获得 6.57 亿美元的资金流入,而巴西有 13.81 亿美元的资金流出,为四国中累计资金流出最多的国家。二季度,"金砖四国"股票型基金均有 6.73 亿~14.21 亿美元的资金流出,其中,中国流出最多。

发达国家股票市场方面,2012 年上半年股票基金方面有 442.37 亿美元的资金流出,但 2011 年同期则有 258.55 亿美元流入。美国、德国和西欧的股票基金在 2011 年上半年均有不同程度的资金流入,而 2012 年却遭受冷遇,分别有 23.67 亿~21.83 亿美元的资金流出。值得注意的是,在发达国家股票基金资金大量流出的同时,日本股票基金却迎来丰厚的资金流入,2012 年上半年流入 54.89 亿美元,是 2011 年同期的 2.8 倍。

4. 购买跨国公司持有的股票

许多跨国公司在发展中国家有很多股份,并获得了良好的回报。发达国家的投资者对这些跨国公司拥有的发展中国家的证券购买,是他们进行国际多样化投资的一种间接形式,其效果不错。原因在于:跨国公司在收集和分析发展中国家的投资信息方面有规模经济和竞争优势;有能力在发展中国家市场进行最优的投资,这种投资是其他一些投资者做不到的。表 9-3 是对上述几种投资选择方式的比较。

表 9-3　各种投资方式及其特征比较

项目 投资途径	成本和风险			潜在益处	
	信息成本	交易成本	汇率风险	风险降低程度	资产选择余地
直接购买股票	高	高	高	大	大
购买存股证	中	低	中	大	中
购买共同基金	低	中	中	中	中
购买跨国公司持有的股权	低	低	低	低	中

（二）我国企业境外上市的现状

1. 香港是内地企业境外上市的主要市场

我国于 20 世纪 90 年代初提出内地企业到香港上市的设想。1993 年中国证券监督委员会、上海证券交易所、深圳证券交易所、香港证券监督委员会和香港联合交易所在北京签署了《中港证券监管合作谅解备忘录》，从而为内地企业到香港上市铺平了道路。

2003 年 11 月 17 日，香港交易所北京代表处正式揭牌。这是落实内地与香港关于建立更加密切的经济和贸易关系安排的具体举措，也是两地证券业和证券市场交流合作的重要实际内容。香港交易所是由香港联合交易所、香港期货交易所及香港中央结算所于 2000 年合组而成，为在香港上市企业提供广泛的服务，并在确保香港股票市场公平有序运作、审慎管理风险方面扮演着重要角色。北京代表处是该所在内地的首家代表机构，将为密切香港股票市场与内地监管部门的联系、便利内地计划在香港上市的企业与香港交易所之间的沟通发挥积极作用。

2. 美国和英国是内地企业在发达国家上市的主要市场

20 世纪 90 年代以后，我国一些公司开始通过美国存托凭证（ADR）或全球存托凭证（GDR）的方式到美国上市，如上海石化、轮胎橡胶、马鞍钢等公司都以这种方式在美国上市并获成功。2003 年 12 月 17 日，中国人寿保险股份有限公司在美国成功上市，中国人寿存托凭证（ADS）在纽约证券交易所开始交易。这样，中国人寿保险股份有限公司成为首家在中国香港、美国两地上市的中国内地金融企业。

2003 年 10 月，美国股票市场出现了第一支追踪美国各大股票交易所上市的所有中国业务板块公司的指数——USX 中国指数。这表明中国股票正成为美国市场上投资者关注的热点，也预示着美国资本市场上一个中国时代正在到来。USX 中国指数的选择标准是：必须是主营业务在中国的公司；公司的普通股必须是在美国主要证券交易所挂牌的公司；最少要达到 5 000 万美元市值；必须有足够的流动性；必须有完整的信息披露等。

道琼斯公司指数公司自 2004 年 1 月 2 日起调整成份股。对道琼斯中国 88 指数(道中 88 指数)、道琼斯中国指数(道中指数)、道琼斯上海指数(道沪指数)及道琼斯深圳指数(道深指数)的调整也同时生效。追踪整个沪深市场最大的及流动性最强的 88 支股票的道中 88 指数剔除了 10 支成份股,同时相应纳入了 10 支新成份股,使该指数包含成份股的市值约占中国整个沪深市场的自由流通市值的 31.92%。调整之后,成份股中的上海市场股票从 57 支增加到 60 支,深圳市场股票从 31 支减少到 28 支。道琼斯中国指数成份股将从 951 支增加到 986 支,其中,有 928 支 A 股和 58 支 B 股。道琼斯上海指数成份股将从 577 支增加到 607 支,增加了 47 支股票。道琼斯深圳指数成份股将从 374 支增加到 379 支,增加了 19 支股票。

道琼斯指数在股票选取和指数计算中采用了流通股,而排除了国有股和非上市的职工股,以准确代表投资者可实际交易的股票数量。道中指数系列是提供给全球商业信息的道琼斯公司于 1996 年 5 月 27 日在纪念 1896 年推出的道琼斯工业股票平均指数 100 周年之际发布的。这四个指数的基期均为 1993 年 12 月 31 日,基期指数均为 100。

2008 年 3 月 17 日,纽约-道琼斯公司指数部宣布,对道琼斯中国指数系列中部分指数的成份股进行调整。道琼斯中国 88 指数、道琼斯中国海外 50 指数、道琼斯中国指数、道琼斯上海指数、道琼斯深圳指数和道琼斯第一财经中国 600 指数(DJ CBN 中国 600)的成份股变动于 2008 年 3 月 24 日起生效。

经过此次调整,追踪整个沪深市场最大的及流动性最强的 88 支股票的道中 88 将更换 8 支成份股,调整后该指数所包含成份股的市值约占沪深 A 股市场流通总市值的 44.52%。调整之后,成份股中的上海市场股票从 63 支增加到 67 支,深圳市场股票从 25 支减少到 21 支。就道中 88 成份股的流通市值而言,沪市股票所占的比例为 82.43%,深市股票所占的比例为 17.57%。

自 1996 年中国和英国两国政府签订证券监管合作备忘录以来,到 2003 年 10 月,已先后有中石化、江西铜业、浙江沪杭甬高速公路等 5 家企业在伦敦国际证券交易所上市。为了吸引更多的中国公司到伦敦上市,伦敦国际证券交易所于 2004 年 3 月 3 日宣布,将在中国香港这个亚洲国际金融中心设立亚太办事处。

截至目前,还没有一家中国企业到日本证券市场上市,已在东京证券交易所上市的两家中国企业都不是直接来自中国内地。但日本投资者对中国B股的投资热情为中国企业到日本上市奠定了基础。2001年夏,"中日协作日本上市·B股境外交易"研讨会在北京召开。会议主要介绍了外国企业在日本上市的条件及信息披露方面的内容,以及B股境外交易的情况。为了促进双方进一步的合作关系,东京证券交易所于2002年12月和2003年1月,分别与上海证交所、深圳证交所签署人才及技术合作协议。日本希望在今后1～2年内有更多的中国企业特别是在中国内地注册的企业到东京证券交易所上市,并争取5年内吸引20～30家中国内地企业到东京上市。

 **专栏 9-2**

企业如何在美国上市

中国企业的股票若想在美国的股票交易所上市公开发售,首先需要得到中国证监会(CSRC)的批准。

一般而言,美国企业第一次上市往往选择一个地区性的股票交易所,当企业发展到一定规模时,才会选择到纽约等股票交易所上市。中国企业在美国上市时,可选择以下股票交易所:美国股票交易所、纳斯达克市场、纽约股票交易所,或其他地区性的股票交易所。

企业上市可按如下步骤进行。

第一步是企业应召开董事局会议,并向董事会提交首次上市的建议。如果得到董事会的批准,企业就要整理一下过去五年的资产记录,制作成一份符合公认会计原理的资产报表,并准备认证。

第二步是组建一个承销团。股票上市需要承销团的大力协助。如果是美国企业上市,在该承销团中应该包括一家会计师事务所、一家律师事务所和一家投资银行;若是中国企业在美融资可考虑再请一个中立的金融顾问或顾问公司。除了承销团之外,企业还要找一家合格的、在印刷美国的募股说明书方面有经验的印刷厂,因为证券交易会对该说明书的格式有专门的规定。在承销团,尤其是投资银行的协助下,还要进行"路演"。这包括在美国各大城市(或国外)对潜在投资者进行展示和宣传。

第三步是向美国证券管理委员会递交初步计划书,包括募股说明书。这需经过 20 天的等待期,如果经过 20 天该机构并未提出异议或要求补充其他文件,企业即可向潜在的投资者散发募股说明书草案,同时印刷正式文本。最后,在企业签订证券承销协议后,在登记生效和销售正式开始之前,投资银行将就股票售价和发行规模向企业提出建议。

企业股票一旦上市,其筹集资金的能力在很大程度上将取决于股票的市场价值。因此,经常关注股票价格的变动十分重要。另外,企业也要像推销产品一样推销自己的形象,这个营销过程叫"投资者关系",美国有专门从事这一行业的公司。

五、我国企业在国际股票市场融资时需注意的问题

一家企业决定进行国际融资时,必须根据本企业的主要融资目标、原则以及内外部条件,设计制定相应的全球融资策略。首先是搜集、整理、分析有关融资需要的基本信息,鉴别资本结构的约束条件;其次安排融资,力争资本结构最优化。一般企业必须达到的融资目标有:最小化预期税后融资成本;减少现金流量的经营成本;建立合适的全球融资结构。

针对我国目前实际情况,企业在利用国际证券融通渠道时应注意以下几个具体问题。

(一)企业在香港上市时应注意的事项

(1)了解香港对内地企业上市的特殊要求。香港较其他许多证券交易市场具有得天独厚的优势,吸引我国企业在此上市。内地企业首先必须了解在香港上市的一些特殊要求,才能顺利上市。这些要求包括公司必须在内地正式注册;上市后最少 3 年必须聘用保荐人;必须委任两名授权代表作为上市公司与香港联合交易所之间的主要沟通渠道;在香港上市期间必须在会计师报告及年度账目中采用香港或国际会计标准;必须为香港股东设置股东名册等。

(2)了解香港金融发展及监管的新动态。特别是香港二板市场的发展动态,对内地一些想在此股权融资的企业意义重大。

(二)企业在美国上市时应注意的事项

(1)信息披露的充分性和适当性。投资者关心的信息主要包括一国的产业政策、公司的经营方向和政策风险、投资回报率等,这些信息的披露要充分,令人信服。同时,上市公司的信息披露要充分考虑美国的法律环境要求,如美国证券监督委员会不允许在正式的招股书或注册申请中出现溢利预测的数

字,以防产生误导。

（2）公司形象的正确定位。公司的形象定位包括两个方面：一方面要求公司管理层的经营策略与能力体现要使投资者充满信心；另一方面要求公司在本地区、本行业中有领导地位、主业明确，能保持利润的稳定增长，发展前景良好。公司形象的正确定位有助于塑造其"优质股"的形象，利于公司的上市。

（3）选准投资机构。不同机构投资者的投资组合、投资重点、侧重行业各不相同，公司应精心选择对口的投资机构，并进行重点突破，同时与这类机构投资者保持密切联系和沟通，力促其股票受到投资者的青睐。

（4）密切关注新法规的要求。2002 年 7 月，美国正式通过了《萨班斯-奥克斯利法案》，它被誉为美国乃至全球"新的上市公司准则"，是继美国 1933 年《证券法》、1934 年《证券交易法》以来又一部具有里程碑意义的法律，其效力涵盖了注册于美国证监会（SEC）之下的约 14 000 家公司，其中包括大量的非美国公司。

总体看，该法案强调了公司内部控制的重要性，严格界定了上市公司管理者的财务责任和义务，强调了公司内部审计的作用与职责，对公司的信息披露做了明确要求，对公司的外部审计作出严格规定。其影响是：不可避免地增加了公司的管理成本，明确了美国的监管机构对外国公司有监管权，并对中国的上市公司监管起到了很大的示范效应。

参考文献

[1] 陈琦伟. 国际金融风险管理[M]. 上海：华东师范大学出版社，1997.
[2] 陈雨露. 国际金融[M]. 北京：中国人民大学出版社，2000.
[3] 姜波克. 国际金融学[M]. 北京：高等教育出版社，1999.
[4] 理查德·M. 莱维奇. 国际金融市场价格与政策[M]. 施华强，等，译. 北京：中国人民大学出版社，2001.
[5] 刘园. 国际金融实务[M]. 北京：高等教育出版社，2006.
[6] 吕森全，韦卓信. 世界银行贷款项目管理实务[M]. 北京：中国电力出版社，2003.
[7] 钱荣堃，陈平，马君潞. 国际金融[M]. 天津：南开大学出版社，2002.
[8] 王政霞，张卫. 国际金融实务[M]. 北京：科学出版社，2006.
[9] 湘财证券有限责任公司投资银行总部. 海外证券市场[M]. 北京：经济日报出版社，2002.

[10]　张亦春.金融市场学[M].北京：高等教育出版社,1999.

[11]　张亦春.现代金融市场学[M].北京：中国金融出版社,2002.

附录9-1　中国汽车系统公司买壳上市登陆纳斯达克

中国汽车系统有限公司(China Automotive Systems，Inc.，简称汽车系统)，主要通过控股在香港注册的恒隆集团从事国内汽车零部件生产和销售业务。旗下的公司有中国荆州恒隆汽车零部件制造有限公司、沙市久隆汽车动力转向器有限公司、沈阳金杯恒隆汽车转向系统有限公司、浙江恒隆万安泵业有限公司等4家子公司。

汽车系统是中国汽车制造厂商动力方向盘系统的主要供货商之一，产品市场占有率在20%～25%。2004年，该公司还宣布将进入汽车传感器的生产，与美国MEMS传感器厂商传感器系统解决方案公司在中国设立了面向中国汽车市场的传感器合资企业。

汽车系统2003年3月在美国柜台交易板(Over the Counter Bulletin board，OTCBB)通过买壳挂牌交易，交易代码为CAAS。2004年8月24日，中国汽车系统从OTCBB成功转板到纳斯达克小型资本市场交易，成为第一家通过反向收购成功实现纳斯达克上市的中国公司。

2003年汽车系统净利润总额为387万美元，2004年为687万美元，每股净利润0.31美元。2005年7月1日，该公司股价为6.76美元，市盈率为21.83倍，市值为1.5亿美元，折合人民币约12.44亿元。

第十章　跨国经营中的企业外汇风险管理

企业跨国经营中面临的外汇风险包括汇率风险和利率风险,它们会严重影响企业的绩效,甚至企业价值。寻求适宜的风险管理策略是无休止的课题。本章阐述汇率风险与利率风险,并通过案例分析方式,介绍主要的风险管理策略。事实上,风险管理策略与企业经营策略紧密相连,任何时刻所谓最佳的策略是指最适合于后续行情发展的策略。

第一节　企业金融风险概述

可以从两个角度分析企业面临的风险:一是企业本身及其管理人员的角度;二是企业投资者的角度。从企业本身来看,风险可以分为经营风险(商业风险)、财务风险和政治风险(国家风险)。从企业投资者来看,他面临的风险是企业可能不还款,或者不支付利息,或者由于资不抵债而付不起贷款本金。因此,企业的债权人或投资者往往要求企业给予较高的投资回报率来补偿其承担的风险。管理好企业自身的风险,自然会降低企业投资人面临的风险。本节将从企业角度分析其面临的外汇风险以及如何管理。

企业外汇风险是指参与跨国经营活动的企业,或者有一部分以外币表示的资产或负债,或者有一定量的以外币表示的未来资金的流进流出,不管哪种情况,当市场上汇率和利率发生变化时,都会给该企业以外币计值的资产和负债带来损失的可能性。

一、风险的概念

一般来说,风险是指在一定条件下和一定时期内可能发生的各种结果的变动程度;或者说是指未来无法预料的不确定性因素发生的机会及其对经营事项价值的影响大小。如企业的某项行动有多种可能的结果,其将来的财务后果是不确定的,这时企业就面临着风险。风险具有客观性、不确定性、可测性和潜在性的特征。

风险的效应有三:一是诱惑效应,是风险利益作为外部刺激会促使人们作出某种风险选择的行为,这里的风险利益不是现实的,仅是一种可能的利益,其大小主要取决于风险利益与风险代价及其组合方式;二是约束效应,风险的约束是风险产生的威慑、抑制和阻碍作用,约束效应是指当人们受到外界某种威胁信号的刺激后所作出的回避危险的选择及行为;三是平衡效应,它是诱惑效应和约束效应相互冲突、相互抵消、相互作用的最终结果。

风险图像可用于描述企业风险。风险图像(risk profile)就是某一金融价格的变化对于企业价值影响的图像。企业价值系指企业将来可能产生的现金流量的现值。企业价值大致可分为两种:一种是以企业今后继续经营为前提的价值,即"继续营运价值";另一种是企业解散时的价值,即"清算价值"。通常企业都希望能永远生存下去,因此企业价值应以继续营运价值来计算。

在风险图像中,通常用横坐标表示金融价格的变化,用纵坐标表示企业价值的变化。图 10-1 中,ΔP 表示实际价格与预期价格之差,ΔV 表示企业价值的变化值。如果 ΔP 比较小,它所对应的 ΔV 也比较小。但是,对于许多企业来说,20 世纪 70 年代,特别是 80 年代以来,国际金融市场汇率和利率的剧烈变动(ΔP)导致了许多企业价值的波动(ΔV)。如果企业能够准确地预测汇率、利率的变化,ΔP 就会为 0,从而企业价值的变动 $\Delta V = 0$。但是,由于金融市场的有效性,所有市场投资者可以得到并利用公开信息,使企业难以对未来的汇率、利率作出准确的预测。因此,许多企业不得不寻求新的风险管理方法。

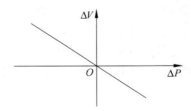

图 10-1　价格变化与企业价值的变动

目前企业金融风险的管理,一是可以通过表上金融交易(on-balance-sheet transaction)来进行,如企业采取借入竞争对手所在国货币或将工厂转移到国外等方式来避免其面临的汇率风险;二是使用表外金融工具(off-balance-sheet instrument),如远期合约、期货、期权和互换等。但前者的成本较高,并且缺乏应有的灵活性;后者须具备较丰富的金融衍生工具知识。

二、企业风险类型

（一）经营风险

经营风险是指生产经营的不确定性所带来的风险,它是任何商业活动都有的,也称商业风险。经营风险使企业的利润变得不确定。

经营风险主要来源于以下几个方面。

（1）市场销售。市场需求、市场价格、企业可能生产数量等的不确定,尤其是竞争使供产销不稳定,均可加大风险。

（2）生产成本。原料的供应和价格、工人和机器的生产率、工人的薪金都是不确定因素,因而产生风险。如电力行业会面临天然气、石油、煤等原料涨价的风险。

（3）生产技术。设备事故、产品发生质量问题、新技术的出现等,不好预见,易产生风险。

（4）其他。外部的环境变化,如天灾、经济不景气、通货膨胀、有协作关系的企业没有履行合同等,企业自己不能左右,产生风险。此外,某些行业的利润还面临政府管制力度加大的风险,如烟草行业。

（二）财务风险

财务风险即由于企业资金运动中(体现了经济关系)不确定的因素给企业带来的风险,或者企业在理财事务中由于各种不确定因素所带来的风险。图 10-2 显示了资金从投资人和金融机构流入企业,再流回投资人和金融机构的过程。

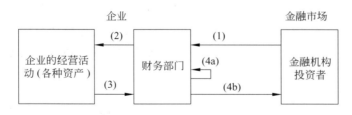

图 10-2　企业资金流动示意图

从图 10-2 可以看出,企业财务活动一般分为筹资活动、投资活动、资金回收和收益分配四个方面。企业为获得资金可以发行有价证券(股票和债券)或向银行借款,筹集来的资金要用于购买企业经营所需的原材料和其他资产,待企业经营成功之后,这些资产将带来资金流向企业,不管收入多少,必须高于初期的投资额。这些资产带来的收益或用于再投资,或用于偿还持有企业股票和债券的投资人。

企业财务风险具体可分为:汇率风险、利率风险、信贷风险、负债风险、现金流风险。

(1)汇率风险是指汇率变化使企业的利润和财富蒙受损失的可能性。汇率的变动可能影响企业的现金流量及会计利润,影响企业的市场价值和账面价值。

(2)企业借出和借入资金时,面临利率风险。利率变化的结果是企业收入或支出的利息可能偏离预期值,使企业遭受损失。如企业持有长期浮动利率债务,但不同时持有随利率上升而上升的金融资产时,企业便暴露在利率上升的风险中。

(3)信贷风险是指对方不还债或晚还债的风险。造成这方面损失的原因有应收款收不回来(即坏账)和催收账款的管理成本。

(4)负债风险,也称杠杆风险。财务杠杆比是企业资金结构中债务资金与股本资金之比。其计量方式有两种:杠杆比=产生利息的债务资本÷股本金,或杠杆比=产生利息的债务资本÷总资本。负债率越高,企业的股东和债权人所承担的财务风险也越大。对股东而言,高负债率的风险在于企业的营业利润上下波动导致股东的股息也上下波动,因此随着企业负债率的增加,普通股股东所要求的回报也就越高。对债权人而言,一个企业的负债越高,其不支付利息或资不抵债被清算的风险就越大,债权人所要求的利率也就会相应提高。

(5)现金流风险,指企业现金流不足以满足重大支出项目的风险。即使一个盈利的企业也可能因为现金流不充足而被迫关闭清算,主要原因是其交易经营活动产生的现金流太少。

(三)政治风险

企业所有的国际贸易和金融交易活动都涉及政治风险,并且投资期限越长,政治风险也越大,这是跨国经营的共同结论。

政治风险是说由于东道国政府与跨国公司的目标冲突,东道国发生的政治事件,或东道国与其他国家的政治关系发生的重大政治事件,或东道国与其他国家的政治关系发生的重大变化,导致跨国公司利益受损的可能性。

政治风险的含义可从两方面理解。一是从政府干预角度看,政治风险是指那些可能导致企业损失的政府或其他政府机构采取的不可预期行动所产生的不确定性。二是从政治事件角度看，政治风险是指引起国际经营潜在利润或资产损失的国内外各种事件发生的可能性，例如战争、罢工、征税、货币贬值、外汇管制、没收财产、保护贸易措施等。

政治风险可分为宏观政治风险和微观政治风险两大类。宏观政治风险常发生于东道国的一切外国企业的经营活动中，使所有企业以同一方式受到影响。如东道国国内的政局动荡、武装冲突、暴力事件和社会治安恶化等。微观政治风险是企业特有的风险，仅仅影响到某个行业或企业，甚至某些具体的经营活动。一般而言，企业遭受微观政治风险的程度受到两方面因素影响，即外国企业在东道国某个行业经营现状和东道国本国企业经营能力。

货币管制、歧视性干预或惩罚、改变税法、增加当地市场要求等都是政治风险的表现形式。与外汇风险、通货膨胀风险、税收风险等相比，政治风险可以说是企业跨国经营中所面临的最具威胁的风险。

政治风险的管理单靠企业本身的能力是远远不够的，要依靠国家的力量。如日本经济产业省决定，从 2004 年 4 月起，凡是在亚洲投资的日本企业都可以获得日本当局提供的跨国界贸易保险。该项保险制度将会保证身居海外的日本企业在遭遇到类似"9·11 恐怖事件"和投资国政局不稳时，不会血本无归。日本政府准备为这些在亚洲的周边企业承担每年至少 2 000 亿日元的保险费，并将按照日本企业在外投资的多少，以及投资地的需要提高保险费。

自 20 世纪 70 年代以来，世界范围内的经济波动显著地增加，随着汇率、利率和商品价格的波动性增大，许多企业跨国经营时，不仅面临本企业核心业务方面的风险，还在相当大程度上面临着金融价格的风险。汇率风险管理、利率风险管理成为企业跨国经营中金融风险管理的重点内容。这也是本章研究的内容。

 **案例 10-1**

欧 债 危 机

2009 年 10 月，希腊新任首相乔治帕潘德里欧宣布，其前任隐瞒了大量的财政赤字，随即引发市场恐慌。截至同年 12 月，三大评级机构纷纷下调了希腊的主权债务评级。投资者在抛售希腊国债的同时，爱尔兰、葡萄牙、西班牙等国的主权债券收益率也大幅上升，欧洲债务危机全面爆发。2011 年 6 月，意大利政府债务问题使危机再度升级。这场危机不像美国次贷危机那样一开始就来势汹汹,但在其缓慢的进展过程中,随着产生危机国家的增多与问题的不断浮现,加之评级机构不时的评级下调行为,使其已经成为牵动全球经济神经的重要事件。

政府失职、过度举债制度缺陷等问题的累积效应最终导致了这场危机的爆发。在欧元区17国中,以葡萄牙、爱尔兰、意大利、希腊与西班牙等五个国家(简称PIIGS五国)的债务问题最为严重。

政府部门与私人部门的长期过度负债行为,是造成这场危机的直接原因。除西班牙与葡萄牙在20世纪90年代经历了净储蓄盈余外,PIIGS五国在1980—2009年均处于负投资状态。长期的负债投资导致了巨额政府财政赤字。《欧盟稳定与增长公约》规定:政府财政赤字不应超过国内生产总值的3%,而在危机形成与爆发初期的2007—2009年,政府赤字数额急剧增加。

欧元区的制度缺陷在美国次贷危机中也有所显现。根据欧元区的制度设计,各成员国没有货币发行权,也不具备独立的货币政策,欧洲央行负责整个区域的货币发行与货币政策实施。

在欧洲经济一体化进程中,统一的货币使区域内的国家享受了很多好处。在经济景气阶段,这种安排促进了区域内外的贸易发展,降低了宏观交易成本,然而,在风暴来临时,陷入危机的国家无法因地制宜地执行货币政策。进而无法通过本币贬值来缩小债务规模和增加本国出口产品的国际竞争力,只能通过紧缩财政、提高税收等压缩总需求的办法增加偿债资金来源,这使原本就不景气的经济状况雪上加霜。PIIGS五国相关统计数据见表10-1～表10-3。

表10-1　1980—2009年PIIGS五国投资储蓄差额与GDP的比值　　%

国　　家	1980—1989年	1990—1999年	2000—2009年
爱尔兰	3.85	2.55	9.24
西班牙	5.44	−1.75	2.37
葡萄牙	2.09	−0.58	1.53
希腊	4.95	3.84	9.95
意大利	0.88	1.76	6.15

资料来源:IMF。

表 10-2　2007—2009 年 PIIGS 五国财政赤字占 GDP 的比重　　　%

国　　家	2007 年	2008 年	2009 年
爱尔兰	—	7.3	14.3
西班牙	—	4.1	11.2
葡萄牙	2.6	2.8	9.4
希腊	5.1	7.7	13.6
意大利	1.5	2.7	5.3

资料来源：欧盟统计局。

表 10-3　2011 年 PIIGS 五国债务负担与本国 GDP 的比值　　　%

国　　家	政 府 债 务	居 民 债 务	非金融企业债务
爱尔兰	114	129	278
西班牙	64	90	205
葡萄牙	91	103	154
希腊	152	68	71
意大利	120	50	119

资料来源：IMF。

三、企业金融风险的暴露

汇率风险和利率风险是企业跨国经营中面临的主要金融风险。这可以通过分析企业财务报表获得。财务报表中有大量的数据，可以根据需要计算出很多有意义的比率，这些比率涉及企业经营管理的各个方面。

（一）资产负债表

1. 资产负债表及安全性分析

资产负债表是显示企业在结算期末真正财务状况的一种静态报表。它主要用于企业的安全性分析，即在企业内外经营环境发生突变情况下，有无应变能力偿还企业的债务。安全性分析一般涉及以下几个比率。

（1）自有资本比率（＝资本/资产）。企业自有资本系指股东所持有的股本总额。总资产中资本所占比率愈高，表示企业的稳定程度愈大。目前，日本股票上市的企业平均自有资本比率约占总资产的 35%。

（2）流动比率（＝流动资产/流动负债）。流动比率是测定企业在短期（1 年内）支付账款的能力，可作为企业短期资金周转的指标。一般认为，生产企业合理的最低流动比率是2。

(3) 速动比率[＝(流动资产－存货)/流动负债]。在评估企业经营安全性上,这一比率较流动比率更为适用,因为只有存款、应收票据、应收账款、有价证券等类似现金的流动资产,才能作为支付流动负债的手段。通常认为正常的速动比率为1,低于1的速动比率被认为是短期偿债能力偏低。但由于行业不同,流动比率和速动比率会有很大差别,没有统一的标准。

(4) 固定比率[＝固定资产/(自有资本＋固定负债)]。由于固定资产可长期保有,须由企业利用长期及稳定的资金来支应,不能用短期资金来提供。因此,此比率以保持在100%以下最为稳妥。但事实上,有些国家如日本的产业界,该比率平均大致维持在170%,制造业则为115%。

(5) 利息保障倍数比率[＝(营业收益＋金融收益)/利息支出]。这是衡量企业收益支付利息负荷能力的指标。严格来说,这个指标不在高低,应依据企业成长的阶段来做评估。如成长中的企业暂时增加贷款,目的在于扩大事业经营,此时指标有可能呈现偏高现象。

(6) 资产负债率(＝负债总额/资产总额)。企业负债总额中不仅包括长期负债,还包括短期负债。这是因为短期负债作为一个整体,企业总是长期占用着,可以视同长期性资本来源的一部分。该指标反映在总资产中有多大比例是通过借债来筹资的,也可用于衡量企业在清算时保护债权人利益的程度。

(7) 产权比率(＝负债总额/股东权益)。这是衡量企业长期偿债能力的指标之一。它反映由债权人提供的资本与股东提供的资本的相对关系,反映企业基本财务结构是否稳定;同时也表明债权人投入的资本受到股东权益保障的程度,或者说是企业清算时对债权人利益的保障程度。资产负债率和产权比率具有共同的经济意义,两个指标常常相互补充运用。

2. 安全性分析如何暴露金融风险

(1) 关于企业流动性,由流动比率和速动比率测定。企业的流动性反映了企业管理风险的能力。企业保持较大的流动性,表明其具有较大的抵抗价格风险的能力。一般来讲,日本企业较美国企业的流动性大一些。

(2) 关于企业借款水平,由资产负债率和利息保障倍数比率综合测定。主要了解企业的借款比例、借款余额、借款的利率结构、支付利息能力。

从债权人的立场看,关心的是贷给企业的款项能否按期收回本金和利息,因此希望企业债务比例越低越好。从股东的立场看,关心的是全部资本利润率是否超过借入款项的利率,即借入资本的代价,因此认为,在全部资本利润率高于借款利率时,负债比例越大越好,否则反之。从经营者的立场看,如果举债额超出债权人心理承受度,则企业难以借到资金;如果企业不举债,或负债比例很小,则说明企业畏缩不前,利用债权人资本进行经营活动的能力很差。从财务管理的立场看,企业在利用资产负债率制定借入资本决策时,必须充分估计预期的利润和增加的风险,在二者之间权衡利害得失,作出正确决策。

(3) 关于企业汇率风险。企业面临汇率风险的明显标志就是企业拥有海外子公司或具有海外业务。企业的资产负债表能够反映出在汇率发生变化时,企业的应收账款和应付账款的价值变化情况。当汇率发生变化,企业的货币收入与货币支出不相匹配时,企业就面临着外汇交易风险。一般来说,具有海外业务的企业时常需要将其海外经营的利润以股息、企业间转移支付等形式汇回国内的母公司。如果预计本国货币将要贬值,则企业管理者将这种外币资金从国外流入国内的欲望就十分强烈;反之,这种资金不急于汇回。由于企业对汇率走势的预测难以很准确,或者说对汇率变化的反应不够十分敏锐,因此,企业时时刻刻面临着汇率风险,尤其是在外汇市场动荡不安时。

(4) 关于企业利率风险。首先要看企业是否有负债。企业跨国举债时,还将面临国际金融市场利率波动带来的风险。其次要看企业负债的利率形式,即是以固定利率还是浮动利率举债。以浮动利率举债时,短期利率的变化会影响到企业的利息支出,增加利率风险。

(二) 损益表

1. 损益表及收益性分析

损益表显示企业在一定期间内的经营结果,属于动态的财务报表。它能够提供企业核心业务经营状况的有关数据,主要用于企业的收益性分析,企业管理者从中可以分析企业面临的金融风险。收益性分析的比率主要有以下几个。

(1) 销售净利率(＝净利润/销售收入)。反映每一元销售收入带来净利润的多少,表示销售收入的收益水平。

(2) 销售毛利率[＝(销售收入－销售成本)/销售收入]。表示每一元销售收入扣除销售成本后,有多少收益可以用于各项期间费用和形成盈利。销售毛利率是企业销售净利率的最初基础,没有足够大的毛利率便不能盈利。

(3) 资产净利率(＝净利润/平均资产总额)。也称净值报酬率或权益报酬率。反映企业所有者的投资报酬率,具有很强的综合性。

2. 收益性分析如何暴露金融风险

(1) 关于企业资金头寸。首先,判断企业的核心业务是在扩展还是在萎缩。销售毛利率通常在经济景气良好时上升,在经济景气不好时下降。它在不同行业之间有差异,但同一行业内各企业间差异不应太大。销售净利率高表示企业盈利能力强,或产品品质优良。这个指标比率若逐年下降,则可能由于投入品价格上涨或商品竞争力降低所致。企业核心业务发展稳定,前景良好,意味着企业的资金运营正常,为企业保持较理想的资金头寸水平奠定了经济基础。其次,判断企业的收益是源于企业的正常经营活动还是短期急救措施的反映。因为一个濒临破产的企业同样可以制造出很好的财务报表数据。

(2) 关于企业汇率风险。企业的损益表会提供有关企业购买和销售外币的种类及金额,据此可分析在有关汇率变化时,企业将面临的汇率风险。

四、企业风险管理的意义

企业是否进行风险管理一般取决于两个条件:必要条件是企业面临的金融风险;充分条件是企业的风险管理策略能够增加企业预期现金流量的净现值。所以,企业风险管理的重要意义在于增加企业价值。

企业一般有两个途径能够增加企业价值:一是增加企业预期的现金流量;二是降低折现率,即企业的融资成本。企业通过风险管理能够增加企业价值的原因在于:

(1) 有效的金融风险管理能够降低企业的融资成本。这是因为应用金融期权、期货、远期合约和互换等金融工具的直接结果是减少了企业现金流量的波动性。现金流量波动性的减少就意味着企业金融风险的减少。此外,企业还可以将不同的金融工具组合起来构造出一些新的金融工具。这些新的金融工具不仅能够降低企业的风险,还可以直接降低企业的融资成本。

(2) 有效的金融风险管理可以减少企业的赋税。其前提是企业面对的是凸性税收曲线。税收曲线的曲率越大,企业进行套期保值所获得的税赋降低幅度也就越大,企业税前收入的波动性就会降低,进而减少企业价值的变化幅度,降低企业遭遇财务危机的概率。

(3) 有效的金融风险管理有利于企业正确的投资决策。由于有效的金融风险管理能够减少企业的违约概率,减少企业债务利息的支付,所以那些潜在的债权人就愿意对企业的有价证券支付较高的价格,结果是增强了企业的负债能力。企业便可以投资于高风险的项目,获得更高利润。

五、企业金融风险管理要点

（一）尽量采取组合式风险管理

对于多元化经营的跨国企业来讲，对风险的管理不是一项一项地单独管理，而是把风险作为一个整体来看待，将风险有机组合，并进行持续和定期的监控。

在企业跨国经营中，部分业务因为风险而造成的损失可能被其他业务产生的利润所抵消。如市场利率的上升给企业筹资业务造成风险，筹资成本增加；但却给企业投资业务带来利润增加的机会。所以，如何将这二者搭配得当，是企业管理层面临的问题。

（二）认清风险管理的动机及风险来源

企业风险管理的动机有税收、财务成本危机、管理机制等多种。只有了解了这些动机，企业才能判定对哪些风险进行套期保值，及应如何组织企业的避险活动。

企业分清风险来源也很重要。例如，汇率变动可能由本国与外国通货膨胀率的差异引起，也可能由实际汇率变动引起。多数情况下，企业套期保值的动力来源于实际汇率的变动，而非两国通货膨胀率之间的差异。因为在购买力平价（purchasing power parity，PPP）条件成立时，实际汇率是不变的，企业产品的相对价格不变，所以企业的实际收入和成本也是不变的。因此，实际汇率不变时，名义汇率的变化不会影响企业实际资产的市场价值。可见，实际汇率变化是一种非常重要的相对价格变化，它影响着竞争者耗费的所有投入的相对价格，及客户购买产品的相对价格。实际汇率的变化就是从许多细微的但可能是至关重要的方面影响着跨国经营中的企业。当汇率变动由实际汇率和名义汇率同时变动引发时，企业对长期经济风险进行套期保值也许是不可能的，这时企业会进行经营性套期保值，这将涉及改变企业的经营结构。

如果利率变动主要反映了通货膨胀率的变动，则企业的经营利润通常会随通货膨胀率的上升而上升，因此企业不反感其债务面临利率风险；反之，若利率变动是由实际利率变动引起，并且企业销售产品的能力受实际利率水平的影响较大，则企业就会将其债务对利率变动的风险最小化。

（三）依据企业特点选择风险防范方法

企业在决定采取哪种金融保值工具的过程中，须重点考虑：

（1）外币现金流的频率,是只在一个时期发生,还是在多个时期均须支付或收入固定数额的外汇。

（2）货币种类数,交易只涉及单一货币还是多种货币。

（3）现金流的确定性,即对企业预期的现金流头寸的信心。这些问题确定后,企业才能够进一步确定是否保值、何时保值等问题(见表 10-4)。

此外,使用衍生金融工具进行风险防范,并非对任何企业都适宜。一般讲,大企业比小企业更适宜;有更多增长机会的企业更适宜。

表 10-4　企业风险特征及适宜的金融保值工具

货币风险暴露的特征		金融保值工具
现金流的频率	单一时期	单个合约(期货、期权)
	多个时期	成套(系列)合约、互换、现值保值
货币种类数	单一货币	单一货币合约
	多种货币	指数合约(美元)、合成保值
现金流的确定性	确定的合约现金流	和风险暴露的合约相匹配的简单保值
	不确定的、估计的现金流	与现金流概率相符的期权保值、动态期货保值

资料来源:〔美〕理查德·M.莱维奇.国际金融市场价格与政策(中译本)〔M〕.北京:中国人民大学出版社,2001:621.

第二节　企业汇率风险管理

企业汇率风险主要产生于经营活动中以外币计价的贸易往来和资金借贷,是指一个经济实体和个人,在涉外经济活动中因外汇汇率波动使其以外币计价的资产或者负债价值涨跌,而蒙受损失的可能性。汇率风险实质上是收益或者成本的一种不确定性,是实际价值对预期价值的一种偏离。

汇率风险要素有:①货币兑换;②时间;③敞口头寸,也称为"受险部分"、"敞口"(exposure)或"风险头寸",是指承担汇率风险的那部分外币资金。在外汇买卖中,敞口头寸表现为外汇持有额中"买超"(overbought)或者"卖超"(oversold)的部分;在企业经营中则表现为其外币资产与外币负债不相匹配的部分,例如外币资产大于或者小于外币负债,或者外币资产与外币负债在金额上相等,但是在期限上长短不等。

一、企业汇率风险类型

（一）交易风险

交易风险（transaction risk）是一种最主要、最常见的汇率风险，是指经济主体在运用外币进行收付的交易中，因外汇汇率变动而蒙受损失的可能性。交易风险是一种流量风险，它产生于以下几种情况。

（1）以信用为基础的货物、服务进出口贸易。如果交易是以外币计价，外汇汇率在支付（或收进）外币货款时，比当初签合同时上涨（或下跌）了，进口商（出口商）就会付出（或收进）更多（或更少）的本国货币或其他外币。

（2）以外币计价的国际信贷。如果外汇汇率在外币债权债务清偿时，较债权债务形成时发生下跌（或上涨），债权人（债务人）就只得收回（付出）相对较少（更多）的本币或其他外币。

企业外汇交易风险与某一具体交易事项有关，指在企业以外币进行的各种交易过程中，由于汇率变动使折算为本币数额减少而造成的损失。各种交易包括以信用方式进行的货物或服务交易、外汇借贷交易、远期外汇交易、以外汇进行投资等。交易还可分为已完成交易和未完成交易。已完成交易是已列入资产负债表的项目，如以外币表示的应收账款和应付账款；未完成交易则主要为表外项目，如以外币表示的将来的采购额、销售额、租金以及预期发生的收支等。

企业以外币计价进行国际货物交易及服务交易时产生的风险，也称为"交易结算风险"。

（二）折算风险

折算风险（translation risk），又称会计风险（accounting risk），是指由于汇率变化引起经济主体资产负债表上某些外币记账项目的账面价值发生变动而蒙受损失的可能性。它产生于跨国公司将其国外子公司的报表进行合并的过程中。为了反映企业集团整体的财务状况、经营成果和现金流量，需要在每个给定的会计期间编制整个企业集团的合并财务报表。跨国公司的国外子公司或纳入合并会计报表的分支机构的会计报表，大多按其所在国的货币作为记账货币，但在总公司进行会计报表合并时，需要将其折算成总公司的记账本位币。由于在折算时，对资产、负债、所有者权益、收入、费用所采取的汇率不同，便会产生折算损益，即为汇率的会计风险。

境外子公司财务报表的折算主要涉及当地货币对基准货币的两种不同汇

率,即有关财务事项发生时的历史汇率和财务报表折算时的现行汇率。与此相对应,跨国经营的企业对外币折算主要有以下四种折算方法。

(1) 流动与非流动法。这种方法是把国外子公司资产负债表中的项目,分为流动性项目和非流动性项目,从而采用不同的汇率进行折算。流动性资产是指可以迅速变现的资产,包括现金、短期应收账款、短期投资和存货;流动性负债主要包括应付账款、应付利息、应付工资等。非流动性资产是指不能迅速变现,持有期在一年以上的资产,如固定资产、长期投资和长期应收款等;非流动性负债是指不需要在一年内偿还的长期负债,如长期债券、长期应付款。根据这样的分类,所有流动性项目均按照现行汇率(即编制资产负债表时的汇率)进行折算,故这些项目面临着会计风险,而非流动性项目则按历史汇率(即取得该资产、负债时的汇率)进行折算,因此,这些项目不会面临会计风险。所有者权益中的收入和费用项目,除了一些与非流动性资产和负债项目有关的项目,如固定资产折旧和无形资产摊销采用历史汇率外,一般采用报告期间的平均汇率折算。

(2) 货币与非货币法。这种方法是把国外子公司的资产负债划分为货币与非货币项目,分别采用不同汇率折算。所谓货币项目,是指以外国货币表示的,在汇率发生变动时,其以本国货币表示的价值就会发生变动的项目,如现金、各种短期和长期应收应付款。这些项目采用现时汇率折算,其他项目归于非货币项目,采用历史汇率折算。所有者权益中各项目的折算方法与流动、非流动法的做法一样。

(3) 时态法。时态法,也称时间度量法,是在货币与非货币法的基础上进一步发展起来的。两者的差别仅仅在于对那些以现实成本计价的非货币项目折算处理。其理论依据是,外币会计报表的折算不应当改变会计报表所反映的经济事实。因此,在选择汇率进行折算时,只能改变计量单位,而不应当改变原有的计量属性。如对存货的处理,在货币与非货币法中,存货都是按历史汇率进行折算的,但在时态法下,所有按市价计价的存货是按现时汇率折算的,而只有那些以成本计价的存货才按历史汇率折算。所有者权益中的收入和费用项目按交易发生时的汇率折算,但在这类交易大量而且经常发生的情况下,也可以采用平均汇率,固定资产的折旧和无形资产的摊销仍采用历史汇率折算。

(4) 现时汇率法。现时汇率法也称期末汇率法。这种方法是对资产负债表中除了所有者权益项目以历史汇率折算外,所有项目都按现时汇率折算。

在现时汇率法下,收入费用项目也可以采用会计期间的平均汇率折算。用这种方法对外币会计报表进行折算实际上是将外币会计报表的所有项目乘以一个常数,只是改变外币会计报表的表现形式,并没有改变会计报表各项目之间的比例关系。因此,现时汇率法能够保持外币会计报表的内部结构和各项目之间的经济联系。不足之处在于,现时汇率法意味着被折算的外币会计报表的各个项目都面临着外汇风险。但实际上,企业的资产和负债所承受的外汇风险是不一样的,像固定资产和存货等以实物形态存在的资产不一定存在着汇率风险,对这些项目均以现时汇率进行折算并没有体现各项目实际承受的汇率风险。另外,以现时汇率进行折算与目前普遍采用的历史成本原则不相符合。理解现时汇率法的要点在于,现时汇率法是以子公司的净资产为基准来衡量汇率变动影响的。

从以上分析可以看出,跨国企业在境外产生的损益几乎全部存在着折算风险。对于收入项目来说,如果现行汇率与历史汇率相比下跌,则折算出的以基准货币计值的金额将少于按历史汇率的预计数,从而出现收入减少的账面损失;对于费用项目来说,如果现行汇率与历史汇率相比上涨,则折算出的以基准货币计值的金额将多于按历史汇率的预计数,从而出现费用增加的账面损失。总之,在不同的折算方法下,外币资产负债项目的风险性各异,损益状况也不一样,从而使得财务报表合并和经营活动评价更加复杂化。

现将以上四种方法对各个项目采用的汇率进行比较归纳,见表 10-5。

表 10-5　对外币进行折算四种方法比较

项　　目	流动/非流动法	货币/非货币法	时　态　法	现时汇率法
现金	现时汇率	现时汇率	现时汇率	现时汇率
应收账款	现时汇率	现时汇率	现时汇率	现时汇率
存货(按成本)	现时汇率	历史汇率	历史汇率	现时汇率
存货(按市价)	现时汇率	历史汇率	现时汇率	现时汇率
投资(按成本)	历史汇率	历史汇率	历史汇率	现时汇率
投资(按市价)	历史汇率	历史汇率	现时汇率	现时汇率
固定资产	历史汇率	历史汇率	历史汇率	现时汇率
无形资产	历史汇率	历史汇率	历史汇率	现时汇率
应付账款	现时汇率	现时汇率	现时汇率	现时汇率
长期负债	历史汇率	现时汇率	现时汇率	现时汇率
实收资本	历史汇率	历史汇率	历史汇率	历史汇率

(三)经济风险

经济风险(economic risk)也称经营风险(operating risk),指由于汇率变动,导致跨国企业经营时其未来现金流量发生变化,从而影响企业上市价值的可能性。经济风险主要起源于名义汇率变动对利率平价或者购买力平价的偏离。

决定经济风险的因素主要有:生产地与销售地的不一致;竞争者所在地状况;投入品价格是由国际市场决定还是由本地市场决定。若一家企业的大部分销售发生在国外,其面临交易风险和经济风险是显而易见的;即使这家企业只在本国销售,如果它进口原料或有外国竞争者,那么它仍会面临经济风险。

所以,汇率变化对一家企业的总体影响不仅取决于企业对汇率变化如何反应,还取决于企业的竞争对手、顾客、供应商的反应,这些反应构成直接经济风险和间接经济风险(见表 10-6)。

表 10-6 直接经济风险和间接经济风险

项　　目	本币呈强势	本币呈弱势
直接经济风险:		
国外销售	不利—以本币计算的收入减少	有利—以本币计算的收入增加
原材料国外供应商	有利—以本币计算的投入减少	不利—以本币计算的投入增加
利润来自国外	不利—以本币计算的利润减少	有利—以本币计算的利润增加
间接经济风险:		
竞争者原材料由国外供应	不利—竞争者收益增加	有利—竞争者收益减少
供应商原材料由国外供应	有利—供应商收益增加	不利—供应商收益减少
客户在国外销售	不利—客户收益减少	有利—客户收益增加
客户原材料由国外供应	有利—客户收益增加	不利—客户收益减少

资料来源:[美]理查德·M.莱维奇.国际金融市场价格与政策(中译本)[M].北京:中国人民大学出版社,2001:601.

较之换算风险和交易风险,经济风险对跨国企业长期利益的影响要深远得多。它涉及企业的财务战略、购买战略和营销战略,并要求这些战略协调一致(见表 10-7)。

表 10-7　汇率风险的类型及其比较

项目	交易风险	折算风险	经济风险
含义	与以外币所表示的单个交易相关,如进出口、外国资产、外币汇款	来自为财务报告而进行的将子公司资产负债表和损益表从外币折算成总公司所在国的货币	与因汇率变动而丧失竞争优势相关,重点考虑汇率变动的长期经济后果
例子	一家中国企业从美国进口配件。该中国企业面临美元升值从而使配件的美元价格上涨的风险	一家中国企业有一泰国子公司。该中国企业面临着泰铢贬值,从而使在合并财务报表时以人民币表示的子公司利润减少的风险	一家中国企业和一家日本企业在美国竞争。如人民币对美元贬值,而日元对美元汇率不变,则中国企业可在美国降价而不损失人民币收入,从而相对于日本企业具有竞争优势
特点	反映的是汇率变动对过去的、已经发生了的以外币计价交易的影响。涉及现金流量的实际变动	虽然反映的也是汇率变动对过去的、已经发生了的以外币计价交易的影响,但仅涉及会计账面上的价值变动。而且这种变动是不真实的	反映的是汇率变动对未来纯收益的影响。也涉及现金流量的实际变动

二、交易风险管理策略

由于交易风险造成的损失非常复杂,作为企业的一项重要管理任务,汇率风险防范要当作一个整体来进行通盘考虑。不仅要分别研究各种风险管理工具,而且更要研究如何对这些工具实行优化组合,以较少的费用支出实现汇率风险管理的总体目标。在多数情况下,对所有交易风险都进行防范是不可能的,而且对某些风险的防范要付出很大代价。因此,在防范风险之前,企业必须根据自身的实际情况确定风险管理目标,然后再采取具体防范措施。

企业汇率交易风险防范的基本原则是:在一定管理成本情况下,使汇率变动对本币造成的经济损失最小化。只有从减少汇率风险损失中得到的收益大于为减少风险所采取措施的成本费用时,防范风险的措施才是有意义的、可行的。

（一）交易风险的内部管理策略

1. 资产债务调整法

以外币表示的资产及债务容易受到汇率波动的影响,币值的变化可能会造成利润减少或者折算成本币后债务增加。资产和债务调整法是将这些账户进行重新安排或者转换成最有可能维持自身价值甚至增值的货币。其核心是：尽量持有硬币资产或软币债务。硬币的价值相对于本币或另一种基础货币而言趋于不变或上升,软币则恰恰相反,它们的价值趋于下降。作为正常业务的一部分,实施资产债务调整策略有利于企业对交易风险进行自然防范。如借贷法,当企业拥有以外币表示的应收账款时,可借入一笔与应收账款等额的外币资金,以达到防范交易风险的目的。

2. 选择有利的计价货币

汇率风险的大小与外币币种有着密切的联系,交易中收付货币币种的不同,所承受的汇率风险会有所不同。在外汇收支中,原则上应争取用硬币收汇,用软币付汇。例如,在进出口贸易中,进口商争取用软币付汇,出口商争取用硬币收汇；在借用外资时,争取以软币表示。

企业在经营中,尽量避免产生应收账款和应付账款的风险。如果企业处于强势地位,最简单的方法是以本国货币计价交易,这可将汇率变化风险转移到交易对手方。如果企业缺乏议价的能力,则上述风险转移可能不会有很大的实际意义。

3. 在合同中订立货币保值条款

货币保值条款的种类很多,主要有黄金保值、硬货币保值、"一篮子"货币保值。目前合同中采用的一般是硬货币保值条款。订立这种保值条款时,需注意三点：首先,要明确规定货款到期时应支付的货币；其次,选定另一种硬货币保值；最后,在合同中标明结算货币与保值货币在签订合同时的即期汇率。收付货款时,如果结算货币贬值超过合同规定幅度,则按结算货币与保值货币的新汇率将货款加以调整,使其仍等于合同中原折算的保值货币金额。

4. 适当调整商品的价格

在进出口贸易中,一般应坚持出口收硬币,进口付软币的原则,但有时由于某些原因使出口不得不用软币成交,进口不得不用硬币成交,这样双方就存在汇率风险。为了防范风险,可采取调整价格法,如加价保值法和压价保值法。

5. 进行风险分摊

指交易双方按签订的协议分摊因汇率变化造成的风险。其主要过程是：确定产品的基价和基本汇率；确定调整基本汇率的方法和时间；确定以基本汇率为基数的汇率变化幅度；确定交易双方分摊汇率变化风险的比率；根据情况协商调整产品的基价。

6. 灵活掌握收付时间

企业应根据实际情况,提前或推迟收款、付款时间,会收到意想不到的结果。企业作为出口商,若计价货币坚挺,即汇率呈上升趋势时,企业应在合同规定的履约期限内尽可能推迟出运货物,收取货款,因为收款日期越向后推,就越能得到汇率上升带来的好处;若汇率呈下跌趋势,则应争取提前结汇。反之,企业作为进口商时,则要作出相反调整。当然,这要在双方协商同意的基础上才能进行。

7. 对冲与重开发票中心

指通过相关联的货币冲销个别交易风险。如企业可将金额与期限相同(近)的美元的应收账款与美元应付账款对冲。对某些大型跨国企业来说,对冲的程序可以进一步延伸为重开发票中心。其优点是交易风险集中管理,并由企业的整体角度来冲销。例如,在此中心,由各个营运单位买进产品,再供给其他营运单位或最终消费者,A 单位做多头英镑,B 单位做空头英镑,重开发票中心了解到 A 与 B 的英镑头寸已经相互对冲,不需再做避险的处理。这比 A 与 B 分别做避险处理要节省成本。

(二)交易风险的外部管理策略

1. 利用远期外汇交易

在进行远期外汇交易时,企业与银行签订合同,在合同中规定买入卖出货币的名称、金额、远期汇率、交割日期等。从签订合同到交割这段时间内使用的汇率不变,可防范日后汇率变动的风险。远期外汇交易的一个变种是具有日期选择权的远期合约,它允许企业在一个预先规定的时间范围内的任何一天执行外汇交易,即择期交易(见第七章)。当然,远期外汇交易本身是存在风险的,企业能否避免损失和获得好处,关键在于汇率预测是否正确。同时,远期外汇交易在避免了汇率不利变动风险的同时,也丧失了汇率有利变动而带来的获利机会。

 案例 10-2

企业应用远期结售汇业务规避汇率风险

中国某公司 2013 年 5 月 31 日,在赊销的基础上出口了 1 000 万美元的货物,三个月才能收回 1 000 万美元。为规避美元贬值给公司带来的风险,公司可以与银行签订远期结汇合同。假定银行三个月远期结汇汇率(买入汇率)为 100 美元兑人民币 625.31 元。把将来收回的 1 000 万美元的汇率和交割时间等全部以合同的形式固定下来,若三个月到期时的即期结汇汇率为 100 美元兑人民币 617.67 元,由于签订远期结汇合同,可以按 100 美元兑人民币 625.31 元的汇价结售给银行,得到 6 253.1 万元人民币;如果没有签订远期结汇合同,只能按即期汇率即 100 美元兑人民币 617.67 元结汇给银行,得到 6 176.7 万元人民币。这样,由于美元汇率的变动,给公司造成的损失为 76.4(6 253.1—6 176.7)万元人民币。可见,如果公司与银行签订远期结汇合同,可以规避美元贬值带来的人民币收入减少的风险。同理,公司也可以与银行签订远期售汇合同固定换汇成本。根据我国的《结汇、售汇及付汇管理规定》,可办理结售汇的外汇收支均可办理远期结售汇。

2. 利用外汇期权交易

外汇期权买卖实际上是一种权力的买卖。买权是指期权(权力)的买方有权在未来的一定时间内按约定的汇率向银行买进或卖出约定数额的某种外汇;卖权是指期权(权力)的卖方有义务在未来一定时间内按约定的汇率向买权方卖出或买进约定数额的某种外汇。可见,外汇期权合约给期权买方的是选择是否按执行价格履约的权利,给卖方的是接受买方选择的义务。当然,为取得上述买或卖的权力,期权(权力)的买方必须向期权(权力)的卖方支付一定的费用,称作保险费(或权利金)。保险金是期权合约中唯一的变量,其大小取决于期权合约的性质、到期月份、执行价格等因素。因为期权(权力)的买方获得了今后是否执行买卖的决定权,期权(权力)的卖方则承担了今后汇率波动可能带来的风险,而保险费就是为了补偿汇率风险可能造成的损失。这笔保险费实际上就是期权(权力)的价格。决定期权价格的主要因素有三个:期权期限的长短;市场即期汇率与期权合同中约定的汇率之间的差别;汇率预期波动的程度。

期权按行使权力的时限可分为两类,即欧式期权和美式期权。欧式期权是指期权的买方只能在期权到期日前的第二个工作日,方能行使其是否按约定的汇率买卖某种货币的权力;而美式期权的灵活性较大,因而费用价格也高一些。

外汇期权买卖是近年来兴起的一种交易方式,它是原有的几种外汇保值方式的发展和补充,有三个其他保值方法无法相比的优点:其一,它为客户提供了外汇保值的方法,将汇率风险局限于期权保险费;其二,为客户提供了从汇率变动中获利的机会;其三,增强了风险管理的灵活性(请参考第七章)。

3. 利用互换交易

互换是指交易双方(通常称交易对方)达成现金流交换的协议,在协议中,交易双方承诺在互换合同到期前,在规定的期间内相互交换按照一定公式计算出来的资金数量。互换可以视为一系列远期合约的合成,这些远期合约规定在未来特定的时间里进行资金交换。与远期合约相似,互换也可以用来投机、防范风险,以增加投资收益或者降低借款成本。

(1) 货币互换。货币互换又称"货币掉期",是交易一方为降低借款成本或避免远期汇率风险,将一种货币的债务转换成另一种货币的债务的交易。货币互换是常用的债务保值工具,主要用来控制中长期汇率风险。在货币互换交易下,借款者实际交换的是债务本金与利息的资金流量,交换本金所适应的汇率是交易初始的即期汇率;利息的支付是以付款当时的利率乘以未清偿的余额,但涉及的两种货币的筹资利率却不同。早期的"平行贷款"、"背对背贷款"就具有类似的功能,但由于寻找交易对手非常费时间,且这些业务属于贷款行为,仍会在资产负债表上产生新的资产和负债。而货币互换作为一项资产负债表的表外业务,能够在不对资产负债表造成影响的情况下,达到同样的目的。

普通的货币互换是指两种货币按照当前的汇率进行互换,但双方同意在未来的某一天以同样的汇率进行反向交换。其中的一方要向另一方支付利息,这种利息支付通常是在利息平价关系的基础上签订的。即如果以货币 A 标价的资产利率高于以货币 B 标价的资产利率,那么接受货币 A 付出货币 B 的一方就要向另一方支付利息差价。

 案例 10-3

货币互换的实际应用

A 企业在美元市场和瑞士法郎市场的借款成本年利率分别是 10% 和 5%;B 企业在这两个市场的借款成本年利率分别是 11.5% 和 6%。A 企业因信用等级高等原因在两个市场上的借款成本都低于 B 企业,享有绝对优势。但比较之下,在美元市场上,A 企业比 B 企业具有 1.5% 的利率优势;在瑞士法郎市场上,A 企业和 B 企业的利差只有 1%。根据贸易的比较优势原

理,A 和 B 两家企业可以通过借入各自具有比较优势的货币,然后进行互换,就能获得低成本的融资。具体步骤是:

① 在期初时,A 企业以 10% 的利率借入金额为 1 亿美元的资金;B 企业以 6% 的利率借入金额为 1.5 亿瑞士法郎的资金。假设此时的即期汇率为 1 美元＝1.5 瑞士法郎,这样,两笔借款在金额上相等。

② A 企业将其 1 亿美元的资金借给 B 企业,收取 10.75% 的年利息;B 企业将其 1.5 亿瑞士法郎的资金借给 A 企业,收取 5.5% 的年利息。"10.75%"和"5.5%"是 A 与 B 两家企业通过互换协议确定的。这意味着,A 与 B 两家企业在未来借款期间,既要按照互换协议的规定相互支付利息,还要对它们原来自身的债务支付利息。

③ 到期末时,互换协议到期,A 与 B 两家企业相互支付最后一次利息,把期初时的本金额再互换回来,用这个本金额去偿还各自的未偿付债务。

通过互换,A 企业的实际融资成本是:$10\% + 5.5\% - 10.75\% = 4.75\%$,与其直接借入瑞士法郎相比,利息节约幅度达 0.25%。B 企业的实际融资成本是:$6\% + 10.75\% - 5.5\% = 11.25\%$,与其直接借入美元相比,利息节约幅度达 0.25%。

(2) 信贷互换。当跨国经营的企业需要为其海外分公司筹措的外汇资金存在外汇管制问题时,可以通过银行体系进行信贷互换交易。一般来讲,跨国企业筹措这类资金时,通常不愿意以硬币来兑换。在这种情况下,总公司以本国货币存入银行,并由该银行的海外分行以当地的货币贷款给总公司在此地的分公司。总公司放弃存款利息,贷款到期时,由海外分公司清偿,总公司再收回完整的本国货币。

4. BSI 法

即借款-即期合同-投资法。这是一种对现存的外汇头寸,通过在金融市场借款,以期限相同的外币债权或债务与之相对应,以消除外汇风险的方法。以出口商为例:第一,在签订出口贸易合同后,即在金融市场上借入所需的外币;第二,卖出即期外汇,取得本币资金;第三,将取得的本币资金有效地投资于金融市场,赚取收益;第四,出口商执行贸易合同后,以货款归还借款。

5. 福费廷和国际租赁

见第八章"国际贸易融资"。

三、折算风险管理策略

折算风险管理的重要性在于：①与汇率变动相关的价值变动常常反映影响企业未来经营能力的实际经济变动；②只要企业有合同依赖于企业的账面价值，即使经过通货膨胀调整的现金流量不受汇率波动的影响，折算风险也是一个需考虑的因素。如企业的贷款合同常规定企业的债务与账面价值比率保持在一定水平上，当汇率变动引起的外国子公司账面价值下降时，就会造成对贷款合同的违反。由于违反合同会引发实际成本增加，因此企业此时会对折算风险进行套期保值。

（一）套期保值法

这是被广泛采用的市场策略。所谓套期保值，即通过构筑一项头寸，来临时性地替代未来的另一项资产或负债的头寸。最基本的套期保值工具主要有外汇远期交易、外汇期货交易、外汇期权交易和外汇互换交易。但值得注意的是，对折算风险本身采取的保值措施可能会增加企业的交易风险，因此保值策略更多地被用于管理交易风险，而折算风险则主要通过操作性策略来加以管理。

（二）操作性策略

这是指跨国公司根据对子公司所在国货币或计价货币的汇率预期来采取行动，即在计价货币预期升值时，增加以其计价的资产，减少以其计价的负债；反之，在计价货币预期贬值时，减少以其计价的资产，增加以其计价的负债。

（三）资产负债表的中性化

如果在考虑折算风险前，子公司的营业处于理想状态，则从营运的观点看，最好不要有资产或负债在管理上的变动。此时常用的风险管理方式有：以当地货币借款、提前或延期应收账款与应付账款、改变销货与购货的计价货币。

（四）将折算损益纳入延迟性科目

这样，有关的折算损益不需反映在当期的所得中。就某一层面来说，这可降低折算风险的严重性。因为规避折算风险的目的就是抵消汇率变动对股东权益在账面上所可能产生的影响。

值得注意的是，以上各种方法实质上都是调整企业的现金流量，但在管理风险的同时，也存在着管理成本问题。这主要表现在，利润与利息收入下降；货币利息成本（机会成本）上升；对企业形象有负面影响等。例如，出口以硬币计价,则以该币表示的销售价格就会低些;进口以硬币计价,则以该币表示的购入价格就会低些;延迟收回货币应收款、提前支付货币应付款将会损失利息收入;收紧货币信用将会减少销售量导致利润损失;增加货币借款,货币利息成本通常会高些;延迟支付货币应付款,有损于企业信用;等等。因而企业需要根据成本效益原则并结合自身实际情况正确地选择使用,以有效地管理折算风险。

四、经济风险管理策略

经济风险管理的目的在于预测和减少汇率的意外波动对企业未来现金流量的影响。为此,企业管理者不仅要能迅速判断汇率变动与所涉及国家的通货膨胀率以及利率之间的有效均衡关系是否存在,而且还要在汇率波动发生前准备好最佳对策。

一般来说,大多数企业很少对长期经济风险进行套期保值,对汇率变动的长期经济后果进行套期保值要比对交易风险和折算风险进行套期保值复杂得多。其主要困难在于需要估计汇率变动对企业现金流量的当期及长期的影响。例如,一家日本企业将其生产的产品销往美国,该企业关注的是日元对美元汇率的变动会对该日本企业的长期盈利能力带来什么影响。如果日元对美元汇率的变动是属于价格水平的一般变动,从而使经过通货膨胀调整的或实际的汇率保持不变,那么名义汇率的变动只会对日本企业的现金流量产生很小的影响。相反,实际汇率发生变动却能对日本企业的现金流量产生较大的影响。可见,评价汇率变动对企业现金流量的影响,主要问题之一是预测汇率变动的原因。

除考虑实际汇率变动影响外,企业管理人员对经济风险管理的策略还包括以下几种。

(一)根据对汇率的预测主动建立头寸

这需通过金融市场来进行,如外汇远期和外汇期货合约。通常是,影响股东权益的现金流量是以本地或母公司货币计价,这些现金流量的某些波动来自汇率变动,它可通过金融市场的操作来冲销。这类避险可以直接降低现金流量受到汇率变动的影响程度,对经济风险管理有很大帮助。但其困难在于很难精确预测汇率变动发生的时间、方向和幅度。

(二)在营销方面改变定价或促销策略

新的定价策略必须考虑需求弹性,并以股东的计价货币为准,追求利润最大化。弹性是以销售数量变动的百分比除以价格变动的百分比。如果弹性大于1，则降价可以增加收益，因为销售数量的增加超过单位价格的下降。

此外还需考虑汇率变动的持久性。如果汇率变动是暂时的，可以继续维持当地货币的定价结构，牺牲短期的获利，提高市场占有率，促进企业与客户之间的关系；如果汇率变动属长期的，则需要采取应对措施，根据产品的需求弹性调整价格，甚至放弃当地市场。

（三）在生产方面寻求新的供给来源

将整个或部分生产作业转移到具有比较生产竞争优势的地区，可以提高生产力。但这样做，涉及的成本与风险十分可观，而且还会耗费许多管理上的时间，须周详计划。一般来讲，这类选择应该视为一种持续性的应对计划，应对的对象是汇率发生重大变化的可能性或概率。

（四）财务部门加强监督企业的净头寸

这需要在持续性的基础上，评估企业现金流量对汇率变动的敏感度，分别预测目前营运的现金流量与修改营运策略后可能产生的现金流量，并估计汇率变动对这两种现金流量的影响。目的是为决策部门提供汇率风险管理的可行性方案。

可以说，有效防范和控制经济风险的最好方法，就是在全球范围内将企业的经营和融资多元化。经营和融资的多元化可以使得经济风险因相互抵消而趋于中和。

第三节　企业利率风险管理

这里的利率风险是指利率变动对企业以外币计值的资产和负债带来的潜在影响。利率风险分为投资风险和收入风险。投资风险也称价格风险，是指由于利率变动引起以固定利率计息的以外币计值的资产与负债的市场价值（价格）发生变化的风险。收入风险是指借款利率或放款利率发生不完全对称的变动，引起以外币计值的投资收入发生损失的风险。

利率风险构成因素包括：一定期间；国际货币资本借贷利率发生始料未及的变动；国际经济主体的实际收益与预期收益或者实际成本与预期成本发生背离。

由于企业国际借贷融资场所主要是在以伦敦为中心的欧洲货币市场，所以了解英国金融市场上的利率及其变化,对企业防范国际风险十分重要(见专栏10-1)。

 **专栏 10-1**

英国金融市场上的主要利率

一、基准利率

基准利率是一家银行自己决定的"管理性利率"。每个结算银行可以自己独立确定自己的基准利率。银行贷款给小公司和个人时,按基准利率加一个溢价收取利息。基准利率的涨跌随着金融市场上其他利率的变动而变动,但本身并不是一个市场利率。

二、回购利率

回购利率是由英国的中央银行英格兰银行下属的货币政策委员会指定,由政府通过银行安排短期举债交易(回购协议)时所用的利率。这个利率的变动会影响金融市场上的许多其他利率,如伦敦银行间同业拆放利率(LIBOR)和抵押利率等。

三、LIBOR

LIBOR(London inter bank offered rate)是伦敦金融市场上银行之间相互拆放英镑、欧洲美元及其他欧洲货币资金时计息用的一种利率,是由伦敦金融市场上一些报价银行在每个工作日11时向外报出的。该利率一般分为两个利率,即贷款利率和存款利率,两者之间的差额为银行利润。通常,报出的利率为隔夜(两个工作日)、7天、1个月、3个月、6个月和1年期的,超过一年以上的长期利率,则视对方的资信、信贷的金额和期限等情况另定。

目前,在伦敦金融市场上,有资力对外报价的银行仅限于那些本身具有一定的资金吞吐能力,又能代客户吸存及贷放资金的英国大清算银行、大商业银行、海外银行及一些外国银行。这些银行被称作参考银行。由于竞争比较充分,各银行报出的价格基本没有什么差异。

LIBOR是英国货币市场上最重要的短期利率,在国际信贷业务中被广泛使用,成为国际金融市场上的关键利率。目前,许多国家和地区的金融市场及海外金融中心均以此利率为基础确定自己的利率。许多银行贷款时,都选择在LIBOR上加一个百分比的溢价作为要求的回报率,而不是在自己的基准利率上加溢价。

四、短期国债利率

短期国债利率是英格兰银行在货币市场出售短期国债时采用的利率。它是一个平均利率。

五、金边证券利率

金边证券发行期一般为 20 年或更长。金融市场先选几个"基准金边证券",然后把它们当前的利率作为"零风险"的投资利率。由于被选择的"基准金边证券"距离各自到期的时间各不相同,因此期限一直到 20 年或更长的不同期限的基准收益率便具备了。

一、企业利率风险的影响

当企业拥有产生利息的资产、拥有需要支付利息的借款时就会面临利率风险。企业面临的利率风险不同于银行,因为银行既是债务人,又是债权人。对一家企业而言,拥有产生利息的资产较少,需要支付利息的负债较高。这些负债导致了利率风险。所以,企业在资金借贷中主要是资金借入者,是债务人,是贷款价格的接受者。市场利率上升意味着企业的借款成本上升;而市场利率下降则能使企业的借款成本下降。可见,企业面临的利率风险主要是资金筹措时的利率风险。利率风险对企业的影响可分为以下两种。

(一)直接影响

当市场利率变动,导致企业实际支付的利息可能高于其需要支付的利息时,如果企业的竞争对手能够以降低的成本获得债务融资,则企业就处于一个很不利的竞争地位;当企业在负债到期,可能无法偿还债务的利息和本金时,则会影响企业的信用,更有可能导致资不抵债甚至清算。

(二)间接影响

如在市场利率上升时,汽车、家用电器等大件消费品的生产商可能会遇到需求减少的情况,因为许多客户是通过融资来购买这些"大件"商品的。势必导致企业销售减少,库存增加,利润下降。

二、企业规避利率风险的方法

与管理汇率风险相比,企业对利率风险的管理要简单得多。一方面,利率的波动性小于汇率的波动性;另一方面,利率风险对企业经营活动的影响也没有汇率风险那么复杂。一般来说,企业财务部门从以下两个层面考虑规避利率风险的方案:一是企业借款和贷款的规模大小及它与企业整体经营活动的关系;二是企业有关部门对市场利率走势的风险和预测。具体包括以下几个方面。

（一）重点加强对债务组合的管理

对高负债的企业来说,可以把它所有需要支付利息的债务组合在一起,形成债务组合,并加强对其综合管理。管理时可考虑以下几点。

（1）对冲利率风险。使利息成本尽可能保持在最低水平,同时对利息成本可能超过预期或最高给定水平的风险进行控制。对冲的方法之一是在借款前就锁定利率。

（2）期限混合。企业必须防止自己在短期内同时到期的债务过多。假设企业有四笔贷款,每笔贷款金额均为 100 万美元,如果它们同时到期,企业必须同时筹措到 400 万美元偿还债务,这易使企业面临现金流的困难。所以,企业要尽可能地错开还款期限。

（3）防范再融资风险。这种风险是指企业借款的期限短于企业资金实际需求的期限。例如,企业需要 400 万美元的资金,期限 6 年,但企业开始时借入的资金期限只有 3 年,那么企业需在第 3 年年末时,一方面偿还借款,另一方面寻求新的借款,以满足后续资金需要。这时,企业面临着再融资风险,风险的大小取决于当时市场利率水平。

（4）固定利率借款与浮动利率借款的搭配。一个企业的债务组合中,固定利率借款和浮动利率借款要搭配得当。太多的固定利率借款在市场利率下跌时,会给企业造成不必要的成本;太多的浮动利率借款在市场利率上涨时,会导致企业支付较高的成本。

（二）明确管理要点

1. 利息支付风险防范

企业利用债券筹资,要承担还本付息的义务。债券筹资风险的一个重要方面就是企业要有充足的盈利能力保证到期还本付息。这是企业债券筹资风险得到有效防范的根本。此外,企业还应合理安排债券的发行期限,使其还本付息期限与企业的生产经营周期相匹配。对于企业来说,在一个会计年度中,总存在一定期间内资金比较紧张,而另一期间内资金比较充裕。将债券的还本付息期与企业资金的充裕期安排一致,则可降低企业债券筹资风险。

2. 财务风险防范

企业长期借款,必须定期还本付息,在经营不利的情况下,可能会产生不能偿付的风险,甚至会导致破产。因此,企业应制定合理的还款规划,保证资金不出现过分紧张的情况。

（1）当利率较低时,企业最好按固定利率借入更多的资金,增加企业的负债率;选择长期借款,而非短期借款;优先偿还利率较高的借款,然后借入利率降低的资金。当利率较高并且还会更高时,企业最好减少借入资金,或按固定利率借入资金,用新股本金(如留存利润)替代借款;把多余的现金和流动资金从短期股本投资中抽出,用于购买产生利息的债券。

（2）当利率上涨时,企业的管理者应当考虑把对资产的投资,特别是不需要或效率低的固定资产、库存、应收款和应付款的投资,降到最低限度,以此减少企业借款的需求。

3. 提高企业信用

企业的信用等级越高,发行债券筹集资金就越容易;反之,企业通过发行债券来筹集资金就比较困难。因此,企业信誉对企业的生存、发展极为重要。企业只有积极参加信用等级评估,提高信用等级,才能增强投资者的投资信心,及时有效地筹集到所需资金。

4. 债券利率决策

利率水平的高低意味着企业筹资时所费成本的多少。企业在确定债券票面利率时,要考虑以下几个因素。

（1）企业的产品销售状况和盈利能力。当企业的未来利润率低于债券利率时,企业则无法保证能按期还本付息。

（2）有关国家的通货膨胀程度。当经济处于高通货膨胀水平时,企业发行的债券利率就会相应较高,但如果债券发行后,通货膨胀水平出现下降,企业就必须负担较高的利率而蒙受损失;反之,若此后通货膨胀水平上升得更高,企业会因支付较低的利率而获益。

（3）资金市场的供求状况。市场资金供给大于需求,市场利率下降,有利于企业低利率筹集资金;反之,企业将付出较高的利息成本。因此,企业在确定债券利率水平时,必须考虑诸多因素,合理确定债券的利率,使债券利率处于最低状态。

（三）选择合适的利率形式

当采用浮动利率时,企业的利息支出会随着市场利率的波动而波动,使企业不能确定其应付利息的多少;而采用固定利率时,若在向银行借款后,出现市场利率总水平下降,则企业也会蒙受损失。因此,企业在向银行借款时应选择有利的利率标准。当企业预计市场利率水平会上升时,应选择采用固定利率来筹集资金;而当企业预计市场利率水平会下降或市场利率水平波动不定时,则应采用浮动利率来筹集资金。

(四) 灵活运用金融工具

1. 利率互换

利率互换是一种常见的债务保值工具,用于中长期利率风险管理。利率互换又称利率掉期,是指债务人根据国际资本市场利率走势,将其自身的浮动利率债务转换成固定利率债务,或将其自身的固定利率债务转换成浮动利率债务的操作。它被用来降低借款成本,或避免利率波动带来的风险,同时还可以固定自己的边际成本。这类互换交易所涉及的两笔债务,通常都是以相同货币计价。利率互换交易一般不涉及本金的交换,这是与货币互换的一个区别。

企业通过利率互换交易可以将一种利率形式的资产或负债转换为另一种利率形式的资产或负债。一般地说,当利率看涨时,将浮动利率债务转换成固定利率债务;而当利率看跌时,将固定利率债务转换为浮动利率债务,从而达到规避利率风险、降低债务成本的目的。

利率可以有多种形式,任何两种不同的形式都可以通过利率互换进行相互转换,其中最常用的利率互换是在固定利率与浮动利率之间进行转换。

例如,有 C 与 D 两家企业。C 企业希望根据浮动利率借得美元,D 企业希望根据固定利率借得美元。它们的融资成本如表 10-8 所示。

表 10-8　C 企业与 D 企业的融资成本　　　　　　　　　%

项　　目	C 企业	D 企业	比较优势(差额)
固定利率	11	13	2
浮动利率	Libor+0.5	Libor+1	0.5

C 企业在固定利率借款市场中拥有 2% 的比较优势,D 企业在浮动利率借款市场中拥有 0.5% 的比较优势。于是,C 企业以 11% 的利率发行债务,并以 12% 的利率转借给 D 企业;同时,D 企业以 Libor+1% 利率发行债务,并以 Libor+0.5% 转借给 C 企业。与货币互换交易相似,通过利率互换,C 企业的实际融资成本是:$11\% - 12\% + (Libor + 0.5\%) = Libor - 0.5\%$;D 企业的实际融资成本是:$(Libor + 1\%) - (Libor + 0.5\%) + 12\% = 12.5\%$。进

行利率互换交易之后,C 与 D 两家企业都降低了融资成本。C 企业的固定利率债务转换为浮动利率债务;D 企业的浮动利率债务转换为固定利率债务。

在利率互换交易市场中,提供固定利率融资工具的借款人,通常能够以相对低廉的成本筹集长期资金;而将浮动利率转换为固定利率的借款人,常常无法通过长期债务工具筹措资金,或其成本相对较高。

2. 利率期货

利率期货是指以债券类证券为标的物的期货合约,它可以规避银行利率波动所引起的证券价格变动的风险。它是企业进行债券投资时,规避利率风险的方法之一。

利率期货合约最早于 1975 年 10 月由芝加哥期货交易所推出,在此之后利率期货交易得到迅速发展。虽然利率期货的产生较之外汇期货晚了三年多,但其发展速度却比外汇期货快得多,其应用范围也远比外汇期货广泛。目前,在期货交易比较发达的国家和地区,利率期货都早已超过农产品期货而成为成交量最大的一个类别。在美国,利率期货的成交量甚至已占到整个期货交易总量的一半以上。

利率期货的种类繁多,分类方法也有多种。通常,按照合约标的期限划分,利率期货可分为短期利率期货和长期利率期货两大类。

短期利率期货是指期货合约标的的期限在一年以内的各种利率期货,即以货币市场的各类债务凭证为标的的利率期货均属短期利率期货,包括各种期限的商业票据期货、国库券期货及欧洲美元定期存款期货等。短期国库券是由美国财政部发行的一种短期债券,由于其流动性高,加之由美国政府担保,所以很快就成为颇受欢迎的投资工具。短期国库券的期限分为 3 个月(13 周或 91 天)、6 个月(26 周或 182 天)或 1 年不等。与其他政府债券每半年付息一次不同,短期国库券按其面值折价发行,投资收益为折扣价与面值之差。

长期利率期货则是指期货合约标的的期限在一年以上的各种利率期货,即以资本市场的各类债务凭证为标的的利率期货均属长期利率期货,包括各种期限的中长期国库券期货和市政公债指数期货等。美国财政部的中期国库券偿还期限在 1～10 年,通常以 5 年期和 10 年期较为常见。中期国库券的付息方式是在债券期满之前,每半年付息一次,最后一笔利息在期满之日与本金一起偿付。长期国库券的期限为 10～30 年,以其富有竞争力的利率、保证及时还本付息、市场流动性高等特点吸引了众多外国政府和公司的巨额投资,国内购买者主要是美国政府机构、联邦储备系统、商业银行、储蓄贷款协会、保险公司等。在各种国库券中,长期国库券价格对利率的变动最为敏感,正是20世纪70年代以来利率的频繁波动才促成了长期国库券二级市场的迅速扩张。

利率期货有以下特点:①利率期货价格与实际利率呈反方向变动,即利率越高,债券期货价格越低;利率越低,债券期货价格越高。②利率期货的交割方法特殊。利率期货主要采取现金交割方式,有时也有现券交割。现金交割以银行现有利率为转换系数来确定期货合约的交割价格。

目前以美国为例,几乎所有重要的、交易活跃的利率期货都集中在两个交易所:芝加哥期货交易所和芝加哥商业交易所(国际货币市场分部)。这两个交易所分别以长期利率期货和短期利率期货为主。

1981年12月,国际货币市场(IMM)推出了3个月期的欧洲美元定期存款期货合约。这一品种发展很快,其交易量现已超过短期国库券期货合约,成为短期利率期货中交易最活跃的一个品种。欧洲美元定期存款期货之所以能够取代短期国库券期货的地位,其直接原因在于后者自身的局限性。短期国库券的发行量受到其债券数量、当时的利率水平、财政部短期资金需求和政府法定债务等多种因素影响,在整个短期利率工具中,所占总量的比例较小。许多持有者只是将短期国库券视为现金的安全替代品,对通过期货交易进行套期保值的需求并不大。同时,由于在利率变动时,短期国库券价格的变动幅度大于信用等级较低的其他短期债务工具,不利于投资者对其债市投资组合实现高效的套期保值。于是人们又不断创新出新的短期利率期货。其中相对重要的有1981年7月由国际货币市场、芝加哥期货交易所及纽约期货交易所同时推出的美国国内可转让定期存单期货交易,但由于实际交割的定期存单往往由信用等级最低的银行发行,给投资者带来了诸多不便。欧洲美元定期存款期货的产生,则有效地解决了这一问题。由于欧洲美元定期存款不可转让,因此,该品种的期货交易实行现金结算的方式。所谓现金结算,是指期货合约到期时不进行实物交割,而是根据最后交易日的结算价格计算交易双方的盈亏,并直接划转双方的保证金以结清头寸的一种结算方式。现金结算方式的成功,在整个金融期货的发展史上具有划时代的意义。国际金融市场上主要的利率期货品种见表10-9。

表 10-9　国际金融市场上主要的利率期货品种

商品种类	交易所	最小变动价位	合约规模	交易月份
美国政府长期国债(US)	CBOT	1/32 点(每张合约最小变动值为 31.25 美元)	10 万美元	3、6、9、12
10 年美国国债期货(TY)	CBOT	0. 5/32 点（15.625 美元）	10 万美元	3、6、9、12
5 年美国中期债券(FV)	CBOT	0. 5/32 点（15.625 美元）	10 万美元	3、6、9、12
2 年美国中期国债(TU)	CBOT	0. 25/32 点（15.625 美元）	20 万美元	3、6、9、12
30 日联邦基金利率期货(FF)	CBOT	0. 005 点（20.835 美元）	500 万美元	最近的 24 个月份
美国 3 个月国库券(TB)	CME	0. 005 点（12.5 美元）	100 万美元	3、6、9、12 加上两个日历月
3 个月欧洲美元(ED)	CME	0. 01 点（25 美元）	100 万美元	40 个以 3 月份为循环的季度月以及最近 4 个连续月
1 个月美元 LIBOR(EM)	CME	0. 002 5 点（6.25 美元）	300 万美元	连续 12 个月

3. 利率期权

期权买方支付一定金额的期权费后,就可以获得这样一种权利:在到期日,可按照或不按照预先约定的利率及一定的期限,借入或贷出一定金额的货币。当市场利率向着不利于期权买方方向变化时,买方可按预先约定的利率固定其利率水平;当市场利率向着有利于期权买方方向变化时,买方可选择按市场利率借入或贷出一定金额的货币。同外汇期权交易一样,利率期权的卖方向买方收取期权费,同时承担相应的责任。

利率期权是一项规避短期利率风险的有效工具。借款人通过买入一项利率期权,可以在利率水平向不利方向变化时得到保护,而在利率水平向有利方向变化时获益。

利率期权有多种形式,常见的主要有利率上限、利率下限、利率上下限。

（1）利率上限（interest rate cap）。是客户与银行达成一项协议,双方确定一个利率上限水平,在此基础上,利率上限的卖方向买方承诺:在规定的期限内,如果市场参考利率高于协定的利率上限,则卖方向买方支付市场利率高于协定利率上限的差额部分;如果市场利率低于或等于协定的利率上限,卖方无任何支付义务,同时,买方由于获得了上述权利,必须向卖方支付一定数额的期权手续费。

(2) 利率下限(interest rate floor)。是指客户与银行达成一个协议,双方规定一个利率下限水平,卖方向买方承诺:在规定的有效期内,如果市场参考利率低于协定的利率下限,则卖方向买方支付市场参考利率低于协定利率下限的差额部分,若市场参考利率大于或等于协定的利率下限,则卖方没有任何支付义务。作为补偿,卖方向买方收取一定数额的手续费。

(3) 利率上下限(interest rate collar)。是指将利率上限和利率下限两种金融工具结合使用。具体地说,购买一个利率上下限,是指在买进一个利率上限的同时,卖出一个利率下限,以收入的手续费来部分抵消需要支出的手续费,从而达到既防范利率风险又降低费用成本的目的。而卖出一个利率上下限,则是指在卖出一个利率上限的同时,买入一个利率下限。

参考文献

[1] 刘伟华.风险管理[M].北京:中信出版社,2002.
[2] 彼得·S.罗斯.商业银行管理[M].第 4 版.刘园,等,译.北京:机械工业出版社,2001.
[3] 陈琦伟.国际金融风险管理[M].上海:华东师范大学出版社,1997.
[4] 理查德·M.莱维奇.国际金融市场价格与政策[M].北京:中国人民大学出版社,2001.
[5] 刘舒年.国际金融[M].第 3 版.北京:对外经济贸易大学出版社,2005.
[6] 刘园.国际金融实务[M].北京:高等教育出版社,2006.
[7] 马克·格林布莱特,施瑞丹·蒂特曼.金融市场与公司战略[M].北京:中国人民大学出版社,2001.
[8] 门明.金融工程学[M].北京:对外经济贸易大学出版社,2000.
[9] 日本 Giobis 株式会社.日本 MBA 研修读本[M].周君铨,译.北京:法律出版社,2002.
[10] 王政霞,张卫.国际金融实务[M].北京:科学出版社,2006.

附录 10-1　利用金融市场管理交易风险

设美国 A 企业在一年之后有一笔 100 万英镑的收入款项。当时的市场行情如表 10-10 所示。同时假设英镑的卖出期权的报价如表 10-11 所示。

表 10-10　市场行情

汇率	即期汇率	1.60 美元/英镑
	1 年期远期汇率	1.56 美元/英镑
1 年期利率	美元	9.0%
	英镑	11.8%

表 10-11　期权报价

到　期　日	1 年
执行价格	1.54 美元/英镑
权利金	0.08 美元/英镑

美国 A 企业如何选择管理风险的方法,主要取决于企业对汇率的预测和对风险的厌恶程度。

情况 1　对汇率行情无特定看法:极度厌恶风险

对外汇行情无特定的看法,可能是认为市场非常有效率,所有相关的信息都已反映在当时的价格中。这时有三种选择方案供评估。

一是远期市场的避险。企业以 1.56 美元/英镑签订一年期的卖英镑的远期合约,一年后取得 1 560 000 美元。与现在能够得到英镑并按即期汇率卖出的差额是 1 600 000－1 560 000＝40 000 美元。远期合约提供了这笔应收款项的明确美元价值,尽管有"损失",但由于企业极度厌恶风险,这种规避风险的方法似乎不错。

二是货币市场的避险。由于企业现在拥有英镑的多头头寸,因此在货币市场建立空头头寸。即借入英镑,按即期汇率兑换为美元,然后将美元资金在货币市场投资,期限 1 年。

比较远期市场与货币市场避险的成本。远期市场避险的成本是 40 000 美元。现在需计算货币市场一年后提供的美元是否超过 1 560 000 美元。①在货币市场借取英镑,使其一年后的本金与利息之和恰好等于 100 万英镑应收款。由于英镑的利率为11.8%,所以借取的金额为849 454英镑(=1 000 000÷1.118)。②以1.60美元/英镑的汇率将借取的英镑兑换为1 431 126美元(=849 454英镑×1.60美元/英镑)。③根据货币市场的利率9%投资美元资金,一年后可得1 559 928美元(=1 431 126×1.09)。这个数值比远期合约的1 560 000美元少72美元。

比较结果,这72美元差额微不足道。远期合约与货币市场两种避险方法的结果基本相同。事实上,许多企业偏爱远期合约避险。因为企业向银行借款时,银行须根据企业的信用等级确定贷款利率,由于买卖差价和信用等级缘故,许多企业认为货币市场避险不利。

三是购买英镑期权。这样,一年之后,企业将有权利而没有义务按1.54%美元/英镑的汇率将英镑应收款兑换为美元。①如果英镑贬值,企业便可履约。此时考虑权利金的融资成本,则实际的汇率低于1.46美元/英镑(=1.54美元/英镑-0.08美元/英镑的权利金)。②如果英镑升值,企业可显现购买英镑期权的优势。由于在远期市场和货币市场避险一年后,适用的汇率是1.56,所以期权策略只有在到期时的即期汇率至少是1.56加上0.08以上,才能提供类似的结果。换句话说,盈亏平衡的汇率应该是1.64美元/英镑。

可见,以期权策略而言,它可以局限风险的下限,提供无限获利的上限空间。

结论:①如果外汇市场的汇率波动非常剧烈,英镑对美元可能大幅升值,企业则可利用远期合约锁定比较有利的汇率。此时期权已不再需要。②就本例情况看,除非一年之后的即期汇率高于1.64,否则期权避险的效果不如远期合约和货币市场避险效果。况且,已假设企业对汇率行情无特定看法,极度厌恶风险,所以期权不是一个理想的避险方法。

情况2　对汇率行情自有预见:极度厌恶风险

许多企业管理人员都属于这个假定情况。至于选定哪种避险方法,取决于管理人员对自身判断汇率行情的信心,及承受风险的态度。远期合约和货币市场的避险,可以冲销既有的风险头寸,唯一的剩余风险是预期中的现金流量可能不会按时发生。如果时间是唯一的问题,可采用弹性期间的远期合约或现金管理互换交易;如果是对现金流量本身有所疑问,可利用外汇期权交易。

在本例中:①如果企业管理人员预期的即期汇率低于远期汇率,即低于

1.56 美元/英镑,则应该采用远期合约或货币市场避险。②如果企业管理人员认为英镑汇率将升值,且升值较高,可能不采取措施。但由于假设企业极度厌恶风险,所以企业在注视英镑汇率朝着有利方向变化的同时,应密切监视风险头寸,制定某种遵循的准则,以决定何时放弃原先的预测,转向进行避险。

情况 3　对汇率变化没有预测:对风险态度中性

即企业管理人员对未来的即期汇率没有预见,对未来每一英镑的盈亏等量视之。这种情况下,没有理由采取避险措施,并可节省避险带来的交易成本。

一般讲,跨国公司常采取这种策略。因为它们业务种类繁多,涉及的货币种类繁多,一种货币汇率上升带来的损失可由另一种货币汇率下降带来的收益抵消。况且,企业对每一笔外汇头寸进行防范,既耗费时间、精力,又要支付一笔不菲的避险成本。

情况 4　对未来即期汇率预测自信:对风险态度中性

假定企业对于一年之后的即期汇率预测为 1.52 美元/英镑,并且充满自信。这样,企业的目标是避免英镑应收款发生任何"损失"(即 40 000 美元)。企业可以根据一年期远期汇率 1.56 美元/英镑卖出 100 万英镑;在合约到期时根据 1.52 美元/英镑买进 100 万英镑,并进行远期交割,每一英镑可以赚取 0.04 美元的利润。

结论:如果企业确信汇率行情将朝某个方向发展,便可以在期权、远期合约、期货合约、即期货币市场上创建风险头寸。创建这些头寸的基本原则是:买进与投资"强势"货币,借取"弱势"货币。

第十一章　国际收支

国际收支能够比较全面地反映一国与世界其他国家的各项经济交往的状况。一国的国际收支状况反映在该国的国际收支平衡表上。国际收支平衡表是国家间经济联系的账面表现,它为分析和理解一国与世界其他国家的各项经济交易提供了有力的统计工具。国际收支状况不仅体现了一国的对外经济、金融关系,而且反映了该国在国际经济中的地位和实力变化情况。国际收支平衡是各国政府追求的四大宏观经济目标(物价稳定、充分就业、经济增长与国际收支平衡)之一。本章在介绍国际收支的概念和国际收支平衡表编制及其分析的基础上,结合中国的国际收支平衡表讲解如何阅读报表,并对国际收支不平衡的影响、国际收支的调节进行阐述。

第一节　国际收支概述

一、国际收支概念

国际收支(balance of payment,BOP)概念的萌芽出现于重商主义时期。当时的葡萄牙、法国、英国等一些国家的经济学家在提倡"贸易差额论"即通过扩大出口限制进口的方式来积累金银货币的同时,就提出了国际收支的概念,并把它作为分析国家财富的积累、制定贸易政策的重要依据。但是那时的国际收支仅仅被理解为贸易收支。

经济的发展,社会的进步,不断丰富着国际收支的内涵。国际收支的概念在国际金本位制度崩溃之后,国际收支的含义逐渐被扩展并用来反映一国的外汇收支。凡是涉及一国外汇收支的各种国际经济交易都属于国际收支的范畴,并把外汇收支作为国际收支的全部内容。这时的国际收支就是人们通常所称的狭义国际收支概念。由此可见,这一定义是以现金收付为基础的,即只有现金支付的国际经济交易才能计入国际收支,对未到期的债权债务则不能计入当年的国际收支。但是国际收支的含义在这样的界定下,"二战"之后发展起来的易货贸易、补偿贸易等国际经济贸易不能表现为外汇的收支,因此不能计入国际收支,也即狭义的国际收支无法包含全部的国际经济交易。为此,国际收支概念又逐渐发展为广义的国际收支,即国际货币基金组织所给定的概念。

国际货币基金组织(IMF)在 1993 年编制的《国际收支手册》(第五版)中规定:国际收支是指一国在一定时期内(通常为一年)全部对外经济往来的系统的货币记录。它包括:①一个经济体(国家或地区,下同)与世界其他经济体之间商品、劳务和收益交易;②一个经济体的货币黄金、特别提款权的所有权变动与其他变动,以及这个经济体对世界上其他经济体的债权、债务的变化;③无偿转移以及在会计上需要对上述不能相互抵销的交易和变化加以平衡的对应记录。

根据《国际收支手册》给出的上述定义和内涵可以将广义的国际收支概括为,国际收支是一个经济体(国家或地区)与其他经济体(国家或地区)在一定时期(通常为一年)居民与非居民之间发生的全部对外经济交易的系统的货币记录。对于这一概念,需要从以下几个方面进行理解和把握。

(1)国际收支是一个流量指标。根据统计学的定义,流量指标又称即期指标①。它是指在一定时期内由生产的产品和劳务(服务)取得的收入或支出的总量。从国际收支概念中的"一定时期"四个字可以看出国际收支是一个流量指标。因此,在提及一国国际收支时需要指明所记录的国际收支属于哪一阶段,因为它记录的是在一段时期内一国的对外交易活动情况。这与"国际投资头寸"不同。"国际投资头寸"是在一定时点上一个经济体对其他国家或地区的资产和负债的综合,因此它是一个存量指标。该存量的变化主要是由国际收支中的各种经济交易引起的。但是流量与存量之间存在着必然的联系,如我国长期大量的净外资流入必然形成对外负债的累积。在分析一国的对外经济交往活动时,应将国际收支和国际投资头寸二者结合起来考虑。

(2)国际收支反映的内容是以货币记录的交易。与国际收支的字面含义不同,它不是以支付为基础,而是以交易为基础的货币记录。一国的对外交易既有涉及货币收支的交易,也有不涉及货币收支的交易,如无偿援助、易货贸易等。无论是哪一种交易都要折算成货币加以记录。一项国际经济交易可能有若干日期,如签约日期,商品、劳务和金融资产所有权变更的日期,支付日期等。按照 IMF 的规定,在国际收支的统计中,以商品、劳务和金融资产所有权

---

① 流量指标与存量指标(又称时点指标)相对应。流量是指一定时期内测算出来的量值;存量是指一定时点上测算出来的量值。如储蓄(s)是一个流量概念,而由历年的储蓄所形成的财富(w)则是一个存量概念。它们的关系是:$w = w_{-1} + s$,所以 $w - w_{-1} = s$,即存量的变化量等于流量。

变更的日期为准。

（3）国际收支记录的是在一国居民与非居民之间的交易。判断一项交易是否应该计入国际收支中，所依据的标准不是交易双方的国籍，而是依据交易双方中是否有其中一方是该国的居民，只有居民与非居民之间的经济交易才能计入国际收支中。因此，在国际收支的统计中，我们不仅要区分居民和公民的概念，还要区分居民和非居民的概念。所谓居民是指一个国家的经济领土内具有经济利益中心的经济单位，而公民则是法律的概念，是指具有或取得一国国籍，并根据该国法律规定享有权利和承担义务的个人。

在理解居民的概念时，注意把握一个国家的经济领土、经济利益中心和经济单位这三个关键词。

一个国家的经济领土包括：①一国政府所管辖的地理领土；②该国天空、水域和邻近水域下的大陆架；③该国在世界其他地方的飞地。飞地是明确划分的经所在国政府同意由本国政府拥有或租用，用于外交、军事、科学或其他目的的地区，如大使馆、领事馆、军事基地、科学站、信息或移民办事处、援助机构等。依照这一标准，一国的大使馆等驻外机构是所在国的非居民。联合国、国际货币基金组织、世界银行等国际机构则是所有国家的非居民。

经济利益中心。一个经济单位在一个国家的经济领土内是否具有经济利益中心，看该经济单位在该国家的经济领土内是否已经有一年或一年以上的时间大规模地从事经济活动或交易，或计划如此行事。

经济单位即居民单位，它由两大类经济体组成：①家庭和组成家庭的个人；②法人和社会团体，如公司、非营利机构和该经济体中的政府。家庭和组成家庭的个人能够成为一国的居民单位的条件是，当一个家庭在某一国家居住一年或一年以上，并在这个国家拥有居住地，这个家庭在该国就具有经济利益中心，这个家庭的成员就是这个国家的居民。但有例外，其一，若该家庭的某一个成员不在其家庭作为居民的国家中居住，该成员就不构成该国的居民。其二，如果一个人在外国连续工作一年或更长的时间，这个人就不再被视为居民家庭的成员，也不构成该国的居民。如果一个居民家庭成员离开该家庭所在的国家，并在一段时间后又回到家庭中来，仍然视为居民家庭的成员，构成该国的居民。

国际货币基金组织（IMF）规定：外交人员、驻外军事人员是所在国家的非居民。受雇在本国驻外使领馆工作的外交人员属于他们本国的居民，是驻在国的非居民；而受雇在外国使领馆工作的雇员，则属于本国居民。

（4）国际收支反映的是全部的经济交易。所谓经济交易,是指经济价值从一个经济单位向另一个经济单位的转移,构成国际收支内容的居民与非居民之间的经济交易分为以下四类。

① 交换。交换是一交易者向另一交易者提供了具有一定经济价值的实际资源,含货物、服务、收入和金融资产,并从对方得到价值相等的回报。包括:a.货物、服务与货物、服务之间的交换,如易货贸易、补偿贸易等。b.金融资产与货物、服务的交换,如货物、服务的买卖(进出口贸易)等。c.金融资产与金融资产的交换,如货币资本借贷、货币或商品的直接投资、有价证券投资以及无形资产(如专利权、版权)的转让买卖等。

② 转移。转移是一交易者向另一交易者提供了具有一定经济价值的实际资源资产,但是没有得到任何补偿。包括:a.货物、服务由一方向另一方无偿转移,如无偿的物资捐赠、服务和技术援助等。b.金融资产由一方向另一方无偿转移,如债权国对债务国给予债务注销,富有国家对低收入国家的投资捐赠等。

③ 移居。移居指一个人把住所从一个经济体搬迁到另一经济体的行为。移居后,该个人原有的资产负债关系的转移会使两个经济体的对外资产、债务关系均发生变化,这一变化应记录在国际收支中。

④ 根据推论存在的交易。有些交易并没有发生实际资源(如资金或商品)的流动,但可以根据推论确定居民与非居民之间存在的交易,也需要在国际收支中予以记录。例如,甲国的投资者在乙国直接投资的投资收益用于再投资,就是居民与非居民之间的交易,必须在国际收支中反映出来,尽管这一交易行为并不涉及两国间的资金流动。

二、国际收支平衡表

国际收支平衡表(balance of payment statements)是按特定账户分类,系统记载在一定时期内,一个经济实体与世界其他地方(作为一个整体)所进行的各项经济交易项目及金额的一种统计报表,它集中体现了该国国际收支的具体构成和总貌。

为了反映一国对外经济状况,各国每年都会编制国际收支平衡表,以便政府据之采取措施,使对外经济朝着更健康的方向发展。由于各国国际经济交易的内容与范围不尽相同,经济分析的需要也不完全一样,因而编制的国际收支平衡表也不尽相同。为使各国定期向国际货币基金组织提交的国际收支平衡表具有可比性,IMF 在 1948 年出版的《国际收支手册》(第一版)中,对国际收支的概念、定义、分类和标准组成部分作了规定和说明。伴随着世界经济的发展和变化,《国际收支手册》又作了几次更改,现在采用的为 2009 年修改编写的第六版。因此,目前国际收支平衡表是在世界统一规范原则基础上编制的一国涉外经济活动报表。它通过人人能读懂的数字和项目,将一国的涉外经济活动告诉所有想了解它的人们。它所反映的国际收支是一国居民与非居民之间的经济交易。这些交易由政治、经济、文化、军事等交往而发生,反映一国一定时期内全部涉外经济交易的总和。由于各成员国都是在同一规则下,使用相同的记录原则和分类标准编制国际收支平衡表来反映一国的对外经济状况,因而各国在同一时期的国际收支可以相互比较,政府部门、经济学家、工商业者等可以用它作为制定经济政策、进行统计分析和业务决策的依据。

(一) 国际收支平衡表的主要内容

国际货币基金组织 2009 年颁布的《国际收支手册》(第六版),对国际收支平衡表的标准构成部分作了统一的规定。国际收支是某个时期内居民与非居民之间的交易汇总统计表,组成部分有:经常账户(包括货物和服务账户、初次收入账户、经常转移即二次收入账户)、资本和金融账户。在国际收支平衡表中除了这两大账户外,还有一个净误差与遗漏账户,这是人为设立的一个平衡账户。概括起来,国际收支平衡表中有三大账户,即经常账户、资本和金融账户、净误差与遗漏账户。具体构成如图 11-1 所示。

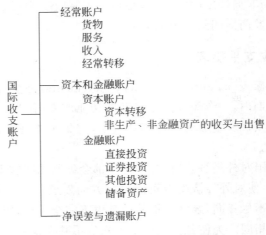

图 11-1 国际收支账户构成

1. 经常账户

经常账户(current account)又称经常往来项目,是指本国与外国①进行经济交易而经常发生的项目,是国际收支平衡表中最基本和最重要的项目,在整个国际收支总额中占据很大的份额。具体而言,经常账户包括货物、服务、收入以及经常转移四项。

(1) 货物(goods)。此账户主要用于记录货物的进口与出口。出口计入贷方,进口计入借方,它是经常项目交易中最重要的一个内容。货物包括一般货物、用于加工的货物、货物修理、各种运输工具在港口购买的货物以及非货币黄金。根据国际收支的一般原则,所有权的变更决定国际货物交易的范围和记载时间,即货物的出口和进口应在货物的所有权从一个居民转移到一个非居民时记录。按照这一原则,某货物所有权已经转移,但货物尚未出入国境,也应列入国际收支平衡表的经常项目下的货物中。某商品虽已出入国境,但所有权并未改变,则不列入货物账户中。通常出口货物所有权的变更时间是出口商停止在其账上把出口货物作为自己的实际资产并在金融账户上记入相应的一笔账;进口货物所有权变更的时间是进口商把货物在自己账上列为实际资产并相应地记入金融账户内。国际货币基金组织规定:各国在编制国际收支平衡表时,进出口商品的数量都以海关统计为准,进出口的价格一般都按照 FOB(离岸价)价格统计。

(2) 服务(services)。服务是指各国之间相互提供服务而发生的收入和支出,记录无形贸易收支。服务输出计入贷方,服务输入计入借方,它是经常账户中的第二大内容。近些年来,随着国际经济服务贸易的不断发展,服务贸易在国际交易中越来越占据重要的位置。服务项目所包含的内容很多,也很复杂,具体包括三类:①运输,包括客运、货运及其他辅助性服务(如货物装卸、保管、包装等)。②旅游,指为旅游者消费提供的一整套服务,包括一经济体的居民旅游者因公或因私在另一经济体内停留不足一年的时间里从该经济体中所获得的货物和服务(包括与保健和教育联系在一起的货物和服务)。③其他各类服务,包括运输和旅游项目下没有包括的,如通信、保险、金融、专有权利使用费和特许费、文化和娱乐以及其他商业服务等。

(3) 收入(income)。收入指生产要素在居民与非居民之间的流动引起的报酬的收支。在此生产要素指劳动力与资本,收入相应分为两大类,即职工报酬和投资收入。

---

① 若不特别注明,本章所提到的"国家",均包括"单独关税区"意义上的"地区"等经济体。

① 职工报酬是以现金或实物形式支付给非居民工人(含季节性的短期工人)的工资、薪金和其他福利。

② 投资收入是居民与非居民之间投资与借贷所引起的报酬的收入与支出。报酬按投资的形式可以分为利润、利息、股利、红利等。注意区分投资收入与投资。由投资引起的居民与非居民之间的交易计入资本与金融账户中。投资分为直接投资、证券投资和其他投资,对应的投资收入分别是直接投资收入、证券投资收入和其他投资收入。不论是哪一种投资收入,只要这种投资收入属于居民与非居民之间的交易,就要计入经常账户的收入账户中。要特别注意的是,我们强调的投资收入是居民与非居民之间投资与借贷所引起的报酬的收入与支出,不能忽略"支出"二字。一项属于居民与非居民之间的投资交易发生后,会引起利润、利息、股利、红利的分配,对一个经济体来说是报酬(投资)收入,而对另一个经济体来说就是报酬(融资)支出。这项交易对双方来说都是居民与非居民之间的交易,应该计入各自国家的国际收支平衡表中的经常账户下的收入账户中。不同之处在于计入的借贷方不同:一方是收入,计入贷方;另一方是计入收入账户中的支出,计入借方。最常见的投资收入是股本收入(红利)和债券收入(利息)。收入项目还包括储备资产的收入。

(4) 经常转移(current transfers)。是指货物、服务和金融资产在居民与非居民之间转移之后,并未得到补偿与回报。主要包括:①各级政府的无偿转移,如战争赔款,政府间的经援、军援和捐赠,政府向国际组织定期缴纳的费用,以及国际组织作为一项政策向各级政府定期提供的转移。②私人的无偿转移,如侨汇、捐赠、继承、赡养费、资助性汇款、退休金等。

在《国际收支手册》(第六版)中,将单方面转移区分为经常转移与资本转移。经常转移计入经常账户中,而资本转移则计入资本与金融账户中。这样使得国际收支统计口径与国民经济核算体系一致。经常转移包括下面三项以外的所有权转移:①固定资产所有权的资产转移;②同固定资产收买或放弃相联系的或以其为条件的资产转移;③债权人不索取任何回报而取消的债务(即债务注销)。这三项是资本转移。

2. 资本和金融账户

资本和金融账户是指对资产所有权在国际流动行为进行记录的账户,它由资本账户和金融账户两大部分组成。

(1) 资本账户(capital account)。资本账户记录居民与非居民之间的资本转移和非生产、非金融资产的收买或出售。资本转移的含义在经常转移部分已进行了说明。非生产、非金融资产的收买或出售,包括不是由生产创造出来的有形资产(土地和地下资产)和无形资产(如专利、版权、商标、经销权等)的收买或出售。①

(2) 金融账户(financial account)。金融账户记录居民与非居民之间的对外资产和负债所有权变更的交易。一个经济体的对外资产包括持有的货币化黄金、在国际货币基金组织的特别提款权以及对非居民的债权。金融账户根据投资类型或功能,可分为直接投资、证券投资、其他投资、储备资产四大类。

① 直接投资(direct investment)。直接投资的主要特征是投资者对一经济体的企业拥有永久的利益,即直接投资者通过这种投资可以与企业之间建立长期的关系,获得长远利益。投资者可以采取两种形式进行跨国投资:一是将资产(包括货币资金、实物资产或无形资产等)直接投入国外,创建新的公司或建立分支企业。二是采用拥有国外企业 10% 或 10% 以上的普通股或投票权形式进行投资,从而对该企业的管理拥有有效的发言权。10% 是《国际收支手册》中规定的最低比例,即投资者只有拥有某企业不低于 10% 普通股或投票权,才能对该企业的经营管理施加有效的影响。

② 证券投资(portfolio investment)。证券投资是居民与非居民之间的股本证券或债务证券的投资交易。其中,股本证券包括股票、参股或其他类似文件,如美国存股证(ADRS)、欧洲存股证(EDRS)、中国香港存股证(HKDRS)、全球存股证(GDRS)。债务证券主要包括三方面的内容:一是长期债券、中期债券、无抵押品的公司债券等;二是货币市场工具,或称可转让的债务工具,如短期国库券、商业票据、银行承兑汇票、可转让的大额存单等;三是派生金融工具,又可称为衍生金融工具,如金融期权、金融期货等。值得注意的是,与直接投资者不同的是,证券投资者对企业的经营没有发言权。

③ 其他投资(other investment)。其他投资是指所有直接投资、证券投资和储备资产未包括的金融交易,包括贷款(贸易贷款和其他贷款)、预付款、金融租赁项下的货物和存款(指居民持有外币和非居民持有本币)等。

④ 储备资产(reserve assets)。储备资产又称国际储备资产或官方储备资产,是指货币当局直接掌握的并随时可以动用、控制以达到平衡国际收支和稳定汇率等目的的系列金融资产。它包括货币黄金、IMF 分配给各成员国而

---

① 关于无形资产,经常账户的服务项下记录的是无形资产的运用所引起的收支(即使用费)而资本账户的资本转移项下记录的是无形资产所有权的买卖引起的收支。

未提用的特别提款权、在国际货币基金组织的储备头寸、外汇和其他债权。它是调节国际收支的一个很重要的项目。当一国出现国际收支顺差或逆差时,通常都会通过增减储备资产来获得平衡。储备资产(国际储备)的详细内容将在本节下面的内容详细介绍。

3. 净误差与遗漏账户

净误差与遗漏账户(net errors and omissions)是人为设置的一个账户,用于轧平国际收支平衡表的借方和贷方。统计资料的误差与遗漏的存在,使得一国国际收支不可避免地会出现借方余额或者贷方余额。由于国际收支账户运用的是复式记账法,因此所有账户的借方总额和贷方总额应该相等。但是,在统计和汇编本国国际收支平衡表的过程中,一国有关部门由于资料不全、统计资料本身的错漏,甚至由于故意隐瞒等现象,或是资料不准确、记录时间不同,往往会出现一些重复计算和遗漏等问题,因而会造成结账时出现净的借方余额或净的贷方余额,使得本国国际收支平衡表实际上处于不平衡状况。实际上,由于从事国际交往的行为主体成千上万,统计时发生差错也是难免的,这就需要人为设立这样一个净误差与遗漏账户,数目上与上述余额相等,符号相反,使国际收支平衡表的借贷方平衡。一切统计上的误差均归入净误差与遗漏账户。

 **专栏 11-1**

中国 2003—2012 年的净误差与遗漏(见表 11-1)

表 11-1　中国 2003—2012 年的净误差与遗漏　　　　　亿美元

年　　份	2003	2004	2005	2006	2007
净误差与遗漏	82	130	299	36	133
年　　份	2008	2009	2010	2011	2012
净误差与遗漏	188	−414	−529	−138	−798

资料来源:http://www.safe.gov.cn/。

当一国国际收支账户持续出现同方向、较大规模的错误与遗漏时,常常是人为因素造成的。对该账户进行分析,往往可以发现实际经济中存在的一些问题。例如,一国实行资本与金融账户管制时,为躲避管制而形成的资本外逃也会假借合法交易名义逃到国外。这会反映在净误差与遗漏账户中的借方余额。

专栏 11-2

中国的资本外逃

从中国吸引外国直接投资(FDI)的国别构成,可以判断中国存在资本外逃及由此形成的假外资。2007 年 1—11 月,对华投资前十位国家/地区(以实际投入外资金额计)依次为:中国香港(224.32 亿美元)、英属维尔京群岛(141.66 亿美元)、韩国(32.29 亿美元)、日本(29.9 亿美元)、新加坡(24.64 亿美元)、美国(22.21 亿美元)、开曼群岛(21.54 亿美元)、萨摩亚(15.99 亿美元)、中国台湾(14.34 亿美元)、毛里求斯(10.46 亿美元),前十位国家/地区实际投入外资金额占全国实际使用外资金额的 87.13%[①]。而英属维尔京群岛、开曼群岛、萨摩亚都是"避税的天堂"。

关于资本外逃的原因,有两种观点:一种是为了资金安全,另一种是为了享受外资优惠政策。中国国内各地区之间吸引 FDI 的竞争非常激烈。除了税收优惠政策、土地价格优惠政策外,还有很多五花八门、形式各异的引资政策,如江西某县的女子招商队[②]、长春设立的外资企业投诉电话[③]、扬州市的"一把手工程"[④]、某地拥有政府设立的"绿卡"可在当地享受"超国民待遇"[⑤]、重庆市给企业家发医疗绿卡[⑥]、甘肃省庆阳市正宁县"投资千万可享副县级待遇"[⑦]等。

(二)国际收支平衡表中的国际储备

国际储备是国际收支平衡表中的一项十分重要的内容。国际储备(international reserves)是指一国货币当局为弥补国际收支逆差、维持本国货币汇率的稳定,以及为进行国际支付而持有的、为世界各国所普遍接受的资产。根据上述定义,能够作为国际储备,必须具有以下三个基本特征。

(1)国际性。作为国际储备的资产在国际上必须能够得到各国事实上的

---

① http://www.mofcom.gov.cn/aarticle/tongjiziliao/v/200712/20071205292580.html。

② 互建新.惊闻"女子招商队".http://www.people.com.cn/GB/guandian/183/4855/7264/20020116/649275.html。

③ 长春设立外资企业投诉电话.http://www.jl.xinhuanet.com/main/news/2001/jilin/07/20010721-4.html。

④ 郑立华.为招商引资扬州政府竭尽服务.http://www.cb-h.com/shshshow.asp? n_id=12348。

⑤ 彭兴庭.政府"媚商":成本无限,后患无穷.http://view.news.qq.com/a/20060807/000054.html。

⑥ 毕诗成.为啥单给企业家发医疗绿卡.http://view.news.qq.com/a/20060807/000042.html。

⑦ 招商新规引争议 投资千万可享副县级待遇.http://view.news.qq.com/a/20060807/000049.html。

普遍接受和认同,否则不能作为国际支付手段弥补国际收支逆差。

(2) 流动性。作为国际储备必须具有充分流动性,当一国国际收支出现逆差或汇率波动较大时,可以迅速动用以弥补国际收支差额,或者干预外汇市场,维持汇率的稳定。

(3) 无偿占有性。国际储备必须是由一国货币当局无偿占有,非官方金融机构、企业和私人的资产都不能够视为国际储备。

与国际储备相联系的另一个概念是国际清偿能力。在把握国际储备的概念时,我们需要把二者区分开来。国际清偿能力是指一国在无需影响本国经济正常运行的情况下,平衡国际收支逆差及维持汇率稳定的总体能力。国际清偿能力不仅包括一国货币当局持有的各种国际储备,还包括该国政府在国外筹借资金的能力。因此在实际中,国际储备只是国际清偿能力的一部分,它只是一国具有的现实的对外清偿能力,而不包括潜在的对外清偿能力。

1. 国际储备的构成

国际货币基金组织(IMF)规定,一国国际储备主要包括黄金储备、外汇储备、在国际货币基金组织中的储备头寸(普通提款权)和特别提款权四部分。

(1) 黄金储备(gold reserves)。黄金储备是指一国货币当局所持有的货币性黄金①。黄金作为国际储备的历史非常久远。在人类历史上,黄金曾经作为"天然"的国际货币,被视为财富的象征。从金本位货币制度开始,黄金便开始作为国际货币制度的基础,各国货币同黄金挂钩。但是在 1976 年,国际货币基金在《牙买加协议》中规定:黄金同各国货币和国际货币制度脱钩,不再作为货币制度的基础,也不再用于政府之间的国际收支差额清算。虽然现在黄金已不再作为支付手段,但是各国还是把黄金作为国际储备的一部分。这是因为黄金是一种很好的保值手段,作为贵金属很容易被人们所接受,而且目前世界上存在比较发达的黄金市场,各国货币当局可以方便地通过在此市场上出售黄金来获得所需的外汇。

目前,黄金储备在世界各国国际储备中所占的比重越来越小,它已经不再是国际储备的主要部分。

(2) 外汇储备(foreign exchange reserves)。外汇储备又叫储备货币,是指一国货币当局持有的可自由兑换的货币。"二战"以后,外汇储备逐渐成为国际储备的主要组成部分。目前大部分国际货币基金组织成员国的外汇储备

---

① 非货币性黄金不在此列。

在国际储备中都占到了一半以上。

"二战"以后,世界各国的外汇储备主要由英镑和美元来充当。但是到了 20 世纪 70 年代,日元、前德国马克、法国法郎、瑞士法郎等货币也逐渐成为各国的储备货币,美元和英镑的地位逐渐下降,因此形成了储备多元化的局面。一国货币能够充当国际储备货币,必须要具备以下三个条件:①必须是可兑换货币,即能够自由地随时兑换成其他货币,并被世界各国普遍接受作为国际计价手段和支付手段;②在国际货币体系中占据十分重要的地位;③内在价值相对稳定。

(3)在国际货币基金组织中的储备头寸(reserve position in the fund)。在国际货币基金组织中的储备头寸又称普通提款权,是指成员国在国际货币基金组织中存放并可调用的头寸。一国在国际货币基金组织中的储备头寸包括以下三部分。

① 成员国向国际货币基金组织认缴份额中 25% 的黄金或可兑换货币。国际货币基金组织犹如一个股份制性质的储蓄互助会。当一个国家加入基金组织时,须按一定的份额向该组织缴纳一笔资金,称之为份额。按该组织的规定,认缴份额的 25% 须以黄金或可兑换货币缴纳,其余 75% 用本国货币缴纳。当成员国发生国际收支困难时,有权以本国货币抵押的形式向该组织申请提用可兑换货币。提用的数额分五档,每档占其认缴份额的 25%,条件逐档严格。由于第一档提款额就等于该成员国认缴的可兑换货币额,因此,条件最为宽松。在实践中,只要提出申请,便可提用这一档。该档提款权为储备部分提款权,其余四档为信用提款权。"储备档"贷款,在使用时不需要 IMF 批准,会员国随时可用本币购买,故是一种国际储备资产,构成成员国在国际货币基金组织中的储备头寸的一部分。

② 国际货币基金组织为满足成员国借款需要而使用的本国货币。前面已述,一国在加入国际货币基金组织时缴纳份额中的 75% 可用本国货币缴纳。假设国际货币基金组织向会员国乙提供甲国货币的贷款,这样将会产生甲国对国际货币基金组织的债权。甲国对国际货币基金组织的债权,该国可以无条件地提取并可用于支付国际收支逆差。因此,国际货币基金组织为满足成员国借款需要而使用的本国货币构成该成员国在国际货币基金组织中的储备头寸的另一部分。

③ 国际货币基金组织在该国借款的净额。目前各成员国在国际货币基金组织中的储备头寸在国际储备中只占有很小的比重,几乎不到 5%,因此它

对国际储备的影响几乎可以忽略。

（4）特别提款权(special drawing rights,SDRs)。特别提款权又称"纸黄金"，是国际货币基金组织于1969年9月正式决定创造的无形货币，作为会员国的账面资产，是会员国原有的普通提款权以外的提款权利。特别提款权本身并不具有价值，它只是由国际货币基金组织创立并按照份额比例分给各成员国，而且它只能在各成员国政府之间发挥作用，不能被私人用来直接媒介国际商品的买卖，因此被称为"纸黄金"。

2. 国际储备的作用

国际储备在一定程度上标志着一个国家的经济实力，能够反映一国在国际金融领域中的地位，因此世界各国都会持有一定数量的国际储备，以用于本国之需。国际储备在许多方面能够发挥作用。

（1）国际储备能够弥补国际收支差额，调节国际收支不平衡状况。当一国国际收支不平衡时，政府动用国际储备可以起到缓冲作用，使得国内经济在一定程度上免受国际收支变化的冲击，同时还能为一国赢得一部分时间调整国际收支。但是，国际储备只能调节暂时性的国际收支不平衡，对于长期巨额的国际收支逆差，国际储备只能起到暂时的缓冲作用，无法从根本上解决。

（2）国际储备能够维持本国汇率的稳定。如果一国拥有足够的国际储备，当一国汇率波动较大时，该国货币当局便可以利用持有的国际储备对外汇市场进行干预，以维持汇率的稳定。例如，当一国货币汇率大幅下降时，该国便可以在外汇市场上出售外汇储备购买本币，这样就可以使得本币汇率上浮，以保持汇率稳定。但是国际储备只能在较短的时间内对汇率稳定起到有限的作用。

（3）国际储备不仅能够增强一国的资信，还可以提高该国对外举债和偿债的能力。在国际上，国际金融机构在安排贷款时会把国际储备作为一项重要的指标衡量一国的借款风险。当一国拥有充足的国际储备时，该国对外借款就会十分容易。由于国外对该国看好，也会吸引外资的流入。

3. 国际储备的管理

一国拥有太多或者太少的国际储备都不利于本国经济的发展，各国的国际储备要维持在适度的规模上。但是这个"适度规模"如何确定却是各国都必须面临的一个问题。进口比率法是目前各国确定国际储备规模的基本方法。该方法是美国耶鲁大学经济学教授罗伯特·特里芬提出的。特里芬在1960年出版的《黄金和美元危机》一书中，总结了第一次世界大战和第二次世界大战之间以及第二次世界大战后初期(1950—1957年)世界上几十个国家的储备状况,得出了以下结论:一国国际储备的合理数量,大约为一国当年进口额的20%~50%。实施外汇管制的国家,因为政府能有效地控制进口,国际储备可以少一些,但最低不少于20%;外汇管制较松的国家,国际储备可以多一些,但一般不超过50%。一般认为,一国持有的国际储备应能满足其3个月的进口需要。照此计算,国际储备额对进口的比率为25%左右。但是,各国在确定国际储备的规模时还会考虑到该国的对外贸易规模、国际融资能力、国际收支自动调节机制和调节政策的效率等因素。

国际储备的管理除了上述的水平管理之外,还需要进行结构管理。这是因为一国国际储备主要由黄金储备、外汇储备、在国际货币基金组织中的储备头寸和特别提款权四部分构成,这四部分之间还存在一个相对适当的比例问题。其中,在国际货币基金组织中的储备头寸和特别提款权,各国都无法通过自己的努力增加,只有黄金储备和外汇储备两部分各国才可以自主增加。黄金储备可以通过购买黄金增加,外汇储备可以通过国际收支顺差和国外借款等途径来增加。随着国际经济的发展,黄金储备在国际储备中所占的比例越来越少。因此,通常所说的国际储备的结构管理主要是对外汇储备的管理,包括币种、形式等的选择。

世界各国经济发展状况不同,对国际储备的水平管理及结构管理的目的和形式也会不尽相同,但是管理的原则归纳起来主要有流动性、安全性和盈利性三个原则。其中流动性是指国际储备能够保证一国货币当局的随时调用;安全性是指国际储备内在价值的稳定性;盈利性是指国际储备的不断增值。

(三)国际收支平衡表的记账原则

国际收支平衡表是按照现代会计学的复式簿记原理(借贷记账法)进行记载的,即以借贷作为符号,本着"有借必有贷,借贷必相等"的原则对每笔国际经济交易都要用相等的金额,在两个或两个以上的有关账户中作相互联系的登记。之所以采用这样的原理编制国际收支平衡表,是因为绝大多数交易为货物、服务或金融资产的双向转移,即以提供或取得一种经济价值的资产换取另一种经济价值的资产的交易。但是在国际经济交易中,有些交易不是用于交换,而是基于其他原因而发生的单方面转移,如甲国向乙国捐赠粮食和药品的无偿转移交易,这种交易所记账目只有一方,不能自动成双。按照复式簿记原理,需要在另一方进行抵消性记录以达到平衡,为此,设置转移账户(如经常转移)来反映另一方。这样,每一笔国际经济交易都会产生金额相同的一项借方记录和一项贷方记录。因此,从理论上说,国际收支平衡表的借方总额和贷方总额是相等的。国际收支平衡表也是由此而得名。

在编制国际收支平衡表时,所有项目可归结为资金占用类科目(借方科目)和资金来源类科目(贷方科目)两类。借方记录用负号表示,记录本国实际资源(货物和服务)的进口以及本国对外资产增加或负债减少的金融项目;贷方记录用正号表示,记录实际资源的出口以及对外资产减少或负债增加的金融项目。对这一记账原则,有便于记忆的两个经验法则:

(1)凡是引起本国从国外获得货币收入的交易记入贷方,凡是引起本国对国外货币支出的交易记入借方,而这笔货币收入或支出本身则相应记入借方和贷方。例如,英国向美国出口一批价值为 300 万美元的货物,这笔交易对美国和英国来说,都是居民与非居民之间的交易,在各自国家的国际收支平衡表中都应作相应的记录。对英国来说,这是出口交易,有一笔货币收入,在英国的国际收支平衡表的经常项目下的货物项目中贷记 300 万美元,同时,这项出口交易引起的货币收入,在资本与金融项目账户下的金融项目中的其他投资借记 300 万美元。对美国来说,这是进口交易,由此产生美国对英国的一笔货币支付,在美国的国际收支平衡表的经常项目下的货物项目中借记 300 万美元,同时,这项出口交易引起的货币支付,在资本与金融项目账户下的金融项目中的其他投资贷记 300 万美元。

经常账户的各项目按借贷方的总额记录,金融账户的各项目按净额相应地计入借方或贷方。

(2)凡是引起外汇供给的经济交易都记入贷方,凡引起外汇需求的经济交易则记入借方。货物、服务出口会产生外汇的供给,记入贷方;货物、服务的进口会产生外汇需求,记入借方。同样,外债的偿还产生外汇的需求,记入借方,而外国偿还贷款本息给本国将产生外汇的供给,记入贷方。

值得注意的是,上述计账原则对发生在居民与非居民之间的类似一国政府提供的无偿的实物转移不适用,因为无偿的实物转移并不会导致外汇的供给和需求。①

综上所述,国际收支平衡表中各个账户及其借贷方记录的具体内容如表 11-2 所示。

---

① 从本国向外国的无偿转移记入借方,从外国向本国的无偿转移记入贷方。

表 11-2　国际收支平衡表账户和借贷方记录内容

项　　目	借方(一)	贷方(＋)
一、经常项目		
A. 货物和服务	货物进口,接受外国的服务	货物出口,向外国提供服务
B. 收益	向外国支付工资、投资收益	从外国得到工资、得到投资收益
C. 经常转移	向外国非资本性转移的单方面转让	从外国得到非资本性的单方面转让
二、资本和金融项目		
A. 资本项目	向外国居民资本性转移,购买非生产、非金融资产和减免外国的债务等	从外国居民资本性转移,出售非生产、非金融资产和外债的豁免等
B. 金融项目	对外国的直接投资、证券投资及其他投资的增加;外国在本国的直接投资、证券投资及其他投资减少;储备资产的增加	对外国的直接投资、证券投资及其他投资的减少;外国投资在本国的直接投资、证券投资及其他投资增加;储备资产的减少
三、净误差与遗漏	国际收支平衡表其他账户的贷方余额	国际收支平衡表其他账户的借方余额

第二节　国际收支平衡表解读

第一节已经介绍了国际收支平衡表的概念、主要内容及其记账原则,但是当我们分析一国的国际收支平衡表时,只知道这些还是不够的,还需要对国际收支平衡表中的数据作进一步分析,这样才可以全面掌握国际收入的来源与去向,判断国际收支是否平衡,从而制定对策,使国际收支状况朝着有利于本国经济发展的方向变化。对于企业管理者,可以通过本国的和目标国家的国际收支平衡表的结构分析,掌握一国的服务和货物的进出口状况、资金的流向;对国际收支平衡表总体分析,了解和判断一国对外经济交往的状况,并结合国内经济发展的情况,预测一国的宏观经济政策、主要货币的汇率走势。这可以为搞好出口贸易的计价货币选择,确定进、出产品方向,以及研究有关的管理趋势,提供理论依据。

一、国际收支平衡表的交易项目

国际收支平衡表反映的内容是以货币记录的国际经济交易项目,因此我们有必要对国际收支平衡表中的各项交易进行具体分析。在国际收支的理论研究中,按照交易发生的动机或目的不同,将国际收支平衡表中所记录的国际经济交易分为自主性交易和补偿性交易。

(1) 自主性交易(autonomous transactions)又称事前交易,是指经济实体或个人完全出于经济动机的目的而独立自主进行的交易,如为追逐利润而进行的货物和服务的输出入,为赡养亲友而产生的侨民汇款等。自主性交易体现的是各经济主体或居民个人的意志,具有自发性和分散性,因而交易的结果必然是不平衡的,即借方大于贷方或者贷方大于借方,由此可能会导致对外汇的超额需求或超额供给,影响一国经济的发展。在这种情况下,一国往往都会为弥补自主性交易出现的差额而进行另一种交易,即补偿性交易。

(2) 补偿性交易(compensatory transactions)也称调节性交易或事后交易,是一国为弥补或调节自主性交易出现的差额而进行的经济交易。如入超国向外国政府或国际金融机构借款、动用黄金、外汇储备应付逆差等。补偿性交易是一种融通性交易,它体现了一国政府的意志,具有集中性和被动性的特点。①

在国际收支平衡表中,经常账户、资本和金融账户(储备资产除外)的各个项目都属于自主性交易,而储备资产则属于补偿性交易。对于净误差与遗漏账户,由于它反映了自主性交易项目经常账户、资本和金融账户统计中的误差与遗漏,故仍属于自主性交易项目。

二、国际收支平衡表分析

国际收支平衡表既是编表国家也是非编表国家重要的经济分析工具。国际收支平衡表的分析方法包括静态分析法、动态分析法和比较分析法。

(一)静态分析法

静态分析法是指对一国在某一特定时期(一年或一个季度)的国际收支平衡表进行的分析。静态分析法往往要计算和分析平衡表中的各个项目中的数据,用几个重要的差额来相互补充分析一国的国际收支状况。这些差额主要包括贸易收支差额、经常项目差额、资本和金融账户差额和综合账户差额。不同的国家往往根据自身情况选用其中一种或若干种差额,来判断自己在国际交往中的地位和状况,并采取相应的对策。

---

① 　自主性交易和补偿性交易分别是一些著作中所说的线上项目(super-lying items)和线下项目(under-lying items)。

1. 贸易收支差额

贸易收支差额是指货物和服务进出口收支之间的差额。通常,贸易收支在一国国际收支中占有很大的比重,尤其是货物的进出口情况综合反映了一国的产业结构、产品质量和劳动生产率状况,所以,即使在资本与金融账户交易比重相当大的国家,也非常重视这一差额。同时,贸易收支的数字尤其是货物贸易收支的数字易于通过海关收集,因此一国对外贸易差额能够较快地反映该国对外经济交往情况。所以,在实际分析中,考察贸易收支差额是分析国际收支平衡表使用比较多的一种方法。

2. 经常账户差额

经常账户差额包括货物、服务、收益和经常转移的差额。它反映了实际资源在一国与另一国之间的转让净额。国际货币基金组织一直特别重视各成员国经常账户的收支情况,这是因为经常账户涉及的交易具有只要发生就不可撤销的特点,因此可以通过经常账户差额来衡量和预测经济发展和政策变化。它是制定国际收支政策和产业政策的重要依据。货物和服务是经常账户的主体,对经常账户差额具有决定性的影响。近年来,资本的跨国流动不断加大,使得收益,特别是投资收益在经常账户中的比重不断增加。

3. 资本与金融账户差额

资本与金融账户差额包括资本账户差额和金融账户差额。其中资本账户差额包括资本转移和非生产、非金融资产的收买与放弃部分的差额。金融账户差额包括四部分:直接投资、证券投资、其他投资和储备资产。通过资本与金融账户差额可以很好地了解一国资本市场的开放程度和金融市场的发达程度。通常资本市场开放的国家,资本与金融账户的流量总额较大。

在不考虑误差与遗漏因素时,经常账户余额及资本与金融账户余额之和等于零。因为当经常账户出现赤字或盈余时,必然对应着资本与金融账户的相应盈余或赤字。即若一国经常账户出现赤字,则意味着该国利用金融资产的净流入或动用储备资产为经常账户赤字融资;反之,若一国经常账户出现盈余,则意味着该国金融资产的净流出或储备资产增加。从以上分析可以看出,资本与金融账户和经常账户之间具有融资关系,但是资本与金融账户为经常账户提供融资受到诸多因素的制约。主要因素有投资收益率、利率、税率、外汇风险、外汇政策和政治风险等。

一国可以通过外国资本的流入,即资本与金融账户中的直接投资、证券投资和其他投资的流入为经常账户融资。这种方式存在以下两个问题。

(1) 稳定性问题。流入的资本中有相当一部分是以短期投资为目的,具有很大的投机性,可能会由于该国的经济环境变化、国际资本市场上的供求变动和一些突发事件等大规模地撤出。如果一国主要依靠这类资本来为经常账户融资将很难长期维持下去,因此稳定性很差。

(2) 偿还性问题。利用资本流入的方式进行融资,如果因各种因素导致对借入的资金使用不当,将会出现偿还问题。特别是当吸引资本流入的高利率并非自然形成,而是存在人为扭曲的因素时,更容易发生偿还困难。采用资本流入为经常账户赤字融资,意味着资本的所有权与使用权分离,从而蕴涵了发生债务危机的可能性。因此,为了规避金融风险、维持经济稳定,政府需要限制资本和金融账户对经常账户的融资作用。

此外,一国也可以通过本国政府持有的储备资产为经常账户进行融资,储备资产也是资本和金融账户中的子项目。特别是由季节变化引起的外汇支出超过收入水平,如农业歉收,可以起到很好的缓冲作用。由于一国储备资产存量有限,使用这种办法为经常账户融资具有一定的局限性。

引起经常账户赤字的原因有总供给不足、总需求增加、产业结构不合理等。采取何种方式为经常账户赤字融资,先要分析原因,针对具体的引起赤字的原因采取措施,才有助于一国政府结合使用有关措施来调整国际收支状况。

国际资本流动曾经长期依附于贸易活动,流量有限,对各国经济的影响很小。但是,随着国际经济一体化的发展,国际金融也不断朝着自由化发展。国际资本流动逐渐从依附于贸易活动中独立出来,并有了突破性进展,具有独立的运动规律。国际资本流量也已经远远超过国际贸易流量,资本和金融账户不再是被动地由经常账户决定,而是为经常账户提供融资服务。

4. 综合账户差额

综合账户差额又称总差额,是指经常账户差额和资本与金融账户差额之和剔除储备资产账户之后的差额。综合账户差额的应用非常广泛,通常人们所讲的国际收支顺差或逆差就是指综合账户的顺差或逆差。综合账户差额可以衡量一国通过动用或获取储备来弥补收支不平衡的能力。

综合账户差额是从一国黄金、外汇储备和对外官方的债权、债务的变化这一角度来分析国际收支的一种方法。它反映的是在一定时期内一国国际收支对其自有储备及其对外债务的影响,而这又关系到一国在国际金融领域的地位。如果综合账户差额为正,则表明储备资产增加,否则储备资产减少。由于负的综合差额会导致储备资产的逐渐减少,甚至耗尽,因此通常认为负的综合账户差额是不可取的。但是长期巨额的综合账户顺差对一国经济也并不有利。这是因为：储备资产的增加需要中央银行增加投放基础货币，货币供给量的增加会引起通货膨胀；储备资产的收益率低于长期投资的收益率；在浮动汇率制度下，储备资产将可能由于汇率波动蒙受损失。

通过对国际收支平衡表的交易项目和差额进行分析，我们可以判定一国国际收支是否处于平衡状态，若处于不平衡即失衡状态，需要进一步判定属于哪一类型，从而分析原因进行调节。虽然从各国国际收支平衡表表面看来，各交易项目的借方和贷方金额总和是相等的，即其净差额为零，但实际上，国际收支平衡表中的每一具体项目的借方和贷方通常是不相等的，收支相抵后总会有差额，从而出现上述介绍的贸易收支差额、经常项目差额、资本与金融项目差额等。因此，我们有必要进一步了解国际收支不平衡的含义、类型及其原因、影响及调节对策。

（二）国际收支的动态分析与比较分析

国际收支的动态分析是对某一个国家若干连续时期的国际收支平衡表进行的分析。它是一种纵向分析方法。通过对一国的国际收支进行动态分析可以看出该国的国际收支是否达到动态平衡。动态平衡是一国宏观调控的目标之一，它是指在较长的计划期内，经过努力，实现期末国际收支的大体平衡。一国某一时期的国际收支往往同以前的发展过程密切相关，因此在分析一国的国际收支时，需要将动态分析与静态分析结合起来。动态平衡模式较好地体现了按经济规律办事的原则，越来越备受关注。

比较分析分为两类，一类是对一国若干连续时期的国际收支平衡表进行的动态分析；另一类是对不同国家在相同时期的国际收支平衡表进行的比较分析。后一种比较分析较为困难，由于不同的国家编制的国际收支平衡表在项目分类和局部差额的统计上不尽相同，可比性交差。国际货币基金组织公布的主要指标是通过重新整理后编制的，统计口径一致，具有一定的可比性，可以应用该组织公布的主要指标进行分析。

三、国际收支状况

（一）国际收支的盈余、赤字和平衡

国际收支差额与国际收支平衡表的差额是两个截然不同的概念。国际收支平衡表的复式簿记原理决定国际收支平衡表的最终差额恒等于零。实际国际收支总是不平衡的，存在一定差额，不是盈余便是赤字。这里的盈余和赤字是针对国际收支平衡表上的特定账户上出现的余额而言的。特定账户上的借方数和贷方数经常是不相等的,会产生一定差额。当特定账户的贷方数大于借方数,称其为盈余,或顺差。反之称其为亏损,或逆差。如经常项目下的贷方数大于借方数,我们就说经常项目顺差。以此类推,还会出现贸易顺差、逆差,资本与金融项目顺差、逆差,以及国际收支顺差、逆差。特殊情况下,特定账户上的借方数和贷方数相等时,称国际收支平衡。

(二) 国际收支均衡

国际收支均衡有别于国际收支平衡。国际收支均衡是将国际收支平衡与国内经济的均衡联系起来产生的一个概念。它是指一国在一定时期内的国际收支在数量上和实质内容两方面促进本国经济与社会的正常发展,促进本国货币均衡汇率的实现和稳定,使本国的国际储备接近、达到或维持充足与最佳水平。国际收支均衡的概念为判断一国国际收支状况的好坏提出了更高的标准和更深层的要求。国际收支均衡不仅涉及国际收支的数量,还涉及国际收支与国民经济其他方面的相互联系与相互影响。国际收支均衡是一国达到福利最大化的综合政策目标。一国政府的宏观调控不仅要关心国际收支的平衡,还要关注国际收支均衡。

国际收支平衡更加关注国际收支平衡表上特定账户的借贷方数量是否相等,而国际收支均衡在数量方面的要求则比较含糊,很难为国际收支均衡的概念划定统一的、明确的数量指标界线。

(三) 国际收支不平衡

国际收支平衡表的复式记账原则使每一笔国际经济交易都会产生金额相同的借方记录和贷方记录,因此平衡表的借方总额和贷方总额最终必然相等。但这种平衡只是会计意义上的平衡,是人为形成的、账面上的平衡,而在经济意义上往往存在着不平衡,即国际收支平衡表本身永远是平衡的,但反映的国际收支状况通常是不平衡的。所以说,国际收支不平衡是一个规律。

从理论上说,国际收支不平衡指自主性交易的不平衡。即如果一国国际收支的自主性交易所产生的借方金额等于贷方金额,则说该国的国际收支平衡;反之,如果自主性交易产生的借方金额不等于贷方金额,则表明国际收支不平衡。纵观世界各国的国际收支平衡表,没有哪一个国家的自主性交易总是平衡的,要么表现为顺差(出口大于进口),要么表现为逆差(进口大于出口)。当自主性交易的借贷之差为零时,我们称国际收支平衡。当其借方金额大于贷方金额时,我们称国际收支出现了逆差,而当贷方金额大于借方金额时,我们称国际收支出现了盈余。逆差和顺差统称为国际收支不平衡。国际收支不平衡代表的是一国对外经济活动的不平衡,所以,又简称"对外不平衡"或"外部不平衡"。

按照自主性交易判断国际收支是否平衡的方法,在理论上十分有益,但在统计上却难加以区别。例如一国为弥补自主性交易赤字,采取紧缩货币政策,提高利率,吸引了短期资本的流入。从货币当局的角度来看,这些交易是有意识的政策作用结果,应属于补偿性交易,但从私人交易主体的角度来看,这些交易的动机是为了追逐更大的利息收入,不能将其与原本出于安全、投机等目的的自主性短期资本交易完全分开。所以,这种识别国际收支是否平衡的方法仅仅提供了一种思维方式,还无法将这一思维付诸实践。实践中判断国际收支是否平衡,是基于贸易收支差额、经常账户差额或综合账户差额等特定账户差额判断的。

第三节　国际收支调节

一、国际收支不平衡的类型及其原因

任何事情的发生都有其原因,国际收支也是一样。导致一国国际收支不平衡的原因很多,有经济的也有非经济的,有来自内部的也有来自外部的,有主观的也有客观的。不同的原因导致国际收支不平衡的对外表现也不尽相同。根据导致国际收支不平衡的原因,可将国际收支不平衡分为以下几种类型。

（一）周期性失衡

周期性失衡是指由于经济周期的交替而引起的国际收支不平衡。一方面,国内经济周期的变化,会对本国国际收支造成影响。如果一国经济处于繁荣阶段,国内经济活跃,投资与消费需求旺盛,使得进口需求相应扩大,往往会造成国际收支逆差;当一国处于经济衰退期时,居民收入减少、投资萎缩,社会总需求下降,进口也相应下降,往往有利于国际收支的改善。另一方面,一国经济周期阶段的更替还会影响其他国家的经济,对他国的国际收支产生影响。表现尤为明显的是工业国家对发展中国家国际收支的影响。当工业国家处于衰退期时,对发展中国家出口产品的需求下降,造成发展中国家出口的减少。

（二）结构性失衡

结构性失衡是指由于国内经济结构、产业结构不能适应世界市场的变化而产生的国际收支不平衡。结构性失衡包括两方面的内容：一方面是一国国内经济和产业结构的调节滞后和困难导致的国际收支失衡，在发展中国家和发达国家经常会出现这种状况；另一方面是一国的产业结构单一、生产的产品出口需求的收入弹性较低或者出口商品的价格弹性高而进口弹性较低所导致的国际收支失衡，这种情况通常发生在发展中国家。由于一国经济、产业结构的调整不是一朝一夕就能实现的，所以结构性失衡具有长期性。

（三）货币性失衡

货币性失衡是指由于一国的价格水平、汇率、利率等货币性因素的变动而产生的国际收支不平衡。当一国的汇率不变，而货币成本和物价水平变化时，进出口商品的价格也会相应地发生变化，使原有的国际收支平衡遭到破坏。例如当一国的货币成本和物价水平普遍上升时，出口商品的价格相对高昂，进口商品的价格相对便宜，则该国的商品输出受到抑制，而商品输入则受到鼓励，从而导致国际收支恶化。

（四）收入性失衡

收入性失衡是指由于一国各项经济条件的变化引起国民收入的变化，从而引起的该国国际收支的不平衡。一般而言，国民收入的快速增加，会引起贸易和非贸易货币支出的增加大于贸易和非贸易货币收入的增加；同样，当国民收入减少时，会出现相反的结果。这些都会引起国际收支失衡。一国国民收入的变化可能是由于经济周期性的交替，也可能是由于经济增长率的变化所致。假如一国的经济增长率高于其他国家，在其国民收入增长的同时，其货物、服务的输入及其旅游等非贸易收支也可能会随之增加，从而可能会导致国际收支逆差。但是，一国的经济增长率相对较高又可能吸引外资的流入，如果资本项目盈余弥补了经常项目的赤字，则国际收支就会趋于平衡。

（五）偶发性失衡

偶发性失衡是指由于非确定性的偶发因素引起的国际收支不平衡。例如，2003 年"非典"疫情引起一些国家医疗药品的出口减少、进口增加。它还包括季节性失衡。季节性失衡主要表现在农业贸易部门，受季节性影响较为明显。通常偶发性失衡一般持续时间不长，并且一旦这些影响因素消失，国际收支又会恢复正常状态，不需要政策调节。

就上述五种国际收支失衡的类型来看，结构性失衡和经济增长率变化所引起的收入性失衡一般具有长期、持久的性质，被称为持久性失衡或者根本性失衡，而周期性失衡、货币性失衡、经济周期引起的收入性失衡和偶发性失衡一般持续时间较短,被统称为暂时性失衡。

二、国际收支不平衡的影响

国际收支不平衡表现为国际收支逆差和国际收支顺差两个方面。对于任何国家而言,国际收支不平衡是无法避免的。在某种意义上说,一定限度内的国际收支逆差或者顺差也许无害,例如一定的顺差可以使该国的外汇储备得到适度增长,增强对外支付能力。但是巨额、持续的国际收支逆差或顺差如得不到改善,不仅会影响一国对外经济的发展,而且会通过各种传递机制对国内经济的稳定和发展产生影响。

（一）国际收支逆差的影响

一国长期出现巨额的国际收支逆差,一般会造成外汇短缺、引起外币升值的压力。其不利影响主要表现在以下三个方面。

（1）阻碍经济的发展。为了扭转长期巨额的国际收支逆差,一国将会动用其国际储备进行弥补,这样做的结果将是外汇储备减少,生产资料的进口受到限制,进而影响生产,最终将会阻碍本国经济的发展。

（2）损害国际声誉。国际收支逆差造成国际储备减少,对外负债增加,而偿债能力减弱,有可能还会陷入债务危机之中。这样会削弱该国的经济和金融实力,使其在国际上的信誉大减。

（3）影响对外经济交往。一国长期巨额的国际收支逆差会促使本国对外汇的需求增加,导致外汇汇率上升,本币对外贬值,从而使本币的国际地位逐渐下降,最终对该国的对外经济交往产生消极影响。此外,国际收支逆差造成的本币贬值,也会引起进口商品价格和国内物价的相对上涨,加剧国内的通货膨胀。较为严重的通货膨胀还将会引起国内资本的大量外逃,影响一国金融市场的稳定。

案例 11-1

韩国利用外资的成与败

韩国作为亚洲新兴工业国家,世界第 11 位经济强国,其经济发展三十多年来一直受到世界瞩目,被称为"东亚经济模式"的典范。自 20 世纪 90 年代以来,韩国经济仍保持了强劲的发展势头,GDP 增长率为 7%,通货膨胀有效地控制在 5% 以内,国民储蓄高达 34%。然而,在 1997 年东南亚金融危机中,韩国未能抵挡住多米诺骨牌效应,其金融体系遭到沉重打击。冰冻三尺,非一日之寒。此次韩国金融风暴是由其内部诸多弊端长期积累的必然结果。不合理引进外资导致短期支付困难是此次危机爆发的一个主要原因。不可否认,由于储蓄-投资缺口,韩国在相当长一段时间内靠吸收利用外资实现了经济的腾飞,但与此同时,由于引进外资中存在一定的盲目性,给此次金融危机埋下了隐患。

(1)外资投向与产业结构。韩国在 20 世纪 70 年代以前的发展,主要是充分利用劳动密集型产业,所利用外资也主要投向这些部门,经济发展取得了较大成果。20 世纪 70 年代以后,政府将大量外资从劳动密集型产业撤走,导致了在国内这些行业的"空壳化"。与此同时,由于资本和技术密集型产业投资大、周期长、见效慢,使本来就资金匮乏的韩国不得不靠大量举借外债来维持这些项目运行。比较优势不足的情况下,导致出口放慢,经常项目出现逆差,加重债务负担。

(2)吸收外资的结构与规模。从一定意义上讲,这次韩国金融危机是韩国片面排斥直接投资,鼓励短期借款的结果。在全部 2 450 亿美元的外国资本中,只有 600 亿美元是直接投资,不到利用外资总额的 1/4。而为了快速发展,赶超先进国家,提倡在国际市场上融资、借款,积累了巨额短期债务。截至 1997 年,到期短期外债总额已达到 1 100 亿美元(官方统计),占国内生产总值的 30% 左右,而且还存在着大量的"隐性债务",即由一些韩国大企业的分支机构在海外市场使用衍生金融工具借入的外债。如果加上"隐性债务",估计债务总额已大于 2 000 亿美元,这增加了外债的实际负担,加剧了金融风险。然而到 1997 年 12 月,韩国外汇储备只有 305 亿美元,显然其外债规模过于庞大。

(3)借用外资的成本和风险。20 世纪 80 年代末期以来,为了吸引外资,韩国采用高利率的政策,其利率比国际市场上普遍高 7~8 个百分点。由于企业摊子越铺越大,企业急需资金,于是不考虑高昂的借贷价格和风险,借入了大量资金。最初,由于企业的不景气和出现亏损,根本无法偿还高额利息,负债率越来越高,在这种情况下,外国银行和投资者对还本付息失去了信心,不再给予新的贷款,并开始回收资金,致使大企业相继倒闭,引起韩国金融市场的恐慌,触发了韩元的暴跌。韩元由 1997 年初的 1 美元兑换 850 韩元跌至年底的 1 美元兑换 1 800 韩元。由于韩元的大幅度贬值,更加重了以外币计价的外债负担。而且由于标准普尔公司降低了韩国信用等级,使得它在国际市场上筹措资金的成本加大,对于债务沉重的韩国更是雪上加霜,促进了金融危机的爆发和持续。

资料来源:尹忠明.国际贸易与国际金融[M].成都:西南财经大学出版社,2002:542-544.

（二）国际收支顺差的影响

国际收支顺差虽然可以使一国的国际储备增加,增强对外支付能力,但是长期巨额的国际收支顺差也会对一国经济产生不利影响。主要表现在以下几个方面。

（1）加速通货膨胀。长期巨额的国际收支顺差会增加一国的外汇供给和对本币的需求,这样该国货币当局就需要在外汇市场上购进大量外币,投放本币。本币供应量的增长,会引起本国的通货膨胀。

（2）加重国内失业。长期、巨额的国际收支顺差引起的外汇供过于求,会给本国货币带来很大的升值压力,使得本国出口处于较为不利的竞争地位,进而影响出口贸易的发展,加重国内的失业问题。

（3）加剧国际摩擦。一国国际收支的顺差意味着其他国家国际收支的逆差,这样必然会不利于其他国家的经济发展,导致加剧国际摩擦。20世纪80年代以来,美国和日本日益加剧的贸易摩擦就是一个例证。

（4）减少国内资源。国际收支顺差如果是由于过多的货物出口所造成,那么本国在此期间可供使用的生产资源则会相应减少,影响本国经济发展。

虽然一国国际收支顺差和逆差都会给该国带来不利影响,但是相比之下,逆差的影响更大,因此各国对此更重视。无论是国际收支顺差还是逆差,其数额越大,持续的时间越长,对一国经济的不利影响也越大,需采取措施进行调节。

专栏 11-3

中国 1998—2012 年的外汇储备（见表 11-3）

表 11-3　中国 1998—2012 年外汇储备　　　　　　　　　亿美元

年份	数量	年份	数量	年份	数量
1998	1 449.59	2003	4 032.51	2008	19 460.30
1999	1 546.75	2004	6 099.32	2009	23 991.52
2000	1 655.74	2005	8 188.72	2010	28 473.38
2001	2 121.65	2006	10 663.44	2011	31 811.48
2002	2 864.07	2007	15 282.49	2012	33 115.89

资料来源：http://www.safe.gov.cn/。

三、国际收支不平衡的调节

国际收支不平衡是一种规律。虽然国际收支的逆差和顺差是不可避免的,但是长期巨额的国际收支逆差或顺差都会对一国产生十分不利的影响,因此各国政府就有必要采取措施对国际收支进行调节,使本国国际收支的几种重要的差额保持在一个合理的限度内,在长期内使国际收支趋于平衡,这样才有利于一国的经济发展。国际收支不平衡的调节包括市场机制本身的自动调节和一国政府的政策调节两个方面。

(一) 国际收支不平衡的自动调节

国际收支不平衡的自动调节是指不考虑政府干预的情况下,市场经济系统本身内部变量与国际收支相互制约、相互作用的调节过程。国际收支的不平衡必然会直接或间接引起某些经济变量的变动,这些变动反过来又会影响国际收支。因此,国际收支的不平衡,有时并不需要政府当局立即采取措施来加以消除,通过市场机制的自发作用就可以进行调节,使得国际收支不平衡在某种程度上得到缓和。根据起作用的变量不同,国际收支不平衡的自动调节机制可分为收入调节机制和汇率调节机制。例如,当一国的国际收支出现逆差时,对外支付增加,国民收入下降,引起社会总需求下降,对外国货物、服务和金融的需求不同程度的下降,进而改善经常项目和资本与金融项目收支,最终改善整体国际收支状况。这种由国际收支不平衡引起的国民收入自发性变化对国际收支的调节作用称为收入调节机制。类似地,汇率调节机制是指由国际收支不平衡引起的汇率自发性变化对国际收支的调节作用。

国际收支不平衡的自动调节只有在纯粹的自由经济中,才可以产生理论上描述的那样理想的调节。但是市场并不是万能的,许多因素作用的结果,使得国际收支不能向有利于本国经济发展的方向调节。首先,由于现实生活中的市场体系存在不健全性,如市场结构的不完全、资源缺乏完全流动性、信息的不对称性、垄断势力促成的价格刚性,都会影响市场机制对国际收支的调节。其次,市场调节机制见效较慢,因为各种因素相互作用的每一个环节,都需要一定时间来接受市场信号,进行决策、谈判、履约等。由于相互作用的环节很多,市场机制充分发挥作用需要很长的时间。再次,市场调节机制无力解决社会制度、生产力国际差异等因素造成的国际收支失衡。因此,当一国国际收支出现严重不平衡时,各国政府都会考虑到本国的经济利益而采取相应的宏观经济政策,对市场进行干预,以达到调节国际收支的目的。

（二）国际收支不平衡的政策调节

鉴于市场机制自动调节的局限性，在一国国际收支出现严重的不平衡时，一国政府将会采取一定的政策措施来调节国际收支。各国采取的调节政策主要有以下几种。

1. 支出变更政策

支出变更政策包括财政政策与货币政策。

（1）财政政策。财政政策是指一国通过扩大或者缩小政府的财政支出、提高或降低税率的办法来平衡国际收支，包括支出政策、税收政策和公债政策。其原理是：当一国国际收支持续出现逆差时，政府可以采取紧缩性财政政策，削减政府支出或提高税率，抑制公共支出和私人支出，从而抑制总需求的增加，促进出口，抑制进口，以改善贸易收支和国际收支。反之，当一国国际收支持续顺差时，政府则实行扩张性财政政策，增加政府支出或降低税率，刺激投资和消费，扩大总需求和对外需求，从而使物价上升，减少出口、增加进口，缩小国际收支顺差。需要注意，财政政策是一种间接调节手段，主要用于调节内部平衡（物价、就业、经济增长）。

（2）货币政策。货币政策又称金融政策，是市场经济国家最普遍、最频繁地采用的间接调节国际收支的政策举措之一。调节国际收支的货币政策包括贴现政策、调整法定存款准备金比率政策和公开市场业务政策。

① 贴现政策。贴现政策是指中央银行通过改变其对商业银行等金融机构的再贴现比率来调节国际收支的政策。改变贴现率会直接影响金融市场利率，进而影响资本流出和流入规模、国内投资、消费需求和贸易收支，最终有助于国际收支恢复平衡。例如，当一国出现国际收支逆差时，该国中央银行就提高再贴现率，一方面可以紧缩信用，抑制消费，使进口相应减少，有利于贸易收支的改善；另一方面使市场利率提高，促进外国短期资本为获得较多利息收益而流入，减少本国资本外流，使资本与金融项目收支得以改善。

② 调整法定存款准备金比率政策。商业银行吸收的存款，必须按一定比率向中央银行缴存准备金，这一比率就是法定存款准备金率。法定准备金率的大小决定着商业银行等金融机构可用于贷款资金的规模和成本。因此，中央银行通过调整法定存款准备金率，可以影响所有金融机构可用于贷款的资金规模，调节全社会信用规模与货币总量，从而影响总需求和物价，再影响进出口和调节国际收支。例如，当出现国际收支逆差时，中央银行可以提高法定准备金比率，收缩信用规模，减少货币流通量，抑制总需求和物价，促进出口、

抑制进口,从而改善国际收支逆差。

③ 公开市场业务政策。公开市场业务是指中央银行通过在证券市场上购买或出售各种政府债券和外汇等以控制货币供给量,影响利率和汇率水平,进而达到调节国际收支的目的。例如,当一国国际收支发生逆差时,中央银行可以在公开市场上抛出政府债券,回笼货币。这样一方面可以使货币流通量减少、信用收缩,达到抑制总需求、降低物价的效果,进而促进出口、限制进口,改善贸易收支状况;另一方面可以提高利率,引起资本流入,改善资本与金融项目收支状况。

总而言之,财政与货币政策是通过改变社会总需求或总支出水平,来改变对外国货物、劳务及其金融资产的需求以达到调节国际收支的目的。因此财政与货币政策又被称为支出变更政策或支出调整政策。当紧缩性的财政政策和货币政策使社会总需求和总支出下降时,对外国货物、服务和金融资产的需求也会相应地下降,从而使国际收支逆差减少,顺差加大。反之,当扩张性的财政货币政策使社会总需求和总支出增加时,对外国货物、服务和金融资产的需求也相应增加,从而使国际收支逆差加大,顺差减少。

用财政与货币政策调节国际收支的局限性在于国际收支的改善是以牺牲国内经济发展为代价的,往往与国内有关经济目标发生冲突。如果国内经济很不景气,国际收支又出现巨额逆差,这时候只关注国际收支的调节,采用紧缩性的财政与货币政策,对国内经济而言更是雪上加霜,会使国内经济进一步恶化。因为,采用紧缩性的财政与货币政策,希望减少进口支出调节国际收支的同时也抑制了本国居民对本国产品的需求,由此会导致失业增加和生产能力过剩。如果造成的负担主要落在投资上,还会影响长期的经济增长。因此,在国际收支出现逆差、国内经济很不景气、失业问题严重等情况下,会使一国当局在制定宏观经济政策时左右为难。只有当一国的国际收支逆差是由于总需求大于充分就业条件下的总供给引起时,政府采取紧缩性财政与货币政策才不至牺牲国内经济发展目标。

2. 支出转换政策

支出转换政策包括汇率政策和直接管制。

(1)汇率政策。汇率政策是指一国货币当局通过本币的升、贬值来影响进出口,从而影响外汇收支,调节国际收支的失衡。在固定汇率制度下,一国政府可以通过货币的法定贬值来扭转国际收支逆差,通过货币法定升值来减缓国际收支的顺差。在浮动汇率制度下,各个国家都是通过对外汇市场的干预来改变汇率,从而达到调节国际收支的目的。例如,当一国国际收支出现逆差,政府收购外汇,抛出本币,促使本币对外贬值,本币汇率下降。在国内价格基本不变的条件下,以外币表示的出口商品价格下降,出口商品的竞争力增强,出口收汇增加。同时以本币表示的进口商品的价格上升,进口减少可以节约用汇,这样有助于减少逆差,逐渐达到国际收支的平衡,甚至形成顺差。反之,当一国国际收支出现顺差时,用汇率政策调节,会使本币升值,本币汇率上升,扩大进口,抑制出口,使顺差数额有所缩小。

（2）直接管制。直接管制是指一国政府通过发布行政命令,对国际经济贸易进行行政干预,以达到国际收支平衡的目的。直接管制包括:①财政性管制,如关税、出口补贴、出口退税等;②商业性管制,如进口配额、进口许可证等;③货币性管制,如外汇管制、外汇留成等措施。一般而言,直接管制能够迅速地改善国际收支。但是直接管制无法真正解决一国国际收支的不平衡问题,它只能将显性国际收支不平衡转变为隐性国际收支不平衡,一旦取消管制,国际收支赤字依然会重新出现。此外,直接管制还非常容易引起贸易伙伴的报复,导致国与国之间的贸易战,因此国际经济组织和大多数国家都反对直接管制。

采用汇率政策和直接管制没有改变社会总需求和总支出,而只是改变了需求和支出方向。如本币汇率下浮,这样会使进口货物和服务的价格相对上升,从而使居民将一部分支出转移到购买进口替代品上来。因此,这两种调节措施被归为"支出转换政策"。

3. 资金融通政策

资金融通政策包括外汇缓冲政策和信用手段。

（1）外汇缓冲政策。外汇缓冲政策是指一国政府为调节国际收支不平衡,将持有的黄金、外汇储备作为缓冲体,通过中央银行在外汇市场上买卖外汇,来消除国际收支不平衡所形成的外汇供求缺口,从而使收支不平衡所产生的影响仅限于外汇储备的增减,而不导致汇率的急剧变动和进一步影响本国的经济。通过黄金、外汇储备的增减来平衡临时性或者季节性的国际收支逆差固然是一种简单易行的方法,然而一国的黄金、外汇储备有限,大量甚至是长期的国际收支不平衡不能完全依靠这种政策来调节。

（2）信用手段。信用手段主要是指利用国家信贷来调节国际收支的失衡。这是调节国际收支的一种直接手段。一方面可以通过向国际金融市场借款来平衡国际收支;另一方面也可以将国际金融机构提供的信贷作为平衡国际收支的手段,如 IMF 为成员国提供的短期信贷支持等。

外汇缓冲政策和信用手段统称为"资金融通政策"。一般适用于一国国际收支出现暂时性的不平衡的调节。

 **案例 11-2**

土耳其的第 18 个国际货币基金项目

2001 年 5 月,国际货币基金组织(IMF)同意借给土耳其 80 亿美元以帮助该国稳定经济,止住货币价值的急剧下跌。这是两年里第 3 次国际借贷机构向土耳其调集贷款项目,是土耳其自 1958 年成为 IMF 成员以来 IMF 对其第 18 个贷款项目。

土耳其的许多问题源自国有企业的庞大和低效以及对各种私有经济(如农业)的大量补贴。虽然土耳其政府在 20 世纪 80 年代末期开始对国有公司私有化,但进展的步伐极其缓慢,由于土耳其内部的政治反对而陷入瘫痪。继任政府不仅没有把国有资产卖给私人投资者,反而增加了对亏损的国有工业的扶持,提高了国企雇员的工资率。政府也没有减少对政治上有权势的私有经济的补贴,如农业。为了支持国有工业及筹措补贴资金,土耳其发行了大量政府债券。为了限制债券数量,政府干脆印钞票来提供支出经费。结果可想而知,那就是疯狂的通货膨胀和高利率。在 20 世纪 90 年代,每年的通货膨胀率平均超过 80%,而实际利率好几次升至 50% 多。尽管如此,土耳其的经济继续以每年 6% 的速度增长,考虑到高通胀和高利率,这一成绩是惊人的。

然而,到 20 世纪 90 年代后期,在高通胀和高利率下持续增长的"土耳其神话"开始破灭,政府债务已经上升到国内生产总值的 60%,政府借贷使得私人企业难以借到资金,而为政府债务融资的成本上升得要失控了。疯狂的通货膨胀开始对土耳其货币里拉(lira)施加压力,当时它的价值是钉住一揽子其他货币。土耳其政府意识到需要大力改革经济,遂在 1999 年年底开始同 IMF 策划复苏计划,该计划在 2000 年 1 月实施。

如同大多数 IMF 项目,该项目的重点是降低通货膨胀率、稳定土耳其货币的价值、重建经济以减少政府债务。土耳其政府承诺采取一系列步骤减少政府债务,这些步骤包括加速私有化计划、用由此获得的收益支付债务;减少农业补贴;进行改革,使得人们不那么容易获得公共养老金计划且增加税收。政府还同意控制货币供应的增长,用以更好地控制通货膨胀。为了限制外汇市场上对土耳其货币投机性攻击的可能性,土耳其政府和 IMF 宣布,土耳其将把里拉的价值钉住其他货币,在 2000 年全年每月按预先确定的数额贬值里拉,使全年总贬值达到 25%。为减轻痛苦,IMF 同意向土耳其政府提供 50 亿美元贷款,以用来支撑里拉的贬值。

最初计划似乎很有效。通货膨胀在 2000 年降到 35%,而经济增长速度为 6%。但到 2000 年年底,计划碰到麻烦了。不堪不履行贷款的重负,许多土耳其银行面临拖欠,被政府收归公有。在对一起欺诈罪的调查中发现,证据证明这些银行中有一些迫于政客的压力以低于市场的利率提供贷款。外国投资者担心可能有更多的银行卷入,开始从土耳其抽出资金。这使土耳其股市直线跌落,对土耳其里拉施加了巨大的压力。感觉到政府可能会比计划更快地贬值里拉,外汇市场的交易商开始卖空里拉,同时外资流出土耳其形成一股洪流,这对里拉构成了更大的压力。政府把隔夜银行同业借贷利率提高到 1 950%,以试图阻止资本外流,但显然单靠土耳其已无力阻止。

2000 年 12 月 6 日,IMF 在紧要关头再次挺身相助,宣布迅速安排 75 亿美元贷款计划给该国。作为这笔贷款的交换条件,IMF 要求土耳其政府关闭 10 家无清偿能力的银行,加速私有化计划(该计划又一次被拖延),控制政府工作人员的加薪。据报道,IMF 还敦促土耳其政府让其货币在外汇市场自由浮动,但土耳其政府拒绝了,认为这样做的结果将会导致里拉的加速贬值,还会提高进口价格,助长价格通胀。土耳其政府坚持认为降低通货膨胀是其首要任务。

该计划在 2001 年 2 月开始失效。通货膨胀猛增和经济增长急速下滑再一次吓走投资者。土耳其的总理兼总统艰难地应付这一迅速加剧的经济混乱状态,他的经济政策和政治腐败引起了广泛的争论。这样就触发了资本的更迅速外流。土耳其政府把隔夜银行同业借贷利率提高到 7 500%,试图说服外国人把他们的钱留在该国,但也只能是白费力气。意识到如果不把利率提高到荒谬的程度或严重耗尽国家的外汇储备就根本不可能使里拉控制在所计划的月贬值范围内,土耳其政府在 2001 年 2 月 23 日决定让里拉自由浮动。里拉相对于美元的价值立即下跌 50%,但在该天结束时下跌 28% 左右。

在接下来的两个月里,由于受全球性的经济滑坡影响,土耳其的经济继续走弱。通货膨胀仍然高涨,改革国家经济的进程由于政治因素仍然停滞不前。到 2001 年 4 月初,里拉自 2 月 23 日以来相对于美元已跌去 40%,国家在经济解体的边缘摇摇欲坠。IMF 在 18 个月里第 3 次介入,又安排了 80 亿美元的贷款。IMF 再一次坚持要求土耳其政府加速私有化进程,关闭无清偿能力的银行,解除对市场的管制以及削减政府开支。然而,IMF 的批评者声称,这种

"紧缩计划"只会减缓土耳其的经济,会使情况变得更糟,而不是更好。这些批评者主张用有力的货币政策加上减税来刺激土耳其的经济增长。

资料来源:[美]查尔斯·W.L.希尔.当代全球商务[M].第3版.曹海陵,刘萍,译.北京:机械工业出版社,2004:225,226.

4. 产业政策和科技政策

产业政策和科技政策是指通过改善一国的经济结构和产业结构、增加出口货物和服务的生产、提高产品质量、降低生产成本,以达到增加社会产品的供给、改善国际收支的目的。如果一国的国际收支不平衡是结构性不平衡,政府应该实施产业政策和科技政策进行调节,使本国产业结构的变动能适应世界市场的情况。虽然产业政策和科技政策的特点是长期性,在短期内难以有显著的效果,但是它可以从根本上提高一国的经济实力与科技水平,为国内经济的不断发展和国际收支的平衡创造条件。

5. 国际经济合作政策

各国在采用上述国际收支不平衡的调节措施时,都是从本国的自身利益出发。但是一国的国际收支逆差往往是另一国的国际收支顺差,出现逆差的国家采取各种政策进行调整时,出现顺差的国家为了保护自身的利益也将采取相应的政策,这样很容易引起各国之间的摩擦和冲突,进而爆发贸易战、汇率战等,其最终结果是国际经济秩序遭到破坏,并且各国的利益也会受到损害。因此,要在世界范围内解决各国的国际收支不平衡,必须加强国际经济合作。例如,发挥国际货币基金组织等国际金融组织的作用,帮助各成员国改善国际收支不平衡状况。

当一国国际收支出现不平衡时,针对形成的原因可以采取相应的政策措施。例如,如果国际收支不平衡是由季节性变化等暂时性原因形成的,可运用外汇缓冲政策、信用手段;如果国际收支不平衡是由国内通货膨胀加重而形成,可运用货币贬值的汇率政策;如果国际收支不平衡是由国内总需求大于总供给所致,可运用财政货币政策,实行紧缩性财政、货币政策;如果国际收支不平衡是由经济结构性原因引起的,可进行经济结构调整并采取直接管制措施。但是上述各种措施都有其局限性,都不能从根本上消除一国的国际收支不平衡。因此,当一国国际收支不平衡时,一国政府既可以采取某种政策进行调节,又可以采取几种政策搭配进行调节,尽量以最小的经济和社会代价,减少失衡甚至达到国际收支平衡。

**专栏 11-4**

国际收支调节理论——弹性分析理论

　　国际收支调节理论是国际金融理论的主要组成部分之一，它是各国政府用以分析国际收支不平衡的原因、实施调节政策及其保持国际收支平衡的理论依据。世界各国经济的不断发展推动了国际收支调节理论的发展。在人类历史上，最早形成体系的国际收支调节理论被公认为是英国经济学家大卫·休谟于 1752 年在其《政治论丛》一书中提出的价格-铸币流动机制。他论述了在金币本位货币制度下国际收支失衡的影响和国际收支如何自动达到平衡的机理。1914 年金币本位制度的崩溃预示着价格-铸币流动机制不再能够指导各国对国际收支的分析，这种状况强烈呼吁新的国际收支调节理论的出现。应这种需要，经济学家们纷纷进行了理论探索，逐渐形成了许多不同的理论，其中最有影响力并为各国所采纳的主要有：弹性分析理论、吸收分析理论、货币分析理论、内部平衡与外部平衡冲突与协调等理论。这些理论不仅丰富了国际收支调节理论的内容，而且也为各国分析国际收支提供了指导。

　　弹性分析理论产生于 20 世纪 30 年代金本位货币制度崩溃时期。它首先由英国经济学家马歇尔提出，后经英国经济学家琼·罗宾逊和美国经济学家勒纳等发展完善形成系统的理论。由于该理论主要通过对进出口商品供求价格弹性的分析来研究汇率变动对贸易收支差额和贸易条件的影响，因而被称为弹性分析理论。

　　弹性分析理论假设：①忽略资本的流动，将国际收支等同于贸易收支；②假定其他条件不变，仅考察汇率变动对贸易收支和贸易条件的影响；③贸易商品的供给弹性趋于无穷，即在价格不变的情况下，贸易商品的供给数量可以无限增加。

　　在上述假设下，弹性分析理论研究了货币贬值对贸易收支的影响。一国货币对外贬值即本币汇率下降，该国的进出口商品的相对价格也会随之变化，价格的变化会进一步导致商品进出口数量的变化，最终导致贸易收支的变化。但是贸易收支怎样变动、变动的程度如何，还取决于进出口商品的需求弹性。马歇尔和勒纳对此进行研究并得出结论，即马歇尔-勒纳条件。其内容为：货币贬值后，只有当出口商品的需求弹性和进口商品的需求弹性之和大于 1，贸易收支才能得到改善。即通过本币对外贬值改善贸易收支取得成功的必要条件是：$E_m + E_x > 1$。而当 $E_m + E_x = 1$ 时，货币贬值不影响贸易收支；当 $E_m + E_x < 1$ 时，货币贬值不仅不能改善贸易收支，反而会使其更加恶化。

在实际经济生活中，即使在马歇尔-勒纳条件 $E_m + E_x > 1$ 成立的前提下，货币贬值也不能立即改善贸易收支。在贬值初期，贸易收支状况反而有可能恶化，但是经过一段时滞后就可以起到改善贸易收支的作用。原因在于：①生产者反应滞后。即使货币贬值，生产者在货币贬值以前签订的贸易合同还需要按原来的协定价格和数量去执行，而且贬值国的生产者扩大生产也需要一定的时间。②消费者反应滞后，即货币贬值国的消费者从进口商品转向国内生产的商品也需要一定的时间，再加上消费者对价格以外因素的考虑如商家的信誉、商品的质量等，这段转变时间可能会更长一些。这种现象被称为 J 曲线效应，即一国货币贬值后最初会使国际收支状况进一步恶化，只有经过一段时间的滞后，才会使贸易差额得到改善，如图 11-2 所示。

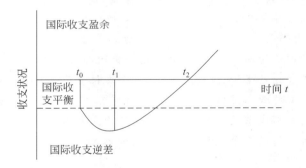

图 11-2　本币贬值改善贸易收支的 J 形曲线

图 11-2 中，在 t_0 点一国货币开始对外贬值，但贬值并没有迅速带来贸易收支的改善，贸易收支反而逐渐恶化，并且在 t_1 点贸易收支的恶化达到顶点。此后，贸易收支状况开始改善，经过 t_1 至 t_2 这段时间之后，贸易收支将从逆差变为顺差。因为此曲线的形状十分类似于英文字母 J，故被称为 J 形曲线。

弹性分析理论在一定程度上揭示了货币贬值对贸易收支的影响，指出只有在一定的进出口供求弹性下，货币贬值才能够起到改善国际收支的作用，而且这一作用的显现也需要一定的时间。此理论被世界许多国家所采用，并在调节国际收支方面取得了一定的效果。

弹性分析理论本身也存在很多缺陷和不足：

(1) 弹性分析理论假定国际收支仅为贸易收支，而忽略了非贸易收支和资本的流动。在当今非贸易收支和资本流动在国际收支占据的地位越来越重要的情况下,这一假定无疑是一个很大的缺陷。

(2)弹性分析理论建立在局部均衡分析的基础之上,这意味着它只考虑货币贬值对进出口商品供求的影响,而假定其他条件不变。但事实上,汇率变化影响的范围很广泛。例如,货币贬值在改善贸易收支的同时,也启动了外贸乘数,使本国国民收入成倍增加,进口增加,贸易收支改善程度缩小。

(3)弹性分析理论仅仅考虑了货币贬值初始阶段进出口商品的价格,而没有考虑货币贬值后可能发生的通货膨胀对商品价格的影响。

(4)弹性分析理论假定贸易商品的供给弹性趋于无穷,使得该理论只适用于经济周期的危机和萧条阶段,而无法用于周期的复苏和高涨阶段的分析,这也是一个很大的缺陷。

参考文献

[1]　陈雨露.国际金融[M].第 2 版.北京：中国人民大学出版社,2006.
[2]　姜波克.国际金融新编[M].第 3 版.上海：复旦大学出版社,2005.
[3]　凯夫斯,等.国际贸易与国际收支[M].北京：北京大学出版社,2007.
[4]　科普兰.汇率与国际金融[M].第 3 版.康以同,等,译.北京：中国金融出版社,2002.
[5]　吕随启,等.国际金融教程[M].北京：北京大学出版社,2007.
[6]　谭雅玲,王中海.国际金融与国家利益[M].北京：时事出版社,2003.
[7]　张莲英,等.国际金融[M].北京：经济管理出版社,2003.
[8]　左连村.国际金融市场与投资[M].广州：中山大学出版社,2004.
[9]　国际货币基金网,http://www.imf.org/external/chinese/.
[10]　国家外汇管理局网,http://www.safe.gov.cn/.

附录 11-1　中国国际收支平衡表——2012 年

亿美元

项　　目	差　　额	贷　　方	借　　方
一、经常项目	1 931	24 599	22 668
A. 货物和服务	2 318	22 483	20 165
a. 货物	3 216	20 569	17 353
b. 服务	−897	1 914	2 812

项　目	差　额	贷　方	借　方
1. 运输	−469	389	859
2. 旅游	−519	500	1 020
3. 通讯服务	1	18	16
4. 建筑服务	86	122	36
5. 保险服务	−173	33	206
6. 金融服务	0	19	19
7. 计算机和信息服务	106	145	38
8. 专有权利使用费和特许费	−167	10	177
9. 咨询	134	334	200
10. 广告、宣传	20	48	28
11. 电影、音像	−4	1	6
12. 其他商业服务	89	284	196
13. 别处未提及的政府服务	−1	10	10
B. 收益	−421	1 604	2 026
1. 职工报酬	153	171	18
2. 投资收益	−574	1 434	2 008
C. 经常转移	34	512	477
1. 各级政府	−31	9	40
2. 其他部门	65	503	438
二、资本和金融项目	−168	13 783	13 951
A. 资本项目	43	45	3
B. 金融项目	−211	13 738	13 949
1. 直接投资	1 911	3 079	1 168
1.1　我国在外直接投资	−624	234	857
1.2　外国在华直接投资	2 535	2 845	311
2. 证券投资	478	829	352
2.1　资产	−64	237	301
2.1.1　股本证券	20	120	100
2.1.2　债务证券	−84	117	201
2.1.2.1　(中)长期债券	−49	110	159
2.1.2.2　货币市场工具	−35	7	42
2.2　负债	542	593	51
2.2.1　股本证券	299	348	49
2.2.2　债务证券	243	244	2

续表

项　目	差　额	贷　方	借　方
2.2.2.1　（中）长期债券	173	175	2
2.2.2.2　货币市场工具	70	70	0
3. 其他投资	−2 600	9 829	12 429
3.1　资产	−2 316	1 402	3 718
3.1.1　贸易信贷	−618	4	622
长期	−12	0	12
短期	−606	4	610
3.1.2　贷款	−653	244	897
长期	−568	0	568
短期	−85	243	329
3.1.3　货币和存款	−1 047	1 027	2 074
3.1.4　其他资产	3	127	125
长期	−100	0	100
短期	103	127	25
3.2　负债	−284	8 428	8 712
3.2.1　贸易信贷	423	503	80
长期	7	9	1
短期	416	494	78
3.2.2　贷款	−168	6 480	6 648
长期	102	543	440
短期	−270	5 937	6 207
3.2.3　货币和存款	−594	1 339	1 933
3.2.4　其他负债	54	106	51
长期	47	47	1
短期	8	58	50
三、储备资产	−966	136	1 101
3.1　货币黄金	0	0	0
3.2　特别提款权	5	7	2
3.3　在基金组织的储备头寸	16	16	0
3.4　外汇	−987	112	1 099
3.5　其他债权	0	0	0
四、净误差与遗漏	−798	0	798

注：①本表计数采用四舍五入原则；②本表由 2012 年四个季度数据累加而成。

数据来源：国家外汇管理局网站。

附录 11-2　中国 2002—2011 年外债

10 亿美元

年　　份	数　　量	年　　份	数　　量
2002	202.63	2007	389.22
2003	219.36	2008	390.16
2004	262.99	2009	428.65
2005	296.54	2010	548.94
2006	338.59	2011	695.00

注：2009 年贸易信贷抽样调查方法进行了调整，为保证数据的可比性，2001—2008 年末贸易信贷余额也进行了相应调整。

数据来源：http://www.safe.gov.cn。

注：(1)自 2001 年 6 月起，中国根据最新国际标准对原外债口径进行了调整，具体调整内容包括三项：一是将境内外资金融机构对外负债纳入我国外债统计范围，同时扣除境内机构对境内外资金融机构的负债；二是将所有贸易项下对外融资(包括三个月以下的贸易信贷)纳入我国外债统计；三是在期限结构方面，将未来一年内到期的中长期债务(签约期限)纳入短期债务，从而消除了我国外债数据范围(外债定义)、期限结构划分等方面与国际标准之间存在的差距，并于 2001 年 11 月初按照国际标准定义公布了 2001 年 6 月底中国外债数据。上表中外债数据为国际标准口径数据。

(2)表中"贸易信贷"特指三个月以内的贸易信贷，该数据是按照一般国际经验估算的；而表中"延期付款"则是指三个月以上(不含 90 天)的贸易信贷，属于登记外债范畴。

外债编制的数据来源与指标说明：

按照《外债统计监测暂行规定》(1987 年 6 月 17 日国务院批准，1987 年 8 月 27 日国家外汇管理局发布)和《外债统计监测实施细则》(1997 年 9 月 8 日中国人民银行批准，1997 年 9 月 24 日国家外汇管理局发布)的规定，国家外汇管理局及其分支机构依法履行外债统计监测的职能。所有债务人在签订对外借款协议之后，必须到所在地外汇局办理外债登记手续，财政部和银行以外的债务人对外还本付息时需经外汇局核准。财政部和银行类债务人必须按月向外汇局逐笔报送对外还本付息信息。在债务人报送相关外债信息的基础上,国家外汇管理局定期编制并对外公布全国外债情况。

外债定义。根据 1987 年 8 月 27 日国家外汇管理局公布的《外债统计监测暂行规定》和 2001 年中国外债口径调整有关内容,中国的外债是指中国境内的机关、团体、企业、事业单位、金融机构(包括境内外资、合资金融机构)或者其他机构对中国境外的国际金融组织、外国政府、金融机构、企业或者其他机构承担的以外币表示的全部债务。

债务类型。按照债务类型对中国的外债进行分类,具体分为如下 11 种类型。

(1) 外国政府贷款,指外国政府向中国官方提供的官方信贷。

(2) 国际金融组织贷款,指国际货币基金组织(IMF)、世界银行(集团)、亚洲开发银行、联合国农业发展基金会和其他国际性、地区性金融组织提供的贷款。

(3) 国外银行及其他金融机构贷款,指境外的金融机构(包括银行、非银行金融机构)及中资金融机构海外分支机构提供的贷款,包括国际银团贷款(境内机构份额除外)。

(4) 买方信贷,指境外发放出口信贷的金融机构向中国进口部门或金融机构提供的、用以购买出口国设备的信贷。

(5) 向国外出口商或国外企业、私人借款,指境外非金融机构提供的贷款,包括外商投资企业与其境外母(子)公司的债务(应付账款除外),不包括外资银行与其境外联行之间的借款。

(6) 对外发行债券,指在境外金融市场上发行的,以外币表示的,构成债权债务关系的有价证券。可转换债券、商业票据、大额可转让存单等视同外币债券。

(7) 延期付款(贸易信贷),指在正常的即期结算期后付款的进口项下贸易融资,包括远期信用证、非信用证项下的延期付款和预收货款。延期付款是指 3 个月以上(不含 90 天)的贸易信贷,属于登记外债范畴。贸易信贷则特指 3 个月以内的贸易信贷。

(8) 海外私人存款。指有吸收存款业务的金融机构吸收的境外机构或个人的外汇存款。

(9) 国际金融租赁,指由境外机构提供,境内机构以获得租赁物所有权为目的,并且租金包含租赁物成本的租赁。

（10）补偿贸易中用现汇偿还的债务（补偿贸易是指由外商提供技术、设备和必要的材料，中方进行生产，然后用生产的产品或现汇分期偿还外商提供的设备、技术等的价款），指补偿贸易项下合同规定以外汇偿还或者经批准改为外汇偿还的债务。

（11）其他。

附录 11-3　抑制假外资：两税合并只是第一步

《中国经营报》：目前有数据估计，我国"实际利用外商直接投资"账面统计数字中有 1/3 左右实际上是回流的假外资，有香港的专家甚至认为回流的假外资超过 55％。假外资的负面作用很明显，在目前的阶段，你认为有一些什么方法可以抑制假外资的产生？

梅新育：1/3 的数字是我根据工作中见到的某些主要城市的资料估计出来的。实际上假外资的比例可能还大于 1/3。假外资在我们国家从 20 世纪 80 年代就开始有了，这些年来特别突出，负面作用越来越强。如破坏市场秩序，造成税收流失，而且有潜在的经济安全风险等。

目前阶段，要抑制假外资，首先要取消对外资的超国民待遇；其次要加大反腐力度、整顿市场秩序等；再次要与一些离岸金融中心等地方强化反洗钱、反避税方面的信息交换工作；最后是调整对海外上市的过分鼓励政策。

《中国经营报》：目前"两税合一"的呼声很高，但要真正推行，还有很多现实的障碍。你觉得"两税合一"真的能抑制假外资吗？

梅新育：产生假外资的根源在于"逆向歧视"的外资优惠政策。而外资优惠政策已经损害了内资企业的竞争力。这种损害突出表现在妨碍其更新设备、提升产业结构和吸引人才等方面。在某些产品市场上，我国某些地区"逆向歧视"的外资政策实际上已经沦为跨国公司扼杀内资企业的帮凶。这些跨国公司一方面在中国投资设厂，利用中国政府的优惠政策在市场上排挤中国本土企业；另一方面在其母国和其他国家、地区针对中国产品发起反倾销诉讼。

另外，对外资的优惠政策直接扭曲了企业行为，激励它们以"外资"身份回流，在高度不透明的内资"外流—回流"过程中，又有太多的漏洞可供意欲侵吞国有资产的人得逞。

对外资的优惠政策还抑制了企业提高效率的内在动力。在一个存在"逆向歧视"的市场上，企业显然更加倾向于通过转换身份获取税收优惠，而不是通过开展技术创新和改进生产管理。

"逆向歧视"的第四个后果也许最为严重,那就是对我国国民的民族自信心形成了潜移默化的损害。我国利用外资的成就确实非常令人瞩目,迄今已连续10年居发展中国家之首,2002年更高居世界第一。但需要注意的是,我国国民的实际财富和可持续发展能力不能在利用外资的喜讯声中悄然流失。

推行两税合一只是取消外资超国民待遇的第一步,不是全部。两税合并之后,能对假外资有一定抑制作用,但还需要其他措施配套。

《中国经营报》:除了利用外资优惠政策进行税收套利外,一些企业为了避免汇率风险,或者国内的一部分企业家为了转移财富,也可能通过假外资的方式让钱变得安全,这也可能是"假外资"盛行的原因,你怎么看待这两种"假外资"的产生?

梅新育:目前的汇率风险是人民币升值,如果要规避这种汇率风险,应该是让资金就在国内,不要外流了。当然,开放资本项目也可以避免一部分假外资的产生。

另外,对那些以此方式来转移国家资产的,要靠国内反腐败、整顿市场秩序来解决。

资料来源:http://finance.sina.com.cn/g/20061022/09293007687.shtml。

附录 11-4　一个假外资的自白

一个小小的"技术手段",使陈老板一年节省了400万元人民币。

这个技术手段就是找一家中介机构,花去1 720元港币的注册费,利用在香港注册的这家公司,转投回内地。

工厂还是原来的工厂,业务还是原来的业务,一个身份上的转变,仅企业所得税,陈一年就省去400万元。

陈和他的企业只是众多外资"迂回"投资的一个缩影。

假外资现象屡见不鲜,其中不乏著名民企。商务部研究员梅新育说,在近年来我国实际利用外商直接投资统计中,这种回流的假外资实际上超过1/3。

一、来势汹汹

陈是一家电子设备生产厂的老板。陈的工厂位于制造业密集地——深圳沙井镇。在该镇众多工业企业中,陈老板的工厂规模不算大,整个工厂500多人,租了一栋四层楼房当作厂房和车间——面积大约有三四千平方米。

有着 100 万人口的工业重镇,沙井镇被规划为深圳西部工业组团的主中心,这里是香港等外资热衷的地方,当地政府在招商引资项目和配套政策上都给予"积极"的扶持。这座方圆 60 平方千米的古镇是全国有名的出口创汇十强乡镇之一。据了解,迄今为止,在该镇投资的企业有 1 700 多家,其中外资约有 1 200 家。

像陈老板这样变身港资的假外资到底有多少?广东省一位官员称,2005 年开始国家外管局才对境内居民到境外注册公司进行审批并纳入监管范围,对以往的假外资还未做具体统计,但是从他们的调研情况看,广东地区这种假外资比较多。

三灶镇是珠海工业重镇,该镇政府承诺以 15% 的所得税率吸引外商投资,在所得税率上创出"全国之最"。在该镇,类似陈老板这样的假外商在此地比比皆是,而且大都集中在电子、五金等领域。

截至 2006 年 6 月,美国、日本和欧盟对中国的实际投资累计 1 583.77 亿美元,仅占中国累计吸收外资总量的 24.33%,尚不到 1/4。

据权威部门统计,在 2005 年对华投资前十位的国家和地区中,来自中国香港、英属维尔京群岛、开曼群岛、西萨摩亚等避税天堂的投资大幅增加,而这些地区往往是假外资选择注册境外壳公司的理想之地。其中来自中国香港、英属维尔京群岛的投资远远超过美国、日本等发达国家,分别位列第一、第二。

二、路径

在陈老板看来,假外资并不神秘,也没有什么技术难度。

2004 年,陈老板找了一家律师事务所在香港注册了一家公司,注册资本为 400 万港币。然后用这家在香港注册的公司回深圳投资电子设备厂,摇身一变,这位土生土长的三十多岁的内地人变成了港资公司的老板。

假外资第一步首先是在境外注册公司。陈说,现在帮助企业到境外注册的中介机构非常多,在香港注册也没有最高或者最低注册资本限制,但大部分私人有限责任公司的名义资本为港币 10 000 元,最少实际资本为港币 1 元,而且注册资本无须到位。其他事情比如到当地银行开立账户等都可以由中介完成,注册费用为港币 1 720 元,股本额登记费用为股本金的千分之一。

第二步,初始注册资金大多数可以通过钱庄汇到境外。"钱出去不是问题,钱庄都可以解决。"在陈老板看来,自己的工厂除了身份是港资之外,经营模式和其他私营企业并没什么区别。

在杭州做建材生意的一位张姓老板与陈老板感同身受。清华毕业的张老板比陈老板更早意识到这条"捷径"，五六年前，他就在中国香港和开曼群岛等地注册了公司，然后再回到当地开发区投资了两家建材公司，如今公司规模已经上千万元。

"如果在内地注册成立公司，所有的税收优惠政策不是都没有了嘛；咱们国内企业税负比发达国家高很多，企业所得税很多啊。"张老板说，他下一步准备移民到加拿大。

一业内人士说，"嗅觉灵敏"的不仅是电子行业的陈老板、建材生意的张老板，其他如五金、高科技、化妆品、食品、家电等很多行业内，都不乏假外资身影。

三、税收作怪

陈老板并不介意这个身份——被外人看作假外资。陈说，像他这样的人有很多，而且他们也是迫不得已："国内企业税收成本太高，中小企业融资不方便。"

多年来，我国对外资一直实行"超国民待遇"，尤其在税收方面。经过测算，目前外资企业所得税平均税负为17％左右，内资企业为33％左右——内资企业税负比外资高一倍左右。这就是为什么很多内资企业想办法变成外资身份的重要原因。

陈老板算了一笔账。陈说，企业所得税是假外资享受到的最大优惠。国家长期以来对于外资实行"两免三减半"（前两年免征企业所得税，第3年至第5年减半征收企业所得税）等税收优惠政策，而有些地方政府和开发区为了招商引资，自定的"土政策"，比如三年全免、"两免五减半"等政策则更为优惠。

在外资的身份下，单单企业所得税就可以为陈老板省一大笔资金。陈的公司销售额一个月约1 000万元，一年销售收入约为1.2亿元，公司利润水平约10％，一年利润1 200万元。如果他们是内资企业，则按照33％税率征收企业所得税，那么每年仅企业所得税就须交纳400万元，企业盈利的1/3缴税了。

而按照约17％的外资企业所得税率计算，陈每年只要交纳所得税200多万元。况且，现在陈的企业才成立两年，还在两年免征企业所得税的优惠期之内，也就是说，与其他内资相比，仅仅因为身份变成了外资，陈两年下来仅企业所得税就省了约800万元。

除此之外，还有一个诱惑来自于对外资进口机器设备的免税优惠。国家对于外商投资企业在投资额度内进口机器设备有减免税优惠,即可以免征关税和进口环节增值税。

陈说,因为要进口设备,公司通过增资把注册资本追加到 400 万美元,这样按照外商进口设备相关优惠规定,陈进口的设备全部是通过免税进口的。陈的公司进口六台机器,单价为 200 多万元人民币,也就是说,有 1 200 多万元机器设备的货款是不用上税的。

"如果是内资,进口这些设备的税加起来,差不多有 35 个点。"陈说。如此算下来,他省下了约 420 万元。

"企业做大了肯定要进口很多设备,国内企业如果要进口设备,其所交纳的税相当高,这对于我们中小企业来说,负担很沉重。"

四、隐形操作

除了能获得上述税收优惠外,部分外资企业通过各种隐形操纵手法操纵成本和利润、逃避税收已成公开的秘密。

2005 年中国纳税百强榜显示,2004 年,外商及港、澳、台商投资企业纳税百强贡献税收 627.77 亿元,与 2003 年的 627.65 亿元相比,增长率几乎为零。国家税务总局统计表明,外资企业每年通过转让定价逃税 300 亿元左右。

据陈介绍,在香港注册公司都有一条龙服务,其中包括有专门的财务公司帮忙作账,其公司在香港的外贸收款都外包给专门财务公司做。

"香港的财务公司很精明,所以你想做多少利润都可以。"陈老板欲言又止。"一般都是少报收入,多报成本,把利润转到香港公司,这是惯用的手法。"深圳一家会计师事务所合伙人说,比如原材料这一项低报出口、高报进口,甚至空进空出增大成本,减少利润,这些都可以达到避税目的。

我国企业所得税法定税率 33%,而国外大多数国家和地区则在 30% 以下,美国实行 15%、18%、25%、33% 的四级超额累进税率,其最高边际税率才与我国的法定税率持平。

作为假外资热衷注册地之一,香港是一个税率低、税负窄的地区。在香港,企业没有营业税和增值税。在香港成立公司,一般只需要交纳两种税:一种是一次性的注册资本厘印税,税率是 1/1 000;另一种是利得税,税率约为 17.5%,这种税是根据企业的实际盈利(纯利)来计算的,如果当年企业不盈利,可以不缴纳利得税。

"虽然海关和税务部门都会进行相关核定,但海关审价中心的产品报价是根据全国不同企业进出口的报价自动更新,而这个最高报价和最低报价之间往往相差一倍以上,报价弹性很大,企业有空子可钻。而成本核定由税务部门核定,但企业都会做两套报表,国内的税务部门也很难查到。"上述会计师事务所合伙人说。

陈老板和张老板是幸运的。因为 2005 年之后,国家外汇管理局相继发文:中国内地居民到境外设立公司要报批各地外汇管理局,涉及境外公司并购境内企业资产以及股权置换等还要到商务部、发改委和外汇管理局报批;而 2006 年外汇管理局等四部委联合发文,加强对到中国投资的外商身份真实性的监管,外商登记审批环节要出具中国驻该国使(领)馆认证,看来此后,假外资之路不会像前些年那样平坦。

资料来源:http://finance.sina.com.cn/g/20061022/09263007683.shtml.

附录 11-5　李克强签署国务院令发布《国务院关于修改〈国际收支统计申报办法〉的决定》

2013 年 11 月 22 日,国务院总理李克强签署国务院令,公布了修改后的《国际收支统计申报办法》,新办法自 2014 年 1 月 1 日起施行。

国际收支统计数据是一国对外经济状况的综合反映,是进行宏观经济决策的重要依据。1995 年,经国务院批准,中国人民银行发布了《国际收支统计申报办法》,为全面掌握我国国际收支状况提供了制度保障。近年来,随着国际收支交易规模不断扩大,交易内容、交易类型、交易方式日益多样化。作为各国编制国际收支统计报表通用标准的国际货币基金组织《国际收支和国际投资头寸手册》,于 2008 年发布了第六版,在统计原则、经常项目、资本与金融项目等方面作了多处修订,对国际收支统计数据和方法提出了更高要求。

为进一步提高数据的国际可对比性,新办法规定,"国际收支统计申报范围为中国居民与非中国居民之间发生的一切经济交易以及中国居民对外金融资产、负债状况"。而根据原办法,国际收支统计申报范围为中国居民与非中国居民之间发生的一切经济交易(即流量),没有包括中国居民的对外金融资产和负债状况(即存量)。

根据原办法,中国居民通过境内金融机构与非中国居民进行交易的,应当通过该金融机构向国家外汇管理局或其分支局申报交易内容;中国境内各类金融机构应当直接向国家外汇管理局或其分支局申报其自营对外业务情况，包括其对外资产、负债及其变动等情况，并履行与中国居民通过其进行国际收支统计申报活动有关的义务。考虑到中国居民个人的对外金融资产、负债情况无法完全通过金融机构采集，新办法在保留上述规定的同时，增加了"拥有对外金融资产、负债的中国居民个人，应当按照国家外汇管理局的规定申报其对外金融资产、负债的有关情况"的规定。

此外，考虑到将非居民作为国际收支统计申报主体已是各国较为普遍的做法，新办法将申报主体由中国居民扩大到在中国境内发生经济交易的非中国居民，规定："中国居民和在中国境内发生经济交易的非中国居民应当按照规定及时、准确、完整地申报国际收支信息。"

资料来源：http://www.gov.cn/ldhd/2013-11/22/content_2532543.htm。

附录 11-6　美国欠每个中国人 1 000 美元　中国持有美债首次超过 1.3 万亿

2013 年 12 月 16 日，美国公布的数据显示，10 月份中国增持美国国债 107 亿美元，持有规模达到 1.304 5 万亿美元。CRT 资本集团分析师伊恩·林格称，截至 10 月末，中国持有的美国国债总量为历史第二高水平，仅次于 2011 年 7 月份创下的 1.314 9 万亿美元纪录高位。目前，中国是全球最大的美国国债海外持有国，照此计算，美国欠每个中国人大约 1 000 美元。

美国财政部 2013 年 12 月 16 日公布的最新月度资本流动数据显示，10 月海外投资者共增持美国国债 244 亿美元，其中，中国增持 107 亿美元。不过，中国主要增持期限不超过 1 年的美国国债。美国《华尔街日报》称，该迹象显示，美国近期财政问题没有动摇其国债作为全球避风港的地位。

美国部分政府机构曾在 2013 年 10 月份关闭了 16 天，当时美国债务违约的忧虑引发部分短期国债抛盘。但随着政府重新开门，美国国债市场回升。据报道，GMP 证券固定收益研究主管艾德里安·米勒称，中国曾抱怨美国可能债务违约，但事实上，中国官员知道，只要中国外汇储备继续上升，加上意识到 2014 年美国经济有望带动其他发达经济体复苏，中国将继续成为美国国债的买入方。

清华大学中美关系研究中心高级研究员周世俭对《环球时报》说，美国国会虽然已就 2014 财年的财政拨款达成协议，但在提高债务上限这一项还没有达成,现在增持美国国债还是存在风险的,一年期的国债相对风险要小些。美国国债到 2013 年 10 月 17 日已经突破 17 万亿美元,平均到每个美国人头上是 5.37 万美元,折合人民币 33 万元,大大超过金融警戒线,国际上的金融警戒线规定国债一般不能超过当年 GDP 的 60%,美国早已超过 100%。现在美国基本是靠发新债来补旧债,每年靠偿还国债的利息度日。周世俭说:"我不是笼统地反对买美国国债,只是反对买得太多。"

彭博社报道称,中国人民银行副行长易纲 2013 年 11 月曾表示,外汇储备增长不再符合中国利益。中国人民银行行长周小川 11 月也表态,将基本退出常态式外汇市场干预。彭博社认为,尽管中国央行没有公布改革的时间表,但是,它将控制通过购买美元限制人民币升值的行为。加拿大丰业银行分析师萨沙·泰汉伊说,中国央行官员最近的表态与提高人民币汇率弹性的计划一致。报道说,三季度中国外储增加 1 660 亿美元,达到创纪录的 3.66 万亿美元,超过欧洲最大经济体德国 GDP 的规模。彭博社称,对外汇市场更少的干预,可能意味外汇储备积累放缓,人民币汇率走强,进而减少中国对美债的胃口。

2013 年以来,人民币对美元升值超过 2.3%,为 24 个新兴市场国家货币中对美元最为强劲的。许多分析师预期,2014 年人民币兑美元汇率很有可能突破 6∶1,进入"5 时代"。周世俭认为 6 元左右的汇价是比较均衡的状态,不太可能突破 5。毕竟现在中国外贸出口形势如此困难,不可能任由人民币这样升值。另外,他认为即便人民币升值,对外汇储备的影响并不大,"外储如果折合成人民币当然就亏了,但外储一般还会用在对外的经济合作方面,以美元为单位,就没太大问题"。周世俭说,我们的外汇储备第一应该支持中国企业"走出去",并购西方实业;第二应该增加战略物资的储备,包括石油和贵金属。

中国持有美债在美国国内时常是个政治议题。有人议论中国持有美债是否威胁美国国家安全。美国《华盛顿邮报》报道称,2013 年 11 月,美国前阿拉斯加州州长莎拉·佩林曾在演讲中称,美国的政府开支靠向中国借钱,这些债务一旦到期,美国会像奴隶一样"受制于外国主人"。颇具讽刺意味的是,奥巴马政府尽管也一直向中国借钱,但是,2008 年大选中,奥巴马曾抨击小布什"任内八年所干的就是以我们孩子的名义找中国人民银行办了张信用卡"。《华盛顿邮报》呼吁理性看待这一问题,许多政治人物夸大中国对美国的影响。中国的美国国债持有量占所有美国可流通国债总额的 10% 左右。而对于第二大海外债主日本,美国的关注度则没有那么高。

资料来源:http://news.163.com/13/1218/09/9GCB721B00014JB6.html。

教学支持说明

▶▶ 课件申请

尊敬的老师：

　　您好！感谢您选用清华大学出版社的教材！为更好地服务教学，我们为采用本书作为教材的老师提供教学辅助资源。鉴于部分资源仅提供给授课教师使用，请您直接手机扫描下方二维码实时申请教学资源。

任课教师扫描二维码
可获取教学辅助资源

▶▶ 样书申请

　　为方便教师选用教材，我们为您提供免费赠送样书服务。授课教师扫描下方二维码即可获取清华大学出版社教材电子书目。在线填写个人信息，经审核认证后即可获取所选教材。我们会第一时间为您寄送样书。

任课教师扫描二维码
可获取教材电子书目

 清华大学出版社

E-mail: tupfuwu@163.com	网址：http://www.tup.com.cn/
电话：8610-83470158/83470142	传真：8610-83470142
地址：北京市海淀区双清路学研大厦B座509室	邮编：100084